학생 성공을 위한

대학교육 성과관리

이석열 · 이영학 · 이훈병 · 김경언 · 김누리 · 변수연
신재영 · 오세원 · 이종일 · 이태희 · 정재민 공저

논리 모형

학생 성공

시스템 구축

수업 질 관리

전공교육과정

비교과과정

교양교육과정

BSC 모형

학지사

최근 대학 경영의 중요한 화두 중에 하나가 바로 '성과관리'이다. 과거에는 성과관리에 대해 큰 관심이 없었으나, 대략 5년 전부터 전국에 있는 4년제 대학과 전문대학이 성과관리를 한다고 부서와 시스템을 만들며 담당 인원도 충원하고 있다. 그 이유는 정부의 각종 재정지원사업과 1주기 대학구조개혁평가 및 2주기 대학기본역량진단을 거치면서 성과관리의 중요성이 부각되었기 때문이다. 문제는 대학 내에서 준비도 하기 전에 성과관리가 너무 짧은 시간에 대학가에 불어닥쳤다는 사실이다. 많은 대학이 평가에서 더 좋은 결과를 받기 위해 대학 성과관리에 대한 합의를 이루기도 전에 각종 데이터와 현란한 도식을 앞세우며 보여 주기식 성과관리를 시작하였다.

대학들은 현재 성과관리에 대한 이해가 명확하지 않으면서도 더 좋은 평가를 받기 위한 성과관리를 강조하고 있다. 심지어 성과관리에 대한 정확한 합의나 논의도 없이 평가대응적으로 발전 계획이나 특성화 계획까지 바꾸는 시행착오를 하고 있다. 대학들이 각종 평가 관련 사업보고서의 성과관리에서 주로 사용하는 모형으로는 논리 모형(Logic Model), BSC 모형(Balanced Scorecard), CIPP 모형 등이 있다. 문제는 이들 모형을 토대로 성과관리를 하기보다는 각종 평가 관련 보고서를 작성할 때만 사용할 뿐, 실제 성과관리가 제대로 이루어지지 않고 있다는 사실이다.

대학 중에는 성과관리 부서, 시스템 구축, 인력 충원부터 시작해서 성과관리를 하는 데 무엇을 어떻게 할 것인가에 대해 어려움을 호소하는 곳이 의외로 많다. 그동안 대학에서의 성과관리에 대한 충분한 논의가 없었기 때문에 이는 당연한 귀결이라 볼 수 있다. 어느 정도 대학역량을 갖추고 시행착오를 줄이면서 성과관리를 하는 대학도 있지만 다수의 대학은 성과관리를 하는 데 큰 혼란을 겪고 있다. 이 책을 집필하게 된 동기는 성과관리에 대한 이해와 더불어, 무엇을 어떻게 성과관리할 것인지 명확한 방향 설정이 안 되어 힘들어하는 대학에 도움이 되고자 하는 마음에서 출발하였다. 또한 성과관리를 한다고 하더라도 대학마다 접근방식이나 운영에서 많은 차이를 보이고 있기 때문에 한 번쯤 대학의 교육 성과관리를 정립할 필요가 있다고 생각하였다.

대학에서 성과관리를 논의할 때 아직 무엇이 '성과'인지 한마디로 합의하기는 어렵다. 다만, 대학에서 우리가 추구하고자 하는 성과관리의 방향성을 '학생' 중심에 두어야 한다는 것은 분명하다. 과거에는 대학에서 강조되지 않았던 성과관리를 함으로써 무엇이 변화되어야 하는가 하면 그것은 바로 학생이다. 대학의 여러 부서에서 사업이나 프로그램 운영을 하고 있지만 그 귀결점은 학생이어야 하기 때문에, 우리는 '학생 성공(student success)'을 성과관리의 핵심으로 보았다. 대학에서 교육과정 운영을 비롯해서 각 부서에서 이루어지는 사업이나 프로그램을 바로 '학생 성공'이란 단어로 함축해서 성과관리를 강조하고자 한다. 대학의 성과관리는 학생 성공을 위해서 과거에 하지 않았던 성과관리를 해야 하고, 성과관리를 제대로 하고자 한다면 '학생 성공'을 보여 주어야 한다.

이 책의 집필에 참여한 저자들은 그동안 고등교육과 관련된 연구와 평가를 수행했거나, 오랫동안 대학행정 실무를 맡아서 전문성을 갖추고 있다. 집필진들은 이 책이 단순한 이론서로 끝나는 것이 아니라, 일선에서 직접 대학행정을 맡은 이들이 제대로 된 성과관리를 할 수 있도록 실제적인 방향성을 제시해 주는 마중물로 이 책을 집필하였다. 특히 각 장마다 '성과관리를 위한 Tip'을 두어서 대학의 시행착오를 줄이고 성과관리가 이루어지도록 노하우를 제공하고자 하였다. 다만, 대학의 실무적인 측면을 고려하여 '학생 성공'을 강조해서 성과관리를 집필했지만, 이 책이 혹시나 "어떻게 하면 평가를 잘 받을 수 있을까?"와 같이 평가만을 대비하는 노하우를 제공하는 것은 아닌지 하는 조심스러운 마음도 생긴다.

다시 한번 강조하지만, 집필진은 모두 바쁜 중에도 대학에서 시행착오를 줄이면서 학생 성공을 위한 성과관리에 조금이라도 기여하고자 하는 마음에서 이 책을 집필하였다. 특히 "더 잘하고 싶은데 어떻게 해야 하지?"라고 답답해하는 중·소규모 대학이나 교육 관련 업무를 담당자들에게 작은 도움이 되었으면 하는 마음에서 출발하였다. 이 책을 집필하는 과정 중에 한국대학교육협의회 부설 고등교육연수원에서 집필진을 중심으로 2박 3일 동안 「대학혁신을 위한 성과관리 특별 연수」를 시행하였는데, 참가신청자가 조기에 마감되었고 대학 관계자들로부터 추가 워크숍을 요청받아 2차 워크숍까지 개최하였다. 이 두 번의 워크숍을 통해 각 대학의 성과관리에 대한 요구가 얼마나 많은지 실감할 수 있었다. 지난 1년 동안의 작업을 통해서 집필진은 성과관리에 대한 대학공동체를 만드는 데 기여하고자 노력하였다. 이 책이 대학에서 성과관리를 담당하거나, 성과관리에 대해 고민하는 이들로 하여금 성과관리의 기본 취지가 '학생 성공'에 있다는 사실을 이해하고 성과관리를 제대로 구현할 기회를 제공하여 경험적 지식을 더 높이는 마중물이 되기를 기대해 본다.

그럼에도 이 책을 출간하려고 보니 내용의 충실성에서 처음 기획했던 것보다는 부족한 점이 많다. 부족한 점은 대학에서 성과관리를 하는 독자들이 조금씩 채워 주기를 바라는 기대감을 가지며 부끄러운 마음을 무릅쓰고 출간하고자 한다. 이 책의 기획 단계에서 고민을 해 주신 이영학 교수님(제14장 성과관리 체제 및 관리 시스템)과 이훈병 교수님(제2장 교육 성과관리 모형과 지표 개발, 제5장 전공교육과정 성과관리)께 큰 빚을 진 느낌이고, 끝까지 헌신적인 협업으로 집필에 참여해 주신 김경언 교수님(제4장 교양교육과정 성과관리, 제7장 수업 질 관리), 김누리 교수님(제9장 심리상담지원 성과관리), 변수연 교수님(제3장 대학기관연구의 접근), 신재영 팀장님(제6장 교수지원 성과관리), 오세원 팀장님(제11장 비교과교육 통합관리), 이종일 팀장님(제8장 학습지원 성과관리, 제13장 교육만족도 성과관리), 이태희 팀장님(제12장 핵심역량 성과관리), 정재민 처장님(제10장 취·창업지원 성과관리)께 진심으로 감사드린다.

끝으로 이 책의 출간을 허락해 주신 학지사의 김진환 사장님과 임직원께 깊은 감사의 뜻을 전한다.

2020년 9월
저자들을 대표하여 이석열 씀

✎
차례

제1부 교육 성과관리의 이론적 모델

제1장 대학교육 성과관리의 의미와 체계 15

제2장 교육 성과관리 모형과 지표 개발 47

제3장 대학기관연구의 접근   81

제2부 교수 성과관리

제4장 교양교육과정 성과관리   105

제5장 전공교육과정 성과관리   139

제3부 학습 성과관리

제10장 취·창업지원 성과관리   319

제11장 비교과교육 통합관리   353

제4부 교육 성과관리의 구축

제12장 핵심역량 성과관리   421

제 1 부

성과관리의
이론적 모델

제 1 장

대학교육 성과관리의 의미와 체계

I. 교육 성과관리의 필요성

한 나라의 과거는 박물관에 가면 알 수 있고, 현재는 시장에 가면 알 수 있으며, 그 나라의 미래는 대학을 보면 알 수 있다고 한다. 이 말은 대학이 곧 한 나라의 미래를 책임지고 있음을 단적으로 나타낸다. 산업과 통신기술의 급속한 발전으로 인한 4차 산업혁명 시대를 맞이하여 우리나라의 국가경쟁력은 대학교육의 국제경쟁력에 의해 좌우될 수밖에 없다. 그만큼 국가경쟁력을 강화하기 위한 고등교육의 역할이 무엇보다 중요해지고 있다. 하지만 대학의 환경은 오히려 학령인구의 감소와 지속적인 등록금 동결에 따른 재정압박으로 인하여 지금까지와는 전혀 다른 중대한 위기를 맞이하고 있다.

그동안 정부는 재정지원사업을 통해서 대학구조조정을 하고, 대학평가를 통해서 대학교육을 혁신하고자 했다. 세계 선진국들도 고등교육의 질과 사회적 책무성을 확보하기 위한 방법으로 다양한 형태의 평가 제도와 더불어 성과관리를 해 오고 있다. 대학교육의 수요-공급 상황이 공급 과다로 전환됨에 따라 대학은 학생유치를 위한 다양한 변화를 요청받았고, 이러한 변화를 유도하기 위한 방법으로 대학의 성과관리가 강조되기 시작했다.

대학의 성과관리는 교육·연구·사회봉사라는 대학의 기능을 얼마나 잘 운영하고 있는지 나타내는 여러 측면으로 이해할 수 있다. 그러나 이 중에서 가장 핵심은 역시 교육이라고 할 수 있다. 대학은 태동 초기부터 교육기능 중심으로 운영되었고, 효과적으로 교육기능을 수행할 것을 강조하였다. 특히 1990년대 들어서면서 미국의 경우, 학부교육의 질 제고라는 측면에서 종합 품질 관리(Total Quality Management)가 도입되며 지속적인 질 제고와 혁신적 노력을 통해 고등교육기관의 성과를 평가하려는 경향이 두드러지기 시작했다.

대학은 교육·연구·사회봉사라는 세 가지 사명을 다해야 하지만, 공통적으로 가장 강조되는 것은 교육이라고 볼 수 있다. 마찬가지로 대학의 성과관리는 대학의 역할과 사명에 따른 총체적인 접근이 이루어질 수도 있지만, 대학의 특성 및 비전에 비추어 대학의 핵심요인인 교육에 초점을 두고 성과관리를 할 수도 있다. 대학교육에 핵심을 두고 교육성과의 관리 모델을 설정해서 학부교육을 강조하는 성과관리도 여러 가지를 고려할 수 있다. 우선, 대학은 교육목적을 바탕으로 발전하는 학문세계와 급변하는 사회에 적응할 수 있는 인재상 설정이 중요하다. 많은 대학이 창의융합인재를 양성하고자 핵심역량 교육과정을 편성·운영하고 있다. 또한 대학은 학생을 선발하여 교육과정을 이수하도록 학사관리나 학생지도를 하고, 이를 담당하기 위한 우수 교수와 직원을 확보하며, 필요한 시설 및 지원 설비를 유지해야 한다. 대학 성과관리는 이러한 과정 속에서 얼마나 교육의 질을 높이고 교육경쟁력을 제고했는지에 대한 대학의 책무성을 확인하고 개선하는 역할을 한다.

하지만 대학의 성과관리는 쉬운 일이 아니다. 대학의 성과관리는 대학의 조직 특성만큼이나 다면적이고 복합적인 활동이기 때문이다. Cohen 등은 '조직화된 무정부'의 특성으로 목표의 모호성, 불분명한 과학적 기법, 그리고 유동적 참여를 들고 있다(주삼환 외, 2019). 첫째, 목표의 모호성은 교육조직의 목적이 구체적이지 못하며 모호하다는 것이다. 예를 들어 '수월성'과 '교육의 질'에 대해 동의하지만 이러한 용어들이 실제적으로 의미하는 바를 합의하고자 할 때에 심각한 논쟁에 직면하게 된다. 왜냐하면 대학교육의 목표는 추상적인 단어로 진술되어 있고, 그 뜻이 모호하여 분명한 방향제시 역할을 제대로 못하는 경우가 있기 때문이다. 둘째, 불분명한 과학적 기법은 대학교육에서 사용하는 기술이 명확하지 못하고 또 적용하는 사람에 따라 개인차가 있다는 것이다. 사실상 대학 교수들이 가르치는 방법과 기술도

전공이론과 교수법에 근거한다고 하지만 과거 경험으로부터 얻는 노하우나 필요에 따라 적용하는 기술과 방법에 차이가 있다. 셋째, 유동적 참여는 대학교육에 참여하는 사람이 유동적이고 일관성이 적다는 것이다. 모호한 목표와 불분명한 기법을 가진 사람들은 고정적이지 않으며 참여자가 투입하는 시간과 노력의 양은 일정하지 않다. 이와 같이 대학은 하나의 조직으로서의 체계를 갖추고 있으나, 그 내부는 목표, 기술, 참여의 측면에서 다소 혼란스럽고 무질서한 양상을 띤다. 이러한 관점에서 대학은 '조직화'와 '무정부 상태'라는 서로 모순되는 두 가지 개념에 의해서 은유적으로 묘사되고 있다. 이와 같이 대학교육의 성과관리도 하나의 체제를 구성하고 있지만 요소 간의 유동적이며 동태적인 상호작용의 산물이라서 성과관리가 쉽지 않다.

대학에서 대학교육의 질 제고와 경쟁력 강화는 지속적인 이슈이자 정책적 지향점이다. 이를 확인하기 위해서 성과관리와 평가가 강조되고 있다. 최근에는 평가도 중요하지만 더 적극적이고 효과적으로 선대응하고자 대학의 성과분석 및 성과 제고에 관심이 높아지고 있다. 성과분석 및 관리를 위한 방향을 제시하면 다음과 같다(서영인 외, 2013). 대학의 자율성·다양성·특수성을 보장하기 위해서는 정부 및 정부 인정 기관의 대학평가보다는 대학 자체적인 성과평가를 실시할 필요가 있다. 또한 정부는 재정지원과 연계한 대학평가에 있어 사전에 사업목표를 명확히 설정하여 대학이 자체적으로 설정한 목표에 대한 성과를 관리할 수 있도록 해야 한다. 대학은 스스로 설정한 목표 및 성과를 매개하는 지표에 대하여 관심을 기울여야 하며 성과평가 관점을 기관 중심에서 학생 중심으로 전환하고, 설정한 목표에 기초해 경쟁대학과의 비교분석 또는 특정 기간 동안의 향상도 평가 등을 통해 성과관리를 체계화시켜야 한다.

각 대학마다 성과분석 및 관리를 하고 있지만 아직까지 성과관리와 분석방법이 정착되어 있지 않아서 시행착오의 어려움을 겪고 있다. 성과관리(performance management)는 그 자체가 목적은 아니다. 성과관리의 목적이 무엇이고, 그 목적에 맞는 측정방법을 어떻게 구현할 것인가를 심각하게 고려해야 한다. 이 두 가지를 고려한 후에 비로소 성과관리 체계를 구축하게 되는 것이다. 이제 성과관리 접근하는 데 있어 대학 구성원이 함께하는 대학교육의 질을 개선한다는 관점으로 성과관리에 대한 집단지성이 필요한 시점이다.

2. 교육 성과관리의 개념

1) 성과관리의 개념

성과관리의 핵심은 성과를 무엇으로 볼 것인가와 그 성과를 어떻게 측정할 것인가에 있다. 쉽게 생각하면 성과란 결과를 의미한다고 할 수 있고, 좋은 결과는 높은 성과를 의미한다고 할 수 있다. 현재 공공 부문과 민간 부문에서 성과는 일반적으로 계획했던 목표에 대한 달성 정도를 의미하고 있으므로 성과는 산출과 결과를 포괄하는 개념이다. 특히 공공 부문에 있어서 성과란 조직 및 그 구성원이 서비스의 생산 및 제공을 위해 수행한 업무, 정책 및 활동 등의 현황 또는 정도를 의미한다(이창길, 2006). 대학의 성과관리 도입은 공공부분 성과의 특수성과 일맥상통한다. 대학의 성과관리는 민간 부문과 달리 단순히 산출(output)이나 결과(outcome)의 개념으로만 볼 수 없다. 대학의 성과관리는 산출과 결과도 중요하지만 투입과 과정도 중요하므로 절차와 규칙을 중심으로 한 전체적인 업무행태를 살펴야 한다. 조성우, 노재현(2009)은 성과가 성과 그 자체의 표현뿐만 아니라 산출, 결과 등으로도 표현될 수 있으며, 성과를 충실하고 온전하게 평가하기 위해서는 사업 종결 후의 결과(result) 개념이 아닌 과정(process) 개념도 고려하여 평가대상으로 삼아야 한다고 하였다.

성과란, 일반적으로 조직이 가용 가능한 예산과 자원을 활용하여 어느 정도의 서비스를 산출하고 결과를 달성하였는지를 의미한다고 할 수 있다. 사업에 대한 투입은 자본 또는 인력과 같은 생산요소이며 이러한 투입을 통하여 결과를 산출하고, 산출의 결과가 효과로 변화하는 일련의 과정이 성과라고 할 수 있다. 성과는 일반적으로 자원의 투입관점과 결과의 산출관점에서 경제성, 생산성, 효과성의 측면으로 살펴볼 수 있다. 여기서 경제성이란 투입측면을 강조하는 용어로써 생산요소 및 투입비용의 최소화를 의미하며, 생산성이란 산출측면을 강조하여 투입량 대비 산출량이나 투입량 대비 활동 수준으로 평가되고, 효과성은 산출 대비 효과 또는 결과로써 측정된다(이창길, 2006).

성과관리에 대한 개념은 학자에 따라 다양하게 정의되고 있다. Armstrong(2006)은 성과관리를 "개인과 팀의 성과를 진전시킴으로써 조직성과를 개선하기 위한 체계적인 과정"으로 정의하였고, Lockett(1992)은 "조직에 헌신하고자 하는 유능한 개인들이 조직의 공동목표를 달성하기 위한 일련의 작업"으로 정의하였다. 또한 Walters(1995)는 "구성원들이 조직의 요구에 부응하여 가능한 한 효율적이면서도 효과적으로 업무를 수행할 수 있도록 관리하고 지원하는 과정"이라고 주장하였고, Armstrong과 Baron(1998)은 "성과관리란 조직구성원의 업무성과를 개선하고 팀과 개인의 역량을 개발하는 전략적이면서도 통합적인 접근"이라고 제시하였다.

대학의 성과(performance)란 대학이 당초 의도한 결과(intended outcome)를 달성하기 위해 체계적으로 수립한 계획에 따라 수행한 업무 및 활동을 통해 나타난 양적·질적인 발전과 변화를 의미한다(서영인 외, 2013). 대학의 성과는 대학의 사명인 교육, 연구, 사회적 기여 부문에 걸쳐 나타나는 성과로 궁극적으로 고등교육기관으로서 대학을 지속 가능하게 만드는 실적이다. 대학의 성과관리(performance management)란, 대학의 교육목적을 달성하기 위해서 대학이 수립한 발전계획에 따라 추진한 업무 및 활동을 분석 및 평가하여 대학의 성장을 유도하는 일련의 투입-과정-산출의 과정을 의미한다.

대학의 성과관리는 민간 부문과 비교할 때에 상당히 뒤떨어져 있다. 물론 공공부문의 성과는 양적으로 측정하기 어려운 경우가 많을 뿐만 아니라, 추구하는 목적 자체가 다차원적이고 다목적적인 성격이 강하기 때문이라고 볼 수도 있다. 이러한 어려움에도 불구하고 성과관리는 반드시 필요하며, 이를 위해서는 다양한 성과관리 기법이 개발되어 적용되어야 한다는 인식과 더불어 많은 연구가 이루어지고 있다(정영균, 2007). 성과관리를 구성하는 중요한 개념으로는 비용, 투입, 과정, 산출, 결과, 효과성, 효율성, 경제성 등의 개념을 들 수 있다. 비용(cost)이란 투입을 사용하면서 발생하는 지출을 의미한다. 투입(input)은 사업의 결과를 창출하기 위해 조직이 투입하는 자원을 의미하며 인적 자원과 물적 자원을 모두 포함하는 개념이다. 과정(process)은 산출을 만들어 내기 위해 투입이 결합되는 방법을 의미한다. 산출(output)은 해당 기관이 시민이나 기업 혹은 다른 고객에게 제공하는 재화 혹은 서비스를 의미한다. 결과(outcome)는 기관의 산출이나 활동의 공동체에 대한 영향을 의미한다. 결과는 정부 활동의 의도한 결과뿐만 아니라, 의도하지 않은 결과까지도 포함하는 개념이다. 또한, 경제성(economy)은 투입과 비용의 개념으로 투입에 소요되는 비용이 적으면 적을수록 경제성이 높다. 효율성(efficiency)은 투입과 산출을 비교하는 개념으로, 주어진 투입으로 산출을 극대화하거나 혹은 주어진 산출을 만들어 내는 데 투입을 최소화할 수 있다면 효율적이라고 할 수 있다. 효과성 (effectiveness)은 사업의 목적을 얼마나 제대로 달성했는가를 평가하는 개념으로 목표 달성 정도를 나타내는 개념이다. 또 효과성은 지출을 얼마나 현명하게 했는가와도 관련된다(이창길, 2006).

2) 대학교육 성과관리의 목적

많은 대학에서 성과관리를 강조하고 있는데, 대학마다 강조점과 시각이 명확하지 않다. 성과관리를 보는 시각에 따라 다르게 접근하고 있지만 성과관리의 핵심이나 성과관리의 궁극적인 목적은 '학생 성공'(student success)에 두어야 한다.

학생 성공이란 키워드는 Kuh 등(2005)이 쓴 『Student Success in College: Creating Conditions that Matter』의 제목이기도 하다. 미국 인디애나 대학의 NSSE(National Survey of Student Engagement) 기관(Institute)에서 수행한 DEEP(Documenting Effective Educational Practice) 프로젝트의 최종 결과물인 이 책은 미국의 20개 학부교육 우수대학의 사례연구를 바탕으로 이들 대학의 학부교육 특징과 성공 전략을 심층적이고 종합적으로 기술하였다. 변기용 등은 DEEP 프로젝트를 바탕으로 한국판 K-DEEP 프로젝트를 수행하였고, 그 결과를 중심으로『잘 가르치는 대학의 특징과 성공요인』(변기용 외, 2015)과『잘 가르치는 대학의 특징과 성공요인 2』(변기용 외, 2017)라는 학부교육 우수대학 성공사례를 저서로 발간하였다.

오늘날 고등교육의 최우선 과제는 학생이 성공적인 대학 생활을 경험하도록 하고 그들의 성취(student success)를 향상시키는 것이다. 대학생의 성공에 대한 최근 연구

는 학생 참여(student engagement)의 중요성을 강조한다. 학생 참여는, ① 학생들이 양질의 학습 경험에 많은 시간과 노력을 투자하는 것, ② 이를 촉진하기 위해 대학 차원에서 실천하고 있는 효과적인 교육 및 운영 방안을 모두 포함하는 개념이다. 대학은 학생들을 위한 학습 환경을 조성하고 다양한 방식으로 프로그램 및 활동을 구성하여 제공하고, 학생 참여를 촉진하기 위한 지원 체계를 갖춤으로써 학생의 학습 경험과 성취를 높이기 위해 노력해야 한다. 따라서 성과관리의 본질을 학생 성공으로 하는 데 대해서 어느 정도 의견의 일치를 볼 수 있다. 이는 이미 많은 대학이 대학혁신으로 학생 성공을 강조하고 있기 때문이기도 하다.

2000년대 들어 상황은 변하고 있다. 학령인구는 감소하고, 지방대학을 중심으로 학생 유치에 어려움을 겪는 대학들이 속속 늘어나고 있다. 진학률이 높아지면서 대학을 졸업하더라도 취업하기가 어렵게 되어 단순히 '대학을 졸업했다'는 사실이 아니라 '어떤 대학에서 무엇을 배웠는가'가 중요해지기 시작했다. 이러한 환경 속에서 대학들로 하나둘씩 대학의 중장기적 발전전략과 대학이 처한 특정한 상황 속에서 어떻게 소속 학생들을 잘 가르칠 수 있을 것인지에 대해 고민하기 시작했다. 학생들의 구성도 점점 다양해지기 시작했다. 과거 엘리트 시대 고등교육과는 달리, 학령인구 감소와 맥락 속에서 대학들은 반드시 자신들이 원하는 수준의 사전학습이 되어 있지 않은 학생들도 입학시켜 교육시켜야 하는 새로운 도전 상황에 직면하게 되었다. 또한 21세기에 접어들면서 산업구조가 급변하고 이에 따라 기업의 요구도 수시로 변해 나가는 상황 속에서, 이미 존재하고 있는 전문적 지식의 전달에 치중해 왔던 그간의 대학교육 방식에도 근본적인 변화가 요청되고 있다. 현재 노동시장에서 요구되는 가장 핵심적인 소양은 불확실한 상황 속에서 그때그때 주어지는 문제 상황을 해결할 수 있는 창의력과 유연성 그리고 의사소통 및 네트워킹 능력이라고 할 수 있다. 이러한 상황 변화는 그동안 국내 대학들이 수행해 왔던 학부교육의 내용과 제공방식에 대한 근본적 성찰과 함께 이를 바탕으로 한 혁신이 매우 시급했다는 것을 의미한다(변기용 외, 2015. 머리말 중에서).

교육의 질 경쟁을 위해서 혁신사업을 하고 있는 여러 대학은 성과관리에 많은 관심을 갖고 있다. 학생 성공을 위해서는 학생과 관련된 주요 요소에 변화를 주어야 한다. 교육 성과관리는 학생들의 요구를 고려한 교육과정(교과와 비교과)을 개발 ·

운영하면서 학습환경과 교육 프로그램을 제공해 주어 학생의 학업몰입에 영향(변화)을 끼치고 그들의 성취(student success)를 향상시키는 활동이라고 할 수 있다. 이것이 바로 성과관리의 목적이다.

3) 대학교육 성과관리의 의미

성과관리(performance management)는 그 자체가 목적이 아니라 수단이자 방법이다. 대학교육의 성과관리를 잘하기 위해서는 무엇을 어떻게 성과관리를 할 것인가에 대해서 고민을 하고, 그에 따른 성과관리 체계를 구축해야만 제대로 성과관리를 할 수 있다. 다시 말해 무엇을 성과관리할 것인가? 성과관리를 하기 위해서 어떻게 할 것인가? 이에 대한 답은 간단하지 않다. 대학은 조직 특성상으로 보면 목표가 모호하고 방법이 불분명하며 참여가 유동적이기 때문에, 성과관리의 의미를 이해하는 사람마다 각자의 입장이 있고, 입장의 차이에 따라 다른 접근이 있을 수 있다. 또한 어떻게 정보를 활용할 것인가에 대한 분명한 아이디어가 부재하거나 획득한 정보가 활용 목적이 명확하지 않다면 성과관리 정보는 왜곡되거나 제대로 활용되지 않는다. 그렇다면 중요한 것은 무엇을 성과관리해야 할까 하는 성과관리의 대상과 성과관리를 위해 어떻게 측정할 것인가 하는 성과관리 방법에 달려 있다.

성과관리의 의미는 프로그램의 질 향상에 있다. 이런 의미에서 성과관리는 업무를 평가하고(evaluate), 조직구성원을 동기부여시키며(motivate), 조직의 성과를 개선하는(improve) 것이다. 평가는 부서에 주어진 예산을 가지고 일을 잘하고 있는가에 대한 것이고, 동기부여는 구성원들이 일을 올바르게 수행하도록 하면서 성과 향상에 집중하도록 하는 것이며, 성과개선은 현실적이고 최종적인 목적에 맞게 성과를 달성하거나 향상시키는 것이다.

일반적으로 평가를 위해 성과를 측정한다. 평가를 통해 프로그램의 문제점이 개선되고 있는지 아니면 악화되고 있는지에 대한 정보가 제공된다. 프로그램 결과에 대한 측정은 프로그램의 목표 달성을 향한 현재의 진전 정도를 가늠하는 중요한 정보가 된다.

4) 성과관리의 기본 전제

성과관리를 하는 지향점이자 기본 전제를 생각해 보아야 한다. 제대로 된 기본 전제하에 성과관리가 출발된다면 우리의 성과관리는 긍정적인 성과관리가 되고, 성과관리의 효과도 높아질 것이다.

첫째, 성과관리는 전문성을 갖추는 노력이 있어야 한다. 성과관리가 전문성을 갖추어야 하는 이유는 다음과 같다. ① 성과관리는 목표 달성을 위하여 효과적으로, 창의적으로 기여하는 가치 있는 활동이다. ② 성과관리는 현재의 직무나 환경이 허용하는 범위 그 이상으로 주도적으로 책임 있게 직무를 수행할 수 있도록 도와주는 활동이다. ③ 성과관리는 대학구성원으로 하여금 교육목표 달성을 위하여 그들이 가지고 있는 모든 재능을 발휘할 수 있도록 격려하는 활동이다. ④ 성과관리는 구성원으로 하여금 일상적인 결정은 물론이고 중요한 결정에 도움이 되도록 지원하고, 결정의 질을 향상시킬 방법을 모색해 주는 활동이다. ⑤ 성과관리는 가치 있는 목표의 달성을 위하여 책임있는 자기지시, 자기통제를 할 수 있도록 지침이 되는 활동이다.

둘째, 성과관리는 McGregor의 Y이론에 바탕을 두고 접근이 이루어져야 한다. Y이론은 구성원을 긍정적으로 보고, 구성원은 동기유발만 되면 일하기를 좋아하고 기꺼이 책임을 진다는 이론이다. Y이론이 전부 맞는 것은 아니지만 구성원을 긍정적으로 보고 성과관리를 할 필요가 있다. 엄밀한 의미에서 바람직한 성과관리는 스스로 성과관리의 도움을 받고자 하는 대학의 각 학과(부)나 행정부서 구성원들의 필요와 자발성에 의해서 이루어져야 한다. 이제 대학에서 성과관리를 하고자 한다면 바람직한 성과관리 풍토, 문화, 여건을 형성하여 이를 수용하면 될 것이다. 이렇듯 성과관리는 지시적 관리에서 상호작용적 성과관리로, 권위주의적 행정에서 민주적 행정으로, 구성원이 각자 맡은 역할과 업무에서 성과관리를 출발하도록 유도할 필요가 있다.

셋째, 성과관리는 유지와 개선이라는 두 가지를 모두 추구한다. 성과관리에서 잘하고 있는 것은 유지시켜야 하고, 잘 안되고 있는 것은 변화를 통해서 개선을 시켜야 한다. 즉 유지시킬 것은 유지시키고, 개선이 필요한 것은 개선시켜야 하는 두 가지를 적절하게 잘하는 것이 성과관리이다. 대학교육의 질을 일정 수준에서 유지 및 관리해야 하고, 한편으로는 최고로 향상시켜야 한다. 그런데 교육현장에서 유지해야 할 것이 없어지고 변화시켜야 할 것이 그대로 남아 있는 경우가 있다. 아직도 일부 대학에서는 수업평가 결과가 학생들에게 공개되지 않는 경우도 있고, 다양한 교육과정 운영을 위한 학사제도 개편이 과거의 답습에 머물러 있는 경우도 있다.

넷째, 성과관리는 구성원이 업무를 잘 할 수 있도록 지원해 주고 실제 업무를 제대로 잘 했는지를 평가하는 이중성을 갖고 있다. 만약 구성원이 평가를 잘 받기 위해서 성과관리를 형식적으로 한다면 성과관리를 통해서 얻은 자료가 신뢰할 수 없을 수도 있다. 이렇게 되면 진정한 의미의 성과관리를 할 수 없다. 성과관리를 제대로 하기 위해서는 성과관리를 통해서 나온 자료를 가지고 평가자료로 활용하기보다는 우선 업무를 잘 할 수 있도록 지원하는 방향으로 접근하는 것이 타당하다.

다섯째, 성과관리를 하는 데 평등성, 수월성, 효율성, 다양성 중에서 어떤 가치를 선택하느냐도 중요한 문제이다. 성과관리를 하는 데 모든 학생에게 균등한 교육기회와 프로그램을 제공하는 평등성을 추구하느냐 아니면 학생들의 수준에 따른 자신의 잠재 능력을 최대한 발휘할 수 있도록 수준별 교육 프로그램을 제공하는 수월성(excellence)을 추구하느냐 하는 상반된 입장이 있다. 같은 돈, 시간, 노력, 자원을 갖고 모든 학생에게 똑같은 교육 기회와 양을 강조하다 보면 수월성의 질을 놓칠 수 있다. 또한 성과관리에서 효율성(efficiency)의 가치도 빼놓을 수 없는 중요한 가치이다. 대학재정이 점차 열악해지는 상황에서 짧은 시간에 적은 비용으로 교육이나 프로그램 운영을 염두해야 한다. 하지만 학생들의 선호에 따른 교육 프로그램이 다양하게 제공되어야만 학생들이 선택의 자유를 누릴 수 있으므로 다양성도 중요하다. 모든 학생의 선호도가 다양해지면서 획일적인 방법이나 프로그램으로는 만족할 수 없다. 다양성 속에서 자유로이 선택하여 개별 학생의 선호도를 보장해야 할 시점에 이르렀다. 성과관리에서 평등성을 유지하면서 수월성의 가치를 추구하여 교육의 질 경쟁을 인식하는 한편, 효율성을 유지하면서 다양성에 의한 선택의 자유를 보장해 주어야 한다.

여섯째, 성과관리 담당자가 어떤 철학과 신념을 갖고 성과관리를 하느냐는 중요한 문제이다. 성과관리 담당자가 성과관리를 하기 위해서는 그 대학의 특성에 맞아야 하고 또 어떤 면에서는 구성원의 과업수행이나 풍토하고도 맞아야 한다.

결론적으로 성과관리의 기본 전제를 보면, 우선은 성과관리의 전문성을 높여야 하고, Y이론에 바탕을 둔 구성원을 긍정적으로 생각하는 성과관리가 되어야 한다. 성과관리에서 유지할 것은 유지하고 변화시킬 것은 변화시켜야 한다. 성과관리에서 구성원을 위한 지원과 평가라는 두 가지 중에서 평가적 기능을 줄이거나 유보하고 지원해 주는 기능에 강조점을 두어야 한다. 앞으로의 성과관리에서 더 강조해야 할 가치를 들자면 수월성과 다양성이라고 할 수 있다.

3. 교육 성과관리의 체제

1) 교육 성과관리의 기본 영역

대학이라는 조직의 정체성이나 사명의 관점에서 보면 대학의 기본은 '교육'이다. 지금처럼 학생 수가 줄어드는 상황에서 '제대로 가르치는 것'은 대학의 생존과 발전을 위한 필수적인 요소라 할 수 있다(배상훈 외, 2018). 잘 가르치는 것이 중요하기 때문에 그동안 대학에서 교수학습의 기능이 강조되어 교육개발센터(Center for Teaching and Learning: CTL)의 역할이 중요했다. 하지만 이제는 '잘 가르치는 것'보다 바로 학생들이 '제대로 학습하는 것'이 더 중요하다. 실제 대학에서 학생의 학습이 얼마나 제대로 이루어졌는지를 알아보고, 이에 대한 지속적인 관리를 하는 것이 바로 교육 성과관리의 맥락과 일맥상통한다고 볼 수 있다. 대학 경영에서도 다양한 기획과 의사결정 활동은 학생들의 학습이 제대로 이루어지도록 하는 대학교육프로그램 단위 측면에서 성과관리가 이루어져야 한다.

대학에서 교육 성과관리는 교육 체제를 구성하는 다양한 요소 간의 투입, 과정, 산출을 거치면서 외부 환경과 끊임없이 상호작용을 하는 개방적·순환적 성격을

표 1-1 ▌ 교육 성과관리 기본 영역과 주요 쟁점

구분	투입	과정	산출	
영역 분류	조직 체계	프로그램 운영	평가·환류	
기본 영역	지원 체계	운영	평가	환류(공유 확산)
주요 쟁점	전문기관(부서) 운영자 전문성 예산의 확보 운영근거의 유무	운영실적 확보	목표대비 달성도	결과 반영 우수 결과 확산

띠고 있다. 따라서 교육 성과관리도 교육 체제 내외에서 이루어지는 요소들을 규명하고, 이들 간의 상호작용을 이해할 필요가 있다. 교육 성과관리는 투입요소로서 기관의 목적, 인적 자원, 물적 자원이 중요하고, 과정요인으로서는 기능수행 활동과 운영 활동이 중요하고, 산출요인으로서는 교육 산출이 그 핵심이 될 것이다. 결국 투입-과정-산출로 이어지는 일련의 체제적 접근에서 교육 성과관리의 영역을 살펴볼 수 있다. 교육 성과관리는 교육여건, 교육운영, 교육성과를 포함하도록 구성하고, 요소 간의 명확한 구분이 가능하도록 구성한다. 투입-과정-산출에 근거하여 교육 프로그램 측면에서 교육 성과관리를 위한 기본 영역을 선정하면 다음과 같다(이석열 외, 2019).

투입은 행정적인 인적·물적·재정적 자원을 갖추는 조직 체계에 해당된다. 기본적으로 투입은 교육성과 목표를 달성하기 위해서 필요한 제반 요소를 갖추고 여건을 마련하는 지원 체계이다. 따라서 투입은 성과를 달성하기 위한 교육 프로그램 운영, 평가, 환류가 잘 이루어지도록 하는 기본이 되는 영역이다. 투입에서 지원을 하는 조직 체계는 조직의 전문기관과 이를 담당하는 운영자의 전문성, 그리고 적절한 예산의 확보가 중요하다. 또한 프로그램 운영이나 평가 및 환류를 통한 성과관리가 이루어지는 과정에 대한 규정이나 지침 등의 근거 등을 갖추어야 한다.

과정(운영)은 실제적인 프로그램 운영과 운영을 통한 실적을 포함한다. 즉, 운영은 운영목적, 운영시기, 달성목표, 목표 달성 방안, 사전요구 및 개선내용 반영 등이 구체적으로 설정되어 있는지 확인한다.

산출은 프로그램 운영을 결과에 따른 목표 달성 여부, 효과성, 효율성, 프로그램의 장단점 그리고 개선사항 등을 포함한다. 즉, 교육프로그램 운영 결과가 계획과 일치하였는지, 프로그램이 설정한 목표는 달성되었는지, 운영에 있어 문제는 없었는지, 향후 개선할 사항은 무엇인지 등을 확인한다.

환류(공유확산)는 교육 프로그램 운영 결과, 우수한 교육 프로그램 결과에 대한 공유·확산, 문제점에 대한 개선·폐지 등의 의사결정 행위를 포함한다. 즉, 환류는 평가 결과에 대한 보완점, 유지할 사항, 그리고 결과에 대하여 어떻게 공유되고 확산되었는지 등을 확인한다.

2) 교육 성과관리를 위한 평가방법

교육 성과관리를 위한 평가는 기본 영역인 지원 체계, 운영, 평가, 환류로 구분하여 접근한다. 실제 성과관리의 효율성을 높이기 위한 방법 중 하나는 단계별 평가방식이다. 단계별 평가방식은 평가 결과의 엄정성, 평가 결과에 대한 환류 및 처방 가능성을 높여 주는 평가방법이라고 할 수 있다. 교육 성과관리를 위한 평가방법을 단계적으로 1차와 2차로 구분하여 설정하였고, 그 내용을 살펴보면 다음과 같다.

표 1-2 ▌ 교육 성과관리를 위한 평가방법

영역	투입	과정	산출	
	조직 체계	프로그램운영	평가 · 환류	
	지원 체계	운영	평가	환류(공유 확산)
1차 평가	유/무	유/무	유/무	유/무
2차 평가 (질적 평가)	적절성 체계성 전문성	적절성 다양성 체계성	평가 체계 만족도 참여도 실적평가	환류 체계 적절성 체계성 우수사례

교육 성과관리의 1차적인 평가는 가장 기본이 되면서 투입에 해당하는 '유/무'에 대한 판정이다. 투입의 경우는 교육성과를 담당하는 전문기관이나 부서, 전담인력, 적절한 예산 확보, 관련 근거 규정이나 지침 등 조직 체계가 지원을 할 수 있도록 갖추어져 있는지를 본다. 1차 교육 성과관리는 '유/무'에 해당하는 사항이기 때문에 직관적으로 파악할 수 있다. 유무판정은 성과관리의 기본체계를 구성하는 기본 영역이기 때문에 그만큼 중요하다. 1차적인 성과관리의 유무는 2차 성과관리의 근거가 된다. 성과관리의 1차 평가에서 '유'로 판정된 경우에만 2차 평가의 대상이 되며, 1차 평가에서 '무'인 경우 2차 평가가 실시되지 않는다.

2차 교육 성과관리는 한마디로 우수성에 대한 판정이다. 1차 평가에서 '유'로 판정받은 경우에 2차 평가를 실시하며, 우수성 판정을 목적으로 질적 평가가 이루어진다. 투입은 적절성, 체계성, 전문성을 중심으로 판단이 이루어지는데, 조직 체계가 적절하고 체계적으로 이루어졌으며 구성원들의 전문성이 확보되는지를 확인한다. 과정(운영)은 프로그램에 대한 적절성, 다양성, 체계성을 중심으로 판단이 이루어지는데, 프로그램 실행이 적절하고 다양하게 이루어졌으며 프로그램 실행이 목표치 달성에 맞게 체계적으로 운영되었는지를 확인한다. 평가는 프로그램이 효과적으로 운영되었는지를 평가하는 체계를 마련해서 만족도, 참여도, 실적을 평가한다. 이 과정에서 프로그램의 우수사례도 확보한다. 환류는 프로그램 개선사항을 보완할 수 있는 환류 체계를 마련하고, 적절하며 체계적인 환류가 이루어졌는지를 확인한다. 이 과정에서 프로그램의 효과성이나 우수사례를 공유하고 확산하고 있는지 확인한다. 2차 성과관리는 과정과 해당 결과에 대한 우수성을 판단하기 때문에 판단을 위한 일정 기준(목표치 등)이 제시되어야 한다. 이 경우에 설정한 기준은 타당성을 확보하여야 하며, 구체적 객관성을 지녀야 한다. 이러한 내용을 정리해서 교육 성과관리를 위한 판정 근거를 보면 〈표 1-3〉과 같다.

표 1-3 | 교육 성과관리를 위한 판정 근거

영역	1차 평가: 기본(유/무)	2차 평가: 우수성
지원 체계	• 관련 규정 • 담당 기구 • 인적/재정적 확보	• 구성원의 전문성 • 지원 및 피드백 체계
운영	• 프로그램 실행	• 단계화: 적절성, 다양성, 체계성 • 목표치 달성
평가	• 평가 실시	• 참여도/참여율 • 만족도 • 우수사례
환류	• 피드백	• 개선점 제시 및 개선 노력 • 우수사례 공유 및 확산

3) 교육 프로그램의 성과관리 절차

교육 프로그램의 성과관리 절차는 교육 투입-과정(운영)-산출(성과)이라는 교육 성과관리의 기본 체계를 구체화하여 단계별로 제시하였다. 교육 성과관리의 절차는 교육 프로그램의 준비부터 환류에 이르는 단계를 8단계로 구분하며 각 평가준거를 검토해야 한다. 1단계는 프로그램 운영 조직 유무와 이를 운영하는 사람의 전문성 및 관련 예산 확보를 확인한다. 2단계는 프로그램 운영과 관련된 규정이나 지침이 마련이 되어 있는지를 확인하면서 프로그램 운영에 대한 근거가 있어야 한다.

3단계는 프로그램이 실제적으로 얼마나 운영되었는지를 볼 수 있다. 4단계는 해당 프로그램의 목적이 잘 구현될 정도로 프로그램이 체계적으로 운영되어야 한다. 5단계는 프로그램이 실행된 정도가 되는데, 주로 프로그램의 횟수나 프로그램의 참여자 수 등이 근거가 된다. 6단계는 프로그램의 효과성으로 프로그램을 통해서 만족도나 성과 향상 등을 볼 수 있다. 7단계는 프로그램 운영에 대한 평가를 한다. 대부분 프로그램 운영을 마치고 설문조사 결과를 바탕으로 평가를 하기도 하지만, 프로그램의 목적에 맞게 프로그램이 운영되었는지를 평가한다. 8단계는 평가 결과의 환류에 대한 부분으로 프로그램 평가 결과를 다음 프로그램 운영에 반영하거나 유사 프로그램에 전파시키고 관련 내용을 공유하는 단계이다.

프로그램의 성과관리의 시작은 프로그램 운영 조직에서 출발하여 끝은 환류이고, 8단계는 순차적으로 이루어지며, 단계별로 즉각적인 피드백이 가능하다. 프로그램의 성과관리 절차는 단계별로 평가 결과를 보고 직관적으로 각 단계별 문제점이 확인 가능하고, 해당 문제점은 피드백 내용으로 개선점의 근거를 확보할 수 있다. 교육 프로그램의 성과관리 절차를 제시하면 다음과 같다(이석열 외, 2019).

[그림 1-1] 프로그램의 성과관리 절차

4. 교육 성과관리의 대상

1) 교육 성과관리와 대학평가

국내 대학평가의 역사는 한국대학교육협의회가 설립된 1982년부터 시작이 되었다고 해도 과언이 아니다. 지금은 평가의 홍수시대라고 할 만큼 다양한 종류의 대학평가가 이루어지고 있다. 한국대학교육협의회의 대학기관평가인증과 정부의 각 부처에서 대학의 예산지원과 관계된 재정지원평가, 학문 분야별 평가인증제, 언론기관에서 하는 대학평가 등이 다양하게 이루어지고 있다. 교육부가 한국교육개발원에 위탁해서 시행하는 대학기본역량진단은 2018년과 동일하게 2021년에도 다섯 개 권역으로 나누어 권역별 상대평가 제도를 적용한다. 반면에 한국대학교육협의회 병설 한국대학평가원에서 주관하는 대학기관평가인증은 대학이 고등교육기관으로서 최소한의 질을 갖추고 있는지에 따라 인증을 해 주는 절대평가 체제이다. 대학평가는 대표적으로 대학기관평가인증과 대학기본역량진단 두 가지가 있는데 이를 비교해 보면 다음과 같다.

표 1-4 ▎대학기관평가인증과 대학기본역량진단의 비교

구분	대학기관평가인증	대학기본역량진단
목적	• 개선 및 변화 기능 • 인정 및 지지, 홍보 • 정당화, 타당화	• 개선 및 변화기능(일부) • 구조조정, 정원감축 • 수행점검 및 통제
목표 수준 준거	• 준거지향평가준거(절대평가)	• 규준지향평가준거(상대평가)
평가대상기관	• 대교협 회원대학(일반대, 산업대) • 전대교협 회원대학	• 전국 4년제 및 전문 대학 (특수목적대 제외)
실시근거	• 대교협법 및 전대교협법 제3조	• 법적 근거 없음
소요예산	• 자체 조달(수익자 부담)	• 교육부 재정지원
평가주체	• 자체 및 외부 평가	• 자체 및 외부 진단
문항구성	• 투입, 과정, 산출의 체제적 접근	• 투입, 과정, 산출의 체제적 접근
평가방법	• 양적 · 질적 방법 • 서면평가 • 관찰법, 면접법, 현지방문평가	• 양적 · 질적 방법 • 서면 진단 • 면접법

〈계속〉

평가자	• 내부 평가자(대학 자체평가 및 대학 교수에 의한 대학평가) • 외부 평가(평가전문가, 내용전문가) • 평가자 풀(pool) 구성을 위한 사전연수 과정이 있음	• 내부 진단자(대학 자체진단 및 대학 교수에 의한 대학 진단) • 외부 진단(평가전문가, 내용전문가) • 진단자 풀(pool) 구성을 위한 사전연수 과정이 없음
결과활용	• 사회적 공인, 인정 • 대학발전의 자료로 활용	• 정부재정지원 및 제한 • 정원감축 및 대학구조조정 유도
결과발표	• 인정, 인증유예, 불인정 • 우수사례 발표	• 권역별 상대평가를 통해 자율개선대학, 역량강화대학으로 구분해서 발표

출처: 이석열(2019). p. 9 수정 · 보완.

　대학기관평가인증과 대학기본역량진단의 평가 내용을 비교해 보면, 대학기관평가인증은 대학이념 및 경영, 교육, 교직원, 교육시설 및 학생지원, 대학성과 및 사회적 책무 등 총 5개 영역으로 구성되어 있다. 대학기본역량진단은 발전계획의 성과, 교육여건 및 대학운영의 건전성, 수업 및 교육과정 운영, 학생지원, 교육성과 등 총 5개 영역으로 이루어졌다. 두 대학평가의 내용을 중심으로 비교해 보면, 대학기본역량진단은 대학기관평가인증의 1, 2, 4, 5영역과 대부분 중복되며, 대학기관평가인증의 3영역인 교직원 영역과 4영역의 시설 영역만 제외되어 있음을 알 수 있다(〈표 1-5〉 참조).

표 1-5 ▌ 2주기 대학기관평가인증과 3주기 대학기본역량진단의 비교

영역	2주기 대학기관평가인증		2021년(3주기) 대학기본역량진단	
	영역	평가준거	진단 항목	진단 지표
1영역	대학이념 및 경영	• 교육목표 및 인재상 • 발전계획 및 특성화 • 대학자체평가 • 대학재정 확보 • 예산편성 및 집행 • 감사	• 발전계획의 성과	• 특성화 계획 또는 중장기 계획 등 발전계획
			• 교육여건	• 전임교원 확보율 • 교육비 환원율
			• 대학운영의 책무성	• 법인 책무성 • 구성원의 참여 · 소통
2영역	교육	• 교육과정 편성, 운영, 개선체제 • 수업 및 성적관리 • 교수 · 학습지원과 개선	• 수업 및 교육과정 운영	• 교육과정 운영 및 개선(교양, 전공, 교수학습 방법) • 수업 관리 및 학생평가

〈계속〉

3영역	교직원	• 교원 인사제도 • 교원의 처우 및 복지 • 교원의 교육 및 연구활동 지원 • 직원 인사제도, 처우, 복지, 전문성 개발	–	–
4영역	교육시설 및 학생지원	• 강의실 및 실험 · 실습실 • 학생 복지시설 • 도서관 • 학생상담 및 취업지원 • 학생 활동지원 및 안전관리 • 소수집단 학생지원	• 교육여건 • 학생지원	• 학생 학습역량지원 • 진로 · 심리상담지원 • 취 · 창업지원
5영역	대학성과 및 사회적 책무	• 연구성과 • 교육성과 • 교육만족도 • 사회봉사 정책 및 실적 • 지역사회 기여 및 산학협력	• 교육성과	• 학생 충원율 • 졸업생 취업률

※ 대학기본역량진단을 대학기관평가인증의 평가 영역과 비교할 때 대학기관평가인증의 3영역 교직원 인사 영역과 4영역의 시설 영역이 제외되어 있지만 대학기관평가인증의 4개 영역군으로 유사하게 분류할 수 있음
※ 한국대학평가원(2019), 교육부, 한국교육개발원(2019. 08. 20.) 등을 근거로 작성함

대학교육 성과관리의 대상은 대학기관평가인증과 대학기본역량진단에서 이루어지는 교육성과와 밀접한 관련이 있다. 교육 성과관리의 대상도 두 평가의 평가준거나 진단지표와 연관시켜 보고자 한다. 대학기관인증평가는 2영역의 교육(교육과정 편성, 운영, 개선 체제, 수업 및 성적관리, 교수 · 학습지원과 개선)과 4영역의 학생지원(학생상담 및 취업지원, 학생 활동지원 및 안전관리, 소수집단 학생지원)이 교육 성과관리의 대상으로 볼 수 있다. 대학기본역량진단은 수업 및 교육과정 운영과 학생지원(학생 학습역량, 진로 · 심리상담지원, 취 · 창업지원) 4영역을 보면 교육 성과관리의 대상 프로그램이 모두 포함된 것을 알 수 있다.

2) 교육 성과관리의 대상

교육 성과관리를 위한 대상은 기본적으로 대학기관평가인증과 대학기본역량진

단에서 교육 성과관리에 해당하는 영역과 내용을 중심으로 구성하고자 한다. 교육 성과관리의 대상은 대학의 성과관리에서 기본 요소인 교육과정, 교수 질 관리, 학습 질 관리, 상담 프로그램, 취·창업지원, 운영성과 등 6개 영역과 11개 대상 프로그램으로 구성된다. 기본적으로 교육 프로그램은 고등교육혁신사업보고서에서 사용된 용어를 사용하도록 한다. 이유는 최근 고등교육에 대한 평가 경향성을 반영하기 위함이다.

표 1-5 ┃ 교육 성과관리의 대상

교육과정			수업 (teaching) 질 관리	학습 (learning) 질 관리	상담 프로그램		취·창업 지원		운영성과	
교양	전공	비교과	교수 질	학습 질	상담	진로	취업	창업	핵심 역량	만족도

5. 대상 프로그램별 성과관리

1) 교육과정

(1) 교양교육과정

대학의 교육과정은 교양과 전공으로 구분되며, 교양교육과정은 대학의 보편이념과 개별 대학 고유의 가치체계가 충분히 반영되어 교육과정 개발 방향이 정해져 있어야 한다. 교양교육과정은 대학의 인재상과 핵심역량과 연계되어 있어야 하고, 이를 구현하기 위한 교과목이 개설되어야 한다. 교육목표에서 추구하고 있는 인재를 양성하기 위해 교육과정을 개정할 때, 어떤 인재상을 추구하여야 할 것인지에 대한 명확한 고찰이 있어야 하고, 그에 따른 교육과정 개정이 이루어져야 한다.

교양교육과정에서 주요 논의 사항은 졸업학점에서 교양학점의 비율, 교양필수 대 교양선택의 비율, 교양선택의 폭, 교양과목의 배정 등이다. 교양과목의 학점배점 기준은 과거에는 전체 졸업이수 학점의 30%로 하였으나, 현재는 정확한 기준이 없다. 다만, 지금도 교양교육을 강화하는 차원에서는 이를 지향하는 추세이다. 교양필수와 교양선택의 비율은 학생들의 선택권을 보장하기 위해서 교양필수과목을 최소화하면서 적정 수준을 유지하려는 노력이 필요하다. 과거에 비해서 대학마다 교양과목의 교양필수 이수학점을 낮추고 있지만 아직도 전체 교양 이수학점의 50%를 상회하는 대학도 많다. 현실적으로 교양필수 이수학점이 높은 경우는 교양과정에 전공이수를 위한 기초과목을 포함하기 때문인 경우가 많다. 이런 점은 교양교육이 지향하는 근본정신에서 벗어난 것이라고 볼 수 있다. 교육과정의 교양필수 과목은 중핵교육과정에 근거하여 기본적인 것에 한해 최소화하면서 핵심역량과의 연계가 필요하다.

교양선택과목은 학문 영역별로 배정하는 데 있어서 일정 균등 이수가 이루어지도록 해야 한다. 교양과목의 이수학점 배정은 대체로 1~2학년에 집중 이수하도록 하고 있으나, 이에 대해 의견을 달리하여 1~3학년에 걸쳐 배정하는 대학도 있다. 교양에서 기초과목의 경우 학생의 수준을 고려해서 운영하고 있으며, 실제 학생들의 기초학력 수준을 일정하게 유지하도록 시스템을 갖추고, 교과뿐만 아니라 비교과에서도 보충적으로 지도 노력을 기울여야 한다.

교양과목의 구성은 사회적 변화를 반영하는 진취적이고 개방적인 과목으로 구성되어야 하며, 학문발전 추세를 반영한 과목을 신규 개발해야 한다. 특히 교양교과목에서 학생들이 4차 산업혁명시대에 대비해 사회적 적응력을 함양하도록 융·복합과 관련된 창의역량을 강조할 필요가 있다. 학생들이 대학생활을 시작하면서 처음 접하는 교양과목은 대학 학습의 방향성을 제시해 주고, 추후 대학 생활에도 크게 영향을 미친다. 이런 점을 고려할 때, 가능한 교양과목은 대학 전임교수가 담당하여 대학 학습의 방향 및 대학교양교육이 안정적으로 이루어지도록 해야 한다.

(2) 전공 교육과정

전공교육과정은 교양교육과정에 비해 단과대학 혹은 학과 단위에서 결정하기 때문에 대학 차원에서 표준화된 기준을 설정하기 어렵다. 그만큼 그동안 전공교육과정은 기본적으로 분과학문의 특성이 중요하게 작용하여 왔다. 하지만 전공교육과정에도 사회변화에 따른 시대적 요구와 대학차원과 연계된 전공교육과정 운영이 요구되고 있다. 이런 점에서 학부·학과(전공)의 교육목표가 대학의 교육목표와 체계적으로 연계될 필요가 있다. 이를 위해서 교육이념-교육목적-교육목표-인재상-전공교육과정 목표-전공역량(능력 또는 소양)-전공교육과정 구축에 대한 연계성을 갖추어야 한다. 학부·학과(전공)의 교육목표와 전공교육과정의 연계를 보여 주기 위해서 학부·학과의 전공역량(소양)을 도출하여 학부·학과(전공)가 추구하는 인재상과 연계되어 그 목적을 달성하기 위한 전공교육과정이 편성되어 운영되고 있어야 한다. 또한 이러한 교육과정 운영이 학칙 및 시행세칙에 근거하여 이루어지고 있으며, 교육과정 편성지침에 따라 학과의 특성에 맞게 교과목을 구성하여 운영하고 있어야 한다.

전공교육과정의 전체적인 구조는 전공필수 대 전공선택의 비율, 계열별 전공 실험·실습·실기 과목의 비율, 교과목의 순차성(선·후수 체계) 등을 고려해야 한다. 현행 교육과정에서 전공과정의 이수학점은 학과에 따라 차이가 있지만 전체 졸업 이수학점의 약 50~55% 내외(단일 전공인 경우)가 되고 있으며, 전공필수와 전공선택의 비율은 학부·학과(전공)의 특성을 반영하여 평가하지만, 대체로 전공필수의 학점이 전체 전공학점의 약 30% 전후를 넘지 않도록 하는 것이 적정하다고 보고 있다. 전공 실험·실습·실기 중심의 교육은 지속적으로 확대하여 학생들의 학습효과를 극대화하고 이론교육을 통해 습득한 지식을 실제 적용함으로써 전공지식을 체득할 수 있어야 한다. 전공 실험·실습·실기를 활성화하기 위해 현장실습 교과목 및 문제해결 중심의 교육을 접목한 캡스톤디자인 교과목 운영도 강화할 필요가 있다.

대학에서 주 전공 외의 타 전공 또는 융합전공, 연계전공을 이수할 수 있는 다전공 이수제도를 운영하여 학생들의 전공선택에서 자율성을 보장하고, 다양한 전공지식을 습득한 융복합 인재양성기반을 강화해야 한다. 4차 산업혁명이라는 변화는 대학이 이제는 융복합교육을 선택이 아니라 필수로 생각하고 이를 전공교육과정에서 구현하도록 요구하고 있다. 결국 전공교육과정의 유연화와 전공 간 융합이 강조될 수밖에 없다. 하지만 다전공 이수 활성화를 위하여 다전공이나 복수전공 이수 기준을 지나치게 완화시키면 단일전공이나 심화전공의 이수 학점과 차이가 너무 커질 수 있으므로 전공역량이 약화되는 경우를 지양해야 한다.

(3) 비교과교육과정

최근 정부의 대학재정지원사업의 종류와 규모가 늘어나면서, 특히 비교과교육과정의 중요성에 대한 인식 확산과 함께 대학별로 특색 있는 다양한 비교과교육과정이 개발되어 제공되고 있다. 학생의 진로 계획에 따라 필요한 역량을 높이는 데 정규 교과과정만을 수행하는 것보다 비교과과정을 운영함으로써 높은 교육적 효과를 얻을 수 있다. 또한 동아리 활동이나 학습공동체 등의 비교과 활동이 학생들의 학습 성과 달성에 도움이 되므로 다양한 형태의 비교과교육과정 운영이 이루어지고 있다.

비교과 프로그램이 활성화된 이유는 교수학습개발센터, 취창업지원센터, 사회봉사센터 등 다수의 부속 및 부설 기관을 중심으로 다양한 비교과 프로그램을 개발하여 제공하고 있기 때문이다. 또한 최근 학생의 진로 목표에 기반을 둔 핵심역량 관리가 해당 학생의 취업, 창업, 진학 등 졸업 후 진로를 위해 필수적인 요소로 인식되고 있다. 이에 각 대학에서도 인재상에 따른 핵심역량을 정의하고 재학생의 역량 관리 및 지도를 위한 제도와 시스템 환경 도입에 적극적으로 나서고 있다.

하지만 많은 대학에서 비교과교육과정에 투입되는 노력과 예산에 비해 체계적인 운영과 성과관리가 이루어지지 못하고 유사한 프로그램의 중복 개설, 참여 이력의 체계적인 관리 부재 등이 문제점으로 지적되고 있다. 이런 문제를 해결하기 위해서 대학 내에 비교과 프로그램 운영을 전담하는 기구를 두는 대학이 늘고 있다. 대학에서 보다 효과적인 교육 서비스의 제공과 관리를 위한 목적으로 다양한 비교과 프로그램의 운영 체제에 대한 연구가 검토되었고, 일부 대학에서는 각종 비교과 마일리지나 인증제를 통해 이를 체계화시키고 있다. 이렇듯 비교과교육과정이 개별 재학생의 역량 제고와 연계되어 있으므로 비교과교육과정 이수 정보를 통합적으로 질 관리를 할 필요가 있다.

2) 수업의 질

대학은 적절한 절차에 따라 수업을 운영하고, 수업평가를 실시하여 수업의 질을 관리하고 있다. 수업은 수업 관련 규정 또는 지침과 절차에 따라 체계적으로 이루어져야 하고, 학업성취에 대한 평가는 합리적으로 이루어져야 한다. 그리고 대학은 엄정하고 적절한 학사관리를 통하여 학생의 학업성취를 관리하고 지원하는 체계를 갖추어야 한다. 수업의 질에 관한 주요 논의사항은 수업 질 관리를 위한 규정 및 지침과 절차의 마련, 수업 운영 절차에 따라 수업이 개설 및 운영되고 있는지, 수업을 마친 후 수업의 질 관리 차원에서 평가를 하고 이를 적절하게 환류해서 개선을 하고 있는지 등이다.

수업 질 관리를 위한 규정 및 지침은 중요하며, 여기에는 수업 운영 절차인 수업 개설 → 수강신청 → 수업진행 → 강의평가 → 성적부여 등의 내용이 명시되어 있어야 한다. 수업은 정해진 절차에 따라 교과를 개설·운영하며, 강의평가를 통해 수업을 평가하고 강의의 질이 향상되도록 관리해야 한다. 수업 개설은 교육과정에 등재된 교과목에 한하여 개설 교과목의 적정 강좌 수를 판단하여 개설하도록 한다. 수업 운영에서 분반 및 폐강 기준이 적절해야 하며, 그에 따라 수업이 운영되어야 한다. 교양과목의 경우는 분반 기준이 최대 60명, 폐강 기준은 20명 미만을 두되, 예외 사항을 두도록 한다. 전공과목의 경우는 분반 기준이 최대 50명, 폐강 기준은 10명 미만을 두되, 교과목의 성격을 고려하여 예외 사항을 두도록 한다. 실험·실습과목의 경우는 분반 기준을 30명으로 권장하고 있으며 폐강 기준을 별도로 정하지 않고, 예외 사항을 두도록 한다. 이러한 기준은 대학의 상황에 따라 개별적 특성을 반영할 수 있지만 기준을 더 낮추는 것이 바람직하다.

　수업의 질 관리에서 수업계획서는 체계적이며 내용이 충실하게 작성되어야 한다. 학생들의 수강신청 전에 수업계획서를 입력하고, 학생들이 수강신청을 원활하게 할 수 있도록 체계적인 관리가 필요하다. 예를 들어, 수강신청 전에 모의 수강신청을 진행함으로써 수강신청 시스템을 점검하거나 수강신청의 순서를 학년별로 순차적으로 실시하는 것도 한 방법이다. 수강신청 후 전체 학년 수강 정정 전에 다중전공자에게 수강신청의 기회를 부여하여 다중전공의 활성화를 유도할 수도 있다.

　수업진행은 정규학기 수업 15주 또는 16주로 진행되며, 공휴일 및 휴강 등으로 수업 횟수가 15주 미만일 경우 또는 교·강사에 의한 사유로 불가피한 휴강이 발생하는 경우에는 보강이 이루어지도록 시스템적인 접근이 필요하다. 수업평가는 매 학기 개설되는 모든 수업을 대상으로 실시하고, 평가 시기는 학기 중간 수강생의 수업 운영 의견을 피드백 받아 보완점을 개선할 수 있도록 중간 수업평가를 시행하며, 마지막 수업평가는 기말고사 전이나 성적확인 직전에 시행한다. 평가내용은 전 교과목에 공통으로 적용되는 공통문항과 수업 유형에 따른 유형별 문항으로 분류되어 개별 교과목의 특성에 맞춘 수업평가가 이루어져야 한다. 평가 결과는 대학 구성원에게 공개하는 것을 원칙으로 하고, 교원에게는 수업에 대한 객관적 평가와 보완 및 개선의 기회로, 학생에게는 수업 선택을 위한 정보로 제공되어야 한다.

　대학은 합리적인 성적관리 규정을 갖추고, 성적을 엄격하게 관리하여 성적우수자 및 학사경고자에 대한 적절한 보상 및 관리를 해야 한다. 성적부여는 수업계획서에 공지된 성적평가 기준에 따라 평가하고, 성적입력을 하며, 성적입력 후 별도의 성적 이의신청 및 정정 기간을 두어 교수, 학생 간 성적 재확인 기회를 제공한다. 성적입력 기간 이후 성적 수정은 불허를 원칙으로 하고, 정정 시에 이에 대한 교수·강사에게 패널티를 부여하여 성적처리의 엄정성을 강화한다. 규정에 의거하여 성적처리가 이루어져야 하고, 성적처리의 엄정성 확보를 위하여 출석부와 성적기록표, 성적산출 근거를 보관하도록 규정화하는 것이 필요하며, 성적부여 및 학사관리 실태를 점검해야 한다. 또한 매 학기 성적 분포를 분석하고 그 결과를 대학 내에 공유하는 노력도 필요하다.

교과목별 수요를 반영한 합리적인 수업 분반 운영이 중요하며, 개설강좌의 분반 기준 및 폐강 기준이 규정 또는 지침에 명시되어 있어야 한다. 교양 및 전공 교육의 질 향상을 위하여 소규모 활동 중심의 수업을 확대하며, 교과목의 특성을 반영하여 대규모 강좌를 운영하는 경우는 수업 튜터를 지원해야 한다. 온라인 강좌 관련 규정 및 강좌 리스트, 수강학생 수, 튜터 지원 인원 등 운영 현황에 대한 확인도 오프라인과 마찬가지로 이루어져야 한다.

수업평가 결과는 공개와 함께 교원업적평가에 반영하고, 강의 우수교원으로 선정하여 포상하도록 하며, 수업평가 결과가 낮은 교원에 대해서는 수업 개선지원이 적정하게 이루어져야 한다. 특히 강의평가가 낮은 교원에 대해서 수업컨설팅에 대한 규정과 적용이 이루어져야 한다. 대학의 학칙, 학칙 시행세칙, 성적평가 기준 지침 등의 성적관리 규정을 갖추고 이에 따라 관리한다. 매 학기 성적입력 기간 전 공문 및 기타 안내문을 통하여 성적부여 기준을 공지하고, 합리적이고 투명한 학점부여 방식을 심의하기 위한 위원회를 신설해서 점검하는 것도 검토할 필요가 있다. 엄정한 성적관리를 위해 재수강 시 신청자격(C+ 이하) 및 최고 취득성적을 제한(예를 들어 B+ 이하)하거나 재수강 신청 횟수를 제한함으로써 가능한 한 학생들이 수강 중간에 너무 쉽게 학점을 포기하지 않도록 해야 한다.

학생들의 학업 의욕을 고취시키고 학업 수행 의지를 강화하기 위해 다양한 인센티브 방식을 도입한다. 예를 들어, 성적증명서 및 학적부에 성적우수 내용을 기재하거나 성적우수 장학금을 지급하고 학업 우수상을 시상한다. 학사경고 부여 기준 및 학사경고에 의한 유급과 제적 기준을 명시하여 운영하고, 학사경고를 받는 경우, 학사경고 유형별(1~3회 이상) 맞춤형 상담을 진행해야 한다. 특히 제적 위기에 처한 학사경고자의 경우는 학생뿐만 아니라, 학부모와의 상담도 진행할 필요가 있다. 학생의 출석률이 일정 비율 이하일 경우 시스템에 자동으로 표시하여 교수자 및 지도교수 상담을 통해 장기 결석을 예방하는 장치도 필요하다.

3) 학습의 질

대학은 학생의 학습능력을 향상시키기 위하여 필요한 제반 여건을 갖추고 학습역량과 관련된 다양하고 체계적인 프로그램을 운영해야 한다. 대학은 학생의 학습역량을 강화를 위한 지원 체계로 규정, 조직, 인력 등을 구축하고 운영해야 한다. 대부분의 대학은 학습역량을 지원하는 전담부서로 교육개발센터(Center for Tecahing and Learning: CTL)를 두고, 교육학 전공자 또는 교수학습지원 유관기관 경력자로 구성된 전담인력을 확보하고 있다. 이 경우에 조직의 운영 관련 규정 및 지침을 마련하고, 조직의 구성과 관련된 체제도 갖추어야 한다.

대학은 교육목표에 부합하는 인재 육성을 위해 핵심역량별 요구 능력 및 육성 전략을 수립해야 하고, 인재 육성 프로그램 운영의 효과성 증대를 위한 기초 사전조사를 실시해야 한다. 예를 들어, 대학 인재상에 대한 인지도 조사, 교양, 전공, 비교과에서 학습역량과 관련한 사전조사의 분석 결과를 통해 교육 제도 구축 및 프로그램을 개발한다.

대학은 학습역량 강화 프로그램 운영을 위한 예산 편성 및 집행을 연도별로 추이를 확인해서 적절하게 집행되고 있는지를 점검하고 더불어 실제 학습역량 프로그램이 다양하게 구성·운영되고 있는지를 확인한다. 이와 함께 학생의 프로그램 참여가 증대되고, 학습 수준에 따른 수준별 학습 프로그램이 운영되고 있는지도 관리해야 한다.

대학은 학습역량 강화 프로그램의 성과 및 만족도 제고 등을 위해 환류 체계를 구축·운영한다. 프로그램 참여 학생의 수준 향상과 프로그램 만족도를 유지하면서 프로그램의 질적 우수성과 자료의 객관성을 높인다. 학습역량지원 환류 체계에 의한 개선실적은 크게 제도(운영 규정 및 지침의 제정 또는 개정) 및 시스템(온라인, 오프라인 인프라) 차원과 개별 프로그램(운영대상, 운영방식 등) 차원으로 구별될 수 있다. 다양한 요구를 지닌 학습자를 폭넓게 수용하고 그들의 필요에 맞는 역량 강화 프로그램을 제공하기 위해 기존 프로그램을 학습자 요구기반으로 특화하여 제공하며, 참여자를 가능한 지속적으로 확보하여 점차적인 증가 추세를 보여야 한다.

교육개발센터는 다양한 수준과 요구를 가진 교수와 학생에게 최신 교육 트렌드를 반영한 양질의 프로그램을 적시적(just in time)으로 제공하기 위하여 프로그램 평가와 결과의 환류를 수행한다. 평가 및 환류는 크게 설문조사(수요조사, 만족도 조사, 프로그램 평가 설문)와 성과 공유회 개최 등을 통해 수집된 양적·질적 데이터를 기반으로 운영되어야 한다. 예를 들어, 실제 설문조사 결과에 근거하여 워크숍 일정 조정, 워크숍 주제 선정, 학생 서포터즈 활용, 프로그램 성과 중간 발표회 및 성과 공유회 개최 등이 반영되어야 한다.

4) 진로 및 심리상담

대학은 전문성을 갖춘 진로 및 상담 지원조직을 구성하여 체계적인 학생진로 및 상담 체제를 갖추고 학생이 입학에서 졸업까지 심리적 건강을 유지하고 진로 탐색과 준비를 하도록 적절한 지원 프로그램을 제공해야 한다. 우선 진로 및 심리상담 프로그램 지원 관련 규정이나 지침을 마련하고, 조직 구성 및 지원 인력의 전문성을 갖추어야 한다. 대학은 진로 및 상담 프로그램 지원을 위해서 학생들의 자기이해, 조기 진로설정, 효과적인 학생상담과 대학생활 설계 수립을 위한 사전조사를 실시한다. 예를 들어, 신입생 실태조사, 진로적성검사 분석, 커리어 로드맵 개발 연구 등 사전조사의 실시 및 분석이 이루어져야 한다. 사전조사 결과를 분석하여 상담 및 진로탐색 프로그램을 개발하고, 이와 관련된 매뉴얼이나 진로지도교수 상담 및 진로지도 가이드북이나 지침서 등을 제작할 필요가 있다.

지원조직의 인력은 정규 행정인력과 관련 자격증 또는 학위를 취득한 전문인력으로 구성한다. 진로 및 심리상담 프로그램은 학생상담 및 진로지도 기능 강화와 구체적인 정보를 제공해야 한다. 학생의 진로 가치관, 직업 흥미, 진로적성, 진로준비행동 등을 측정하여 그 결과에 따라 인재육성과 진로지도의 기초자료를 제공하고, 진로설정 및 심리적 건강 정도에 따라 학생들을 분류하고 그에 따른 상담 프로그램을 적용한다. 학생의 진로지도는 취·창업지원과도 밀접한 관련이 있다는 점에서 업무의 연계와 조정이 필요하다.

5) 취·창업

대학은 학생의 취업과 창업을 지원하기 위해 전문성을 갖춘 지원조직을 구성하여 학생에 대한 재정적 지원과 다양한 프로그램을 운영해야 한다. 대학은 취·창업지원 프로그램 지원 관련 규정 또는 지침을 마련하고, 이에 따른 프로그램 운영 조직을 구성하고 전문성을 갖춘 지원 인력을 확보해야 한다. 취·창업지원조직은 취·창업 프로그램 개발을 위한 요구조사 및 반영 실적이 있어야 한다. 프로그램 설계를 위해서 사전조사는 졸업생 진출 기업체의 설문이나 산업체 만족도 조사를 통해서 기업체의 선호 핵심역량 수요를 파악한다. 또한 재학생들을 대상으로 하는 희망진로 및 취업역량을 분석한다.

취·창업지원 프로그램 개발 과정 중에서 산학연계 취업역량 강화 프로그램을 확대 운영하고, 직무 및 실무에 대한 이해도를 개선하기 위한 산업체 직무기반 교육 프로그램과 현장실습을 확대한다. 취·창업교육 프로그램에 참가 학생이 증가되도록 하며, 창업교육 내실화를 위한 창업친화적 학사제도 도입도 검토해 볼 필요가 있다.

프로그램 운영을 위한 인력 현황과 취업 예산 집행 내역의 최근 추세를 검토하고, 프로그램 전반에 대한 자체평가를 상시 운영하며, 만족도 조사 결과를 토대로 연차별 취업지원 프로그램의 목표관리제를 적용·운영한다. 지도교수 및 취업관리자뿐만 아니라, 모든 학생이 졸업생 취업 현황 및 취업 정보를 확인할 수 있는 시스템의 구축 및 활용이 이루어져야 한다. 우수기업 발굴 성과와 현장실습 우수기업 인증제 등을 통해 현장실습 교육모델을 만든다. 또한 현장실습 사전교육, 현장실습 참가자 확대나 취업연계 인턴, 현장실습 참여자를 확대하고, 종합관리 시스템을 통해 현장실습을 전산 관리하는 방안을 모색한다.

6. 성과관리 담당자의 역할

대학의 성과관리는 성과관리 담당자가 어떤 역할을 하느냐에 따라 성과관리가 달라질 수 있다. 다음은 성과관리자가 수행해야 할 역할에 대해 제시해 보고자 한다.

첫째, 리더로서의 역할이다. 대학의 성과관리에서 다른 사람에게 영향을 주어 성과관리의 목표를 달성하는 리더가 필요하다. 성과관리 담당자는 교육과정 개발이나 교수법 및 비교과 프로그램 등에서 리더십을 발휘해야 한다.

둘째, 촉진자와 조력자의 역할이다. 대학구성원들이 각자 맡은 업무와 역할을 촉진해 주고 여러 면에서 구성원들을 도와주고 조력하는 사람의 역할을 성과관리 담당자는 수행해야 한다. 성과관리의 주요 기능이 '도움'이라면 필히 조력자가 되고 조력의 위치를 잡아야 할 것이다.

셋째, 변화촉진자(change agent)의 역할이다. 성과관리 자체가 변화를 위한 것이기 때문에 변화촉진자가 되어야 한다. 특히 최근 대학교육 혁신이 강조되기 때문에 성과관리 담당자는 교수와 학생을 움직이는 역할을 맡아야 한다. 대학교육의 혁신 과제를 성과관리로 풀어 나가야 한다.

넷째, 코치(coach)의 역할이다. 운동팀의 코치가 데이터를 바탕으로 운동선수들을 파악해서 코칭을 하듯, 대학에서 교수와 학생들의 데이터를 바탕으로 대학교육에 대한 코칭이 필요하다. 성과관리 담당자는 다른 사람이 필요로 할 때는 데이터를 기반으로 한 자원이 되어야 한다. 지적 자원, 기술적 자원이 되어야 코치를 할 수 있다.

다섯째, 상담자의 역할이다. 대학의 학과(부)나 각 행정부서에서 교육이나 학생 지도와 관련한 문제를 해결해 주는 일이 필요한데, 지금까지 이 역할담당자가 없었다. 앞으로는 성과관리팀에서 그 역할을 맡아야 하고 이를 위해 성과관리자와의 상담을 공식화 · 제도화하여 활성화시켜야 한다. 따라서 성과관리 담당자의 역할을 잘 하려면 대학교육과 업무에 대하여 수준 높은 전문교육을 받아야 한다. 또한 성과관리 담당자는 때로는 교수들의 문제, 수업의 문제, 교육과정의 문제, 비교과 프로그램의 문제를 해당자와 공동으로 연구하거나 연구를 도와줄 수 있어야 한다.

앞으로 국내 대학의 성과관리가 걸음마 단계를 지나 대학운영 전반에 영향을 미치게 될 것이다. 성과관리가 너무 관리적인 측면이나 평가자의 역할만이 강조되어서 부정적으로 비쳐서는 곤란하다. 물론 성과관리를 하기 위해서는 지시하고, 명령하며, 확인하는 일과 역할이 성과관리 과정에서 일어날 수밖에 없다. 필요할 때에는 이런 역할을 해야 한다. 하지만 이런 역할과 기능이 대학교육 혁신에 도움이 되고 궁극적으로 학생 성공을 이끌어 낼 수 있는지 숙고되어야 한다. 학생들에게 실질적인 도움을 주지 못하면 성과관리는 무의미해지고 성과관리의 존재 이유에 대해서 회의를 느낄 것이다. 대학교육을 혁신하고 바람직한 방향으로 나아가도록 실질적인 도움을 주는 성과관리 담당자의 역할을 기대해 본다.

7. 성과관리의 방향

　그동안 대학평가를 통해서 대학교육의 질 관리를 하고 있지만, 대학에서 성과관리는 일종의 '진통'의 과정으로 받아들여지고 있다. 대학에서 하고 있는 일에 대한 성과를 구체적으로 관리하는 데 어려움을 겪는 이유가 있다. 첫째, 전략의 부재이다. 사업의 목적, 목표 및 전략이 없거나 불분명한 경우에는 성과관리가 어렵다. 이 경우 조직이나 개인이 성과에 대한 명확한 개념, 기대치, 목표치를 갖고 있지 않은 경우가 많다. 둘째, 관리의 부재이다. 성과를 측정할 수 있는 측정지표가 없거나 관리하고 있는 지표가 무관한 경우이다. 이 경우 전략수립과 성과관리를 별개의 프로세스로 이해하는 경우가 많다. 셋째, 조직운영의 미숙도 하나의 이유이다. 예를 들어, 성과관리와 관련된 조직이 부재한 경우와 성과관리 조직이 성과관리 과정에 대한 이해가 부족한 경우에 성과관리가 제대로 이루어지지 않는다. 하지만 대학이나 구성원들이 성과관리에 대해서 더 이상 거부감을 가질 필요는 없다. 앞으로 국내 대학이 성과관리를 잘 하기 위해서 다음과 같은 방향을 제시하고자 한다.

　첫째, 대학 구성원들이 성과관리를 당연한 것으로 수용하고, 나아가 대학발전을 위하여 성과관리를 하나의 행정 문화로 형성시켜야 한다. 성과관리 담당자가 억지로 성과관리를 하려고 하기 전에 성과관리를 대학행정에서 하나의 과정으로 받아들여야 한다. 성과관리를 통해서 스스로 배우고, 성장하고자 하는 자율의 문화, 학습의 문화, 신뢰와 지원의 문화가 이루어져야 한다.

　둘째, 대학의 특성화와 전략적 포지셔닝(strategic positioning)을 염두해 둔 성과관리 접근이 필요하다. 대학은 한정된 재원을 가지고 어떻게 하면 대학의 수준을 높이고 경쟁력을 제고할 수 있을지 고민한다. 이 경우에 기본적인 정책적인 방향과 전략은 '특성화'라고 할 수 있다. 즉, 대학마다 대학의 규모·소재 지역·설립유형별 특성화를 대학발전의 기틀로 삼아 현재의 대학 간 경쟁구도에서 개별 대학의 위상을 정확히 파악하고, 대학혁신을 통해서 어떤 방향의 대학을 지향할 것인지에 대한 전략적 포지셔닝을 설정하는 것이 필요하다. 대학 성과관리는 대학의 특성을 감안하여 발전 방향을 선택하고, 여기에 한정된 자원의 집중이 이루어지도록 해야 한다. 성과관리는 대학의 특성화와 전략적 포지셔닝에 대한 이슈를 해결하기 위한 측면에서 접근이 이루어져야 한다.

셋째, 순차적으로 성과관리에 접근하는 것도 방법이 될 수 있다. 처음부터 너무 크게 접근하려고 하지 말고, 작은 부분이라도 정확하게 해 나가야 한다. 예를 들어, 대학 내에서 자신있게 추진하는 프로그램이 있다면 그것을 바탕으로 성과관리를 시도해 볼 수 있다. 예를 들어, 성과관리의 도입 단계에서 핵심역량에 초점을 두었다면, 이 부분부터 성과관리 시스템을 갖추는 접근이 필요하다. 핵심역량에 대한 질 관리를 하고 나서 다른 부분에도 확산시킬 수 있다. 한 부분의 프로그램에 대해서 성과관리가 성공을 하면 다른 부분으로 프로그램 성과관리 확산이 가능하다. 한 번에 모든 것을 다하려고 하기보다는 한 가지라도 제대로 해서 성공에 대한 자신감을 갖고 다른 영역으로 확대시키는 것이 방법이 될 수 있다.

넷째, 대학에서 이루어지는 다양한 비교과 활동에 대해서도 성과관리의 필요성이 증대되고 있다. 과거에는 비교과라는 용어를 사용하지도 않았지만 최근 들어 교과와 연계한 비교과를 강조하고 있다. 하지만 일부 대학에서 비교과에 지나치게 치중하는 경향이 있어 이것도 바람직하다고 볼 수는 없다. 왜냐하면 교과가 우선이고 부수적으로 비교과가 있는 것이기 때문이다. 대학 내에서 비교과에 대한 목소리를 내고 비교과에 대한 학생들의 수요가 다양해지는 것에 비해, 비교과를 관리하는 조직과 전문가는 부족하다는 지적이 있다. 특히 비교과 프로그램 중에서 학생이 대학생활에 잘 적응하도록 돕는 상담 활동의 중요성이 점차 강조되고 있다. 현대사회가 복잡해지면서 학생들의 상담이 중요해지는데 지금까지 이 문제는 크게 부각되지 못하고 있으며 성과관리에서도 관심을 기울여야 하는 부분이기도 하다.

성과관리에서 가장 어려운 문제는 성과관리 담당자들의 전문성 인정과 신분보장이 제대로 이루어지지 않고 있다는 점이다. 이는 성과관리뿐만이 아니라 교육개발센터(Center for Teaching and Learning: CTL)도 마찬가지다. 신분보장이 안 된 계약직으로 업무를 담당하다보니 대체로 2년의 계약 기간의 만료되면 그만두게 된다. 결국 이는 대학이 성과관리를 위해서 어려운 여건에서 노력하지만 지속적이고 의미 있는 성과관리가 어려울 수 있음을 암시한다. 성과관리를 하다보면 변화가 불가피하기 때문에 구성원을 이해시키기도 해야 하고 때로는 충돌이 일어날 수 있지만, 계약 기간이 얼마 남지 않은 담당자는 무리하여 일을 진행하려고 하지 않는다. 성과관리 담당자들이 사기와 의욕을 잃지 않고 직무를 수행할 수 있도록 신분보장이 이루어져야 한다. 성과관리를 담당하는 사람이 성과관리를 하는 데 눈치를 보거나 학생 성공보다는 업무의 간편성으로 관리행정을 한다면 오히려 성과관리가 형식적으로 흘러 불필요한 업무가 될 수 있다.

　이처럼 성과관리의 전문성이 없는 경우, 성과관리에 대한 불신이 생길 수도 있다. 앞으로 성과관리에 대한 회의론이 일어나서 성과관리가 거부당하지 않도록 각 대학에서는 유의해야 한다. 성과관리가 대학행정에서 새바람을 불어넣지 못한다면 그 효과는 장담하기 어렵다.

제2장

교육 성과관리 모형과 지표 개발

I. 교육 성과관리 모형의 의미

1) 성과관리 모형의 필요성

성과라는 용어는 능률성, 효과성, 경제성, 서비스 품질, 서비스 형평성, 안정성, 생산성 등의 의미를 내포하는 다차원적 개념이다. 이에 성과에 대한 다양한 의견, 방법이 존재할 수 있어 실무자들은 혼란스러울 때가 있다. 성과를 이해하기 위한 방안으로 성과를 크게 두 가지 관점에서 살펴볼 수 있다. 첫째, 자원의 투입관점에서의 성과이다. 이 관점에서 성과는 효율성 중심이다. 즉, 투입대비 결과의 높고 낮음을 측정하여 결과의 극대화를 위한 효율적 실행 및 실천 노력이 이루어지고 있는지 평가한다. 둘째, 결과의 산출관점에서의 성과이다. 이 관점에서 성과는 효과성 중심이다. 효과성이란 설정 및 추구하는 목표를 달성하였는가의 문제이다. 이에 성과는 효율성 측면에서 양적으로, 효과성 측면에서는 질적으로 측정되고 관리되어야 함을 알 수 있다(백승익, 박기호, 2006).

성과의 개념과 같이 성과관리도 크게 두 가지 유형으로 구분할 수 있다. 첫째, 목표를 설정하고 이를 달성하기 위하여 필요한 자원을 효과적으로 활용하고 필요한 의사결정을 지원하기 위한 과정, 둘째, 조직의 각 단위에서 성과가 조직목표 달성과 연계되도록 하는 관리를 의미한다(서영인 외, 2013). 이에 성과관리는 성과를 내기 위한 관리와 산출된 성과에 대한 관리의 측면을 고려할 필요가 있다. 이러한 개념에 바탕을 둘 때, 성과관리란 어떤 조직이 기대 또는 목표로 설정한 성과 수준과 계획·설계한 활동을 통해 실제 달성한 실적·결과를 체계적으로 관리함으로써 조직이 목표를 달성하기 위한 관리 체계를 말한다. 즉, 성과관리는 성과를 향상시키기 위한 체계적인 접근방법, 성과 향상을 위한 목표 설정, 목표 달성을 위한 사업계획, 측정 및 평가, 그리고 환류라는 일련의 활동을 의미한다. 좀 더 부연 설명하면 성과관리란 어떤 조직을 일정한 방향으로 혁신하기 위한 핵심 수단이며, 조직의 장기비전, 인재상, 목적, 전략 등을 효과적으로 달성하기 위하여 조직의 성과를 일련의 성과지표를 통해 체계적으로 수집·분석·평가·공유·확산하고 환류하는 과정이라고 할 수 있다.

현장에서 성과관리를 체계적으로 수행하기 위해서는 성과관리 모형이라는 수단을 통해서 이루어진다. 성과관리 모형은 성과에 대한 분석, 지속성, 발전 가능성을 포함한다. 성과관리 모형은 성과를 관리하기 위한 양적·질적 평가 활동을 어떤 방식으로 수행할 것인지 개념화하는 틀을 제공한다. 이런 의미에서 성과관리 모형은 교육목적 및 목표, 인재상, 사업목표 등을 반영한 성과지표 설정, 지표를 구성하는 요인, 내용 그리고 목표 달성 여부 및 노력에 대한 성과관리평가를 수행하는 절차와 과정을 제공하게 된다. 성과관리 모형은 성과관리 과정에 대한 지속 가능성과 발전 가능성을 내포하는 틀을 개념화하는 것이다. 즉, 성과관리 모형은 성과관리를 위한 과정이 계획적·체계적으로 이루어지도록 하고, 성과관리 결과를 신뢰할 수 있게 하며 성과관리 과정을 개선하도록 도와준다.

앞서 성과관리를 성과평가, 결과의 환류 그리고 성과 극대화 노력에 이르는 일련의 과정으로 보았다. 이에 근거할 때 성과관리 모형은 성과관리의 과정, 성과관리 결과의 환류, 성과 극대화 노력, 성과관리 과정의 지속 가능성 및 발전 가능성 검토라는 총체적 관리과정에 대한 틀이라고 말할 수 있다.

2) 교육 성과관리 모형: 논리 모형

(1) 논리 모형의 개념

논리 모형(Logic Model)은 공공 프로그램의 효과를 기술하고 설명하는 하나의 도구로, 프로그램이 어떻게 운영되고 작동할 것인가를 나타내 주는 선형적 모형이다(Bickman, 1987). 논리 모형의 실질적인 적용범위는 기획, 관리, 평가, 컨설팅을 위한 도구로 사용될 수 있다. 최근 논리 모형은 사업 및 프로그램의 기획, 집행, 평가를 체계적으로 수행할 수 있도록 활동과 결과 간의 관계를 시각적으로 표현해 줌으로써 사업운영자들이 성과평가 및 관리하는 데 편리하고 유용한 틀을 제공해 준다.

논리 모형의 장점은, 첫째, 프로그램의 다양한 측면에 대한 이해를 향상시킴으로써 이해관계자 간 아이디어 공유, 효과적인 커뮤니케이션 그리고 공통된 이해의 확대가 가능하도록 한다. 둘째, 목적 달성에 중요한 프로젝트를 찾아내고 프로그램 요소 중 중복 또는 불일치되는 요소를 보여 줌으로써 프로그램을 어떻게 재설계해야 하는지, 왜 문제가 발생하였는지 파악하는 데 유용한 정보를 제공한다. 셋째, 다양한 측면에서의 균형적인 성과측정과 성과측정을 위한 평가요소를 설정하도록 해 준다.

논리 모형은 사업 또는 프로그램을 통해 예상되는 결과와 영향 간의 관계를 하나의 틀로 보여 주고, 사업 또는 프로그램의 성과관리를 위한 평가(Barker, 2017)에 유용하기 때문에, 이미 수행된 사업에 대한 평가와 추후 연속되는 사업 및 프로그램을 계획함에 있어서도 매우 유용하다고 할 수 있다.

(2) 논리 모형의 기본모형 및 구성요소

평가 모형은 평가대상을 구성하는 요소의 관계를 이해하는 데 유용하다. 논리 모형은 투입(input), 과정(process), 산출(output), 결과(outcome) 간의 관계를 논리적으로 설명하는 도식을 활용하여 프로그램을 단계적으로 관리하고 성과에 대한 평가를 체계적으로 할 수 있도록 하는 모형이다(이정자, 2019).

논리 모형은 투입(input), 과정(process), 산출(output), 결과(outcome)로 구성된다. W. K. Kellogg Foundation(2004)은 투입을 '자원/투입(Resources/ Inputs)', 그리고 결과 다음으로 '영향(Impact)'을 추가하여 4단계로 구성하였다.

[그림 2-1] 논리 모형의 기본 모형

첫째, 투입(resource or input)이란 사업, 프로그램에서 사용되는 모든 종류의 자원으로, 인적·물적 자원과 아울러 교육 프로그램을 지원하기 위하여 요구되는 파트너십이나 계약에 의한 서비스 등과 같은 원료들이다. 투입자원의 유형은 인적 자원(기관인력, 자원봉사자, 지역사회 주민 등), 재정적 자원(민간지원금, 정부지원금, 보조금, 후원금 등), 공간(장비, 공간, 시설 등), 지역사회 자원(지역사회의 공간, 환경 등) 등을 포함한다(이정자, 2019).

둘째, 과정(process)은 활동으로 표현되기도 하며, 산출(outputs)을 생산하는 데 필요한 활동과 조치들로, 프로그램에 투입된 자원을 가지고 실질적으로 이루어지는 모든 활동을 의미한다. 즉, 과정이란 목표한 성과 달성을 위해 필요한 활동이다. 이러한 활동은 사업 및 프로그램 운영, 교육과정 운영, 학생지원 프로그램 운영, 학생 상담과 지도 활동, 모니터링, 의사결정과정, 서비스 제공, 규정 및 지침의 집행, 미디어 홍보, 자문 활동, 인프라 구축 등을 포함한다.

셋째, 산출(output)은 프로그램의 직접적인 고객이나 참여자에게 제공된 재화 및 서비스, 규정 및 지침 그리고 프로그램 활동으로 얻은 결과물로, 직접적이고 가시적이다. 산출은 사업과 프로그램이 계획된 대로 대상집단에게 적절한 수준으로 서비스가 제공되었는지 나타내는 것으로 양적으로 표현된다. 그 예로 구축된 논문, 특허, 교육환경 개선 건수, 교육과정 개발 수, 프로그램 운영 건수, 프로그램 참여자 및 이수자 수, 발간된 보고서, 전달된 서비스 시간, 인력 양성 수, 참여자 만족도 등이 있다.

넷째, 결과(outcome)는 활동과 산출물로부터 나오는 편익으로 사람들의 변화를 기술한 것으로, 프로그램 참여자가 프로그램 참여 결과 후에 얻는 혜택, 또는 프로그램 활동의 결과로 나타난 변화된 태도, 개선된 행동, 새로운 지식, 향상된 기술 및 기능 수준의 구체적 변화를 의미한다. 결과는 생성되는 시간에 따라 단기 산출 결과, 중기 산출 결과, 장기 산출 결과로 구분할 수 있다. 단기 산출 결과(short-term outcome)는 프로그램의 산출물이 원인이 되어 일어난 변화나 이것과 밀접하게 관련되어 일어난 직접적인 변화 또는 편익으로 주로 인식(awareness), 지식(knowledge), 열망(aspirations), 동기(motivations), 태도(attitudes), 기술(skills) 등의 변화를 의미한다. 중기 산출 결과(mid-term outcome)는 단기 산출 결과로부터 파생되는 결과를 의미한다. 즉, 단기 산출 결과인 습득된 기술과 지식을 활용하여 사회적 행동, 정책 행위와 실행, 결정 등에 대한 변화 등을 야기하는 것을 의미한다. 장기 산출 결과(long-term outcome) 또는 프로그램 임팩트(impact)는 중기 산출 결과로부터 발생하는 편익으로 역량 강화, 상황 개선, 정책의 변화 등을 포함하는 경제적·사회적·제도적·환경적 변화를 의미한다. 예를 들면, 교수는 교수법 프로그램에 참여함으로써 교수자신은 새로운 교수방법과 지식을 배울 수 있다(단기 산출 결과). 그에 따라 학생들은 새로운 교육을 받을 기회를 더 많이 가질 수 있고(중기 산출 결과), 학습역량을 증진시킬 수 있다(장기 산출 결과).

(3) 산출(output)과 결과(outcome)의 구분

　성과관리에서 가장 중요한 것 중 하나는 산출과 결과를 구분하는 것이라고 할 수 있다. 산출은 실제로 프로그램이 실행한 것인데 비해 결과는 그것이 산출해 낸 결과이다. 일반적으로 산출의 생산은 담당자나 관리자의 통제하에 있지만, 결과는 프로그램 관리자의 통제 이상의 보다 넓은 범위의 외부적인 요인에 의하여 더 강한 영향을 받는 경향이 있다.

　산출은 프로그램에 의하여 직접적으로 나오는 생산품이거나 프로그램에 의하여 제공된 서비스들이다. 대학에서 산출(output)을 생각해 보면 학생 및 이해관계자들의 요구와 수요에 부응하고자 계획된 서비스, 프로그램을 통해 생산된 실적(건, 수, 명 등으로 표현되는)을 의미한다. 산출지표(output measures)는 생산물을 측정하기 위해 고안된 지표로서 이는 조직 내부적인 결과물을 의미한다. 대표적으로 교육(teaching)과 관련된 산출은 교육과정, 학점 등 각종 학습기회 제공에 관한 산출이 해당하며, 연구(research)와 관련해서는 논문 및 저서 발간, 강연, 신문기고 등 지식보급에 관한 활동이 포함된다.

　결과는 산출과 구분될 수 있는 개념이다. 산출이 개별 프로그램 핵심과정에서 이루어진 과업 및 활동을 통해 창출된 것이라고 한다면, 결과는 조직이 목표하고 의도한 최종 결과이다. 결과는 산출을 제공받거나 경험한 수요자들의 반응과 판단으로부터 나타나는 것으로, 산출의 질적 수준의 보장이나 적절한 논리적 조합이 되지 않는다면 정책, 프로젝트, 프로그램이 의도한 결과를 가져올 수 없다. 또한 대학의 이념, 교육목적에서 성과에 이르는 논리에 결함이 있다면, 산출 결과는 대학이 추구하는 방향으로 실현되기 어렵다. 결과지표(outcome measures)는 정책 및 프로그램이 의도했던 영향을 나타냈는지를 측정하는 지표로 학생의 학업성취도 제고, 학생의 발달과 성장, 취업률, 진학역량 제고, 교수역량 강화, 대외 이미지 개선 등이 포함될 수 있으며, 연구와 관련해서는 해당 학문 분야의 발전 및 연구를 통해 지역사회 공헌, 경제발전 기여, 삶의 질 제고 등이 포함된다.

이러한 논리 모형은 산출뿐만 아니라 논리적인 순서에 따라 사업 및 프로그램 수혜자(학생, 교수, 직원, 대학, 학부모, 산업체, 지역사회 등)들에게 어떠한 영향을 주었는지 파악하는 데 초점을 둔다. 즉, '결과를 위한 관리(management for results)'를 지향하며, 간편한 구조적 틀을 활용한 평가지표 개발이 용이하다(서영인 외, 2013).

3) 교육 성과관리 모형: BSC 모형

(1) BSC 모형의 개념

BSC(Balanced Score Card) 모형은 조직의 미션과 비전, 전략목표와 성과목표, 성과지표 등으로 전략 체계를 구성하고, ① 재무관점, ② 고객관점, ③ 내부 프로세스 관점, ④ 학습과 성장 관점 등에 의하여, 단기·장기, 원인·결과, 외부·내부 등을 균형 있게 관리하는 성과 모형이다(김형선, 2016). BSC 모형은 지식역량, 프로세스, 고객만족도와 같은 무형의 가치까지 성과평가에 반영할 수 있는 모형으로 다음과 같은 장점을 갖는다.

첫째, 장·단기 목표의 균형이다. 일반적으로 재무적 지표는 단기적이지만 고객이나 내부 비즈니스 프로세스, 인적 자산에의 투자에 대한 결과는 장기적으로 나타난다. 따라서 경영자는 재무적 성과 향상이라는 단기적 목표뿐 아니라 기관의 미래 경쟁력을 창출할 수 있는 다양한 무형 자산에 투자할 필요가 있으며, 이때 장·단기간 목표에 대한 균형이 이루어질 수 있다.

둘째, 후행지표와 선행지표 간의 균형이다. 후행지표는 결과물 측정지표를 말하며, 선행지표는 성과동인(performance drivers)을 의미한다. 성과동인이 명확히 규명

될 때 조직의 전략과 운영을 위한 지침이 제공될 수 있고, 결과물 측정지표가 어떻게 향상되고 개선될 수 있는지에 관한 구체적 방안이 제공된다. 따라서 결과물 측정지표(후행지표)와 성과동인(선행지표) 간의 적절한 균형이 이루어져야 한다.

셋째, 재무관점과 비재무관점 간의 균형이다. 재무적 측정지표에만 의존한 관리는 조직이 다양한 지적 자산에 투자하여 어떻게 미래 가치를 창출하는가에 관한 정보를 제공하지 못한다. 따라서 재무적 시각과 비재무적 시각의 균형을 통한 성과관리 및 측정이 이루어져야 한다.

넷째, 외부적 관점과 내부적 관점의 균형이다. 성과평가는 내·외부적 균형된 관점이 필요하다. BSC는 외부적 관점으로서 재무적 관점과 고객 관점을, 내부적 관점으로서 내부 비즈니스 프로세스 관점과 학습 및 성장 관점을 균형 있게 고려할 수 있다.

BSC 모형은 비전과 전략을 제시하고 전략적 목표를 달성하기 위한 틀의 역할과 업무의 수행과 결과에 대한 원인을 조기에 파악하여 관리함으로써 전략적 조치를 취할 수 있는 미래지향적인 관리를 추구한다. 이러한 BSC 모형은 조직 전체 차원에서 기업의 장기적 비전 및 전략을 공유하고 성과를 측정하는 시스템으로 조직운영에 대한 모니터링, 성과관리, 지속적인 전략에 대한 피드백이 가능한 방법론이다. 이에 BSC 모형은 전략 경영의 중요성이 증대되고, 지식경제기반사회가 중시하는 무형자산의 가치가 중요해짐에 따라 민간부분뿐 아니라 공공기관에서도 활용이 증가하고 있다.

(2) BSC 모형의 구조 및 구성요소

BSC 모형은 수직적 구조와 수평적 구조로 구성된다. 수직적 구조는 비전, 전략, 목표, 핵심성공요소(CSF), 핵심성과지표(KPI)로 구성된다. 상위부서에서 조직의 비전과 전략목표를 설정하고 이에 근거하여 핵심성공요소(Critical Success Factor: CSF)를 선정한다. 하위부서에서는 핵심성공요소에 근거하여 무엇을 달성해야 하는지에 대한 성과목표를 설정하고, 최종적으로 목표 달성을 측정할 수 있는 핵심성과지표(Key Performance Indicators: KPI)를 설정하게 된다.

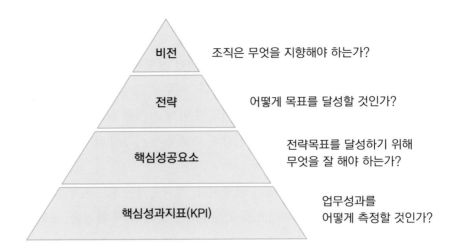

[그림 2-2] BSC 모형의 구성요소

　　수평적 구조는 성과목표 수립과 핵심성과지표 선정 단계에서 재무, 고객, 학습과 성장, 프로세스 네 가지 관점을 균형 있게 고려한다. 이에 따라 BSC 모형의 지표체계는 재무, 고객, 학습과 성장, 프로세스의 네 가지 관점별로 균형 있게 구성되고 각 관점 내에서는 조직의 단기, 중기, 장기 성과까지를 고려한다. 대체로 과거의 성과는 재무적 관점에서, 현재의 성과는 고객 및 프로세스, 미래의 성과는 학습과 성장의 관점에 반영된다.

- 재무적 관점: 재무적 목표는 측정지표 중에서 핵심지표가 된다. 네 가지 관점의 측정지표는 인과관계로 서로 연결되어야 하고, 궁극적으로는 재무적 성과의 향상이라는 최종 목표에 도달해야 한다.
- 고객 관점: 고객 관점에서는 조직이 대상으로 설정한 고객과 시장을 파악하고, 선정된 시장과 고객에게 전달할 가치명제를 정의하고 측정할 수 있는 지표를 개발한다. 고객 관점에서 핵심측정지표는 만족도, 충성도, 고객 확보율, 유지율, 수익성 등과 같은 성과지표가 사용될 수 있다. 이러한 측정지표는 후행지표이기 때문에 이에 대한 구체적인 개선 방안을 제시하는 선행지표(가치명제)가 필요하다. 고객에게 전달될 가치명제란 핵심측정지표의 동인이자 선행지표라고 할 수 있다. 가치명제의 구성요인은 서비스요인과 관련된 것, 고객과의 관계와 관련된 것, 이미지와 평판 등 고객을 끌어들이는 무형의 요소 등이 포

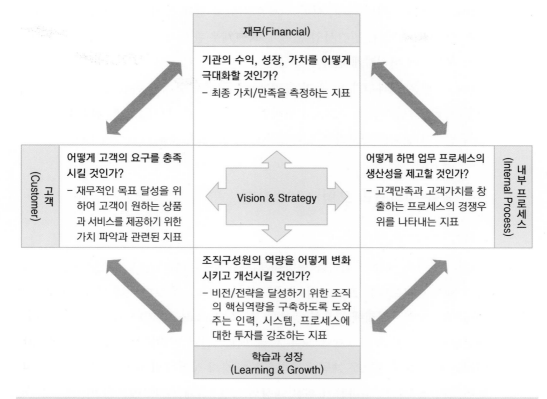

[그림 2-3] BSC 모형의 네 가지 관점

함된다. 일단 세분시장과 목표고객이 결정되면 고객이 무엇을 가치 있게 생각하는지를 파악하여 이를 전달할 수 있는 가치명제를 선택하여야 한다. 즉, 이러한 가치명제로부터 구체적인 목표와 측정지표가 도출된다.

- 내부 프로세스 관점: 성과관리를 위해서는 목표 달성을 위해 가장 핵심적인 프로세스가 무엇인지를 파악하여야 한다. BSC 모형은 내부 프로세스 전체를 완전히 규명한 후, 고객의 욕구를 충족시킬 수 있는 혁신적인 통합 프로세스 개발을 도모한다. 내부 프로세스 시각은 개발 단계, 생산 단계, 판매 후 서비스 단계로 구성되며 BSC 모형은 전체적인 프로세스 관점에서 접근한다.

- 학습 및 성장 관점: 학습 및 성장 관점에서의 목표는 다른 세 가지 관점에서 결정된 목표에 대한 성취를 돕는 하부구조를 제공한다. 학습 및 성장 시각에서는 직원역량, 정보 시스템 역량, 동기부여와 권한위양과 같은 영역이 존재한다.

BSC 모형은 조직의 특성, 서비스 제공방법 및 형태 등에 따라 관점의 설정과 적용은 달라질 수 있다. 민간사업 분야에서는 '재무'관점이, 공공 분야에서는 '고객'관점이 최상위에 위치하게 된다.

BSC 모형은 성과평가 및 관리 측면에서, ① 전략 달성의 촉진, ② 균형 잡힌 성과평가, ③ 책임경영의 구현, ④ 조직변화의 촉진, ⑤ 의사소통의 활성화, 그리고 ⑥ 투명성과 신뢰도 확보라는 효과를 기대할 수 있다.

4) 교육 성과관리 모형: CIPP 모형

(1) CIPP 모형의 개요

CIPP 모형은 체제적 접근을 통하여 의사결정을 지원하는 모형으로 프로그램의 목적 달성 여부보다는 프로그램 개선을 목적으로 할 때 보다 유용하다. CIPP 모형에서 평가는 의사결정에 필요한 정보를 묘사(delineating)하거나 획득(obtaining)하고 제공(providing)하는 과정으로 교육 프로그램 개선과 관련하여 올바른 의사결정을 내리는 데 필요한 정보를 제공해 준다. 즉, 대상의 상황에 대한 이해 증진, 책임소재 부여, 발전을 지원·강화하기 위한 대상의 목표, 설계, 실행, 결과의 가치와 내용에 관한 서술적·판단적 정보를 파악·획득·제공하는 과정이다(박원우, 1992).

CIPP 모형은 교육적 의사결정에 관련하여 교육체제를 상황, 투입, 과정, 산출로 구분하고, 평가 단계를 상황평가(Context evaluation), 투입평가(Input evaluation), 과정평가(Process evaluation), 그리고 산출평가(Product evaluation) 단계로 구분한다.

[그림 2-4] CIPP 모형의 기본 단계

CIPP 모형에서 평가는 네 종류의 관련 의사결정을 지원한다. 상황평가는 계획과 관련된 결정(planning decision), 투입평가는 구조화와 관련된 결정(structuring decision), 과정평가는 교육실천을 위한 결정(implementation decision), 그리고 산출평가는 차기 계획과 순환을 위한 결정(recycling decision)에 대한 정보를 제공한다.

따라서 CIPP 모형은 프로그램 이후의 성과 결과뿐 아니라 일련의 관리과정 전반을 평가대상으로 삼는 체제적 접근을 한다.

(2) CIPP 모형의 4단계

CIPP 모형은 체제적 접근방식을 취하는 순환 구조를 지닌다. 목표를 설정하기 위해 현재의 상황을 진단하는 상황평가를 하고, 상황평가를 통해 파악된 문제를 해결하기 위해 활용 가능한 자원이나 예산 및 절차를 찾기 위해 투입평가를 한다. 투입평가의 결과에 따라 프로그램이나 프로젝트를 구안하여 수행하면서 진척 상황을 확인하기 위해 과정평가를 하게 된다. 결과적으로 그 프로그램의 성과를 수집하는 산출평가를 통해 활동의 지속 · 조정 · 종결을 결정한다.

표 2-1 | CIPP 모형에서의 평가와 의사결정

평가	의사결정	평가대상
상황평가(Context)	계획결정: 목표개발	목표
투입평가(Input)	구조화결정: 제안형성	설계
과정평가(Process)	실행결정: 실행지도	실행
산출평가(Product)	재순환결정: 피드백	결과의 영향

- 상황평가(context evaluation): 상황평가는 가장 기본적인 평가 단계로 프로그램 목표를 정할 수 있는 근거를 제공하기 위해 요구, 문제, 기회, 장애 등을 진단한다. 상황평가는 교육 활동이 이루어질 바람직한 환경과 상황을 설정하고 학생들에게 충족되어야 하는 필요와 요구가 무엇인지를 파악한다. 이를 통해 교육 프로그램의 목표를 설정하고 조정하는 데 필요한 합리적 기초, 이유, 근거를 제공함으로써 추구하는 목적과 목표를 구체적으로 확인하게 해 주고 타당성을 확인해 준다. 상황평가의 주요 목표는 의도 · 계획된 서비스를 위한 근거를 기술하는 것, 평가자의 요구를 평가하는 것, 평가된 요구에 부합하기 위해 문제나 장애를 인식하는 것, 요구에 부합하기 위해 관련되고 접근 가능한 재산과 기회를 인식하는 것, 개선 지향 목적을 위한 기초를 제공하는 것, 개선 혹은 서비스 노력의 성과를 판단하기 위한 기초를 제공하는 것이다. 상황평가 결과는 투입 및 과정요인을 타당하게 하는 결정적 도구로 사용된다.

- 투입평가(input evaluation): 투입평가는 설정된 목표를 성취하기 위해 교육 활동에서 사용되어야 할 필요한 자료, 수단, 절차, 전략에 대한 정보를 제공해 주는 평가이다. 투입평가는 구체적으로 목적 달성을 위한 자원을 어떻게 활용할 계획인가에 대한 평가이므로 프로그램 운영 중에 취해야 할 행동의 적절성, 실천 가능성, 경제성에 근거한 가용한 인적·물적 자원, 해결전략, 절차 방안의 분석에 중점을 둔다. 투입평가는 어떤 상황에서 어떤 교육 자료를 활용할 것인지, 프로그램의 시간과 장소는 언제 어디가 가장 적절한지, 교육 시 사용되는 자료나 사례 등은 충분한지 등의 내용을 진단한다. 이에 투입평가의 결과는 선택한 전략을 실천하는 데 필요한 활동이나 자원을 체계화하고 구조화하는 데 필요한 정보를 제공하고, 수요자의 요구에 부합하는 대안적 전략에 대한 검토, 실행 계획, 적절한 예산 산출, 운영 절차, 그리고 자원 계획에 대하여 타당성을 부여한다.

- 과정평가(process evaluation): 과정평가는 계획된 교육 프로그램의 실행과정이 원래의 설계대로 전개되고 있는지를 파악함으로써 상황평가와 투입평가를 해석하는 데 중요한 역할을 한다. 과정평가는 프로그램 운영 과정에서 발생되는 문제점은 없는지 살펴보고 만약 문제가 발생했다면 운영방법을 수정·보완·개선하는 해결 방안을 설정하기 위한 정보를 제공한다. 즉, 과정평가는 교육 프로그램의 실천 단계에서의 절차적인 사안과 활동을 기술하고 문제점과 효율성을 점검하여 프로그램 설계와 절차를 개선하는 데 중점을 둔다. 이에 과정평가에서는 활동과 비용을 모니터링하고 실천 과정 및 절차를 분석하여 프로그램의 절차로써 해결할 문제를 명료화했는지, 해결을 지원할 자료의 준비, 진행 방향이 타당한지, 그리고 해결 방안은 적절했는지를 평가한다.

- 산출평가(product evaluation): 산출평가는 교육 프로그램 종료 단계와 실시 도중에 성취 결과를 측정하고 해석하기 위한 목적으로 이루어지는 평가이다. 산출평가는 프로그램의 목표에 제대로 도달하였는지, 학생의 요구는 얼마나 충족되었는지 등을 알아봄으로써 평가대상의 성취를 측정·해석·판단하는 것을 목적으로 한다. 즉, 산출평가는 의사결정의 순환 단계로, 프로그램의 실제 결과와 기대했던 결과를 비교하여 프로그램을 확대·지속 운영할 것인지, 수정하여야 할 것인지 또는 폐지할 것인지를 결정한다. 또한 산출평가는 의도된 것과 의도하지 않은 성과, 긍정적인 것과 부정적인 성과를 함께 평가하도록 한

다. 산출정보를 목표·상황·투입·과정에 관련된 정보와 관련시켜 목표에 맞게 프로그램을 운영하였을 때 산출되는 성과의 양과 질을 점검하여 프로그램의 효과성 여부를 최종적으로 판단하는 데 필요한 정보를 제공하는 단계이다. 또한 목표 이상의 수행을 평가하기 위하여 평가자는 다양한 방법으로 산출평가를 해야 한다. 산출평가 결과는 보고서로 제시하며, 자체평가위원회에서는 산출보고서를 사용하여 행해진 프로그램, 프로젝트, 서비스를 지속적으로 운영하거나 확장할 가치가 있는지에 대해 결정한다.

표 2-2 ┃ CIPP 평가 모형의 4단계 구성

구분	상황평가	투입평가	과정평가	산출평가
질문	• 무엇을 해야 하는가?	• 어떻게 해야 하는가?	• 프로그램을 계획대로 운영하고 있는가? • 만약 아니라면 그 이유는 무엇인가?	• 프로그램은 효과적이었나?
목표	• 환경 내에서 요구, 문제, 예산, 기회 등의 평가로 프로그램의 계획의 근거 마련: 조직의 상황파악, 요구제시 및 문제 진단	• 변화를 위한 프로그램 설계나 예산, 수혜자의 요구부합 여부, 대안전략 검토: 시스템 역량 분석, 전략 분석, 전략-예산-일정을 집행하는 과정 설계의 분석	• 계획의 적용, 절차의 세부 영역 분석 및 노력도, 활동의 질 확인: 과정 설계 또는 집행자의 결함 파악 및 예측, 정보공유, 과정상의 사건·행동을 기록하고 판단	• 평가대상의 성취 측정 및 해석, 판단: 결과에 대한 설명과 판단을 수립하여 목표와 대비하고 나아가 상황, 투입, 과정과 결부시키고 그들의 가치와 장점을 파악
방법	• 대상 집단 및 환경에 대한 정보수집과 분석: 인터뷰, 진단검사, 표본조사, 델파이, 문서분석 등 • 한계와 목표 재확인	• 관련성, 경제성, 활용용이성 측면에서 인적·물적 자원, 해결전략, 과정설계를 분석: 전문가 상담, 유사 프로그램 확인, 정보 서비스 신청 등 • 수용 가능한 해결전략 존재 여부 평가	• 활동의 장애요소, 정보 획득, 실제 과정의 설명: 활동관찰, 모니터링, 문서화, 수혜자에게 서비스 제공, 직원 고용 및 훈련, 연수 • 작업의 흐름 모니터링 및 조사 도구 관리, 자료 주문 및 분배	• 결과를 조작적으로 정의하고 측정: 청문회, 인터뷰, 설문지, 사례연구, 표본조사, 보고서 작성, 핵심 관리자의 판단 수집 • 분석 프로그램의 성과분석(양적-질적 분석) 후 지속 여부 판단
의사결정 내용	• 대상 영역 결정 • 목표 설정 • 결과평가의 기초제공 • 프로그램 구성 • 프로그램 근거	• 지원전략, 해결전략, 과정 설계의 선택 • 예산 편성	• 프로그램 설계와 과정에 대한 개선 근거 • 활동수행에 대한 피드백	• 변화된 활동의 계속적 진행, 정지, 변화 결정

출처: 박정희(2017), 박원우(1992)의 내용을 참고하여 재작성함

이러한 CIPP 모형은 다른 평가 모형과 달리 평가대상을 폭넓게 선정할 수 있고, 프로그램에 직접적이거나 간접적인 영향을 미치는 요인, 상황 등을 파악하여 평가와 의사결정에 효과적으로 연계할 수 있다는 점에서 유용성이 높다.

CIPP 모형은 교육 분야 평가에 활용될 경우, 각 단계에서 다루어야 할 중요한 질문을 만들 수 있도록 도움을 제공하고 단계마다 실시하는 평가의 초점을 명료하게 해 줄 것이다.

2. 교육 성과관리를 위한 지표 설정 방안

1) 교육 성과관리와 성과지표

교육 분야에서는 성과를 논하는 것 자체를 불편해하던 때가 있었다. 그러나 교육에 대한 패러다임, 시대적 요구, 교육당국의 정책적 변화에 따라 교육도 성과를 중심으로 평가를 받아야 하는 대상이 되었다. 즉, 현재의 교육기관은 교육 결과에 대한 양적·서술적 의미 분석을 통하여 교육성과에 대한 자체평가를 실시하여야 하고, 추후 발전을 위한 처방적 제안과 환류 체계를 운영해야 하는 의무를 갖는다. 교육현장에서 평가 중심의 성과관리에 대한 불편한 인식과 행정적 어려움은 아직 존재하지만 교육성과에 대한 평가와 관리는 다음과 같은 원칙에 근거한다. 첫째, 교육성과관리는 교육적 행위에 대한 성과분석 결과에 기초하여야 한다. 즉, 교육성과는 요구분석에 근거하여 미리 설정된 목적과 목표의 달성 여부 및 달성 노력에 대한 양적 제시와 질적 분석에 기초한다. 둘째, 교육 성과관리는 교육정책 및 교육 프로그램 등의 계획 수립과 집행과정에 대하여 자율성을 부여하고 그 결과에 대하여 책임이 확보될 수 있도록 한다. 셋째, 교육 성과관리는 교육정책 및 교육 프로그램의 성과, 품질 그리고 만족도가 제고될 수 있도록 지속 가능하여야 하고 처방적이어야 한다.

대학교육에서 성과관리는 대학교의 교육목적, 목표, 인재상에 근거한 성과지표에 기초한다. 성과지표는 대학의 교육성과를 확인하고 대외적 평가에 활용되기 때문에 다음과 같은 의미와 중요성을 갖는다. 첫째, 교육운영의 근거를 확보하게 된다. 성과지표는 각 대학이 제시한 교육정책과 교육 프로그램의 타당성을 확보하여 해당 정책 및 프로그램의 지속적인 운영 및 지원을 위한 근거가 된다. 또한 대학의 중장기 발전계획 및 특성화 계획의 지속적인 추진을 위한 근거가 된다. 둘째, 예산 및 자원 분배의 타당성을 제고한다. 각 대학이 제시한 교육정책과 교육 프로그램에 대한 신뢰성, 효과성 및 효율성을 확보하여 해당 교육정책과 교육 프로그램에 학교가 보유한 물적·인적 자원의 지속적인 투자와 지원의 타당성을 제공한다. 또한 각 대학은 성과지표에 기초하여 선택과 집중할 정책 및 지원 프로그램의 선정, 대학 자원 운용 및 활용의 근거를 확보하게 된다. 셋째, 질 관리의 체계성 제고 및 대학교육에 대한 대외적 인증을 위한 기초자료가 된다. 성과지표는 각 대학이 지속적으로 유지할 주요 정책, 핵심 프로그램, 그리고 폐지 및 개선해야 할 정책과 프로그램에 대한 교육적 의사결정을 가능하도록 하고 대학교육 질 관리 체계의 기반을 마련한다. 또한 성과지표는 대학의 자체진단과 대외적 평가 및 인증 대비를 위한 가장 중요한 기초자료가 된다.

2) 성과지표 개발

교육에서 성과관리는 목표 달성을 위한 성과지표가 근간을 이룬다. 먼저 목표 체계는 거시적이고 궁극적인 전략목표와 이를 달성하기 위하여 무엇을 어느 정도 실행할 것인지에 대한 성과목표로 구분된다. 전략목표는 각 조직의 기능이나 임무에 대한 지향 방향이나 존립목표를 나타낸다. 다시 말하면 조직의 비전 또는 목적을 달성하기 위한 중점 목표이다. 전략목표는 일회성이 아닌 지속적인 활동을 근거로 한다. 각 조직은 1개 이상의 전략목표를 가질 수 있다. 전략목표는 대학교육 목적을 달성하기 위한 중장기적 운영 방향, 지향점, 목표라고 할 수 있다. 전략목표는 간결하게 표현되어야 하며, 대학이 추구하는 최종 결과(교육목적, 인재상)에 초점이 맞추어져야 한다. 성과목표는 전략목표를 달성하기 위한 하위목표로 주로 활동(프로그램)을 통해 달성하고자 하는 구체적인 목표를 의미한다. 하나의 전략목표를 달성하기 위한 성과목표는 여러 개로 나타날 수 있다. 성과목표는 대학사업을 통해 달성하려는 구체적인 목표로 쉽고 평이하게 정의되어야 한다. 이에 성과지표는 해당 전략목표와 성과목표에 근거하여 개발되어야 한다.

성과지표(Performance Indicator)는 조직의 임무, 전략목표, 성과목표의 달성 여부를 판단할 수 있는 측정 항목을 말한다. 잘 설정된 성과지표에 근거한 성과평가는

표 2-3 ▌ 전략목표 및 성과목표와 성과지표의 관계 체계

전략목표	성과목표	성과지표
		성과지표
		성과지표
	성과목표	성과지표
		성과지표
	성과목표	성과지표
		성과지표

성과측정의 과정을 통하여 정책과 사업의 우선순위를 결정하고, 자원배분 등의 과정에 있어서 업무담당자 및 책임자의 능력을 향상시키고, 재정지출의 투명성을 제고할 수 있다(서울시정개발연구원, 2001)는 장점을 갖는다. 여기서 잘 설정된 성과지표란, 첫째, 성과목표의 달성 여부를 판단할 수 있는 측정 항목이며 계량적 방법으로 성과목표를 판단할 수 있는 지표이다. 둘째, 성과목표를 달성하기 위해 무엇을 해야 하는지 구체적인 내용과 방법을 알 수 있도록 하는 지표이다. 셋째, 조직이 사업에서 지향하는 목적을 실제로 달성했거나 달성하고 있는지를 파악할 수 있는 지표이다.

3) 성과지표 개발방법

성과지표 개발방법은 일반적으로 목표와의 연계성(조직의 미션/비전 혹은 사업의 전략과 연관성이 높아야 함), 결과지향성(과제가 추진하는 목적에 가장 적합한 지표일수록 좋은 지표), 편의성(누구나 쉽게 측정할 수 있어야 하며 가능한 한 비용이 적게 들어야 함), 판별성(목표의 달성 여부를 명확히 알 수 있는 형태의 지표여야 함), 신뢰성(임의적인 조작이 쉽지 않으며 성과의 변화에 민감해야 함), 비교 가능성(과거의 성과나 다른 사업의 성과와 비교 가능해야 함), 기한성(일정 계획에 따라 일정 기간 동안 수집될 수 있는 지표이어야 함), 그리고 적시성(사업의 진행상황의 파악에 도움을 주어야 하며 정보로서의 유용성을 가져야 함) 등이 제안되고 있다(경기개발원, 2002).

성과지표 개발방법에 대한 논의 사항을 정리하여 실제 운영에 있어 고려해야 하는 주요한 몇 가지 사항과 점검 내용을 제시하면 다음과 같다.

- 정책대표성: 성과지표는 해당 성과목표 및 관리과제의 핵심적인 내용이 포함될 수 있도록 하고 지엽적인 내용으로 설정하지 않는다. 목표를 명확히 세우고 나면, 그 목표를 효과적으로 달성했는지 지표를 통해 확인한다. 목표와 성과지표가 없다면 성과관리는 불가능하다. 현장에서는 목표와 목적 간 구분을 어려워하는 경우가 있는데, 목표와 목적을 구분하기 어려워하는 이는 다음의 표를 참고하여 명확히 구분할 수 있어야 한다.

표 2-4 ┃ 목적과 목표 비교

목적(Goal)	목표(Objective)
가고자 하는 방향을 추상적인 수준으로 제시	달성하고자 하는 바를 아주 구체적인 수준에서 설정
이루려는 일을 왜 하는가	이루거나 도달하려는 실제적인 일이 무엇인가
어떤 일을 하려는 이유나 취지	어떤 일을 해서 얻고자 하는 최종 결과물
직접 관찰하고 측정할 수 없음 (예: 인내심을 기른다. 건강한 체력을 기른다 등)	객관적으로 관찰·측정 가능하게 제시 (예: 18초 내에 달린다. 52kg까지 줄인다 등)
일반적인 방향성이라는 범주 내에서 어느 정도의 개연성과 융통성을 발휘	최적의 합리적인 방법 또는 수단을 동원하여 효율적·효과적으로 달성
하고 싶은 것	해야만 하는 것
비전(Vision)	미션(Mission)
불확실성 내포	확실성 추구

또한 성과지표는 결과에 영향을 미칠 수 있는 외부요인의 통제가 가능하고, 목표 달성을 위한 조직의 직접적인 노력과 역량이 포함된 지표로 설정한다.

점검 사항

- 전략목표와 성과목표를 대표하는 내용인가?
- 전략목표 및 성과목표와 직접적인 연관이 있는 내용인가?
- 목표와 결과 간의 인과관계를 파악할 수 있는가?
- 목표를 달성하기 위한 기관의 노력이 반영되어 있는가?

- 목표치 수준의 적절성: 목표치는 구체적으로 어떠한 근거와 논리를 통해 목표치가 설정되었는지를 명확히 제시한다. 목표치는 일반적으로 전년도 성과에 근거하거나 과거 3년간의 평균 및 추세치를 사용하고 적극적 업무 수행의 관점에서 도전적으로 설정한다. 도전적이라는 의미는 시간이 지남에 따라 당연히 달성되는 지표, 구성원들의 직접적인 노력과 관계없는 예산투입이나 행정적 절차에 의해 도달할 수 있는 지표를 지양하는 것으로, 예를 들면 학습지원 프로그램 참여율이 최근 3년 평균이 50% 였다면 성과는 최소한 해당 3년 평균치 이상으로 설정되어야 한다는 것을 말한다(예산, 인력, 상황 등의 투입 조건이 같다고 하면). 일반적으로 성과지표에 대한 평가는 적절성과 난이도, 달성도를 통해 평가된다. 적절성은 해당 분야 발전을 위해 적절하게 잡은 지표인가를 보는 것이고, 난이도는 목푯값에 도달하기 너무 쉬운 건 아닌지 비교적 어려운건지를 보는 것이며, 달성도는 지푯값에 얼마나 도달했는지를 보는 것이다. 따라서 성과지표를 설정할 때 해당 사업에서 지향하는 방향(목적)에 부합하는 지표라는 것을 명확히 인식시켜야 한다. 성과지표를 통해 사업의 성과를 평가받을 때 난이도에서 좋은 평가(쉽게 달성할 수 없는 도전적 목표)를 받으면 목푯값에 조금 미달해도 양해가 될 수 있다. 그러나 난이도에서 낮은 평가(쉽게 달성할 수 있는 보수적 목표)를 받은 경우 목푯값을 달성하더라도 좋지 않은 평가를 받을 수 있다. 그렇기 때문에 성과지표는 설정(개발)이 중요하다. 단지 목푯값을 달성했다고 좋은 평가를 받을 수 있는 것이 아니라 적절성, 난이도 면에서도 좋은 지표라고 인정될 수 있어야 좋은 평가로 이어지는 것이다.

 점검 사항

- 성과지표는 목표치 설정의 근거를 제시하고 있는가?
- 목표치는 너무 쉽게 달성할 수 있도록 설정되어 있지는 않은가?

- 성과지표의 구체성: 성과지표는 성과목표 또는 사업의 핵심적인 내용을 대상으로 명확하고 구체적으로 개발되어야 한다. 구체성은 달성방법과 기한성을 포함한다.

점검 사항

• 성과지표는 무엇을 달성할 것인지 명확한가?

• 성과지표는 달성하고자 하는 목표치 및 달성방법을 구체적으로 제시하였는가?

• 성과지표는 달성기한 및 달성 정도를 주기적으로 제시하고 있는가?

• **성과지표의 측정 가능성:** 성과지표는 가능한 한 자료 출처가 명확한 정량적 지표를 사용하고 측정방법 및 근거는 공식적인 자료를 활용한다. 또한 성과측정 자료의 신뢰성을 확보할 수 있는 방법을 제시한다. 이 측정 가능성은 비교 가능성을 포함한다.

 점검 사항

• 달성정도를 객관적으로 측정할 수 있는가?

• 측정방법은 명확히 제시되어 있는가?

• 출처가 명확한 공식적인 자료인가?

• 과거의 성과 및 유사 사업의 성과와 비교할 수 있는가?

3. 핵심성과지표 설정 및 관리

1) 핵심성과지표

성과평가 시스템을 설계함에 있어 가장 중요한 내용 중 하나는 평가지표를 선정하는 것이다. 성과는 '무엇을 측정할 것인가?'를 핵심으로 한다. 이에 핵심성과지표의 선정은 한 조직 구성원의 모든 노력이 성과를 지향할 수 있도록 유인한다. 핵심성과지표는 기존의 성과지표와 구분된다. 기존의 지표들은 업무 수행상의 결과를 정량적으로 수치화하는 데만 초점을 맞춘 반면, 핵심성과지표는 전략의 실행을 관리하는 지표이다. 핵심성과지표는 현재의 성과뿐만 아니라 미래의 가치를 증대시키기 위해 무엇을 관리해야 하는지를 명확히 알려 줌으로써 사업의 성패와 진행사항을 알 수 있게 하는 가장 간결하지만 명확한 측정지표가 된다. 핵심성과지표는 대학의 교육업무 수행성과를 평가하는 주요 수단으로 대학의 비전과 교육목표가 제대로 수행되고 있는지를 평가하는 주요 방법으로 널리 사용되고 있다.

표 2-5 ▎ 핵심성과지표 선정 단계

1단계	2단계	3단계	4단계	5단계
교육목표, 인재상 등 파악	전략목표 확인	성과목표 확인	성과 지표 개발	핵심성과 지표선정

첫째, 핵심성과지표의 개발을 위해 먼저 조직의 임무, 즉 존재목적을 이해하고 조직의 역할범위, 역할수행방법 등을 파악하여야 한다. 둘째, 부서의 전략목표들을 확인하고 각 주요 기능을 분석하며, 기능별 성과목표와 도출되는 핵심산출물을 분석하여야 한다. 셋째, 기능별 즉 하위부서 또는 사업별로 전략목표에 기여할 수 있는 성과목표를 설정한 후, 성과지표를 개발하거나 모범사례의 분석을 통하여 성과지표를 수집하여야 한다. 넷째, 도출된 예비적인 성과지표들 중에서 문서, 통계자료, 설문조사 등을 통하여 객관성을 확보할 수 있는 지표를 선정하여야 한다. 다섯째, 선정된 성과지표 중에서 성과목표 측정의 기여도 및 여타의 기능별 또는 부서별 성과지표와의 연계성을 검토한 후 핵심성과지표를 최종적으로 선정한다. 마지막으로는 환류 체계로서 앞의 과정을 거쳐 도출된 성과지표의 질적 향상을 위한 지속적인 개선의 노력을 하여야 한다.

핵심성과지표선정에 있어 다음과 같은 내용은 고려되어야 한다.

- 고려사항1: 핵심성과지표의 항목은 너무 많지 않도록 하여야 한다.
- 고려사항2: 전략상의 핵심요인(프로그램)들과 연계되어야 한다.
- 고려사항3: 지표분석을 통하여 과거, 현재, 미래에 대한 변화의 흐름을 알아 볼 수 있어야 한다.
- 고려사항4: 성과관리를 통해 조직원의 성과를 극대화시키고, 업무방식과 추진 의지를 성과 지향적으로 변화시킬 수 있어야 한다.
- 고려사항5: 전략과제와 연계되어 업무 수행성과에 대한 효과적인 책임 구분이 가능하여야 한다.

　핵심성과지표는 성과목표 달성에 대한 중요도에 따라 성과지표 중에서 선정된다. 이에 핵심성과지표는 성과지표가 선정된 이후 다음과 같은 단계를 거쳐 최종 선정 및 개발된다.

표 2-6 ▌핵심성과지표 개발 및 프로세스

1단계	2단계			3단계	4단계
성과지표 수집	핵심성과지표 선정 및 개발			지표상세화	가중치 부여
	목표·전략 이해	핵심성공요인 선정	핵심성과지표 선정 및 개발		

　성과지표 중에서 핵심성과지표를 선정하기 위한 선정 기준을 살펴보면 다음과 같다. 첫째, 전략적 일치성이다. 비전, 인재상, 교육목표, 전략과제와 정확히 일치하여야 한다. 일반적인 성과지표의 선정은 주로 단위사업 실적을 중심으로 선정되는 경향이 있는 반면, 핵심성과지표는 상위 목적 및 목표를 적극적으로 고려하여 선정된다. 둘째, 측정 가능성이다. 성과는 객관성을 확보할 수 있도록 일정 기간별로 측정 및 평가가 가능하여야 한다. 특정인의 주관적 판단에 좌우되지 않고, 반복적 평가가 이루어지더라도 객관적 기준이 변하지 않아야 한다. 따라서 자료가 불충분하거나 신뢰도가 떨어지는 경우 최종 핵심성과지표로 도출하지 않는다. 셋째, 구체성이다. 결정한 성과를 충분히 달성할 수 있도록 지표의 내용이 불투명하거나 지표 항목 간의 구분이 모호하지 않아야 한다. 일반적인 사업단위 성과지표는 지표항목 간 구분이 모호한 경우가 발생할 수 있지만 핵심성과지표는 핵심성과지표 간 구분이 명확해야 하고 상호 독립적이어야 한다. 넷째, 관리 가능성이다. 관리 가능성이란 핵심성과지표는 부서가 수행하는 업무를 통해 통제해 나갈 수 있어야 한다는 것이다. 즉, 해당 부서는 핵심성과지표 달성을 위해서는 부서 구성원들에서 핵심성과지표의 달성을 명시하고 지속적으로 진행 및 달성 여부를 관리하여야 한다.

　핵심성과지표 선정 및 개발의 출발점은 목표·전략에 근거한 주요 성과지표(들)의 선정부터이다. 핵심성과지표를 선정한다는 것은 "미션과 비전이라는 목표를 성취하기 위해 어떤 것을 우선적으로, 선택적으로, 집중적으로 성공해야 하는가?"라는 질문에 답하는 과정, 즉 많은 성과지표 중에서 가장 본질적이고 가장 근본적인 성과지표가 무엇인지 생각해 보는 과정이다. 예를 들어, '국내 최고의 Social

Innovation 교육 대학이 된다'는 목표를 세웠다면 학교환경 및 시설, 투자 등 많은 성과요인이 있지만 사회변화 및 사회문제에 대한 강의 만족도, 교육방법 개선정도, 교육과정 개발 비율, 학습자 변화 등이 핵심요인이 될 수 있다. 핵심요인이 정해졌다면 핵심성과지표를 개발해야 한다. 핵심성과지표는 주요한 성과지표(들)로 구성되며 해당 성과지표(들)의 달성정도에 따라 측정된다. 예를 들어, 핵심성과지표를 'S.I.(Social Innovation) 교육개선지표'로 명명하고 강의만족도, 교육방법개선 비율, 학습자인식변화로 구성할 수 있다. 성과를 평가하기 위해서는 측정(양적 측정)할 수 있어야 하고, 측정할 수 없는 것은 평가할 수 없다는 사실을 잊지 말아야 한다. 따라서 핵심성과지표 및 개별 성과지표들은 점수나 비율 등으로 환산할 수 있어야 한다.

2) 핵심성과지표 상세화(SMART 기법)

핵심성과지표에 의미를 부여하기 위해서는 핵심지표에 대한 정의와 더불어 선정에 대한 근거를 제시할 필요가 있다. SMART 기법은 핵심성과지표에 대한 정의와 더불어 근거를 제시해 줄 수 있는 원칙을 제공해 준다. 일반적으로 SMART 기법은 Specific, Measurable, Attainable, Relevant, 그리고 Time Based로 알려져 있지만 프로젝트의 특징에 따라 그리고 기법적용자마다 다양한 용어, 의미 그리고 변형된 형태로 수정하여 사용하고 있다.

- 구체성(Specific): "목표 달성 여부의 측정 기준으로 활용될 수 있을 만큼 구체적이고 명확한가?" 명확하고 구체적인 목표는 목표에 대한 인식과 실현 가능성을 높여 준다. 구체적이라 함은 누가, 무엇을, 어디에서, 필요시간, 필요조건 및 방법, 달성 이유 등이 구체적인 것을 말한다. 이러한 구체성 중 최소한 '내용'의 구체성, '달성기한'의 구체성, '달성 결과'의 구체성은 확보되어야 한다.
- 측정 가능성(Measurable): '측정이 불가능하거나 비용이 과다하게 소요되지는 않는가?' 목표 달성에 대한 진척도를 판단하기 위해서는 판단 기준과 측정 방법이 명확해야 한다. 판단 기준 및 측정방법은 양적 기준 및 방법과 질적 기준 및 방법으로 구분될 수 있지만 측정 결과의 객관성, 증빙 가능성, 신뢰성을 제시할 수 있는 양적 기준 및 방법으로 설정하는 것을 권장한다.

- 달성 가능성(Attainable): "목표치 달성이 조직의 노력으로 통제 가능한가?" 목표는 프로그램의 운영에 있어 가장 중요한 기준이 된다. 해당 기준이 무리할 정도로 높게 설정되어 있거나 너무 낮게 계획되어 있는 경우, 또한 시간이 흐르면 자연스럽게 달성될 수 있는 경우는 바르게 설정된 목표라고 할 수 없다. 과정들을 충실히 이행/진행한다면 달성될 수 있는 정도의 수준으로 설정되어야 한다.
- 적실성(Relevant): "직접적으로 사업목적과 연관되어 있고 사업목적을 대표할 수 있는가?" 달성하고자 하는 목표는 상위 프로그램 목적과 목표에 부합하는지를 살펴야 한다. 사업의 대표목적을 학생역량 강화로 설정하였다면 달성하고자 하는 내용은 강의평가 점수의 향상으로 설정할 수 없다.
- 시간계획성(Time Based): "달성 기한 별로 목표치가 있으며, 측정 결과는 시계열 비교 및 개선 여부 판단이 가능한가?" 목표는 달성 기간이 정해져 있어야 하고 해당 기간을 통하여 달성될 수 있어야 한다.

SMART 기법을 이용한 성과지표 설정 및 상세화에 대한 구체적인 보기는 다음과 같다.

표 2-7 | SMART 기법을 적용한 지표의 상세화 예

구분	성과지표: 체지방률 개선	성과지표: 학습역량 향상
구체성 (Specific)	• 달성 결과 및 목표가 명확하게 표현되어 있는가?	
	현재 30%인 체지방률을 15%까지 개선	학습지원 프로그램 참여자의 학습역량을 참여 전 대비 5% 향상
측정 가능성 (Measurable)	• 수치나 비율 등으로 제시되어 있는가? • 신뢰할 만한 자료를 얻을 수 있는가?	
	1개월 1회 측정을 통해 확인	비교과통합지원 시스템을 통해 학습지원 프로그램 참여 전/후 역량측정 결과를 확인
달성 가능성 (Achievable)	• 현행 계획/제도와 부합하는가? • 자원을 활용하여 달성할 수 있는가? • 현재의 여건으로 달성 가능한가?	

〈계속〉

	2개월간 PT를 통해 체지방을 줄이는 운동방법과 식이요법을 배운 후 지속적으로 주 3~4회 헬스장에서 2시간 이상 운동	학습증진향상 프로그램은 강의 중심이 아닌 실천 중심의 프로그램이고 중간점검과 상시 컨설팅을 지원하고 있으며, 과거 수업현장에서 이미 효과가 검증된 바 있음
목적부합성 (Relevant)	• 중요문제/목표와 관련되어 있는가? • 투입된 비용에 비하여 큰 이익을 얻을 수 있는가?	
	내장지방 과다로 잃은 건강을 되찾고 슬림하고 균형 잡힌 몸을 가꿈으로 자존감을 향상시킴	학습역량 향상은 학업성취도를 제고하여 미래인재가 갖추어야 할 핵심역량 향상에 기여함
시간제약 (Timely)	• 기간 내에 착수 및 완료할 수 있는가? • 연차별 추진계획에 포함되어 있는가?	
	체지방은 단기간에 줄일 수 있는 항목이 아니므로 6개월로 기간 설정	프로그램은 매 학기 제공하나 사업수행 기간이 1년 단위이므로 2개 학기 평균으로 산정

3) 핵심성과지표 정리

핵심성과지표는 원칙적으로 지속적인 성과측정을 할 수 있어야 한다. 또한 조직관리 및 책임한계가 명확하게 결정되어야 한다. 따라서 핵심성과지표는 다음과 같이 정리될 필요가 있다.

표 2-8 ▌ 핵심성과지표(KPI) 정리 체계

핵심성과지표 (KPI)	정의	산식	주관부서	최소보고주기

핵심성과지표가 선정되면 우선 핵심성과지표에 대한 명확한 정의가 내려져야 한

다. 즉, 해당 핵심성과지표의 성격, 의미, 결과 등을 기술하여야 한다. 다음으로 주요 결과물을 이용하여 성과 달성정도를 표현할 수 있도록 산식을 제시한다.

핵심성과지표의 산식 개발의 원칙은 다음과 같다. 첫째, 해당 성과지표의 측정을 구체적으로 어떻게 하는지를 명확히 알 수 있도록 기술되어야 한다. 둘째, 산식의 타당성 등을 면밀히 검토하여 누구나 이해 가능하도록 최대한 구체적으로 기입한다. 셋째, 산식에 사용된 근거자료는 공식적이고 객관적인 출처, 문서 등을 사용하여 신뢰성을 확보하여야 한다.

표 2-9 ▎ 핵심성과지표 산식의 예

산식개발	산식 표기	설명사항
단순증가율	$(\dfrac{\text{해당실적}-\text{비교실적}}{\text{비교실적}})\times100$	비교실적: 전년 또는 3년 평균치
목표부여증가율	$(\dfrac{\text{실적}-\text{최저목표}}{\text{최고목표}-\text{최저목표}})\times100$	–
목표대비실적	$(\dfrac{\text{실적}}{\text{목표}})\times100$	–

출처: 김형선(2016). p. 188.

(4) 핵심성과지표 최종 점검

우리가 선정한 핵심성과지표에 대하여 최종적인 점검이 필요하다. 주요하게 점검하여야 할 사항을 제시하면 다음과 같다.

🔧 **점검 사항**

- 핵심성과지표는 궁극적 사업목적을 반영하는 결과지표로 선정되었는가?
- 핵심성과지표는 전략목표를 반영하는 결과지표로 선정되었는가?
- 핵심성과지표는 사업을 대표할 수 있는 사업 활동에 의해 산출된 것인가?
- 핵심성과지표는 정량지표로 선정되었는가?
- 핵심성과지표는 지엽적인 내용을 점검하고 있지는 않은가?
- 핵심성과지표의 측정산식은 계량적 측정이 가능하도록 구체적으로 기술되어 있는가?
- 핵심성과지표는 측정 기간, 측정 범위, 측정 단위 등이 명시되어 있는가?
- 핵심성과지표를 위한 자료는 객관적이고 검증 가능한 성과 정보인가?

최종 선정된 핵심성과지표는 구성원들이 이해할 수 있고 목표 달성을 위해 일치된 노력을 할 수 있도록 정의서로 작성되어 배포해야 한다. 핵심성과지표에 대한 정의서를 제시하면 다음과 같다.

표 2-10 ▌ 핵심성과지표 정의서

구분	정의 및 단위							
전략 목표								
성과 목표								
핵심 성과 지표		주관 부서	비율	기준값	1차 년도	2차 년도	3차 년도	4차 년도
하위 성과 지표	하위성과지표명1		%					
	하위성과지표명2		%					
	하위성과지표명3		%					

구분		산식	세부설명
핵심성과지표			
하위 성과 지표	하위성과지표1		
	하위성과지표2		
	하위성과지표3		
지표설정 기준	S		
	M		
	A		
	R		
	T		
달성계획 및 전략			

핵심성과지표 정의서는 상세히 기록되어야 한다. 핵심성과지표 정의서는 핵심성과지표가 전략목표와 성과목표에 근거하고 있음을 보이고, 어떤 하위성과지표들로 구성되었는지 구체적으로 기록하도록 한다. 산식 또한 명확히 제시하고 달성을 위한 구체적인 계획을 제시하도록 한다.

4. 교육 성과관리 모형 및 성과관리 지표 적용 방안

지금까지 선행연구자들이 제시한 내용과 틀을 정리 및 재검토하는 형식으로 교육성과관리 모형과 성과관리를 위한 성과지표와 핵심성과지표 설정방법에 대하여 살펴보았다. 개별 대학이 대학교육에 대한 성과관리를 체계적으로 하기 위해서는 기본 모형과 이론에 근거하여 개별 대학에 적합한 교육 성과관리 모형의 선정 및 활용, 교육 성과관리 전담부서 운영, 그리고 성과지표 설정 및 선정이 이루어져야 한다.

1) 교육 성과관리를 위한 체계 설정

(1) 사업단위 교육 성과관리 모형

성과관리 모형은 다양한 모형이 존재한다. 해당 모형은 대부분은 교육환경에 최적화된 모형이라고 보기 어렵다. 개별 대학은 각 모형에 근거하여 대학 환경에 가장 적용하기 쉽고, 운영 가능한 모형을 선정하도록 한다.

모형이 선정되면 교육 성과관리보다는 전반적인 사업운영 측면에서 모든 사업을 점검하도록 한다. 대학지원사업의 특성상 설계한 모든 사업은 성과를 측정해야하고 따라서 모든 사업을 선정된 모형에 논리적으로 배치시켜야 하기 때문이다. 이를 통해 투입되는 사업, 사업의 운영방식, 사업이 달성하고자 하는 실적, 사업이 가져올 최종성과를 나열할 수 있다. 이러한 측면에서 간편한 구조적 틀을 가지고 있는 모형은 논리 모형이라고 할 수 있다.

[그림 2-5] 논리 모형의 기본 단계

논리 모형은 업무의 난이도와 양을 나타내는 실적/산출물(Output)보다는 수혜자의 관점에서 미래지향적이고, 질적으로 의미 있는 영향력/결과(Outcome)에 주목함으로써 성과지표 개발에 강점을 갖는다.

실제 운영에 있어서 모형의 세부 단계와 내용은 대학의 상황에 따라 변경하여 사용해도 무방하다고 생각된다. 그 이유는 각 학교마다 행정역량, 행정 체계, 업무 분장이 다르기 때문이다. 단, 성과관리 단계와 환류과정은 명확히 할 필요가 있다. 대학 관련 사업운영의 체계성 및 사업의 효율성을 제고하기 위해서는 업무의 주요 내용 단위별로 단계화하고 구체화할 필요성이 있다. 이는 생각하는 것에서 그치는 것이 아니라 도식화, 체크리스트화하여 하나씩 확인하고 이행하여야 한다.

- 1단계: 각 대학의 설립목적/교육목적/인재상 확인
- 2단계: 조직 및 사업 영역의 전략목표 설정 및 확인(성과관리 영역 선정 포함)
- 3단계: 전략목표에 대한 성과목표 설정 및 확인
- 4단계: 성과관리대상 사업 선정 및 확인
- 5단계: 성과지표 설정/핵심성과지표 설정
- 6단계: 핵심성과지표 수집 · 분석 · 평가
- 7단계: 환류 및 컨설팅

자료수집 및 성과 분석	성과평가	피드백 · 컨설팅
• 성과지표 관련 데이터 수집 및 정리 • 성과 확인 및 분석	• 평가 기준 재확인 • CQI 결과 검토 • 평가수행	• 평가 결과 제공(부서-프로그램) • 결과의 공유 · 확산 • 개선사항에 대한 컨설팅 • 부서와의 협의를 통한 추후사업 개선

[그림 2-6] 성과평가 환류 과정

(2) 세부사업단위 교육 성과관리 체계

이 모형 선정은 사업운영 전반에 대한 성과관리 체계와 틀을 설정하는 문제라고 할 수 있다. 실제 성과평가 및 관리를 위해서는 개별 영역 · 사업 단위의 관리 체계가 필요하다. 이 관리 체계는 성과관리 모형보다 현장 담당자에게 더 필요한 내용으로 성과를 도출하기 위한 업무 활동과 직결된다고 할 수 있다.

따라서 개별 영역 · 사업 단위에서도 사업 전체와 마찬가지로 일정한 모형에 근거하여 운영하도록 하고 체계화할 필요가 있다.

[그림 2-7] 세부사업단위 성과관리 체계

[그림 2-7]은 세부사업단위 성과관리를 위한 A-PDS 모형이다. 세부사업단위에서 성과관리는 진단-설계-평가운영-환류 단계로 구분한다. 진단은 기존운영 결과에 대한 점검, 내외부 전문가 의견수렴, 개발 방향, 규정 및 지침, 설계는 평가 영역 및 준거 설정, 개발 방향, 지원 체계, 전문성, 규정, 프로그램, 평가 환류 체계 설계를 포함한다. 평가 및 피드백은 실적 및 성과 수집, 평가, 평가 결과의 공유 및 확산을 포함한다.

투입-운영-산출이라는 논리 모형에 근거하여 세부사업단위 성과평가를 위한 평가준거를 단계별로 구체화해 보면 교육 프로그램의 준비부터 환류에 이르는 단계를 8단계로 구분하며 각 평가준거를 제시할 수 있다.

- 1단계: 프로그램 운영 조직 유무/전문성
- 2단계: 프로그램 운영 규정 · 지침 유/무
- 3단계: 프로그램 유/무
- 4단계: 프로그램 체계성
- 5단계: 프로그램 실행 정도
- 6단계: 프로그램 효과성
- 7단계: 프로그램 평가
- 8단계: 평가 결과의 환류(공유 확산)

여기에 더하여 개별 영역 · 사업 단위에서는 자체 교육 성과관리를 위한 평가 원칙과 성과평가에 적합한 자체진단 점검표를 구성하여 운영하도록 한다. 어떤 학교에서는 CQI(Continuous Quality Improvement) 체제를 활용할 수도 있다.

이러한 단계를 지원 체계, 운영, 평가, 환류로 구분하여 자체평가를 구성하면 〈표 2-11〉과 같이 제시할 수 있다.

표 2-11 ┃ 자체평가의 예

[요소]		유무		성과			우수판정 기준
		유	무	미흡	보통	우수	
지원 체계	해당 영역/프로그램의 운영 및 개발 방향[모델]						• 개별 학교에서 결정
	해당 영역/프로그램 운영에 대한 지원 체계						
	해당 영역/프로그램의 규정(지침)						
	해당 영역/프로그램의 지원조직						
	해당 영역/프로그램 지원조직의 전문성						
운영	해당 영역/프로그램 운영 및 지원 프로그램						• 개별 학교에서 결정
	해당 영역/프로그램의 운영방법-매뉴얼						
평가	해당 영역/프로그램 운영 결과 평가						• 개별 학교에서 결정
환류	환류 체계						• 개별 학교에서 결정
	평가 결과 활용						

2) 핵심성과지표 설정 및 재점검

대학재정지원사업 보고서들을 살펴보면 (핵심)성과지표 설정에 있어 오류를 범하는 경우를 종종 볼 수 있다. 성과지표의 경우 적절성, 난이도 등에 의해 평가를 받는다. 이러한 관점에서, ① 해당 영역의 사업목적과 성과지표 간의 불일치 문제는 가장 빈번하게 발생하는 문제이다. 예를 들면, 어떤 영역의 핵심지표를 '유연한 학사제도 운영을 통한 전공교육 체계 강화'로 설정하고, 하위지표들을 '강의참여자 수' 'PBL 교과목 개설 수'로 하였다면, 해당 하위지표들은 상위 핵심성과지표에 직접적으로 부합하기 어렵다고 할 수 있다. ② 일부 성과지표들은 시간이 지남에 따라 달성되거나 별 노력 없이 달성할 수 있는 경우도 발견할 수 있다. 예를 들면 사업비 집행액, 특강 횟수 등이다. 이 경우 사업비 집행액의 경우 학생 활동지원액의 비율 등으로 재환산, 특강 횟수는 특강참여자 수 또는 특강만족도 등으로 수정할 필요가 있다. ③ 핵심지표 정의서에서 하위지표들을 이용한 산식에 오류를 범하는 문제이다. 하나의 핵심성과지표를 구성하는 성과지표들의 산식은 그 단위가 일치하도록 한다. 각종 보고서에서 우리는 하나의 핵심성과지표에서 서로 그 단위가 명백히 구별되는 건, 명, 점수를 성과지수 산식에 그대로 사용하는 것을 흔히 볼 수 있다. 건, 명, 점수, 비율 등 서로 다른 단위가 하위성과지표의 산출이라면 그 단위를 일치하도록 하여야 한다. 만약 하위성과지표들의 산출 값의 단위가 서로 다를 경우 가장 편리하게 단위를 일치시키는 방법 중 하나는 환산비율(해당년도달성값/최종년도달성목표치) 값을 사용하는 것이다.

표 2-12 ┃ 핵심성과지표 산식 예

					기준값	1차년도	2차년도	3차년도	4차년도
수정 전	핵심 성과 지표	교육혁신지수	비율		90	102.5	115	127.5	140
	하위 성과 지표	교수혁신 (강의평가점수)	50%		80점	85점	90점	95점	100점
		학습혁신 (프로그램 참여자 수)	50%		100명	120명	140명	160명	180명
					기준값	1차년도	2차년도	3차년도	4차년도
수정 후	핵심 성과 지표	교육혁신지수	비율		65	73.75	82.5	91.25	100
	하위 성과 지표	교수혁신 (강의평가점수)	50%	실제값	80점	85점	90점	95점	100점
				환산 비율	80%	85%	90%	95%	100%
		학습혁신 (프로그램 참여자 수)	50%	실제값	100명	125명	150명	175명	200명
				환산 비율	50%	62.5%	75%	87.5%	100%

3) 핵심성과지표의 공유

현재 모든 대학은 중장기 발전계획을 비롯하여 대학지원사업을 위해 핵심성과지표를 설정하고 있다. 그러나 정작 프로그램을 운영하는 부서나 프로그램 운영 담당자들은 해당 핵심성과지표를 모르고 사업을 운영하고 있는 경우가 있다. 즉, 핵심성과지표, 부서 단위 성과지표, 프로그램 단위 성과지표에 대한 공유와 교육없이 프로그램이 운영되는 경우도 있다. 이에 성공적인 성과관리를 위해서는 최소한 핵심 프로그램(성과관리대상사업) 운영부서와 담당자에게 다음과 같은 내용을 공지하고 확인시킬 필요가 있다.

- 확인 및 공지내용 1: 핵심성과지표 확인 및 공지
- 확인 및 공지내용 2: 핵심성과지표 달성을 위한 핵심 프로그램(성과관리대상사업) 확인 및 공지
- 확인 및 공지내용 3: 핵심 프로그램 운영의 목표치 확인 및 공지
- 확인 및 공지내용 4: 핵심성과 달성을 위한 프로그램 운영방법, 달성기한 확인 및 공지

4) 교육 성과관리 전문부서 운영과 역할의 명확화

대부분의 대학은 기획처나 전략부서를 중심으로 평가업무를 운영해 왔다. 일부 학교들은 부서 단위로 평가를 실시하고 평가 관련 위원회에서 일괄 검토하는 경우도 있다. 이처럼 기획처, 전략부서, 그리고 평가 관련 위원회에서 다루는 성과는 학교 전체 차원의 성과를 다룬다는 점에서 현재 논의가 되고 있는 교육 성과관리와는 차이가 있을 수 있다. 따라서 교육 성과관리 전문부서를 운영할 경우 성과관리를 학교운영 전반까지 확대할 것인가, 아니면 교육 관련 활동으로 제한할 것인가에 대한 논의가 있어야 한다. 이러한 논의의 필요는 전문부서의 규모와 권한을 결정해줄 수 있기 때문이다. 즉, 성과관리 범위를 학교운영 전반까지 확대한다면 처 단위(센터 단위에서도 조직도상으로 보이는 체계가 아닌 총장 직속으로 실제적 운영이 되는 경우 포함) 이상의 규모와 권한을 부여해야 하고, 단지 교육(프로그램) 관련 활동 중심으로 성과관리를 할 경우에는 원 또는 센터 단위로 운영할 수 있기 때문이다.

재정 및 인력에 여유가 없는 소형대학이라면 먼저 교육(프로그램) 관련 활동 중심의 성과관리부터 시작하고, 해당 업무는 교육성과 관련 신설 부서 또는 기존 부서에 인력지원과 업무를 부여하는 형식으로 운영하는 것이 현실적이다. 교육성과 관리부서의 인력구성과 운영은 개별 대학이 설정한 성과관리 범위에 따라 다르게 구성해야 한다. 교육(프로그램) 관련 활동 중심의 성과관리를 한다면 교육만족도, 역량평가, 교육지원 프로그램과 지원부서 활동에 대한 성과관리로 제한된다. 이 경우 매뉴얼에 따른 업무로 학과 및 부서간 협조에 의해 이루어지는 업무가 대부분으로 최소한의 인력으로 운영 가능하다고 할 수 있다. 여유가 있다면 교육과정운영에 대

한 것까지 확대해 볼 수 있고 경우에 따라 성과를 조절할 수 있는 프로그램 운영을 고려해 볼 필요도 있다. 이 경우 추가적 인력과 재정이 지원되어야 하는 부담을 갖는다.

5. 교육 성과관리 지표 개발을 위한 제언

최근까지도 대학에서 교육에 대한 성과관리는 그리 익숙한 영역이라고 하기 어려웠다. 관련 학문 분야를 공부했거나 관련 업무를 수행하는 구성원을 제외하고는 여전히 성과모형, 성과지표, 핵심성과지표는 낯설게 느껴질 수 있다. 이에 다음과 같은 제언을 할 수 있다.

첫째, 대학 전 구성원, 특히 사업운영자들과 행정처리 담당자들을 대상으로 왜 성과관리가 중요한지 성과지표는 어떻게 설정하고 평가하는지에 대한 교육이 필요하다.

둘째, 실제 성과관리에 있어 이론적인 성과관리 모형에 제한되어 각 부서가 힘들어지는 것을 바라지 않는다. 모형이라는 것은 기본 단계(형태)를 유지한다면 단계별 세부 내용은 학교상황에 따라 변형(추가 · 삭제 · 개선)하여 사용할 수 있다.

셋째, 성과중심의 대학 자체평가와 대학운영의 효율성 제고를 위해서는 성과지표의 올바른 설정이 이루어져야 한다. 성과지표는 대학이 추구하고 있는 교육목적, 목표, 인재상에 근거하여 설정된 각 영역별 목표에 근거하여야 한다. 교육 영역은 크게 교양, 전공, 비교과, 교수학습지원, 학사제도, 교육 질 관리, 환경지원 영역으로 구분되는데 해당 영역이 추구하는 목표와 성과지표는 일치하여야 한다. 대학교육 목적, 교육 영역 목적, 그리고 개별 단위 프로그램 성과가 일치할 때, 그리고 성과평가 및 관리가 이루어질 때 대학교육에 대한 정확한 진단이 가능하고 앞으로의 발전 방향을 재설계할 수 있다.

제3장

대학기관연구의 접근

I. 대학기관연구의 이해

최근 국내 대학들에서 급속도로 확산되고 있는 '대학의 기관연구(Institutional Research: IR)'는 1920년대 미국에서 유래하였다. 우리나라와 같이 사립대의 비중이 70%가 넘는 미국의 고등교육 분야는 경쟁 대학의 수와 입학자원의 분포 지역 역시 우리와는 비교할 수 없이 컸기 때문에 우리보다 일찍 학생 모집 위기와 중도탈락률 증가, 교육의 질 저하, 그리고 그로 인한 경영 및 재정난 등에 봉착하였다. 따라서 대학의 입장에서는 다양한 성과 데이터와 입학 자원, 추가적 재원 모집 관련 데이터에 대한 꾸준한 수집과 분석에 의거한 전략적인 경영방식이 필요했기 때문에 대학의 리더십의 결정을 직접적으로 지원하는 IR 부서를 일찍부터 운영해 왔고, 연방정부 역시 이러한 업무 구조를 전제로 한 대학들과의 데이터 공유 활동을 추진해 왔던 것이다.

국내 대학들도 2000년대 이후 정부의 대학평가가 본격화되고, 각종 대학재정지원사업이 대학의 기존 성과지표들을 기반으로 하여 선정평가를 진행함에 따라, 기존의 소극적인 대학 지표 관리의 관행에서 벗어나 다양한 성과지표들을 개발하여 제시해 왔다. 그러한 점에서 국내 대학 내에서도 IR의 기반이 어느 정도 형성되어 있다고 평가할 수 있다. 대학의 구성원과 재정상황, 교육의 질 관련 여러 핵심적 양적 지표들이 매년 교육부에 의해 수집되어 대학알리미를 통해 사회에 제공되고 있기 때문에, 대학은 그 어느 때보다 지표 관리에 신경을 써야 하며, 지표 향상을 기준으로 정책 결정을 내려야 하는 상황에 처해 있다. 더욱이 대학기관평가인증 등의 여러 평가기제들이 대학의 기존 양적 지표 외에 교육수요자들의 만족도를 정기적으로 조사하고 그것을 교육에 환류시킬 것을 요구하고 있어, 대학은 학생 수나 예산과 같은 소위 계량경제지표(econometric indicator)뿐만 아니라, 보다 정성적인 심리측정지표(psychometric indicator)들까지 다양하게 수집하여 교육의 질 개선에 환류시켜야 한다. 과거에는 기획처 내의 한 부서가 담당하던 '지표 관리'가 이처럼 광범위하고 복잡하며 전문적인 성격을 띠게 되자, 정부와 대학들은 '데이터 기반 질관리'라는 목표하에 대학이 생성하는 모든 데이터를 전문적으로 수집하고 관리·분석하여 리더십의 정책결정에 적절히 반영하는 전문 업무로서의 IR을 강조하고 있는 듯하다. 그리하여 IR은 대학의 구성원 일부에는 완전히 새롭고 전문적인 업무처럼 보이기도 하지만 다른 일부에게는 그동안 하던 것과 별반 다를 것이 없는 일처럼 보이기도 한다(배상훈, 윤수경, 2016). 여기에 IR은 최근 우리 사회에 지나친 환상과 불안감까지 자아내고 있는 '빅데이터'라는 단어와 사용될 때가 많아, 대학의 IR 업무에 대한 구체성과 구성원들의 이해도를 한층 더 악화시키고 있다.

그러나 대학이 생산하는 수많은 데이터를 조금이라도 관리해 본 사람이라면 IR 업무의 이미지와 대학의 정책 결정의 현실 사이에 심각한 괴리가 존재함을 인정할 수밖에 없을 것이다. 다양한 교육성과 데이터를 기반으로 교육의 질을 평가하고 그 결과를 대학의 다양한 교육 및 연구 활동에 환류시키는 일은 총장 이하 소수의 보직교수들에게 국한된 일이 아니라, 대학의 다양한 구성원의 단합된 마음과 일관적이고 논리적인 판단, 그리고 그 판단을 행동으로 충실하게 이행하는 일련의 과정 없이는 불가능하다. 아울러 그러한 과정의 효율성을 보장하는 전산 시스템에 대한 막대한 투자가 수반되어야 하며, 그 시스템이 보여 주는 데이터를 대학 구성원 전체가 올바르게 이해하고 해석할 수 있도록 하는 조직학습 또한 필요하다. 대학과 같은 수평적이며, 똑같은 업무를 반복하는 조직구조에서는 데이터가 관행을 이기는 것이 대단히 어렵기 때문이다.

이에 여기서는 다음과 같은 세 가지 목표를 가지고 국내 대학이 지향해야 하는

IR 업무에 대해 기술하려 한다. 첫째, 미국에서 출발한 IR이 국내 대학과 공유할 수 있는 부분이 무엇인지 설명함으로써 해외에서 가져온 제도의 국내 정착 방향을 제시하고자 한다. 둘째, 현재 일반적인 국내 대학 현실에서 지표 관리 이상으로 IR 부서가 수집·분석해야 하는 데이터의 범위와 관리 체계에 대해 국내 대학의 예를 바탕으로 제안하려 한다. 셋째, 소수의 대학 리더십이 아닌 대학 구성원 전체가 IR 부서의 데이터 분석 결과를 토대로 '데이터 기반 질 관리'를 실천할 수 있는 방법에 대해 모색하고자 한다.

2. 미국 대학의 IR 업무

1) 미국 대학 IR 업무의 기원과 발전 배경

미국 대학에서의 IR 업무는 1920년대부터 몇몇 주립대학을 중심으로 등장하였다. 당초 대학별 자체평가 보고서 제작이나 구성원을 대상으로 한 간단한 설문조사 업무로 시작하였던 미국 일부 대학의 IR 부서는 미국 고등교육의 질 저하가 국가 전체의 사회적 문제로 논의되었던 1960년대부터 본격적으로 미국 전역에 확산되었다. 당시 미국 대학의 IR 업무 확산은 몇 가지 중요한 시대적 맥락에서 기인하였다고 볼 수 있다. 제2차 세계대전을 겪은 미국 사회 전반에는 강도 높은 실증주의적 풍토가 대두되기 시작하였다. 이와 함께 산업계가 강조하는 효율성에 대한 요구까지 합세하여 교육 및 연구 분야에서도 교육과 연구의 성과를 가시적으로 증명하고 더 효율적인 방법을 제시해야 한다는 분위기가 확산되어 갔다. 아울러 1960년대부터 미국 고등교육의 대중화 추세가 본격화되었다. 베트남 전쟁에서 돌아온 다수의 제대군인이 「제대군인의 사회적응지원 법안(G. I. Bill)」에 따라 정부로부터 등록금을 지원받아 미국 대학에 대거 입학하는 등, 고등교육 참여자 수가 크게 증가하였다. 그러면서 고등교육의 양적 팽창이 질적 성장을 수반하지 못한다는 사회의 우려도 점차 증가하였다(Peterson, 1999). 이와 같은 사회적 우려를 불식시키고 기관의 경쟁력을 강화하여 대학 간 경쟁에서 우위를 점하고자 하는 노력의 일환으로 대학의 성과지표 분석과 관리 업무가 활성화되었던 것이다. 외부 전문기관으로부터 대학의 교육 서비스에 대한 인증을 받는 이른바 '대학기관인증'이라는 개념이 미국 고등교육 분야에 정착되고, 대학의 개별 부서의 업무가 점차 복잡해지고 전문화되던 당시의 분위기도 대학의 자기보호 성향을 강화하여 내부의 성과를 정기적으로 확인하고자 하는 동기를 증대시켰다.

이와 같은 시대적 배경을 기반으로 성장하였던 미국 대학의 IR 부서는 1966년에 이르러 최초로 전미대학기관연구협의회(AIR)를 결성하였다. 382개의 회원교로 시작되었던 이 협회는 2020년 현재 4,000명 이상의 회원 수를 자랑하는 큰 협의체로 성장하였다(신현석, 전재은, 유은지, 최지혜, 강민수, 김어진, 2015).

2) 미국 대학의 IR 부서 현황

미국 대학의 IR 부서는 대부분 학내에서 '학생 및 대학의 핵심 데이터를 수집, 관리, 분석하는 곳'이라고 이해되고 있다. 그러나 50년이 넘는 업무의 역사에도 불구하고 '데이터'라는 개념에 대한 대학 구성원의 다양한 해석으로 인해 미국 대학 내에서도 IR 부서의 핵심 업무에 대한 명확하고 통일된 이해는 아직 완성되지 못한 실정이다[1].

그러나 IR 부서의 업무와 관련된 핵심어는 어느 정도 수렴되는 것으로 보인다. AIR이 2008~2009년에 실시한 '미국 대학 IR 부서 담당자 조사' 결과(Volkwein, Liu, & Woodell, 2012)에 따르면, 조사 참여대학 1,113개 중 38%가 부서명에 'IR' '분석' '정보' '보고' 등의 단어를 사용한다고 응답하였고, 다른 35%는 '평가' '책무성' '인증' '측정' '효과성' '성과' 등의 단어를 부서 명칭에 사용한다고 응답하였다. 이를 통해 미국 대학의 IR 부서는 현재 국내 대학에서 확산되고 있는 '교육의 질 관리' 부서의 역할을 담당하는 부서로 이해되고 있음을 확인할 수 있다.

미국 대학의 IR 부서는 대학의 리더십이 핵심적인 의사결정을 단행할 때 필요한 정보를 제공하는 지원부서로서 활동하기 때문에 조직 구조상에서도 리더십의 핵심 지원부서로서 위치하는 경우가 많다. AIR의 2014~2015년 '미국 대학 IR 부서 담당자 조사'(Swing, Jones, & Ross, 2016) 결과에 따르면 총 1,261명의 미국 2년제 및 4년제 대학 IR 부서 담당자 중 50% 정도가 교무처장 직속, 25%가 총장실 직속 부서에

---

1) 전미대학기관연구협의회가 실시한 2014~2015년 '미국 대학 IR 부서 담당자 조사' 보고서(Swing, Jones, & Ross, 2016)에 따르면, 아직도 미국 대학의 IR 담당자들이 '내가 대학에서 무슨 일을 하는지 우리 가족들도 잘 몰라.'라는 농담을 주고 받을 정도로 IR 부서의 업무는 대학별로 다양하다.

서 근무한다고 응답하였다. 2년제 커뮤니티 칼리지와 4년제 종합대학교의 IR 부서의 수장은 차이가 있는 것으로 나타났다. 즉, 2년제 커뮤니티 칼리지에서는 IR 부서가 최종적으로 보고하는 수장이 총장인 경우(40%)가 교무처장인 경우(22%)보다 더 많았던 반면, 4년제 종합대학교에서는 교무처장이 IR 부서의 수장인 경우(63%)가 총장인 경우(18%)보다 압도적으로 많았다.

한편, 각 대학의 IR 부서는 1명의 부서장과 평균 2.6명의 풀타임 전문직원으로 구성된 경우가 가장 일반적이었다. 응답 대학의 3분의 1정도만이 행정직원을 보유하고 있고, IR 부서가 대학원생 혹은 학부생 근로학생을 채용하는 경우는 매우 드문 것으로 나타났다. IR 부서의 부서장은 평균 6.5년의 대학 근속 기간과 평균 11년의 IR 부서 경력을 보유하고 있었다. 부서장의 89%가 석사 이상의 전문학위(석사학위자는 46%, 박사학위자는 43%)을 보유하고 있는데, 2년제 커뮤니티 칼리지보다는 4년제 종합대학교에서 박사학위를 보유한 부서장의 비율이 더 높은 것(종합대학교는 47%, 2년제 커뮤니티 칼리지는 33%)으로 나타났다.

3) 미국 대학의 IR 부서의 핵심 활동

2008~2009년까지의 미국 대학 IR 부서 담당자 조사 결과를 분석한 Volkwein, Liu와 Woodell(2012)은 분석 결과를 토대로 다음과 같은 '미국 대학 IR의 황금 삼각형' 모델을 제시하였다.

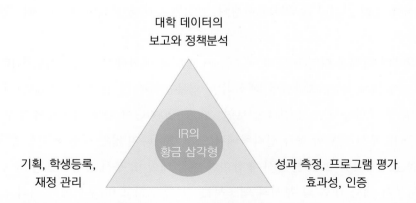

[그림 3-1] 미국 대학 IR의 황금 삼각형(Volkwein, Liu, & Woodell, 2012)

그 첫 번째는 대학에서 생산되는 다양한 데이터를 대학의 리더십과 정부기관에 정기적으로 보고하고, 그것을 토대로 대학의 중장기 발전계획과 같은 핵심적인 정책의 성과나 향후 방향성을 제시하는 것이다. 이는 국내 대학의 환경에서는 기획처가 담당하고 있는 업무인데, 국내 대학에서도 정부의 대학재정지원사업이나 기관인증평가가 늘어나면서 점차 확대되거나 전문화되고 있다. 두 번째 분야는 좀 더 세부적인 의미의 기획(strategic planning)과 입학 및 편입생 등록 관리, 그리고 대학재정 관리 등이다. 사실 미국 대학의 IR 업무는 지금까지 신 · 편입생 모집 및 등록 관리에서 가장 활발하게 진행되어 왔다. 즉, 미국처럼 광활한 국토에 산재되어 있는 고교 중 자신의 대학교에 입학하여 성공적으로 학업을 진행할 수 있는 신 · 편입생을 선발하기 위해 많은 대학은 지원자와 합격자들의 각종 데이터와 고교 데이터 등을 체계적으로 수집 · 분석한다. 그 결과를 통해 대학들은 매년 신 · 편입자 증감 추세를 예측하고, 등록자 감소로 인한 수입 감소에도 대비하며, 결과적으로 효과적인 학생 충원을 위해 전략적으로 우선 투자할 지역이나 고교 등을 선정하는 것이다.

마지막 분야는 대학에서 진행하는 교육과정이나 개별 프로그램의 성과를 분석하여 효과성을 확인하고, 개선 방향을 제시하는 업무이다. 국내 대학의 맥락에서는 교무처 및 산하 부서에서 정책 연구 형태로 수행하는 업무라 할 수 있는데, 미국 대학에서는 학생의 학업적 성공(student success) 및 중도탈락 방지 업무를 맡고 있는 학생처(Office of Student Office)에서 담당하기도 한다. 상술한 이 세 가지 업무 영역이 소위 '데이터'를 기반으로 한 대학의 IR 업무의 핵심 분야이지만 대학에 따라서 IR 부서에 몰려 있거나 교무처나 학생처, 기획처 등에 분산되어 이루어지는 경우도 있다.

그렇다면 이렇게 다양한 조직 구조를 가진 미국 대학에서도 일반적으로 IR 부서가 꼭 담당해야 하는, 그야말로 '핵심적인' 업무는 무엇일까? 2014~2015년의 미국 대학 IR 부서 담당자 조사 결과를 보면, 2008~2009년의 연구 결과에서 도출한 미국 대학 IR 부서 업무의 황금 삼각형에서 크게 벗어나지 않는 것을 확인할 수 있다. 다음의 표는 2015~2016년 조사에 참여한 미국 대학 IR 부서 담당자들이 IR 부서의 고유업무와 대학 내의 타 부서와 협조하는 업무, 그리고 IR 부서에서 거의 관여하지 않는 업무를 구분한 결과를 보여 주고 있다. 여기에서 대다수 미국 대학의 IR 부서 담당자는 자신의 핵심 업무를 '대학과 연방정부, 주정부 등에 대한 대학의 핵심

표 3-1 ┃ 미국 대학 IR 부서의 주요 업무 및 관할 정도(N=1,124)

IR 업무	IR 전담	타부서와 협조	무관여
데이터 보고-필수: 연방정부 요청 사항	83%	15%	2%
데이터 보고-사이드북/랭킹/서베이	81%	16%	3%
IPEDS 데이터 보고	81%	14%	5%
Factbook 개발	81%	12%	7%
데이터 보고-필수: 주정부 요청 사항	80%	17%	4%
학생충원: 중도탈락/졸업률 분석	74%	24%	2%
대학 간의 콘소시엄과 데이터 공유	64%	26%	11%
핵심성과지표 개발 및 모니터링	53%	37%	10%
학생충원: 예측 및 모델링	48%	39%	13%
교수/직원 만족도 조사	45%	33%	23%
학생들의 수업평가	36%	19%	45%
전략적 기획-성과 모니터링	35%	51%	14%
교원 생산성 연구	31%	37%	32%
기관인증	27%	57%	6%
학생 학습성과 측정	26%	53%	21%
졸업생 취업 연구	24%	35%	41%
경제적 영향력 조사	20%	37%	43%
대학의 전략 기획	19%	62%	18%
성과기반 예산 모델링	19%	34%	47%
봉급 형평성 연구	15%	28%	57%
순 가격 계산	11%	29%	60%
교수/직원/행정전문가 분석	11%	43%	46%
대학 공간 활용 연구	10%	30%	60%
대학 스포츠팀 관련 보고	9%	46%	44%
강의 시간표 계획 및 수요 조사	8%	33%	60%
학자금 대출 관련 연구	4%	35%	61%
대학 내 범죄통계 보고	3%	11%	86%
장학금 모델링	3%	28%	69%
기관인증-특화/프로그램	3%	58%	39%
대학 재정 모델링	2%	33%	65%

*출처: AIR의 2015년 전국 IR 부서 조사보고서

https://www.airweb.org/docs/default-source/documents-for-pages/national-survey-of-ir-offices-report. pdf?sfvrsn=1ab5100b_4

데이터 보고'로 꼽았다. 즉, 미국 정부기관에 의무적으로 제출해야 하는 대학의 데이터와 대학의 가이드북 및 랭킹을 위한 데이터, 대학 안내 자료(fact books)에 수록되어야 하는 데이터 등을 수집·관리하고, 신입생 및 재학생 충원률 데이터를 분석하며, 대학의 핵심성과지표(Key Performance Indicators: KPI)를 개발하고 모니터링하는 것이 미국 대학 IR 부서의 가장 중요한 핵심업무인 것으로 보인다(응답자들의 80% 이상이 이러한 항목이 핵심 업무라고 표시함). 여기에 각종 대학 자체평가 및 기관인증 연구나 전략적 기획(strategic planning), 교육과정 인증, 학습성과 측정 등 교무처나 기획처에서 진행하는 업무를 지원할 때가 많다고 응답자들은 답변하였다. 반면, 학생들에 대한 장학금이나 학자금 대출, 대학의 전체 예산, 대학의 강의 시간표짜기, 대학 내 공간활용 문제, 교직원 봉급 문제 등은 IR 부서가 거의 관여하지 않는 업무인 것으로 나타났다.

이와 같은 조사 결과는 미국 대학 IR 부서가 단독으로 담당하는 업무 외에도 타부서와의 긴밀한 협조하에 진행하는 업무도 상당하다는 점을 시사한다. IR 부서 업무의 황금 삼각형에서 '대내외 부서에 대한 데이터 보고' 업무는 IR 부서 단독으로 처리하는 경우가 많지만, '대학의 전략적 기획업무'나 '기관인증' '학생 학습성과 측정' 등은 IR 부서 혼자서는 완수할 수 없는 경우가 많은 것으로 보인다.

이와 같은 IR 부서의 업무 구조는 IR 부서가 주로 다루는 '데이터'의 유형에도 상당한 영향을 끼칠 수밖에 없다. 즉, 미국 대학 내에서 IR 부서가 자유롭게 접근하고 처리할 수 있는 데이터는 어디까지인 것인가? 2014~2015년 조사에 따르면 미국 대학의 IR 부서는 각종 전국적인 학생 설문조사 데이터(86%), 학생들의 평균평점(GPA)(응답자의 80%), 입시 자료(60%) 등에 대해 무제한적 접근을 보장받고 있다. 그에 비해 학생들의 출결 상황, 위험군 학생에 대한 조기경보 관련 자료, 고교 성적, 학사지도(academic advising) 기록, 장학금 관련 자료 등 학생지원을 위해 필요한 데이터들은 아직까지 상대적으로 제한된 범위 내에서 IR 부서에 제공되고 있는 것으로 보인다.

이러한 맥락에서 각 대학은 기관의 여건이나 핵심 이슈를 중심으로 하여 IR 부서의 조직적 위치나 핵심 업무를 설정하고 있는 것으로 보인다. 일례로 아래의 펜실베니아 주립대학교는 IR 부서의 명칭을 'Office of Planning and Assessment(기획평가부)'로 정하고, '학습성과분석' '기관연구' '기관인증' '중장기 발전계획' 등 네 개 영역을 핵심 업무로 설정하고 있다. 국내 대학의 맥락에서는 기획처와 교무처 사이에

표 3-2 미국 대학 IR 부서가 접근 가능한 데이터 현황(N=1,076)

데이터의 유형	무제한적 접근	제한적 접근	접근 불가/예외적 사용
학습참여(NSSE)와 같은 학생 ID를 포함한 전국적 설문조사	86%	5%	9%
학생 성적(GPA)	80%	14%	6%
학생의 교육만족도 조사 결과	71%	16%	13%
입학 자료	60%	29%	11%
비교과 활동 자료	48%	21%	31%
학생의 수업 평가	48%	14%	38%
교수 생산성 자료	45%	21%	34%
교직원 연봉 자료	42%	24%	34%
장학금 수혜 자료	41%	36%	23%
고교 성적표	36%	22%	43%
졸업생 취업 자료	35%	21%	44%
교직원 기타 자료	33%	29%	38%
시설 및 공간 활용 자료	33%	22%	45%
학사지도(academic advising) 자료	32%	28%	43%
학생 활동/학생처 활동 자료	31%	23%	45%
학생 조기 경보 관련 자료	29%	22%	49%
수업 출결 자료	28%	15%	57%
학습지원 서비스 활용 기록	24%	31%	45%
대학 재정 관련 자료	22%	37%	41%
도서관 서비스 활용 기록	17%	24%	58%
범죄 관련 기록	12%	13%	75%

*출처: AIR의 2015년 전국 IR 부서 조사보고서 https://www.airweb.org/docs/default-source/documents-for-pages/national-survey-of-ir-offices-report.pdf?sfvrsn=1ab5100b_4

서 두 부처의 업무를 접목시키는 역할을 IR 부서에 부여하고 있지만, 그 중에서도 교무처보다는 기획처의 업무에 더 큰 비중을 두고 있는 구조라고 평가할 수 있다.

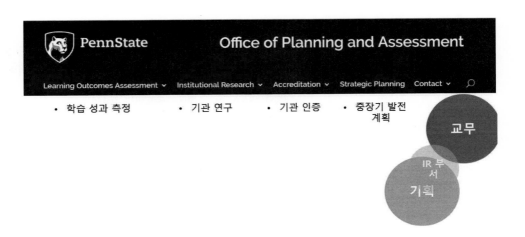

[그림 3-2] 미국 펜실베니아주립대학교 IR 부서의 핵심 업무

3. 국내 대학의 IR 부서 운영 현황

국내의 고등교육 분야에서 기관연구는 아직 생소한 영역이다. 이전에도 대학에 대한 최소한의 인증평가가 존재했었고, 그것을 위해 각 대학의 기획처는 핵심 지표에 대한 관리를 핵심 업무 중 하나로 인식해 왔다. 그러나 최근 들어 여러 대학에서 기관연구를 전담하는 소위 'IR 부서'를 설치하는 새로운 현상의 배경에는 1960년대 미국 대학의 상황과 상당한 유사점이 존재한다. 즉, 고등교육의 양적 팽창이 한계점에 다다른 후 교육의 질 제고를 기준으로 한 구조조정이 발생하였고, 정부는 이 과정에서 실질적인 '교육 서비스의 질' 개선을 대학의 중요한 책무성으로 요구하기 시작한 것이다.

이는 대학이 관리해야 할 '지표'가 더 이상 교사 확보율이나 전임교원 확보율과 같은 교육환경과 관련한 수준에 그치지 않고, 학생의 교육만족도나 그 이상의 학습성과 같은 정성적 성과지표로 확대되고 있음을 의미한다. 또한 교육과 직결된 성과지표들도 '졸업생 취업률'과 같이 지나치게 단순화된 지표, 혹은 교육 이외의 여러 요인이 영향을 끼칠 수 있는 지표가 아니라, 교육과정에서 발생하는 여러 성과를 보여 주는 지표로 다양화되어야 한다는 인식이 고등교육정책 운영자와 대학 사이에 공감대를 형성하고 있다. 따라서 이러한 다양한 교육적 성과지표를 개발하고, 이를 모니터링하여 교육의 질 개선에 보다 직접적으로 환류시키는 업무가 새롭게 등장하였다. 그러나 이러한 업무는 기존의 대학 교직원의 업무 구조와는 구별되는 전문성을 요구하기 때문에 교무처나 기획처 산하에 위치하지만 전문학위나 경력을 갖춘 부서장과 직원들로 구성된 새로운 조직이 필요해진 것이다.

이러한 변화는 사실 장기적 관점에서 보자면 미국 대학에서는 보편화된 교직원의 전문화 추세의 일부분에 지나지 않으며, 국내 대학의 맥락에는 새로운 변화를 가속화시키는 계기가 될 것으로 보인다. 미국 대학의 교직원 조직은 총장 이하 리더십으로 구성된 '행정조직'과 '교수' 그리고 전문성을 갖춘 '교직원' 조직으로 구분된다. 대부분 이 세 조직은 각자의 취업시장을 형성할 정도로 잘 구분되어 있어 교수 경력이 없는 30대 총장이 등장하기도 하고, 몇 십 년씩 한 부서에서만 일하는 베테랑 교직원도 쉽게 만날 수 있다. 반면, 국내 대학에서는 국제처나 입학처 외에는 순환보직제를 운영하는 대학이 많아, 대학의 교직원이 각 분야의 전문가라기보다는 대학 운영의 전반적인 상황을 잘 이해하는 '일반행정가'인 경우가 많다. 따라서 미국 대학의 경우 대학이 당면한 다양한 과제 해결을 위해 각 부서 담당자 간의 협업이나 회의가 일상화되어 있는 반면, 국내 대학에서는 그러한 부서 간 협업이 필요한 경우에만 비정기적으로 이루어질 때가 많다. 교직원 개인이 타 부서를 두루 거쳐 일하게 되기 때문에 그러한 이해를 바탕으로 정기적인 업무 협조를 거치지 않아도 대학이 지향하는 목표에 맞춰 각 부서의 업무를 진행할 수 있었던 것이다.

그러나 지난 십여 년 동안 대학교육의 질 개선에 대한 정부와 사회의 요구와 기대 수준이 높아졌기 때문에 대학의 교수학습지원 업무나 다양한 교육의 질 데이터를 관리하고 분석하는 업무의 전문성 또한 상당한 수준으로 상승할 수밖에 없었다. 업무의 전문성뿐만 아니라 부서의 업무 경험의 축적 또한 업무의 효과성과 효율성 제고에 매우 필수적인 상황이 되었기 때문에, 최근 들어 국내 대학에 생기는 다양한 새로운 조직은 일반 직원보다는 전문학위를 보유한 연구원으로 구성되어 장기적으로 동일한 업무를 진행하는 경우가 늘어나고 있다.

1) 국내 대학의 IR 부서 현황과 핵심 업무

최근 십여 년 동안 국내 대학에 생긴 기관연구 전담부서는 대체적으로 교육의 효과성 및 성과 측정을 핵심 업무로 삼고 있다. 미국 대학처럼 대학의 핵심 지표를 관리하고 정부에 보고하는 업무는 기존의 기획처 소관업무 중 하나로 그대로 유지되고 있다. 반면 국내 대학에게는 다소 생소한 학생의 학습성과 측정이나 만족도 조사, 기타 교육과정의 인증이나 질 제고 업무 등 교무처 소관의 업무가 이러한 교육효과성 분석 업무로 이해되고 있는 분위기이다. 앞서 설명한 미국 대학 IR 부서의 업무 구조와 비교할 때 '교내 타 부서와의 협력을 통해 진행하는 업무'에 해당되는 업무가 국내 대학의 IR 부서들의 핵심 업무로 설정되는 경우가 많은 것이다. 이러한 IR 부서들은 '교육혁신원'이나 '교육효과성센터' '커리큘럼인증센터' '대학교육혁신센터' 등 '혁신' '효과성' '인증' 등의 단어를 부서 명칭에 주로 사용하고 있다.

　[그림 3-3]은 부산외국어대학교의 IR 부서인 '교육혁신 IR센터'의 업무 구조도이다. 교육의 질 관리 담당부서로 시작한 교육혁신 IR센터는 교육과정의 효과성 분석과 교수/학습 질 관리 제도 운영을 핵심업무로 시작했다가, 현재는 교육만족도 조사와 대학의 핵심역량진단 등의 학생 설문조사 데이터, 대학생 학습참여 조사(K-NSSE)와 같은 전국적 조사 데이터 등을 수집·분석하여 교육 및 학습지원서비스에 환류시키는 방향으로 업무 영역을 확대하고 있다.

　이렇게 교육의 질 관리 업무 영역을 전문화하고 확대하는 과정에서 필연적으로 수반된 작업이 바로 학내의 다양한 전산 시스템 통합을 통한 학생 데이터의 통합적 관리/분석 업무이다. 즉, 과거에는 입학생 자료나 학생의 교과 성적 및 학사 데이터, 비교과 활동 참여 데이터, 상담 데이터 등이 모두 해당 부서에 의해서만 수집

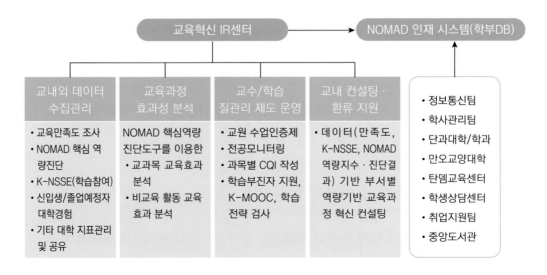

[그림 3-3] 부산외국어대학교 교육혁신 IR센터의 업무 구성도

되고 활용되어 왔으나, 이제는 그것을 NOMAD 인재 시스템이라 부르는 소위 '학부생 데이터베이스(DB)'로 통합하여 교직원이 보다 효율적으로 교육 및 학습지원 서비스 개선에 활용할 수 있게 한 것이다. 일례로 교수가 자신의 지도학생과 상담하려 할 때에 과거에는 학생의 학적자료나 이전에 자신과 한 상담기록만 열람할 수 있었으나 현재에는 학생의 교과성적, 비교과 참여 실적, NOMAD 핵심역량지수 현황, 진로지도 프로그램 참여 실적 등을 한 눈에 보면서 상담에 활용할 수 있게 되었다. 또한 교과목 지도교수는 수강생들의 직전 학기 학점과 학사경고 기록, 그리고 출결상황 등을 참고하여 보다 적극적이고 선제적인 학습 지도와 상담을 진행할 수 있다. 이러한 지도 및 상담, 지원서비스가 가능하도록 대학 내의 학생 데이터를 모으고 통합하는 작업이 IR 부서의 주도하에 이루어졌다.

IR 부서를 통한 데이터 기반의 질 관리 및 지원 업무는 지난 10년간 이루어진 다양한 대학재정지원사업을 통해 많은 대학에 확산되었다. 그러나 이것이 미국 대학들에서 진행되고 있는 '데이터 기반의 정책결정'을 위한 기관연구의 수준에 도달하기에는 아직 많은 시간과 노력이 소요될 것으로 예상된다. 아직까지는 '대학도 이제는 구체적이고 정확한 데이터를 기반으로 하여 교육과정과 교수/학습지원 서비스를 개선해 나가야 한다'는 주장에 대한 공감대는 형성되어 있으나, 구체적으로 어떤 데이터들을 어떻게 모아 어떤 형태의 분석 결과로 누구에게 얼마나 자주 제공하여 어떤 방식의 의사 결정을 내리도록 해야 하는가, 즉 IR 부서의 업무와 목표, 목표 수행 방식 등은 리더십의 생각에 매우 피상적인 수준으로만 자리 잡고 있는 것으로 보인다.

2) 국내 대학의 IR 업무의 추진 방향

국내 대학에서 점차 확산되어 가고 있는 IR 업무가 대학 내에서 적절한 위치에 자리 잡아 국내 고등교육의 발전에 기여하기 위해서는 무엇보다 각 대학들이 IR이라는 전문적인 업무를 통해 달성하고자 하는 목표를 분명하게 설정해야 한다. 광대한 영토와 4,000개에 가까운 고등교육기관을 보유하고 있는 미국과 국내의 고등교육의 현실 사이에는 상당한 차이가 있다. 미국 대학의 IR 업무가 상당 부분 입학생 모집을 위한 정보분석에 치중할 수밖에 없는 반면에, 국내 대학의 입학생 충원은 대학 서열체제라는 매우 독특한 맥락으로부터 큰 영향을 받고 있어 미국처럼 IR 업무를 통해 입학생 충원률을 예측하는 것이 큰 의미를 가지기 어렵다. 국내 대학이 처한 현실에서는 입학생 충원문제보다는 재학생의 충원, 즉 중도탈락 방지를 최우선적인 목표로 삼고 이를 실현하기 위해 대학이 취해야 하는 행동들의 우선순위를 정해 주는 기관연구가 되어야 한다. 일차적으로 학생들의 만족도나 학습 참여, 전반적인 대학 경험을 정기적으로 조사·분석하여 해당 대학 내에서 중도탈락을 촉발시키는 학생들의 경험이나 중도탈락을 억제 혹은 방지하는 경험이 무엇인지를 알아내는 것이 우선적으로 필요하다. 이는 다음의 '교육 경험의 질 향상과 학습성과 증대'라는 두 번째 목표와 연결된다. 학생들이 자신이 선택한 대학에서 질 높은 교육 경험을 가진다는 것의 의미가 무엇인지, 그것이 교과 물론 비교과교육과정이나 교수-학생 상호작용 등 대학 생활의 다방면에서 이루어지고 있는지를 학생들의 인식과 시간 사용, 참여 행동의 빈도, 만족도 등을 조사하여 확인해야 한다. 아울러 그러한 대학 경험의 학습성과가 무엇이 되어야 하는지를 결정한 후 다양한 교과목이나 비교과 활동의 학습성과를 양적·질적인 방식으로 평가해야 한다. 마지막으로 대학의 전반적인 교육력 강화를 위한 정보를 제공하는 것이 IR 부서의 또 다른 목표가 되어야 한다. 대학의 교육력 강화는 학생을 넘어 교수와 직원 그리고 기관으로서의 대학의 여러 역량 등에 대한 연구를 의미한다. 미국 대학의 예에서 보았던 것과 같이 교수의 연구력, 교직원의 직무 만족도나 조직 몰입 정도, 교수의 만족도나 지속적인 강의 질 개선 노력, 아울러 교육과 연구, 봉사 등 대학의 핵심 미션과 관련된 대학의 주요 성과지표를 세분화하여 모니터링하는 것이 필요할 것이다.

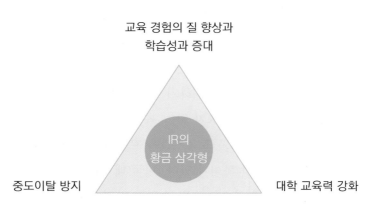

[그림 3-4] 국내 대학 IR 부서 업무의 황금 삼각형

　　이와 같은 국내 대학의 IR 활동의 목표를 달성하기 위해서는 부산외국어대학교의 예에서 언급했던 것처럼, 교내의 다양한 데이터를 연결하고 통합시켜 체계적인 정보 시스템을 구축하는 장기적 노력과 투자가 필수적이다. 사실 IT 기술의 급속한 발전에 힘입어 최근 국내 대학은 매우 다양한 전산 시스템을 개발하여 운영하고 있다. 그 대표적인 것이 LMS(Learning Management System)과 포털시스템, 진로개발시스템(Career Development Program) 등인데, 최근 들어서는 학생의 다양한 비교과 활동 참여 실적을 정량화하여 축적하는 비교과관리 시스템도 앞다투어 개발되고 있는가 하면, 전자출결 시스템을 통한 출석체크도 일반화되고 있다. 교수나 취업 컨설턴트가 이용하는 상담 시스템도 마찬가지이다. 문제는 이러한 여러 분야의 전산 시스템이 분리되어 있어 학생의 발달과 성장과정을 대학이 한 눈에 볼 수 없다는 것이다. 심지어 규모가 큰 대학에서는 두 개 부서가 매우 유사한 시스템을 서로 모르는 채 각자 개발할 수 있고, 새로 만든 시스템과 기존에 있던 시스템의 일부 기능이 중복되어 서로 경쟁하는 경우도 생길 수도 있다. 이러한 상황은 결국 대학 구성원, 특히 학생의 불편과 교수의 지도 효과 저하로 이어질 가능성이 높다. 따라서 대학의 리더십이 학생과 교수의 입장에서 가장 편리하면서도 효과적으로 대학이 지원하는 교육 및 지원 서비스를 이용할 수 있도록 각종 전산 시스템을 통합하고, 그것 간의 상호 활용도를 높여야 한다. [그림 3-5]는 그러한 전산 시스템의 통합을

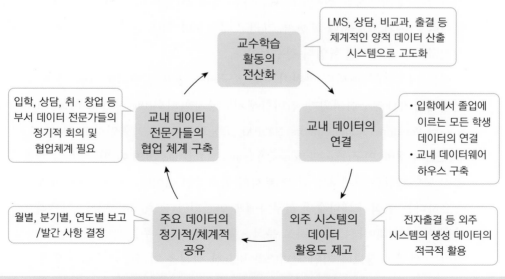

[그림 3-5] IR을 위한 전산 시스템 구축 단계

시도할 때 IR 부서가 고려해야 하는 사항을 단계적으로 표시한 것이다.

대학의 입장에서는 각 시스템을 자체 개발하거나 외부전문업체와 계약을 맺어 단독적으로 개발할 수 있지만, 동시에 이미 개발되어 여러 대학에서 사용 중인 '기성품'을 구매할 수도 있다. LMS나 전자출결 시스템은 이러한 솔루션이 많이 출시되어 있다. 이러한 기성품 솔루션을 구매할 경우에는 자체 개발한 시스템보다 시행착오를 줄이는 장점이 있지만, 여기서 생성되는 각종 데이터를 교내의 다른 시스템과 연결하여 활용하려 할 때 제한을 받을 수 있다.

4. IR을 이용한 대학의 전면적인 '데이터 기반 질 관리'

1) IR 업무를 위한 대학의 준비

국내 대학이 IR 업무를 통해 달성하고자 하는 목표는 대학의 전략적 기획과 같은 기획처의 업무보다는 교육력 강화와 교육 경험의 질 제고를 통한 중도탈락의 방지라는 교무처의 핵심 업무에 더 가깝다. 이를 IR을 통해 수행한다는 것은 과거와는 다르게 학생과 교수의 인식과 행동 데이터를 분석하여 대학 내의 약한 고리를 파악하고 개선 방향을 설정하며, 학생과 교수에게 적기에 비상 경고 메시지를 보내 시의적절한 개선 행동을 취하도록 돕는다는 것을 뜻한다. 이를 위해서는 IR 부서뿐만 아니라 기존의 교무처나 학생처, 그리고 무엇보다 교내 전산 시스템 담당부서와의 긴밀하고도 효과적인 협업이 필수적이다.

이는 미국 대학에서도 마찬가지로 요구되는 중요한 변화이기도 하다. 2018년 전미대학기관연구협의회가 전미학생처담당자협의회(the National Association of Student Personnel Administrators: NASPA), 고등교육IT전문가협의회(EDUCAUSE)와 공동으로 수행한 연구(Parnell, Jones, Wesaw, & Brooks, 2018)에 따르면, 대학생의 성공적 학업지원을 위해서는 이 세 부서의 협력적인 데이터 공유와 활용 체계가 매우 중요하다는 인식이 대다수의 실무자에게 인식되었다. 즉, IR 부서는 기본적으로 대학 내의 여러 데이터를 수집하고 분석·해석하는 것을 주요 목적으로 삼고 있고, 학생처는 선제적 경고나 지원 서비스가 필요한 학생을 가려내서 이들에게 필요한 지원 프로그램을 제공하는 것을 핵심 목표로 삼고 있으며, 전산팀은 재학생 중도탈락

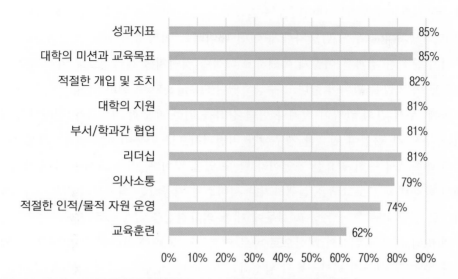

성과지표 85%
대학의 미션과 교육목표 85%
적절한 개입 및 조치 82%
대학의 지원 81%
부서/학과간 협업 81%
리더십 81%
의사소통 79%
적절한 인적/물적 자원 운영 74%
교육훈련 62%

0% 10% 20% 30% 40% 50% 60% 70% 80% 90%

[그림 3-6] 미국 대학의 '데이터 기반 전략'의 구성요소

방지를 최우선 목표로 삼고 있는데, 이 세 부서의 적극적인 데이터 공유와 협업을 통해서 세 가지의 업무 효과를 극대화할 수 있다는 것이다. 이 세 가지 기관의 목표 달성은 곧 학생에게는 '학생 성공(student success)', 즉 성공적인 학업 진행을 통한 학위 취득을 의미한다. 이러한 학생 성공을 위해 미국 대학이 이 세 부서의 활동을 통해 취하는 데이터 기반의 지원 전략의 대표적 구성요소는 다음과 같다. 520명의 응답자들 중 85%가 대학의 성과지표와 잘 맞물려 있다고 답했고, 데이터 기반 전략이 대학의 미션과 목표와 잘 연결되어 있다고 답한 응답자도 85%에 달했다. 응답자의 81~82%는 대학이 데이터 기반 전략에 따라 적절한 개입(interventions)을 하거나 지원서비스를 제공하고 있다고 평가했다. 반면, 데이터 전략의 결과가 교직원의 교육훈련에 반영된다고 보는 응답자의 비율은 다소 낮았다. 전반적으로 미국 대학의 IR 부서, 학생처 그리고 전산팀 직원은 대학의 데이터 기반 지원 전략이 대학의 미션 달성과 학생지원에 적절한 효과를 발휘하고 있다고 보았다.

2) IR 효과 최대화를 위한 교내 부서 간의 협조 체제 구축

이 보고서는 IR을 통한 학생 성공을 높이기 위한 세 가지 방법을 제안한다. 첫째, 세 부서 간의 칸막이를 낮추고 각자의 역할을 좀 더 확대할 필요가 있다고 조언한다. 무엇보다 IR 부서는 데이터를 수집하고 혼자 분석하는 부서로 인식되어서는 안 되고 학생처나 교무처 담당자에게 어떤 데이터를 어떻게 수집할 것인지, 혹은 IR 부서가 분석한 결과를 어떻게 이해하고 해석할 것인지를 적극적으로 알려 주는 '컨설턴트'의 역할을 맡아야 한다고 주장하였다(Swing & Ross, 2016).

둘째, 부서 간의 칸막이 철폐와 협력 강화를 위한 제도적 장치를 마련해야 한다. 이는 부서 간 협업이 필요한 경우에만 비정기적으로 이루어지는 조직문화를 가진 국내 대학에서 특히 필요한 조언이라 할 수 있을 것이다. 이 보고서는 특히 각 부서에서 학생대상 프로그램을 실행하거나 서비스를 제공하는 최전선의 실무자가 정기적으로 만나 경험을 공유하고 실무에 대한 의사결정을 공동으로 진행하는 제도를 통해 IR의 결과를 현실의 개선으로 바로 연결하는 통로가 확대될 수 있다고 강조하였다. 이러한 내부적 의사소통이 활성화되면 다소 막연한 '학생 성공'이라는 개념도 여러 학생의 실제 스토리를 통해 구체화되어 대학 전체에 보다 분명한 목표로 공유되는 효과를 거둘 수 있을 것이다.

마지막으로 이 보고서는 학생의 학습성과 측정에 있어 우선순위를 정하고 양적 데이터 이외에도 포커스 그룹 인터뷰와 같은 질적 데이터의 수집과 분석에도 노력을 기울여야 한다고 조언한다. 이러한 노력은 대학의 리더십으로 하여금 대학의 대내외적 환경에 적합한 학생 성공 모델을 구축하고 운영하도록 하는 데 기본적인 논리와 맥락적 지식을 제공하기 때문이다.

3) IR 전문화를 위한 국내 대학들의 과제

국내 대학이 미국 대학의 경험과 현재의 노력을 참고하여 대학의 교육과 행정서비스 운영에서 데이터 기반 질 관리를 어떻게 실천해 나갈 것인가, 혹은 보다 구체적으로 대학이 경쟁적으로 만들어 놓은 IR 부서들을 어떻게 효과적으로 활용해 나갈 것이냐는 아직 완전히 열린 질문으로 남아 있다. 여러 대학 IR 부서의 정보 공유를 도모하는 대학 IR 협의체가 발족하였고, 여기에 소수의 대학 관계자가 적극적으로 참여하고 있기는 하지만, 각기 다른 환경과 기관의 문제를 안고 있는 개별 대학이 어떤 데이터를 수집해 어떤 문제를 어떻게 해결할 것이냐에 대해서 손쉽게 적용할 수 있는 대답을 제시하는 대학은 거의 전무하다. 필자가 소속된 대학에서도 IR 부서의 자료는 외부의 대학평가 준비에 주로 사용되고 있을 뿐, IR 부서가 보고하는 다양하고도 복잡해 보이는 정보를 바탕으로 대학의 중요한 의사결정이 진행되거나 중도탈락 방지와 같은 큰 문제가 효과적으로 해결되고 있다고 주장하기는 어렵다. 오히려 국내 대학의 리더십은 데이터에 대한 타당한 해석방법을 배우면서 소수 리더 중심의 전통적인 의사결정방식에서 데이터 기반 의사결정방식으로 천천히 옮겨 가고 있을 뿐이다. 이 과정에서 보다 혁신적인 자세로 보다 빠르게 새로운 플랫폼을 적극 활용하려는 대학이 과거의 관습에 안주하려는 대학보다 당면한 위기를 더 잘 극복하고 새로운 기회를 잡을 것은 두말할 필요가 없을 것이다.

그렇다면 국내 대학의 IR 부서는 '데이터 기반 질 관리'라는 새로운 업무 프로세스 혹은 조직 문화를 교내에 정착시키기 위해 어떠한 노력을 기울여야 할까? 특히 자신의 부서에서 다양한 학생 데이터를 수집·분석하여 전문적인 연구 보고서로 작성하는 고유의 업무 이외에 교내의 비전문가 구성원과의 원활한 소통과 정보 공유, 협업 그리고 그것을 바탕으로 한 실질적인 의사결정의 단행을 위해 무엇을 해야 것인가?

가장 먼저 필요한 것은 데이터 분석 결과를 비전문가도 쉽게 알 수 있게 요약·정리하여 빈번하게 공유하는 것이다. 교육만족도 조사 보고서와 같은 중요한 보고서를 작성할 때 이를 시각적으로 간결하게 요약하여 전 교직원과 공유하고, 필요하다면 학생회와도 공유하여 구성원 전체가 대학의 핵심 데이터 추이를 함께 관찰하고 동일한 방향으로 해석하도록 유도해야 한다. 매월 정기적으로 산출되는 데이터가 있다면 이를 정리한 '월별 데이터 보고서'를 작성하여 총장 이하 보직교수와 공유하면서 그 데이터가 중도이탈 방지나 교육만족도 향상, 혹은 추후 학과평가 점수의 향상을 위해 활용될 수 있는 방안도 함께 제시해야 한다. 중요한 의사결정이 이루어지는 리더십에서 IR 부서가 분석하는 핵심 지표의 변화 추이나 지표 간의 연관관계를 면밀히 이해하는 것이 매우 필요한 반면, 학생과 관련한 새로운 데이터에 대해서는 많은 보직교수가 낯설어한다는 점을 감안하여 기회가 닿는 대로 다양한 회의에서 IR 부서가 중요하다고 생각하는 데이터의 분석 결과를 설명할 필요가 있다. 마지막으로 최근 들어 빈번해진 각종 대학평가나 대학재정지원사업 보고서에 IR 부서가 관리해 온 다양한 성과지표를 대학의 성과로 제시할 수 있도록 적극적으로 지원하는 것이다. 아직까지도 많은 대학의 보직교수와 직원들은 학생에게서 얻은 대학의 성과지표가 무엇인지 상세하게 이해하고 있지 못하여 대학평가에서조차 중도이탈률이나 취업률, 전체적인 교육만족도 이외의 대학의 성과를 나타내는 지표를 효과적으로 제시하지 못하는 경우가 많다. 반면 대다수 대학의 성과관리부서에서 정기적으로 조사하는 각종 학생설문조사나 검사에는 대학의 다양한 교육성과를 의미하는 문항 및 요소가 다수 포함되어 있다. 이러한 조사의 다년간의 분석 결과를 요약하여 대학의 자체평가는 물론 외부기관에 의한 대학평가에 적극 이용한다면, IR 부서가 제시하는 성과 데이터를 입학정원 조정이나 편제 개편, 교육과정 개편과 학과평가, 대학 예산 운용 등 대학의 여러 주요 의사결정에 사용하는 방법이 학내에서 설득력을 얻고 보편화되는 것이 더 쉬워질 것이다.

5. 대학기관연구의 접근을 위한 제언

대학의 IR 업무는 불가피하게 고등교육기관의 목표와 운영원리에 대한 현 시점에서의 재해석을 요구하고 있다. 특히 국내 고등교육시장은 지난 50년간 세계적으로도 유래가 없을 정도로 빠른 성장을 구가해 왔기에 여전히 일부 대학구성원은 학생이 별다른 목표가 없이도 대학을 떠나는 상황에 대해 잘 이해하지 못하거나 그에 대한 대응방법으로 학생의 학습경험과 만족도를 조사하는 행동의 취지에 대해 공감하지 못할 때가 많다. 그러나 달라진 사회 환경에서 성장해 온 오늘날의 대학생은 기성세대가 상상하는 것 이상의 단순한 이유 때문에 장기결석을 하거나 중도탈락을 결정하기도 한다. 이유가 무엇이든 대학 공동체에서 심리적 거리감을 느끼게 된 학생은 먼저 심리적으로, 다음은 물리적으로 대학을 떠난다.

때문에 오늘날의 대학은 학생을 '교육받아야 하는 대상'으로 보기보다는 '교육 서비스의 사용주체'이자 '수요자'로 인식하고 이들의 만족도와 학습성과를 최대화한다는 목표하에 대학의 교육 서비스를 최적화하려는 '공급자'의 접근방식을 취해야 한다. IR은 바로 그러한 접근방식의 핵심 전략이라고 할 수 있다. 물론 이러한 시각에 대해 대학의 기업화를 지향하는 잘못된 접근방식이라는 비판도 가능하다. 그러나 그러한 비판적 시각의 기저에는 대학과 학생의 관계와 '교육'이라는 활동에 대한 다른 정의와 전제가 자리 잡고 있음을 인식해야 한다. 따라서 IR이라는 새로운 전략을 통해 대학교육을 혁신하고자 하는 대학은 무엇보다 자신의 교육적 미션에 따라 대학교육의 기본적 정의와 목표, 그리고 그 안에서의 학생이라는 존재의 의미를 설정하여 일관되게 추구해야 한다. 그렇지 않고서는 고등교육에 밀려드는 수많은 변화의 압력과 자신의 교육적 신념 사이에서 갈등과 혼란을 느끼면서 길을 잃을 수도 있다.

　이러한 의미에서 기관연구는 교육 서비스의 적극적 제공자이자 학생을 만족시키는 공급자로서 대학이라는 기관 전체를 리모델링하는(institutional remodeling) 시작이라고 볼 수 있다. 실제로 대다수의 미국 대학은 학생 관리 모델로서 기업이 고객과의 관계를 관리하는 CRM(Consumer Relation Model)을 적용하여 기업을 위해 개발된 솔루션을 사용하고 있다(Parnell, Jones, Wesaw, & Brooks, 2018). IR이라 하면 빅데이터를 연상하는 이유가 바로 이것이다. CRM은 소비자 빅데이터를 이용해 고객의 경험을 이해하고, 고객층에 침투하며, 고객과 제품을 다각화하고 고객 이탈을 최소화하는 것을 목적으로 한다(Bova, 2018). 이를 대학에 적용하여 학생의 행동과 경험, 인식, 만족도 등에 대한 다양한 데이터를 분석하여 이들이 가장 원하는 것과 이들이 가장 부진한 영역, 이들에게 필요한 정보 등을 알아내고, 학생이탈을 최소화하여 가장 만족스러운 대학 경험을 제공하는 것, 그것이 새로운 대학의 IR 업무이며 국내의 대학 앞에 놓인 가장 큰 과제이기도 하다.

제 2 부

교수 성과관리

제**4**장

교양교육과정 성과관리

I. 교양교육과정 성과관리의 이해

1) 교양교육과정 성과관리의 의미

체계적인 교양교육과정 성과관리를 위해서는 무엇을 성과로 볼 것인가를 검토하는 것이 선행되어야 한다. 교육과정의 가장 직접적인 성과가 학생의 학업성취를 포함한 학생 성공이라는 점에 대해서 다수가 공감할 것이다. 그러나 학생 성공으로만 교육과정의 성과를 한정짓는다면 교육과정을 개선하려는 노력은 성과에 반영되지 않을 수도 있다. 왜냐하면 교육과정을 잘 개발하고 운영하기 위해 투입된 대학의 자원과 교육과정을 운영하고 결과를 분석·평가하는 일련의 과정이 간과되기 때문이다. 학생 성공이 교양교육과정이 기대하는 최종적인 목표가 된다고 볼 수 있지만, 교양교육과정 성과는 교양교육과정에 대한 객관적 진단과 교양교육과정의 개선과 환류를 포함하여 보다 넓은 개념에서 논의될 필요가 있다.

교육과정은 대학에서 학생에게 제공하는 가장 공식적인 서비스이며 교수와 학생이 만날 수 있는 중요한 접점이 된다. 교육과정은 교양교육에서 무엇을 가르칠 것인가와 깊게 관계하지만, 이는 왜 이것을 가르칠 것인가, 어떻게 가르칠 것인가, 교육의 효과를 어떻게 판단할 것인가 등과 영향을 주고받는다. 따라서 교육과정은 내용, 목적, 방법, 평가 등 전반을 포괄하는 개념으로 이해해야 하며 교양교육과정의 성과관리 역시 이러한 교육과정의 개념을 고려하여 논의할 필요가 있다.

교육과정학에서 교육과정 성과관리에 관한 이론은 '교육과정 평가' 개념에서 살펴볼 수 있다. 교육과정 평가란 교육과정을 대상으로 이루어지는 일련의 평가로 교육과정을 교육과정의 양적 · 질적 측면에서 총체적으로 확인하고 점검하는 것이다(한국교육과정학회, 2017). 즉, 학생 성취도 평가와 교사 강의평가를 포함하여 교육과정 설계 및 개발, 교육과정 실행 및 운영, 성과 등 일반적인 교육과정의 문제들을 평가하는 것이다. 따라서 교양교육과정 성과관리의 기초를 다지는 데 있어 교양교육과정과 관련한 일반적인 문제가 무엇이 있는지를 살펴보는 것에서 출발하고자 한다.

2) 교양교육과정 성과관리 주요 사항

교양교육과정은 왜 개발하고 운영해야 하는가? 교양교육과정은 왜 이것(특정 내용)을 가르쳐야만 하는가? 이 물음은 교양교육과정의 교육목적, 교육목표, 교육방향과 관련한다. 교양교육과정의 교육목적과 교육목표가 무엇이냐에 따라 무엇을 가르칠 것인가에 대한 교육적 방향이 결정될 수 있기 때문에 성과관리의 토대를 다지기 위해 이 문제의 답을 잘 설정해야 한다. 이때 "왜?"에 대한 답은 대학교육에서 교양교육의 역할, 사회의 변화와 요구, 대학의 교육이념 및 교육목적, 인재상 등을 고려해야 한다. 예를 들면, 사립대학의 경우 설립자가 대학을 설립한 배경을 고려하여 교양교육과정 목적과 인재상을 설정하는 경우이다.

(1) 교양교육과정의 내용

교양교육과정은 무엇(어떠한 내용)을 담고 있는가? 이 물음은 교양교육과정에서 다루고자 하는 내용으로 흔히 우리가 이해하고 있는 교육과정의 개념과 관련한다. 전통적으로 교육과정이란 학위 취득을 위해 이수해야 할 내용이나 교과목으로 교수요목(couse of study)으로 정의해 왔다. 우리는 교양교육과정이라 하면 대부분 졸업이수학점이 얼마이고, 졸업하기 위해 필수로 이수해야 하는 교과목이 무엇인지, 각 영역은 몇 개로, 어떻게 구성할 것인지에 초점을 맞춰 왔다. 그러나 최근 들어 교육과정의 정의는 '학교가 학생에게 교육적 결과를 초래할 목적으로 제공하는 총체적 활동'으로 학점으로 이수하는 교과목뿐 아니라, 다양한 교육적 경험을 포함하는 형태로 확장되었다. 즉, 기존에는 대인관계와 의사소통능력을 향상시킬 수 있는 특정 내용이나 교과목을 교육과정으로 정의했다면, 교과목과 더불어 해당 교과목을 수강할 때 조별 활동을 진행하면서 겪은 갈등, 이를 극복하면서 깨달은 의사소통방법이나 대인관계 전략, 개인의 감정 등을 포함한 모든 경험이 교육과정으로 정의될 수 있다는 것이다.

앞서 설정한 교육목적, 교육목표, 교육적 방향 및 사회적 변화와 요구, 교육대상, 교육과정 개발자 등은 교양교육과정의 내용을 결정하는 데 영향을 미친다. 예를 들면 대학이 위치한 지역적 특성을 반영한 교양교과목을 개발·운영하거나, 이전에는 선택으로 이수하게 하였던 교과목을 사회가 변화함에 따라 필수로 지정하여 이수하게 할 수 있다. 산업체를 대상으로 실시한 교육과정 요구 조사 결과를 반영하여 신규 교과목으로 개발할 수 있고, 우리 대학에 입학하는 학생의 특성에 따라 개발해야 할 교과목이 추가될 수도 있다. 더불어 특정 교과목을 개발하는 교수자의 생각, 교육철학, 전공 등에 따라서 교과목의 내용이나 강조점 등이 확연히 달라질 수 있다.

(2) 교양교육과정의 개발

교양교육과정은 누가, 언제, 무엇을 개발하는가? 교양교육과정의 개발에 관련한 주체는 사회, 대학, 교양전담기구, 교수자, 학생, 학부모 등이다. 이 중에서 사회와 학생, 학부모는 교육과정 개발에 간접 주체로 교양교육과정 개발에 영향을 미친다. 예를 들면, 그간 '코딩'은 컴퓨터공학 전공자가 갖추어야 할 능력이었으나 사회적 변화에 따라 모든 학생이 교양교육과정에서 필수 또는 선택적으로 이수하도록 요구하고 있다. 학생 및 학부모의 의견은 교양교육과정에 대한 요구 조사, 교과목별 강의평가 등을 통해 교육과정 개발 또는 개선에 반영될 수 있다.

한편, 교양교육과정 개발에 보다 직접적으로 관련한 대학, 교양전담기구, 교수자는 다음과 같은 역할을 수행한다. 대학은 교육목적, 교육목표, 인재상, 핵심역량, 전공교육과정과의 관계 등 교양교육과정 개발의 지향점과 방향성을 제시한다. 교양전담기구는 대학에서 제공한 교양교육 방향성에 부합하도록 교양교육과정 개발 방향을 정립하고, 교양교육과정의 이수모델, 이수학점 등 전반적인 체계를 개발한다. 더불어 개별 교수자가 교양교육과정을 개발할 수 있도록 지침을 제공하며 대학 공통의 교양교과목을 개발하기도 한다. 교양교육과정의 교수자는 대학, 교양전담 기구 등이 제시하는 방향, 담당 학문의 발전 추세, 사회 및 학생의 요구 등을 고려 하여 교양교과목을 개발한다.

교양교육과정의 개발은 교양교육에 대한 대학, 교양전담기구, 교수자의 신념, 기 대, 목표 등을 일련의 교과목이나 교육과정 등으로 현실화시키는 과정이다. 한편, 교육과정 개선(개정)은 기존 교육과정의 문제점을 진단하고 최신의 사회적 요구, 학문적 변화 등을 반영하여 새로운 교육과정으로 수정하는 과정이다. 교육과정 개 발 및 개선(개정)은 교육과정 개편으로 정의할 수 있는데 이는 일정한 시기마다 시 행하는 것이 보다 적절하다. 그러나 이를 매년 시행하기에 많은 행 · 재정적 노력이 수반되고, 그렇다고 오랜 기간을 두고 시행하기에는 급변하는 시기에 최신의 동향 을 교육과정에 반영하는 데 어려움이 있다. 따라서 대학의 사정을 고려하여 일정한 시기를 설정하여 교양교육과정과 관련한 모든 교육과정 요소를 점검하고 개편하는 대규모 개편, 개정의 필요가 인정되는 교과목이나 교육과정 요소에 한해 시행하는 중규모 또는 소규모 개편 등을 진행하는 것이 보다 바람직하다.

교양교육과정에서 무엇을 개발할 것인가는 앞서 논한 대로 교과목과 더불어 교 육과정과 관련한 다양한 체계를 개발하는 것이 포함된다. 여기에는 대학의 교육목 적, 교육목표, 인재상이 포함된 교육과정문서(교육요람, 교육과정 편람 등), 교양교육 과정 이수체계(이수학점, 교육과정 체계 등), 교육과정 개발 및 개선 규정(지침), 교육 과정 개발 및 개선 매뉴얼, 교육과정 평가 체계(강의평가, 교육과정 평가 기준 등) 등 이 포함된다. 교과목 개발에는 교과목 개요서, 강의계획서, 교과서, 강의자료, 학생 성취도 평가 기준 및 문항 등이 포함된다.

(3) 교양교육과정의 운영

교양교육과정은 누가, 언제, 무엇을 실행하고 운영하는가? 아무리 잘 만들어진 교육과정이라 할지라도 실행하고 운영되지 않는다면 아무런 소용이 없다. 최근 들 어 개발된 교육과정을 실제에 적용하여 실천하는 교육과정의 실행 및 운영이 매우 중요하게 다뤄지고 있는데, 교양교육과정 역시 예외는 아니다. 교육과정의 실행과 운영은 연구 · 개발된 교육과정을 실천에 옮기는 과정이라는 점에서 유사하나 구 체적으로 두 개념의 의미는 상이하다. 교육과정 실행은 개발과 활용의 측면을 의미하고 교육과정 운영은 관리의 측면을 의미한다(강현석, 2016, p. 403). 즉, 교양교육과정의 실행은 앞서 개발한 교양교육과정을 실천에 옮기는 것을 의미한다. 예를 들면, 교수자가 개발된 강의계획서, 교과서, 강의자료 등을 실제 사용하여 효과적으로 교육과정을 전개하는 것이다. 한편, 교양교육과정의 운영은 교양교육과정의 실행이 원활하게 이루어지도록 지원하고 촉진하는 여건을 정비하고 관리하는 것을 의미한다. 교육과정학에서 두 개념의 의미는 다르지만 이 장에서는 두 개념의 의미를 포괄하여 교육과정 운영으로 제시하도록 하겠다.

교육과정 운영이 중요한 이유는 교육과정을 운영해 봐야 교육과정 개발이 합리적으로 이루어졌는지 평가할 수 있으며 이를 토대로 교육과정 개선이 이루어질 수 있기 때문이다. 교양교육과정 운영과 관련한 주체는 대학, 교양전담기구, 교수, 학생 등으로 우리는 교수자와 학생의 관점에서 주로 교육과정 운영을 논한다. 물론 수업에서 교양교육과정이 얼마나 효과적으로 운영되는가는 교육과정 운영에 있어 가장 중요한 사항이다. 교수자가 교육과정과 교육방법 등에 대한 관심과 전문성을 갖고, 학생이 능동적으로 수업에 참여할수록 교육과정은 성공적으로 운영될 수 있기 때문이다. 그러나 교육과정 운영에 필요한 조직, 학교 구조, 제도, 인사, 예산, 시설, 장비, 교수와 학생의 관계, 교육문화, 지역 및 학부모와의 연계 등 역시 중요하게 다뤄야 한다. 이는 대학 또는 교양전담기구에서 중요하게 살펴봐야 할 부분이다.

학기가 시작되기 전 준비해야 할 교양교육과정의 운영을 위한 다양한 제반 사항이 있다. 예를 들면, 교양교육과정 운영을 위한 강의실 시설에 문제가 없는지 점검하는 것부터 교육과정 개설을 위한 시간표 작성과 수강신청 지원, 교수자의 교재 연구 및 수업 준비 등이다. 학기 중에도 개별 강의실에서, 또는 교양전담기구에서, 교수학습지원기관에서 교양교육과정 운영은 계속된다. 교수자는 수업을 운영하고, 교양전담기구는 교양교육과정에 대한 학생, 학부모, 지역사회에 대한 요구 조사를 하며, 교수학습지원기관에서는 교수자가 수업을 잘 실행하고 운영할 수 있도록 지원 프로그램을 마련한다. 학기가 마무리되면 교양교육과정이 어떻게 운영되었는지 분석하고, 어떠한 성과가 있는지 검토한다.

교육과정과 관련한 논의를 통해 대학차원에서 살펴봐야 할 교양교육과정 성과관리는 다음과 같은 사항을 기초적으로 고려할 필요가 있다.

첫째, 교양교육과정의 방향성: 교육목적, 교육목표, 인재상, 핵심역량

둘째, 교양교육내용: 교과목, 교수요목
셋째, 교양교육과정 개발을 위한 투입–과정–산출
넷째, 교양교육과정 실행·운영을 위한 투입–과정–산출

2. 핵심역량기반 교양교육과정의 이해

1) 교양교육과정 패러다임의 전환

교양교육은 전공교육과 함께 대학의 공식적인 교육의 한 영역을 담당하고 있다. 전공교육이 특정한 전문지식을 갖춘 전문인 양성을 목표하는 데 반해 교양교육은 다양하고 폭넓은 지식을 기반으로 사유할 수 있는 교양인 양성을 목표로 한다. 교양교육의 특징은 다음에서 제시한 교양교육 표준안의 교양교육 이념에서도 잘 살펴볼 수 있다.[1]

> 교양교육이란 대학교육 전반에 요구되는 기본적 지식 및 자율적 학구능력의 함양을 포함하여 인간, 사회, 자연에 대한 폭넓은 이해를 바탕으로 올바른 세계관과 건전한 가치관을 확립하는 데 기여하는 교육으로, 학업 분야의 다양한 전문성을 넘어서서 모든 학생에게 요구되는 보편적 교육이다. 특히 글로벌 정보사회라는 새로운 시대상을 맞아 비판적·창의적 사고와 원활하고 개방적인 의사소통을 통해 공동체의 문화적 삶을 자율적으로 주도할 수 있는 자질을 함양하는 교육이다.

급변하는 시대에 사회가 요구하는 인재상 역시 변모하고 있으며, 교양교육의 방향, 내용, 방법, 평가 등에 대한 혁신이 요구되고 있다. 특히 4차 산업혁명으로 일컫는 대대적인 변화에 따라 그간 전공교육의 하위교육, 전공 기초교육으로 여겨지던 교양교육의 중요성이 더욱 커지고 있다. 즉, 폭넓은 지적체계를 바탕으로 타 영역과 소통하고 협력하며 실제적 문제를 해결할 수 있는 전문가를 양성하는 데 있어 교양교육이 중요한 역할을 해 줄 것을 요구하고 있다.

---

1) 한국교양기초교육원 홈페이지 교양교육표준안(http://konige.kr/sub02_08.php) 참조

　　이런 맥락에서 최근 교양교육에서 중요하게 언급되고 있는 역량기반 교육은 오래전부터 논의되어온 개념이다. 초기 역량에 관한 연구를 수행한 McClelland(1973)는 "역량은 성공적인 직무 수행과 직접적으로 관련된 지식, 기술, 능력, 특질, 동기 등 개인의 내적 특성"으로 정의한 바 있다. Spencer와 Spencer(1993)는 "특정한 상황이나 직무에서 준거에 따른 효과적이고 우수한 수행의 원인이 되는 개인의 내적인 특성"으로 역량을 정의하였다. 학자마다 역량에 대한 개념에 다소 차이가 나타나지만 주로 직무 수행에서 우수한 성과를 내는 개인의 특성과 조직에서 요구하는 능력을 모두 반영하는 개념으로 논의되었다.

　　역량의 개념이 적극적으로 교육에 도입된 배경에는 〈표 4-1〉에서 제시한 OECD의 DeSeCo(Definition and Selection of Competencies) 프로젝트(2003)가 큰 역할을 하였다. 이후 역량은 직무 수행 상황에서 개인의 삶과 사회 발전을 위한 생애 핵심역량으로 확대되었다. 이는 2000년대 후반 들어 영국을 비롯한 여러 영어권 국가에서 역량중심 교육, 역량중심 교육과정, 역량중심 교육평가 등의 개념을 통해 학교교육으로 확대되었다. 국내 역시 핵심역량 중심의 교육과정 개편을 강조하는 '학습사회 실현을 위한 미래교육 비전과 전략(안)'(대통령자문교육혁신위, 2007)을 발표하고, 초ㆍ중등학교를 대상으로 한 2009년 국가 수준 교육과정 개정 및 2015 개정 교육과정에서 핵심역량기반 교육과정으로 개편하면서 역량기반 교육을 도입하였다.

표 4-1　| OECD DeSeCo 프로젝트에서 제시한 핵심역량

역량범주	핵심역량
상호작용적으로 도구 사용하기	• 언어, 상징, 텍스트를 상호작용적으로 활용하는 능력 • 지식과 정보를 상호작용적으로 활용하는 능력 • 기술을 상호작용적으로 활용하는 능력
이질적인 집단에서 상호작용하기	• 다른 사람과 관계를 잘 맺는 능력 • 팀으로 일하고 협동하는 능력 • 갈등을 관리하고 해결하는 능력
자율적으로 행동하기	• 넓은 시각에서 행동하는 능력 • 인생 계획과 개인적 과제를 설정하고 실행하는 능력 • 권리, 관심, 한계와 요구를 옹호하고 주장하는 능력

　　역량기반 교육은 무엇을 알고 있는지 지식 중심에서 무엇을 할 줄 아는지 실천적 역량 중심의 교육으로의 전환을 의미한다(소경희, 2007). 대학교육 역시 교수자가

기존 교과를 중심으로 얼마나 효율적으로 지식을 이해시킬 수 있는가에서 학습자가 역량을 중심으로 얼마나 효과적으로 지식을 활용하여 문제를 해결할 수 있는가로 패러다임 전환을 요구받고 있다(김대중, 김소영, 2017; 유현숙, 2011). 학문 중심의 학과(전공)별 교육과정 역시 역량 중심의 융복합 교육과정으로의 변화를 강조하면서 이를 촉진할 수 있도록 대학의 학사운영 자율성을 대폭 확대하는 고등교육법 시행령을 개정(2018. 5. 2.)한 바 있다.

이경호와 안선희(2014)가 제시한 역량기반 교육을 활성화하기 위한 과제를 대학 상황에 적용해 보면 대학이 고민해 볼 만한 중요한 시사점을 다음과 같이 정리할 수 있다. 첫째, 대학은 학습자 중심의 교육철학을 확립하고, 대학이 함양하고자하는 핵심역량 중심의 교육적 인간상을 정립할 필요가 있다. 둘째, 대학은 교육과정, 학생선발, 학사제도, 교수자 교육 등 교육체제 전반을 역량 중심으로 개편할 필요가 있다. 셋째, 대학에서 역량기반 교육을 실천하는 교수자와 대학의 정책 집행자는 역량기반 교육에 대한 심도 깊은 이해를 기반으로 그들의 역할에 대해 재고할 필요가 있다. 넷째, 핵심역량을 함양할 수 있는 교수학습 내용 및 방법, 평가방법 등을 개선할 필요가 있다.

2) 핵심역량기반 교육과정 개발 및 운영

역량기반 교육은 급변하는 사회 속에서 새로운 변화에 적응하고 지식을 배우는데 그치는 것이 아니라 실제 삶의 상황에 적용하고 활용할 수 있는 교육을 의미한다. 역량교육을 실현하기 위해 대학은 무엇을 핵심역량으로 볼 것인지, 그리고 그것을 반영한 교양교육과정은 어떻게 개발해야 하는지에 대해 고민하고 있다. 대체적으로 국내 대학은 핵심역량을 도출하고 이를 교육과정에 적용하는 절차를 [그림 4-1]과 같은 형태로 진행하고 있다.

먼저, 대학은 대학의 건학이념, 교육목적, 교육목표, 인재상 등 대학의 교육적 특성과 대내외 환경, 대학이 특성화하고자 하는 방향 또는 졸업생이 진출하는 직무의 고성과자(High performer)의 행동 등을 분석한다. 일련의 분석 과정 중 공통으로 드러난 핵심역량을 도출하고, 이는 내부 구성원 및 동문 등의 의견 수렴, 외부 전문가 자문을 통해 수정을 반복하여 최종 핵심역량을 확정하는 절차를 거친다. 확정된 핵심역량은 핵심역량을 구성하는 하위역량, 행동지표 등으로 세분화하여 규정으로

대학 특성 및 대내외 환경분석
- 대학 건학이념, 교육목적, 교육목표 인식
- 대학 인재상 및 핵심역량 검토
- 국내 · 외 대학 핵심역량 분석
- 주요 방법: 선진사례 벤치마킹, 대학차원 안내 및 가이드라인 제공 등

역량기반 교육과정 개발
- 매핑 결과에 따른 교양교과목 도출
- 교과목간 연계성, 계열성, 통합성 검토
- 역량기반 교육과정 문서화
- 교과목 강의계획 및 자료 개발
- 주요 방법: 숙의, 전문가 자문, 컨설팅

핵심직무 및 하이퍼포머 분석
- 사회/진출 조직/직무 환경분석
- 이해관계자 니즈 분석
- 하이퍼포머(고성과자) 행동사례 도출
- 주요 방법: 인터뷰, 워크숍, 설문 등

교육과정 내용 매핑
- 교육과정 핵심개념 도출
- 핵심개념-하위역량 또는 행동지표 매핑
- 교육과정 내용 매핑 타당화
- 주요 방법: 숙의, 전문가 자문, 컨설팅

핵심역량 도출
- 핵심역량-하위역량-행동지표
  (지식, 지술, 가치 및 태도 등) 도출
- 핵심역량 수준 개발
- 핵심역량 타당화(대학 인재상,
  교육목표와의 연계성)
- 주요 방법: FGI, 숙의, 전문가 자문 등

[그림 4-1] 역량기반 교육과정 개발 및 운영 절차

명문화한다.

핵심역량이 명문화된 이후에는 이를 기존의 교육과정과 매핑하거나 새로운 교과목 개발을 통해 역량기반 교육과정을 개발한다. 이때, 역량과 교육과정의 매핑의 방법이나 수준에 따라 다양한 형태의 역량기반 교육과정을 개발할 수 있다. 예를 들면, 기존에 운영하고 있던 교과목을 이수하면 학생의 어떠한 역량을 강화할 수 있는지 선택하게 하거나 비율을 설정하는 형태로 연결하기도 한다. 또는 특정 역량을 함양할 수 있도록 교과목의 내용, 방법, 평가 등을 개선하거나 새로운 교과목을 개발하기도 한다. 더불어 교양교육과정의 전반적인 편성과 이수 지침 역시 역량을 중심으로 개편할 수 있다. 즉, 교양교육과정의 전반적인 구성 및 이수 체계를 기존 학문 영역 중심에서 역량 중심으로 개편하거나 핵심 영역과 학문 영역을 혼합하여 편성하기도 한다. 또한 모든 역량 영역을 필수로 이수하게 하거나, 6개 영역 중 3개 영역 이상을 선택적으로 필수 이수하게 하는 경우, 학생이 자율적으로 선택하여 이수하게 하는 경우 등으로 이수 체계를 개편하기도 한다.

핵심역량기반 교육과정 개발은 기존 운영하던 교육내용, 교과목, 편성 체계, 이수 체계 등 교육과정의 체계를 역량기반으로 개선함과 더불어 개별 교과목 단위에서의 특정 교수법 적용, 학생평가방법의 개선과도 연계할 수 있다. 즉, 교수자 중심의 강의식 수업에서 벗어나 학생 주도의 문제해결식, 토론식, 프로젝트식 학습을 통해 특정 역량을 함양할 수 있도록 설계한다. 학생평가방법 역시 지식을 이해하여 해결할 수 있는 평가방법에서 지식을 활용하여 실제 문제를 해결할 수 있는 평가나 결과와 과정을 모두 중시하는 다양한 평가방법을 적용할 수 있다.

3. 효과적인 성과관리를 위한 교양교육과정의 대학 사례

1) 충남대학교: 교양교육과정 성과관리 체계

충남대학교는 학과 중심으로 교양교육이 운영되는 대규모 대학에서 교양교육 전담기구의 역할, 교양교육 성과관리를 위한 지침 마련 및 시행 등 교양교육과정 성과관리 체계가 잘 마련되어 있다는 점에서 사례로 제시하였다.

(1) 교양교육 전담기구: 기초교양교육원

국립대학인 충남대학교는 교양교육 전담기구인 기초교양교육원을 설립(2013)하고, 6대 핵심역량(STRONG 역량)에 따른 교양교육과정을 운영하고 있다. [그림 4-2]는 기초교양교육원의 조직도로, 교양교육센터에는 교양교육운영위원회, 교육과정개발팀, 분야별 책임교수팀으로 구성되어 있으며, 주요 업무는 〈표 4-2〉와 같다.

[그림 4-2] 충남대학교 기초교양교육원 조직도

구분	주요 업무 및 역할
교양교육센터	• 교양교육에 관한 전반적 발전계획 수립 • 교양교육과정의 개발과 편성 • 교양교육과정의 운영 개선방안 마련 • 교양교육과정의 평가 • 학생의 교양교육역량 증진을 위한 제반 업무
교양교육운영위원회	• 교양교육운영에 관한 주요 사항 심의
교육과정개발팀	• 교양교육운영을 위한 연구 · 기획 • 영역별 교양교육과정 개발 · 운영 업무
분야별책임교수팀	• 교양교과목의 개발 • 교양교육과정 운영 및 조정 • 해당 분야 강사 추천

표 4-2 ▎교양교육 전담조직 주요 업무

(2) 교양교육과정의 편성 및 이수 체계

충남대학교 교양교육의 목표는 "폭넓은 교육을 통하여 최상의 인격을 갖춘 지성인 양성"이고, 이를 실현하기 위한 CNU 6대 핵심역량을 설정[자기관리(Self-Management), 의사소통(Talk With), 대인관계(Relationship), 창의융합(Originality Convergence), 인성(Nature), 글로벌(Global)]하여, 이를 바탕으로 시대 변화와 수요자 요구를 반영한 '학문기초' '학생중심' '개방공유'의 'STRONG 忠大人 교양교육 모델

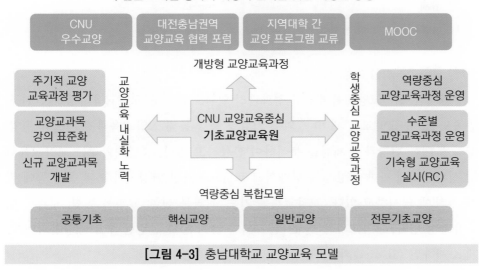

[그림 4-3] 충남대학교 교양교육 모델

(역량중심 복합모델)'을 [그림 4-3]과 같이 구축하고 운영 중에 있다.

    핵심역량에 기반한 교양교육과정의 편성과 이수체계는 〈표 4-3〉과 같다. 특이 사항은 6대 역량에 대해 3개 교과목(총 18개 교과목)을 단과대학별로 지정하고 이를 핵심교양으로 편성하여 최소 3개 역량에서 1개 교과목 이상을 필수 이수하도록 규정화하였다.

표 4-3 ▌ 충남대학교 교양교육과정 편성 및 이수 체계

영역	교과목		학점	비고
공통기초	기초글쓰기		2	필수 이수
	Global English 1~4		4	
	진로설계 1		1	
	진로설계 2		1	
핵심교양	6대 역량	창의융합	9	단과대학별 지정과목 (최소 3개 역량에서 1과목) 이상 필수 이수
		글로벌		
		자기관리		
		의사소통		
		인성		
		대인관계		
전문기초교양	39개 학과, 59개 교과목		0~12	학과별 지정과목(필수 이수)
일반교양			7~19	
합계			36~42	

*인문학 관련 교양교과목 8학점 필수, S/W 관련 교과목(전공, 교양) 3학점 필수

(3) 교양교육과정의 성과관리

    충남대학교는 교양교육과정의 성과관리 일환으로 매년 교양교육과정 개선연구, 만족도 조사, 교양교육 세미나, 외부 컨설팅 등을 통해 교양교육과정 개발과 운영, 성과에 대한 현황과 문제점을 분석하여 환류하고 있다. 충남대학교는 교양교육과정 성과관리에 관한 사항을 '충남대학교 교양교육과정 편성·이수 및 운영 등에 관한 지침'에 명시하고 있다. 교양교과목 기준, 교과목 신설, 교과목 통합, 교과목 및 교육과정 평가, 교양교과목 질 관리, 교과목 폐지 등과 관련한 주요 내용을 간략하게 소개하면 〈표 4-4〉와 같다.

표 4-4 | 충남대학교 교양교육과정 성과관리 지침

구분	주요 내용
교과목 기준	대학이 지향하는 교양교과목의 내용, 교과목 수준에 대한 기준을 제시 예시: "교과목의 내용은 지성을 함양하는 주제 중심의 융복합적 내용을 중심으로 한다."
교과목 신설	교과목 신설 시기, 신설 과정, 신설 기준, 신설 시 운영 기준 등을 제시 예시: "교양교과목의 신설은 매년도 9월에 신청을 받아 학기 시작 4개월 전에 확정을 함으로써 연 1회 신설하는 것을 원칙으로 한다."
교과목 통합	교과목 통합에 관한 지침 제시 예시: "교과목의 통합은 교양교육운영위원회 심의를 거쳐 확정한다."
표준강의계획서 및 교과목 포트폴리오	교과목 강의 표준화를 위한 강의계획서 및 CQI 보고서 작성 지침 제시 예시: "공통기초 및 핵심교양교과목 담당교수는 강의 질 개선 보고서 (CQI)를 작성하여야 한다."
교과목 및 교육과정 평가	교양교과목 및 교육과정 평가 시기 및 방법 제시 예시: "교양교과목 및 교양교육과정은 매 2년마다 평가한다."
교과목 질관리	교과목 및 강의 질 관리를 위한 지침 및 주요 업무 제시 예시: "기초교양교육원은 교양교과목의 내실을 기하고 강의의 질을 제고하기 위하여 다음과 같이 관리한다."
교과목 폐지	교과목 폐지의 구체적인 기준 및 절차 제시 예시: "다음 각 호의 어느 하나에 해당하는 경우 해당 교과목을 폐지교과목으로 선정한다."

2) 성균관대학교: 핵심역량기반 교양교육과정 개발 및 운영

성균관대학교는 교양교육 전담기구인 학부대학을 중심으로 교양교육이 운영되고 있으며, 핵심역량기반의 교양교육과정이 잘 개발되고 운영되고 있다는 점에서 사례로 제시하였다.

(1) 교양교육 전담조직: 학부대학

사립대학인 성균관대학교는 교양교육 전담기구인 학부대학을 설립하여 대학에 입학하는 신입생들이 학부대학에 머물면서 교양교육을 이수할 수 있도록 지도하고 있다. 학부대학은 인문과학, 사회과학, 자연과학, 공학, 전자전기컴퓨터공학 등 5개 계열로 구분되어 있으며, 각 1명의 계열별 주임교수가 있다. 학부대학은 교양기초교육연구소, 성균인성교육센터, 글쓰기클리닉 등 교양교육과정과 연계한 하위 센

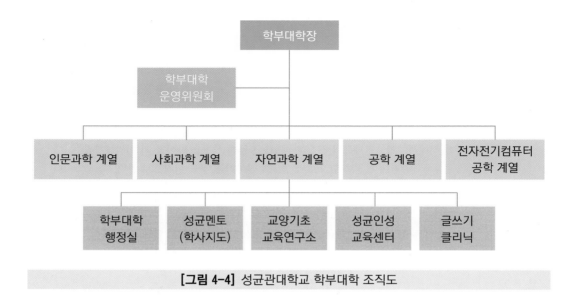

[그림 4-4] 성균관대학교 학부대학 조직도

터와 학과탐색 및 학과진입 지침 등 학사제도의 안내를 담당하는 성균멘토로 조직되어 있으며 [그림 4-4]와 같다.

(2) 교양교육과정의 편성 및 이수 체계

성균관대학교 교양교육의 목표는 다음과 같이 설정되어 있다.

- 합리성, 책임성, 도덕성을 겸비한 인성을 함양한다.
- 비판적 사고에 기초한 의사소통 능력을 기른다.
- 지도적 자질의 필수 요건인 공동체 정신을 함양한다.
- 종합적이고 창의적인 판단 능력을 기른다.
- 글로벌 환경과 다원주의 사회문화 현실에 능동적으로 대처할 수 있다.
- 다양한 학문적 요소를 포함하는 학제적 지식을 습득한다.
- 전문 분야에서 지적 수월성을 갖고 활동할 수 있는 전문지식을 얻는 데 반드시 필요한 그 분야의 광범한 기초지식과 기초학업능력을 기른다.

성균교양(중점·균형) 교육과정은 인성, 소통역량, 인문역량, 리더역량, 학문역량, 창의역량, 글로벌역량 등 7개 역량에 기반하여 편성하였다. 교양교육과정은 2020학년도 입학생에 적용하도록 개편되었으며 〈표 4-5〉에서 확인할 수 있다. 기

표 4-5 ┃ 성균관대학교 교양교육과정 편성 및 이수체계

2020학년도 이전			2020학년도 입학생 기준		
영역		최소 이수학점	영역		최소 이수학점
성균 인성	인성	2학점	중점 교양	성균인성 · 리더십	2학점
	리더십	2학점		고전 · 명저	3학점
중점 교양	의사소통	4학점		창의	3학점
	창의와 소프트웨어	창의와사유	2학점		의사소통	4학점
		소프트웨어기초	4학점		미래(SW/AI)	6~8학점
	글로벌	기본영어	4학점		글로벌	6학점
		전문영어	2학점	균형 교양	인간/문화	3학점
		글로벌문화			사회/역사	3학점
균형 교양	인간/문화	3학점		자연/과학/기술	3학점
	사회/역사	3학점	합계	9개 영역	33~35학점
	자연/과학/기술	3학점			
합계	29학점				
기초 교양	기초인문사회과학	0~30학점			
	기초자연과학				
	9개 영역	38~55학점			

존 성균인성, 중점교양, 균형교양, 기초교양의 영역을 중점교양과 균형교양으로 재편하였고, 중점교양의 경우 7개의 핵심역량과 연계하여 해당 영역에서 1과목 이상, 균형교양은 학문 영역 중심으로 1과목 이상 이수할 수 있도록 설계하였다.

　교양교육과정 운영과 관련하여 눈에 띌만한 제도를 몇 가지 소개하면 다음과 같다. 첫째, 예비대학 프로그램을 통해 학점인정 강좌와 학점은 인정하지 않으나 다양한 대학교육에 대한 사전학습이 가능한 강좌를 제공하고 있다. 둘째, 분반강좌의 균질성을 강화하기 위해 과목 단위 또는 교수 단위로 상대평가를 실시한다. 셋째, 자연과학기반 영역의 경우 우수학생을 대상으로 '수준별 교육 고급과목'을 별도로 편성하여 수준별 교과를 운영한다. 넷째, 성균교양(중점 · 균형) 과목 수강 우선학년을 1학년으로 지정하여 수강신청 기회를 먼저 부여한다.

3) 전남대학교: 교양교육과정 질 제고 노력

전남대학교는 최근 교육과정을 핵심역량기반으로 개편하였고, 교양교육과정 운영의 질을 제고하기 위한 다양한 노력을 실시하였다는 점에서 사례로 제시하였다.

(1) 교양교육과정의 편성 체계

전남대학교의 교양교육목적은 "인문학적 상상력과 이공학적 창의력을 갖춘 인재양성"이다. 교양교육과정은 기존 핵심교양, 기초교양, 균형교양으로 편성되었던 체계를 2019년 역량교양, 기초교양, 균형교양으로 개편하였다. 이 중에서 역량교양은 대학의 핵심역량인 창의, 감성, 공동체 역량을 기반으로 교육과정을 구성하여 필수로 이수하게 하였고, 균형교양은 13개 하위영역을 학문 영역에 따른 5개 하위영역으로 재편하였다. 구체적인 교양교육과정 편성 체계는 〈표 4-6〉과 같다.

표 4-6 ┃ 전남대학교 교양교육과정 편성 체계

2018학년도		2019학년도	
핵심교양	인성	역량교양	창의
	리더십		감성
	의사소통		공동체
기초교양	기초과학	기초교양	기초과학
	기초도구		기초도구
균형교양	경력개발	균형교양	인간과 사회
	공학 전문교양		자연과 기술
	문화예술		생활과 예술
	문화콘텐츠 활용능력 전문교양		표현과 소통
	사회과학		진로와 창업
	인문학		
	자연과학		
	기술공학		
	민주주의·인권		
	체육·건강		
	외국인을 위한 한국의이해		
	수의예과 의예과 전문교양		
	융·복합		

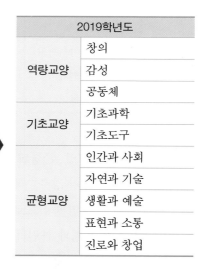

(2) 교양교육과정 운영 질 제고 방안

　교양교육과정의 질 제고 방안으로 2019학년도 교양교육과정 개편 전 핵심교양 영역, 개편 후 역량교양에 한해 과목운영위원회 운영, 워크숍 개최, 강의관리노트 제, 교양교과목 평가 등을 진행하였다.

　첫째, 과목운영위원회는 동일 교과목을 담당하는 교수 간의 협의체이다. 여기서 는 교과목별 표준강의안, 평가, 교수법 등의 개선을 논의하며, 학기당 2회 이상 개 최를 의무로 한다.

　둘째, 워크숍은 학생이 필수로 이수하는 교양교과목을 강의하는 교수자를 대상 으로 우수과목 수업 운영 사례, 교수법 특강 등 교육의 질을 높이기 위한 워크숍을 실시한다. 학기별 1회씩 연간 2회 개최한다.

　셋째, 강의관리노트제는 교과목 운영 후 교과목 운영 과정 및 결과를 담아 교양 교육 전담기구인 기초교육원에 제출하는 제도이다. 강의관리노트의 내용은 강의계 획서, 학생 강의평가 자료, 교수 강의 자가평가 자료, 과목운영위원회 운영 자료 등 을 필수로 제출하며, 기타 강의 운영에 대한 자료는 선택적으로 제출한다.

　넷째, 교양교과목 평가는 강의 질 제고를 위해 매학기 운영된 핵심교양 및 역량 교양 전체 교과목을 대상으로 실시하는 평가이다. 평가방법은 과목별로 제출한 강 의관리 노트 및 워크숍 참석 여부, 과목 필독서 지정 및 수업시간 활용 여부 등을 반영하여 평가한다. 평가 결과를 반영하여 최우수 및 우수 과목을 선정하여 시상하 며, 평가 점수가 낮은 과목은 과목간담회를 개최하고 필요하다면 교과목 운영 내용 에 대한 개정기 및 수시 교육과정 개편 시 영역 변경을 추진한다.

4. 교양교육과정 성과관리 방안

1) 교양교육과정 성과관리 모형

　교육과정이 구현되는 과정을 중심으로 교양교육과정 성과관리에 접근하자면, 개 발된 교양교육과정은 학기마다 운영되고 교육과정이 잘 운영되었는지 평가하며 이 를 환류하는 일련의 단계를 거친다. 교양교육과정을 개발하고 운영을 지원하며 평 가·환류하는 일련의 성과관리 체계도를 [그림 4-5]와 같이 나타낼 수 있다.

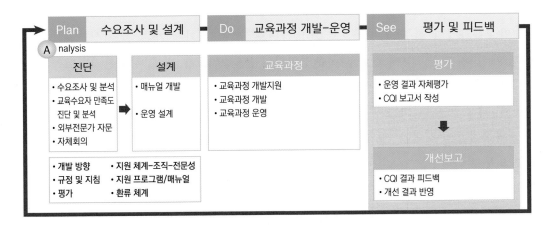

[그림 4-5] 교양교육과정 성과관리 체계도

교양교육과정 성과관리 체계도에 대해 투입(Plan)-과정(Do)-산출(See)의 논리
모형로써 접근해 보면 교양교육과정을 개발·운영하고 평가를 주도하는 조직 및
전체적인 지원 체계는 투입에 해당하고, 교육과정을 개발하고 운영하는 활동은 과
정에 해당된다. 교양교육과정을 평가하고 환류하는 활동은 산출에 해당하며, 이를
교양교육과정 성과관리 모형으로 요약하자면 〈표 4-7〉과 같다.

대학마다 교양교육과정에 대한 성과관리가 제대로 수행되고 있는지 점검하고자
한다면 1차적으로 교양교육과정의 성과관리 항목의 유/무를 검토하여 판단할 수
있다. 예를 들면, 우리 대학 교양교육과정을 개발할 때 적절한 교육과정 지원 프로
그램이 있는지, 개발된 교과목을 공식적인 교육과정에 포함할 때 이를 심의할 조직

표 4-7 ┃ 교양교육과정 성과관리 모형

구분	투입	과정	산출	
영역 분류	조직·체계	교육과정 개발 및 운영	교육과정 평가·환류	
기본 영역	지원 체계	개편 및 운영	평가	환류
주요 쟁점	• 조직의 전문성 • 교양교육 체계의 타당성 및 적절성	• 교육과정 개편 및 운영의 다양성 및 적절성	• 교육과정 성과의 우수성 • 교육과정 평가 결과의 신뢰성 및 타당성	• 교육과정 환류의 체계성 및 적절성 • 우수 결과의 공유 및 확산

이 있는지 등을 살펴본다. 2차적으로는 보다 구체적인 양적·질적 성과를 대상으로 일정 기준을 마련하여 평가할 필요가 있다. 다음에서는 투입-과정-산출에 대해 보다 구체적인 사항을 살펴보겠다.

2) 교양교육과정의 투입-과정-산출

(1) 투입

투입평가는 교양교육과정 개발 및 운영을 위한 조직 및 지원 체계를 평가한다. 주요 쟁점은 교양교육과정 개발 및 운영을 위한 조직이 전문적으로 갖추어져 있는지, 교양교육 지원 체계가 타당하고 적절한지이다. 이를 보다 구체화시킨 지표는 〈표 4-8〉과 같다.

표 4-8 ▮ 교양교육과정 성과관리 투입평가

구분	투입
영역 분류	조직·체계
기본 영역	지원 체계
주요 쟁점	• 조직의 전문성 • 교양교육 체계의 타당성 및 적절성
성과관리 지표	• 교양교육 전담기구 • 교양교육 담당 교수자 • 교양교육 지원기구 • 교양교육과정 개발 및 운영 방향 • 교양교육과정 개발 및 운영 지원 체계 • 교양교육과정 규정(지침) • 예산 • 학사제도 • 강의시설 및 환경

투입평가의 지표별 구체적인 평가 사항을 살펴보면 다음과 같다.

첫째, 교육과정 개발 및 운영 방향은 대학의 교육목표, 핵심역량 간 연계성, 보편적 대학교양교육의 목표가 적절하고 체계적으로 구성되었는지 평가한다. 더불어 전공교육과 구분되어 있는 교양교육만의 정체성이 명확한지 평가한다.

둘째, 교육과정 개발 및 운영 체계에서 평가할 항목은 교양교육과정의 목표, 편성 체계, 개선 체계, 지원 체계, 평가 및 환류 체계, 조직 등을 규정하는 지침이 체계적으로 작성되어 있는지 살펴볼 필요가 있다. 더불어 교양교육과정을 개발하거나 운영하는 데 필요한 원칙이 수립되어 있는지도 중요하다. 이때, 개발 및 운영 원칙에는 핵심역량과의 연계, 평가 및 환류의 내용, 시기, 방법 등을 포함할 수 있다.

교육과정 개발 및 운영을 지원하는 체계 역시 고려할 수 있는데, 이는 교육과정 개발 및 운영 활동의 질을 높이기 위해 지원하는 다양한 내용, 방법, 지원조직 등을 의미한다. 예를 들면, 학생 및 사회의 교양교육과정 요구 조사를 실시하고 결과를 교육과정에 반영한 정도, 교과목 개발을 지원하는 프로그램, 교양교육과정과 연계한 비교과 프로그램, 교수학습지원 등이 적절한지 평가한다.

셋째, 교육과정 개발 및 개선 지원조직은 교양교육 전담기구, 교양교육 심의 및 질 제고를 위한 각종 위원회, 교양교육 관련 연구소 및 하위센터의 유무, 기능 등을 평가할 수 있다. 교육과정 개발 및 개선 지원조직의 전문성은 교육과정 개발 및 개선 지원조직 구성원의 전문성과 교양교육 담당 교원 신분 및 비율, 교양교육 담당 교원 연구 분야 및 담당교과 일치 비율 등을 평가한다.

넷째, 그 밖에도 교양교육과정과 관련한 학사제도가 적절하게 마련되어 있는지, 교양교육과정 개발 및 운영을 위한 예산과 강의시설, 교육환경이 잘 갖추어져 있는지 평가한다.

(2) 과정

과정평가는 교양교육과정 개발 및 운영 사항을 평가하며, 주요 쟁점은 모든 대학에서 실시하고 있는 교양교육과정을 어떻게 하면 우리 대학의 실정에 맞추어 체계적이고 적절하게 개편하고 운영하는가이다. 즉, 교양교육과정에 대한 양적·질적 수월성을 어떻게 확보하고 있는가이다. 이를 보다 구체화시킨 지표는 교양교육과정을 실제 개발하고 운영하는 데 수행된 다양한 활동으로 〈표 4-9〉와 같다.

과정평가의 지표별 구체적인 평가 사항은 교양교육과정 개발 및 운영 활동이 다양하고 적절하게 이루어지는가이다.

첫째, 교양교육과정 개편 활동은 교과목 개발 및 개선, 교육과정심의위원회 운영 등의 결과를 분석할 수 있다. 이때, 학기 또는 학년도 단위로 양적·질적 분석을 통해 교양교육과정이 1년 동안 얼마나 개발되었는지, 최근 몇 년간에 비해 어떠한 경향성을 보이는지 검토한다. 또 개선된 교과목이 대학의 교육적 방향에 맞추어 개발

| 표 4-9 | 교양교육과정 성과관리 과정평가 |

구분	과정
영역 분류	교육과정 개발 및 운영
기본 영역	개편 및 운영
주요 쟁점	• 교육과정 개편 및 운영의 다양성, 적절성
성과관리 지표	• 교육과정 개편 활동 • 교육과정 운영 활동 • 교육과정심의위원회 운영 • 강의 운영 • 수업지원 운영

되었는지, 핵심역량에 따라 타당하게 개발되었는지 점검한다. 투입에서 제시한 교육과정 요구 조사 결과가 교육과정 개편에 어떻게 반영되었는지 살펴볼 수도 있다.

둘째, 교육과정 운영 활동은 학기 또는 학년도 단위로 운영된 강의, 그 밖에 교육과정을 운영을 위한 행·제정적 지원 활동을 포함한다. 실제 개설되는 강좌 현황을 교양구분별(이수구분별, 영역별), 강좌규모별, 수업방법별, 교수직급별, 학생특성별 등 다양한 구분자에 따라 운영현황을 분석한다. 강의 외에도 교육과정 운영을 위한 지침 개정, 행정지원, 강의지원 등의 활동의 유무와 질도 평가한다.

셋째, 수업지원 운영은 앞서 투입에서 제시한 교양교육과정 개발 및 운영 지원 체계가 실제 작동하였는지를 포함한다. 즉, 교양교육 전담기구나 교수학습 지원기관 주최로 교양교육 담당 교·강사를 대상으로 정기적인 세미나, 워크숍을 진행하였는지 평가한다. 더불어 교과목, 교재, 이러닝 콘텐츠, 교수법 적용 등 교육과정 개발 및 개선 프로그램의 운영 등을 검토하고, 학생 대상 글쓰기교실, 의사소통센터, MSC 튜터링, 영어소교실 등 교양 관련 학습지원 프로그램 운영 결과를 평가할 수 있다.

(3) 산출

산출평가는 교양교육과정 평가와 환류 크게 두 개 영역으로 구분하여 점검한다. 즉, 투입된 자원과 교육과정 개발 및 운영 활동에서 도출된 결과를 전반적으로 평가하는 차원과 결과에 따라 환류하는 차원을 의미한다. 산출평가의 주요 쟁점은 교양교육과정과 관련한 현상을 종합적으로 진단하여 교육과정의 성과가 우수한지,

대학이 자체적으로 평가한 결과가 신뢰할 수 있으며 타당한지 살펴보아야 한다. 또 교육과정 환류가 체계적이고 적절하게 이루어지는지, 우수 결과가 확산되는지 평가한다. 이를 보다 구체화한 지표는 목푯값 달성 평가, 교육과정 성과평가, 평가 결과 활용, 확산 및 공유 등이며 〈표 4-10〉과 같다.

표 4-10 ┃ 교양교육과정 성과관리 산출평가

구분	산출	
영역 분류	교육과정 평가·환류	
기본 영역	평가	환류
주요 쟁점	• 교육과정 성과의 우수성 • 교육과정 평가 결과의 신뢰성 및 타당성	• 교육과정 환류의 체계성 및 적절성 • 우수 결과의 공유 및 확산
성과관리 지표	• 목푯값 달성 평가 • 교육과정 성과평가	• 교육과정 평가 활용 • 확산 및 공유

산출평가의 평가 영역에서 지표별로 평가해야 할 구체적인 사항을 살펴보면 다음과 같다. 첫째, 목푯값 달성 평가는 대학에서 자체적으로 개발한 교양교육과정 성과지표의 목푯값을 달성했는지의 여부이다. 예를 들면, 올해 문제중심 수업(Problem Based Learning: PBL)을 적용한 교양교육과정 개발 건수 10건을 성과지표로 설정했다고 가정할 때, 실제 지표를 달성했는지 여부를 평가한다. 둘째, 교육과정 성과평가는 교육과정 개발·운영·평가 등 일련의 교육과정 활동을 통해 나타난 성과를 종합적으로 분석하고 평가하는 것이다. 앞서 교육과정 개발 및 운영에서 분석하고 평가한 결과가 적절하고 타당한지를 평가하고, 교양교육을 받은 학생의 교양교육목표 달성도, 핵심역량 향상도 등 직·간접적인 성과평가 결과를 분석하고 점검한다. 더불어 교과목 단위의 강의평가, 교양교육과정에 대한 학생 및 기업 만족도 등을 검토한다.

환류 영역의 구체적 평가 사항을 살펴보면, 첫째, 교육과정 평가 활용은 교양 교육과정 체계 및 지원 체계에 따라 평가한 결과를 강의, 교과목, 교육과정 수준에서 실제 활용하고 있는지를 살펴보는 것이다. 즉, 강의평가 결과를 활용한 CQI(Continuous Quality Improvement) 보고서를 작성하는지, 교육과정 성과 결과에 따라 교육과정 개편 등에 환류하는지, 일정 기준에 근거하여 교과목을 인증하는지를 평가한다. 둘째, 확산 및 공유는 대학의 교육과정, 프로그램, 제도 등 우수사례를 다른 대학, 지역사회 등과 공유한 것을 양적·질적으로 평가한다.

3) 평가에 대비한 교양교육과정의 성과관리

(1) 교양교육과정 평가지표의 이해

교양교육과정의 성과관리를 위해 다수의 대학이 진행하는 것은 교양교육과정을 평가하는 일이다. 교양교육과정 평가는 누가 평가를 주도하느냐에 따라 대학이 주도하는 내부 평가와 대학 외부기관이 진행하는 외부 평가로 구분할 수 있다. 교양교육과정 내부 평가는 평가 목적에 따라 평가 기준, 방법, 시기 등을 자체적으로 마련하여 진행하는 평가이다. 즉, 대학이 평가를 진행하는 목적이 교육과정 자체의 운영 현황을 분석하여 특정 제도를 신설하거나 교육과정을 개편하기 위함인지에 따라 교양교과목별 이수현황을 평가하거나 졸업생 또는 졸업생 진출기관을 대상으로 교육과정 만족도 조사를 실시할 수 있다.

교양교육과정 외부 평가는 주로 정부 주도하에 진행되는 평가이다. 외부 평가의 목적은 대학의 교양교육과정이 일정 기준에 부합하는지 검토하고 인증하여 객관적인 교양교육과정의 진단을 통해 대학의 자체적인 개선을 유도하는 것이다. 정부 중심의 교양교육과정 평가는 대학구성원으로 하여금 교양교육이 전공교육과 동등한 대학교육의 한 영역이라는 인식을 갖게 하고, 교양교육의 인프라 개선에 기여하였다(박정하, 2019). 이 장에서는 교양교육과정의 성과를 무엇으로 볼 것인가를 탐색하기 위해 교양교육과정의 내부 평가지표와 교양교육과정 외부 평가지표를 살펴보겠다.

(2) 교양교육과정 내부 평가지표

대학 내부 평가는 대학이 수립한 자체적인 기준에 따라 수행하는 자체평가 활동이다. 「고등교육법」 제11조의2(평가 등)에서는 대학의 자체평가 및 결과 공시에 대해 법적 근거를 제시하고 있다. 대학은 자체평가 활동에서 교양교육과정의 편성 및 운영에 관한 실제적인 상황을 질적으로 제시하고 정기적으로 이를 평가한다. 또 대학 자체적으로 졸업생, 졸업생 취업기관 등을 대상으로 수행하는 만족도 조사를 통해 교육과정의 성과를 평가하기도 한다. 더불어 교양교육과정이 지향하고 목표한 바를 수치상 확인이 가능하도록 양적인 핵심성과지표(Key Performance Indicators: KPI)를 설정하여 성과를 평가하기도 한다.

대학의 교양교육과정과 관련한 관심사가 무엇이냐에 따라 내부 평가지표를 무엇으로 할 것인지 자체적으로 선택할 수 있다. 즉, 교양교육 전담교원 강의 비율을 높이고자 하는 대학에서는 이를 개선하기 위한 활동과 결과가 어떻게 나타났는지 보다 구체적으로 평가할 수 있고, 교양교육과정과 연계한 비교과 프로그램을 운영하고자 하는 대학에서는 이에 대한 평가지표를 구성할 수도 있다. 따라서 대학에서 평가지표를 개발할 때 가장 중요한 점은 대학이 목표하는 바를 명확히 하고, 그것을 가장 잘 드러내는 교육과정 개발, 운영, 성과 활동과 연계하여 평가지표를 구성한다는 것이다.

특히 많은 대학에서 교양교육과정을 양적 수치로 평가할 수 있는 성과지표에 관심을 갖고 있는데 이에 관한 구체적인 지침은 제2장에서 제시하였다. 〈표 4-11〉에서는 교양교육과정 성과지표의 구체적인 사례를 살펴볼 수 있다. 이 사례는 학부교육 선도대학 육성사업(ACE)에 선정된 3개 대학의 교양교육과정 자율성과지표이다. 자율성과지표는 사업을 통해 달성하고자 하는 교양교육과정과 관련한 성과를 종합하여 각 대학이 자율적으로 개발하였다. 지표명은 대학이 추구하는 교양교육과정의 목표와 방향성이 함축적으로 제시되어 있다. 더불어 산출식에서는 관련 활동의 운영-산출 시 도출 가능한 결과를 수치로 확인할 수 있도록 개발되었다. 즉, 대학은 특정 교육과정 개발 건수 등을 활용하거나 이를 이수한 학생의 만족도 점수, 대학이 지향하고자 하는 교양교육의 방향과 관련한 특정 활동의 성과 등을 종합하여 핵심성과지표로 수치화하였다.

표 4-11 ┃ 교양교육과정 내부 성과지표

	지표명	산출식
A대학	주제중심 교육과정 전환 교과목 비율	$\dfrac{\text{주제중심 교육과정 전환 과목 수}}{\text{전체 교양 과목 수}} \times 100$
B대학	융복합 교양교육 강화지수	융복합 교과목의 개설 수×50% + 융복합 교육만족도×50%
C대학	지구시민 점수	공인영어성적 기준값 대비 상승점수 + 기준값 대비 추가 완독점수 + 사회봉사 참여인원 증가율

(3) 교양교육과정 외부 평가지표

그동안 진행되었던 정부 주도의 대표적인 대학평가는 대학기관인증평가, 대학구조개혁평가, 대학기본역량진단평가 등이다. 그 밖에도 다양한 정부재정지원사업에서 교양교육과정에 관한 평가를 진행했으나, 이는 이 논의에서는 제외하였다. 이 중에서 대학구조개혁평가의 경우 1단계 평가에서는 교육과정 항목이 부재하였고,

표 4-12 | 2주기 대학기관평가인증(2019) 교양교육과정 평가내용

평가준거		보고서 내용 및 근거 자료
교양교육과정의 편성과 운영	보고서	• 교양교육과정과 학부·학과(전공) 교육목표 및 인재상과의 연계성 • 교양교육과정 편성 체계 • 교양교육과정 운영 현황 • 졸업이수학점 체계 • 교양교육과정의 편성 체계 및 운영 현황 • 전임교원의 교양과목 강좌담당 비율
	규정	• 교양교육과정 편성 관련 규정
	현지 확인	• 교양교육과정 개설 현황 확인 자료 • 교양과목별 1년 평균 수강학생 수 • 전임교원의 평균 강의 시수
개선 체제 (전공 교육과정과 동일)	보고서	• 교육과정 개선 체제 - 교육과정 편성 절차 - 교육과정 편성·운영 현황 평가 및 결과 환류 실적 - 교육과정 개선을 위한 조직운영 현황 • 교육과정 개선에 산업계 및 사회 요구 반영 현황 - 산업계 및 사회 요구 반영을 위한 규정 및 제도 - 산업계 및 사회 요구 반영 과정 - 산업계 및 사회 요구에 기반한 교육과정 현황 및 운영 실적
	규정	• 교육과정위원회 규정 • 교육과정 편성 및 운영 규정
	현지 확인	• 교육과정위원회 회의자료 • 교양 및 전공교육과정 개편 실적 자료 • 산업계 및 사회 요구 반영 자료 • 산업계 및 사회 요구에 기반한 교육과정 목록

출처: 대학평가원(2019).

1단계에서 일정 수준에 미달한 대학을 대상으로 수행한 2단계 평가에 있어서만 '핵심역량 제고를 위한 교양교육과정'을 평가한 바 있다.

〈표 4-12〉는 대학평가원(2019)에서 제시한 대학기관평가인증의 교양교육과정 관련 평가지표이다. 교육과정의 목표, 편성 체계, 운영 현황은 교양교육과정과 전공교육과정이 동일하나, 교양교육과정의 경우 영역별 교양과목이 균형 있게 개설되어 있는지, 졸업학점에서 교양교육과정 학점의 비율은 어떠한지, 또 필수와 선택의 비율은 어떠한지를 평가한다. 또한 대규모 교양과목 강좌 비율과 전임교원 교양과목 담당 비율을 평가한다.

〈표 4-13〉에서 제시한 대학기본역량진단의 교양교육과정 평가지표에서는 2주기와 3주기 모두 교양교육과정 체제에 관한 전반적 사항을 평가하였다. 그러나 2주기는 교육과정 개선을, 3주기에서는 핵심역량을 강조하는 지표로 개편된 것이 특기할 만하다. 더불어 2주기에서 평가하였던 강의개선 노력은 3주기에서 교수방법 개선 체제에 관한 평가지표로 변화하였다.

표 4-13 | 대학기본역량진단 교양교육과정 평가지표

대학기본역량진단(2주기) (2018~2020)	대학기본역량진단(3주기) (2021~2023)
교양교육과정 개선을 위한 체제 구축과 주기적 환류 보완 등 체계적 노력 • 교양교육과정 개선 관련 규정 또는 지침의 체계성·구체성 • 교양교육과정 개선 절차의 체계성 • 환류를 통한 교양교육과정 개선 노력	핵심역량 제고를 위한 교양교육과정 체제 구축·운영 • 핵심역량 설정의 구체성 • 핵심역량과 발전계획 간 연계성 • 핵심역량 제고를 위한 교양교과목 개설·운영의 적절성 • 환류를 통한 교양교과목 개선·보완의 적절성
교양·전공 교과목 강의개선을 위한 체계적 노력 • 강의개선 관련 규정 또는 지침의 체계성과 구체성 • 강의개선 절차의 체계성 • 환류를 통한 개선노력	교수학습 방법 개선 체제 구축·운영 • 교수학습 방법 개선지원 체제의 적절성 • 교육과정 개선과 연계한 교수학습 방법 개선 노력

출처: 교육부, 한국교육개발원(2017). 교육부, 한국교육개발원(2020).

대학기본역량진단 3주기(2021)에서 다루고 있는 교양교육과정 관련 진단 개요 및 내용은 〈표 4-14〉와 같다.

표 4-14 ┃ 대학기본역량진단 3주기 교양교육과정 진단개요 및 내용

구분	내용
진단 방향	• 대학의 규모와 특성을 고려하여 교양교육과정 및 교수학습 방법을 지속적으로 개선하기 위한 노력이 체계적·효과적으로 이루어지고 있는지를 진단 * 대학의 인재상, 학내·외 교육 수요 및 환경 변화 분석 등을 바탕으로, 학습 경험의 질 제고를 위해 도출된 다양한 교수학습 방법 개선 노력을 의미함
진단 요소	• 핵심역량 제고를 위한 교양교육과정 체제 구축 및 운영 • 교수학습 방법 개선 체제 구축·운영
진단의 주안점	• 핵심역량 제고를 위한 교양교육과정 체제 구축·운영: 핵심역량 설정의 구체성, 핵심역량과 발전계획 간 연계성, 핵심역량 제고를 위한 교양교과목 개설·운영의 적절성, 환류를 통한 교양교과목 개선·보완의 적절성 • 교수학습 방법 개선 체제 구축·운영: 교수학습 방법 개선지원 체제의 적절성, 교육과정 개선과 연계한 교수학습 방법 개선 노력

기술 및 증빙	• 핵심역량 설정의 절차와 방법: 대학의 인재상, 산업수요, 사회적 흐름 등 대내·외적 여건분석, 학생요구 분석 등을 고려한 발전 계획과의 연계성 포함
	• 핵심역량의 구체적 내용: 대학의 특성화 방향 등을 고려하여 설정된 기초학문을 통한 인간, 사회, 자연을 종합적으로 이해하는 능력 등도 포함하여 기술 가능함
	• 핵심역량 제고를 위한 교양교육과정 편성·운영
	  – 교양교과목 편성·운영의 절차와 방법(교양교육과정 관련 규정 또는 지침, 교양교육과정 편성·운영 관련 공문, 기타 근거자료)
	  – 교양교육과정 개선을 위한 교육과정 분석, 개선 방안 마련 및 시행, 결과에 대한 주기적 환류·보완(교양교육과정 질 관리를 위한 실행 및 조치 관련 공문, 기타 근거자료)

출처: 교육부, 한국교육개발원(2020).

이와 같이 대학 외부 평가지표를 통해 대학차원에서 살펴봐야 할 교양교육과정 성과관리는 다음과 같은 사항을 고려해야 한다.

① 교양교육과정 체제 마련을 위한 방향: 핵심역량 설정의 근거와 방법, 대학교육 방향과의 정합성, 산업체 및 사회 요구 반영의 구체성
② 교양교육과정 개발 및 개선: 제도, 조직, 규정 및 지침 편성 체계, 개발 및 개선 활동

③ 교양교육과정 운영: 편성 체계, 확산 노력, 규정 및 제도, 운영 활동, 교수학습
　 방법 개선 노력, 운영 결과

④ 교양교육과정 개선: 개선을 위한 분석, 개선 활동, 개선 결과

4) 교양교육과정 성과관리를 위한 자체진단

앞서 살펴본 내용을 바탕으로 교양교육과정 성과관리를 위한 자체진단의 점검은 다음의 양식을 활용해서 체크를 해 볼 수 있다.

표 4-15 ┃ 교양교육과정 성과관리를 위한 자체진단

요소		유무		성과			우수판정 기준
		유	무	미흡	보통	우수	
지원 체계	교양교육과정 개발 방향(모델)						모두 '유' 확인 후 • 지원조직에 해당 　전공자/경력자 1인 　이상 구성
	교양교육과정 개선 및 개발 지원 체계						
	교양교육과정 개선 및 개발 규정(지침)						
	교양교육과정 개선 및 개발 지원조직						
	교양교육과정 개선 및 개발 지원조직의 전문성						
운영	교양교육과정 개선 및 개발 지원 프로그램						모두 '유' 확인 후 • 체계성, 적절성
	교양교육과정 개선 및 개발 매뉴얼						
평가	교양교육과정 평가						평가 실시 및 피드백
환류	교양교육과정 환류 체계						모두 '유' 확인 후 • 결과 반영 • 공유 · 확산 노력
	교양교육과정 평가 결과 활용						

[평가를 위한 기본질문]
• 교양교육과정 개발 방향: 교양교육과정 개발 방향은 정해져 있는가?
• 교양교육과정 개발 및 운영을 지원하는 전문조직은 갖추어져 있는가?
• 교양교육과정 개발 모델에 근거한 개발 매뉴얼, 개발 워크숍 및 교육을 지원하고 있는가?
• 교양교육과정 개발 및 운영에 대한 자체평가를 실시하였는가?
• 교양교육과정 환류 체계가 마련되었는가?

[판정기준]
• 우수 기준: 각 영역별 모두 '유' + 정성평가에서 우수판정을 받은 경우
• 보통 기준: 각 영역별 모두 '유' 인 경우
• 미흡 기준: 각 영역에서 '무'가 하나라도 나오는 경우

〈계속〉

정성평가 (우수 기준)	지원 체계	• 체계(조직/규정/지침/운영인력의 전문성 등)가 모두 갖추어져 있는 경우
	운영	• 지원부서들이 교육과정 개발 및 운영을 위해 제공해야 하는 내용을 모두 제공한 경우 • 운영 체계가 체계적 · 단계적으로 작용한 경우
	평가	• 목푯값 달성, 운영에 대한 평가가 이루어진 경우
	환류	• 평가 결과를 공유 또는 평가 결과에 따른 개선 활동(객관적 증빙 가능한 경우)

5) 교양교육과정의 성과관리를 위한 Tip

(1) 교양교육과정 개발 방향

대학마다 가지고 있는 교육적 특색과 배경 등이 다양하며, 그에 따라 지향하는 교양교육과정의 목표와 나아가야 할 방향 역시 달라질 수 있다. 목표와 방향이 다르다면 이에 적합한 교육내용 역시 달라질 수 있고, 교육내용에 따라 제도, 운영방법 등도 달라질 수 있다. 따라서 대학은 지향하고자 하는 교육적 방향을 명확하게 정립하고, 반복적으로 교육과정을 개발하는 주체에 이를 명확히 인식시켜야 할 필요가 있다. 불과 몇 년 전까지만 하더라도 국내 대학의 교양교육과정은 대체로 대동소이했다. 대학마다 특색 있는 교양교육과정 개발의 방향이 부재하고, 대학차원의 고민 없이 특정 학과나 학부에서 교육과정 운영이 용이한 형태로 교육과정이 개발되거나 구성되었기 때문이다.

최근 대학이 인재상 및 교육목표에 적합한 핵심역량을 도출하여 이를 기반으로 교양교육과정을 개편하려는 노력을 기울이면서 대학마다 교양교육과정이 비교적 다양해졌다. 예를 들면, 역량 중심의 영역으로 교양교과목을 재편하여 이수방법을 달리하거나 기존의 학문영역을 배분하는 형태에서 학생의 역량을 함양할 수 있는 교과목을 간학문적/다학제적 접근으로 개발하고 있다. 그러나 교양교육과정의 개발 방향은 짧은 시간동안 결정할 수 있는 문제는 아니다. 교양교육을 둘러싼 다양한 주체가 모여서 숙의를 거듭하여 개발 방향을 결정했다 하더라도 교양교육과정을 운영하고 그 결과를 분석하여 교육과정 개발 방향을 조정하기도 한다. 또한 교육과정을 이수하는 학생, 학부모, 지역사회, 기업 등의 의견을 조사하여 이를 반영하여 개발 방향을 수정하기도 한다.

교양교육과정 개발 방향과 관련하여 고려해 볼 만한 사항을 다음과 같은 질문으로 제시한다.

- 대학교육목표, 인재상과 핵심역량, 교양교육과정의 목표 등은 연계되어 있는가?
- 전공교육과정과 구별되는 교양교육과정의 정체성이 명확한가?
- 교양교육과정 개발의 체계가 있는가?
- 교양교육과정 개발의 체계는 규정에 제시되어 있는가?
- 교양교육과정 개발의 원칙이 있는가?
  - 교양교육과정 개편(개발 및 폐지) 시기가 있는가?
  - 교양교육과정 개편(개발 및 폐지) 원칙이 있는가?
  - 교양교과목은 핵심역량과 어떻게 연계되어 개발하는가?
  - 교양교과목은 기존 유사한 교과목과 어떻게 차별화하여 개발하는가?
  - 교양교육과정 개발 서식이 있는가?
- 교양교육과정에 대해 대학 내/외부의 숙의 집단이 있는가?
- 교양교육과정에 대해 다양한 대상으로 요구분석을 실시하고 있는가?
  - 핵심역량에 대한 중요도 및 졸업생/재학생의 현재 수준을 조사하고 있는가?
  - 다양한 대상이 인식하는 교양교육목표와 방향성에 대해 조사하고 있는가?
  - 추가 개발이 필요한 교양교육의 내용을 조사하고 있는가?
  - 요구분석 결과는 교양교육과정 개발 방향에 반영되고 있는가?

(2) 교양교육과정 개발 및 운영의 전문조직

교양교육과정의 경우 교양교육을 운영하는 주체로 학과, 학부, 대학, 교양교육 전담기구가 있다. 더불어 교양교육센터, 교양교육원 등의 교양교육의 연구, 기획 등을 담당하는 전담조직이 별도로 존재한다. 또한 교육과정을 개편을 심의하는 교양교육과정 심의위원회, 교육과정위원회, 교육과정운영위원회 등 각종 위원회를 운영한다. 그 밖에도 대학 내 교육성과관리센터, 교육혁신원 등 성과관리 전담조직과 교수학습센터, 학사팀 등 교육과정 운영을 지원하는 다양한 관련 조직이 존재한다. 조직의 규모나 세부적인 업무 등은 대학마다 약간의 차이가 있지만 대체로 다수의 대학이 유사한 조직을 구성하여 운영하고 있는 상황이다.

그러나 조직의 유무보다 성과관리 차원에서 우리가 중요하게 고려할 것은 대학이 설정한 교육과정 성과관리 체계에 근거하여 각 부서 간 업무를 명확하게 설정해야 한다는 것이다. 더불어 각 부서 간의 협의체나 정기적인 회의 운영을 통해 교양교육과정을 둘러싼 성과관리가 유기적인 협업을 기초로 한다는 것이다. 특정 조직이 어떠한 역할을 할 것인지에 대한 정답은 없다. 대학의 규모나 사정에 따라 이에 대한 숙의와 구성원의 공감, 개선의 노력이 필요하다.

　교양교육과정 개발 및 운영의 전문조직과 관련하여 고려해 볼 만한 사항을 다음과 같은 질문으로 제시한다.

- 교양교육과정 개발 및 운영에 대한 각 조직의 역할은 무엇인가?
- 조직 간의 업무는 명확하게 분담되어 있는가?
- 조직 간의 협업 체계가 잘 갖추어져 있는가?

(3) 교양교육과정 개발 및 운영 지원

　학습자의 성공에 도움이 되는 교양교육과정을 제공하기 위해서 대학은 계속적으로 교양교육과정을 개발하고 운영한다. 대체적으로 많은 대학에서 교양교육과정을 개발하고 운영하는 주체는 교수자이며, 대학은 그들이 교양교육에 대한 기본적인 이해와 더불어 대학의 교육과정 개발 방향을 고려하여 교육과정을 개발할 수 있도록 체계적인 지원을 실시해야 한다.

　흔히 대학에서 실행하고 있는 교양교육과정 개발 및 운영 지원의 형태는 교양교과목 개발지원 사업 등을 운영하여 매학기 또는 매년 새로운 교과목이 개발되고 이것이 실제 개설될 수 있도록 하고 있다. 또한 대학의 교육과정 개발 방향, 주요 지침을 담은 가이드북을 제작하여 체계적인 교양교육과정 개발 및 운영을 지원하고 있다. 더불어 교양교육과정 운영을 위한 교 · 강사 대상 교수법 워크숍, 교양교육 워크숍 등을 실시하고, 교양교육과정 교재, 이러닝 콘텐츠 개발 등을 지원한다. 교수자를 대상으로 한 지원 프로그램 외에도 교양교육과정을 운영함에 있어 학생의 역량을 향상시킬 수 있는 지원 체계를 마련하여 운영할 필요가 있다.

　교양교육과정 개발 및 운영 지원과 관련하여 고려해 볼 만한 사항을 다음과 같은 질문으로 제시한다.

- 교양교육과정 개발 및 운영 지원 체계가 갖추어져 있는가?

- 교양교육과정 개발 및 개선 프로그램이 있는가?
  - 교양교육과정 개발 및 개선 프로그램은 정기적으로 운영되고 있는가?
  - 교양교육과정 개발 및 개선을 위한 메뉴얼이 마련되어 있는가?
  - 이러한 프로그램은 어떠한 내용으로 어디에서 운영하고 있는가?
- 교수자 및 학생 대상 교양교육과정 운영지원 프로그램이 있는가?
- 교양교육과정 운영을 위한 학사제도를 마련하고 있는가?

(4) 교양교육과정 개발 및 운영 평가

더 나은 교육을 위해 평가는 필수불가결한 것이다. 스스로 우리 대학이 계획한 바에 따라 적절하게 교육과정을 개발하고 운영하였는지, 이것이 학습자에게 유효하게 작용하였는지, 개선할 사항은 없는지 분석할 필요가 있다. 그간 대학은 교육과정 개발과 운영에 많은 노력을 기울여 온 반면, 분석 및 평가에 있어서는 다소 적극적이지 않았다. 무엇을 어떻게 평가할지 몰랐고, 평가한다 하더라도 결과를 어떻게 활용해야 할지 결정하기 어려웠기 때문이다.

교양교육과정 개발 및 운영에 관한 평가는 주체에 따라 대학 차원의 평가와 교육수요자 차원의 평가, 평가방법에 따라 양적 평가와 질적 평가로 구분하여 실시할 수 있다. 대학 차원의 평가는 교양교육 전담기구 또는 교육성과관리센터에서 양적/질적으로 평가할 수 있다. 양적 평가는 교양교육과정 개발 건수, 운영 건수, 강좌 수, 교양교육 전임교원 담당 비율, 이수 학생 수, 단과대학별 교양교육과정 이수 경향, 강의평가 점수 등 숫자로 표현되는 사항을 평가한다. 질적 평가는 글로 표현되는 교양교육의 질이나 성과, 문제점 등을 평가한다. 정기적인 자체평가는 대학의 교양교육과정 개발 및 운영의 경향성을 파악할 수 있고, 이에 따른 문제점과 개선 방향을 도출할 수 있다.

교육수요자 차원의 평가는 1년에 1회 실시하는 학습자 대상 교양교육과정 만족도 조사, 학생패널이나 평가단을 대상으로 실시하는 교양교육과정 평가, 학부모 또는 기업체를 대상으로 실시하는 평가 등 다양한 대상에 대해 평가를 요청하고 평가 결과를 분석하여 환류한다. 이러한 평가는 대학 차원에서 실시하는 평가 결과와 더불어 교양교육과정에 대한 풍부한 시각과 시사점을 제공할 수 있다. 이 밖에도 대학이 교양교육에 대해 추구하는 방향을 대학의 자체평가지표로 개발하여 달성 여부를 평가할 수 있다. 자체평가지표의 내용이나 대상, 방법, 시기 등은 대학의 실정

에 맞게 마련하여 점검할 필요가 있다. 더불어 보다 객관적이고 전문적인 평가를
희망하는 경우 대학교육협의회 산하의 한국기초교양교육원에서 운영하고 있는 교
양교육 컨설팅을 활용할 수 있다.

　교양교육과정 개발 및 운영 평가와 관련하여 고려해 볼 만한 사항을 다음과 같은
질문으로 제시한다.

- 교양교육과정 개발 및 운영에 대한 자체평가 기준과 전략이 있는가?
- 교양교육과정 개발 및 운영에 대한 자체적인 분석 및 평가를 실시하고 있는가?
  - 교수자 차원에서 교양교과목 자체평가를 실시하고 있는가?
  - 대학 차원에서 교양교육과정 자체평가를 실시하고 있는가?
- 교양교육과정 개발 및 운영에 대해 다양한 대상의 의견을 수렴하고 있는가?
- 교양교육과정 개발 및 운영과 관련한 성과지표가 마련되어 있는가?
- 대학 외부 전문기관의 평가나 컨설팅을 받은 적이 있는가?

(5) 교양교육과정 환류 체계 구축

　교양교육과정의 환류 체계는 평가한 결과를 어떻게 활용하여 더 나은 교육으로
개선하는 데 활용할 것인가와 관계한다. 교양교육과정 개발 및 운영에 대한 대학
차원의 양적·질적 평가 결과를 통해 다음 학기 또는 다음 학년도의 교양교육 방향
을 조정하거나, 특정 역량을 함양할 수 있는 교과목을 개발하는 등의 개선 활동을
수행할 수 있다. 또한 교양교육과정에 대한 수요자의 평가 결과를 환류하는 별도의
조직을 구성하여 평가 결과에 대한 환류 활동을 운영할 수 있다. 이렇듯 대학에서
수행하고자 하는 평가에 따라 환류 활동을 뒷받침하는 지침, 조직과 역할, 주요 업
무 등을 정리하여 환류 체계를 마련할 필요가 있다.

　최근 교육과정에 대한 대학 내·외부의 인증제도를 적용하여 수업 단위, 교과목
단위, 교육과정 단위의 인증제를 운영하고 있다. 특히 공학교육, 간호교육, 의학교
육 등의 전공교육과정 인증에 비해 교양교육과정의 경우는 대학 내부에서 교육과
정 질 관리 기준을 마련하여 인증제도를 운영하는 편이다. 대학이 운영하고자 하는
교양교육과정에 대한 일정 기준을 정하고 이에 부합하는 수업, 교과목을 인증해 주
는 형태이다. 이를 통해 교양교육과정의 개발 단계부터 운영, 평가, 개선 활동 등을
점검하고 이에 대한 노력을 각 단계별로 또는 종합적으로 인증한다.

교양교육과정 환류 체계 구축과 관련하여 고려해 볼 만한 사항을 다음과 같은 질문으로 제시한다.

- 교양교육과정 환류에 대한 지침이 마련되어 있는가?
- 교양교육과정 환류에 대한 조직과 역할이 구분되어 있는가?
- 교양교육과정 평가에 대한 환류가 실행되고 있는가?
    - 교수자 차원의 교과목 단위 자체평가 결과는 환류하고 있는가?
    - 대학 차원의 교육과정 단위 자체평가 결과는 환류하고 있는가?

5. 교양교육과정 성과관리를 위한 제언

교양교육은 대학에 입학한 모든 학생이 경험하는 보편적 교육이며 폭넓은 경험을 토대로 살아가는 데 필요한 핵심적인 역량을 함양하는 교육이다. 이를 위해 교육과정을 개발하여 운영하는 만큼 대학이 지향하는 교양교육의 방향과 교육의 실제를 평가하여 더 나은 교육과정으로 개선할 수 있는 성과관리는 매우 중요하다. 교양교육에 참여하는 교수자와 학습자, 성과관리를 위한 다양한 조직이 존재하는 만큼 보다 강조하고 싶은 점은 대학구성원 간 소통이 필요하다는 것이다.

교양교육 전담기구와 대학은 대학교육에서 교양교육의 역할과 중요성을 강조하지만 전공교육을 담당하는 교수자와 학생은 이를 전적으로 이해하지 못한다. 학생들은 매년 조사를 통해 교양교육의 개선을 요구하지만 교양교육을 담당하는 개개인의 교수자는 이를 알지 못한다. 교양교육의 성과관리는 교내의 여타 기관과 협업해야 하지만 교양교육 전담기구에 전적으로 맡겨져 있다. 이 예시들은 교양교육 성과관리와 관련하여 소통의 부재로 이루어지는 흔한 사례이다.

성과관리 주체는 대학의 구성원이다. 성과관리 시 고려해야 할 요소가 광범위하고 살펴보아야 할 수준 역시 상이하지만, 지침을 개정하고 교양교과목을 강의하며 이수한 교과목을 평가하는 등의 다양한 성과관리 활동은 직원, 교수, 학생이 담당한다. 따라서 교양교육운영을 직·간접적으로 수행하고 있는 교내 구성원 간의 소통은 지속적으로 강조해도 지나치지 않다. 아무리 좋은 성과관리 방안을 마련하였다 하더라도 여기에 참여하는 구성원의 이해가 부족하다면 결과는 뻔할 것이다.

제 5 장

전공교육과정 성과관리

I. 전공교육과정 성과관리의 이해

1) 전공교육과정 성과관리의 목적

전공교육과정 성과관리의 목적은 무엇인가? 전공교육과정을 관리하고 성과를 관리하는 목적은 전공교육에 대한 타당성을 확보하는 데 있다. 전공교육과정의 타당성을 이야기하기 위해서는 먼저 교육과정의 정의, 개념, 범위를 진술할 필요가 있다. 교육과정의 개념은 교육과정을 '지식'과 '경험'으로 구분할 수 있다. 지식은 내용 중심의 개념이고, 경험은 활동 중심의 개념이라고 할 수 있다. 현재 교육 패러다임에서는 교육과정을 '활동'의 개념으로 보는 경향이 뚜렷하다. '활동'의 개념은 역량과 맥락을 같이한다고 할 수 있다. 이 '활동'의 개념을 담은 교육과정은 학교 운영 계획에 따라 학생들이 갖는 모든 경험의 총체라고 할 수 있기 때문에 교육내용은 물론, 교육방법과 제도, 지원 프로그램 등을 포함하는 포괄적 개념으로 해석된다.

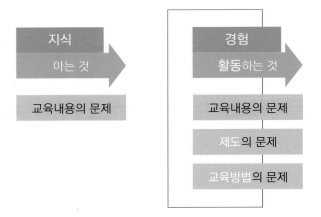

[그림 5-1] 교육과정의 개념

전공교육과정 성과관리 측면에서 교육과정에 대한 개념 정의의 중요성은, 첫째, 전공교육과정의 개발의 준거가 되고 매뉴얼 작성의 기반이 된다. 둘째, 전공교육과정에서 도출될 수 있는 성과(실적 포함)들을 규정해 준다.

전공교육과정 성과관리를 위해서는 다음과 같은 질문에 답할 수 있어야 한다.

- 교육과정의 개념을 어떻게 규정할 것인가?
- 교육과정의 범위를 어디까지 포함할 것인가?
- 교육과정 개발 전담-전문조직을 갖추고 있는가?
- 교육과정 개발 조직은 어떤 역할을 수행하여야 하는가?
- 교육과정 개발 조직의 권한은 어디까지인가?
- 교육과정 개발의 결과는 무엇인가?
- 교육과정 운영의 결과는 무엇인가?

교육과정학에서 교육과정은 내용의 문제뿐만 아니라 교육목적, 교육방법, 교육운영, 그리고 교육평가의 문제를 포괄한다는 것은 기본적 개념이다. 이에 전공교육의 타당성에 대해서 논의할 때는 전공교육목적, 전공교육내용, 전공교육방법, 전공교육운영(제도), 전공교육운영 결과 등 다섯 가지로 구분할 수 있다. 첫째, 전공교육과정에 대한 성과관리의 시작은 전공교육목적을 확인하는 것이다. 전공교육목적을 확인한다는 것은 전공교육의 목적을 발굴하고 설정의 타당성을 확보하는 과정을 말한다. 둘째, 전공교육에 대한 성과관리는 교육내용의 타당성을 확보하기 위함이다. 전공교육과정 관리는 전공교육내용을 검토하고 개발하는 과정을 통해 전공교육내용의 타당성을 확보할 수 있다. 셋째, 전공교육에 대한 성과관리는 전공교육에서 선택한 교육방법의 타당성 확보를 포함한다. 전공교육과정 관리는 전공수업의 효율적 운영과 효과성을 위해 선택한 교육방법의 적절성 여부를 판단하는 것을 포함한다. 여기서 우리는 교수역량을 세부적인 교육성과로 고려할 수 있다. 넷째, 전공교육과정 관리는 전공교육과정을 운영하기 위해 마련한 제도의 타당성을 입증하는 과정이다. 제도는 학점이수 규정, 졸업규정 그리고 학사제도를 포함할 수 있다. 다섯째, 전공교육과정의 관리는 전공교육운영 결과를 확인하고 목적에 따른 결과의 성취를 확인하는 것이다. 교육과정의 성취는 수업만족도, 교육과정 만족도, 학습자의 전공역량 향상 정도를 포함한다.

2) 전공교육과정 성과관리의 주요 요소 및 내용

전공교육과정 성과관리의 주요 요소 및 내용은 다양한 관점에서 논의될 수 있다. 여기서는 교육과정학적 접근, 대학평가사업, 그리고 투입-과정-산출이라는 성과관리에 대한 기본 모형(논리 모형)에 따라 살펴보고자 한다. 세 가지 관점에서 전공교육과정의 성과관리를 살펴보아야 하는 이유는 추후 성과관리 체계의 구성에 있어 논리적 근거 마련, 사업 및 평가적 입장 고려, 실제 운영 측면의 실행적 타당성을 참고할 수 있기 때문이다. 단, 대학평가사업의 내용은 따로 분리하여 다루기로 한다.

(1) 교육과정의 의미분석 측면

전공교육과정 성과관리를 위한 주요 요소 및 내용을 살펴보기 위해서는 무엇보다 교육과정적 접근이 필수적이다. 교육과정은 목적론, 내용론, 방법론 그리고 평가론을 포괄한다고 진술한바 교육과정 관리는 다음과 같은 영역과 내용을 관리한다고 볼 수 있다.

| 표 5-1 | 교육과정학적 입장에서 교육과정 관리의 필수 요소 | | | |

목적론	내용론	방법론	평가론
교육목표 선정 – 사회적 필요 – 학습자 요구와 흥미 – 교과전문가의 판단	교육내용의 선정 교육내용의 조직	교육방법의 선정 교육방법의 실행	교육목표 달성도 평가 – 학업성취도 교육과정 운영평가 – 수업 운영 피드백

〈표 5-1〉은 교육과정 개념 규정에 따라 교육과정 성과관리에 어떤 내용을 포함시켜야 하는가를 보여 주는 예라고 할 수 있다. 교육과정 성과관리 측면에서 이상의 내용을 정리해 보면 다음과 같은 내용을 포함한다고 할 수 있다.

- 교육목표설정의 근거
- 교육내용의 선정 및 조직운영의 근거와 조직 체계 마련
- 교육과정 운영의 제도 및 방법의 타당성
- 교육과정운영의 평가와 피드백

(2) 논리 모형의 측면

논리 모형은 우리나라 공공 부문의 성과관리에서 많이 활용되고 있는 모형으로, 전공교육과정 성과관리에 적용을 고려할 수 있다. 논리 모형은 투입, 과정, 산출이라는 3단계를 기본 단계로 한다. 여기에 결과와 영향 단계를 포함하여 경우에 따라 4단계, 5단계 등으로 확장하여 사용하기도 한다.

성과관리를 조직의 비전과 전략에 기초하여 목표와 활동계획을 수립 · 시행하고 그 결과를 평가하여 성과를 극대화하려는 일련의 과정 · 장치 · 노력을 의미(백승익, 박기호, 2006)하는 것 이상의 관점으로 정리한다면 전공교육과정의 성과를 관리하기 위한 핵심 요소를 다음과 같이 제시할 수 있다. 첫째, 전공교육과정 성과의 핵심요소는 교육내용 및 방법 측면을 반영한 교육과정 개발이다. 교육과정 개발은 교육과정 및 교과목 개발, 운영, 평가 그리고 인증까지 포함한다. 둘째, 전공 교육과정 성과의 핵심요소는 전공교육과정 편성 및 운영 측면을 반영한 교수역량 및 학사제도까지 확장할 수 있다.

표 5-2 ┃ 전공교육과정 성과평가의 주요 지표

구분	투입	과정	산출 및 결과	
			산출	결과

사업
논리
	• 인적 자원
	• 물적 자원
	• 전공교육과정
	• 지원 프로그램
	• 교육제도
	• 교육과정 운영 및 지원체제
		• 전공교육과정 개발
		  활동
		• 전공교육과정 운영
		  활동
		• 교육방법 실행
		• 전공수업 운영
		• 개선 공유 확산
			• 교육과정 개발 시행
			• 교육과정 개발 체제
			  개선
			• 교육과정 개발 매뉴
			  얼 마련
				• 수업만족도 개선
				• 교육만족도 개선
				• 교수역량 개선
				• 전공역량 개선
				• 대학평판도 개선

성과
목표
	–	–	• 교육과정 개발 건수
			  달성
			• 교육과정 운영 효
			  율화
				• 수업만족도 향상
				• 교육만족도 향상
				• 학생역량 향상
				• 교수역량 향상
				• 대학이미지 향상

성과
지표
	–	–	• 교육과정 개발 체제,
			  제도, 운영지침, 매
			  뉴얼 연구
			• 교육과정 개발 건수
			• 강의(수업)만족도
			  점수
				• 수업만족도 향상률
				• 교육만족도 향상률
				• 전공역량 향상률
				• 교수역량 향상률
				• 대학이미지 향상률
				• 취업경쟁력 향상률
				• 입시경쟁력 향상률
				• 중도탈락 감소율
				• 재학생충원 향상률

2. 전공역량기반 전공교육과정의 이해

1) 전공교육과정의 패러다임 전환

현재 우리가 경험하고 있는 교육의 패러다임은 수요자중심 교육이라고 할 수 있다. 수요자중심이란 현장중심, 그리고 현장문제중심 교육으로 해석될 수 있으며, 교육과정 측면에서는 역량중심 교육과정으로 표현될 수 있다.

표 5-3 교육패러다임의 변화

패러다임	중심	필요역량	노력	학교지원
교수자 중심	지식(교과) 교수자	경청	–	우수교원 확보
학습자 중심	활동교수자 학습자	리더십 협력-인성 의사소통	• 교육과정 개편 • 복수전공-부전공 확대 • 수업방식 변화: PBl(Problem-Based Learning), 사이버강의	학습 활동 공간제공
수요자 중심	현장문제 (역량) 학습자	리더십 협력-인성 의사소통 창의성 문제해결 자기주도성	• 선택과 집중: 트랙형, 모듈형 – 같은 학과라도 가르치는 영역/내용의 중요도가 다름 • 융·복합형교육과정 • 복수전공-부전공 확대 • 집중·몰입학기 • 비교과 증가 • 수업방식 변화: F/L(Flipped Learning), PBL	제도지원 지역사회 연계

최근 수요자중심 패러다임에 근거한 대학교육은 대학생의 역량을 향상시켜야 한다는 요구를 받고 있다. 역량이란 본래 직업 훈련이나 산업교육 분야에서 사용되어 왔던 내용으로 단순 지식 습득을 넘어 현장에서 당면하게 될 문제해결능력 내지 적용실천능력을 의미한다. 이러한 역량을 반영한 대학교육의 패러다임 전환은 다음과 같다.

표 5-4 대학교육 패러다임의 변화

~에서	~으로
교과중심	역량중심
투입중심	성과중심
무엇을 아는가?	무엇을 할 수 있는가?
지식정보의 전달	지식정보 활용을 위한 구체적인 기술의 습득
대학중심	대학-산업계 네트워크 중심
학문 간 블럭	학제 간 교육

※출처: 건양대학교(2012). p. 13의 내용을 재수정

2) 전공역량기반 전공교육과정 개발 및 운영

역량에 대한 정의는 사람중심 정의와 직무중심 정의로 구분할 수 있다. 사람중심 정의에서는 역량을 '효과적이고 우수한 수행에 인과적으로 영향을 미치는 개인의 행동특성(behavioral characteristics)' 또는 '효과적이고 우수한 수행 기준에 인과적으로 영향을 미치는 개인의 내적 특성(underlying characteristics)'이라고 정의한다. 반면, 직무중심 정의는 역량을 '특정 직업이나 직무에서 기대되는 수준의 수행을 가능하게 하는 능력' 또는 '직업에서 요구되는 기능을 수행하는 능력'으로 정의한다(건양대학교, 2012).

이처럼 역량은 행동변화와 수행능력을 중심으로 정의될 수 있다고 할 때, 전공역량은 해당 전공과 관련한 '과제나 역할을 수행하는 데 필요한 수행관련 능력' '산업현장에서 직무 수행'과 관련한 것으로 정의된다. 이에 전공역량교육은 기존 지식중심 교육에서 벗어나 전공지식을 활용해 자신의 직무 문제를 해결 및 직무를 성공적으로 해 나가는 능력을 기르는 교육을 의미한다.

전공역량 개발을 위해서는 산업 현장에 대한 요구분석, 현황분석, 미래전망분석은 물론, 첫째, 학교의 비전과 교육목적, 둘째, 대학의 교육목적을 달성하기 위해

표 5-5 | 전공역량 설정을 위한 검토 내용

단계	검토내용
대학비전, 교육목적	• 우리 대학이 추구하는 교육목적은 무엇인가? • 우리 대학이 추구하는 교육목적은 시대의 흐름을 반영하고 있는가?
대학 인재상	• 우리 대학의 교육을 이수한 학생들은 어떤 역량을 갖출 수 있는가? • 우리 대학의 교육을 이수한 학생들은 사회적으로 어떤 부분에서 인정받을 것인가?
학과 교육목적 및 목표	• 학과의 교육목적 및 목표를 명확히 제시하였는가? • 학과의 교육목적 및 목표는 대학의 교육목적을 반영/연계하고 있는가? • 학과의 교육목적 및 목표는 학교가 제시한 인재양성 방향을 반영/연계하고 있는가?
학과 인재상	• 학과의 인재상은 학교 인재상을 반영/연계하고 있는가? • 학과의 인재상은 수요조사를 반영하고 있는가?
학과 전공역량 설정	• 학과의 전공역량은 현장 직무를 반영하고 있는가? • 학과의 전공역량은 현장 수요/사회적 수요를 반영하고 있는가?

설정한 학교 인재상, 셋째, 학과 교육목적 및 목표, 넷째, 학과 인재상(인력양성 방향)을 검토하여야 한다. 이렇게 검토된 전공교육역량은 교육과정 개발에 직접적으로 연계되어야 하고 선정과정, 역량에 대한 정의, 그리고 교과 간 연계가 명확히 표현되어야 한다.

전공교육과정 개발에 있어 다음의 내용이 전공교육과정 개발 매뉴얼에 반영되고 검토되어야 한다.

첫째, 전공교육과정 개발은 대학의 비전 및 교육목적, 인재상을 필수적으로 검토한다.

둘째, 학과 차원에서는 기존의 학과 교육목적 및 목표, 인재상을 재검토하여야 하고 재설정 필요 여부의 근거를 확보한다. 재설정이 필요한 경우 그 근거의 타당성을 제시한다.

셋째, 학과 차원의 인재상은 현장전문가들과 이론전문가들의 의견을 반영하도록 한다. 또한 설정하고자 하는 사회적 수요 및 요구를 반영하도록 한다.

넷째, 학과 전공역량은 현장의 요구, 수요, 활동 분야 그리고 직무 분석을 근거로 설정한다. 전공역량 설정의 타당성을 제고하기 위해서는 수요 추이, 사회적 요구 및 필요도, 그리고 현장전문가 및 내용전문가의 검토 결과를 제시한다.

현재 전공역량 교육과정을 운영하고 있는 대학들은 직접적으로는 전공 트랙제 운영, 졸업이수제도에 역량별 학점 이수 제도 반영으로 활용하고 있으며, 간접적으로는 트랙제도를 활용한 복수전공, 모듈식 자기설계전공 및 부전공 등으로 활용하고 있다.

3. 효과적인 성과관리를 위한 전공교육과정 운영 사례

1) 서울여자대학교: 전공교육 공통프레임워크

(1) 전공교육 사업 논리 모형

서울여자대학교는 2010년과 2014년 2번, 8년 동안 ACE 사업을 수행하였다. 2014년 이후 전공교육과정 개선 사업 목표를 전공 공통프레임워크의 정착과 보급으로 선정하였고, 주요 사업내용은 전공 공통프레임워크 고도화, 글로벌 실무역량

현장중심 교육, 전공심화 창의융합 교육 모델 개발로 구성하였다.

이 사업의 논리 모형을 살펴보면 다음과 같다.

표 5-6 ▌ 전공교육 사업 논리 모형

투입	과정	산출
• 대학 본부와 학과의 역할 구분 • 전공별 공통프레임워크 구축 연구비지원 • 진입관리 프로그램 개발 • 교과목 개발 및 운영 지원 • 비교과 연계교육 운영지원 • 학과 성과평가 제도 운영 • 교수업적평가 항목 산입	• 진입관리 프로그램 시행 • 전공진로 로드맵 개발 • 전공진로탐색과목 개발 운영 • PBL, SL(Service Learning), BL 과목 개발 운영 • 기업 요구형 과목, 인턴십 개발 운영 • 캡스톤디자인, 졸업인증과목 개발 운영 • 비교과 연계 전공교육 개발 운영 • 전공과목 주제중심 교육과정 전환 • 융복합 연계전공 11개 개발 • S-MOOC 과목 개발운영	• 대학 본부에서 제시한 전공교육의 틀 구축 • 전공교육의 편차 해소 • 전공교육에서 다양한 교수법 적용 활성화 • 핵심역량 및 교육만족도 향상 • 재정지원사업 모델로 확대 • 사례발표 및 외부확산

(2) 목표

전공 학문 분야 및 특성과 무관하게 공동적으로 적용할 수 있는 교육방법론의 틀을 제시하고 확산하여, 모든 전공에서 일정 수준 이상의 PLUS형 인재를 양성하고자 한다.

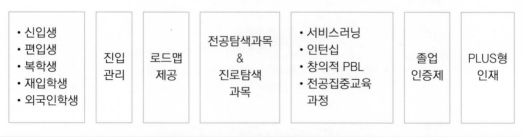

[그림 5-2] 전공교육 공통프레임워크 구조

(3) 주요 내용

서울여자대학교는 의견수렴 과정을 거쳐 공통의 전공교육방법론을 5개 영역 18개 구성요소로 설정하여 제시하였다. 서울여자대학교는 이 내용을 ACE 사업 주요 성과지표로 설정하고 교무처와 교수학습지원센터를 중심으로 행정지원 체계를 구성하여 적극 지원하였다.

표 5-7 | 전공교육과정 사업 주요 내용

영역	구성요소	
전공적응 및 진로지도	진입 · 진출관리 전공 · 진로탐색 과목	전공 로드맵 제공
프로젝트기반 실무형 교육	창의적 PBL과목 전공인턴십	서비스러닝과목 졸업인증과목
특별교육 프로그램	전공기초소양교육 기숙형 전공집중교육	전공심화특별교육 전공 Honors 프로그램
학제 간 교육 다변화	전공주도형 교양과목 창의적 융 · 복합전공 개발	연계 전공 연구 및 개발
글로벌역량 강화	원서강독 · 영어강의 교수 국제 상호교류	모바일 콘텐츠 개발 해외공동학위 · 교환학생

(4) 성과관리 체계

서울여자대학교는 논리 모형에 근거하여 성과관리 체계를 구성하였다. 주요 성과 영역인 중 · 단기성과에서는 직접적인 평가가 가능한 실적 · 결과 중심의 성과를, 장기성과에서는 결과 · 효과 중심의 성과내용을 제시하고 있다.

표 5-8 | 전공교육과정 성과관리를 위한 투입-과정-산출 체제

투입	과정	산출	
		중단기성과	장기성과
• 행정적 투입 　- 교육혁신팀 　- 학사지원팀 　- 교수학습지원센터 　- 기초교육원 • 제도적 투입 　- 조직성과관리 제도 　- 교수업적평가 제도 • 공통프레임 설계 　- 교과목 개발지원	• 진입진출관리 프로그램 　- 신입생, 편입생, 복학생, 교환학생 • 전공진로 로드맵 　- 33전공 187개진로 • 전공 전문성 강화 교과목 　- PBL, SL, 기업요구형, 영어강의, 캡스톤디자인, 졸업인증과목 등	• 전공적응 및 진로지도로 인한 중도탈락률 감소 　- 2.8% • 학습량 증가 　- 1주 평균 1인당 학습시간 상승 • 자기관리, 의사소통, 문제해결, 실무능력 향상	• 최소한의 전공교육 품질관리 체제 구축으로 향후 전공교육 인증제 시행의 발판 마련 • 일정 수준 이상의 전공교육을 제공하는 플랫폼 구축으로 지속 가능 체제 마련

〈계속〉

| – 전산 시스템 설계–
 • 평가 · 환류 체계
  – ACE성과지표
  – 학과성과지표 | • 전공–비교과 연계 프로그램 활성화
 • 11개의 융복합 연계전공
 • 주제중심 교육과정 과목 | • 본교만의 차별적인 전공교육이면서도 타 대학에서도 쉽게 적용할 수 있는 모델 확립 | • 학부교육 선도 모델 창출과 확산으로 대한민국 고등교육 발전에 기여 |

2) 안양대학교: 전공교육과정 개발–인증 체계

(1) 목표

안양대학교는 성과관리의 개념을 성과의 기획, 실적 관리, 성과평가, 성과 피드백 및 컨설팅으로 개념화하고 있다. 이러한 개념하에 전공교육과정 성과관리를 위하여 교육과정 개발 및 개선을 위한 지원 및 운영 체제를 부서 간 협업 형태로 구성하고 주요 성과관리 대상 프로그램으로 교육과정 개발과 교육과정 인증 프로그램을 운영하고 있다. 전공교육과정의 목표는 '자기설계 Career DESIGN 창의융합 전공교육'이다.

(2) 전공교육과정 관리 체계

안양대학교는 자기설계 Career DESIGN 창의융합 전공교육을 위하여 다음과 같은 관리 시스템을 운영하고 있다.

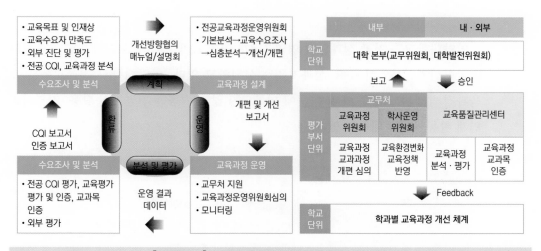

[그림 5-3] 전공교육과정 개발 및 관리 시스템

안양대학교는 전공교육과정 성과관리를 위하여 밀접한 교육 프로그램 운영부서
와 협업체제를 유지하고 있다. 즉, 교육과정 개발과 개발지원의 구분이다.

표 5-9 | 안양대학교 전공교육과정(개발) 성과관리를 위한 협업체계

교육과정 개발지원 매뉴얼 개발 및 워크숍	교육과정 개발	교육과정 운영	교육과정 인증평가	교육과정 인증
교육품질 관리센터	교무처	교무처	교육품질 관리센터 (교육과정 인증평가위원회) -교내·외 평가위원	교무처 (교육과정 인증위원회)

안양대학교는 전공교육과정에 대한 원활한 사업수행과 성과도출을 위하여 기존
부서의 고유 권한을 그대로 인정하고 신설부서는 일련의 교육과정 개발을 지원하
는 형식을 취하고 있다. 즉, 전공교육과정 성과를 관리하기 위하여 교무처를 중심
으로 교육혁신원 산하 교육품질관리센터에서 교육과정매뉴얼을 제공하고 교육과
정 개발 워크숍을 진행한다. 이후 교육과정 개발은 교무처에서 담당한다. 그리고
교육과정 개발 결과에 대한 인증평가는 교육품질관리센터에서 실시하고 최종인증
은 인증평가 결과를 기반으로 교무처 산하 교육과정인증위원회에서 승인한다.

(3) 주요 내용

안양대학교는 전공 성과관리 영역을 4개 영역 12개 세부 프로그램으로 구성하고
대학혁신지원사업의 주요 성과지표로 설정하고 있다. 안양대학교 전공교육은 교
육과정 개발과 교과목 개발 수준에 머무르지 않고 습득한 전공지식 활용, 지역사회
연계 활동까지 확대하고 있다.

표 5-10 | 전공교육 주요 내용

영역	구성요소	
전공트랙 운영	모듈기반 전공트랙개발 및 운영	전공박람회
	Academic Advisor협의체 운영	교육과정 인증: 트랙 인증

〈계속〉

현장실무중심 전공교육운영	현장실무 문제해결형 교과목 개발	현장학기 운영
Life DESIGN	Life DESIGN College신설 및 운영	ARIS CHOOL CAMP
창의융합전공교육	캡스톤디자인	지역연계전공교육
수요기반 DIY학사 시스템	유연학기 운영	맞춤형 학사지원

(4) 성과관리 체계

안양대학교는 논리 모형에 따라 전공교육과정 성과를 제시하고 있다. 주요 성과
지표 영역은 산출 영역에서 중기성과 부문으로 중기성과는 보다 전공교육과정 운
영을 통해 산출된 결과로 측정 가능한 구체적 지표를 사용하고 있다.

표 5-11 | 전공교육과정 사업 성과관리를 위한 투입-과정-산출 체제

투입	과정	산출	
		단기성과	중기성과
• 행정적 투입 　– 교육혁신팀 　– 학사지원팀 　– 교수학습지원센터 　– 기초교양교육원 • 제도적 투입 　– 성과 및 인증관리 제도 　– 교수업적평가 제도 • 재정적 투입 　– 교육과정 개발지원 　– 교과목 개발지원 • 평가 · 환류 체계 　– ACE 성과지표 　– 학교 CQI 지표 　– 학과 CQI 지표	• 전공트랙운영 　– 모듈기반 전공트랙개 　　편 및 운영 　– 교육과정 평가: 트랙 　　인증 • 현장실무중심 전공교육 운영 　– 현장 실무형 교과목 　　개발 　– 현장학기 운영 • 창의융합전공교육 　– Life DESIGN College 　　운영 • 수요기반 DIY학사 시 스템 　– 유연학기제 운영 　– 다양한 학사지원	• 학습자 맞춤형 전공교 육강화 • 학습자가 추구하는 능 동적 전공설계지원 체 계마련 • 전공특성과 학습자 수요 에 맞는 학기 선택 지원 • 다양한 형태의 학기 운영 • 현장교육을 통한 산업 맞춤형 인재양성을 위 한 교과 확대 • 창업트랙을 통한 창업 교육 확대 • 다양한 전공의 통섭을 위한 교과 확대	• 트랙기반의 특화된 전 공교육 모델 확산 • 수용자 선택에 의한 전 공교육만족도 향상 • 전공특성에 맞는 교육 의 수월성 확보 • 산학연계를 통한 실무 형 강화 및 취업률 상승 • 온 · 오프라인 융합교육 모델 확산

(5) 전공교육과정 개선을 위한 주기적 환류 체계

안양대학교는 전공교육과정 성과를 관리하기 위하여 교육과정 개발과 후속 프로
그램인 교육과정 및 교과목 인증, Life DESIGN College, Academic Advisor를 대표
프로그램으로 구성하고 운영하고 있다. 해당 내용의 핵심은 교육과정 개발과 운영

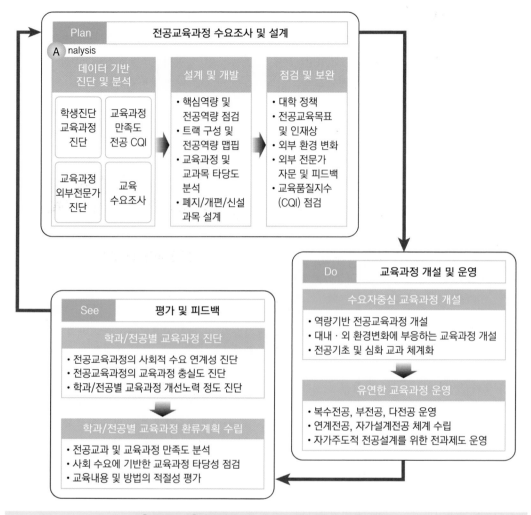

[그림 5-4] 안양대학교 교육과정 개발-개선체계

그리고 평가 환류 체계라고 할 수 있다. 안양대학교는 전공교육과정 개발 관련 성과를 위하여 대학교육목표, 교육수요자 대응, 교육 수월성 제고를 위해 A-PDS 환류체계에 입각한 교육과정 개선 시스템을 구축하여 지속적으로 관리하고 있다.

(6) 교과목 및 교육과정(TRACK) 인증

안양대학교는 교육과정의 타당성과 체계성을 확립하기 위하여 교육과정 및 교과목 개발을 지속적으로 실시하고 있다. 이에 대한 후속 지원 및 운영의 지속성과 효과성, 수월성을 제고하기 위하여 인증제도를 운영하고 있다.

표 5-12 | 안양대학교 교육과정 인증 체계

구분	인증 단계 및 영역			인증요소	평가요소
교과목인증	기본인증	설계내용		• 교육목표 • 역량 • 내용체계 • 평가설계 • 수업 운영 설계	• 교육과정 – 교육목표 – 수요반영 • 강의계획서
	우수인증	운영		• 차수별 운영 프로필 • 수업 운영	• 수업 • 강의평가
		성과	만족도	• 교과목만족도	• 강의평가 • 강의공개 • CQI
			개선관리	• 개선계획서	
			공유확산	• 강의공개	
TRACK인증	기본인증	설계내용인증	TRACK개발 및 설계	• TRACK 설계 • TRACK 핵심교과 설계 • 핵심교과인증 여부(기본 인증 이상)	• 교육과정 – TRACK교육목표 – 수요반영 – 역량반영 • TRACK 편성교과
			핵심교과목 인증		
	우수인증	운영인증	운영	• TRACK 운영	• TRACK 운영 현황 • 핵심교과강의평가
		성과인증	성과 만족도	• TRACK만족도	• 핵심교과강의평가 • TRACK 만족도 • 공개(교내외 공개) • CQI
			개선관리	• TRACK개선계획서	
			성과	• 자격증 취득	
		비교과		• 비교과 연계 운영	• 비교과 – 운영 및 연계 – 만족도 – 성과 및 EQI(Education Quality Improvement)

표 5-13 | 안양대학교 인증 목적 및 대상

구분		목적	대상	비고
교과목인증	기본인증	– 신규 교과목 개발의 타당성 확보 – 신규 교과목의 신뢰성 확보 – 신규 교과목의 운영의 준비성 확인	– 신규 교과목에 대하여 인증을 실시함	
	우수인증	– 교수자의 교과목운영의 책무성 확보 – 교과목의 신뢰성 확보	– 강의 컨설팅을 이행한 교과목만을 대상으로 함	LEVEL 제도 운영

〈계속〉

T R A C K 인 증	기본 인증	– 신규 트랙개발의 타당성 확보 – 신규 트랙의 신뢰성 확보 – 신규 트랙운영의 준비성 확인	– 신규 개발 트랙에 대여 인증을 실시함	
	우수 인증	– 전공 트랙운영의 책무성 확보 – 전공 트랙운영의 신뢰성 확보	– 교육과정 개발이 완료되고 기본인증을 받은 후 2년 이상 운영된 트랙을 대상으로 함	LEVEL 제도 운영: 핵심교과의 공개 여부

3) 중앙대학교: 교육과정 인증 체계

중앙대학교의 사례는 교육과정 인증(CQI)과 관련된 내용을 중심으로 살펴보고자 한다. 전공교육과정과 관련된 성과관리 체계에서 교육과정 개발과 운영만큼 교육과정에 대한 평가에 따른 체계적 관리는 매우 중요한 내용이기 때문이다. 이에 선진적인 교육과정 인증 체계를 운영하고 있는 중앙대학교 사례를 살펴보고자 한다.

(1) 목적의 명확한 제시와 전담 부서운영

중앙대학교 교육과정 인증 체계의 목적은 창의적 미래인재 육성을 위한 교육과정 인증 체계를 구축하고, 인증을 통한 교육의 수월성을 확보하여 교육의 질을 제고시키며, 학생의 졸업경쟁력 강화와 더불어, 대학의 교육경쟁력을 제고시키는 것에 있다.

중앙대학교 교육과정 인증은 2014년 커리큘럼인증원을 신설하면서부터이고, 그 후 커리큘럼인증센터로 개편한 뒤, 2018년 다빈치학습혁신원 산하 커리큘럼혁신센터로 개편되었다.

(2) 인증 기준

중앙대학교 교육과정 인증 영역은 크게 학부(과) 교육과정 인증, 교양교육과정 인증, 비교과교육과정 인증, 융합 교육과정 인증의 네 가지로 구분하여 실시하고 있다. 인증은 100점 만점 기준 중 70점 이상을 획득하는 경우에 인증을 부여하고, 40점 이하를 획득한 경우에는 과락으로 불인증을 받게 된다. 교육과정 인증의 통과 기준은 학부(과) 70점 만점 기준 49점 이상을 획득하고, 개별 교과목 30점 만점 기준 21점 이상을 획득하여야 한다. 학부(과)와 개별 교과목의 통과 기준은 동시에 충족되어야 한다. 교육과정 인증의 과락 기준은 학부(과) 70점 만점 기준 28점 이하, 개별 교과목 기준 12점 이하를 획득한 경우에 해당된다.

표 5-14 ┃ 중앙대학교 학부(과) 기초인증 배점 및 기준

구분	영역		배점	통과	과락
학과(부) 기초인증	Ⅰ. 학과(부) 교내 · 외부 환경분석		10점	49점 이상	28점 이하
	Ⅱ. 학과(부) 교육과정 현황 및 요구분석		15점		
	Ⅲ. 학과(부) 교육과정 모델 수립	1. 학과(부)발전 방향 수립	35점		
		2. 학과(부) 인재상 및 교육목표 수립			
		3. 학과(부) 교육과정 모델 개발			
	Ⅳ. 학과(부) 학생 역량 지원 체계	1. 진출분야별 교육 로드맵	10점		
		2. 교육지원 프로그램			
	소계		70점		
	Ⅴ. 개별 교과목 질 관리	1. 강의 계획서 분석	30점	21점 이상	12점 이하
		2. 강의 셀프 모니터링			
		3. 강의개선 보고서(CQI)			
	소계		30점		
합계			100점	70점 이상	40점 이하

중앙대학교 교육과정 인증 단계는 기초 인증(Bronze), 개발 인증(Silver), 성과 인증(Gold)이라는 3단계가 걸쳐 진행된다. 첫째, 기초 인증은 변화하는 환경을 반영하여 학부(과)의 인재상, 교육목표, 그리고 기존 교육과정을 검토하는 것에 중점을 두고 있다. 둘째, 개발 인증은 학부(과)에서 추구하는 인재상, 교육전략 및 역량 중심의 교육과정 등 인재육성 계획 및 방안을 개발하는 것에 중점을 두고 있다. 셋째, 성과인증은 목표 및 실행계획을 기반으로 교육과정을 운영하고 실제 성과를 증명하는 것에 중점을 두고 있다.

1단계: 기초 인증(Bronze) 교육과정 기초 인증	2단계: 개발 인증(Silver) 역량기반 보완 인증	3단계: 성과 인증(Gold) 역량기반 교육과정 운영 평가

	현황 검토 및 방향 설정 인증	학습자/역량중심 교과과정 개선	목표 달성/과정 인증

학과
(부)
	• 학과 교육과정
	– 환경분석: 거시환경분석,
	  학문/연구환경분석, 교육
	  환경분석, 내부환경분석
	– 인재상 및 교육목표 설정
	– 교과과정 로드맵 작성
		• 학과 교육과정 역량기반 보완
		– 진출분야별 핵심역량 정립, 역량
		  기반 교육목표 설정, 역량성취 모
		  델과 교과목 연계
		– 역량기반 학생 로드맵 개발
		– 학습역량 성취도 모델 개발
			• 교과과정 운영성과 평가
			– 교과과정 로드맵, 학습 로드맵,
			  교육과정 운영 결과
			– 중장기 계획 실행평가
			– 교육목표 달성평가

개별
교과목
	기존 자료 및 강의 리뷰
	• 강의계획서:
	  기존 강의계획서 검토/보완
	• 강의개선 보고서
	• 강의 셀프모니터링
		현황 검토 및 방향 설정 인증
		• 역량기반 교과목 보완 및 신규
		  개발
		  역량중심 강의계획서 개발
		• 강의개선 보고서
		• 강의 셀프모니터링
			현황 검토 및 방향 설정 인증
			• 전 단계 강의계획서 종합평가
			• 강의의 질적 평가
			– 전 단계 강의개선 보고서, 강의
			  평가 결과, 강의 만족도(강의 모
			  니터 or 설문)

	기초 자료 제공	개발 자문	성과 자문

커리
큘럼
컨설팅
	• 학과(부): 국내외 주요 대학
	  커리큘럼 분석 기초 자료
	  제공, 주요 대학의 교육 관련
	  현황 데이터 제공
	• 개별 교과목: 강의계획서
	  분석 자료 제공
		• 학과(부): 개발 단계 자문(컨설팅)
		• 개별 교과목: 우수 강의계획서 및
		  강의 샘플 제공
			• 학과(부): 성과 달성을 위한 중간
			  점검 및 피드백
			• 개별 교과목: 우수 강의계획서 및
			  강의 샘플 제공

[그림 5-5] 중앙대학교 교육과정 인증 단계

중앙대학교 인증 단계별로 학부(과) 교육과정 인증과 개별 교과목 인증을 통해 이루어지는데, 학부(과) 교육과정 인증은 학부(과)의 전공 학문과 관련된 환경 및 요구 분석을 시작으로 교육전략을 수립하고, 역량 및 성취도 모델, 학부(과) 통합 교과과정, 사회진출 분야별 학습 로드맵을 구상하여 목표 성과를 달성해야 하며, 개별 교과목 인증은 개별 교수자가 강의계획서를 수정 및 검토하고 학기 중 셀프 모니터링과 학생 모니터링을 실시하여 최종적으로 강의개선 보고서(CQI)를 통해 교육의 질을 제고시켜 나가고 있다.

3. 효과적인 성과관리를 위한 전공교육과정 운영 사례

(3) 인증 체계 및 절차: 단계화 및 절차화

중앙대학교 교육과정 인증의 추진 체계는 학과 차원에서 진행하는 학문단위커리큘럼위원회, 커리큘럼혁신센터 차원에서 진행하는 교육컨설팅위원회 그리고 대학 차원에서 진행하는 교육인증위원회를 통해 추진하고 있다.

학부(과) 차원에서는 기존 교육과정을 검토·수정하여 기초인증보고서를 작성하는 것을 주된 내용으로 하고, 개별 교수자는 강의계획서 검토·셀프 모니터링 실시, 강의개선 보고서(CQI)를 작성하는 것을 중심으로 진행한다. 커리큘럼혁신센터 차원에서는 학부(과) 및 개별 교과목 인증 진행의 전체 프로세스를 총괄하고 운영하게 된다.

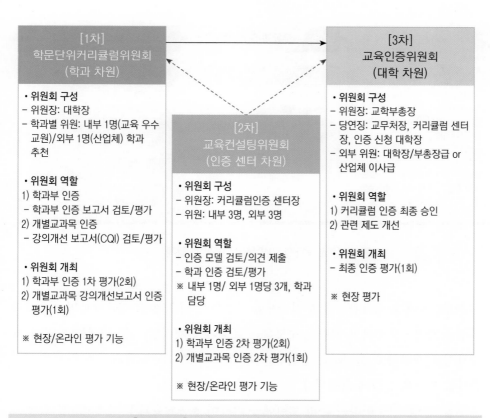

[그림 5-6] 교육과정 인증추진 체계 및 절차

4. 전공교육과정 성과관리 방안

1) 전공교육과정 성과관리 모형

성과관리는 교육과정이 구현되는 과정에 주목해 보면 개발된 전공교육과정은 학기마다 운영되고, 교육과정이 잘 운영되었는지를 평가하는 일련의 단계를 거친다. 전공교육과정을 개발하고 지원하는 일련의 운영 및 성과평가의 체계도를 그림으로 나타내면 다음과 같다.

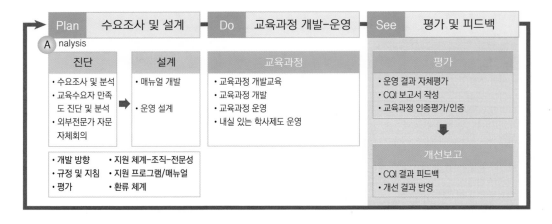

[그림 5-7] 교육과정지원 운영 및 성과 체계도

전공교육과정 성과관리를 투입-과정-산출의 논리 모형로 접근해보면 전공교육과정을 개발·운영하고 평가를 주도하는 조직과 전체적인 지원 체계는 투입에, 교육과정을 개발하고 운영하는 활동은 과정에, 그리고 전공교육과정을 평가하고 환류하는 활동은 산출에 해당된다.

투입-운영-산출이라는 논리 모형에 근거하여 전공교육과정 성과평가를 위한 기본 영역을 설정해 보면 다음과 같다.

표 5-15 │ 전공교육과정 성과관리 모형

구분	투입	과정	산출	
영역 분류	조직 · 체계	교육과정 개발 및 운영	교육과정 평가 · 환류	
기본 영역	지원 체계	개편 및 운영	평가	환류
주요 쟁점	전문기관 운영자 전문성	운영실적 확보	목표대비 달성도	평가 결과 반영 개선방안 제시 우수 결과 확산

2) 전공교육과정의 투입-과정-산출

(1) 투입

투입평가는 전공교육과정 개발 및 운영을 위한 기반 체계로 전공교육과정 개발 및 운영을 위한 조직 및 지원 체계를 주요 평가대상으로 한다. 주요 쟁점은 전공 교육과정 개발 및 운영을 위한 조직이 전문적으로 갖추어져 있는지, 전공교육지원 체계가 타당하고 적절한가, 그리고 학사 운영은 학생들의 학습권 보장을 위하여 다양성을 확보하고 있는지이다. 이를 보다 구체화시킨 지표는 다음과 같다.

표 5-16 │ 전공교육과정 성과관리 투입평가

구분	투입
영역 분류	조직 · 체계
주요 쟁점	• 전공교육과정 개발조직의 전문성 • 전공교육 체계의 타당성 및 적절성 • 학사운영의 다양성
성과관리 요소	• 전공교육 전담부서(전담인력) • 전공교육지원부서 • 전공교육과정 개발 및 운영 방향(교육과정 개발, 교과목 개발) • 전공교육과정 개발 및 운영 지원 체계 • 전공교육과정 관련 규정(지침) • 예산 • 학사제도 • 강의시설 및 환경

투입평가의 지표별 구체적인 평가 사항을 살펴보면 다음과 같다.

첫째, 전공 교육과정 개발 및 운영 방향은 대학의 교육목표, 인재상, 핵심역량 간 연계성, 개별 전공이 설정한 목표가 적절하고 체계적으로 구성되었는지 평가한다.

둘째, 전공교육과정 개발 및 운영 지원 체계에서는 전공교육과정이 개발 측면에서 요구 수용, 전공교육과정의 목표, 전공별 역량 설정, 교과편성방법, 교육과정 개선방안, 평가 및 환류를 포함하는 교육과정 개발 매뉴얼이 확보되어 있는지를 확인할 필요가 있다. 운영지원 체계 측면에서는 교육과정 운영, 학사 운영지원, 요구분석 결과지원, 교육과정 개발지원, 교육과정 평가 및 환류 지원조직과 교육과정 운영을 위한 규정 또는 지침이 체계적으로 작성되어 있는지 살펴볼 필요가 있다. 규정 및 지침 중에서는 교육과정 운영의 엄정성, 학사제도, 교육과정 개발과 개선, 수업운영 및 강의운영 결과의 개선 등을 집중적으로 점검할 필요가 있다.

셋째, 교육과정 개발 및 개선 지원조직은 교육과정 개발을 전문적으로 지원하는 조직을 의미한다. 전문조직은 교육요구도 분석, 학습자 분석, 산업체 요구분석, 학교에 대한 대외분석 결과의 재분석 및 공유, 교육과정 개발 매뉴얼 작성, 교육과정 평가 및 피드백 등을 담당한다. 일부 대학에서는 교무학사, 전공교육 심의 및 질 제고 위원회 정도를 고려할 수 있으나, 기존의 교무학사 및 위원회 조직뿐만 아니라 전공교육 관련 연구소, 하위센터의 유무, 그리고 기능 등이 주요 평가대상이 된다. 이와 같은 전문조직의 규모는 교양ㆍ전공 따로 구분하는 것이라기보다는 교양ㆍ전공을 포함하는 교육과정 관련 전문조직을 말한다.

넷째, 교육과정 개발 및 개선 지원조직의 전문성은 조직 구성원의 전문성과 담당교원 신분 및 비율, 담당교원 연구 분야 일치도를 평가한다.

다섯째, 그 밖에도 전공교육과정과 관련한 학사제도가 다양하고 적절하게 마련되어 있는지, 전공교육과정 개발 및 운영을 위한 예산, 개별 학과별 강의시설, 교육환경이 잘 갖추어져 있는지 평가한다.

(2) 과정

과정평가는 전공교육과정 개발 및 운영 사항을 주요 평가대상으로 한다. 이를 보다 구체화시킨 지표는 전공교육과정을 실제 개발하고 운영하는 데 수행된 다양한 활동으로 다음과 같다.

표 5-17 ┃ 전공교육과정 성과관리 과정평가

구분	과정
영역 분류	교육과정 개발 및 운영
주요 쟁점	• 전공교육과정 개편 및 운영의 다양성, 적절성
성과관리 요소	• 전공교육과정 개편 활동 • 전공교육과정 운영 활동 • 전공교육과정심의위원회 운영 • 강의 운영 • 수업지원 운영

전공교육과정 개발 및 운영 활동에 대한 주요 평가 내용을 살펴보면 다음과 같다.

첫째, 전공교육과정 개발 측면에서 개발·개편 관련 활동이 올바른 매뉴얼(투입 참조)을 사용하여 주기적으로 이루어지고 있는지이다. 전공교육과정 개편 활동은 교육과정 개발 및 개편, 교과목 개발 및 개선의 결과로 분석할 수 있다. 관심 있게 살펴볼 내용은 전공교육과정이 규정 또는 지침에 근거하여 주기적으로 개발되었는지, 개발 및 개선된 교과목이 현장의 변화와 전공역량에 근거하는지, 투입에서 제시한 요구 조사 결과가 교육과정 개발과 개편에 어떻게 반영되었는지이다.

둘째, 전공교육과정 운영 측면에서 주요 평가 내용은 개발과 운영이 일치하는지, 교육과정 운영을 위한 행·재정적 지원 활동은 적절한지 등을 포함한다. 실제 해당 대학이 설정한 교육의 방향으로 교육과정이 개발·개설되고 강좌가 운영되는지, 강좌규모는 적절한지, 수업방법은 다양하게 운영되는지 등 다양한 구분자에 따라 운영현황을 분석한다. 이 외에도 교육과정 운영을 위한 지침 개정, 행정지원, 강의 지원 등의 활동의 유무와 질도 평가한다.

셋째, 수업지원 운영은 투입 영역에서 제시한 전공교육과정 개발 및 운영 지원 체계가 실제 작동한 결과를 확인한다. 즉, 교육과정 전담부서나 교수학습지원기관 이 교·강사를 대상으로 세미나, 워크숍을 진행하였는지, 교과목 개발, 이러닝 콘 텐츠 개발 및 활용, 교수법 적용, 교육과정 개발 및 개선 프로그램의 운영 결과를 검토한다.

(3) 산출

산출평가는 전공교육과정 평가와 환류라는 두 개 영역으로 구분하여 점검한다.

전공교육과정에서 산출평가의 주요 쟁점은 전공교육과정 운영 성과가 우수한지, 대학이 자체적으로 평가한 결과가 신뢰할 수 있고 타당한지 살펴보아야 한다. 또 환류 측면에서 교육과정 환류가 체계적이고 적절하게 이루어지는지, 우수 결과가 내부 구성원, 지역사회 등에게 공유되고 확산되는지를 평가한다.

표 5-18 ▍ 전공교육과정 성과관리 산출평가

구분	산출	
영역 분류	교육과정 평가 · 환류	
	평가	환류
주요 쟁점	• 전공교육과정 성과의 우수성 • 전공교육과정 평가 결과의 신뢰성 및 타당성	• 전공교육과정 환류의 체계성 및 적절성 • 우수 결과의 공유 및 확산
성과관리 요소	• 목푯값 달성 평가 • 전공교육과정 성과평가	• 전공교육과정 평가 활용 • 결과 공유 및 확산

산출 영역에서는 평가측면에서 다음과 같은 것을 확인한다. 첫째, 목푯값 달성 여부를 확인한다. 대학은 대학에서 자체적으로 설정한 전공교육과정 성과지표의 목푯값 달성을 양적으로 확인한다. 둘째, 교육과정 성과평가는 교육과정 개발, 운영, 평가 등 일련의 교육과정 활동을 통해 나타난 성과를 질적으로 분석하고 평가한다. 이를 위해서는 교육과정 개발 및 운영에서 분석하고 평가한 결과가 적절하고 타당한지를 평가하고, 전공교육을 받은 학생의 전공능력 향상도 등 직·간접적인 실적과 성과를 분석하고 점검한다. 더불어 교과목 단위의 강의평가, 전공교육과정에 대한 재학생, 졸업생, 산업체 만족도 등을 검토한다.

산출 영역에서는 환류 측면에서 다음과 같은 것들을 확인한다. 첫째, 전공교육과정 결과에 대한 환류 체계에 대한 점검이다. 환류 체계 및 환류 부서의 운영을 통해 강의, 교과목, 교육과정 수준에서 실제 환류 시스템이 가동되고 있는지를 살펴본다. 즉, 강의에 대한 CQI 보고서, 교육만족도, 강의평가 결과, 학습자역량 등 교육과정 결과를 교육과정 개편에 환류하고 인증제 등을 활용한 교과목 및 교육과정의 타당성과 신뢰성을 확보하기 위한 노력을 하는지 평가한다. 둘째, 확산 및 공유는 대학의 교육과정, 교과목, 교수방법, 학사제도 등의 사례를 우수사례 발표, 성과 보고회 등을 통해 대학구성원, 타 대학, 지역사회에 제공하고, 운영 노하우를 확산하고 있는지를 확인한다.

3) 평가에 대비한 전공교육과정의 성과관리: 전공교육과정 평가지표의 이해

대학평가의 핵심 중에 하나는 전공교육과정 운영 또는 현장중심 전공교육과정 체제 구축 및 운영에 대한 영역을 주요 평가 영역으로 설정하고 있다. 2018년, 2021년 대학기본역량진단과 2019년 대학기관평가인증의 전공교육과정 관련 내용을 살펴보면 다음과 같다.

표 5-19 | 대학기본역량진단(2018, 2021), 대학기관평가인증(2019) 전공 영역 비교

대학기본역량진단(2018)			대학기관평가인증(2019)			대학기본역량진단(2021)	
구분	진단항목	진단지표	평가영역	평가부문	평가준거	진단항목	진단지표
1단계	수업 및 교육과정 운영 (20)	교육과정·강의 개선 • 전공교육과정 개선을 위한 체제 구축과 주기적 환류·보완 등 체계적 노력 • 전공교과목 강의 개선을 위한 체계적 노력	2. 교육	교육과정	2.1.1 교양교육과정의 편성과 운영	수업 및 교육과정 운영	교육과정 운영 및 개선 • 교양교육과정 운영 • 전공교육과정 운영 • 교수학습 방법 개선
2단계	전공 및 교양 교육 과정 (11)	전공교육과정(전공능력 배양) • 대내·외적 여건 변화에 따라 요구되는 전공능력의 구체적 설정 • 전공능력 배양을 위한 전공교육과정 교과목 개설 및 운영 실적			2.1.2 전공교육과정의 편성과 운영 2.1.3 교육과정 개선 체제		

출처: 한국대학평가원(2019), 교육부, 한국교육개발원(2017), 교육부, 한국교육개발원(2020).

먼저 대학기본역량진단에서의 전공교육과정 관련 진단 개요 및 내용을 살펴보면 다음과 같다.

표 5-20 │ 대학기본역량진단(2018) 전공교육과정 관련 진단 개요 및 내용

구분	내용
진단 방향	• 대학의 규모와 특성을 고려하여 전공교육과정 및 강의를 지속적으로 개선하기 위한 노력*이 체계적 · 효과적으로 이루어지고 있는지를 진단 * 학내 · 외 교육환경 변화 대응, 교육 수요 분석 · 반영, 교육의 질 관리 및 제고 등을 위해 교육과정 및 강의를 체계적으로 점검 · 관리하는 제도적 노력
진단 요소	• 전공교육과정 개선을 위한 체제 구축과 주기적 환류 · 보완 등 체계적 노력 • 전공교과목 강의 개선을 위한 체계적 노력
진단의 주안점	• 전공교육과정 개선을 위한 체제 구축과 주기적 환류 · 보완 등 체계적 노력: 전공교육과정 개선 관련 규정 또는 지침의 체계성과 구체성, 전공교육과정 개선 절차의 체계성, 환류를 통한 전공교육과정 개선 노력 • 전공교과목 강의 개선을 위한 체계적 노력: 강의개선 관련 규정 또는 지침의 체계성과 구체성, 강의 개선 절차의 체계성, 환류를 통한 강의 개선 노력
기술 및 증빙	• 전공교육과정 개선 관련 규정의 제정 또는 개정 여부, 규정의 내용 • 전공교육과정 개선을 위한 조직 구성 및 운영 내용 • 전공교육과정 개선을 위한 교육과정 분석, 개선방안 마련 및 시행, 결과에 대한 주기적 환류 · 보완 등의 구체적 내용

출처: 교육부, 한국교육개발원(2017).

성과관리차원에서 대학에서 주의 깊게 살펴보아야 할 내용을 정리해 보면 다음과 같이 정리할 수 있다.

- 교육과정의 지속적 개선
- 교육과정의 지속적 개선을 위한 제도, 체제, 기구, 규정 및 지침
- 교육과정 개발, 운영, 운영평가, 개선, 공유 · 확산 노력
- 교과목 개발, 운영, 운영평가, 개선, 공유 · 확산 노력

다음으로 대학기관평가인증(2019)에서의 주요 평가내용을 살펴보면 다음과 같다.

표 5-21 | 대학기관평가인증(2019)에서의 전공 영역 주요 평가 내용

평가 영역 (진단 항목)		보고서 내용 및 근거 자료
전공 교육과정의 편성과 운영	보고서	• 전공교육과정과 학부 · 학과(전공) 교육목표 및 인재상과의 연계성 • 전공교육과정 편성 체계 • 전공교육과정 운영 현황
		• 부 · 복수 · 다전공 제도 운영 현황 및 이수 실적
		• 전공 실험 · 실습 · 실기 과목 개설 현황
		• 전공 실험 · 실습 · 실기 과목 수업 운영비
	규정	• 전공교육과정 편성 관련 규정
	현지 확인	• 전공교육과정 개설 현황 확인 자료 • 전공 실험 · 실습 · 실기 과목 수업 자료 및 수업계획서 • 전공 실험 · 실습 · 실기 수업 조교지원 현황
교육과정 개선 체제	보고서	• 교육과정 개선 체제 – 교육과정 편성 절차
		– 교육과정 편성 · 운영 현황 평가 및 결과 환류 실적
		– 교육과정 개선을 위한 조직운영 현황

		• 교육과정 개선에 산업계 및 사회 요구 반영 현황
		  – 산업계 및 사회 요구 반영을 위한 규정 및 제도
		  – 산업계 및 사회 요구 반영 과정

		– 산업계 및 사회 요구에 기반한 교육과정 현황 및 운영 실적
	규정	• 교육과정위원회 규정 • 교육과정 편성 및 운영 규정
	현지 확인	• 교육과정위원회 회의자료 • 교양 및 전공 교육과정 개편 실적 자료 • 산업계 및 사회 요구 반영 자료
		• 산업계 및 사회 요구에 기반한 교육과정 목록

출처: 한국대학평가원(2019).

이 내용을 통해 성과관리차원에서 대학에서 주의 깊게 살펴보아야 할 내용을 정리해 보면 다음과 같이 정리할 수 있다.

• 교육과정 개발, 편성 체계, 운영 현황

- 학사제도
- 교육과정 개발 및 개선 제도, 조직, 규정 및 지침
- 교육과정 개발, 운영, 운영평가, 개선, 공유·확산 노력

표 5-22 │ 3주기 대학기본역량진단(2021)에서의 전공 영역 주요 평가내용

평가 영역 (진단 항목)		보고서 내용 및 근거 자료

수업 및
교육과정 운영
- 교육과정
	보고서	• 전공능력 제고를 위한 전공교육과정 체제 구축 및 운영
		 - 전공능력 설정의 절차와 방법
		 - 전공능력 배양을 위한 전공교육과정 체계
		 - 전공교과목 편성·운영 절차와 방법(관련 조직의 구성 및 운영
		  내용 포함)
		 - 전공교육과정 개선을 위한 교육과정 분석, 개선 방안 마련 및 시
		  행, 결과에 대한 주기적 환류·보완 등의 구체적 내용
		• 전공능력 제고를 위한 전공 교육과정 편성·운영 현황
		 - 전공능력과 전공교과목 간 연계성
		• 환류 체계를 통한 전공교과목 개발·개편 실적

	규정	• 전공교육과정 편성 관련 규정 또는 지침
	증빙	• 전공교육과정 편성 운영 관련 공문 및 근거자료
		• 전공교육과정 질 관리를 위한 실행 및 조치 관련 공문, 근거자료

출처: 교육부, 한국교육개발원(2020).

2021년 3주기 대학기본역량진단 편람의 내용을 통해 성과관리 차원에서 대학에서 주의 깊게 살펴보아야 할 내용을 정리해 보면 다음과 같이 정리할 수 있다.

- 전공능력 설정의 타당성(절차, 방법 등)
- 전공교육과정 개발, 편성 체계, 운영 현황(실적)
- 전공교육과정 개발 및 개선 제도, 조직, 규정 및 지침
- 전공교육과정 개발, 운영, 평가, 개선, 공유·확산 노력

이 내용을 정리해 보면 전공교육과정 성과관리에서 가장 핵심적 내용은, ① 교육과정을 주기적으로 점검·개선·개발하고 있는지? ② 교육과정을 위한 규정 및 지침은 마련되어 있는지? ③ 교육과정을 운영하고 운영 결과를 평가하고 있는지?

④ 평가 결과를 반영한 개선 · 공유 · 확산이 이루어지고 있는지? ⑤ 교육과정 관련 (전문)부서를 운영하고 있는지? 로 정리할 수 있다.

4) 교양교육과정 성과관리를 위한 자체진단

다음은 앞에서 살펴본 전공교육과정 성과관리의 주요 요소와 대학사례를 통해 다음과 같이 전공교육과정 성과관리를 위한 자체진단 내용을 정리하고 제안하고자 한다.

전공교육과정 성과평가에서 1차 평가준거는 평가의 시작이라고 할 수 있는 '유/무'에 대한 판정이다. 1차 평가는 2차 평가의 근거가 된다. 1차 평가에서 '유'로 판정된 경우에만 2차 평가의 대상이 되며, 1차 평가에서 '무'인 경우 2차 평가가 실시되지 않는다. 전공교육과정 성과평가에서 2차 평가는 우수성에 대한 판정이다. 1차 평가에서 '유'로 판정받은 경우에 2차 평가를 실시하며, 우수성 판정을 목적으로 질적 평가를 포함한다, 우수성은 전문성, 다양성, 체계성, 효과성, 효율성을 포함한다. 이 내용을 바탕으로 전공교육과정 성과관리를 위한 자체진단의 점검은 다음의 양식을 활용해서 체크를 해 볼 수 있다.

5) 전공교육과정의 성과관리를 위한 Tip

(1) 전공교육과정의 방향 설정: 전공교육과정 목표설정과 주기적 관리

교육과정 개발의 시작은 전공 교육이 지향하는 목적의 제시부터라고 할 수 있다. 전공교육과정의 목적에 근거한 목표는 전공교육이 지향하는 성과이며, 성과관리의 주요 내용이 된다. 전공교육과정 성과관리의 주요 목적을 '잘 가르쳤다'고 규정하던 시절이 있었다. 잘 가르쳤다는 개념은 교수자 중심의 패러다임을 보다 적극적으로 반영하고 있다고 할 수 있다. 이제는 현재의 패러다임을 반영하여 '잘 배웠다'는 학습자 중심의 개념도 포함시킬 필요가 있다.

표 5-23 | 전공교육과정 성과평가를 위한 자체진단 점검표

요소		유무		성과			우수판정 기준
		유	무	미흡	보통	우수	
지원 체계	전공교육과정 개발 방향(모델)						각 대학에서 기준 설정
	전공교육과정 개선 및 개발 지원 체계						
	전공교육과정 개선 및 개발 규정(지침)						
	전공교육과정 개선 및 개발 지원조직						
	전공교육과정 개선 및 개발 지원조직의 전문성						
운영	전공교육과정 개선 및 개발 지원 프로그램						각 대학에서 기준 설정
	전공교육과정 개선 및 개발 매뉴얼						
평가	전공교육과정 평가						각 대학에서 기준 설정
환류	전공교육과정 환류 체계						각 대학에서 기준 설정
	전공교육과정 평가 결과 활용						

[평가를 위한 기본질문]

전공교육과정 개발 방향: 전공교육과정 개발 방향은 정해져 있는가?

전공교육과정 개발 및 운영을 지원하는 전문조직은 갖추어져 있는가?

전공교육과정 개발 모델에 근거한 개발 매뉴얼, 개발 워크숍 및 교육 지원을 하고 있는가?

전공교육과정 개발 및 운영 결과에 대한 자체평가를 실시하였는가?

전공교육과정 환류 체계가 마련되었는가?

[판정 기준]

우수 기준: 대학별 기준 설정(단, 100% '유'인 경우에만 가능)

보통 기준: 대학별 기준 설정(단, 100% '유'인 경우에만 가능)

미흡 기준: 대학별 기준 설정

정성평가 (우수 기준)	지원 체계	• 체계(조직/규정/지침/운영인력의 전문성 등)가 모두 갖추어져 있는 경우

	운영	• 지원부서들이 교육과정 개발 및 운영을 위해 제공해야 하는 내용을 모두 제공한 경우
		• 운영 체계가 체계적·단계적으로 작용한 경우
		  − 교육과정 개발이 주기적으로 이루어진 경우
		  − 개별 대학이 지향하는 교육과정 개발 매뉴얼이 있는 경우

	평가	• 목푯값을 100% 달성, 운영에 대한 평가가 이루어진 경우(성과, 보완·개선점)
	환류	• 평가 결과를 공유 및 평가 결과에 따른 개선 활동(객관적 증빙 가능한 경우)

표 5-24 | 성과관리 목적에 따른 관리 실적

	잘 가르쳤다	잘 배웠다
교수	• 강의 및 수업 개선 • 교과목 개발 및 개선	• 강의만족 정도 • 역량향상 정도 • 교육만족 정도 • 프로그램 참여 정도 • 중도탈락 감소 정도 • 취업률 • 재학생 충원율
학과	• 교육과정 개선 • 프로그램 운영	
학교 (부서)	• 교수 프로그램 지원(개발-운영-평가) • 학습 프로그램 지원(개발-운영-평가) • 제도지원 • 환경지원	

전공교육과정의 목적을 어디에 두느냐에 따라 전공과정에서 수집해야 하는 성과는 다르게 나타난다. '잘 가르쳤다'는 것은 교수자들의 교수 활동 수월성을 제고할 수 있는 내용이 주요 관리 영역이다. 반면, '잘 배웠다'는 개념은 보다 학습자 중심의 성과관리라고 할 수 있다. 전공교육과정에서의 성과관리 목적은 이 두 입장을 모두 수용하는 것이 바람직해 보인다.

교육과정에 대한 기본적인 질문 중 하나는 교육과정을 매년 개발해야 하는가이다. 현장에서 교육과정 개발에 대한 인식은 매우 형식적이고 개발 이후의 성과에 대한 의견 또한 부정적이다. 그러나 교육과정은 일정한 방향성을 가지고 지속적인 검토, 개선, 개발 그리고 운영 및 평가 과정을 통해 발전되고 궁극적으로는 학교가 목표로 하는 성과를 달성할 수 있다. 즉, 교육과정을 한번 개발하였다고 획기적이고 효과성 높은 교육과정이 운영되는 것이 아니다. 교육과정은 지속적인 검토와 개선이라는 장기적인 관점에서 성과를 추구하여야 한다.

(2) 전공교육과정 개발 및 성과관리를 위한 전문 조직운영

교육과정 개발이란 교육 관련 프로그램 중 전문성을 요하는 분야 중 하나이다. 현실적으로 교육과정 전공자 또는 교육과정 개발 경험이 있는 전문연구원을 채용하기는 쉽지 않다. 그러나 교육과정 개발을 지원하는 부서를 운영하는 것은 교육의 질, 교육과정의 질 측면에서 필요하다고 할 수 있다. 학교마다 교수학습지원센터, 교육성과관리센터, 때로는 교육과정개발센터를 두고 지원할 수 있다.

현장에서 문제가 되는 것은 교무처와 지원센터 간의 업무 분장이다. 학교에 교육과정개발센터를 운영하고 있다면 교육과정 개발에 대한 업무에서 큰 문제는 발생하지 않겠지만 그렇지 않은 경우 부서 간 협의가 원만하게 이루어지지 않는 경우가 많이 발생한다. 이러한 경우 교육과정 개발, 운영 그리고 평가에 대한 개념 정의에 따르면 된다. 즉, 대학이 다음과 같은 질문에 명확히 답할 수 있다면 교육과정 업무 구분은 그리 어렵지 않게 이루어질 수 있다.

- 현재 학과를 움직일 수 있는 교육과정 승인 및 관리감독에 대한 행정적 권한은 어느 부서에 있는가?
- 교육과정 개발과 관련한 데이터(만족도, 학생 관련, 교수법 자료)를 제공할 수 있는/제공해야 하는 부서는 어느 부서인가?

운영에 대한 승인과 관리감독 권한을 갖는 부서가 교육과정 개발의 핵심부서가 되고, 지원부서는 매뉴얼과 데이터를 제공하는 것이 일반적이다.

(3) 전공교육과정의 방향 및 모델에 근거한 지원: 교육과정 방향에 맞는 교육과정 개발 매뉴얼 제시 및 교육지원

전공교육과정 개발 매뉴얼은 전공교육과정이 지향하는 방향과 기본 모델을 반영하여야 한다. 역량중심 교육과정 개발 매뉴얼은 역량 개발 과정과 역량에 따른 교과목 개발, 배열, 운영 방안이 드러나야 한다. 교육과정의 타당성을 위해서는 요구분석, 학생역량 분석, 현장 인력 수요, 대학교육만족도 등이 제시되어야 한다. 또한 교육과정 관련 주관 및 지원 부서는 교육과정 개발 및 운영을 위한 워크샵과 다양한 교육을 지원하여 학교가 지향하는 교육 방향과 모델에 따라 교육이 운영될 수 있도록 유도하여야 한다.

이와 관련하여 다음과 같은 질문을 생각해 볼 수 있다.

- 전공교육과정 개발(매뉴얼)은 요구분석 등을 포함하고 있는가?
- 전공교육과정 개발(매뉴얼)은 역량도출 과정을 제시하고 있는가?
- 전공교육과정 개발(매뉴얼)은 역량에 따라 교과목들을 배열하고 있는가?
- 전공교육과정 개발을 위한 교육적 지원이 이루어졌는가?

1단계	2단계	3단계	4단계	5단계
교육과정개발 위원회	요구분석	주요 환경 및 현황 분석	인력양성 방향 (역량) 설정	교과목 작성
• 교육과정개발위원회 구성 • 담당자 지정	• 학교교육만족도 • 산업체 요구 • 이전 교육과정 분석	• 향후 인력수요 전망 • 산업계 동향 분석 • 학과경쟁력 분석	• 학과교육목적 및 목표, 인재상 확인 • 역량 설정 • 역량에 대한 주요 내용 분석	• 역량별 교과목 설정 • 교과목 프로필 작성 • 교과목 맵핑

[그림 5-8] 역량중심 교육과정 개발 기본 단계

(4) 전공교육과정 성과관리를 위한 프로그램별 자체성과관리 및 환류(안) 마련

안정적인 성과관리를 위해서는 평가 체제의 안정적 운영이 요구된다. 안정적 평가체제란 평가의 절차와 환류 체계를 갖춘 평가 체계라고 할 수 있다.

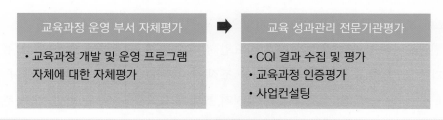

[그림 5-9] 평가의 절차화

교육과정운영에 대한 CQI 체제를 갖출 필요가 있다. CQI는 학과 단위로 이루어질 수도 있고, 학교 전체 교육과정 단위로 이루어질 수도 있다. 전공교육과정 관련 CQI에서 점검해야 할 주요 내용을 제시해 보면 다음과 같다.

- 전공교육과정 성과목표: 목표 달성도
- 전공교육과정 운영계획 및 추진내용: 계획 대비 운영 일치도, 추진 결과
- 전공교육과정 예산사용: 예산사용 비율
- 전공교육과정 운영을 증빙할 수 있는 내용(사진, 방명록 등)
- 전공교육과정 운영 만족도
- 전공교육과정 운영 한계점

• 향후 보완 및 개선점
• 내용을 확인할 수 있는 첨부자료

5. 전공교육과정 성과관리를 위한 제언

이 장에서는 전공교육과정 관련 성과관리에 대하여 살펴보았다. 성과관리, 교육과정, 교육과정 평가와 관련된 기본적인 이론을 살펴보고 몇몇 대학의 노력을 사례로 살펴보았다. 이를 통해 몇 가지 시사점을 도출하였고 해당 결과를 기초로 전공교육과정의 이슈 영역에 대한 자체평가 방안을 제시하였다.

성과관리에서 가장 중요한 것은 개념에 대한 의사결정과 조직운영이다. 현재 평가가 되고 있는 사항은 새로 등장한 영역이 많다. 이러한 영역에 대한 개념에 대한 의사결정이 명확히 이루어지지 않으면 해당 영역에서 산출해야 하는 성과와 업무 범위가 불명확해지거나 전혀 다른 형태의 성과를 도출할 수 있기 때문이다.

또한 조직이 서로 갈등 없이 유기적으로 움직일 수 있는 구조를 만들 수 있느냐가 전공교육과정 성과관리의 가장 중요한 점이라고 할 수 있다. 전공교육과 관련한 기존 조직, 즉 교무·학사, 학과라는 조직은 기본적으로 학교 신설과 더불어, 동시에 출발하는 보수적 성격을 갖는 행정적 조직이라고 할 수 있다. 반면, 교육 관련 개발 조직과 교육 성과관리 조직은 최근 발생한 혁신을 강조하는 실행조직이다. 전공 교육과정에서 해당 부서 간 업무 갈등이 심하게 이루어지고 있는 것이 국내 대학의 현실이다. 새로운 발생할 수밖에 없는 업무에 대한 기피와 업무돌리기는 국내 대학에 만연된 모습이라고 할 수 있다. 이 원인은 조직운영과 조직 구성원 간의 협력 문제에 있다. 이러한 문제가 해결되지 않고서는 보다 개선된 전공교육과정 성과를 기대하기란 요원할 것이다.

이러한 문제를 극복하고 새로 발생한 업무에 대하여 학교발전 및 행정 수월성을 고려한 명확한 개념 정의와 업무 범위 설정, 그리고 부서 권한에 따른 업무 분담과 지원 체계를 갖춘다면, 보다 개선된 전공교육과정 운영과 성과를 이루어낼 것이다. 이러한 결과는 학생성장으로 이어지고 '잘 가르쳤다'를 넘어 '잘 배웠다'고 학습자들이 만족하는 교육을 제공하는 대학이 될 것이다.

제 **6** 장

교수지원 성과관리

I. 교수지원 성과관리의 이해

1) 교수지원 성과관리의 의미

우리가 지금 살고 있는 4차 산업혁명 시대에는 대학교육의 패러다임도 전환되어야 한다. 과거 교육(Teaching)의 시대를 지나 현재는 학습(Learning)의 시대로 접어들었으며, 다가올 미래에는 사고와 행동(Thinking & Acting)의 시대로 변화될 것이다. 미래 대학교육의 패러다임에 따라 학습자 중심의 교육을 위해서 선행되어야 할 것이 바로 교수방법 및 지원 체계를 마련하여 교수자의 역량을 향상시킬 수 있도록 지원하는 것이 절대적으로 필요한 상황이다.

교수지원 프로그램이란 "특정 기관에서 교수의 역할을 갱신하거나 지원하기 위해서 활용하는 광범위한 활동"이라고 정의되고 있다(박영주, 양근우, 2018, p. 99). 각 대학에서 운영되고 있는 교수지원 프로그램은 환류를 통해 주로 성과관리를 실시하고 있는데, 민혜리 등(2011)은 만족도 조사를 중심으로 한 정량평가로 성과분석을 실시하고 있으며, 서윤경 등(2013)은 형식적이 아닌 유의미한 평가를 실시하여 그 결과가 교수지원 프로그램 운영에 환류될 수 있도록 하는 것이 필요하다고 보았다.

국내 대학에서 가장 많이 시행하고 있는 교수지원 프로그램의 유형은 교수법 워크숍, 세미나, 특강, 각종 교수법 관련 정보를 제공하는 자료집 발간, 교수자가 자신의 강의를 촬영한 후 전문가의 자문을 받는 강의 촬영, 교수자들이 소그룹 형태로 모여 수업 개선을 위해 몇몇 그룹을 형성하여 교수법을 연구하거나 개발하는 교수연구모임, 교수자가 강의를 시연한 후 동료 교수자들이 피드백을 제공하는 마이크로 티칭 등이 있다. 교수지원 프로그램의 다양한 유형 중 가장 많이 활용되고 있는 프로그램 유형은 교수법 세미나 및 워크숍, 특강이다(염민호, 김덕훈, 박현호, 김현정, 2008; 조형정, 김명랑, 엄미리, 2009; 전영미, 2011; 우정원, 박영신, 안현아, 김경이, 2017). 많은 대학이 교수법 워크숍 및 세미나, 특강 등을 실시하고 있지만, 단발성으로 시행되고 있고 접근성은 좋지만 실제 수업과의 연관성은 적다고 볼 수 있다. 전영미(2011)는 단발성 워크숍, 세미나, 특강, 교수 팁(teaching tip) 및 자료집 제공과 같은 교수지원 프로그램은 새로운 교수법에 대한 다양한 정보를 획득할 수 있으나, 기존 교수법과의 차이와 적용을 위해 변화를 주어야 할 부분 등에 대해서는 새로운 시각과 내용을 적용하는 데 충분한 기회를 제공하지 못한다고 지적하였다.

2) 교수지원 성과관리의 주요 사항

교수지원 성과관리 영역은 크게 교육과정 개발 영역과 교수의 질 관리 영역으로 구분해 볼 수 있다. 교육과정 개발 영역에는 교육과정을 개발하기 위한 교수지원 프로그램이 해당되고, 교수의 질 관리 영역에는 교수역량을 개발하고 강화시켜 나가며 개선시키기 위한 교수지원 프로그램이 해당된다고 할 수 있다.

교수지원 성과관리를 위한 단계별 접근방법에 대한 예시로는 교수지원 모형에 의한 교수역량 강화 프로그램과 생애주기에 따른 경력단계별 맞춤형 교수지원 프로그램을 들 수 있다.

하나는 교수역량 강화를 위한 교수지원 모형(Teaching Professional Model)에 기초한 성찰(1단계) ⇒ 연수(2단계) ⇒ 실천(3단계) ⇒ 공유(4단계)라는 4단계 교수지원 프로그램 운영을 통해 다양한 교수지원 프로그램을 체계적으로 지원하여 교수역량을 강화시켜 나가는 것이다.

[그림 6-1] 교수역량 강화를 위한 4단계 교수지원 모형(예시)

출처: 중앙대학교(2016)에서 재인용.

다른 하나는 교수지원 성과관리를 위해 교수의 생애주기에 따라 적합한 지원 프로그램을 개발하고 운영하는 것이다. 이는 경력단계별 맞춤형 교수지원 프로그램을 구성·운영하여 교수역량을 개발하는 것을 의미한다. 즉, 교수 경력단계를 초임(1단계) ⇒ 발전(2단계) ⇒ 정착(3단계) ⇒ 정리(4단계)로 구분하고, 각 단계에 따라 교수에게 필요한 교수지원 프로그램을 개발·운영하는 것이다.

첫째, 초임 단계에서는 강의전달 및 학생 코칭 프로그램이 필요한 단계로, 신임교원 연수 프로그램 등을 통해 대학이 처음으로 강단에 서는 교수자에게 가장 필요한 교수법을 습득할 수 있도록 하는 것이다. 교수법 워크숍, 마이크로 티칭, 1:1 코칭 등이 이에 해당한다고 볼 수 있다.

둘째, 발전 단계에서는 IT 활용 및 강의 스킬 프로그램이 필요한 단계로, 직급별 교수법 워크숍, 교수법 라운드테이블, 티칭 e-포트폴리오, 소규모 런천 세미나 등으로 교수역량을 강화시켜 나가고, 마이크로 티칭이나 코칭 프로그램 등을 통한 강의 컨설팅 프로그램을 제공하면 효과적이다.

셋째, 정착 단계에서는 수업 개선 및 전공별 역량 향상 프로그램을 지원해야 하는 단계로, 교수법 컨설팅, 거꾸로 수업(Flipped Learning: FL), 문제중심 학습(Problem-Based Learning: PBL), 프로젝트 수업(Project-Based Learning: PBL) 등 최신 교수 이론과 방법 등을 제공하여 교수역량을 강화시켜 나가는 단계이다.

넷째, 정리 단계에서는 성과평가 및 진로강화 프로그램으로 구성된 교육 전문가로서의 교수역량 개발에 도움을 주는 것이 필요한 단계이다.

2. 교수지원 성과관리의 접근방식

1) Kirkpatrick의 4단계 평가 모형

학생을 대상으로 하는 학습지원 프로그램의 성과관리는 대학교육역량강화사업, 학부교육선도대학육성사업(ACE), 대학자율역량강화지원사업(ACE+), 대학혁신지원사업 시범(PILOT)운영사업, 대학혁신지원사업 등을 통해 다양하게 제시되고 있는 반면, 교수지원 프로그램에 대한 성과관리에 대해서는 아직 평가나 효과성에 대한 검증이 이루어지고 있지 못한 실정이다. 또한 대학에서 운영하고 있는 교수지원 프로그램에 대한 효과성을 검증할 수 있는 성과관리 모형은 아직까지 존재하지 않는다(American Council on Education, 2017).

그러나 Kirkpatrick(1994)의 4단계 평가 모형은 교수지원 프로그램의 평가를 위해 시도된 사례가 있기 때문에 교수지원 성과관리의 접근방식으로 활용하기 위해 제안한다. 반응평가(1단계)는 교수지원 프로그램에 참여한 참가자의 반응을 통해 만족도를 평가하는 것이다. 반응평가는 교수지원 프로그램에 대해 참여하는 교수자들이 어떻게 생각하고 느끼는가를 중심으로 교육 장소의 편안함, 교육 자료 및 내용의 유용성 등에 대해 참여한 교수자의 만족도를 측정하는 것으로, 자료 수집은 설문지나 인터뷰 등을 활용한다. 학업성취도 평가(2단계)는 교수지원 프로그램에서 제시하고 있는 학습목표를 참여자가 얼마나 달성했는지를 평가하는 것으로, 교수지원 프로그램을 이수함으로써 참여자의 기술, 지식, 태도 등이 변화되었는지에 대해 평가하는 것이다. 자료 수집은 시험(test)을 활용한다. 현장적용도 평가(3단계)는 교수지원 프로그램을 통해 배운 지식이나 기술을 교육현장에 얼마나 전이하였는가에 초점을 두고 학습한 내용을 교수자가 교육현장의 적용을 효과성, 효율성, 지속성을 갖고 시행하는지에 대해 평가하는 것이다. 자료 수집은 시험(test)을 활용하거나 참여한 교수자의 동료 교수자에 의한 평가를 활용한다. 기여도 평가(4단계)는 교수지원 프로그램에서 도출된 효과가 대학조직의 운영성과에 기여하는 효과의 정도를 평가하는 것이다. 자료 수집은 대학조직 내 확보하고 있는 성과 관련 데이터데이스를 활용한다. Kirkpatrick의 4단계 평가 모형은 모형 자체가 이해하기 쉽고 단순하기 때문에 많은 연구자에 의해 활용되고 있지만, 3단계와 4단계의 평가에서는 프로그램의 현장적용도와 기여도를 측정하기 어렵고 다소 많은 비용이 발생한다는 점에서 1단계와 2단계의 평가가 주로 활용되고 있다.

[그림 6-2] Kickpatrick의 4단계 평가 모형

출처: 박영주, 양근우(2018), p. 99.

2) Brinkerhoff의 6단계 평가 모형

다음으로 교수지원 성과관리의 접근방식으로 Brinkerhoff(1988)의 6단계 평가 모형을 살펴보면, 1단계 평가는 교수지원 프로그램을 설계하기 전에 교수지원의 목적과 요구를 규명하고 활동하는지를 평가하는 것이다. 2단계 평가는 교수지원 프로그램이 유용하게 설계되었는지를 진단하는 것이다. 그 다음의 3단계부터 6단계까지는 Kirkpatrick의 4단계 평가 모형과 동일한 방식으로 평가하는 것이다.

1단계	2단계	3단계	4단계	5단계	6단계
교수지원 프로그램 목적 및 요구 규명	교수지원 프로그램 설계 및 실용성 진단	참가자 반응평가	참가자 학업성취도 평가	참가자 학습전이도 평가	비용 대비 효과 측정

[그림 6-3] Brinkerhoff의 6단계 평가 모형

출처: Brinkerhoff(1988), p. 67.

3) Kaufman, Keller, Watkins의 5단계 평가 모형

Kaufman, Keller, Watkins(1995)의 5단계 평가 모형은 교수지원 프로그램이 고객을 만족시키는 것과 더불어, 사회가치에 기여하였는지를 평가할 수 있는 모형으로, Kirkpatrick의 4단계 평가 모형에서 1단계를 '실행과 반응' 평가, 2단계를 '획득' 평가, 3단계를 '적용' 평가, 4단계를 '조직성과' 평가로 재구조화한 뒤 5단계에 '사회적

성과' 평가를 추가한 평가 모형이다.

[그림 6-4] Kaufman, Keller, Watkins의 5단계 평가 모형

출처: Kaufman, Keller, Watkins(1995).

4) Holton의 3단계 HRD 평가 모형

Holton(1996)의 HRD 평가 모형을 교수학습 프로그램에 적용해 보면, 프로그램 성과를 학습평가, 개인수행/성과평가, 조직성과평가로 분류하고, 학습평가는 교수자의 반응, 인지적 능력에 따라 영향을 받으며, 개인수행/성과평가는 학습 전이 동기, 교수지원 전이 등에 영향을 받고, 조직성과평가는 교육투자 횟수, 기대 수준, 조직 목표 등에 따라 영향을 받는다는 평가 모형이다. Holton의 평가 모형은 Krikpatrick의 4단계 평가 모형 중 학업성취도 평가(2단계), 현장적용도 평가(3단계), 기여도 평가(4단계)에 기초하고 있으며, 교수지원 프로그램의 효과에 어떤 영향을 미치게 되는지 구체적인 변수들을 알아내고자 시도한 평가 모형이라는 특징이 있다.

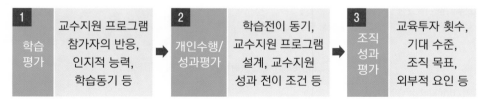

[그림 6-5] Holton의 HRD 평가 모형

출처: Holton(1996), p. 9.

5) 접근방식에 대한 시사점

상기에서 제시한 네 가지 평가 모형은 모두 교육훈련 프로그램의 성과를 측정하기 위한 모형에서 시작되었으며, 이를 교수지원 프로그램의 성과 측정에 적용하기

위한 것으로, Kirkpatrick의 4단계 평가 모형에 기초하여 나머지 세 가지 평가 모형
이 제시되었다.

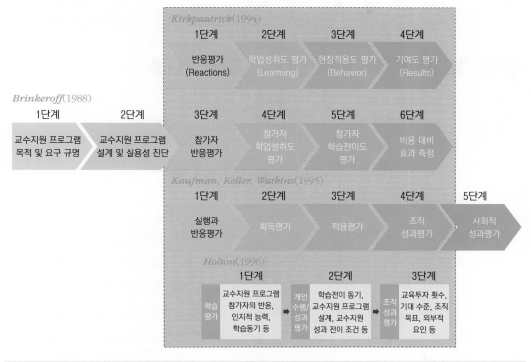

[그림 6-6] 교수지원 성과관리 평가 모형 종합

3. 효과적인 교수지원 성과관리의 대학 사례

1) 고려대학교

(1) 교수지원 성과관리 조직 현황

고려대학교의 교수지원 성과관리를 담당하는 조직은 교수학습개발원으로 산하
에 교수학습지원팀과 이러닝지원팀을 두고 운영하고 있으며, 위원회로는 운영위원
회와 온라인활용교육운영위원회를 설치하여 운영하고 있다.

고려대학교 교수학습개발원은 "교수와 학생을 위한 맞춤형 프로그램과 선도적
인 교육환경 제공을 통해 교육의 우수성을 추구하는" 것을 미션으로 설정하고, 교

[그림 6-7] 고려대학교 교수지원 프로그램 현황

출처: 고려대학교 교수학습개발원 홈페이지(http://ctl.korea.ac.kr).

육역량 강화, 학습역량 강화, 선도적 교육환경 제공의 전략하에 글로벌 리더를 양성하는 것을 비전으로 삼고 있다. 특히 교수지원 성과관리와 관련되어 있는 교육역량 강화를 위한 주요 사업으로는 강의 성찰 및 개선을 위한 컨설팅 제공, 효과적인 교수법 활용을 위한 워크숍 제공, 혁신적인 교수법 개발을 위한 교원학습공동체 지원, 특정 대상 요구에 맞춘 대상별 프로그램을 제공하고 있다(고려대학교 교수학습개발원 홈페이지, 2020. 1. 7.).

(2) 교수지원 프로그램 운영 현황

교수지원 프로그램을 세부적으로 살펴보면, 첫째, 강의 전문성 프로그램 (Professional Teaching Program: PTP)은 신임교원의 교수역량 강화를 위해 제공되는 프로그램으로, 교수법 워크숍, 마이크로 티칭,[1] 1:1 코칭[2] 등으로 구성되어 있으며,

---

1) 마이크로 티칭(Micro-teaching): 실제 강의 촬영 동영상을 동료 및 전문가와 함께 관찰한 후, 스스로 강의를 진단하고 동료 교수자의 피드백을 받는 프로그램으로, 자신의 강의 스타일을 객관적으로 관찰하고 동료 교수자와 교육 전문가의 피드백을 받음으로써 강의를 개선하는 데 도움이 될 수 있다(고려대학교 교수학습개발원 홈페이지, 2020. 1. 7., https://ctl.korea.ac.kr/front/content/view.do?content_seq=6). 또한 고도로 압축한 수업체제로 이 수업과정을 녹화하여 영상 시청을 통해 문제점을 진단하고 수정·보완함으로써 교수 기술을 획득하거나 개선하도록 지원하는 프로그램이다(남서울대학교 교수학습지원센터 홈페이지, 2020. 1. 7., http://ctl.nsu.ac.kr/?p=15).

2) 1:1 코칭: 강의 전반에 관련된 개별적인 내용을 교육 전문가와 함께 논의하고 해결해 가는 1:1 맞춤형 프로그램이다(고려대학교 교수학습개발원 홈페이지, 2020. 1. 8., https://ctl.korea.ac.kr/front/content/view.do?content_seq=8).

교수 전문성 프로그램을 통해 강의에 대한 1:1 코칭을 받고, 강의분석을 통한 강의 성찰, 교수법에 대한 새로운 아이디어 등을 얻을 수 있다. 세부 프로그램별로 신임교원의 의무적 필수 참여 프로그램 및 최소 참여 횟수는 신임교원 오리엔테이션 1회, 교수법 워크숍 3회, 마이크로 티칭 1회, 1:1 코칭 2회이다.

둘째, 강의 컨설팅 프로그램으로 마이크로 티칭과 코칭 프로그램이 있다. 마이크로 티칭은 전임교원을 대상으로 하고 있고, 마이크로 티칭을 위한 준비사항으로는 원활한 워크숍 진행을 위해 사전 설문지를 작성하고, 워크숍을 시작하기 최소 1주일 전까지 사전에 강의를 촬영하는 것이 필요하다(https://ctl.korea.ac.kr/front/content/view.do?content_seq=6).

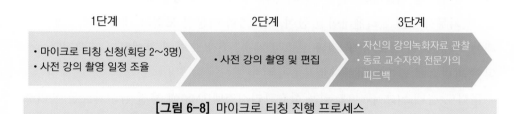

[그림 6-8] 마이크로 티칭 진행 프로세스

출처: 고려대학교 교수학습개발원 홈페이지(http://ctl.korea.ac.kr).

코칭은 교원을 대상으로 하고, 코칭의 내용은 크게 수업설계, 학습 활동, 학습평가 등으로 구분한다. 수업설계의 경우 각 회당 2~3명의 참가자를 선착순으로 모집하여 강의계획서를 제작하고, 수업의 학습목표를 제시하며, 학습자의 요구분석을 통해 수업내용을 구성하는 등을 그 주제의 예로 들 수 있다. 코칭 주제로 학습 활동과 관련된 예시로는 다양한 학습 활동을 설계하거나 효과적인 매체를 선정·활용하고, 수업 내 소그룹의 활동계획을 수립하며, 학생 참여 및 동기유발 전략 등을 수립하는 등이 있다. 학습평가의 경우에는 다양한 평가방법을 활용하고, 과제를 제시하며, 피드백 주기 및 강의평가 등을 그 주제의 예로 들 수 있다.

셋째, 교수혁신 프로그램은 교수법 워크숍, 교원학습공동체, 플립드 클래스(Flipped Class) 등과 같은 프로그램을 수행한다. 교수법 워크숍은 교원을 대상으로 국내외 석학을 초청하여 최신 교수 이론과 방법에 대해 제공하는 프로그램으로, 다양한 교수방법과 실제 사례를 접할 수 있는 기회를 제공하는 교수법 특강과 효과적인 강의를 위한 다양한 교수방법 및 기술을 익히고 실습하는 과정인 ETT(Effective Teaching Tips) 워크숍으로 운영되고 있다.

1단계	2단계	3단계	4단계	5단계	6단계
연구계획서 작성 팀 선정 오리엔테이션	모임 보고서 제출 1차 운영비 지급	중간 진행과정 공유 및 점검	모임보고서 제출 2차 운영비 지급	최종결과물 제출 3차 운영비 지급	우수팀 선정 포스터 발표

[그림 6-9] 교원학습공동체 프로그램 진행 프로세스

출처: 고려대학교 교수학습개발원 홈페이지(http://ctl.korea.ac.kr).

교원학습공동체(FLCs)는 강의와 관련된 관심사를 가진 교원의 학습공동체로, 꾸준한 학습공동체 연구모임을 통해 동료 교수자와 함께 자신의 강의에 맞는 교수법과 교과과정을 개발하는 과정에서 개인의 강의능력을 향상시켜 나가는 것이다. 활동 시 의무사항은 오리엔테이션 참여, 최소 5회 이상의 모임과 개별 출석 5회 이상해야 하며, 모임 보고서 및 결과 보고서 제출, 중간 모임에 참여하고 프레젠테이션및 콘퍼런스에 참여해야 한다.

플립드 클래스(Flipped Class)는 학습관리시스템(LMS)에 사전 강의자료를 올리고 스스로 학습자가 강의내용을 사전 학습(Pre-Class)하고, 실제 강의(In-Class)에서는 학습과 토론 등에 중점을 둠으로써 학습효과를 최대로 높이는 혁신적인 교육방식으로, 플립드 클래스의 활성화를 위하여 다양한 지원을 하고 있다(https://ctl.korea.ac.kr/front/content/view.do?content_seq=11).

넷째, 대상별 맞춤지원 프로그램은 전체 교수를 대상으로 하는 교수지원 프로그램 이외에 특정 대상, 즉 신임교원, 예비 교수자(석·박사 과정생), 예비 교수자 과정 대학원 수업 등을 위한 맞춤형 프로그램이다. 신임교원 오리엔테이션은 매년 신규 임용된 교원을 대상으로 강의에서 활용할 수 있는 다양한 정보를 공유하고 대학에서 교수-학습의 의미를 고찰하며 효과적인 교수법 등을 다루는 교수지원 프로그램이다. 예비 교수자인 대학원생을 위한 EMI(English Mediated Instruction) 인증 프로그램은 영어강의 교수법 향상을 위해 제공되는 프로그램으로, 한 학기 코스로 운영되며 일정 의무사항을 이수한 참가자에게 인증서를 발급한다. 매 학기 개설되는 예비 교수자 과정 대학원 수업은 대학에서 현재 강의를 하거나 미래에 대학 강의를 할 예정인 박사학위과정생을 위한 수업이다. 이 프로그램은 대학 강의에 필요한 최신 교수법 및 교육학 이론을 배우고, 습득한 지식을 통해 교수자 본인의 수업을 설계하고 반영하며, 최종적으로 교수자가 직접 수업을 시연하여 다른 교수자로부터 피드백받을 기회를 제공받는다(고려대학교 교수학습개발원 홈페이지, 2020. 1. 7.).

2) 남서울대학교

(1) 교수지원 성과관리 조직 현황

남서울대학교의 교수지원 성과관리를 담당하는 조직은 교수학습지원센터이다. 2004년에 개소한 교수학습지원센터는 "섬기는 리더 양성을 위한 소통과 공감이 이루어지는 교수-학습 기반 마련"을 비전으로 삼고, "교수와 학생을 위한 혁신적인 교수학습 방법을 연구·개발하여 이를 활용할 수 있는 다양한 교육 서비스를 제공하는" 미션을 갖고 있으며, 교수를 위한 교수법 개선 서비스를 제공하는 것을 운영 방향으로 설정하고 있다.

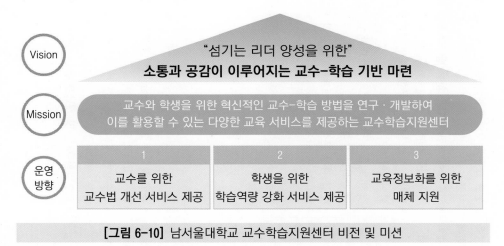

[그림 6-10] 남서울대학교 교수학습지원센터 비전 및 미션

출처: 남서울대학교 교수학습지원센터 홈페이지(http://ctl.nsu.ac.kr)

(2) 교수지원 프로그램 운영 현황

남서울대학교 교수학습지원센터의 주요 사업으로는 수업 개선 교수 포트폴리오 프로그램, 신임교수 연수 프로그램, 교수 특강 및 워크숍, 강의진단 컨설팅(Program for Effective Teaching: PET), 외국인 교수 대상 프로그램, 교수협동학습 프로그램 (Teaching Co-work Program: TCP), 교수법 연구회, 우수사례 발굴 프로그램(강의 우수교원에게 듣는 노하우), Teaching Tips 개발, 교수법 자료집 발간 등이 있다(남서울 대학교 교수학습지원센터 홈페이지, 2020. 1. 7.).

표 6-1 남서울대학교 교수학습지원센터 교수지원 프로그램 현황

프로그램명	개념	목적	주요 내용
수업개선 교수 포트폴리오 프로그램	대학교수 본연의 역할 수행을 다하게 하고, 최신의 교수법에 대한 연구를 지원하는 체계의 일환으로 운영하는 프로그램	• 동료 교수와 수업에 관해 토의할 수 있는 기회 제공 • 교수법에 대한 해답을 찾는 탐구과정을 위한 계속 연구 가능 • 다양한 강의사례를 제공함으로써 강의에 관한 아이디어 제시 • 강의 및 교육 활동의 중요성에 대한 공유를 통해 강의의 질 향상 도모 • 수업 관찰 분석, 수업매체 제작, 강의 컨설팅 등을 통한 수업 개선방안 모색	• 참가대상 및 구성: 전임교원 2명이 한 팀이 되어 총 10팀을 구성 • 활동 기간: 한 학기동안 활동하며, 모임 주기는 주 1회씩 12주 이상 팀별 활동 • 활동 세부 절차: 오리엔테이션(신수업 개선을 위한 교수 포트폴리오 프로그램 진행 절차 안내 및 수업 개선을 위한 설문지(중기) 작성 ⇒ 수업 개선 포트폴리오 프로그램 활동(주 1회 팀별 모임 진행(매주 협의일지 작성), 수업 관찰 분석 학기 중 1회, 강의 촬영 학기 중 1회, 포트폴리오 점검(중간점검), 설문지(후기) 작성 및 분석, 최종 포트폴리오 최종 결과물 제출) ⇒ 종결화(15주 간 진행된 팀별 사례 발표, 수업 개선 교수 포트폴리오 프로그램 활동 총평 및 의견 공유) • 지원 및 혜택: 수업 개선 교수 포트폴리오 프로그램 시 필요 자료 제공, 강의 촬영을 통한 모니터링 요구 시 강의 컨설팅 제공, 수업 개선에 요구되는 건의사항에 대한 의견 수렴 및 해결
신임교수 연수 프로그램	매학기 신규 임용된 교수를 대상으로 마이크로 티칭(Micro-teaching) 방식으로 운영되는 프로그램	• 교수 자신의 강의 내용을 미리 관찰하고 평가할 수 있는 기회 제공 • 교수방법 개선의 계기를 마련하여 수업의 효율성 극대화 • 교수법의 개선 및 개발을 통한 자신에게 적합한 교수법 적용	• 오리엔테이션: 신임교수 연수 프로그램 소개(마이크로 티칭 개요 설명), 신임교수 연수 프로그램 절차 안내 및 질의응답 • 활동 내용: 마이크로 티칭 1회 촬영, 촬영영상 시청, 전문가 및 동료교수 피드백 제공 및 자가 진단(체크리스트 작성), 관찰 체크리스트 중심으로 결과표 제공

〈계속〉

프로그램명	개념	목적	주요 내용
교수 특강 및 워크숍	국내외 교육전문가를 초청하여 최신 교수 이론 및 방법에 대해 배우고, 교수자 간 강의에 대한 아이디어를 공유하고 논의하는 프로그램	국내외 전문가를 초청하여 최신 교수 이론 및 방법 학습	• 교수 특강: 국내외 전문가로부터 최신 교수 이론 및 방법을 배우는 대규모 특강 • 교수 워크숍: 교육전문가를 초청하여 강의에 대한 아이디어 공유 및 논의
강의진단 컨설팅 (Program for Effective Teaching: PET)	교수들이 실천적 교수역량 강화를 통해 교수자와 학습자가 모두 만족할 수 있도록 수업 계획 및 실행능력을 증진시키기 위해 운영하는 프로그램	• 학습자의 실제적 요구사항 파악을 통한 학습자 중심의 수업 개선 • 강의 촬영 및 분석을 통한 강의능력 보완 및 개선 • 전문가 피드백을 통한 교수법 향상	• Step 1: 수강학생을 대상으로 학습자 만족도 및 개선 요구사항을 조사하여 교수에게 제공함으로써 수업 개선을 위한 기초자료 제공 • Step 2: Step 1의 학습자 만족도 및 개선 요구사항 조사와 함께 교수의 강의를 촬영한 후 동영상을 보면서 자가점검 체크리스트를 작성함으로써 개선사항을 스스로 파악 • Step 3: Step 2의 학습자 만족도 및 개선 요구사항 조사, 강의 촬영, 자가 점검과 함께 전문가에게 의뢰하여 상담 실시
외국인 교수 대상 프로그램	한국 학생들에 대한 이해와 언어적 차이를 넘어 더 나은 강의를 제공할 수 있도록 지원하는 외국인 교수 연수 프로그램	• 외국인 교수로서 강의 및 교육 활동의 중요성에 대한 인지 • 동료 외국인 교수와 다양한 교수법에 대해 논의할 수 있는 기회 제공 • 외국인으로서 한국 문화에 대한 이해를 통해 학생에 대한 이해도 향상 • 언어의 차이점에 대한 이해	• 매학기 영어 교수법 및 학습법에 관련된 다양한 주제 선정 • 런천 미팅(Luncheon Meeting) 형식으로 학기당 2회 진행

〈계속〉

프로그램명	개념	목적	주요 내용
교수협동학습 프로그램 (Teaching Co-work Program: TCP)	교수들이 공동체 형성을 통해 교수자 자신의 강의 경험 및 수업방법에 대한 정보를 공유함으로써 학생에 대한 이해도 향상을 도모하고자 운영하는 프로그램	• 동일 전공 및 타 전공 교수자 간의 교류 기회 확대를 통한 학생에 대한 이해도 향상 • 타 전공지식 이해를 바탕으로 학생과의 상호작용 촉진 • 학생과의 원활한 소통을 위한 수업방법 개선 및 적용 가능성 탐색 • 교수자로서 학습자에 대한 이해의 필요성 인식 및 동기부여	• 매학기 다양한 주제를 선정하여 운영 • 교내 교수들이 강사로 활동하며 매학기 4~6회 진행
교수법 연구회	교수자 간의 교수법 향상에 대한 인식 공유와 강의방법, 수업 설계 및 전략, 매체 활용, 학생의 동기유발방법 등 여러 가지 교육관련 주제를 토론하고 연구하는 모임	• 교수자에게 적합한 교수법과 교과과정 개발과 정을 통해 교수자 자신의 강의능력 향상	• 참여대상: 교내 전임 및 비전임 교원 • 구성인원: 그룹당 5명 내외의 5개 그룹(총 25명) • 운영 절차: 교수별 연구회 계획 및 모집공고 ⇒ 운영계획서 작성 및 신청 ⇒ 신청서 접수 및 연구회 모임 활동 ⇒ 회기별 활동 보고서 제출 ⇒ 개별 보고서 및 최종 결과 보고서 제출 ⇒ 결과 발표회 ⇒ 모음집 발간 • 지원 및 혜택: 그룹별 연구회 운영경비 지원
우수사례 발굴 프로그램 (Green Ribbon Professor: GRP)	독특한 강의 전략을 가진 교수자를 적극 발굴하여 교수자 간 강의전략 공유 기회제공을 위한 운영 프로그램	• 단과대학별, 전공별로 적용할 수 있는 우수한 교수법의 발굴 및 공유 • 여러 강의사례를 공유함으로써 수업방식 개선 • 동료 교수의 강의사례를 통한 성찰 및 강의능력 향상을 통한 동기부여 증진	• 우수 교수자의 강의사례 원고 수집 • 사례집 발간 및 배포 • 우수사례 관련 자료 내역 • 운영 절차: 우수 강의 교수 선정 ⇒ 우수 강의사례 원고 요청 ⇒ 우수 강의사례 발표 ⇒ 우수 강의사례집 발간

출처: 남서울대학교 교수학습지원센터 홈페이지(http://ctl.nsu.ac.kr)에서 재인용.

3) 전북대학교

(1) 교수지원 성과관리 조직 현황

전북대학교의 교수지원 성과관리를 담당하는 조직은 혁신교육개발원 산하 교수학습개발센터 내 교수지원부에서 담당하고 있다.

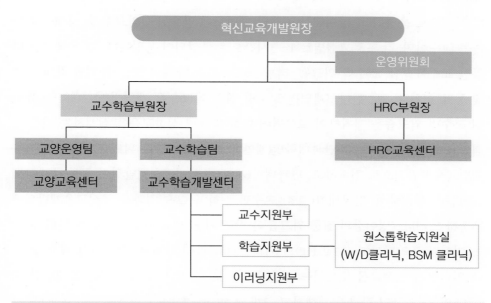

[그림 6-11] 전북대학교 혁신교육개발원 조직도

출처: 전북대학교 혁신교육개발원 홈페이지(http://iei.jbnu.ac.kr).

(2) 교수지원 프로그램 운영 현황

전북대학교에서 운영하고 있는 교수지원 프로그램은 교수승진 교수법 프로그램, 교수법 특강, 강의 컨설팅, 기타 교수지원 프로그램 등 크게 네 가지로 구성되어 있다.

첫째, 교수승진 교수법 프로그램은 '교원 승진 등에 관한 교수법 프로그램 운영지침'에 따라 운영하고 있다. 교원의 직급 간 승진 및 재계약 임용 시 교수법 프로그램을 의무적으로 10시간 이상 이수해야 한다. 또한 교원의 직급 간 승진 및 재계약 임용 시 해당 기간 동안 강의 촬영 및 분석을 의무적으로 1회 이상 실시해야 한다.

둘째, 교수법 특강은 교수법 개선 특강, 신임교수 Step Up 교수법 프로그램, 계열별 교수법 심화 워크숍, 영어강의 집중 워크숍의 네 가지 세부 프로그램으로 구성·운영되어 있다. '교수법 개선 특강'은 교내외 석학이 제공하는 교수법 정보 및 교류를 통해 교수법을 향상시키기 위하여 월 1회 정기적으로 특강을 개최하여 교육력을 향상시키는 데 기여하는 것을 목적으로 운영된다. '신임교수 Step Up 교수법 프로그램'은 신임교수를 대상으로 효과적인 교수방법에 대한 이론적·실제적 정보를 제공하여 교수법에 대한 중요성을 고취시키고, 교수역량을 향상시키는 것을 도모할 목적으로 운영된다. 참여대상은 해당 학년도에 임용된 신임교수 및 참여를 희망하는 교수이며, 각 프로그램별로 1~3시간으로 구성되어 운영된다. 그 주제로는 다양한 교수학습법, 교수법 워크숍, 티칭 포트폴리오 작성 워크숍, 계열별 강의 시연 및 동료 코칭 1, 2로 한다. '계열별 교수법 심화 워크숍'은 계열별(단과대학별) 특화된 교수법 워크숍을 개최하여 교수법에 대한 맞춤형 심화교육을 실시하는 것을 목적으로 한다. 운영방법은 단과대학별(계열별)로 교수법 심화 워크숍의 개최 신청을 혁신교육개발원으로 접수하고, 단과대학(계열)과 혁신교육개발원이 공동 주관하에 워크숍을 개최하며, 단과대학(계열) 교수법 심화 워크숍 결과를 혁신교육개발원에 제출하면 된다. '영어강의 집중 워크숍'은 발표 기술(Presentation Skills)을 익힐 수 있는 기회와 프리토킹(Free Talking)의 기회를 제공하여 강의에 대한 인식 제고 및 학내 영어강의 활성화를 도모하는 것을 목적으로 한다. 이 프로그램은 동계방학 중 1주 5일 간 외국인 강사가 진행하고, 2개 과정(Free Talking, Presentation Skills)에 각 15인 내외로 선정하여 운영되며, 교원 승진 등에 관한 교수법 프로그램을 수업시수의 80% 이상 출석 시 4시간 이수한 것으로 인정받게 된다.

셋째, 강의 컨설팅은 강의 촬영 및 분석, 강의 시연과 동료 코칭 워크숍의 프로그램으로 진행된다. 강의 촬영 및 분석은 실제 강의를 촬영하고 학생들로부터 받은 피드백과 자가 분석 및 컨설턴트 분석을 통해 강의분석이 이루어지는 것을 목적으로 하고 있다. 강의 시연과 동료 코칭 워크숍은 동료 교수들과의 자유로운 분위기 속에서 강의 시연 및 동료 코칭을 통해 교수법에 대한 상호 교류를 목적으로 한다. 이 프로그램은 2주마다 강의 시연 및 동료 코칭 워크숍을 개설하고, 전임교원 5인 이상 신청 시 별도의 워크숍으로 개설이 가능하며, 프로그램 이수 시 강의 촬영 및 분석을 1회 실시해야 하고, 교수법 프로그램을 2시간 이수한 것으로 인정해 준다.

넷째, 기타 교수지원 프로그램으로는 한국대학교육협의회(이하 '대교협') 고등교

육연수원 교수법 연수지원 프로그램과 전공별 교수법 연구모임 지원 프로그램이
있다. 먼저, 대교협 고등교육연수원 교수법 연수 프로그램에 참여 시 참가비를 지
원해 주는 프로그램으로, 교수법 개선과 개발을 위해 실질적인 교수법을 배우고,
교과목에서 습득한 교수법을 적용할 수 있도록 지원함으로써 교육 활동의 효과성
을 극대화하는 것을 목적으로 한다. 이 프로그램을 이수한 경우 교원 승진에 관한
교수법 프로그램으로 최대 4시간 이수한 것으로 인정받는다(https://iei.jbnu.ac.kr/
web/page.php?pcode=188). 다음으로 전공별 교수법 연구모임 지원 프로그램은 각
전공 또는 과목에 맞는 교수법을 연구하는 모임에 대한 지원을 통해 교수법 개선
및 강의의 질을 개선시키는 데 목적이 있다. 8팀 내외로 선발하고 별도 활동비를
지원한다. 요구사항으로는 회의록, 결과보고서, 지원금 정산서 등을 제출해야 하
고, 연구 결과를 공유하기 위한 연구모임 전체의 사례 발표회를 개최하도록 하고
있다.

표 6-2 ┃ 티칭 포트폴리오 구성요소

구성요소	세부항목
교육철학	• 교육에 대한 관점 • 교수 · 학습에 대한 원칙 • 전공교육을 통해 양성하고자 하는 인재상
교육책임 및 교육경력	• 교직 경력 • 최근 수업 활동 및 수업 책임
수업환경	• 담당과목의 개관 • 가르치는 학생들의 특성
교수법	• 수업전략 및 수업방법과 선정 이유 • 수업장면 녹화 및 분석 자료 • 학생평가방법과 선정 이유 • 강의노트
수업평가	• 학생의 학습 성과물 분석 • 수업에 대한 학생 피드백 분석 • 수업에 대한 동료 및 전문가의 피드백 결과
수업 개선을 위한 노력	• 수업 개선을 위한 활동 자료(세미나, 워크숍 활동 등) • 수업에 대한 성찰일기
기타	• 수업 관련 수상 경력

출처: 전북대학교 혁신교육개발원 홈페이지(http://iei.jbnu.ac.kr)에서 재인용.

또한 전북대학교는 티칭 포트폴리오를 작성하고 경진대회를 개최하며, 별도 저장장소인 티칭 포트폴리오 은행과 우수 티칭 포트폴리오를 공유하고 확산해 나가는 노력을 기울이고 있다. 티칭 포트폴리오는 교수 활동을 기록한 문서로, 자료집이라는 특성을 갖고 있으며 모든 교수 활동을 기록하기보다는 선별적으로 필요사항을 기록하고 그 효과에 관한 입증자료를 포함하여야 한다. 티칭 포트폴리오는 단순한 교수 활동의 기록이나 자료를 수집하는 것이 아니라, 분석적인 자기 성찰을 필수적으로 포함하여야 하며, 자신의 교수 활동을 분석적으로 숙고한 에세이라는 특성을 갖는다. 티칭 포트폴리오의 구성요소는 〈표 6-2〉와 같다.

티칭 포트폴리오 경진대회는 수업에 대한 자기 점검의 기회를 제공하고 교수자 상호 간의 협력을 유도하며, 특정 학문에서 시행하는 교수법에 대한 관심의 고취 및 교수법을 향상시키고, 교과목 강의의 질적 향상 및 지속적인 교육 개선을 도모하는 데 목적이 있다. 운영은 우수 티칭 포트폴리오를 선정하고 시상하며, 티칭 포트폴리오 은행에 공개하고 있다. 해당 학년도 1, 2학기에 개설된 학부 교과목을 작성대상으로 하고, 전임교원 및 비전임교원이 참여 대상이며, 희망하는 교원에게는 포트폴리오 바인더와 브로셔를 제공한다. 티칭 포트폴리오 심사 평정 기준은 〈표 6-3〉과 같다(전북대학교 혁신교육개발원 홈페이지, 2020. 1. 8.).

표 6-3 | 티칭 포트폴리오 심사 평정 기준

평가 영역	평가요소	비고
교육철학	• 교육철학을 구체적이고 자세하게 기술하였는가?	
교육책임 및 교육경력	• 교육 책임 및 경력을 구체적으로 기술하였는가?	
수업환경 분석	• 담당과목에 대해 구체적으로 기술하였는가? • 수강생 특성을 파악하기 위해 노력하였는가?	
교수법	• 특정 교수법의 선정 이유가 명확하게 기술되어 있는가? • 수업 활동 및 과정이 수업목표에 비추어 타당한가?	
수업평가	• 시험문제와 과제물에 대한 평가 기준은 명확한가? • 수업에 대한 학생 피드백 및 전문가 피드백을 받았는가?	
수업 개선을 위한 노력	• 수업 개선을 위한 노력이 구체적으로 제시되었는가? • 수업에 대한 성찰일기가 구체적으로 기술되어 있는가?	
기타 수업 개선 노력	• 수업 관련 수상 경력 등이 구체적으로 기술되어 있는가?	

출처: 전북대학교 혁신교육개발원 홈페이지(http://iei.jbnu.ac.kr)에서 재인용.

4) 대학 운영 사례에 대한 비교 분석

앞에서 살펴본 교수지원 프로그램 운영 사례대학인 고려대학교, 남서울대학교, 전북대학교를 종합적으로 비교·분석해 보면 〈표 6-4〉와 같은 시사점을 도출해 볼 수 있다.

표 6-4 ▎ 교수지원 프로그램 운영 사례 비교 분석

구분	고려대학교	남서울대학교	전북대학교
조직	교수학습개발원 https://ctl.korea.ac.kr/front/content/view.do?content_seq=5	교수학습지원센터 http://ctl.nsu.ac.kr/?p=14	혁신교육개발원 https://iei.jbnu.ac.kr/web/prof.php
제도(규정)	교수학습개발원 운영 규정	교육혁신원 운영 규정	혁신교육개발원 운영 규정
인적 구성	• 원장 1인 • 부장 1인 • 차장 1인 • 특임교수 1인 • 연구교수 1인 • 교수·학습지원팀 연구원 4인 • 이러닝지원팀 연구원 6인	• 센터장 1인 • 연구교수 1인 • 전문연구원 3인 • 조교 2인	• 원장 1인 • 부원장 2인 • 센터장 2인 • 실장 1인 • 팀장 1인 • 실무팀장 1인 • 주무관 5인 • 연구원 6인 • 조교 4인
프로그램 운영 현황	• 강의 전문성 프로그램(PTP) 　- 교수법 워크숍 　- 마이크로 티칭 　- 1:1 코칭 • 강의 컨설팅 프로그램 　- 마이크로 티칭 프로그램 　- 코칭 프로그램 • 교수혁신 프로그램 　- 교수법 워크숍 　- 교원학습공동체(FLCs) 　- 플립드 클래스(Flipped Class) • 대상별 맞춤형 프로그램	• 수업 개선 교수 포트폴리오 프로그램 • 신임교수 연수 프로그램 • 교수 특강 및 워크숍 • 강의진단 컨설팅(Program for Effective Teaching: PET) • 외국인 교수 대상 프로그램 • 교수협동학습 프로그램(Teaching Co-work Program: TCP) • 교수법 연구회 • 우수사례 발굴 프로그램	• 교원 승진 교수법 프로그램 운영 및 관리 • 교수법 개선 특강 • 신임교원 Step Up 교수법 프로그램 • 계열별(단과대학별) 교수법 심화 워크숍 • 영어강의 집중 워크숍 • 강의 촬영 및 분석 • 강의 시연 및 동료 코칭 워크숍 • 대교협 고등교육연수원 교수법 연수 프로그램

〈계속〉

프로그램 운영 현황	– 신임교원 맞춤 프로그램 – 예비 교수자 맞춤 프로 그램 – 예비 교수자 과정 대학원 수업		• 전공별 교수법 연구모임 지원 프로그램 • 티칭 포트폴리오 경진대회 • 혁신교육개발원 교육상 시상
특이사항	• 강의 전문성 프로그램(PTP) 으로 신임교원에게는 의무 적 필수 참여 프로그램과 최소 참여횟수를 설정하여 운영 • 대상별 맞춤형 프로그램으 로 신임교원과 예비 교수 자를 대상으로 별도 프로 그램 운영을 통해 교수자 초기 입문 시 교수법 제공 을 통한 효과성 극대화	• 한국 학생들에 대한 이해 와 언어적 차이에 대한 이 해를 위한 외국인 교수를 대상으로 하는 교수법 프 로그램 운영 • 교수자의 실천적인 교수역 량을 강화하여 수업의 계 획·실행 능력을 향상시 켜 교수자와 학습자가 모 두 만족할 수 있는 3단계로 실시되는 효과적인 교수법 프로그램(PET) 운영	• 교원업적평가와 연계한 교 수법 프로그램 운영 • 경력단계별 교수법 프로그 램을 운영하기 위해 '교원 승진 등에 관한 교수법 프 로그램 운영 지침'을 규정 화하여 운영하고, 교원의 각 직급 간 승진 및 재계약 임용 시 해당 기간 동안 교 수법 프로그램 10시간 이 상 의무 이수

출처: 고려대학교 교수학습개발원, 남서울대학교 교수학습지원센터, 전북대학교 혁신교육개발원 홈페이지.

4. 교수지원 성과관리 방안

1) 교수지원 성과관리 모형

교수지원 프로그램이 학기마다 운영되고, 교수지원 프로그램이 잘 운영되었는지 평가하는 일련의 단계를 거친다. 교수지원 프로그램을 개발하고 지원하는 일련의 운영 및 성과의 체계도를 도식화하면 다음과 같다.

교수지원 프로그램 운영 및 성과 체계도는 계획(Plan)–실행(Do)–평가(See)의 성과관리 모형으로써 접근해 보면, 교수지원 프로그램을 개발·운영하고 평가를 주도하는 조직 및 전체적인 지원 체계는 투입에 해당하고, 교수지원 프로그램을 개발하고 운영하는 활동은 과정에 해당된다. 교수지원 프로그램을 평가하고 환류하는 활동은 산출에 해당하고, 계획–실행–평가라는 교육평가의 기본 영역에 근거하여 교수지원 프로그램의 성과평가를 위한 기본 영역을 선정하면 다음과 같다.

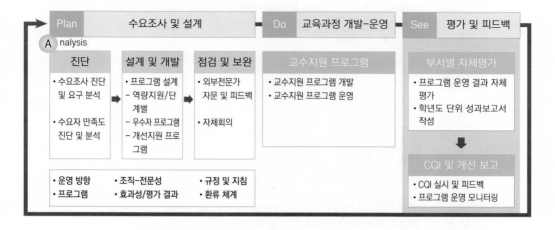

[그림 6-12] 교수지원 프로그램 운영 및 성과 체계도

표 6-5 | 교수지원 성과관리 모형

구분	계획	실행	평가	
영역 분류	조직 · 체계	교수지원 프로그램 개발 및 운영	교수지원 프로그램 평가 · 환류	
기본 영역	지원 체계	개편 및 운영	평가	환류
주요 쟁점	전문기관 운영자 전문성	운영실적 확보	목표 대비 달성도	평가 결과 반영 개선방안 제시 우수 결과 확산

2) Kirkpatrick 4단계 평가 모형에 따른 교수지원 프로그램의 검토

성과관리 모형에서 제시한 Kirkpatrick 4단계 평가 모형에 의해서 정리한 교수지원 성과관리에 의한 성과지표(안)을 예시하면 〈표 6-6〉과 같다. 앞서 언급한 바와 같이, Kirkpatrick 4단계 평가 모형은 반응평가, 학업성취도 평가, 현장적용도 평가, 기여도 평가와 같이 4단계로 분류할 수 있으며, 이 4단계 평가에 의해 지속적으로 성과관리를 실시하는 것이다.

대학기관평가인증과 대학기본역량진단 중 교수지원 성과관리 모형으로 논리 모형에 의한 성과관리방안을 제시하였다. 이것을 충실하게 관리하기 위해서는 효과성 평가(effectiveness evaluation)에 의한 목표 달성도를 주기적으로 점검해 나가는

표 6-6 | Kirkpatrick 4단계 평가 모형에 의한 교수지원 프로그램 성과지표(안) (예시)

구분	지표명	단위	기준값	목푯값	실적값	달성률(%)
반응 (Reactions)	교수자 만족도	점	79.2	82.0	83.0	101.6
학습 (Learning)	교수지원 프로그램에서 제시한 학습목표에 대한 교수자의 달성률	%	90.0	95.0	97.0	102.1
	교수지원 프로그램 이수 후 교수자의 역량 향상률	%	3.2	5.0	5.5	110.0
행동 (Behavior)	교수지원 프로그램 이수 후 습득한 지식에 대한 현장적용도 평가	점	80.0	85.0	87.0	102.4
결과 (Results)	교수지원 프로그램에서 도출된 효과가 대학조직 운영성과의 기여도	점	70.0	75.0	78.0	104.0

것이 필요하다. 즉, 추구하는 목표 대비 달성 정도를 측정할 수 있는 효과성 평가에 의해 교수지원 프로그램에 대한 성과관리 방법을 예시하면 〈표 6-7〉과 같다. 투입(Input)-과정(Process)-산출(Output)-성과(Outcome)로 구분하여 세부 성과지표를 구성하고 이에 대한 성과를 관리할 수 있다.

표 6-7 | 논리 모형에 의한 교수지원 프로그램 성과지표(안) (예시)

구분	지표명	단위	기준값	목푯값	실적값	달성률(%)
투입 (Input)	교수지원을 위한 조직 구성 유무	–	무	유	유	100.0
	교수지원을 위한 제도(규정, 제·개정) 유무	–	무	유	유	100.0
	교수지원의 인적 구성 유무	–	무	유	유	100.0
	교수지원 프로그램 개발을 위한 요구분석 유무	–	무	유	유	100.0
과정 (Process)	교수지원 프로그램 운영 현황 – 유형별 교수지원 프로그램 수	개	9	11	13	118.2
	– 교수지원 프로그램당 참여 교수자 수	명	90	110	130	118.2
	– 전체 교원 대비 교수지원 프로그램 참여 교수자 비율	%	22.0	27.5	32.5	118.2
	교수지원 프로그램 예산 편성 현황	천원	95,000	104,500	105,000	100.5

〈계속〉

산출
(Output)
	교수지원 프로그램 예산 집행 현황
	 - 교수지원 프로그램 예산 편성
	  대비 집행률
	 - 교수지원 프로그램 예산 편성
	  대비 집행 현황의 적절성
		%
		
		(정성)
			97.5
			
			보통
				100.0
				
				우수
					99.5
					
					우수
						99.5
						
						100.0

	교수지원 프로그램 만족도 평가	점	87.6	90.0	92.0	102.2
성과 (Outcome)	교수지원 프로그램 만족도 평가 결과에 따른 교육과정 개선의 환 류 실적	(정성)	1건 개선	2건 개선	3건 개선	150.0
	교수지원 프로그램 만족도 평가 결과에 따른 교수지원 프로그램 개선의 환류 실적	(정성)	1건 폐지 2건 신설	3건 개선	3건 개선	100.0

3) 평가에 대비한 교수지원 성과관리

2주기 대학기관평가인증과 2018년 대학기본역량진단, 그리고 2021년 대학기본
역량진단을 중심으로 대학평가에 활용되는 교수지원 프로그램 관련 평가지표(항
목)를 살펴보고자 한다. 대학기관평가인증과 대학기본역량진단에서 활용하고 있는
교수지원 성과관리에 대한 평가 항목을 정리하면 〈표 6-8〉과 같다.

표 6-8 교수지원 성과관리 관련 대학기관평가인증과 대학기본역량진단의 평가 항목 비교

2주기 대학기관평가인증 (2016~2020년)			2018년(2주기) 대학기본역량진단 (2018~2020년)		2021년(3주기) 대학기본역량진단 (2021~2023년)	
영역/ 부문	평가 준거	주요 점검사항	진단 항목/ 지표	진단 요소 및 주안점	진단 항목/ 지표	진단 요소 및 주안점
2영역 교육	교수·학습 지원과 개선	• 교수지원의 영역 구성 및 인적 구성의 적절성 • 전임 연구·개발 인력 확보 유무 • 교수지원 예산 편성 및 집행의 적절성(최근 3년 자료) • 교수지원 프로그램 운영 현황(최근 3년 자료) • 교수지원 프로그램 만족도 평가 실시 유무 및 평가 결과의 프로그램 개선 반영 유무(최근 3년 자료)	3. 수업 및 교육과정 운영 3.1. 교육과정·강의 개선	• 진단 요소 – 교양·전공 교과목 강의 개선을 위한 체계적 노력(3점, 정성) • 진단의 주안점 – 강의 개선 관련 규정의 내용 및 제정 또는 개정 여부 – 강의 개선을 위한 조직 구성 및 운영 내용 – 강의 개선을 위한 제도의 내용 – 강의 개선을 위한 분석 및 평가, 개선방안 마련 및 시행, 결과 환류 및 보완 등의 구체적 내용	4. 수업 및 교육과정 운영 4.1. 교육과정 운영 및 개선	• 교수학습 방법 개선 체제 구축·운영(6점) – 교수자 대상의 교수학습 방법 개선 지원체제의 적절성 – 교육과정 개선과 연계한 교수·학습방법 개선 노력 (기술 내용) – 교수학습 방법 개선을 위한 제도 및 관련 조직의 운영 현황 – 교수학습 방법 개선 우수사례
3영역 교직원	교원의 교육 및 연구 활동 지원	• 교수의 교육(교수지원)과 관련된 행·재정적 지원 실적 유무(최근 3년 자료) • 교수의 전문성 개발을 위한 제도 유무 및 실제 운영 유무(최근 3년 자료) • 교원의 요구분석을 통해 관련 프로그램 개발 유무 및 만족도 조사 실시 유무(최근 3년 자료)				

출처: 한국대학평가원(2019). pp. 107-108, p. 114; 교육부, 한국교육개발원(2017). pp. 50-52; 교육부, 한국교육개발원(2020). pp. 51-56.

교수지원 성과관리와 관련된 대학기관평가인증과 대학기본역량진단의 평가항목을 살펴보면 공통적인 항목을 중심으로 평가하고 있음을 알 수 있다. 교수지원을 위한 조직체계(규정, 조직 등), 교수지원 프로그램을 위한 예산 편성·집행 현황 및 운영 현황, 그리고 교수지원 프로그램의 평가 및 환류 등과 같이 크게 네 가지 평가 항목으로 성과를 측정하고 있다. 이 평가 항목은 투입-과정-산출-성과라는 논리 모형(Logic Model)에 근거하여 성과를 관리하기 위한 항목을 모두 담고 있다.

표 6-9 | 논리 모형에 기반한 교수지원 성과관리

투입(Input)	과정(Process)	산출(Output)	성과(Outcome)
• 교수지원을 위한 조직 구성 유무 • 교수지원을 위한 제도(규정 제·개정) 유무 • 교수지원의 인적 구성 유무와 인력의 전문성 및 안정성 • 교수지원 프로그램 개발을 위한 요구분석 유무	• 교수지원 프로그램 운영 현황(프로그램 유형별 프로그램 수, 프로그램당 참여 교수자 수, 전체 교원 대비 참여 교수자 비율 등) • 교수지원 프로그램의 예산 편성 현황	• 교수지원 프로그램 예산 집행 현황(프로그램 예산 편성 대비 집행률, 프로그램 예산 편성 대비 집행 현황의 적절성 등) • 교수지원 프로그램 만족도 평가	• 교수지원 프로그램 만족도 평가 결과에 따른 교육과정 개선의 환류 실적 • 교수지원 프로그램 만족도 평가 결과에 따른 교수지원 프로그램 개선의 환류 실적

4) 교수지원 성과관리를 위한 자체진단

교수지원 성과관리는 교수지원 프로그램 개발 체계와 지원 체계가 중요하고, 교수지원 프로그램 운영 결과의 신뢰성을 확보할 근거를 마련해야 한다. 교수지원 성과관리를 위한 자체진단의 평가원칙은 평가의 일관성과 신뢰성을 높일 수 있다. 교수지원 성과평가에서 1차 평가준거는 평가의 시작이라고 할 수 있는 '유/무'에 대한 판정이다. 1차 평가는 2차 평가의 근거가 된다. 1차 평가에서 '유'로 판정된 경우에만 2차 평가의 대상이 되며, 1차 평가에서 '무'인 경우 2차 평가가 실시되지 않는다. 이를 바탕으로 교수지원 프로그램의 성과관리를 위한 자체진단 점검은 다음의 양식을 활용해서 체크해 볼 수 있다.

표 6-10 ┃ 교수지원 성과평가를 위한 기본 체계에 대한 평가준거

영역	투입	과정	산출	
	조직 · 체계	프로그램 운영	평가 · 환류	
	지원 체계	운영	평가	환류(공유 · 확산)
1차 평가	유/무	유/무	유/무	유/무
2차 평가 (질적 평가)	적절성 체계성 전문성	적절성 다양성 체계성	평가 체계 강의만족도 실적평가	환류 체계 적절성 체계성 우수사례

　　교수지원 성과평가에서 2차 평가는 우수성에 대한 판정이다. 1차 평가에서 '유'
로 판정받은 경우에 2차 평가를 실시하며, 우수성 판정을 목적으로 질적 평가를 포
함한다. 우수성은 전문성, 다양성, 체계성, 효과성, 효율성을 포함한다.

- 지원 체계: 구성원의 전문성 확보, 피드백 체계
- 운영: 프로그램 유/무(단계화-체계성, 다양성), 프로그램 실행 유무(목표치 달성)
- 평가: 프로그램의 효과적 운영, 프로그램 결과 우수사례 확보
- 환류: 프로그램 개선사항 보완점 제시, 프로그램 효과성, 우수사례 공유 및 확산

　　2차 평가의 기본원칙을 설정해 보면 다음과 같다.

- 성과평가는 해당 결과에 대한 우수성을 판단할 수 있어야 한다.
- 판단 가능성을 위해 일정 기준(목표치 등)이 제시되어야 한다.
- 설정한 기준은 설명 가능한 타당성을 확보하여야 한다.
- 제시한 기준은 전체적으로 객관성을 지녀야 한다.

　　이 내용을 바탕으로 교수지원 성과관리를 위한 자체진단의 점검은 다음의 양식
을 활용해서 점검해 볼 수 있다.

표 6-11 | 교수지원 성과평가를 위한 자체진단 점검 양식

진단 요소		유/무		성과			우수 판정 기준
		유	무	미흡	보통	우수	
지원 체계	교수지원 프로그램 운영 방향						모두 '유' 확인 후 지원조직 전문성 지원 체계 적절성
	교수지원 프로그램 지원 체계						
	교수지원 프로그램 운영 규정(운영지침)						
	교수지원 프로그램 운영 및 지원 조직						
운영	교수지원 프로그램 체계성						모두 '유' 확인 후 체계성, 적절성 평가 결과 반영
	교수 개선 프로그램						
	교수지원 프로그램 다양성						
평가	교수지원 프로그램 참여율			미달	유지	초과 달성	유지 이상 (단, 자체 규정에 따름)
	교수지원 프로그램 만족도						
	교수지원 프로그램 평가						
환류	환류 체계						모두 '유' 확인 후 결과 반영 공유 · 확산 노력
	평가 결과 활용						

[평가를 위한 질문]
- 교수지원 프로그램 운영 방향은 명확히 명시되어 있는가?
- 교수지원 프로그램 운영을 위한 전담기구는 있는가?
- 교수지원 프로그램 운영자는 전문성을 가졌는가?
- 교수지원 프로그램은 단계별로 구성되어 있는가?
- 교수자 간 협력 프로그램은 존재하는가?
- 교수지원 프로그램 참여율은 전년 대비 증가하였는가?
- 교수지원 프로그램 만족도는 일정 기준 이상인가?
- 교수지원 프로그램은 평가되고 있는가?
- 평가 결과 및 만족도 결과는 환류되고 있는가?
- 우수사례는 공유 · 확산되고 있는가?

[판정 기준]
- 우수 기준: 각 영역별 모두 '유'+정성평가에서 우수판정을 받은 경우+만족도, 참여율에서 목푯값 이상 또는 전년 대비 상승
- 보통 기준: 각 영역별 모두 '유'인 경우
- 미흡 기준: 각 영역에서 '무'가 하나라도 있는 경우

정성평가 (우수 기준)	지원 체계	체계(조직/규정/지침/운영인력의 전문성 등)가 모두 갖추어져 있는 경우
	운영	지원부서들이 프로그램 운영을 위해 제공해야 하는 내용을 모두 제공한 경우 지원 체계가 체계적-단계적으로 작용한 경우
	평가	목푯값 달성, 운영에 대한 평가가 이루어진 경우
	환류	평가 결과 공유 및 평가 결과에 따른 개선 활동(객관적 증빙이 가능한 경우)

5) 교수지원 성과관리를 위한 Tip

(1) 교수지원 프로그램의 운영 방향 설정

2000년대 초반부터 설립하기 시작한 교수학습센터(Center for Teaching & Learning: CTL)에서는 교수법 개발과 적용에 많은 공을 들여 왔다. 그 결과 2010년대에 들어 학부교육선도대학지원사업(ACE), 대학자율역량강화사업(ACE+), 대학혁신지원사업 등 재정지원사업과 대학기본역량진단, 대학기관평가인증을 통해 대학의 수업이 새롭고 다양한 교수법을 활용하여 강의를 진행하는 계기가 되었다. 실제로 교수자는 문제중심 학습(Problem-Based Learning: PBL), 프로젝트 수업(Project-Based Learning: PBL), 협동학습(Collaborative Learning: CL), 역량중심 수업(Competency-Based Learning: CBL), 거꾸로 수업(Flipped Learning: FL) 등 다양한 교수법을 활용하여 학생을 가르치고 있다.

새로운 교수법은 가르치는 교수에게도 배우는 학생에게도 변화를 요구하고 있다. 따라서 교수가 본인 수업의 교수-학습 효과 증대를 위해 열심히 개발하여 사용한다고 해도 수업을 수강하는 학생이 수업형태에 적응하지 못한다면 당초 목표로 한 교수-학습 효과에는 도달하지 못할 것이다.

표 6-12 교수법 주요 내용 및 필요 학습역량

수업유형	내용	필요 학습역량
강의식	• 가장 오래되고 전통적인 방식으로, 교수자가 학습자에게 어떤 주제에 관한 지식, 정보 등을 직접적으로 언어를 통해 제공하는 형태의 교육방법	참여(발표, 토론, 질문) 몰입/목표 수립 성취지향
팀티칭 (Team Teaching)	• 두 명 또는 그 이상의 교수자들이 팀(team)으로 하나의 수업을 운영하는 것	인지와 이해 수용력 분석 및 비판 자기주도적 학습 융합적 이해 및 판단
문제중심 수업 (Problem-Based Learning)	• 교과 내용과 관련해서 제시한 비구조화된 실제적 문제를 그룹 활동을 통해 문제 상황 분석, 자료 수집 및 정리, 활용을 통해 문제를 해결하는 수업방식 • 개별학습과 협동학습을 통해 공동의 해결안 마련	지식정보처리 경청/질문 소통/협업 공유/표현 키워드 중심 사고

〈계속〉

협동학습 (Collaborative Learning)	• 공통 과제를 학생들이 함께 학습하고, 서로 격려하는 수업방식 • 동료 간에 토론 및 탐구를 통해 학습과정에서 학생들이 깊이 있고 능동적으로 참여하는 것	개별 책무성 협동/대인관계 팀워크/문제해결
거꾸로 수업 (Flipped Learning)	• 강의실에서 이루어지던 전통적인 교수법기반의 지식 전달방식에서 온라인으로 사전 학습될 수 있도록 진행하고, 강의실에서는 구성주의기반의 학습자가 중심이 되어 활동하는 교수학습모형 • 먼저 온라인에서 스스로 개념을 학습한 후, 강의실에서는 협력으로 문제를 해결해 나가는 활동 수행	학습 지향성 피드백 도움 요청 동료 상호 작용 지식 확장 성실한 학습관리
프로젝트 수업 (Project- Based Learning)	• 학습자의 실제 활동을 중심으로 교육 원리에 따라 학습자가 주도적으로 문제해결역량을 키우면서 학습하는 수업방식 • 프로젝트 추진 기간 동안, 학생들은 자가 질문과 아이디어 토론을 통해 다음 단계를 예측하며, 실험·계획 설계 및 데이터 수집·분석, 그리고 결론을 도출하고 다른 학생들과 아이디어를 공유, 새로운 질문과 결과물을 만듦으로써 복잡한 문제의 해결방안 마련	과제산출물 질 관리 프로젝트 일정 관리 자료관리/정보탐색 아이디어 발상 지식 표현 갈등조정/의사소통 공유와 협력 주도성 과제지향성
역량중심 수업 (Competency- Based Learning)	• 학문적인 내용 중심의 교수자가 지배적인 교육보다는 적절한 지식활용능력을 키워 주기 위한 학습자의 학습에 초점을 둔 교육방식 • 도구를 상호적으로 사용하는 능력, 이질적 집단 내에서 상호작용하는 능력, 자율적으로 행동하는 능력	비판적 사고력 단편적 지식의 종합 의사소통능력 자기주도적 학습능력 문제해결능력 협동능력
게이미피 케이션 (Gamification)	• 게임 구성요소를 게임이 아닌 영역에 접목시켜 참여자 간 협력을 유도하고, 다자 간의 참여를 촉진하는 방법 • 학습자 스스로 학습 태도를 유지하고 학습 방향을 수정해 나가면서 학습의 지속성 유지	목표설정(계획 수립) 동기부여 성취욕 상호작용
사례연구 (Case Study)	• 시나리오 또는 일화와 같은 사례를 중심으로 문제를 파악하고 해결하기 위한 지식 및 기술을 명료화시켜 나가면서 학습하는 방식	상호작용 통찰력/관계성 철저성/조직력
액션러닝 (Action Learning)	• 학습 팀을 구성하여 러닝코치와 함께 각자 자기 자신의 과제 또는 팀 전체의 공동과제를 정해진 시점까지 해결하고, 지식을 습득하고 질문하며, 피드백과 성찰을 통해 과제의 내용적인 측면과 해결과정을 학습해 가는 방법	자기주도성 대인관계 사고력 문제해결 성찰 및 피드백 수용

〈계속〉

하브루타 (havruta)	• 학생과 학생 간 질문과 대화, 토론과 논쟁의 과정을 거쳐 이루어진다는 사실에 기초하여 특정사항을 외우고 인지하는 것보다 학생의 뇌를 자극해 사고력을 향상시켜 안목과 통찰력, 비판적 사고력을 키워 주는 교육방법 • 자신의 견해를 확실히 하고 동료에게 질문과 대답의 과정을 통해 서로 학습하기도 하고 가르치기도 하는 과정 속에서 다양한 시각에서 지식의 이해와 문제해결	토론 논리적 · 비판적 사고 의사소통 자기주도학습 문제해결 창의성 공동체

(2) 교수지원 프로그램 운영을 위한 조직의 인프라 구축

교수지원 프로그램을 운영하기 위해서는 대학 조직 내에 필요한 인프라를 구축해야 한다. 다양한 교수학습 과정의 특성을 반영한 학습 공간의 구축은 필수적이라고 할 수 있다. 대표적인 교수학습공간으로는 첨단형 강의실, 토론형 강의실, 그리고 셀프 스튜디오, 강의 컨설팅 룸 등이 있다.

첨단형 강의실은 그룹별 PC와 모니터를 구성한 그룹 토론 시스템이 구축되어 있고, 상호소통의 편의성을 증대하기 위한 화면공유 시스템, 즉 교수자와 학습자 간의 모니터 화면을 공유하여 상호작용이 일어날 수 있는 시스템과 화상강의 시스템 등이 구비되어 있어 협력학습을 지원하고 학습을 통해 수집할 수 있는 각종 데이터를 저장해 둘 수 있는 첨단형 강의실을 구축하는 것을 권장한다. 첨단형 강의실에서는 플립드 러닝, 협력학습, 역량중심 수업, 게이미피케이션, 액션러닝 등이 가능하다.

토론형 강의실은 협력학습을 지원하기 위해 구축하는 강의실로, 그룹토의가 가능하도록 쉽게 이동하여 배치할 수 있는 이동식 책 · 걸상, 가능한 벽면에 화이트보드를 설치하여 구성원 간 상호작용이 가능하도록 구축한 강의실을 말한다. 이 토론

〈첨단형 강의실〉

〈토론형 강의실〉

형 강의실에서는 팀티칭, 문제중심 수업, 협력학습, 프로젝트 수업 등을 활용할 수 있는 공간이다.

셀프 스튜디오는 온라인 동영상 강의 콘텐츠를 신규 제작 시 활용하기 위한 공간으로 셀프녹화 시스템을 통해 소프트웨어와 하드웨어의 API를 연동하여 손쉽게 교수자가 강의 콘텐츠를 제작할 수 있고 녹화의 전(全) 과정을 콘텐츠관리 시스템(CMS)에 등록하며 학습관리 시스템(LMS)에 자동적으로 게시할 수 있도록 해야 한다. 또한 터치 모니터 및 프롬프터 등 멀티미디어 기자재를 통한 손쉬운 개인형 강의 콘텐츠 제작이 가능하도록 지원하기 위한 멀티미디어 디바이스, HD 카메라, 강의자동녹화 시스템, 오디오 믹서, 영상 백그라운드 변경 등의 설비와 기자재를 갖추어야 한다.

강의 컨설팅 룸은 교수자가 진행 중인 강의에 대한 컨설팅을 진행하기 위한 공간으로, 녹화된 장비를 모니터링할 수 있는 장비와 상호 토의할 수 있는 컨설팅 공간이면 가능하다.

〈셀프 스튜디오〉　　　　　　　　　〈강의 컨설팅 룸〉

(3) 교수의 생애주기를 고려한 교수지원 프로그램의 구성

교수지원 프로그램의 구성은 각 대학마다 다양하다. 각 대학의 교수학습센터에서 지향하는 방향 설정에 따라 다를 수 있다. 교수지원 프로그램도 교수의 생애주기(life cycle)에 따라 적절한 교수법을 제공해 주는 것이 필요하다. 조교수, 부교수, 교수의 직급 승진 시기에 맞춰서 필요로 하는 최신 교수법을 제공함으로써 학생의 학습을 증진시킬 수 있다. 또한 모든 시기에 공통적으로 필요로 하는 교수법은 상시 개설하여 교수자가 활용할 수 있도록 해야 한다. 〈표 6-12〉에서 제시한 교수법 중 각 학문 분야별 특성을 고려하여 선택한 교수법을 제공하면 된다. 교수지원 프로그램을 제공하는 교수학습센터에서는 교수자의 요구를 사전에 파악하여 수요조사 결과를 반영한 교수지원 프로그램을 구성하여 제공해야 한다. 이를 통해 교수지원 프로그램의 이수 실적을 점수화하여 교원업적평가 교육업적에 반영하여 승진 시 필수요건으로 평가하여 지속적으로 최신 교수법을 이수한 실적을 통해 교수역량을 강화시켜 나갈 수 있다.

또한 신임교원의 경우에는 교수법에 대해 접할 기회가 없는 경우도 있을 수 있기 때문에 대학에서 신임교원을 대상으로 필수적으로 참여해야 하는 교수지원 프로그램과 참여횟수를 설정하는 것을 권장한다. 예를 들면, 앞서 살펴본 대학에서 제시한 바와 같이, 신임교원 오리엔테이션 1회, 교수법 워크숍 3회, 마이크로 티칭 1회, 1:1 코칭 2회 등은 신임교원으로 임용된 이후 2년 이내에 반드시 이수하도록 하는 것이 좋은 방법이다. 이 또한 교원업적평가 시 반드시 반영하여 필수적으로 이수될 수 있도록 하고, 이수한 교수지원 프로그램이 강의에 직접적으로 활용될 수 있도록 하여 신임교원의 강의에 도움을 주어야 한다.

(4) 참여율 증대 방안: 학생 학습역량 제고 방향으로 유도

교수자를 대상으로 본인 수업을 수강하는 학생들이 갖추었으면 하는 학습역량을 조사해 보자. 이때 갖추길 원하는 학습역량을 교과목별로 교수자에게 직접 작성하게 하는 식은 크게 도움이 되지 않는다. 오히려 교수자가 적어 보낸 학습역량을 카테고리별로 정리하기가 힘들 뿐이다. 원하는 정보를 얻기 위해서는 기본적인 수고를 해야 한다는 사실을 잊지 말아야 한다. 교수학습센터(CTL) 중심의 조사방법은 문제중심 학습(PBL), 역량중심 수업(CBL), 거꾸로 수업(FL) 등 수업유형의 특징을 통해 학습자가 어떤 학습역량을 갖추고 있을 때 긍정적 학습효과가 나타날 수 있는지를 교수자에게 제시해 주면서 선택하라고 하는 것이다. 교수 중심의 조사방법은 학습역량 진단도구의 하위 구성요소를 활용하여 여러 가지 학습역량을 나열해 놓고 교수자의 수업유형과 필요한 학습역량을 선택하라고 하는 것이다.

수업유형에서 요구되는 학습역량을 정리한 후 강의계획서에서 제시해 주어야 한다. 그리고 첫 수업 오리엔테이션 시간에 교수자가 학생에게 본인의 수업에서 필요한 학습역량을 안내한다. 또한, 이러한 학습지원 프로그램을 교수학습센터에서 제공해 주고 있으니 수업에 잘 적응하고 높은 학업성취를 얻으려면 참여해 보라고 안내해 줄 수 있다. 선행조건은 사전에 교수학습센터에서 학습지원 프로그램의 해당 학기 계획(주제, 일정)을 미리 세워 놓아야 한다. 이 사전조사방법은 교수학습센터와 교수의 협력이 중요하다. 협력이 잘 되면 학습지원 프로그램의 참여자 수 증가로 이어질 수 있고 신규 참여자도 늘어날 수 있으며, 전체적인 재학생들의 학습역량 향상에도 도움이 된다.

(5) 교수지원 프로그램 환류 체계

교수학습센터에서 직접적으로 시행하는 교수지원 프로그램과 외부기관에 의뢰 또는 시행되는 교수지원 프로그램을 이수한 후에 반드시 수행해야 할 사항이 제공된 교수지원 프로그램에 대한 만족도 조사, 그리고 향후 필요한 교수지원 프로그램에 대한 요구 조사 등이다.

만족도 조사의 경우, 교수지원 프로그램과 강사진에 단순히 만족한 정도가 어느 정도인지에 대한 설문도 필요하지만, 제공된 교수지원 프로그램과 강사진에서 어느 부분이 만족스러웠는지에 대한 구체적인 조사도 필요하다. 즉, 만족도 조사 문항을 설계 시 구체성과 체계성을 만족도 조사에 포함하도록 한다.

또한 단순한 개방형 질문(open question)보다는 좀 더 구체적인 개방형 질문을 통해 교수지원 프로그램 이수자가 수월하게 응답할 수 있도록 하여야 한다. 그 응답 결과를 실행하여 프로그램을 개선해 나가 다시 프로그램에 환류해 나갈 수 있다. 즉, 제공된 교수지원 프로그램의 문제점을 상세하게 파악할 수 있도록 만족도 조사에 반드시 포함하도록 해야 한다. 이를 통해 교수지원 프로그램의 문제점을 개선하여 향후 개선된 교수지원 프로그램으로 환류(feedback)될 수 있도록 해야 한다.

5. 교수지원 성과관리를 위한 제언

대다수 대학에서 공통적으로 운영되는 교수지원 프로그램으로는 교수법 특강 및 세미나, 워크숍, 교원학습공동체 형식으로 운영되는 교수자 교수법 연구모임, 마이크로 티칭 및 1:1 코칭과 같은 강의 컨설팅 프로그램, 신임교원을 대상으로 하는 교수지원 프로그램 등이 있다. 반면, 대학에서 차별화시켜 운영해 볼 수 있는 교수지원 프로그램으로는, 첫째, 교원업적평가와 연계하여 일정 시간에 해당되는 교수지원 프로그램을 의무 이수하도록 하는 것이다. 둘째, 외국인 교원을 대상으로 교수지원 프로그램을 운영하여 재학생의 학업에도 영향을 미칠 수 있도록 지원하는 것이다. 셋째, 경력단계별·학문단위별로 필요로 하는 특화된 교수지원 프로그램을 기획·운영하는 것이다. 신임교원에게 필요한 교수지원 프로그램과 조교수, 부교수, 교수로 승진해 나가면서 권장하는 경력단계별 교수지원 프로그램은 다를 수밖에 없기 때문이다.

마지막으로, 교수지원 프로그램은 학습자에게 보다 질 좋은 강의를 제공하기 위해서 반드시 필요하다. 그럼에도 불구하고 많은 대학은 각종 대학평가에 비중이 높은 학습자 중심의 내용에 초점을 두고 지원·운영하고 있다. 학습자에게 강의의 질 제고를 위해서 학습지원 프로그램보다 더 근본적으로 개선이 요구되는 것이 바로 교수지원 프로그램임에도 대부분 이를 간과하고 있다. 앞서 살펴본 교수지원 프로그램의 공통점과 차별점을 통해 각 대학의 교수지원 성과관리를 위해서 공통적으로 운영되는 프로그램에 대해서는 정량적 성과관리를 중심으로 실시하여 전국대학 간의 비교 분석하는 것이 필요하고, 차별적으로 운영되고 있는 프로그램에 대해서는 정성적 성과관리를 중심으로 하되, 점진적으로 정량적 성과관리도 병행해야 한다. 이는 곧 교수지원 프로그램에 대한 공유·확산을 위한 정량적·정성적 성과관리가 이루어질 수 있도록 하는 데 필요한 것이며, 각 대학의 특성을 고려하여 적합한 성과관리 모형을 적용하고 교수지원 성과관리를 실시하여 결국 교수지원 성과관리의 최종 목표인 교수자의 역량 향상을 통한 강의의 질 제고에 기여할 수 있다.

제 **7** 장

수업 질 관리

I. 수업 질 관리의 의미

　교육과정은 15주 또는 16주간의 수업을 통해 실행된다. 아무리 좋은 교육과정을 만들어도 이것이 제대로 실행되지 않으면 소용이 없기 때문에 수업의 중요성은 아무리 강조해도 지나치지 않는다. 교육이 시작된 이래로 중요한 문제로 다루어지는 수업의 질을 높이기 위해서는 누가, 어떻게, 무엇을 고민해야 하는가?

　수업의 질을 논할 때 가장 먼저 떠오르는 대상은 교수자이다. 교육과정은 교수자 개인보다는 학과 또는 단과대학, 더 나아가 대학 차원의 숙의와 합의가 필요하지만 수업은 교수자 개인에 전적으로 맡겨진 경우가 대부분이기 때문이다. 수업 질의 맹점은 바로 수업에 관한 많은 부분이 교수자 개인의 재량에 의해 결정된다는 것이다. 이를 '교육과정은 교사이다.'라고 한 문장으로 표현할 수도 있다. 교육과정을 실행하는 중요한 주체가 교사이기 때문에 교수자의 역량은 곧 수업을 포함한 교육과정의 질을 결정한다는 의미이다. 교수자는 해당 전공에 대한 전문가이지만, 수업을 계획하고 설계하며 운영하는 부분에 있어 전문가는 아니다. 따라서 대학은 2000년대 초반부터 교수학습센터를 설립하여 교수자를 대상으로 강의역량 향상에 필요한 다양한 교육을 실시하고 수업에 적용할 수 있도록 지원하고 있다.

그렇다면 학습자는 어떠한가? 21세기 들어 교수자 중심에서 학습자 중심으로 교육 패러다임이 변화하면서 수업의 주인공은 학습자가 되었다. 그간 학습자가 교수자 중심의 강의를 보고 듣는 청중이었다면, 이제는 교수자가 작가 또는 감독이 되어 설계한 수업에서 능동적인 학습 활동을 수행하는 주인공이 된 것이다. 학습자의 적극적인 학습참여와 학습역량은 수업의 질에 영향을 미치는 요인이 되었고, 학습자의 학습동기와 학습역량의 향상은 대학 교수학습지원의 다른 한 축을 구성하고 있다. 더불어 모든 학생이 동등한 수업기회를 가질 수 있도록 장애학생을 지원하고, 학생의 학습 수준이나 흥미에 따라 개별화된 학습기회를 제공하고 있다.

교수학습 환경 역시 수업의 질에 영향을 미치는 중요한 요소이다. 교수자가 실험실습 교과목을 운영하는 데 실험재료가 부족하거나, 동영상 자료를 시청하는 데 음향시설이 고장나 있다면 수업은 제대로 운영될 수 없다. 학생이 팀을 구성하여 토론하는 수업에서 책상을 자유롭게 움직이지 못한다면 또는 플립러닝을 적용하려는 교과목에서 이러닝 콘텐츠를 업로드할 플랫폼이 없거나 부실하다면 수업의 질은 떨어질 수밖에 없다. 이처럼 수업의 질은 교수자, 학습자, 환경 등에 영향을 받는다. 그렇다면 성과관리 차원에서 대학이 수업의 질을 제고하기 위해 어떠한 노력을 기울일 수 있는지 살펴보도록 하겠다.

2. 수업 질 관리의 이해

수업의 질이 높다는 것은 무엇을 의미하는가? 교수와 학생 간 소통이 활발한 수업인가? 또는 학생이 높은 성과를 보이는 수업인가? 이러한 질문은 교육을 어떻게 바라보는지에 따라 대답이 달라질 수 있는 어려운 질문이다. 그러나 이를 차치하더라도 교수자가 수업에 얼마나 관심을 갖고 좋은 수업을 만들기 위한 노력을 기울이는지, 학교는 이러한 교수자를 충분히 지원하고 있는지, 수업의 질을 제고하기 위한 체계를 갖추고 충분한 노력을 기울이고 있는지 등에 대한 질문은 개인의 교육철학과 무관하게 수업의 질 관리를 위해 점검해야 할 사항이라고 할 수 있다.

좋은 수업을 위한 교수자의 관심과 노력은 교육내용에 대한 깊은 이해와 내용에 적절한 수업방법을 고민하는 것에서 출발한다. 즉, 동일한 내용이라도 어떻게 하면 학습자가 효과적으로 학습할 수 있을지에 대한 다각적인 검토가 필요하다. 그러기 위해서 교수자는 수업방법에는 어떤 것이 있는지, 장단점은 무엇인지, 특정 수업방법을 이 내용에 구체적으로 어떻게 적용할 것인지, 필요한 자료는 무엇인지 등 고민해야 할 것이 많다. 앞서 언급했듯 교수자는 내용전문가이지만 수업방법에 대한 전문가는 아니기 때문에 수업 질 개선을 위한 새로운 시도에 대해 전문적인 지원이 필요하다. 특정 방법을 수업에 적용하는 데 연구해야 할 자원이 확보되어야 하고, 전문가의 자문이나 컨설팅 등이 뒷받침되어야 한다.

수업의 질을 결정할 수 있는 중요한 주체는 교수자와 학습자임이 분명하다. 그러나 대학 역시 다양한 지원과 노력을 통해 수업의 질을 제고할 수 있는 중요한 주체가 되어야 한다. 예를 들면, 교수자가 신교수법을 적용한 교과목을 개발할 때 활용할 수 있는 가이드북을 제공하거나, 교과목을 운영할 때 적용되는 규정이나 지침 마련, 관련 운영위원회 구성 및 운영, 강의실 환경 개선 등은 대학에서 할 수 있는 수업 질 관리 노력이다. 사실 대학 차원에서 수업에 대한 개별 교수자의 관심과 노력을 객관적으로 살펴보기에는 현실적인 어려움이 있다. 수업을 진행하는 강의실에 일일이 찾아가 어떻게 교수자가 수업을 운영하는지 모니터링하면서 수업의 질을 평가할 수 없기 때문이다. 다만 대학은 수업의 질 관리 체계를 마련해서 교수자가 수업의 질을 개선할 수 있는 활동을 적극적으로 실시하고 양질의 수업을 제공할 수 있도록 가이드라인을 제시할 필요가 있다.

수업의 질 관리 체계 중 우리가 흔히 떠올리는 대표적인 것은 수업계획서, 수업평가, CQI(Continuous Quality Improvement) 보고서 등이다. 수업계획서는 수업 운영 전 교수자가 한 학기 수업을 어떻게 설계하고 계획하였는지 살펴볼 수 있다. 최근에는 분반이 다수 개설되는 교과목에 대해 수업을 맡은 교수자에 따라 수업의 질이 차이가 나지 않도록 교과목을 통해 추구하는 목표, 학습내용, 수업방법, 평가방법 등을 균일하게 설정하여 수업계획서와 별도로 교과목 개요서, 설명서 등을 작성하도록 하고 있다. 수업이 운영되는 도중, 수업을 마친 후에는 수강한 학생이 수업에 대해 평가하고, 교수자가 CQI 보고서를 작성하게 하여 수업 평가 결과를 토대로 교수자의 성찰 및 수업 개선 계획을 작성하도록 한다. 이러한 일련의 체계는 지금은 당연한 것이 되었지만 도입 초기에는 많은 진통을 겪었다.

현재는 전자출결 시스템이 이와 유사한 상황이다. 교수자가 출석 학생을 호명하는 방식에 비해 신속하고 정확하게 출석을 확인한다는 취지에서 도입되었으나, 대학마다 논란의 여지가 있어 이를 운영하는 방식에서 차이를 보인다. 모든 수업에 전면적으로 적용하는 대학, 교수자 대상에 따라 운영방식을 달리한 대학, 휴보강에 대해서만 적용하는 대학 등이다. 전자출결 시스템을 활용한 학사정보는 수업 운영 관리와 더불어 체계적인 학사관리에 유용한 데이터가 된다. 즉, 수업 운영이 주차에 맞추어 제대로 이루어졌는지, 휴강 시 보강이 이루어졌는지 등을 비교적 엄격하게 관리할 수 있다. 또한 대학의 학사 시스템과 연계하여 얼마 이상 수업에 참여하지 않는 학생을 자동으로 알려 학습 곤란이나 중도탈락을 방지할 수 있도록 설계하여 운영하기도 한다.

수업을 운영하고 난 후 교수자와 대학 모두가 가장 기대하는 결과는 학생의 지식, 기술, 태도 등 역량이 향상되는 것이다. 다수의 수업과 교과목, 즉 대학이 설계한 교육과정을 이수한 졸업생의 역량이 높아지는 것을 기대하고 그렇게 된다면 자연스럽게 대학의 교육적 평판도 높아질 것이다. 따라서 수업의 질을 관리하기 위해 개별 수업 단위에서 평가가 이루어진다. 이때, 평가는 교수자 및 수업에 대한 평가와 수업을 통한 학습자의 학업 성취에 대한 평가로 구분할 수 있다. 평가는 평가행위가 체계적으로 이루어지는지와 더불어 평가 결과에 대한 환류가 적절하게 이루어지고 있는지에 대해 검토해야 한다.

중간 및 최종 수업평가 후 평가 결과를 기반으로 수업을 운영한 교수자가 주체가 되어 수업 개선을 위한 CQI 보고서를 작성한다. 대학 차원에서는 수업평가 결과를 교수자 외 교내 구성원에 공개하거나 평가 결과와 교육 활동 전반의 노력을 토대로 최우수교수자를 선정하여 시상한다. 또한 수업을 수강한 학생을 대상으로 좋은 수업 에세이 공모전 등을 실시하여 우수한 수업 사례를 공유하기도 한다. 반면, 일정 기준에 근거하여 수업평가가 저조한 경우 교수학습센터에서 마련한 수업촬영 및 컨설팅, 교수능력 향상 프로그램 등을 이수하도록 규정화한 대학도 다수이다.

학습자를 대상으로 한 평가 역시 결과를 토대로 환류하고 있다. 학업성취가 높은 학생을 대상으로 해외연수, 기업연계현장실습, 집중캠프 등 Honors 프로그램을 마련하여 다양한 교육적 경험을 통해 성장할 수 있는 기회를 제공한다. 반면 학습에 곤란을 겪는 학생에게는 학습상담, 기초학습 멘토 및 튜터링, 학습동기 및 학습법 향상 프로그램 등 원활한 대학학습을 위한 지원을 제공한다. 더불어 이러한 지원 후 학습자의 역량이나 학습성취에 변화가 있는지 분석하면서 대학의 지원 체계가 적절한지 검토하고 이를 수정하거나 지속적으로 운영해 나간다.

앞서 살펴보았듯이 대학은 수업 운영을 위한 일련의 과정을 대학이 세워 놓은 일정한 기준과 절차에 따라 운영하고, 수업 운영 후 그 결과를 분석하고 환류함으로써 수업 개선이 이루어질 수 있도록 해야 한다. 이때 대상은 수업의 질을 결정하는 교수 활동과 학습 활동이며, 규정과 지침에 근거하여 수업 운영 과정에 따른 적절한 시기를 고려하여야 한다. 이를 정리하자면 다음과 같은 사항을 검토할 필요가 있다.

　첫째, 수업의 질 관리 체계: 조직, 규정, 내용, 시스템, 환류
　둘째, 대상에 따른 수업의 질 관리: 대학, 교수자, 학습자, 환경
　셋째, 시기에 따른 수업의 질 관리: 수업 운영 전, 운영 중, 운영 후
　넷째, 수업 운영 결과에 따른 환류: 수업평가, 학업성취

3. 효과적인 성과관리를 위한 수업 질 관리 대학 사례

1) 한라대학교: 강좌 단위의 교과목 인증제 운영

한라대학교는 2019년 2학기부터 수업의 질 관리를 위해 교육과정, 교과목 및 개별 강의 단위의 질 관리 체계를 마련하여 운영하고 있다. 교과목 인증제 운영은 교육성과관리센터에서 주관하며 교과목인증평가위원회에서는 심층 심사를, 교육성과관리위원회에서는 교과목 인증 여부의 최종 심의를 담당한다.

교과목 인증제는 교양 및 전공 교과목의 모든 강좌를 대상으로 운영하며 교과목 포트폴리오의 완성도, 수업계획의 충실도, 수업평가 및 학생성취도 결과, 교과목 CQI의 실효성을 만족하는 강좌에 한해 인증 여부를 결정한다. 교수자는 사전에 교과목 인증제 참여 여부를 신청하고 강좌 운영 후 일정 양식을 갖춘 교과목 포트폴리오를 제출한다. 이후 교내외 전문가로 구성된 교과목인증평가위원회의 평가를 거쳐, 교육성과관리위원회에서 인증 여부를 최종 결정한다. 교과목 인증제의 운영 절차는 [그림 7-1]과 같다.

[그림 7-1] 한라대학교 교과목 인증제 운영 절차

교과목 인증제를 위해 제출하는 교과목 포트폴리오는 교과목 계획 및 운영 결과를 종합적으로 검토할 수 있는 자료집으로 구체적인 구성은 〈표 7-1〉과 같다.

표 7-1 | 교과목 포트폴리오 구성

구분	항목	비고
수업계획	교과목 개요서	필수 제출
	수업 계획서	
수업운영	출석부 사본	필수 제출
	강의자료(교재 목차, Hand out 등)	
	중간고사 문제 및 답안지 사본	
	기말고사 문제 및 답안지 사본	
	과제물(보고서) 샘플 사본	자율 제출
	프로젝트 결과물 사본	
	Quiz 문제 및 답안지 사본	
	학습상담 실적	
	기타 학습 관련 자료	
수업평가	강의 설문 결과 분석자료	필수 제출
환류	CQI 보고서	필수 제출

교과목 인증은 강좌 단위를 인증 단위로 하며, 학기별로 강좌의 담당교원이 변경되는 경우 인증이 중지된다. 더불어 한 명의 교강사가 동일 교과목의 복수 강좌를 운영할 때는 복수개 통합 강좌를 인증 단위로 하여 해당하는 모든 강좌가 인증을 받아야 하고, 통합된 강좌가 인증된 경우 해당 강좌는 분반 수와 관계없이 모두 인증을 유지한다. 교과목 인증평가는 교과목 인증제에 신규로 진입하는 강좌를 대상

으로 한 신규평가, 조건부 인증을 받은 강좌를 대상으로 한 중간평가, 정기평가로
나뉘며, 구체적인 판정 기준은 〈표 7-2〉와 같다.

표 7-2 | 인증평가 종류 및 심사 결과에 의한 판정 기준

인증평가	인증평가 결과에 의한 판정 기준			
	D[주]가 없는 경우			D가 있는 경우
	80점 이상	70점 이상, 80점 미만	70점 미만	
신규평가	신규 인증	(신규)조건부 인증	불인증	불인증
중간평가	조건부 해제	인증 취소	인증 취소	인증 취소
정기평가	계속 인증	(계속)조건부 인증	불인증	불인증

(주) D: 제17조 제1항에 기술된 'defect'를 말함

　　이러한 일련의 과정을 거쳐 신규 인증은 2년, 계속 인증은 4년, 조건부 인증은
2년의 유효기간을 갖는다. 인증평가 결과, 불인증 또는 인증 취소를 받은 강좌에
대해서는 1년간 인증평가 신청을 할 수 없고, 인증유효 기간이 종료될 때까지 후
속평가를 받지 않는 경우에는 인증이 종료된다. 그 밖에도 수강신청 이전 교과목
개요서 및 수업계획서 미제출 강좌, 교과목 포트폴리오 기간 내 미제출 강좌, 수업
기간 미준수 강좌, 수업 운영 결손 강좌 등은 인증유효 기간 중이라도 인증을 취소
할 수 있다.

　　교과목 인증제의 성과확산을 위해 교과목 포트폴리오 경진대회를 운영하여 강의
우수교원을 포상하고, 인증제를 받은 교원에 한해 교원업적평가의 관련 점수를 가
중 받을 수 있다. 또한 강좌 단위의 교과목 인증제와 교육과정 인증제를 연계하여
일정 비율 이상의 교과목 인증이 이루어져야 교육과정 인증을 받을 수 있도록 설계
한 부분이 특징이다. 더불어 교수자가 제출한 포트폴리오의 CQI 내용은 교육성과
관리센터에서 분석하여 관련 회의를 통해 교육개선에 활용하는 체계를 운영하여
교수자 및 대학 차원에서 수업의 질 관리를 실시하고 있다.

2) 한양대: 수업방법(IC-PBL) 개선

　　한양대학교는 IC-PBL(Industry Coupled-Problem Based Learning)이라는 수업방법

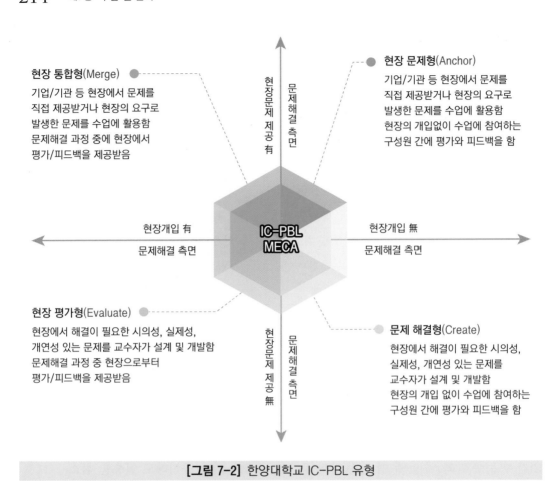

현장 통합형(Merge)

기업/기관 등 현장에서 문제를
직접 제공받거나 현장의 요구로
발생한 문제를 수업에 활용함
문제해결 과정 중에 현장에서
평가/피드백을 제공받음

현장 문제형(Anchor)

기업/기관 등 현장에서 문제를
직접 제공받거나 현장의 요구로
발생한 문제를 수업에 활용함
현장의 개입없이 수업에 참여하는
구성원 간에 평가와 피드백을 함

현장문제 제공 有

문제해결 측면

현장개입 有

문제해결 측면

IC-PBL
MECA

현장개입 無

문제해결 측면

현장문제 제공 無

문제해결 측면

현장 평가형(Evaluate)

현장에서 해결이 필요한 시의성, 실제성,
개연성 있는 문제를 교수자가 설계 및 개발함
문제해결 과정 중 현장으로부터
평가/피드백을 제공받음

문제 해결형(Create)

현장에서 해결이 필요한 시의성,
실제성, 개연성 있는 문제를
교수자가 설계 및 개발함
현장의 개입 없이 수업에 참여하는
구성원 간에 평가와 피드백을 함

[그림 7-2] 한양대학교 IC-PBL 유형

출처: 한양대학교 ERICA IC-PBL 홈페이지(http://pbl.hanyang.ac.kr/?act=info.page&pcode=information) 참조

을 적용하여 수업의 질 관리를 수행하고 있다는 점에서 사례로 제시하였다. 한양대학교는 2016년부터 PBL 센터를 설립하여 PBL 수업방법을 적용한 교과목 개발 및 운영 노력을 지속하고 있다. 2017년부터는 산학연계성을 강화한 IC-PBL을 브랜드화하며 IC-PBL 센터로 개편하였다.

IC-PBL은 산업체(Industry), 지역사회(Society), 대학의 연계를 통해 학습자가 현장에서 발생하는 실제적인 문제를 해결하는 한양대학교 ERICA의 교육모델이다. IC-PBL 유형은 현장에서의 문제 제공 여부와 문제해결 과정 중 현장 개입 여부에 따라 네 가지 유형으로 구분하며 [그림 7-2]와 같다.

한양대학교 IC-PBL 운영을 위해 IC-PBL 센터에서는 수업 개발 및 활동을 위한 다양한 지원을 실시하고 있다. 교수대상 지원으로는 교수법 워크숍, 교수자 1:1 수업컨설팅, IC-PBL 튜터 교육, 수업공모, 연구지원, 교수 팁 제공 등을 실시하고, 학습지원으로 학습법 워크숍, 모둠 학습지원, IC-PBL 튜터 Incubating, 학습 팁 제공 등을 실시하고 있다. 더불어 IC-PBL 경진대회, IC-PBL 교과목 수강 후기 공모전 등을 통해 수업에 대한 정보를 제공하고 성과를 확산하고 있다. 또한 원활한 IC-PBL 수업 운영을 위해 강의실 및 조별 활동이 가능한 학습공간을 단과대학별 및 학생복지관 등에 마련하여 IC-PBL 수업방법으로 개선하고 운영하기 위한 체계적인 노력을 기울이고 있다.

3) 전북대: 유연한 학사구조에 따른 수업 운영 혁신

전북대학교는 유연한 학사구조를 운영하면서 이에 적합한 수업관리를 수행하고 있다는 점에서 사례로 제시하였다. 전북대학교는 2012년부터 4학기제(1학기, 2학기, 여름학기, 겨울학기)를 운영하는 유연한 학사구조를 갖고 있다. 4학기제는 기초역량 강화를 위한 선수·후수 이수체계에 따라 수준별 수업을 운영하는 제도로 1, 2학기에 기초 교과목을 이수한 학생의 경우 여름 및 겨울 특별학기에 정규 교과목을 이수하도록 한다(전북대학교, 2015). 전북대학교는 유연한 학사구조에 따라 수업운영 지침, 수강신청 시스템, 강의평가 등 수업 질 관리를 위한 제도를 다음과 같이 개선하였다(김미란 외, 2017, pp. 86-87).

첫째, 교양 및 전공 교과목의 선수·후수 이수체계를 정리하고, 수강신청 시스템을 통해 교과목 수강신청 시 선수 교과목을 이수하지 않은 경우 후수 교과목을 신청할 수 없도록 제한하였다. 다만 선수 교과목 미이수자의 경우, 선수 교과목에 대한 이해도를 평가한 결과에 따라 후수 교과목을 수강할 수 있도록 허가하고 있다. 둘째, 2016년부터 성적처리에 관한 규정에 따라 동일 교과목 동일 교수 담당 분반 교과목을 통합적으로 성적처리를 하도록 개선되었다. 셋째, 강의평가는 그 기준과 시스템을 일부 개정하고, 평가문항 수를 일반 교과목은 11개에서 10개로, 원어강의는 12개에서 11개로 축소하였다. 평가시기도 중간평가를 7주차에서 6주차로, 최종평가도 13주차에서 12주차로 변경하였고, 평가관리계획, 시험 및 과제 적정성, 수업에서 인상 깊고 유익했던 내용, 강의 진도 및 난이도 적정성 등 평가내용을 개선하였다.

4. 수업 질 관리 방안

1) 수업 질 관리 모형

수업이 개설되고 운영되는 과정을 살펴보면 매 학기가 시작하기 전 어떠한 수업이 운영될 것인지, 교수자는 누구인지, 시간표를 어떻게 작성할 것인지 결정한다. 교수자는 수업 운영 전반을 담은 수업계획서를 작성하고 이를 모든 학생에게 제공하여 수강신청을 할 수 있도록 한다. 이후 대학이 정해 놓은 일정에 따라 수업을 운영하고, 수업 운영 후 학습자의 학업성취와 수업에 대한 평가와 환류 활동을 진행한다. 수업을 개설하고 지원하는 일련의 성과관리 체계도를 [그림 7-3]과 같이 나타낼 수 있다.

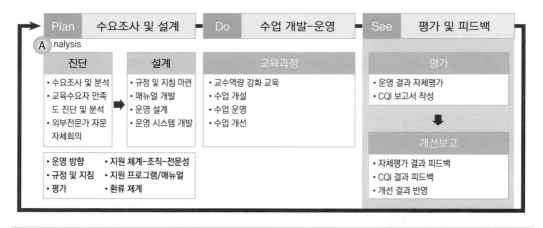

[그림 7-3] 수업 질 관리 성과관리 체계도

이러한 일련의 과정은 투입-과정-산출로 정리할 수 있고, 이를 수업 질 관리 모형으로 요약하자면 〈표 7-3〉과 같다.

표 7-3 ┃ 수업 질 관리 모형

구분	투입	과정	산출	
영역 분류	조직 · 체계	수업 개발 및 운영	수업 평가 · 환류	
기본 영역	지원 체계	개선 및 운영	평가	환류
주요 쟁점	• 조직의 전문성 • 수업 운영 체계의 타당성 및 적절성	• 수업 개선의 적절성 • 수업 운영의 체계성	• 수업 운영의 엄정성 • 학업성취도 및 수업평가 결과의 타당성 및 신뢰성	• 수업 운영 평가 결과 환류의 체계성 및 적절성 • 우수 결과의 공유 및 확산

　대학마다 수업의 질 관리가 제대로 이루어지고 있는지 점검하고자 한다면 1차적으로 수업 질 관리의 유/무를 검토하여 판단할 수 있다. 예를 들면, 우리 대학에 수업 질 관리를 위한 지침이 있는지, 수업방법 개선을 위한 지원 프로그램이 있는지 등을 살펴본다. 2차적으로는 보다 구체적인 양적 · 질적 항목을 대상으로 일정 기준을 마련하여 평가할 필요가 있다. 다음에서는 투입-과정-산출에 따른 보다 구체적인 사항을 살펴보겠다.

2) 수업 질 관리의 투입-과정-산출

(1) 투입

　투입평가는 수업 질 관리를 위한 조직 및 지원 체계를 평가한다. 주요 쟁점은 교수자의 수업 운영 전문성과 수업 운영 체계가 타당하고 적절하게 구성되어 있는가이다. 이를 보다 구체화시킨 지표는 〈표 7-4〉와 같다.

표 7-4 ┃ 수업 질 관리 투입평가

구분	투입
영역 분류	조직 · 체계
기본 영역	지원 체계
주요 쟁점	• 교수자의 수업 운영 전문성 • 수업 운영 체계의 타당성 및 적절성

〈계속〉

성과관리 지표	• 학사조직 • 수업 담당 교수자 • 수업 질 관리 지원조직 • 수업 운영 방향 • 수업 운영 체계 • 수업 운영 규정(지침) • 예산 • 강의시설 및 환경

투입평가의 지표별 구체적인 평가 사항을 살펴보면 다음과 같다.

첫째, 수업 질 관리를 위한 조직의 전문성을 평가한다. 즉, 수업을 운영하는 주체인 교수자와 교수자의 수업 전문성 향상을 지원하는 조직, 수업 운영 및 질 관리를 담당하는 조직 등의 전문성과 부서 간 명확한 업무 분장과 협업의 양과 질 등을 평가할 수 있다.

둘째, 수업 운영 체계의 타당성과 적절성이다. 대학이 결정한 수업 운영 방향에 따라 수업 운영 규정(지침)이 잘 마련되어 있고, 이를 토대로 수업 개설-수강신청-수업 진행-수업평가-성적부여-환류 등 수업 운영 체계가 적절하게 갖추어졌는지 평가한다. 절차에 따른 수업 운영 체계의 구체적인 사항을 살펴보면 다음과 같은 내용이 포함될 수 있다.

수업 개설은 대학의 교육과정에 등록되어 있는 교과목에 한하여 적정 강좌 수를 판단하여 수업을 개설하도록 한다. 편성된 시간표에 근거하여 학생들의 수강신청 전에 수업계획서 입력이 이루어졌는지 평가한다. 학년별 수강신청의 순서, 다전공자에 수강신청 우선 부여 등의 수강신청 제도를 마련하였는지 평가한다. 또한 개설 강좌의 분반 기준 및 폐강 기준은 지침에 명시되어 있는지 검토한다.

수업진행은 정규학기 수업 15주 또는 16주로 진행되며 공휴일 및 휴강 등으로 수업 횟수가 15주 미만일 경우 또는 휴강이 발생하는 경우 반드시 보강계획서를 제출하고 보강이 이루어지도록 시스템적으로 점검해야 한다. 수업 진행 중 학생의 출결을 점검할 수 있는 시스템을 통해 출석률을 모니터링하여 일정 비율 이하의 출석률을 보일 경우 교수자 또는 대학에 자동으로 알려 장기결석을 예방하는 체계가 있는지 검토한다. 더불어 교육의 질 향상을 위해 소규모 활동 중심의 수업을 확대하여 운영할 수 있도록 강좌의 규모를 고려해야 한다. 특히 수업의 질 관리가 상대적으로 까다로운 대규모 강좌나 온라인 강좌의 경우 수업 운영을 위한 지침이 마련되어 있는지 평가한다.

수업평가는 매 학기 개설되는 모든 수업을 대상으로 수업진행 중 평가하는 중간 평가와 수업완료 후 평가하는 최종평가로 구분하여 운영한다. 평가 내용 역시 모든 교과목에 공통으로 해당하는 평가 내용과 수업 유형에 따른 내용으로 구분하여 개별 교과목 특성에 맞춘 수업평가가 이루어질 수 있도록 한다. 평가 결과는 모든 구성원에 공개하는 것을 원칙으로 하여 교수자에게는 수업에 대한 객관적 평가와 수업 개선의 기회를, 학습자에게는 수업 선택을 위한 정보로 제공한다. 더불어 교원 업적평가에 결과를 반영하고, 수업평가 우수교원에 대한 포상과 하위교원에 대한 제한 및 지원이 규정화되어 이를 실제에 적용해야 한다.

학칙 성적부여는 대학의 학칙, 시행세칙, 성적평가 기준 지침 등의 기준에 따라 관리하고 있는지 평가할 수 있다. 매 학기 성적입력 기간 전 공문 및 기타 안내문을 통해 성적부여 기준을 공지하고, 기한 내에 시스템에 입력하여 학생 확인과 함께 성적 정정이 이루어질 수 있도록 해야 한다. 이와 더불어 합리적이고 투명한 학점부여 방식을 심의하기 위한 위원회를 구성하여 점검하는 방식도 검토할 수 있다. 엄정한 성적관리를 위해 재수강의 신청 자격이나 횟수, 재수강 시 최고 취득 성적을 제한하여 학생들이 무분별하게 수강 중간에 학점을 포기하지 않도록 해야 한다. 또한 학생이 학습동기를 향상시키기 위해 성적 장학금, 성적증명서 우수내용 기재 등 우수한 성적을 거두는 학생에게 적합한 지원과 학습관리 및 학사경고학생 대상 지원 체계를 갖추었는지 평가할 수 있다.

셋째, 그 밖에도 수업 질 관리를 위한 예산이 충분한지, 특정 수업방법을 운영하기 위한 강의시설 및 교육환경이 잘 갖추어져 있는지 평가한다.

(2) 과정

과정평가는 수업 개선 및 운영 사항을 평가하며, 주요 쟁점은 수업을 개선하는 활동이 적절한가, 수업을 체계적으로 운영하는가이다. 즉, 수업을 개선하려는 교수자의 노력과 지원 활동이 적절한지, 수업 운영 규정에 따라 체계적으로 수업이 운영되는지 살펴보는 것이다. 이를 보다 구체화시킨 지표는 수업을 실제로 개선하고 운영하는 데 수행한 다양한 활동으로 〈표 7-5〉와 같다.

표 7-5 | 수업 질 관리 과정평가

구분	과정
영역 분류	수업 개발 및 운영
기본 영역	개선 및 운영
주요 쟁점	• 수업 개선의 적절성 • 수업 운영의 체계성
성과관리 지표	• 수업 개선 활동 • 수업 개선 지원 • 수업 운영 • 수업 운영 지원 • 수업 개선 및 운영 관련 위원회 운영

과정평가의 지표별 구체적인 평가 사항은 수업 질 관리를 위한 개선 및 운영 활동이 적절하고 체계적으로 이루어지는가이다.

첫째, 수업 개선 활동은 대학의 수업 개선을 위한 지원에 따라 실제 교수자의 수업 개선 활동이 얼마나 이루어지고 있는가를 평가한다. 이때 수업 개선과 관련한 위원회의 운영 결과를 함께 분석할 수 있다. 예를 들면, 문제중심 수업(Problem Based Learning: PBL) 방법을 적용한 교과목 개선을 활성화하고자 하는 대학은 PBL 교과목 개발이나 PBL 문제 개발지원사업, 가이드라인 제공 등의 다양한 지원 활동을 운영하고, 교수자는 PBL 적용 수업을 개발하거나 개선한다. 이때 PBL 운영위원회를 개최하여 수업 개선 활동이 적절한지 평가하고 심의할 수 있다.

둘째, 수업 운영은 투입평가에서 제시한 수업 운영 체계에 맞추어 수업 개설-수강신청-수업 진행 등이 실행되는지 평가한다. 즉, 교육과정에 근거한 수업 개설, 수업계획서 입력 여부, 수강신청 전 시스템, 분반 및 폐강 기준에 따른 설·폐강 현황을 검토한다. 또 휴보강 유무, 학생 출결 모니터링 및 장기 결석자 관리, 대규모 강좌 및 온라인 강좌 지원 및 점검을 규정 및 지침에 따라 실시하고 있는지 평가한다. 더불어 수업 운영을 지원하는 활동과 이를 점검하는 위원회 활동이 이루어졌는지 살펴볼 수 있다.

(3) 산출

산출평가는 수업 질 관리 평가와 환류 크게 두 개 영역으로 구분하여 점검한다.

즉, 투입된 자원과 수업 개선 및 운영 활동에서 도출된 결과를 전반적으로 평가하는 영역과 결과에 따라 환류하는 영역을 의미한다. 산출평가의 주요 쟁점은 수업 개선 및 운영의 결과를 종합적으로 진단하여 수업 운영이 규정에 따라 엄정하게 이루어졌는지, 수업 운영 결과로서 학업성취도와 수업평가의 결과는 타당하고 신뢰할 수 있는지 등을 살펴보아야 한다. 또 수업 평가 결과에 따른 수업 개선이 활발하게 이루어지는지, 학업성취도 결과에 따른 환류는 체계적이고 적절하게 이루어지는지, 우수 결과를 공유하는지 평가한다. 이를 보다 구체화한 지표는 평가 영역의 목푯값 달성 평가, 수업 개선 성과평가, 수업평가, 학업성취도 평가, 환류 영역의 수업 개선 평가 결과 환류, 수업평가 및 학업성취도 평가 결과 환류, 확산 및 공유 등이며 〈표 7-6〉과 같다.

표 7-6 수업 질 관리 산출평가

구분	산출	
영역 분류	수업 평가 · 환류	
기본 영역	평가	환류
주요 쟁점	• 수업 운영의 엄정성 • 학업성취도 및 수업평가 결과의 타당성 및 신뢰성	• 수업 운영 평가 결과 환류의 체계성 및 적절성 • 우수 결과의 공유 및 확산
성과관리 지표	• 목푯값 달성 평가 • 수업 개선 성과평가 • 수업평가 • 학업성취도 평가	• 수업 개선 평가 결과 환류 • 수업평가 결과 환류 • 학업성취도 평가 결과 환류 • 확산 및 공유

산출평가의 평가 영역에서 지표별로 평가해야 할 구체적인 사항을 살펴보면 다음과 같다. 첫째, 목푯값 달성 평가는 대학에서 자체적으로 개발한 수업 질 관리 성과지표의 목푯값을 달성했는지 여부이다. 예를 들면, 올해 운영한 모든 교과목의 CQI 보고서 작성 및 제출 여부를 성과지표로 설정했다고 가정할 때, 목표를 달성했는지 여부를 평가한다. 둘째, 수업 개선 및 운영 성과평가는 실제 수업 개선 및 운영 활동이 적절하고 엄정하게 이루어졌는지를 평가한다. 예를 들면, 지침에 따라 교과목 설 · 폐강이 적절하게 이루어졌는지, 재수강 기준에 맞추어 학점이 부여되었는지 등을 점검한다. 셋째, 수업평가는 수업평가 규정에 따라 수업을 이수한 학

습자가 수업 운영 전반에 대해 시행하는 중간평가와 최종평가 활동을 의미한다. 넷째, 학업성취도 평가는 성적부여 기준에 따라 수업을 이수한 학습자를 대상으로 교수자가 수행하는 평가 활동을 의미한다.

환류 영역의 구체적 평가 사항을 살펴보면, 첫째, 수업 개선 및 운영성과 평가 결과의 환류는 규정의 개정 활동, 수업 운영 체계 개선 등과 연결될 수 있다. 둘째, 수업평가 결과 환류는 지침 및 규정에 따라 교원업적평가 반영, 수업평가 결과 우수자 및 하위자 대상의 조치 활동이 잘 이루어졌는지 점검한다. 셋째, 학업성취도 평가 결과 환류는 성적우수자 및 학사경고자 대상 지원 활동이 잘 이루어졌는지 평가한다. 넷째, 확산 및 공유는 수업 개선 및 운영 우수사례를 교내, 타 대학, 지역사회 등과 공유한 것을 양적 · 질적으로 평가한다.

3) 평가에 대비한 수업 질 관리

수업 질 관리 평가지표는 매 학기 대학에서 사용하는 수업평가와 대학 외부의 평가지표가 있다. 수업의 질 제고를 위해 무엇을 관리할 것인지 검토하기 위해 수업의 질 관리에 대한 대학 내부의 평가지표와 외부 평가지표를 살펴보겠다.

(1) 수업 질 관리 내부 평가지표

대학 내부 평가는 수업 질 관리와 관련하여 수립한 대학의 자체적인 목표를 달성하였는지 확인하기 위해 시행한다. 대학마다 처한 상황과 교육적 방향이 다를 수 있기 때문에 내부적인 점검과 평가는 중요한 의미를 갖는다. 수업과 관련하여 현황을 점검하거나 대학 스스로 분석한 문제를 해결하거나 새로운 방향으로의 전환이 필요할 때 평가지표를 설정할 수 있다. 즉, 교수자가 강의계획서를 기한 내에 올리지 않는 문제가 발생한다면 이를 개선하기 위한 지침 개정, 교원업적평가 반영, 교수자 대상 홍보 등을 실시한 후 이를 지표화하여 '강의계획서 제출 비율'을 매 학기 점검할 수 있다. 중요한 점은 대학이 목표하는 바가 무엇인지를 명확히 밝히고, 이와 관련한 투입-과정-산출 평가 항목을 지표로 구성하여 점검하는 일이다.

| 표 7-7 | 수업 질 관리 내부 성과지표 |

	지표명	산출식
A대학	교수역량 향상 지수	$(\dfrac{\text{전임교원의 교수법 프로그램 참여 횟수}}{\text{전임교원 수}} \times 100 \times 0.5)+$ (교수교육역량 평균×0.5)
B대학	지속적 수업 질 관리 지수	당해년도 CQI 보고서 건수
C대학	교육 질 관리 체계 선진화 지수	(전임교원 강의평가 결과 공개 지수+전체 교원의 포트폴리오 제출 지수+평가 및 환류 체계 개선지수)/3

〈표 7-7〉은 학부교육 선도대학 육성사업(ACE)에 선정된 3개 대학의 수업 질 관리 관련 자율 성과지표이다. 자율 성과지표를 통해 대학이 달성하고자 하는 목표가 제시되어 있고, 관련 지표는 대학에 따라 수업 질 관리를 위한 투입–운영–산출을 확인할 수 있도록 구성되어 있다. 즉, 대학은 수업을 운영하는 교수자의 역량을 강화하거나, 수업평가 결과에 따른 CQI 보고서 작성, 수업평가 결과 공개 및 수업 포트폴리오 작성 등을 통해 수업의 질을 관리하려는 노력을 수치화하여 지표로 작성하였다.

그 밖에 수업 질 관리의 대표적인 내부 평가 중 하나는 수업평가이다. 수업평가는 대학에서 정기적으로 모든 수업에 대해 실제 수강한 학생이 평가하고(배상훈 외, 2017), 모든 교수자가 결과를 확인하고 이를 환류하도록 체계를 갖추고 있다. 또한 대학은 수업평가–환류가 잘 이루어질 수 있도록 전산 시스템을 구축·운영하고 행정적인 지원을 하는 거교적인 평가 활동을 수행한다. 그러나 학생이 참여한 평가 결과에 대한 불신, 단순 결과수치 제시, 평가 환류에 대한 관심 저조 등의 이유로 수업 질 관리에 적절하게 활용되지 못하였다. 이에 다수의 국내 대학은 수업평가 운영과 관련한 다양한 개선 방안을 마련하였는데 이를 정리하면 다음과 같은 경향이 나타난다(김우철, 김경언, 2017).

첫째, 대학의 교육적 방향을 드러내는 수업평가 문항으로 개선하였다. 즉, 수업 방법에 따른 평가 문항을 추가하거나 성희롱, 학생 참여적 수업 등 대학이 수업 질 관리를 위해 중점을 두고 있는 내용을 담아 문항으로 개발하였다. 둘째, 수업평가에 참여하는 학생비율을 높이기 위한 방안을 마련하였다. 평가 기간을 보다 길게 조정하거나 평가 미참여에 대한 불이익을 주는 경우이다. 셋째, 강의평가 결과 분석을 다양화하였다. 평가 결과에 대한 불신을 줄이기 위해 결과 분석 시 특정 성적 분포를 보이는 학습자의 응답이나 일괄응답을 제거하거나 역반응 문항을 추가하여 분석하는 경우이다. 넷째, 평가 결과의 제시 방식을 다양화한 경우이다. 즉, 교수자에게 수업 개선으로 이어질 수 있는 유의미한 강의평가 결과를 제공하기 위해 등급, 백분위 점수, 평균 점수 등을 제시하였다. 다섯째, 평가 결과를 다양하게 활용하도록 개선하였다. 강의평가 결과를 교내 구성원에 공개하고, 교원업적평가에 반영하며 평가 결과에 따라 우수교원 및 하위교원에 대한 지원하는 경우이다.

(2) 수업 질 관리 외부 평가지표

정부 주도의 대표적인 대학평가는 대학기관인증평가, 대학구조개혁평가, 대학기본역량진단평가 등으로 이 논의에서는 대학구조개혁평가를 제외하였다. 〈표 7-8〉은 2주기 대학기관평가인증(2019)의 수업 질 관리 관련 평가 내용을 정리한 것이다. '수업'으로 제시되어 있는 평가준거 외에도 '성적관리' '교원의 교육 및 연구활동 지원' '강의실 및 실험 · 실습실' 등 수업의 질 관리와 관련한 평가준거가 다수 제시되어 있었다.

'수업'에서는 적절한 절차에 따라 수업을 운영하고 있는지, 수업평가를 실시하여 수업의 질을 관리하고 있는지 평가한다. 주요 점검 사항은 수업 운영이 적절한 절차에 따라 이루어지고 있는지, 수업 관련 규정을 준수하고 있는지, 교과 유형별 수업평가 문항 유무 등 수업평가를 실시하고 그 결과를 적절한 범위에서 공개하는지, 수업평가 결과에 따라 수업 개선을 지원하고 있는지를 점검한다.

'성적관리'에서는 합리적인 성적관리 규정을 갖추고 있으며, 성적을 엄격하게 관리하고, 성적우수자 및 학사경고자에 대한 보상 및 관리를 적절히 하고 있는지 평가한다. 주요 점검 사항은 재수강 이수 기준, 횟수 제한 등 엄격한 성적 관리, 성적 우수자에 대한 보상, 학사경고자에 대한 예방책과 조치 등을 점검한다.

'교원의 교육 및 연구활동 지원'은 교수의 교육 활동에 대한 대학의 적절한 지원을 평가한다. 즉, 교수의 교육에 대한 행 · 재정적 지원 실적이 있는지, 교수의 전문성 개발을 위한 제도가 있고 실제 운영되고 있는지, 교원의 요구분석을 통해 관련 프로그램을 개발하고 만족도 조사를 실시하여 그 결과를 환류하고 있는지 등을 점검한다.

'강의실 및 실험 · 실습실'은 수업 및 실험 · 실습에 필요한 공간을 확보하고, 실험·실습 기자재를 구비하고 있으며 안전하게 관리하고 있는지 평가한다. 재학생 1인당 강의실, 실험·실습실 면적이 각각 기준값인 1.2㎡과 2.5㎡을 충족하는지, 재학생 1인당 실험·실습 기자재 구입비의 최근 3년간 평균이 자연과학 계열 평균 등록금-인문사회 계열 평균 등록금 차액의 15%를 충족하고 있는지, 강의실 및 실험·실습실 환경을 쾌적하게 유지하고 효율적으로 활용하고 있는지, 실험·실습실의 안전점검 및 안전교육의 주기적 실시, 실험·실습 기자재 사용현황 등을 주로 점검한다.

표 7-8 ┃ 2주기 대학기관평가인증(2019) 수업 질 관리 평가내용

평가준거		보고서 내용 및 근거 자료
수업	보고서	• 수업 운영 절차: 수강신청, 수업계획서 입력, 성적처리 등
		• 규정에 따른 수업 관리: 분반, 폐강 기준 등
		• 수업평가 대상 과목, 평가 내용 및 절차, 평가 결과 반영 방법 – 수업평가 결과 공개 실적 및 범위 포함
	규정	• 수업 관련 규정
	현지 확인	• 수강신청, 수업계획서 입력, 성적처리 관련 시스템
		• 분반, 폐강 강의 목록
		• 수업평가 결과 통계 자료 • 수업평가 사후 조치 결과
성적관리	보고서	• 성적관리 규정에 따른 성적평가 실적
		• 성적우수자에 대한 보상과 관리
		• 학사경고자에 대한 예방책과 관리
	규정	• 성적 관련 규정
	현지 확인	• 성적평가 결과 자료
		• 성적우수자에 대한 보상 결과 자료
		• 학사경고자 현황 • 학사경고자에 대한 사후관리 관련 자료
교원의 교육 및 연구활동 지원	보고서	• 교수의 교육, 연구 발표, 학회 참여 등과 관련된 행·재정 지원 실적
		• 교수의 전문성 개발을 위한 내부 프로그램 및 교내·외 연수 참여 실적
	현지 확인	• 교수 전문성 개발 실적 근거 자료

〈계속〉

강의실 및 실험·실습실	보고서	• 강의실 확보 현황 및 배정률
		• 실험·실습실 확보 현황 및 배정률
		• 실험·실습 기자재 구입비
		• 실험·실습실의 안전점검 실시 현황
	규정	• 실험·실습실 안전관리 규정
	현지 확인	• 일반 강의실 및 멀티미디어 강의실 목록
		• 실험·실습실 목록
		• 강의실 및 실험·실습실 관리 관련 자료
		• 실험·실습실 안전 교육·훈련 실시 확인자료
		• 계열별 실험·실습 기자재 구입 근거 자료
		• 실험·실습 기자재 유지·관리 예산 및 집행 실적
		• 실험·실습 기자재 목록
		• 일반 강의실, 멀티미디어 강의실 일부
		• 이학 및 공학 실험실 일부
		• 예체능 계열 실습실 일부

출처: 한국대학평가원(2019).

〈표 7-9〉에서 제시한 대학기본역량진단의 수업 질 관리 평가지표는 2주기와 3주기 모두 강의 규모의 적절성, (시간)강사의 보수 수준을 양적 지표로 평가하였고, 수업관리의 적정성과 운영성과, 학생평가의 적정성과 운영성과를 질적 지표로 평가하였다. 그러나 2주기에서 교과목 강의개선을 위한 체계적 노력은 교수학습 방법 개선 체제의 구축·운영으로 개편되었고, 재학생 당 총 강좌 수와 비전임교원 담당 학점 대비 강사 담당 학점 비율이 양적 지표로 신설되었다.

표 7-9 ┃ 대학기본역량진단 수업 질 관리 평가지표

대학기본역량진단(2주기) (2018~2020)	대학기본역량진단(3주기) (2021~2023)
교양·전공 교과목 강의개선을 위한 체계적 노력 • 강의개선 관련 규정 또는 지침의 체계성과 구체성 • 강의개선 절차의 체계성 • 환류를 통한 개선 노력	교수학습 방법 개선 체제 구축·운영 • 교수학습 방법 개선지원 체제의 적절성 • 교육과정 개선과 연계한 교수학습 방법 개선 노력

〈계속〉

| 강의 규모의 적절성
시간강사 보수 수준
수업관리의 적정성 및 운영 성과
• 학점당 수업 기간에 관한 규정 수립 및 준수 노력과 운영 성과
• 학생 출결관리에 관한 규정 수립 및 준수 노력과 운영 성과
• 휴강 및 보강 관리에 관한 규정 수립 및 준수 노력과 운영 성과

학생평가의 적정성 및 운영 성과
• 합리적인 성적부여 기준 수립 및 준수 노력과 운영 성과
• 합리적인 재수강 기준 수립 및 준수 노력과 운영 성과
• 학사경고 부여 기준 수립 및 준수 노력과 운영 성과 | 재학생당 총 강좌 수
강의규모의 적절성
비전임교원 담당 학점 대비 강사 담당 학점 비율
강사 보수 수준
수업 관리의 적정성 및 운영 성과
• 학점당 수업 기간, 학생 출결관리 제도의 구체성과 체계성
• 학점당 수업 기간, 학생 출결관리 제도의 실행 및 후속 조치 노력

학생평가의 적정성 및 운영 성과
• 합리적 성적부여 기준, 학사경고 부여 기준 관련 제도의 구체성과 체계성
• 합리적 성적부여 기준, 학사경고 부여 관련 제도의 실행 및 후속 조치 노력 |

출처: 교육부, 한국교육개발원(2017). 교육부, 한국교육개발원(2020).

3주기 대학기본역량진단에서 수업 질 관리와 관련한 보다 구체적인 진단개요 및 내용은 〈표 7-10〉에서 제시하였다.

표 7-10 ▎ 대학기본역량진단 수업 질 관리 진단개요 및 내용

구분	내용
진단 방향	• 대학의 규모와 특성을 고려하여 교수학습 방법을 지속적으로 개선하기 위한 노력*이 체계적 · 효과적으로 이루어지고 있는지를 진단 * 대학의 인재상, 학내 · 외 교육 수요 및 환경 변화 분석 등을 바탕으로, 학습 경험의 질 제고를 위해 도출된 다양한 교수학습 방법 개선 노력을 의미함
	• 수업의 질 제고를 위한 수업관리와 객관적이고 공정한 학생평가를 위한 관리가 적정하고 효과적으로 운영되고 있는지를 진단
진단 요소	• 교수학습 방법 개선 체제 구축 · 운영
	• 재학생당 총 강좌 수(양적) • 강의 규모의 적절성(양적) • 비전임교원 담당 학점 대비 강사 담당 학점 비율(양적) • 강사 보수 수준(양적) • 수업관리의 적정성 및 운영 성과 • 학생평가의 적정성 및 운영 성과

〈계속〉

진단의 주안점	• 교수학습 방법 개선 체제 구축·운영: 교수학습 방법 개선지원 체제의 적절성, 교육과정 개선과 연계한 교수학습 방법 개선 노력
	• 수업관리의 적정성 운영 성과: 학점당 수업 기간(휴·보강 관리 포함), 학생 출결관리 관련 제도의 구체성과 체계성, 학점당 수업 기간(휴·보강 관리 포함) 및 학생 출결관리 관련 제도의 실행 및 후속 조치 노력
	• 학생평가의 적정성 및 운영 성과 점수: 합리적인 성적부여(재수강 포함) 기준, 학사경고 부여 기준 관련 제도의 구체성과 체계성, 합리적인 성적부여(재수강 포함) 기준, 실행 및 후속 조치 노력
기술 및 증빙	• 교수학습 방법 개선을 위한 체계적 노력: 교수학습 방법 개선을 위한 제도 및 관련 조직의 운영 현황, 교수학습 방법 개선 우수사례 　－교수학습 방법 개선을 위한 제도 관련 공문, 기타 근거 자료 　－교수학습 방법 개선 사례 관련 자료
	• 학점당 수업 기간 준수(휴·보강 관리 포함) 점검 체계의 운영 현황과 성과: 규정 또는 지침, 실행 내용 및 절차, 후속 조치 노력 　－관련 규정 또는 지침, 실행 및 후속 조치 노력 관련 공문, 기타 근거자료 • 학생 출결관리 점검 체계의 운영 현황과 성과: 규정 또는 지침, 실행 내용 및 절차, 후속 조치 노력 　－규정 또는 지침, 실행 및 후속 조치 노력 관련 공문, 기타 근거자료 • 성적부여 점검 체계(재수강 포함)의 운영 현황과 성과: 성적부여 점검 체계(재수강 포함) 관련 규정 또는 지침, 실행 내용 및 절차, 실행에 따른 후속 조치 노력 　－규정 또는 지침, 강의계획서 견본, 실행 및 후속 조치 노력 관련 공문, 기타 근거 자료 • 학사경고 관리 체계의 운영 현황과 성과: 학사경고 관리 체계 관련 규정 또는 지침, 실행 내용 및 절차, 후속 조치 노력 　－규정 또는 지침, 실행 및 후속 조치 노력 관련 공문, 기타 근거자료

이와 같은 대학 외부 평가지표를 통해 대학 차원에서 살펴봐야 할 수업의 질 관리는 다음과 같은 사항을 고려할 필요가 있다.

첫째, 교수학습 방법 개선 및 교수자의 교육전문성 확보를 위한 지원
둘째, 수업 운영(수업계획서, 수업 기간 준수, 출결관리 등) 규정, 운영 체계, 운영 활동 및 결과, 환류
셋째, 수업 운영 결과(학생 성적부여, 학사경고, 수업평가 등) 규정, 운영 체계, 운영 활동 및 결과, 환류
넷째, 수업환경 구축 및 운영

4) 수업 질 관리를 위한 자체진단

이 내용을 바탕으로 수업 질 관리를 위한 자체진단의 점검은 다음의 양식을 활용할 수 있다.

표 7-11 ┃ 수업의 질 관리를 자체진단 점검표

요소		유무		성과			우수판정 기준
		유	무	미흡	보통	우수	
지원 체계	수업 개선 및 운영 방향(모델)						모두 '유' 확인 후 지원조직에 해당 전공자/경력자 1인 이상 구성
	수업 개선 및 운영 체계						
	수업 개선 및 운영 규정(지침)						
	수업 개선 및 운영 조직의 전문성						
	수업 개선 및 운영 지원조직의 전문성						
운영	수업 개선 및 운영 지원 프로그램						모두 '유' 확인 후 체계성, 적절성
	수업 개선 및 운영 매뉴얼						
평가	수업 개선 및 운영 평가						평가 실시 및 피드백
환류	수업 개선 및 운영 평가 환류 체계						모두 '유' 확인 후 결과 반영 공유 · 확산노력
	수업 개선 및 운영 평가 결과 활용						

[평가를 위한 기본질문]
- 수업 개선 및 운영 방향: 수업 개선 및 운영 방향은 정해져 있는가?
- 수업 개선 및 운영을 지원하는 전문조직은 갖추어져야 한가?
- 수업 개선 및 운영 모델에 근거한 개선 매뉴얼, 개선 워크숍 및 교육하고 있는가?
- 수업 개선 및 운영 결과물에 대한 평가를 실시하였는가?
- 수업 개선 및 운영 환류 체계가 마련되었는가?

[판정 기준]
- 우수 기준: 각 영역별 모두 '유' + 정성평가에서 우수판정을 받은 경우
- 보통 기준: 각 영역별 모두 '유'인 경우
- 미흡 기준: 각 영역에서 '무'가 하나라도 나오는 경우

정성평가 (우수 기준)	지원 체계	• 체계(조직/규정과 지침/운영인력의 전문성 등)가 모두 갖추어져 있는 경우
	운영	• 지원부서가 수업 개선 및 운영을 위해 제공해야 할 내용을 모두 제공한 경우 • 운영 체계가 체계적-단계적으로 작용한 경우
	평가	• 목푯값 달성, 운영에 대한 평가가 이루어진 경우
	환류	• 평가 결과를 공유 및 평가 결과에 따른 개선 활동(객관적 증빙 가능한 경우)

5) 수업 질 관리를 위한 Tip

(1) 수업 개선 및 운영 방향

수업은 교양 및 전공교육과정이 실행되는 최소 단위이다. 수업은 다른 영역에 비해 학기 단위, 학년도 단위에서 반드시 수행되어야 한다. 이때 하나의 수업을 개설하고 운영하더라도 백여 개의 수업을 개설하고 운영하는 것과 동일한 절차의 학사행정 업무가 진행된다. 그러나 그중 한 단계라도 누락되면 수업의 질에 중대한 영향을 미친다. 따라서 수업 질 관리를 위한 수업 개선 및 운영의 명확한 절차와 기준을 수립하고 이를 지침이나 규정으로 명문화하는 것이 중요하다. 해당 지침이나 규정은 대학이 가진 교육적 특성과 학사제도 등을 고려하여 엄정하게 운영하는 방향으로 설정하되, 수업 질 관리의 목적이 보다 질적으로 제고된 교육을 위한 것임을 최우선으로 고려할 필요가 있다.

이와 같은 행정적인 절차와 더불어 교수자의 전문성과 교수자가 수업을 실행하고 개선하는 활동 역시 수업의 질에 중대한 영향을 미친다. 대학은 교수자의 전문성 향상을 지원하거나 정책적으로 특정 교수학습 방법을 적용한 수업을 확대할 수 있다. 또한 수업 운영 중, 수업 운영 후 수업평가 결과를 토대로 CQI 보고서를 필수적으로 작성하여 제출하도록 수업 질 관리 방향을 제시할 수 있다. 평가 결과를 토대로 환류 활동을 어떻게 수행할 것인가 등도 수업의 질을 제고하기 위한 전략으로 활용할 수 있다. 이러한 수업 개선 활동에 대한 방향 역시 체계적으로 실행될 수 있도록 규정 및 지침에 담을 필요가 있다.

수업 개선 및 운영 방향과 관련하여 고려해 볼 만한 사항을 다음과 같은 질문으로 제시한다.

- 수업 개선, 학사 운영, 평가 및 환류 등 수업 질 관리를 위한 규정과 지침이 있는가?
  - 수업 질 관리 관련 규정과 지침은 수업의 질 향상을 위한 방향으로 작성되어 있는가?
  - 교양 및 전공, 이론 및 실험실습 등의 구분에 따른 수업 규모는 어떠한가?
  - 확대하고자 하는 교수학습방법이 있는가?
  - 교수자의 전문성 향상 및 수업 개선에 대한 규정과 지침이 있는가?

　- 학습자의 성적평가 결과 및 환류에 대한 규정과 지침이 있는가?
　- 그 밖에 수업 운영의 각 절차는 규정과 지침에 반영되어 있는가?
• 수업 개선 및 운영 방향은 대학의 교육모델, 학사구조 등을 반영하고 있는가?

(2) 수업 개선 및 운영의 전문조직

수업 개선을 지원하는 전문조직은 교수학습센터가 대표적이다. 대학에 따라 특정 교수방법을 확대하기 위한 PBL 센터 등을 운영하기도 한다. 이러한 조직에서는 수업 개선을 지원하는 매뉴얼 개발, 개선 프로그램 등을 운영하면서 교수자의 수업 개선을 조력한다. 수업 운영을 지원하는 조직은 학사팀, 시설팀 등으로 학사팀은 시간표 배정, 수업 개설, 수강신청, 강의평가 및 성적평가, 강의평가 하위교원 및 학사경고 학생 등 수업 개설 및 운영 전반에 대한 행정지원을 전담한다. 시설팀은 수업 운영을 위한 강의실, 실험 · 실습실 등을 정비하고 안전교육을 실시한다. 수업 운영과 관련한 시설은 기능에 따라 교무팀, 교수학습센터, 교양교육담당기관, 기타 기관 등에서 관리하기도 한다.

수업 개선 및 운영의 전문조직과 관련하여 고려해 볼 만한 사항을 다음과 같은 질문으로 제시한다.

• 수업 개선 및 운영에 대한 각 조직의 역할은 무엇인가?
• 조직 간의 업무는 명확하게 분담되어 있는가?
• 조직 간의 협업체계가 잘 갖추어져 있는가?

(3) 수업 개선 및 운영 지원

명확한 지침과 규정에 근거하여 대학 차원의 수업 운영이 체계적으로 이루어지고 있다 하더라도 개별 수업 안에서 학생이 경험하는 수업의 질은 다를 수 있다. 즉, 지침과 규정은 학사 운영을 위한 최소한의 질을 보장하는 조건이며 개별 수업에서 경험한 양질의 학습 활동이 수업의 질을 결정하는 요소라고 할 수 있다. 따라서 교수자는 동일한 내용이라도 어떠한 방법을 활용하여 수업을 설계하고 운영할 것인지 고민하고, 수업 운영 후 학업성취도 및 수업평가 결과를 분석하여 수업 개선에 활용해야 한다.

이때, 대학은 교수자에 이를 전적으로 맡겨 놓는 것이 아니라 전문적인 지원을 실시해야 한다. 특정 교수법을 적용한 수업을 운영하고자 할 때, 교수방법에 대한 기본적인 이해를 돕는 워크숍을 제공하거나 가이드북을 제공할 수 있다. PBL을 적용한 수업을 처음 운영할 때, 교수 활동이 효과적인지 모니터링하고 개선을 지원하는 수업컨설팅을 실시할 수도 있다. 더불어 수업의 특성에 따라 집중이수제 등 기존의 학사제도와 이와 관련한 규정과 지침을 개선하여 수업의 질 향상을 위한 교수자의 다양한 시도를 지원할 필요가 있다.

수업 개선 및 운영 지원과 관련하여 고려해 볼 만한 사항을 다음과 같은 질문으로 제시한다.

- 수업 개선 및 운영 지원 체계가 갖추어져 있는가?
- 수업 개선 및 운영 지원 프로그램이 있는가?
  - 수업 개선 및 운영 지원 프로그램은 정기적으로 운영되고 있는가?
  - 수업 개선 및 운영을 위한 매뉴얼이 마련되어 있는가?
  - 이러한 프로그램은 어떠한 내용으로 어디에서 운영하고 있는가?
  - 수업 개선 및 운영 지원은 어떠한 수준까지 이루어지는가?
- 수업 운영을 지원하는 시스템이 있는가?
  - 수업계획서를 작성하는 시스템을 갖추고 운영하고 있는가?
  - 수강신청을 할 수 있는 시스템을 갖추고 운영하고 있는가?
  - 출결 확인을 지원하는 시스템을 갖추고 운영하고 있는가?
  - 성적평가를 지원하는 시스템을 갖추고 운영하고 있는가?
  - 수업평가를 지원하는 시스템을 갖추고 운영하고 있는가?
  - 수업 개선을 지원하는 시스템을 갖추고 운영하고 있는가?
- 수업 운영을 위한 학사제도를 마련하고 있는가?

(4) 수업 개선 및 운영 평가

수업의 질을 체계적으로 관리하려면 매 학기 정기적으로 이루어지는 수업 운영의 결과를 평가하고 분석하는 것이 중요하다. 교수자는 지난 학기에 비해 학생의 학업 성취도에 변화가 있는지, 학생이 수행한 수업에 대한 평가는 어떠한지 관심을 갖고 면밀하게 분석해야 한다. 더불어 대학은 규정과 지침에 근거하여 수업 운영이 잘 이루어졌는지, 몇 강좌가 개설되어 몇 강좌가 폐강되고 운영되었는지, 어떠한 학생이 장기 결석을 했는지, 전반적인 수업평가 및 성적 분포는 어떠한지 등을 검토할 필요가 있다. 이러한 분석을 최근 몇 개 학기의 분석 결과와 함께 살펴보면 교수자는 수업 개선에 대한 정보를 얻을 수 있고, 대학은 수업 운영의 경향성을 파악하여 학사 운영 전략을 수립할 수 있다.

　수업 개선 및 운영 평가와 관련하여 고려해 볼 만한 사항을 다음과 같은 질문으로 제시한다.

- 수업 개선 및 운영에 대한 자체평가 기준과 전략이 있는가?
  - 모든 수업의 계획서는 작성되어 수강신청 전 학습자에게 제공되었는가?
  - 수강신청이 원활하게 진행되었는가?
  - 출결 시스템이 정확하게 운영되었는가? 장기결석 학생에 대한 조치가 있었는가?
  - 장애학생을 위한 수업지원은 적절하였는가?
  - 교원 직급별 수업 담당비율은 어떠한가? 어떠한 변화가 있는가?
  - 학생 규모별, 교수학습 방법별 수업 운영은 어떠한가? 어떠한 변화가 있는가?
  - 대규모 수업 운영에 대한 지원은 적절하였는가?
  - 수업 운영을 위한 수업 환경은 적절하였는가? 어떠한 변화가 있는가?
  - 학생 성적평가 결과는 적절하였는가? 어떠한 변화가 있는가?
  - 교수 수업평가 결과는 적절하였는가? 어떠한 변화가 있는가?
  - 수업은 얼마나 개선되었는가?
  - 개선된 수업은 규정과 지침에 적합하게 운영되었는가?
- 수업 개선 및 운영에 대한 자체평가를 실시하고 있는가?
  - 교수자 차원에서 수업 개선 및 운영 자체평가를 실시하고 있는가?
  - 대학 차원에서 수업 개선 및 운영 전반에 대한 자체평가를 실시하고 있는가?
- 수업 개선 및 운영에 대한 다양한 대상의 의견을 수렴하고 있는가?
- 수업 개선 및 운영과 관련한 성과지표가 마련되어 있는가?
- 대학 외부 전문기관의 평가나 컨설팅을 받은 적이 있는가?

(5) 수업 개선 및 운영 환류 체계

수업 개선 및 운영 환류 체계는 수업 개선 및 운영의 분석·평가 결과를 토대로 누가, 언제, 어떻게, 무엇을 환류할 것인지 정리해 놓은 것으로 수업의 질 제고를 위해 필수적으로 수행해야 한다. 수업 운영 결과 학사경고를 받은 학생에 대해 아무런 지원 없이 학업 활동을 지속시키거나, 수업평가 결과 2학기 이상 수업 개선 요구를 받은 교수자에 아무런 조치 없이 수업을 지속하게 할 수는 없다. 평가 결과에 따른 적절한 지원을 실시하여 차후 적절한 교수-학습 활동을 수행할 수 있도록 조력해야 한다. 우수하거나 그렇지 않은 수업 운영 결과를 교수자와 학습자에게 환류하여 그들의 개선 노력과 연계될 때 수업의 질은 더욱 높아질 수 있기 때문이다.

더불어 교육과정 인증제와 마찬가지로 특정 수업에 대한 인증제를 실시한다. PBL이나 플립러닝으로 교수학습 방법을 개선한 수업이 기존에 설정해 놓은 일정 기준에 근거하여 운영되었는지 인증하거나 수업계획-운영-결과 분석-개선 등의 절차에 적합한 교수 활동을 수행하였는지 검토하여 인증하는 경우이다. 대학이 지향하고자 하는 방향에 따라 인증제를 운영하여 교수자의 수업 개선 및 운영에 대한 환류 활동을 촉진하고 있다.

수업 개선 및 운영 환류 체계와 관련하여 고려해 볼 만한 사항을 다음과 같은 질문으로 제시한다.

- 수업 개선 및 운영 환류에 대한 지침이 마련되어 있는가?
- 수업 개선 및 운영 환류에 대한 조직과 역할이 구분되어 있는가?
- 수업 개선 및 운영 평가에 대한 환류가 실행되고 있는가?
  - 교수자 차원의 수업 개선 및 운영 전반에 대한 자체평가는 환류하고 있는가?
  - 대학 차원의 수업 개선 및 운영 전반에 대한 자체평가는 환류하고 있는가?

5. 수업 질 관리를 위한 제언

이 장에서는 수업의 운영 절차에 따라 수업 질 관리 요소를 도출하고, 국내 대학의 사례를 통해 수업의 질 관리 방안을 제시하였다. 수업의 질은 교수자가 혼자 결정할 수 있는 문제가 아니다. 마찬가지로 대학이 규정이나 지침으로만 제한할 수 있는 문제도 아니다. 가장 중요한 것은 수업의 질을 결정할 수 있고, 이를 관리하는 주체 간의 긴밀한 협업이 필요하다는 점이다. 대학은 수업의 질을 제고하는 규정과 지침, 다양한 지원 체계를 마련하고, 교수자는 양질의 교수-학습 활동이 이루어질 수 있도록 노력해야 한다. 수업 운영의 결과는 대학, 교수자, 전담기관 등이 다양한 시각에서 분석하고 이를 종합적으로 평가하여 환류해야 한다. 수업의 질 관리를 위한 일련의 체계 속에서 각자의 역할을 충실히 하고 협업할 때 비로소 균형 있는 수업의 질 관리가 이루어지고, 이에 대한 성과는 학생이 좋은 교육을 경험하는 것으로 연결될 수 있다.

제**3**부

학습 성과관리

제**8**장

학습지원 성과관리

I. 학습지원 성과관리의 이해

1) 학습지원 필요성

대학생활은 여러 영역과 분야가 있지만 무엇보다 중요하고 큰 비중을 차지하는 분야는 '학습(Learning)'이라고 할 수 있다. 대학에 입학하는 많은 학생이 대학에서의 공부는 고등학교 때와는 다를 것이라고 생각들을 하면서 어떻게 다를지 기대도 하지만 걱정하는 마음도 갖고 대학생활을 시작한다. 효과적인 학습에 대한 걱정은 교양보다는 전공 학습에 대해 더 크게 나타난다.

대학에서의 학습은 단편적인 지식의 습득보다 효율적이고 능동적이며 생산적인 학습이 이루어진다. 따라서 학생들은 대학 공부의 특성을 파악하여 많은 정보를 효과적으로 조직화하고 이해하여야 한다. 요즘 시대가 지식 이해 중심에서 지식 활용 중심으로, 교수자중심 교육과정에서 학습자중심 교육과정으로 변화함에 따라 단편적인 지식의 습득보다 자기 주도적이고 능동적인 학습 활동을 요구하기 때문이다.

2000년대 초반부터 대학들은 교수학습센터(Center for Teaching & Learning)를 설립하며 다양하고 효과적인 교수법 개발에 많은 노력을 기울였다. 일반적인 강의식이나 실험실습 수업 외에 문제중심 학습(Problem-Based Learning), 역량중심 학습(Competency-Based Learning), 프로젝트 학습(Project-Based Learning), 거꾸로 학습(Flipped Learning), 협동학습(Collaborative Learning), 게이미피케이션(Gamification), 액션러닝(Action Learning), 사례연구(Case Study), 하브루타(Chavruta), 팀티칭(Team Teaching) 등 다양한 교수법을 개발하여 수업 현장에 적용해 왔다. 이렇게 다양한 교수법을 적용하는 수업이 늘어남에 따라 학습 성취도 평가방법도 다양해질 수밖에 없었다. 이런 상황에서 학생들이 수업에 보다 빨리 적응해서 많은 것을 배우고 역량이 향상되어 우수한 인재로 성장하게 하려면 학생들의 학습능력 향상을 도와주는 프로그램을 지원할 필요가 있다.

2) 학습능력인가 또는 학습역량인가

능력(ability)은 '어떤 일을 해낼 수 있는 힘'을 말하고, 역량(competence)은 '어떤 일을 해낼 수 있는 힘이나 기량'을 말한다. 언뜻 보면 비슷한 정의지만 내포하는 의미는 상당히 다르다. 어떤 훈련을 통해 '더 빨리, 더 높이, 더 멀리'까지 도달할 수 있는 것은 능력이고, 장기적으로 큰 능력을 발휘할 수 있는 잠재력은 역량이다. 능력이 단기적인 결과에 집착하는 것이라면 역량은 과정 중심의 장기전이다. 능력은 일을 감당해 내는 힘이고, 역량은 어떤 일을 해내는 힘이다. 이 차이를 고려하면 대학에서의 학습지원은 어떤 방향성과 목적을 가져야 할지 분명해진다. 학생들이 단지 수업에서 좋은 평가를 받는 것에 도움을 주는 능력 향상에 중심을 둘 것이 아니라, 학습을 통해 우수한 성과를 창출할 수 있는 내적 속성을 가질 수 있게 도와주는 것이 바람직하다. 능력과 역량은 따로 길러지는 것이 아니라 능력을 기르는 환경 속에서 역량은 차근차근 길러질 수 있는 것이다. 따라서 대학의 학습지원은 학생들이 학습과 관련한 정보나 지식을 갖추고 어떻게 학습할지 정하거나 판단하여 수행하는 능력, 기술 등을 길러 줘야 할 것이다. 더 나아가 이렇게 길러지는 학습능력을 바탕으로, 보다 능동적이고 주체적으로 어려운 문제, 새로운 일에 도전하여 탁월한 성취를 거둘 수 있는 학습역량을 키워 줘야 한다.

2. 학습역량 강화를 위한 학습지원 체제

1) 무엇을 제공하는가

학생들의 학습역량을 강화시키기 위해서는 어떤 프로그램을 지원해야 할까? 일반적으로 대학에서 학습지원 프로그램은 교수학습센터(CTL)에서 전담하고 있다. 많은 대학의 교수학습센터는 교육학을 전공한 전임연구원을 활용하여 학습지원 프로그램들을 제공하고 있다. 전문성이 필요하기 때문이다. 그런데 이 전임연구원은 계약직의 형태로 고용되는 경우가 많다. 특히 2010년 ACE 사업을 시작으로 여러 재정지원사업을 수행하면서 정부에서 받은 사업비로 사업 기간 동안 일시적으로 연구원을 고용해서 활용해 왔다. 교수학습센터의 부서장은 2년 정도가 임기이고, 정규직원(팀장 또는 이에 준하는 상급자)을 배치하는 대학도 있지만 연구원들과 프로그램을 관리하는 정도일 뿐, 학습지원 프로그램 계획 수립부터 성과창출까지 연구원들과 함께 연구하고 개발하며 실행하는 대학은 아예 없거나 극히 드물다. 그러다 보니 새로 임용된 연구원들은 기존에 그 대학에서 진행했던 프로그램을 이어받아 본인이 이전에 근무했던 대학에서 경험한 좋은 사례를 조금 적용해서 프로그램을 진행하고, 결과 분석이나 보고서 작성도 그 대학이 해 왔던 패턴대로 하곤 한다.

대학마다 학생들의 수준과 특성과 성향이 다를 수 있다는 점, 우리 대학에서 개설하는 교과목에서는 어떤 교수법이 많이 활용되고 있는지, 학생들이 어떤 수준과 내용의 프로그램을 원하는지 등을 파악하여 같은 비용과 같은 노력이라면 보다 효과적인 프로그램을 제공하는 것이 나을 텐데 이런 부분에 대해 소홀히 하고 있는 것이 아닌가 반성해 봐야 한다. 물론 이런 부분에 대해 이미 충분히 조사하고 연구해서 프로그램을 제공하고 있는 대학도 있을 것이다. 그렇지 않은 대학은 지금이라도 의욕과 열정을 가진 교수학습센터 부서장 주도하에 주먹구구식이 아닌 과학적인 방법으로 학생들에게 보다 효과적인 프로그램을 제공하기 위한 노력을 해야 한다.

2) 사전조사는 어떻게 하는가

대체 우리 대학 학생들에게는 어떤 프로그램을 지원하는 것이 효과적일까? 대학

마다 학생들이 보유하고 있는 공통적인 특성이 있다. 그리고 대학의 교육 방향과
풍토, 분위기에 따라 학생들에게 필요한 학습역량이 다를 수 있다. 따라서 학습 관
련 행동특성을 조사해 보면 우리 대학의 학생들이 강점을 보이는 부분과 취약한 부
분을 파악할 수 있다. 이 결과에 따라 프로그램을 제공하는 것을 생각해 봐야 한다.
잘 하는 부분은 제공하지 않아도 된다는 얘기가 아니라 시간과 횟수를 조금 덜 제
공해도 된다는 것이고, 많은 시간과 비용을 잘 못하는 부분에 투자하는 것이 효율
적이라는 것이다.

(1) 학습 관련 행동특성 파악

학습 관련 행동특성을 알아보기 위해서는 학습역량 진단도구를 활용해 보면 된
다. 대부분 대학에서 개발·활용하고 있는 학습역량 진단도구는 〈표 8-1〉과 같이
학습과 관련한 인지적·동기적·행동적 측면으로 구성되어 있다. 효과적인 학습에
반드시 필요한 요소들만 다루고 있는 것이다. 따라서 이를 활용하여 학생들이 각
구성요소별로 어떠한 상태에 놓여 있는지, 무엇을 가장 잘하고 무엇을 가장 못하는
지를 파악하면 지금 제공하고 있는 프로그램이 충분한지, 부족한지, 적절한지를 알
수 있다. 그리고 어떤 프로그램을 확대하고 축소할 것인지도 알 수 있다.

표 8-1 ▌ 학습역량 진단도구 구성요소

구분		구성요소
인지	지식, 고등사고, 창의성, 문제해결	
동기	정서, 동기	우울, 시험불안, 스트레스, 자기결정, 학습목표 지향, 자기효능감
행동	수업 내, 수업 외	집중전략, 노트 정리, 기억전략, 학습환경관리, 자원 활용, 진로 준비

A대학의 사례를 들어 보겠다. A대학은 학습의 기본태도(대학생으로서 학습에 대한
기본적인 마음가짐, 가치)와 수행태도(효과적인 학습을 수행하는 데 필요한 태도)를 구
분하여 학생들의 학습 관련 행동특성을 조사했다(〈표 8-2〉). 만족도 조사가 아니라
평소에 또는 특정 상황에서 어떤 양상을 보이는지를 알아야 하기에 YES or NO를
파악할 수 있도록 4점 척도를 활용했다.

표 8-2 | A대학 학습역량 진단도구

구분	문항	전혀 아니다	대체로 아니다	대체로 그렇다	매우 그렇다
기본 태도	중장기 학습목표를 세운다(4학년 때의 내 모습, 졸업 후 내 모습 등).				
	단기 학습목표를 세운다(학기별, 월별, 주별 등).				
	학습목표가 구체적이다(장학금 받기, 세 과목 이상 A+ 받기 등).				
	세부적인 학습계획을 세우고 실천한다.				
	평소 시간 관리를 하는 편이다.				
	수업 시작 전에 미리 예습을 해 둔다.				
	수업시간을 잘 지킨다.				
	교과목, 강의내용, 학습 환경 등에 적합한 자료 및 매체를 활용하는 편이다.				
	공강시간에 이전 수업의 복습이나 이후 수업의 예습을 한다.				
	주어진 과제를 해결하기 위해 자료를 수집하고 분석한다.				
	팀 과제를 수행할 때 본인의 역할은 책임지고 수행한다.				
	전공과 연관성이 있고 상호보완적인 인접 학문의 교과목에 관심을 갖고 수강한다.				
	수업시간 외에도 교수와 자주 접촉하는 기회(상담, 질문 등)를 가지려고 노력하고, 좋은 관계를 유지한다.				
	학습을 하면서 필요하면 주위의 도움을 청한다.				
	자격증, 공모전 등에 도전해 본 경험이 있거나 하고 있다.				
	내가 학습하는 분야와 관련된 독서를 자주 하는 편이다.				
	타인의 저작물을 인용하거나 발췌하여 사용하는 경우 출처를 항상 밝힌다.				
	스스로에게 도전을 주고 적극적으로 성취하고자 한다.				
	학습 효과 개선에 도움이 되는 교내외 학습법 향상 프로그램에 참여한다.				
	보람되고 알찬 방학이 될 수 있도록 계획을 세우고 시간 관리를 한다.				

〈계속〉

수행 태도	수강신청 전에 미리 강의계획서를 확인하고 신청한다.				
	과목의 특성에 따라 학습계획을 세운다.				
	지각이나 결석을 하지 않는다.				
	효과적인 학습을 위해 수업과 관련된 예시와 사례, 정보 등을 탐색한다.				
	수업 중 노트필기는 빠짐없이 한다.				
	수업의 중요한 내용은 반복하여 학습한다.				
	수업내용 중 궁금한 점이 생기면 교수자에게 질문(직접질문, 이메일, 문자 등)을 한다.				
	과제는 빠짐없이 제출한다.				
	팀 과제를 완성하기 위해 다른 학생들과 잘 협력한다.				
	시험공부는 벼락치기를 하지 않고 꾸준히 하는 편이다.				
	교수자가 가르치는 것을 경청하고, 핵심내용을 파악한다.				
	수업이 끝나면 수업내용과 활동을 종합 정리하여 복습한다.				
	수업 중에 하나라도 더 배우려고 집중한다.				
	수강하는 과목의 평가 기준과 방법을 인식하고 있다.				
	불합리한 평가 결과에 대해서는 충분한 논거를 갖고 교수자에게 이의를 제기한다.				
	강의평가에 참여하여 객관적으로 평가한다.				
	성실하게 수업에 임하여 종강 후 자부심과 보람을 느낀다.				
	학기 종료 후 학습의 잘된 점과 부족한 점에 대해 스스로 성찰하고 개선한다.				
	학습 효과를 높일 수 있는 방법에 대해 교수자나 선배, 동료학생들로부터 도움을 얻고자 노력한다.				
	주변의 도움이나 스스로의 성찰을 통해 지속적으로 수업태도나 학습방법을 보완하고자 노력한다.				

2017년 온라인 설문 시스템을 활용하여 3,346명의 응답 자료를 확보하여 분석한 결과, 가장 잘하고 있는 부분과 못하고 있는 부분은 〈표 8-3〉과 같이 나타났다.

A대학 학생들은 성실한 학습태도면에서는 누가 가르치지 않아도 알아서 잘 하고 있는 편이지만, 사전 및 사후학습(예습/복습), 자투리 시간 활용, 독서의 중요성,

| 표 8-3 | A대학 학습역량 진단도구 주요 결과 |

잘 하는 것	못 하는 것
• 수업시간을 잘 지킴 • 팀 과제 수행 시 나의 역할은 책임지고 수행 • 타인의 저작물을 인용하거나 발췌하여 사용하는 경우 출처를 항상 밝힘 • 수강신청 전 미리 강의계획서 확인 후 신청 • 지각이나 결석을 하지 않음 • 과제는 빠짐없이 제출 • 팀 과제 완성을 위해 다른 학생들과 잘 협력	• 수업 시작 전 미리 사전학습(예습)을 해 둠 • 공강시간에 이전 수업의 복습이나 이후 수업의 사전학습(예습)을 하는 편 • 학습 효과 개선에 도움이 되는 교내외 학습법 향상 프로그램에 참여 • 학습 분야 관련 독서를 자주 함 • 수업 후 내용과 활동을 종합 정리하여 복습 • 성찰을 통해 수업태도나 학습방법 보완 노력

학습 성찰과 같이 꾸준히 습관화하여 지속해야 할 부분은 약한 것으로 나타났다. A대학은 이 같은 결과를 통해 약한 부분을 보완하기 위한 프로그램을 주제의 특성과 제공할 양(시간)에 따라 특강, 워크숍, 세미나, 멘토링, 실천 활동 등으로 구성하여 제공하고 있다.

학습역량 진단도구를 보유한 대학은 전수조사를 통해 재학생의 특성을 파악하여 이에 부합하는 학습역량 강화 프로그램을 제공한다면 보다 효과적인 학습지원을 할 수 있을 것이다.

(2) 상시 수요조사

기본역량진단의 '학생 학습역량지원'에서 '프로그램 지원을 위한 사전조사 및 분석 내용'과 '프로그램 개발 과정 중 사전조사 및 분석 결과 반영 내용'을 기술하는 부분이 있다. 2015년에는 많은 대학이 기술할 내용이 부족해서 프로그램 만족도 조사나 교육만족도 조사 결과에서 최대한 가져다 쓸 수 있는 부분을 발췌해서 활용하였다. 그러다 보니 엄밀한 의미의 사전조사라고 하기에는 부족했다. 이후 프로그램 만족도 조사 문항에서 어떤 프로그램을 원하는지에 대한 설문을 만들고 별도의 요구분석을 실시하기도 하였으며, 교수학습센터 홈페이지를 통해 언제든지 참여하고 싶은 주제를 신청하라는 형태로 사전조사를 하기도 했다. 그런데 정말 원하는 프로그램이 있는 소수를 제외하고 일반적으로 사람들은 주관식 설문조사를 기피하며 응답을 잘 하지 않는다. 어딘가에 채널을 열어 두고 상시 수요조사를 하는 것은 의미가 있지만 그 효과를 제대로 보기 위해서는 '뭐든지 한번 써 봐라'는 식의 조사는 참여를 기대하기 어렵다. 학습태도, 학습동기, 계획과 실천, 시간관리, 집중과 몰입, 자기관리, 목표 설정, 불안 조절, 학습정보 및 자료 활용, 시험전략, 교우관계, 자존감 형성 등을 제시하여 선택하도록 하는 것이 낫다. 또는 우리 대학에서 실제로 제공하고 있는 프로그램, 개발하여 제공할 수 있는 주제, 학습역량 향상에 실질적으로 기여하는 주제 등을 구체적으로 제시해 주면서 선택하게 하는 것도 하나의 방법이다. 〈표 8-4〉와 같이 몇 가지를 제시하면서 복수선택을 하게 하든지 본인에게 필요한 우선순위로 선택하게 하고, 프로그램 제목만 제시하는 것이 아니라 그 프로그램이 무엇을 도와주려고 하는 것인지 간략하게 제시해 준다면 학생들이 보다 수월하게 선택할 수 있을 것이다.

표 8-4 ┃ 학생 대상 학습지원 프로그램 사전조사 예시

프로그램	목표	복수선택	우선순위
협동학습	• 전공학습을 친구, 선후배와 함께 공부하며 성적 높이기 • 팀 프로젝트를 성공적으로 수행하는 방법 배우기	( )	( )위
튜터링/멘토링	• 내가 듣는 수업에서 좋은 성적을 받은 튜터, 멘토에게 학습방법을 배워 성적 높이기	( )	( )위
학습 성찰	• 학습에 있어 부족한 점을 발견하고 보완해 보기	( )	( )위
학업부진 care	• 나의 어려운 상황을 공감하고 도움을 주는 분들을 통해 학업 부진에서 벗어나기	( )	( )위
학습콘서트	• 많은 학우와 다양한 유형의 학습방법과 효과 공유하기	( )	( )위
정서적 관리	• 우울감, 시험불안, 스트레스 떨치기	( )	( )위
학습동기부여	• 목표를 설정하고 계획을 잘 세워 학습효과 높이기	( )	( )위
학습전략	• 집중, 기억력, 노트정리를 통해 학습효과 높이기	( )	( )위
자원 활용	• 높은 학습효과를 위해 필요한 자원 활용법 배우기	( )	( )위
창의성	• 내 안의 창의적 성향을 발견하고 창의적 능력 키우기	( )	( )위
문제해결	• 문제를 인식하고 대안을 탐색하여 해결방법 실천해 보기	( )	( )위

3) 지원 체계는 어느 정도 갖춰야 하는가

(1) 학습지원을 위한 조직 체계

학습역량 강화를 위한 지원 체계는 필요 충분한 프로그램 제공과 이러한 프로그램을 원활하게 운영하도록 만드는 조직과 규정 등을 들 수 있다. 학생의 학습역량

이 강화되어 수강하는 수업에서 좋은 성적을 받고 각종 학업에서 성취감을 맛보게 하려면 이를 도와주는 프로그램을 유효적절하게 지원해 주어야 한다. 또한 프로그램을 원활하게 운영하고 실적과 성과를 내도록 지원하는 조직, 인력, 예산, 제도, 규정도 필요하다. 각 대학마다 운영하는 프로그램은 다양하지만 대체로 특강, 워크숍, 튜터링, 학습동아리, 공모전 등으로 구성되어 있다. 지원조직도 대부분 교수학습센터에서 담당하고 동기부여를 위해 마일리지, 장학금, 인증제와 같은 제도와 운영규정, 의사결정을 위한 위원회를 갖추고 있는데, 인력과 예산은 대학 규모에 따라 차이가 있다.

〈표 8-5〉는 각 대학에서 학습지원을 전담하는 조직에 대한 조사 결과이다. 각 대학 홈페이지를 통해 조사했기에 정확도는 확신할 수 없지만 적어도 참고 정도는 될 것이라 생각된다. 교육혁신단이나 교육혁신원 등 교육혁신조직 내에 교수학습센터를 두고 있고, 대학혁신지원사업을 교육혁신조직에서 담당하고 있는 대학이 많아 구성원 중 연구원과 직원을 명확히 구분하기는 어려웠다. 그리고 그들이 사업비로 채용한 계약직인지 정규직인지도 파악할 수는 없었다. 보직교수(부서장)는 제외했고, 학습지원 분야를 포함하여 교수학습지원 프로그램 기획과 운영을 담당하는 인원만 파악한 자료이므로 상세한 구성이 궁금하다면 해당 대학으로 직접 문의해야 할 것이다.

표 8-5 각 대학 학습지원조직 조사 현황

NO	대학명	조직명	구성원			
			교수 (명)	연구원 (명)	직원 (명)	총원 (명)
1	서○대학교	교수학습개발센터	4	2	22+객원상담원3	31
2	포○○○대학교	교육혁신센터	5 (자문위원)		10	15
3	성○○대학교	교육개발센터		2	2	4
4	고○대학교	교수학습개발원	2	10	8	20
5	한○대학교(본교)	교육혁신단			15	15
6	한○대학교(분교)	교수학습지원센터		3	7	10
7	서○대학교	교수학습센터	1	7		8
8	중○대학교	교수학습개발센터	2	4	2	8

〈계속〉

9	경○대학교(본교)	교수학습지원센터	3	3	2	8
10	경○대학교(분교)	교수학습지원센터	2	4	2	8
11	부○대학교	교수학습지원센터	1	11	2	14
12	경○대학교	교수학습센터	2	8	5	15
13	이○○○대학교	교육혁신센터		6	8	14
14	전○대학교	교수학습개발센터			18 (혁신교육개발원)	18
15	건○대학교	교수학습센터			9	9
16	인○대학교	교수학습개발센터	2	4	2	8
17	아○대학교	교수학습개발센터			8	8
18	광○대학교	교수학습센터	1		3	4
19	세○대학교	교수학습개발센터		6	2	8
20	숭○대학교	교수학습혁신센터	3		7	10
21	국○대학교	교수학습개발센터		4	3	7
22	동○대학교	교수학습개발센터	3		3	6
23	단○대학교(본교)	교수학습개발센터	2	2		4
24	단○대학교(분교)	교수학습개발센터	2	2		4
25	숙○○○대학교	교수학습센터	2	1	5	8
26	한국○○○대학교	교육선진화센터	3	1	5	9
27	동○○○대학교	교수학습개발센터	1	2	1	4
28	덕○○○대학교	교수학습개발센터			5	5
29	서울○○대학교	교수학습개발센터			7	7
30	서울○○○○대학교	교수학습개발센터			9	9
31	홍○대학교	교수학습지원센터		3(석사3)	7(박사3,석사2)	10
32	명○대학교	교육개발센터			6	6
33	상○대학교	교수학습지원센터			4	4
34	경○대학교	교수학습개발센터	1	6	4	11
35	강○대학교	교육혁신원		3	8	11
36	순○○대학교	교수학습혁신센터			5	5
37	부○대학교	미래교육혁신본부		6	11	17
38	청○대학교	교육혁신원	3	10	6	19
39	호○대학교	교수학습센터	1	4	3	8

〈계속〉

40	공○대학교	교수학습지원센터		3	2	5
41	전○대학교	교수학습지원센터		4	3	7
42	가○대학교	교수학습개발센터			9	9
43	경○대학교	교수학습지원센터		3	8	11
44	한○대학교	교수학습센터			5	5
45	서○대학교	교수학습지원센터	2	5	4	11
46	조○대학교	교수학습지원센터	1	1	5	7
47	제○대학교	교수학습센터		6	6	12
48	한○대학교	교수학습센터	1		4	5
49	계○대학교	교수학습개발센터	2	6	6	14
50	대○대학교	교수학습개발센터	1	1	2	4

※ 요즘은 본교/분교로 구분하지 않지만 캠퍼스명이나 지역명을 기록하지 않기 위해 표기함

　제시한 50개 대학에서 진행하는 프로그램을 조사한 결과는 〈표 8-6〉과 같다. 학습법 특강이나 워크숍, 스터디 그룹이나 튜터링과 같은 학습모임, 상담 및 컨설팅은 대부분 대학이 제공하고 있다. 또한 긍정적 학습 경험과 성취에 대한 에세이 공모전도 서서히 확대되고 있다. 글쓰기나 말하기 지원은 많은 대학에서 제공하고 있지만 교수학습센터가 아닌 의사소통센터나 글쓰기센터에서 제공하는 대학이 있어 숫자가 적게 나온 것뿐이고, 러닝 포트폴리오는 만들어 놓고 보면 학습효과가 좋아 보람을 느끼지만 만들어 나가는 과정이 쉽지 않아 상대적으로 적은 대학만이 운영하고 있는 것으로 보인다. 이 외에 학습 관련 학생좌담회, 소수학습자(복학생, 휴학생, 전과생, 편입생) 대상 학습 프로그램을 운영하는 대학도 일부 있다.

표 8-6 ┃ 학습지원 프로그램 운영현황

프로그램	학습법 특강 및 워크숍	학습모임	학습상담 및 컨설팅	학습경험 공모전	러닝 포트폴리오	글쓰기, 말하기 지원
운영대학 수	48	48	41	35	14	14

(2) 학습지원 프로그램 체계

　대학의 학습지원 프로그램 구성은 유사한 모습을 보인다. KAIST, UNIST, 과학기술원 등 특수 목적으로 설립한 대학은 다를 수 있지만 일반적인 대학은 〈표 8-7〉

과 같이 유사하다. 우선 단발성 학습법 특강은 주제의 다양성과 실시 횟수는 다르겠지만 어느 대학이나 제공하고 있다. 학습법 워크숍도 많은 대학에서 제공하고 있다. 워크숍 주제는 주로 문제해결능력 함양, 창의성 함양, 학습비전과 목표 설정, 학습 계획 및 전략 설정, 학습동기부여, 시간 관리, 스트레스 관리, 매체 및 정보 활용, 학습 환경 조성 등으로 다양하다. 주입식이나 단발성 교육으로 해결할 수 없는 부분을 참여와 활동 중심으로 해결해 나가는 것이다.

표 8-7 ┃ 학습지원 프로그램 구성 체계 예시(1)

프로그램 종류	구성 및 운영
학습법 특강	• 대학생의 학습, 학습동기, 학습태도, 학습전략 등을 주제로 1~2시간 내외로 제공 • 시간 중복으로 참여하지 못하는 학생이 많아 온라인으로 촬영하여 교내 LMS에 탑재한 후 상시 수강 가능하도록 지원 • 연간 시리즈로 기획하여 제공
학습법 워크숍	• 학습목표 설정과 계획 수립, 시간관리, 학습자원 및 매체 활용, 문제해결, 불안 및 스트레스 관리 등 다양한 주제로 수동적인 경청보다는 능동적인 참여를 통해 학습역량 강화 • 주말 또는 방학을 이용한 당일 또는 1박 2일 집중 코스, 주별 1회씩 1개월 코스, 주별 2회씩 2주 코스 등으로 구성하여 제공
개별학습 지원	• 1:1 튜터링 • 학습 멘토링(Peer Review): 동료 간 학습에 관해 조언을 주고받으며 동반 성장 • 러닝 포트폴리오: 자신만의 학습철학과 방향을 점검하면서 지속적인 학습관리와 성찰 수행
협동학습 지원	• 학습공동체: 학습모임, 스터디그룹 등 • 사제공동체: 특정 학문 분야의 학습역량 향상을 위해 지도교수의 코칭하에 학습미션 수행 • 1:多 튜터링: 3~5명의 튜티가 튜터에게 배우면서 튜티 간 학습효과 극대화를 위한 상호작용이나 그룹학습 수행
학업향상 지원	• 학사경고자 포함 학습부진자 대상의 성적향상지원 프로그램 • 보통 3개월 내외의 기간을 할애하여 OT(집중캠프) → 멘토링(개별 활동) → 효과공유 세미나(결과평가회) → 사후관리(멘티의 긍정적 변화 유지, 멘티의 멘토화)의 코스로 운영 • 성공적 운영을 위해 학습부진 원인 진단, 유관부서 협조, 사후관리가 가장 중요
학습상담	• 수시 상담: 상담 시스템을 통해 예약을 통한 상담지원 • 프로그램 점검 상담: 운영 프로그램 참여자 대상 중간점검을 통해 상담지원 • 온라인 상담: 대면상담을 두려워하는 학생들을 위해 온라인 상담을 제공하면서 대면상담 및 프로그램 참여로 유도
공모전	• 학습지원 프로그램 참여에 따른 긍정적 학업성과 공모(대상 및 프로그램별 우수작 선정) • 수강한 수업 중 타 학우들에게 추천하고 싶은 수업에 대한 에세이 공모 • 학습지원 프로그램 참여로 인한 건 아니지만 우수한 성취를 가져왔던 학습경험 소개 공모

　수업 현장에서 필요한 개별학습과 협동학습도 지원하고 학습에 문제가 있는 학생들을 대상으로 상담과 컨설팅도 지원한다. 또한 프로그램에 참여자 수를 늘리기 위해 긍정적 학습효과와 성취를 보인 학생들을 대상으로 하는 공모전을 진행하고, 공모전에서 우수작으로 선정된 사례는 발표회를 통해 널리 홍보하고 확산한다.

　대학은 여러 종류의 학습지원 프로그램을 대부분 비교과로 지원하고 있다. 요즘은 비교과도 '비교과교육과정'이라고 표현하므로 교육과정다운 체계를 갖추고 있어야 한다. 학습지원 분야의 개요와 목표, 프로그램 구성 체계, 실적과 성과분석 중심의 자체평가 체계, 환류 및 개선체계를 일목요연하게 갖추어야 한다. 또한 프로그램별로 목표와 교육과정[내용, 대상, 정원, 제공시기, 교육(활동)시간 및 기간, 학습역량, 기대효과 등]도 갖추고 있어야 한다. 이렇게 짜임새를 갖추어 놓아야 우리 대학이 어떤 필요성과 목적으로 어떤 프로그램을 어떻게 제공하고 있으며, 어떤 효과를 기대하고 어떤 방향으로 발전시켜 나가고자 하는지가 명확히 보인다.

　또 하나, 〈표 8-8〉과 같이 학습지원 프로그램이 지향하는 방향에 따른 구성 체계로 갖추어 볼 수 있다. 학습지원은 일단 학습역량 강화에 목적이 있다. 학습역량은 대학뿐만 아니라 십여 년 전부터 강조되고 있는 평생학습능력을 배양하는 데 필수적인 것으로, 학습자가 언제 어디서든 자기 주도적으로 자신의 역량을 계발하고 적용할 수 있게끔 대학에서 길러져야 하므로 학습자의 학습을 가능하게 하고 효과

표 8-8 ┃ 학습지원 프로그램 구성 체계 예시(2)

구분	내용	학습역량 구성요소	대표 프로그램
학습비전	학습목적, 태도, 동기 등 학습의 기초 역량	학습목표, 학습태도, 학습열정	학습법 특강
자기정체성	학습자로서 자기 자신에 대한 인식	자기관리, 자기효능감	학습법 워크숍
인지 조절	학습내용을 이해, 분석, 종합, 기억하는 활동	예습과 복습, 상호작용, 문제해결	튜터링, 멘토링, 학습동아리
정서 조절	학습이 효과적으로 이루어지는 정서적 측면 관리	학습흥미, 스트레스 관리, 우울감 극복, 불안 제거	학습법 워크숍, 학업향상
학습 활동관리	학습 활동 실천과 성찰, 환류 및 개선	학습자원 관리, 과제 수행, 성적 관리	학습 포트폴리오
학습환경 조절	주변 환경을 학습에 도움을 주는 방향으로 조성	학습시간 및 공간 확보, 학습관계 조성, 방해요소 제거	학업향상

적으로 수행할 수 있는 종합적인 역량으로 구성되어 있다. 대학의 학습지원은 기본적으로 이러한 학습역량을 길러 주는 데 초점이 맞추어져 있으므로 학습역량에 따라 프로그램을 분류할 수도 있다. 그러나 역량이라는 것은 하나의 프로그램 참여를 통해 길러지는 것이 아니라 여러 가지 학습 활동의 결과로 길러질 수 있는 것이기 때문에 특정 역량 향상에 대표적으로 기여하는 프로그램이라는 형태로 분류 체계를 갖추어 놓을 수밖에 없다.

이러한 분류 체계가 적당하지 않으면 많은 대학이 학습역량 강화를 위해 지원하는 형태인 특강 및 워크숍, 개별학습지원, 협동학습지원, 학습부진자 관리, 상담 및 컨설팅, 공모전 등으로 분류 체계를 갖추어 놓아도 된다. 또는 학습역량진단 전수조사를 통해 결과를 상·중·하 등급으로 분류하고 각각의 등급에 해당하는 특성에 따라 수준별 프로그램 지원 체계를 갖추어 놓는 것도 좋다. 여러 프로그램을 수준별로 명확히 구분하기는 어려울 테니 모든 프로그램을 수준별로 분류해 놓기보다는 거의 학습역량을 갖추지 못한 학생 대상의 프로그램과 어느 정도 수준의 학습역량을 갖춘 학생 대상의 프로그램을 확실하게 구분하여 제공하는 것이 참여자의 학습효과 증진에 효과적일 것이다. 이러한 수준별 분류 체계에서는 신입생 대상, 편입생이나 전과생 등의 소수학습자 대상, 복학생이나 교환학생 등 학습단절자 대상의 특화된 프로그램도 제공할 수 있다. 또 하나 요즘 서서히 대학에서 보이고 있는 단계별 분류방식도 생각해 볼 수 있다. 초기 단계에서는 교육 중심의 프로그램을 구성하고 발전 단계는 활동 중심의 프로그램을, 심화 단계는 활동을 통해 무엇인가를 창조하고 우수사례를 만들어 낼 수 있는 프로그램으로 구성하는 것이다.

(3) 학습지원 인프라 구축 체계

지속 가능한 학습지원을 위해서는 조직, 인력, 예산, 제도, 규정이 있어야 한다. 그렇지 않고서는 학습지원을 하고자 하는 대학의 의지를 확인할 수가 없다. 학습지원을 위한 전담조직을 설치하고 전문성을 지닌 인력을 배치하며, 필요한 예산을 지원하고 규정과 제도를 정비해 놓았다는 것은 지속할 의지와 가능성이 있다고 판단된다. 많은 대학의 학습지원은 교수학습센터에서 전담하고 있다. 교수법과 학습법은 밀접한 관련이 있고 전문성이 요구되는 분야다 보니 다른 일을 겸직하기보다는 교수학습센터에 교육학 전공자 또는 교수학습지원 유관기관 경력자들로 인력을 구성해야 한다. 대학 상황에 따라 교수법과 학습법을 겸직하는 것은 두 분야의 관련성이 상당히 있으므로 어쩔 수 없겠지만, 가능하다면 각각의 전문 분야에 대한 인력 확보가 필요하다. 간혹 교육학과가 있는 대학에서 해당 학과 전공교수를 교수학습센터와 겸직발령을 내고 전문가를 확보했다고 하는 경우도 있는데, 각종 평가에서 겸직은 인정하지 않는 추세라는 것을 알아 두었으면 한다. 간혹 교양 또는 교직 관련 부서 소속으로 발령 내고 교수학습센터 업무를 전담하고 있으니 교수학습센터 전담교수가 확보되어 있다고 하는 경우도 있는데, 이 또한 평가에서 인정받기 어렵다. 명확하게 교수학습센터로 발령을 내고 교수학습 업무를 전담하는 업무분장이 되어 있어야 한다. 교수학습 분야는 최근 들어 전문성 확보의 필요성이 부각되고 있다. 교수학습센터협의체를 중심으로 교수학습 분야별 활발한 연구와 교류가 이루어지고 있고, 서울대를 비롯한 몇몇 대학에서 전문성 강화 교육도 제공하고 있으므로 연구 및 실무 담당자들이 관련 정보와 전문성에서 뒤쳐지지 않도록 지속적인 전문역량 강화지원을 해야 할 것이다. 직원의 경우는 관련 분야의 학위를 가진 사람이면 더욱 좋겠지만 프로그램 개발이나 성과분석보다는 관리운영 측면의 전문성이 필요하기 때문에 잦은 인사이동을 하는 것보다 관련 분야에서 오래 근무하여 효율적인 관리운영 노하우를 갖출 필요가 있다.

예산은 대학 규모에 따라 다르겠지만 학습역량 강화 프로그램 운영 예산 편성 및 집행의 연도별 추이를 확인하여 비슷한 규모의 예산 편성은 유지하는 것이 좋다. 대학 재정상황이 악화되고 있어 대학혁신지원사업과 같은 재정지원사업을 수행하면서 교비는 점점 줄여 나가고 대부분 국고로 편성하고 있는데, 이는 바람직하지 않다. 국고는 아무래도 지출에 제한이 있기 마련이므로 국고로 지출하기 곤란한 유형의 프로그램이라든가 국고가 끊어져도 유지해야만 하는 프로그램은 교비로 편성하여 연도별 등락이 크지 않게 유지할 필요가 있다.

학습지원 분야가 비교과교육이다보니 학칙이나 학칙시행세칙에는 반영이 안 되어 있고, 내규로 비교과 운영 규정 등을 제정하여 활용하고 있다. 그러나 6~7년 전부터 비교과의 중요성이 강조되면서 교양이나 전공처럼 비교과를 교육과정의 하나로 인정하며 학칙시행세칙에 포함시킨 대학도 있다. 비교과 운영 규정은 전체적인 비교과교육과정 운영에 관한 규정이므로 학습지원 프로그램 운영에 대한 세부적인 내용을 다룰 수 없어 별도로 지침을 마련하여 시행하고 있다. 비교과 운영 규정이 없는 대학들은 교수학습센터 규정에서 학습지원 분야 운영에 대해 언급하고 있지만, 역시 세부적인 내용보다는 포괄적인 내용만 다루고 있다.

여기서 잠시 규정의 체계를 언급하겠다. 의외로 많은 대학에서 규정의 체계를 정확히 알지 못한 채 사용하는 것을 보았다. 특히 내규와 지침에 대한 혼선이 많이 보이는데, 예를 들면 '강의평가규정'이 맞는 용어인데 '강의평가에 관한 내규'라고 사용한다든가, '교과과정개편지침'이 맞는 용어인데 '교과과정개편기준'이라고 사용하는 것들이다. 〈표 8-9〉를 참고하여 규정도 체계를 맞추어 구비해 놓는 것이 좋다. 세부적인 내용이나 상황에 따라 비교적 자주 바뀌거나 개선해야 할 부분들은 지침으로, 구체적이고 비교적 잦은 변동이 생기지 않을 부분은 규정으로 정해 놓는 것이 운영의 묘를 살릴 수 있는 방법일 것이다. 규정 개정은 규정심의위원회 등 일정한 절차를 거쳐 개정할 수 있어 시간이 걸리므로 미리 준비하지 않으면 제때 적용하기 어려운 상황이 될 수도 있다. 반면 지침은 해당 업무를 시행하기 전 변화가 필요한 사항을 정리하여 내부결재 등을 통해 즉시 적용할 수 있다. 그리고 가급적이면 지침도 규정처럼 조와 항을 만들어서 어느 정도의 구속력이 있는 모습을 갖출 필요가 있다.

표 8-9 | 규정 체계

학칙	• 학교의 교과 과정이나 학생 생활 등에 관한 규정	포괄적
시행세칙	• 법령을 시행하기 위해 필요한 여러 가지 사항을 자세히 정한 규칙	개괄적 상세
내규	• 어떠한 기관이나 단체가 따로 정하여 그 내부에서만 실시하는 규정 • 사무 처리 및 운영 방침을 설정하는 구체적인 기준 예 업무분장규정, 복무규정, 인사규정, 급여규정 등	구체적
지침	• 방향과 목적 등을 가리켜 이끄는 길잡이나 방침, 업무 실시의 방법, 관리, 계획 등 예 업무시행시 발송하는 문서에 나오는 가이드라인	세부적

비교과교육과정 편성 및 운영에 대한 규정을 학칙시행세칙에 하나의 장으로 편성하고 있는 대학은 학습지원 영역에 대한 세부사항을 다루는 별도의 규정을 만들어 사용해도 될 것이다. 학습지원 관련 규정에서 다뤄야 할 부분은, ① 규정의 목적, ② 용어 정의, ③ 규정의 적용범위 및 대상, ④ 학습지원 과정 편성원칙, ⑤ 학습지원과정 분류 체계, ⑥ 운영(요구분석, 계획 수립, 결과 분석 및 평가, 환류 및 개선), ⑦ 운영조직과 역할, ⑧ 심의 및 의사결정 위원회, ⑨ 관련 제도(동기부여, 인증, 포상 등), ⑩ 기타 등으로 제시할 수 있다. 만일 내규로 비교과 운영 규정을 갖고 있는 대

학이 학습지원 관련 규정을 만들면 동일한 단계의 규정이 중복으로 존재하는 것이므로 규정 체계에 맞지 않으므로 지침으로 만드는 것이 낫다. 지침은 앞에서와 같이 규정처럼 만들면 곤란하다. 지침보다 하위단계의 규정은 없으므로 더 세부적인 내용을 다룰 수 없기 때문이다. 따라서 각 학습지원 프로그램 운영지침의 공통적인 내용인 운영(요구분석, 계획 수립, 결과 분석 및 평가, 환류 및 개선)과 관련 제도(동기부여, 인증, 포상 등), 기타 세부적인 사항을 발췌하여 지침으로 만들 수 있을 것이다.

　이 외에 학습지원 관련 운영위원회(교수학습운영위원회, 비교과운영위원회 등)를 통해 학습지원 분야에 대한 예 · 결산 보고, 계획과 결과보고, 성과 모니터링, 자체평가를 통한 환류와 개선 등을 다루고, 개선발전을 위해 필요한 정책결정 사항을 대학본부에 건의하여 반영되도록 노력해야 한다. 업무지원 시스템으로 비교과통합시스템을 통해 프로그램 개설부터 신청접수, 수료자 관리, 만족도 조사, 학습역량진단, 마일리지 부여, 수료증 발급, 이력 관리, CQI 보고서 관리, 각종 통계자료 생성 및 관리까지 지원한다면 최소한의 업무 부담으로 최대한의 효과를 볼 수 있을 것이다.

3. 학습지원을 위한 환류와 개선

1) 환류 체계

　환류 체계란 대학이 학습역량 강화 프로그램의 운영 결과 또는 성과를 확인, 점검, 모니터링하여 향후 프로그램 개선에 반영하는 일련의 절차를 말한다. 환류 활동을 위해서 필요한 자료는 만족도 조사 분석자료와 CQI 보고서일 것이다. CQI 보고서는 개별 프로그램마다 작성해야 하지만, 학습지원 분야 전체에 대한 CQI 보고서도 만들어야 한다. 그래야 종합적인 분석과 자체평가가 가능하고 이를 통해 개선 및 보완점을 찾아낼 수 있어 지속적인 성장과 발전을 도모할 수 있다. 기본역량진단에서 환류와 관련한 진단의 주안점을 살펴보면, 환류 체계(성과분석 등)를 통한 학습역량 강화 프로그램 개선 실적을 보겠다고 한다. 환류의 체계성과 프로그램 개선 실적의 우수성을 확인한다는 것이다. 여기서 환류 체계라 함은 환류 활동을 하는 기관이나 조직적인 체계를 말하는 것이 아니라 학습지원 분야의 성과분석을 누가 어떻게 하고 있으며, 분석한 결과를 어떻게 활용하고 있는지를 말하는 것으로 생각된다. 따라서 학습지원 분야에 대한 전체적인 분석과 성과평가가 반드시 있어야 하고, 이 결과를 향후 계획에 반영하여야 하며, 반영한 결과 무엇이 달라졌는지까지 확인해야 한다.

환류 체계란 기본적으로 실행한 일을 평가하는 것이 전제가 되어야 하고, 이 평가 결과에 따라 개선이 필요한 부분을 개선함에 따라 그 일이 더욱 발전하여 수요자를 만족시켜 나가게끔 관리하는 체제라 할 수 있다. 시행과정에서 당초 세운 목표 달성을 위한 모니터링은 반드시 해야 하고, 모니터링 과정과 성과평가 결과에 따라 도출된 개선사항은 반드시 차기 계획 수립에 반영하여야 한다. 이를 도식화하면 [그림 8-1]과 같다. 이름을 멋지게 붙이고 그림을 아름답게 그려도 결국 환류 체계는 여기서 벗어나지 않는다.

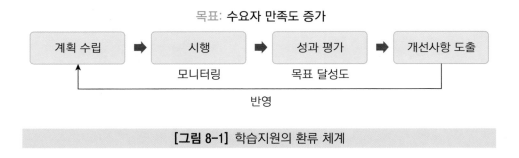

[그림 8-1] 학습지원의 환류 체계

2) 종합 자체평가(CQI)

환류를 하기 위해서는 개별 프로그램의 CQI 보고서 작성에서 그치면 안 된다. 개별 분석과 평가는 이루어지지만 해당 분야의 종합적인 성과분석을 놓치기 때문이다. 대학에서 학생들에게 제공하는 비교과는 다양하지만 기본역량진단에서 평가하는 분야는 '학습역량 강화지원' '진로 · 심리상담지원' '취 · 창업지원'의 3개 영역이다. 평가만을 위해 일하는 것은 아니지만 지원하는 영역별로 종합분석과 평가를 해 보면 무엇을 잘 하고 무엇이 부족한지를 알게 되어 더 나은 프로그램을 지원하게 될 것이고 평가에서도 좋은 결과를 만들어 낼 수 있다.

학습지원 프로그램은 대부분 학기 단위로 반복해서 제공하는 편이다. 학습법 특강이나 워크숍도 다양한 주제로 개설하지만 매 학기 1~3회 정도는 제공하고 있다.

학습공동체나 튜터링, 멘토링, 러닝 포트폴리오도 수강하고 있는 교과목을 중심으로 운영하므로 매 학기 개설하여 제공하고 있다. 그래서 학습지원 분야의 종합 결과보고는 학기 단위로 해야 할지 연 단위로 해야 할지 고민스러울 것이다. 학기 단위로 운영하니까 학기 단위로 하는 것이 맞는 것 같다고 생각할 수도 있지만 거의 모든 성과평가가 학년도 단위로 이루어지고 있고 프로그램마다 개별 성과평가를 하고 있기 때문에 종합평가는 학년도 단위로 하는 것이 나을 것이다.

종합평가는 학습지원 분야 전체적인 운영실적과 성과에 대한 분석을 하고, 이를 바탕으로 자체평가를 한 후, 우수성과에 대해서는 교내외로 확산하고 한계 및 보완점은 개선하여 발전시켜 나가려는 목적으로 하는 것이다. 분석과 평가한 결과는 운영위원회에 보고를 하고, 운영위원회는 보고서를 꼼꼼히 읽어 보고 필요한 조언과 함께 한계 및 보완점 중 규정이나 제도적으로 반영할 부분에 대해서 대학 본부에 건의하는 역할을 해 준다. 종합결과보고서를 구성하는 목차는 〈표 8-10〉과 같이 제시할 수 있다.

우선, 전체적인 개요 부분을 작성해야 한다. 몇 개의 프로그램을 누구를 대상으로 제공하여 어느 정도의 실적과 어떤 성과를 창출했는지, 그로 인해 어떤 변화가 있었고 무엇이 달라졌는지를 요약해서 정리해야 한다. 이 부분은 시작하면서 쓸 수 있는 것이 아니라 결과 분석과 자체평가까지 하고 난 후에 쓰는 것이 좋다. 투입 요인에 대해서는 담당 인력과 협조 인력, 그들의 역할, 예산 투입 정도, 활용하는 규정과 제도, 사용하는 시스템에 대한 내용을 정리한다. 진행과정은 참여자 모집을 위해 어떻게 홍보를 했고 홍보 효과는 어땠는지, 중간 점검을 제대로 했는지, 교육과 활동의 원활한 운영과 질적 수준 유지 및 향상을 추가로 지원한 부분은 무엇인지 등을 정리한다. 요즘은 단순히 현수막이나 포스터만 붙여서는 학생 모집이 거의 안 되니 다각적인 홍보방안이 필요하다. 포스터를 만들더라도 안내사항 중심보다는 그 프로그램을 수료하면 무엇을 얻고 어떻게 달라질 수 있다는 기대와 희망을 키워드로 활용해야 한다. 특히 학생은 동료의 긍정적 피드백과 성공적 경험에 반응을 보이므로 우수성과를 보인 학생의 사례나 경험을 카드뉴스, 동영상으로 제작하여 학생이 자주 접속하는 SNS에 탑재하면 효과가 좋다. 프로그램 모집공고와 함께 긍정적 경험자 인터뷰를 학보에 실어 주는 것도 좋은 방법이다.

산출과 성과는 참여 및 수료, 만족도 등 전체적인 학업지원 프로그램에 대한 부분과 개별 프로그램에 대한 부분을 모두 정리하면서 어떤 프로그램이 고효과 프

표 8-10 ┃ 학습지원 분야 종합자체평가

1. 개요
  • 1개 학기 또는 1년 동안 ○○개 영역 ○○개 프로그램을 운영하여 어떤 실적과 성과를 창출했다.
  • 직전 개선사항을 반영하여 어떤 변화를 주었고, 그 결과 무엇이 달라졌다(긍정 또는 부정적 효과 모두 포함).

2. 준비   투입(input)요인에 대한 기재
  • 담당자(전담교수 및 연구원, 직원 등)와 담당 역할
  • 예산(전년대비 변동 포함)
  • 활용 규정과 제도(개선 부분 강조)
  • 활용 시스템(개선 부분 강조)

3. 진행   과정(process)에 대한 기재
  • 참여자 모집을 위한 홍보(사전설명회 개최, 포스터 제작, SNS 활용 등)
  • 모니터링(중간 점검)
  • 활동공간 제공, 예산 변화, 온라인커뮤니티 활용, 업무 간소화, 참여자 요구사항 실시간 반영 등

4. 결과 분석   산출(output) 및 성과(outcome)에 대한 기재
  • 프로그램별 실적(참여자/수료자 수, 만족도 등)
  • 프로그램별 및 종합 시계열 분석 결과
  • 성과지표 달성 여부(대학 내 성과평가)
  • 참여자 변화(성적, 역량, 태도, 대내외 수상 등)
  • 주요 지표에의 기여(중도탈락, 취업, 교육만족도, 외부 평가지표 등)
    ※ 표, 그래프, 그림 등 시각화 자료 포함

5. 한계 및 보완점
  • 더 나은 실적과 성과를 만들어 내지 못하는 한계, 이를 돌파할 수 있는 대안 제시
  • 수요자의 개선 요구사항과 공급자가 분석한 개선 필요성
  • 개선 사항을 어떻게 반영하여 진행하겠다는 향후 계획

로그램인지, 시계열적으로 어떤 프로그램에 대한 참여도나 만족도가 변화하고 있는지, 어떤 프로그램이 학업성취나 학습역량 제고에 영향을 미치는지를 분석할 필요가 있다. 프로그램별로 성적 향상에 어떻게 기여하는지, 어떤 프로그램이 더 많은 기여를 하는지, 프로그램에 참여한 학생이 참여하지 않는 학생에 비해 어느 정도 성적이 잘 나오는지 분석을 해야 한다. 또한 프로그램 신청이 확정된 학생을 대상으로 학습역량진단을 하고, 프로그램 종료 후 다시 한번 진단을 해서 해당 프로

그램이 학습역량 향상에 얼마나 기여했는지 분석해야 한다. 학습역량을 전수 조사한 데이터가 있다면 프로그램 참여자와 비참여자의 비교분석도 가능하다. 이 밖에 NSSE와 NASEL의 조사 결과를 통해 학습지원 프로그램 제공으로 인한 학습 활동 성과를 분석해 볼 필요도 있다.

3) 우수성과 공유 확산

성과분석을 통해 평가를 해 보면 우수한 성과가 나올 수 있다. 전문성을 가진 인력과 예산을 투입해서 노력을 기울이는 것은 우수한 성과를 기대하기 때문이므로 이는 필수적이다. 그러나 기대한 만큼 성과가 안 나올 수도 있다. 지원인력의 정성이 부족하기 때문이거나, 예산이 부족해서일 수도 있고, 동기부여제도가 없어서, 예상치 못한 변수가 생겨서일 수도 있다. 성과가 안 나오면 원인을 파악해야 하고, 정답은 아닐지언정 원인이 파악되면 처방에 들어가서 개선해 나가야 한다. 반면, 우수한 성과는 적극 공유하고 확산해야 한다. 프로그램에 참여한 학생이 잘 해서 나온 성과는 교내 여러 학생에게 공유하여 학습동기를 부여하고 프로그램의 효과성을 알리면서 참여자 수 확대를 도모할 필요가 있다. 또한 체계를 잘 갖추어 합리적으로 운영하여 긍정적인 효과를 보이는 프로그램에 대해서는 타 대학으로 확산할 필요가 있다. 우리 대학만 효과를 볼 것이 아니라 우리나라 고등교육의 발전에 기여한다는 마음으로 타 대학으로 적극 확산하는 것이 좋다. 이때 우리가 효과를 본 프로그램이 타 대학에서 더욱 멋진 모습으로 운영될 수 있도록 모든 것을 공유하려는 자세가 바람직하다.

우수사례는 프로그램 참여 학생을 대상으로 하는 공모전을 통해 찾아낼 수 있다. 많은 참여 학생 중 어떤 학생이 어떤 경험과 노력을 통해 목표로 하는 소기의 성과를 거두고 효능감을 얻었는지 확인하여, 이를 소개하는 행사를 매 학기 개최하는 것이 필요하다. 혹시 행사에 기대한 만큼의 학생이 참석하지 않더라도 회를 거듭할수록 늘어날 테니 개의치 말고 지속하는 것이 좋다. 너무 참석자가 적어 열심히 준비해서 우수사례를 발표하는 학생들에게 미안한 마음이 들면 각 부서의 팀장들에게 부서 인턴(근로)학생들이 참석하도록 협조를 요청하는 것도 방법이다. 인턴(근로)학생들도 동료 학우의 학습경험을 들어 두면 본인에게 도움이 될 것이다. 우수사례는 자주 소개하고 공유하는 것이 좋으니 행사 외에도 공모전을 통해 수집한 사례를 소책자로 만들어 배부하거나 CTL 홈페이지에 하나의 메뉴로 넣어서 게시하는 것도 좋다. 요즘 학생은 웬만해선 글을 다 읽으려 하지 않으니 강조하여야 할 부분에 하이라이트를 한다거나 우수사례를 카드뉴스로 만들고 우수성과자와의 인터뷰 동영상을 SNS에 올리는 것도 교내외 확산과 홍보를 위해서도 시도해 볼 수 있다. 그리고 학기 초 학습지원 프로그램 사전설명회나 학기말 종합보고회를 개최한다면 이 자리에서 프로그램별로 우수한 성과를 거둔 사례를 약 10분 이내로 소개하는 것도 좋다.

유사한 규모의 대학끼리 연합하여 학생중심 우수사례 확산 포럼을 개최하는 것도 생각해 볼 수 있다. 아무래도 규모가 유사하면 공감하는 부분이 많을 테니 대학 간 정보 및 사례 공유와 확산에 도움이 될 것이다. 접근이 비교적 용이한 외부에 장소를 마련하여 개최할 수도 있고 대학 간 순번을 정해 대학 내에서 개최할 수도 있다. 세션은 학생경험과 운영관리 분야로 구분하여 학생은 주로 프로그램에서 얻은 학업 성취와 효능감을 소개하고, 대학은 프로그램 개발, 운영, 성과관리에 대해 소개하고 공유할 수 있다. 이런 행사에서 소개하는 좋은 사례가 전국 단위의 포럼으로 이어져서 학습지원 분야의 발전에 많은 도움이 되므로 단발성에 그치지 말고 지속적으로 운영하는 것이 좋을 것이다.

4) 환류를 통한 개선

종합결과보고를 통해 분석한 만족도와 성과에 따라 환류해 보면 보완하고 개선할 점을 찾아낼 수 있다. 프로그램 참가자들이 수시로 개선사항을 요구하는 일은 그다지 없으므로 수요자 요구사항은 만족도 조사를 통해 확보하는 것이 가장 좋은 방법일 수 있다. 단발성 프로그램은 굳이 만족도 조사까지 할 필요는 없지만 계속 운영하는 프로그램은 만족도 조사를 통해 수요자들의 의견을 반영하여 지속 가능한 프로그램으로 안착을 하는 것이 좋다. 모든 프로그램이 만족도 조사의 척도는 같은 척도를 사용하는 것이 좋다. 많은 대학이 사용하는 척도는 리커트 5점 척도이다. 좋은 점수를 얻는 데 목적이 있는 조사는 7점이나 10점 척도를 사용하기도 하지만, 환류를 통한 개선을 목적으로 하는 조사는 5점 척도가 가장 적당하다. 프로그램 수료자 전체가 응답하게 하려면 마일리지나 수료증 발급, 이력 관리와 연계하는 것이 필요하다. 만족도 조사에 응할 때까지 마일리지 지급과 수료증 발급을 보류하고 개인 포트폴리오에 이력을 기록하지 않는 것이다. 설문은 직관적으로 바로바로 응답할 수 있는 설문으로 구성하여 주관식을 제외하고 길어야 5분 이내로 응답할 만한 문항으로 구성하는 것이 좋다. 모든 프로그램은 사전준비를 하고 운영관리를 하며 효과와 만족을 기대하므로, 각 프로그램의 특성을 반영하더라도 준비는 잘했다고 생각하는지, 운영시기는 적당한지, 별다른 사고 없이 매끄럽게 운영하였는지, 나에게 효능감을 주었는지, 참여한 것이 잘한 일이라고 생각하는지 등은 반드시 물어보아야 할 것이다. 만족도 조사 설문에 대한 예시는 〈표 8-11〉과 같다.

표 8-11 | 프로그램 만족도 조사 설문 예시

유형	설문	매우 그렇다	그렇다	보통 이다	그렇지 않다	매우 그렇지 않다
준비	설명회 등 프로그램 모집 홍보는 적절했다.	⑤	④	③	②	①
	강사 또는 담당자로부터 프로그램 안내 또는 안내 유인물을 받았다.	⑤	④	③	②	①
	교육(활동)은 충실하게 구성되었고, 강사(담당자)는 교육(활동) 준비를 충실히 했다.	⑤	④	③	②	①
시기	이 프로그램의 운영 시기는 적절했다.	⑤	④	③	②	①
	적절하다고 생각되는 시기를 알려 주세요.					
운영관리	교육시간이 잘 지켜져 프로그램이 원활하게 진행되었다.	⑤	④	③	②	①
	불편했던 사항이 있었다면 알려주세요.					
상호작용	교육 또는 활동과 관련하여 강사 또는 관리자와의 상호작용(질문, 상담, 의견수렴 등)이 적절했다.	⑤	④	③	②	①
	필요하다고 생각하는 상호작용을 알려 주세요.					
자기평가	나는 이 프로그램에 적극적으로 참여하였다.	⑤	④	③	②	①
효과	이 프로그램을 통해 많은 것을 배울 수 있어 관련 지식 및 역량 향상에 도움이 되었다.	⑤	④	③	②	①
	왜 도움이 안 되었는지 알려 주세요.					
	이 프로그램은 나의 대학생활에 긍정적인 변화를 주었다.	⑤	④	③	②	①

〈계속〉

만족	이 프로그램을 다른 학우에게 추천할 의향이 있다.		⑤	④	③	②	①
	추천하고 싶지 않은 이유를 알려 주세요.						
	이 프로그램에 참여한 것에 만족한다.		⑤	④	③	②	①
개선	이 프로그램이 꼭 개선해야 한다고 생각하는 점을 적어 주세요.						
핵심역량 변화	이 프로그램을 통해 향상된 역량이 있다면 체크해 주시기 바랍니다. 학생들이 이해하기 쉬운 하위역량으로 제시하는 것이 좋음						
	○○○○능력 ☐	○○○○능력 ☐		○○○○능력 ☐			
	○○○○능력 ☐	○○○○능력 ☐		○○○○능력 ☐			
	○○○○능력 ☐	○○○○능력 ☐		○○○○능력 ☐			
	○○○○능력 ☐	○○○○능력 ☐		○○○○능력 ☐			

여기서 시기, 운영관리, 상호작용, 효과, 만족에는 주관식 설문이 포함되어 있다. 부정적인 쪽으로 응답(② 또는 ①로 응답)하는 학생은 분명 뭔가 이유가 있을 것인데, 객관식으로만 응답하게 하면 그 이유를 알아내기가 어렵다. 그래서 부정적 응답을 하면 설문 시스템에서 자동으로 주관식 문항이 나오게 하여 그 이유를 기재하게 한 뒤, 전체적으로 집계하면 어떤 부분을 보완해야 할지 알아낼 수 있다. 그리고 마지막 설문으로 흔히 사용하는 전반적인 느낌을 쓰라고 하지 말고 꼭 개선해야 한다고 생각하는 점을 기재하라고 하는 것이 좋다. 물어보는 설문내용은 프로그램의 특색에 맞게 사용하더라도 프로그램 준비 및 운영과 결과 전체에 해당하는 범주별로 구성하여 조사하면 활용하기가 좋을 것이다.

만족도 조사 결과가 수요자의 개선 요구사항이라면, 종합 자체평가는 공급자 입장에서의 개선 필요사항이다. 실적과 성과를 종단 및 횡단으로 분석해 보면 긍정적 성과도 확인할 수 있지만 부정적 성과도 확인할 수 있다. 전자는 적어도 유지하거나 더욱 발전할 수 있도록 행·재정적 지원을 해 나가야 하고 후자는 보완하거나 개선할 점을 찾아내야 한다. 개선할 부분이라 해도 '틀림없이 이것만 바꾸면 성공할 거야'라는 것을 찾아내기는 현실적으로 불가능하다. 담당자의 해당 분야에 대한 전문성과 오랜 경험, 대학교육의 변화, 학생들의 관심사, 트렌드 등을 바탕으로 가장 적합하다고 판단되는 개선사항을 찾아내야 한다. 규정과 제도의 변화일 수도 있고 인력과 예산의 추가공급일 수도 있고, 홍보방법의 전환일 수도 있다. 무엇이 되었든 다 찾아내 보고 전담부서의 노력만으로 가능하거나 타 부서 및 학과의 협조를 통해 해결할 수 있는 개선사항을 추출해 보자. 이를 프로그램별 또는 학습지원 종합결과보고서에 어떻게 반영할 예정임을 표기하고, 규정이나 지침 개정이든 운영 방식의 변화든 간에 실제로 차기 프로그램 계획 수립 단계에서 반영하자. 그리고 반영한 결과로 도출되는 실적이나 성과, 만족도 등에 미치는 변화를 잊지 말고 확인하여 차기 성과평가에서 다뤄야 한다.

4. 학습지원 성과관리 방안

1) 학습지원 성과관리 모형

학습지원 프로그램은 학기마다 운영되고, 학습지원 프로그램이 잘 운영되었는지 평가하는 일련의 단계를 거친다. 학습지원 프로그램을 개발하고 지원하는 일련의 운영 및 성과의 체계도를 그림으로 나타내면 [그림 8-2]와 같다.

학습지원 프로그램 운영 및 성과 체계를 투입(Plan)-과정(Do)-산출(See)의 논리 모형로써 접근해 보면, 학습지원 프로그램을 개발·운영하고 평가를 주도하는 조직 및 전체적인 지원 체계는 '투입(Plan)'에 해당하고, 학습지원 프로그램을 개발하고 운영하는 활동은 '과정(Do)'에 해당된다. 학습지원 프로그램을 평가하고 환류하

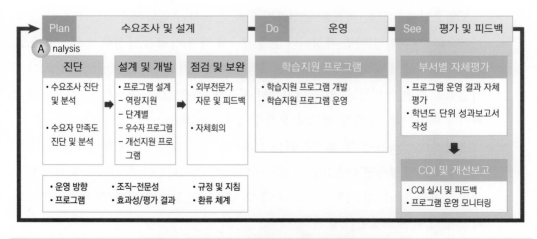

[그림 8-2] 학습지원 프로그램 운영 및 성과 체계도

는 활동은 '산출(See)'에 해당된다. 투입-운영-성과라는 교육평가의 기본 영역에 근거하여 학습지원 교육 프로그램의 성과평가를 위한 기본 영역을 선정하면 〈표 8-12〉와 같다.

표 8-12 ┃ 학습지원 성과관리 모형

구분	투입	과정	산출	
영역 분류	조직 · 체계	학습지원 프로그램 개발 및 운영	학습지원 프로그램 평가 · 환류	
기본 영역	지원 체계	개편 및 운영	평가	환류
주요 쟁점	전문기관 운영자 전문성	운영실적 확보	목표대비달성도	평가 결과 반영 개선방안 제시 우수 결과 확산

2) 학습지원 성과지표 관리

학습지원의 목적은 학생의 학습역량 강화에 있다. 학습역량이 강화되면 학업성취가 좋아지고, 학업성취가 좋아지면 핵심역량이 향상되고, 핵심역량이 향상되면 대학 입장에서는 대학이 추구하는 인재상 실현에 가까워지는 것이고, 학생 입장에서는 사회에 진출하여 자기역할을 충분히 수행하는 성공적인 사회인이 되는 것이다. 성과지표는 이러한 목표를 달성하기 위하여 투입-과정-산출의 각 단계에서 추출하여 설정할 수 있다.

투입요인의 지표는 목표를 달성하기 위해 반드시 투입되어야 하는 요소이다. 이는 조직의 의지만 있다면 과정이나 산출지표에 비해 비교적 달성하기 쉬운 지표로, 꾸준히 노력해서 달성해야 하는 중장기적인 지표라기보다는 필요성에 공감하여 의사결정을 하면 달성될 수 있는 단기적인 지표라 할 수 있다. 전문성을 지닌 인력 보완이나 예산지원, 규정 및 제도의 정비 등을 들 수 있다.

과정지표는 목표를 달성하기 위한 유효적절하고 효과적인 활동에 대한 지표이다. 이 또한 달성하면 산출요인을 변화시키는 데 기여하는 부분이므로 비교적 단기적인 지표라 할 수 있는데, 프로그램 개발, 업무지원 시스템 개발, 학습지원 인프라 확충 등이 이에 해당한다 할 수 있다.

산출지표는 우리가 흔히 성과지표로 설정하는 지표이다. 산출(output)지표와 결과(outcome)지표로 나눌 수 있는데, 산출지표는 그 일을 종료하면 나오는 실적을 측정하는 지표로 프로그램 참여자 수, 참여율, 만족도 등을 들 수 있다. 결과지표는 그 일이 종료된 후 그 일로 인해 일어나게 된 변화를 측정하는 지표로 보통 비교군(reference group)이 있는 학습역량 변화, 학업성취도, 만족도 증가, 중도탈락율 개선, 취업률 증가 등을 들 수 있다. 〈표 8-13〉은 학습지원 분야 논리 모형(Logic Model) 사례이다. 성과지표 설정에 대한 경험이 없거나 어려워하는 이들은 본인이 담당하는 업무를 논리 모형에 맞추어 기술해 보면 비교적 어렵지 않게 찾아낼 수 있을 것이다.

표 8-13 논리 모형에 다른 학습지원의 성과지표 예

투입(input)	과정(process)	산출(output)	성과(outcome)
행정적 투입 • 교육혁신팀 2 • CTL 전담교수 2 • CTL 전임연구원 2 • 기초교육원 전임연구원 2	**사전 설명회 개선** • 직전학기 우수사례 발표 • 프로그램 효과성 분석자료 안내 • 직전 대비 개선한 부분 강조	**학습법 특강 8회 진행** • 총 참여자 258명 • 만족도 평균 4.5 **학습법워크숍 4회 진행** • 총 참여자 64명 • 만족도 평균 4.2	**협동학습 참가자 GPA 상승** • 전 학기 대비 평균 0.4 • 비 참가자 대비 0.2 • 학습역량 3.8 pt 향상 **개별학습 참가자 GPA 상승** • 전 학기 대비 평균 0.6
조직 · 제도 • 조직성과관리 • 캠퍼스 마일리지 • 비교과 운영에 관한 규정 • 교수학습운영위원회	**마일리지 점수 상향조정** **튜터 장학금 상향조정** **학업멘토링 프로그램 개발** **협동학습 점검 횟수 감소** **러닝PF 업로드 간소화**	**튜터링 2회 진행** • 튜터 38명, 튜티 105명 • 만족도 평균 4.8 **학습모임 2회 진행**	• 비 참여자 대비 0.4 • 학습역량 3.2 pt 향상 **참여자 만족도 증가** • 전년대비 0.3점 증가
시스템 • 비교과통합시스템 • 학습역량진단평가 시스템	**학습공간 추가 제공** • 스터디룸 1개 추가 확보 • 2개 회의실 非사용시간 대여	• 1학기 872명, 2학기 984명 • 만족도 평균 4.3 **學UP 2회 진행**	• 교육만족도 0.5점 증가 **프로그램 참여자 수상** • 창의융합경진대회 대상
평가 · 환류 체계 • 참여자 만족도 • GPA 변화 • 학습역량 변화 • 비참여자 대비 핵심역량 변화	**파우더룸 학습공간 개조** **사이버 학습커뮤니티 제공**	• 총 참여자 49명 • 만족도 평균 4.7 **학업멘토링 1회 진행** • 총 참여자 26명 • 만족도 평균 4.7 **학습상담 및 컨설팅** • 총 참여자 1,456명	• 캡스톤디자인대회 금상 • 창의아이디어대회 동상 • (외부) We Up Day 대상 **중도탈락률 개선** • 참여자 중도탈락 0% **취업률 상승기여** • 비참여자 대비 취업성공 10% 높음

3) 평가에 대비한 학습지원의 성과관리

학습지원에 대한 평가지표를 이해하기 위해 대학기관평가인증과 대학기본역량진단에서 학생 학습역량과 관련된 주요 평가 및 점검사항을 보면 〈표 8-14〉와 같다.

표 8-14 ┃ 대학기관평가인증과 대학기본역량진단의 학생 학습역량 관련 주요 점검사항

구분	2주기 대학기관평가인증	2018년(2주기) 대학기본역량진단	2021년(3주기) 대학기본역량진단
프로그램 개발 · 운영		• 학습역량 강화 프로그램 지원을 위한 사전조사 및 분석 내용 • 학습역량 강화 프로그램 개발 과정 중 상기 사전조사 및 분석 결과가 반영된 내용 • 학습역량 강화 프로그램의 체계와 특징	• 학습역량 강화 프로그램 지원을 위한 사전조사 및 분석 내용 • 학습역량 강화 프로그램 개발 과정 중 상기 사전조사 및 분석 결과가 반영된 내용 • 학습역량 강화 프로그램의 체계와 특징
지원 체제 구축	• 교수지원, 학생지원, 교육매체지원 등의 영역 구성 및 각 영역별 인적 구성이 적절한가 • 전임 연구 · 개발 인력을 확보하고 있는가 • 예산 편성 및 집행은 적절한가 　– 예산의 교수지원, 학생지원, 교육매체지원 영역별 균형성 및 추이 확인 　– 예산 집행 실적	• 학습역량 강화 프로그램의 구축 · 운영과 관련된 규정 또는 지침 내용 • 학습역량 강화 프로그램 운영을 위한 지원조직의 구성 및 업무 분장 • 학습역량 강화 프로그램 운영을 위한 지원 인력의 전문성	• 학습역량 강화 프로그램 지원 관련 규정 또는 지침 내용 • 학습역량 강화 프로그램 운영을 위한 조직 구성 및 지원 인력의 전문성(예: 관련 경력 및 학위 소지 여부, 관련 자격증 소지 여부 등)
프로그램 운영 실적	• 프로그램 운영 현황은 어떠한가 　– 프로그램의 다양성 확인	• 학습역량 강화 프로그램의 정량적 실적 • 학습역량 강화 프로그램의 성공 또는 우수사례 등 정성적 실적	• 학습역량 강화 프로그램 운영의 정량적 실적 • 학습역량 강화 프로그램의 성과 또는 우수사례 등 정성적 실적
환류 실적	• 프로그램 만족도 평가를 실시하고, 그 결과를 프로그램 개선에 반영하고 있는가	• 환류 체계의 내용과 절차 (예: 프로그램 만족도 조사, 프로그램 개선 설문조사, 성과분석 등) • 환류 체계를 통한 프로그램 개선 실적	• 환류 체계의 내용과 절차 (예: 프로그램 만족도 조사, 프로그램 개선 설문조사, 성과분석 등) • 환류 체계를 통한 프로그램 개선 실적

대학생들에게 학습지원 프로그램을 제공하기 시작한 시기는 2000년대에 본격적으로 각 대학에서 교수학습센터를 설립한 이후라고 볼 수 있다. 초반에는 주로 단발성 학습법 특강을 지원하거나 특정 주제에 따른 워크숍을 제공하였다. 이 프로그램으로 인해 학습 활동에 도움을 받았다는 학생의 긍정적 반응이 나오기 시작하자 튜터링, 멘토링, 스터디 그룹 등 동료와 학습할 수 있는 기회를 제공하기 시작했다. 교육역량강화사업(2008~2013년)은 이러한 학습지원 프로그램의 정착에 기여했고, 2010년 시작한 ACE 사업은 프로그램의 확대와 확산에 많은 기여를 했다. 이렇듯 많은 대학이 학생의 학습 활동을 지원하고 나름대로의 실적과 성과를 만들어 내고 있으며 기본역량진단, 기관평가인증과 같은 대학평가에서 교수학습지원 분야를 비중 있게 다루고, 평가 비중이 높아짐에 따라 대학은 보다 더 효율적이면서 효과적인 학습지원을 위해 애쓰고 있다.

학습지원 프로그램 관리(운영 및 성과 포함)의 궁극적인 목적은 우리 대학에 입학한 학생에게 효과적인 학습 활동을 지원해서 역량을 강화하고, 이를 통해 학교가 지향하는 우수한 인재로 길러 내어 성공적으로 사회에 진출하게 만드는 것이다. 더불어 대학 입장에서는 기본역량진단에서 우수한 평가를 받아 지속적으로 재정지원을 받는 것도 무시할 수 없다. 따라서 기본역량진단평가의 '학생 학습역량지원'에서 제시하는 평가 방향과 평가요소에 기반을 두어 학생들에게 효과적이면서 좋은 성과를 만들어 낼 수 있는 학습지원 프로그램 관리는 어떻게 할 수 있을지에 대해 이야기해 보고자 한다.

기본역량진단의 '학생 학습역량지원' 평가 방향은 '학생의 학습역량 강화를 위한 적절한 지원이 이루어지고 있는지를 평가'하는 것이다. 그리고 '학습역량 강화를 위한 지원'의 의미를 "대학이 학생의 학습능력 향상을 위하여 전문성을 갖춘 학습역량지원(또는 전담)조직을 구성하여, 다양하고 체계적인 학습역량 강화를 위한 비교과 프로그램을 운영하는 것"이라고 설명하고 있다. 여기서 중요한 키워드는 '전문성' '다양' '체계' '강화'라고 볼 수 있다. 하나하나 해석을 해 보면, ① 전문성을 갖춘 인력이 배치된 전담조직을 보유하고 있는가, ② 다양한 프로그램을 제공하고 있는가, ③ 운영 및 관리 체계를 갖추고 있는가, ④ 프로그램 제공을 통해 학습역량이 강화되고 있는가를 확인하겠다고 느껴진다.

평가요소는 〈표 8-15〉와 같이 제시되어 있는데, 각 평가요소별로 상세히 살펴보면 적어도 다음과 같은 세부 평가요소를 갖추고 있어야 한다.

표 8-15 ▎ 기본역량진단평가의 평가요소

평가요소	세부 평가요소
학습역량 강화 프로그램의 구축·운영	• 프로그램 지원을 위한 사전조사 및 분석 내용 • 프로그램 개발 과정 중 사전조사 및 분석 결과 반영 내용 • 프로그램의 체계와 특징
관련 규정, 자원 확보 (조직·인력·예산) 등 지원	• 관련 규정 • 지원조직의 구성 • 지원조직의 업무 분담과 전문성
학습역량 강화 프로그램의 정량적·정성적 실적	• 정량적·정성적 실적 • 성공 또는 우수사례
환류 시스템(성과분석 등)을 통한 프로그램 개선 실적	• 환류 체계의 내용과 절차 • 환류 시스템을 통한 프로그램 개선 실적

이러한 평가 방향과 평가요소는 대학에서 진행하는 세부사업의 프로세스와 같다. 어떤 일에 실적을 쌓고 성과를 창출하려면 목표와 그것을 달성하기 위한 기준을 세우고 일을 수행하는 데 필요한 조직과 계획을 만드는 계획(Plan), 이 조직을 활용하여 정해진 기준에 따라서 유효한 운영을 통해 효과를 올리려는 실행(Do), 이 활동을 한 뒤에 계획과 목표에 대해 실적, 결과의 평가를 하고 문제점 등을 개선하는 평가(See), 개선점을 새로운 계획에 반영하는 개선(Action)의 사이클을 회전시킨다.

이는 우리가 어떤 일을 하더라도 자연스럽게 밟게 되는 '투입-과정-산출'의 사이클과도 같다. 따라서 학습지원 프로그램 운영에 '투입-과정-산출'을 적용하여 효과적으로 관리하고, 이를 통해 각종 평가에서 좋은 결과를 만들어 내 보자. 다만 여기서 이야기하고자 하는 방향은 바람직한 이상향이 아니라 대학 현실을 충분히 고려하여 "대학이라면 적어도 이 정도는 해야 하지 않을까?"라는 현실적인 방향이라고 이해하면 될 것이다.

4) 학습지원 성과관리를 위한 자체진단

학습지원 성과관리는 학습지원 프로그램 개발 체계와 지원 체계가 중요하고, 학습지원 프로그램 운영 결과의 신뢰성을 확보할 근거를 마련해야 한다. 학습지원 성과관리를 위한 자체진단의 평가원칙은 평가의 일관성, 평가의 신뢰성을 높여 줄 수 있다. 평가의 체계성을 확보하기 위하여 제1차 평가와 2차 평가를 제시할 수 있다.

1차 평가는 기본 영역에 대한 유무판정, 2차 평가는 우수성 평가로 구분하고자 한다.

먼저 다음과 같은 1차 평가의 기본원칙을 제시할 수 있다.

- 성과평가는 기본적으로 평가자가 직관적으로 평가할 수 있어야 한다. 모든 평가는 그걸 이렇게 했다는 증빙이 반드시 따라온다. 그래서 평가자가 증빙만 보고도 확인이 가능해야 한다. 따로 설명과 설득과정이 필요한 자료는 불친절한 자료라 할 수 있다. 그러니 평가 관련 보고서나 증빙자료를 준비할 때는 평가 편람에서 제시하는 평가 방향이나 평가의 주안점 등을 통해 무엇을 평가하겠다는 것인지를 명확하게 파악하고, 이를 직관적으로 확인할 수 있는 방향으로 준비해야 할 것이다.

- 기본 체계를 구성하는 기본 영역에 대하여 유무판정이 가능하여야 한다. 기본 영역은 그 일을 하기에 기본적인 체계를 갖추고 있는지를 평가하는 것이므로 얼마나 훌륭하게 갖추고 있는가는 크게 중요하지 않다. 즉, 훌륭하다 해도 기본을 갖추고 있는 것과 평가 결과가 별반 차이가 나지 않을 수도 있다. 다만, 하나라도 빼먹은 것이 있다면 기본을 갖추지 못한 것이기에 평가 결과에 제법 차이가 날 수는 있다.

- 목표가 있다면 목푯값이 제시되어야 하고 해당 목표 달성 및 목표 미달성을 평가할 수 있어야 한다. 기본적으로 목표는 달성하는 것이 좋겠지만 달성만이 최고의 가치라 생각한다면 목푯값을 보수적으로 잡을 가능성이 많다. 도전적이지 못한 목푯값은 비록 달성은 손쉬울 수 있지만 조직의 발전에 기여하는 바는 거의 없다. 담당자가 달성할 수 있을 것이라 예상되는 목푯값에서 10%만 상향해서 목푯값을 잡아 보자. 그러면 설정한 목푯값을 달성하기 위해 예전보다 많은 노력을 하게 될 것이고, 그 노력에 힘입어 달성 가능성도 높아질 것이다. 설사 미달성했다 하더라도 실망할 것 없다. 담당자는 분명 왜 달성하지 못했는지 알 수 있어야 하고, 알고 있을 테니 파악된 원인을 보완하거나 제거하면 달성할 수 있을 것이다. 이러한 과정이 나와 조직이 발전하는 과정임을 잊어서는 안 된다.

학습지원 성과평가에서 1차 평가준거는 평가의 시작이라고 할 수 있는 '유/무'에 대한 판정이다. 1차 평가는 2차 평가의 근거가 된다. 1차 평가에서 '유'로 판정된 경우에만 2차 평가의 대상이 되며, 1차 평가에서 '무'인 경우 2차 평가가 실시되지 않는다. 평가 영역의 '유/무' 판정 구분을 보면 다음과 같다.

- 지원 체계: 운영을 위한 전문기관 확보 여부 / 제도 및 규정
- 운영: 프로그램 유무, 프로그램 실행 여부
- 평가: 프로그램 평가 실시 여부(교육과정 개발 및 운영, 교과목 개발 및 운영, 지원 프로그램)
- 환류: 프로그램 평가에 대한 피드백 유무

표 8-16 ┃ 학습지원 성과평가를 위한 기본 체계에 대한 평가준거

영역	투입	운영	성과	
	조직 · 체계	프로그램 운영	평가 · 환류	
	지원 체계	운영	평가	환류(공유 확산)
1차 평가	유/무	유/무	유/무	유/무
2차 평가 (질적 평가)	적절성 체계성 전문성	적절성 다양성 체계성	평가 체계 만족도 실적평가	환류 체계 적절성 체계성 우수사례

학습지원 성과평가에서 2차 평가는 우수성에 대한 판정이다. 1차 평가에서 '유'로 판정받은 경우에 2차 평가를 실시하며, 우수성 판정을 목적으로 질적 평가를 포함한다, 우수성은 전문성, 다양성, 체계성, 효과성, 효율성을 포함한다.

- 지원 체계: 구성원의 전문성 확보, 피드백체계
- 운영: 프로그램 유무(단계화-체계성, 다양성), 프로그램 실행 유무(목표치 달성)
- 평가: 프로그램의 효과적 운영, 프로그램 결과 우수사례 확보
- 환류: 프로그램 개선사항 보완점 제시, 프로그램 효과성, 우수사례 공유 및 확산

2차 평가의 기본원칙을 설정해 보면 다음과 같다.

- 성과평가는 해당 결과에 대한 우수성을 판단할 수 있어야 한다. 우수성은 무엇으로 판단할 수 있을까? 절대적인 기준을 세워 놓고 우수성을 판단하기보다는 규모나 지역 등에 있어 비슷한 여건에 놓인 대학과 비교하여 우수한지 보통인지 열등한지를 판단할 것이다. 어떤 일을 우수하게 해내려면 전문성을 지닌 인력이 필요하다. 해당 분야에 대한 연구나 경험이 풍부한 사람을 활용하는지, 그렇지 못한 인력을 활용하는지가 판단 근거가 될 수 있다. 프로그램은 확실한 목적과 목표를 설정하고 다양한 대상에게 제공하고 있는지가 중요하다. 다른 대학도 다 하니까 우리도 한다는 식의 프로그램 제공이 아니라 우리 대학 상황에 대한 충분히 파악하고 그 결과로 필요한 프로그램이 무엇인지를 찾아내어 전체 학생을 대상으로, 특정 학년이나 그룹을 대상으로 제공해야 효과를 볼 수 있다. 프로그램이 끝났으니 내 일도 끝났다고 생각하지 말고 학생들은 만족했는지, 효과가 어느 정도 있었는지, 이전에 비해 학생들의 반응은 어떻게 달라지고 있는지, 성과는 효율적으로 나타나고 있는지 등을 분석하고, 긍정적인 사례를 지속적으로 공유하고 확산하여 더 나아지는 방향으로 발전시켜 나가야 한다. 이런 과정을 빠짐없이 수행할 수 있다는 것은 체계가 갖추어져 있어 가능한 것이고, 체계가 갖추어져 있다는 것은 지속 가능성을 확보하고 있다는 것이므로 얼마든지 우수하다고 판단할 수 있을 것이다.

- 판단 가능성을 위해 일정 기준(목표치 등)이 제시되어야 한다. 학습지원 프로그램 운영 성과를 판단하기 위해서는 성과지표를 설정해야 한다. 보통 성과지표는 정량화된 목표치를 제시한다. 목표치 설정에는 일반적으로 두 가지 방법을 쓴다. 기준치를 보여 주고 단계(연도)별 목표치는 최종 단계(마지막 연도) 목표치를 합리적 기준에 의해 설정한 후 단계(연도)별로 어느 정도씩 이루어 나가겠다고 정량 또는 정률값을 제시하는 방법, 또는 어떤 노력을 통해 매년 어느 정도의 정량 또는 정률값을 달성해 나가겠다고 제시하는 방법이 그것이다. 우리가 가진 자원과 능력, 우리가 처한 환경 등으로 볼 때 아무리 노력해도 도달할 수 없는 한계가 보인다면 최종 목표치를 먼저 설정하는 전자의 방법을 사용하고, 우리가 어디까지 갈 수 있을지 내다보기 어려운 상황에서는 차근차근 단계별 목표를 설정하여 최종 목표치까지 가보겠다는 후자의 방법을 사용한다. 어떤 방법이든 단계별 목표치는 일정한 비율로 상승하는 직선을 그리기도 하고 초기엔 인식 부족으로 인해 비교적 완만하나 효과성이 확인된 후기엔 급상승

하는 곡선을, 또는 초기엔 많은 노력과 투입으로 급상승하다 어느 정도 수준에 도달하면 완만하게 증가하는 곡선을 그리기도 한다. 어쨌든 성과지표는 평가자가 달성 여부를 쉽게 확인할 수 있게끔 정량적 수치로 제시되어야 하고, 그 수치의 계산과정은 가급적 복잡하지 않아야 한다.

• 설정한 기준은 설명 가능한 타당성을 확보하여야 한다. 성과지표는 해당되는 일을 성공적으로 수행하면 달성할 수 있는 지표라는 설정 근거가 명확해야 한다. 노력 정도를 가늠하기에 적절한 지표이어야 하고 단순한 투입이 아닌 산출이나 운영성과라는 것을 설명할 수 있어야 한다. 그래서 보통 성과지표를 설정할 때는 〈표 8-17〉과 같은 SMART 원칙을 적용한다. 이 원칙에 따라 설명할 수 있는 지표라면 타당성을 확보하고 있다고 볼 수 있다.

표 8-17 ┃ 성과지표 설정의 SMART 원칙

구분	기준	지표의 타당성 제시방법
명확성 (Specific)	지표의 기준과 측정 단위가 명확한가	• '협동학습 프로그램 만족도 평균' '전체 학습지원 프로그램 참여자 성적 상승도' 등 지표가 해당 사업(업무)의 성과라는 것을 직접적으로 표현해 주는 명칭 사용(협동학습 프로그램은 무엇이고 전체 학습지원 프로그램은 어떤 것을 몇 개까지 카운트할 것인지 명확히 제시) • 개, 점, % 등 명확한 측정 단위를 기재(측정 단위가 다른 하위지표 2~3개를 통합한 지표를 설정할 경우 하위지표들의 측정 단위를 통일시킨 하나의 단위를 제시)
측정 가능성 (Measurable)	데이터가 존재하고 사용에 제약이 없는가	• 비교과통합 시스템, 학사정보 시스템 등으로 지표와 관련한 데이터를 관리하고 있어 산출이 용이하고, 직접 관리 또는 협조를 통한 관리 권한이 있어 사용에 제약이 없다는 내용을 제시(외부에서 측정하는 지표일 경우 지표측정 관련 데이터까지 공급받고 있다는 내용을 제시)
달성 가능성 (Attainable)	사업 수행으로 달성 가능한 수준인가	• 어떤 행·재정적인 투입과 노력을 통해 달성하려 하고, 달성 가능성은 어느 정도로 예측하고 있는지에 대해 제시
신뢰성 (Reliable)	지표 측정 자료는 신뢰할 만한가	• 지표를 직접 측정한 통계치와 함께 원자료(raw data)까지 관리하고 있고, 성과관리 시스템이나 기타 정보 시스템을 통해 해당 자료를 확인할 수 있어 믿을 수 있다는 내용을 제시(측정 결과를 자체평가위원회나 교무위원회에 보고, 총장 내부결재로 보고, 전체 교수회의를 통해 공유 등도 제시 가능)
적시성 (Timely)	목표를 기한 내에 달성할 수 있는가	• 해당 지표 관련 사업(업무)의 시작 시기와 종료 시기가 명확하여 측정하고자 하는 기간 내에 결과를 산출할 수 있다고 제시

제시한 기준은 전체적으로 객관성을 지녀야 한다. 평가라는 것은 다른 사람이 보고 판단하는 것이다. 어떤 경우는 설명을 할 기회가 주어지기도 하지만, 어떤 경우는 그런 기회 없이 준비한 자료나 증빙만으로 평가받기도 한다. 따라서 가장 중요한 것이 나만 또는 우리만 이해할 수 있으면 안 되고 별도의 설명이 없어도 모두가 이해할 수 있는 객관성을 가져야 한다. 대체로 객관성을 보여 주려면 멋지게 그려 놓은 조직 체계도나 프로그램 체계도에 부합한 운영 실적이 필요하다. 각종 외부 평가를 위해 그럴듯하게 도식화를 하지만 그대로 진행하지 않는 대학들이 생각 외로 많다. 도식화한 그림대로 운영하고 있다는 모습을 보여 주지 못하면 보고서에 아무리 멋진 그림을 그려 놓아도 좋은 평가를 받긴 어렵다. 마찬가지로 평가 체계나 환류 체계도 운영 절차(process)에 대한 그림을 그려 제시한다. 그렇다면 각각의 단계에 부합하는 실적을 보여 줘야 한다. 모니터링은 언제 어떻게 했는지 효과적 운영을 위해 무엇을 보완했고 어떻게 반영하여 뭐가 달라졌는지, 자체 분석과 평가는 언제 어떻게 해서 찾아낸 우수사례는 무엇이고 보완할 점은 무엇이며 이러한 내용들이 담긴 결과물은 무엇인지, 환류는 누구를 대상으로 어떤 방법으로 진행했고 우수사례 확산은 언제 어떻게 했으며 개선점에 대한 보완은 어떻게 반영했는지 등에 대한 객관적 자료가 존재해야 한다. 이러한 절차에 따라 산출되는 객관적 결과물들이 있다면 학습지원 프로그램 운영은 체계를 갖춰 적절하게 이루어진 것이라고 평가받을 수 있다.

이러한 내용을 바탕으로 학습지원 성과관리를 위한 자체진단의 점검은 다음 〈표 8-18〉의 양식을 활용해서 체크해 볼 수 있다.

표 8-18 | 학습지원 성과평가를 위한 자체진단 점검표

요소		유무		성과			우수판정 기준
		유	무	미흡	보통	우수	
지원 체계	학습 프로그램 운영 방향						모두 '유' 확인 후 • 지원 체계 적절성
	학습 프로그램 지원 체계						
	학습 프로그램 운영 규정(운영지침)						
	학습 프로그램 운영 및 지원 조직						
	학습 프로그램 운영 및 지원 조직 전문성						

〈계속〉

				미달	유지	초과 달성	
운영	학습 프로그램 개발(요구 반영/평가 반영)						모두 '유' 확인 후 • 체계성, 적절성 • 평가 반영을 통한 프로그램 개선 및 개발
	학습 프로그램 체계성						
	학습 개선 프로그램						
	학습 프로그램의 다양성						
평가	학습 프로그램 참여율						모두 '유' 확인 후 • 유지 이상(단, 자체 규정에 따름)
	학습 프로그램 만족도						
	학습 프로그램 평가						
환류	환류 체계						모두 '유' 확인 후 • 결과 반영 • 공유 · 확산 노력
	평가 결과 활용						

[평가를 위한 질문]
• 학습지원 프로그램 운영 방향: 명확히 명시되어 있는가?
• 학습지원 프로그램 운영을 위한 전담기구는 있는가?
• 학습지원 프로그램 운영자는 전문성을 가졌는가?
• 학습지원 프로그램은 단계별로 구성되어 있는가?
• 학습지원 프로그램 참여율은 전년대비 증가하였는가?/재학생대비 400% 이상인가?
 – 단순 검사 및 일회성 프로그램 제외
• 학습지원 프로그램 만족도는 일정 기준 이상인가?
• 학습지원 프로그램은 평가되고 있는가?
• 평가 결과 및 만족도 결과는 환류되고 있는가?
• 우수사례는 공유 확산되고 있는가?

[판정 기준]
• 우수 기준: 각 영역별 모두 '유' + 정성평가에서 우수판정 + 만족도, 참여율 목푯값 이상 또는 전년대비 상승
• 보통 기준: 각 영역별 모두 '유'인 경우
• 미흡 기준: 각 영역에서 '무'가 하나라도 나오는 경우

정성평가 (우수 기준)	지원 체계	• 체계(조직/규정/지침/운영인력의 전문성 등)가 모두 갖추어져 있는 경우
	운영	• 자체 모델 제시, 교육 방향이 반영된 프로그램 운영 • 지원 체계가 체계적-단계적으로 작용한 경우(프로세스의 명확성)
	평가	• 목푯값 달성, 운영 및 프로그램에 대한 평가가 이루어진 경우
	환류	• 평가 결과를 공유 및 평가 결과에 따른 개선 활동(객관적 증빙 가능한 경우)

5) 학습지원 성과지표 설정

학습지원 분야에 대한 성과지표는 그리 많지 않다. 조직, 인력, 예산, 규정, 제도 등은 실제로 유/무만을 평가하면 된다. 평가 · 환류 체계도 실행 여부만 평가하면 된다. 그러나 지속적으로 우수한 실적과 성과를 만들어 내고자 한다면 최근 몇 년간 의 실적이나 성과를 기준값을 토대로 도달하고자 하는 명확한 목표치를 제시하고 달성할 수 있어야 한다. 또는 비교군에 비해 상대적으로 우위에 위치하고자 하는 목 표치를 설정하는 방법도 있을 수 있다. 결국 학습지원 분야의 성과지표는 효과적인 학습지원을 위해 지원하는 체계와 프로그램 운영, 평가와 환류로 나누어 설정할 수 있다. 지원 체계와 운영, 환류 등은 해당 부분이 있는가, 없는가와 해당되는 일을 하

표 8-19 ┃ 학습지원 성과지표 설정의 검토 사항

구분		평가준거	평가
지원 체계	담당 기구	운영 전담조직이 있는가	○/×
	구성원의 전문성	전담조직의 인력은 전문성이 있는가	○/×
	규정 및 지침	효율적 운영을 위한 규정 및 지침이 있는가	○/×
운영	프로그램 유무	운영 프로그램을 보유하고 있는가	○/×
	체계성	프로그램은 효과적인 학습지원을 위해 빠진 부분이 없는가	○/×
	다양성	프로그램은 체계를 갖추고 있는가	○/×
	프로그램 실행	편성한 프로그램을 실제로 운영하고 있는가	○/×
평가	평가 실시	프로그램 종료 후 평가를 실시하는가	○/×
	참여도 또는 참여율	학생 참여는 어떠한가	목표치
	만족도	프로그램에 대한 학생 만족도는 어떠한가	목표치
	우수사례	우수사례를 발굴하고 있는가	○/×
환류	피드백 체계	평가 결과를 환류하는 체계를 갖추고 있는가	○/×
	피드백	평가 결과를 유관부서나 대상자에게 환류하고 있는가	○/×
	개선점 제시 및 개선 노력	개선점을 제시하고 향후 계획에 반영하고 있는가	○/×
	우수사례 공유 및 확산	우수사례를 교내 · 외로 공유하고 확산하는 노력을 하고 있는가	○/×

고 있는가, 그렇지 않은가가 주된 평가준거라 볼 수 있다. 따라서 보유하고 있거나 해당 일을 하고 있긴 하지만 상당히 부실하다고 생각되지 않으면 괜찮다. 물론 부실하다고 판단되면 부실한 부분을 꼼꼼하게 확인하여 보완하는 것이 필요하다.

그러나 참여도나 만족도는 대부분 수치로 제시할 수 있는 부분이라 보통 최근 3년간 실적의 평균을 기준값으로 설정하고 연도별로 일정 비율로 증가하게끔 목표치를 제시한다. 지원 체계와 다양한 프로그램을 체계적으로 갖추고 있다는 전제하에 예를 들어 보겠다. 학습지원의 목적이 학생들의 학습역량 강화와 학업성취도 향상에 있을 것이므로 '학습역량 강화 기여도'와 '학습성과 향상도'라는 지표를 설정했다. 단순히 한두 개의 대표 프로그램을 평가하는 것이 아니라 편성하여 제공하고 있는 학습지원 프로그램 모두를 대상으로 참여자 수와 만족도를 주요 평가요소로 설정한 것이다. 3개의 요소를 하나의 지표로 구성하였으니 가중치를 주는 것이 필요하다. 가중치는 해당 지표 향상에 대한 기여나 중요도에 따라 판단한다. 그리고 판단한 근거를 제시한다. 성과지표 자체가 적절한지도 중요하지만 하위지표의 가중치를 얼마나 적절하게 설정했는지도 중요하다. 〈표 8-20〉의 사례는 간단하게 제시했지만 구체적으로 설득력 있게 기술하는 것이 필요하다. 목푯값은 전년도 수준보다 몇 퍼센트 증가시켜 나갈 것이라든가, 그동안 한 번도 학습지원 프로그램에 참여하지 않은 신규 참여자를 몇 명까지 참여시켜 보겠다든가, 특정 교과목이나 프로그램과 연계하여 몇 명 정도를 현재보다 증가시켜 보겠다든가 하는 방향으로 잡아 볼 수 있다.

요즘 각종 대학평가에서 가장 중요하게 평가하는 부분이 환류 및 개선 체계이다. 따라서 프로그램별 CQI 보고서 작성, 학습지원 분야 종합평가, 공유 및 확산, 개선사항 반영을 하위지표로 하는 성과지표 설정도 필요하다. 모든 프로그램은 시행을 하고 결과보고를 한다. CQI 보고서를 별도로 작성하게 되면 업무에 부담이 되므로 기존 결과보고서를 CQI 보고서로 대체하는 것이 낫다. 왜냐하면 기존 결과보고서나 CQI 보고서나 구성하는 내용이 대동소이하기 때문이다. CQI 보고서를 잘 작성해 놓으면 학습지원 분야의 종합평가 보고서 작성이 용이하다. 대학마다 학습지원 분야의 목적과 목표가 있을 것이므로 해당 분야 종합평가는 설정해 놓은 목적이 제시하는 방향대로 잘 가고 있는지, 목표를 달성하고 있는지를 확인해 볼 수 있는 필수코스라 할 수 있다. 이러한 자체평가를 해야 무엇을 잘 하고 있는지, 무엇이 부족한지를 알 수 있어서 보완과 개선이 가능하다. 지원 분야별 종합평가는 기본역량

표 8-20 | 학습역량 강화 기여도와 향상도 성과지표 설정 예시

KPI ①: 학습역량 강화 기여도

하위지표	기준값	목푯값	가중치	가중치 근거
학습지원 프로그램 제공 수(개)	$\dfrac{15+16+14}{3년}=15$	16 (약 5%)	20%	제한된 인원과 예산으로 추가하는 것이 쉽지만은 않음
참여자 수(명)	$\dfrac{2,115+1,686+1,988}{3년}=1,929$	2,025 (약 5%)	30%	홍보 노력과 동기부여, 프로그램의 질적 우수성이 뒷받침되어야 가능
만족도(점)	$\dfrac{4.11+4.05+3.99}{3년}=4.05$	4.13 (약 2%)	50%	프로그램의 효능감을 확인하는 지표

KPI ②: 학습성과 향상도

하위지표	기준값	목푯값	가중치	가중치 근거
학업성취도(점)	$\dfrac{0.55+0.36+0.44}{3년}=0.45$	0.50 (약 10%)	50%	외재적 성취인 평점 상승도 중요하지만 내재적 성취이면서 지속적 학업성취를 기대할 수 있는 역량 향상도 중요
학습역량 향상도(점)	$\dfrac{0.12+0.23+0.18}{3년}=0.18$	0.20 (약 10%)	50%	

※ 학업성취도 → 학습지원 프로그램 참여자/비참여자의 평점평균 비교
※ 학습역량 향상도 → 학습지원 프로그램 참여자 학습역량 pre&post 측정 결과

진단에서 평가하는 취·창업, 진로·심리상담 분야도 해 두는 것이 좋다. 종합평가 결과는 해당 부서만 알고 지나갈 것이 아니라 데이터 해석과 시각화, 간략한 촌평을 담아 교내 구성원에게 공유하는 것이 필요하다. 그리고 우수사례는 적극 발굴하여 자료집 발간이나 포럼 개최 등을 통해 확산하는 것도 중요하다.

환류 및 개선에서 정말 놓치지 말아야 할 점은 개선사항을 차기 계획에 반영하는 것인데, 개선사항은 수요자가 요구하는 것도 있지만 공급자 입장에서 판단하는 개선 필요성도 있다. 수요자의 개선요구는 주로 만족도 조사에서 찾아볼 수 있고, 공급자 입장의 개선 필요사항은 자체평가 결과에 따라 나올 수 있다. 그렇기 때문에 자체평가는 꼭 필요한 과정이다. 취합한 개선사항은 내년도 학습지원 분야 종합계획 수립에 반영하고 개별 프로그램 시행문서에 반드시 표기하여야 한다. 더불어 개선했더니 어떤 부분이 달라져서 실적이나 성과에 어떤 영향을 미쳤는지까지 분석하면 더할 나위 없다.

표 8-21 | 학습역량 강화를 위한 환류 및 개선평가의 예시

KPI ③: 학습역량 강화 기여도

하위지표	평가준거	평가
CQI 작성	개설 프로그램 수만큼 작성했는가	○, ×
자체평가	학습지원 프로그램 종합결과보고서를 작성했는가	○, ×
	자체 분석 및 평가를 실시하였는가	○, ×
	직전(년도)에 도출된 개선점 반영 결과를 분석하였는가	○, ×
	자체평가 결과의 개선점을 차기(년도) 개선계획에 포함하였는가	○, ×
공유 및 확산	평가 결과를 공유하는가	○, ×
	우수사례를 발굴하고 확산하는가	○, ×
개선 반영	직전(년도) 도출된 개선점을 반영하여 차기 계획을 수립하였는가	○, ×

학습지원 프로그램을 전담하는 팀원이 3명이라면 KPI ①과 KPI ②를 다음과 같이 배분하여 팀원별 개인지표를 배당할 수도 있다. 이미 우리 부서의 성과지표가 학교의 인재상 및 발전계획과 연계되어 있는 지표라면 팀원별 개인지표도 당연히 연계되어 있는 것이다. 팀원들과 프로그램의 특성과 최근의 동향 등을 확인하면서 충분히 의논하여 목푯값을 설정하는 것이 중요하다. 우리 부서의 성과지표로써 신경 쓰는 것보다는 훨씬 신경 쓰이는 지표가 되고 개인별로 분명한 목표가 제시되므로 이를 달성하기 위해 더욱 노력을 하게 된다는 장점이 있다. 그리고 어떤 팀원이 담당한 프로그램에서 목표치 미달이 나오더라도 다른 팀원이 담당한 프로그램에서 초과달성이 나오면 상쇄되어 부서지표가 달성될 수도 있다. 그러나 본인 지표 달성에만 신경 쓰게 되고 어떤 동료 때문에 결과적으로 부서지표가 미달이 되면 그 동료가 비난의 대상이 되어 팀워크를 와해시킬 수 있다는 단점이 있다.

표 8-22 | 팀 내 성과지표 배분 예시

하위지표	팀원A	팀원B	팀원C	전담부서
프로그램 제공 수	5	5	6	16
참여자 수	1,000	700	400	2,100
만족도	3.95	4.10	4.45	4.16
학업성취도	0.30	0.50	0.80	0.53
학습역량 향상도	0.15	0.20	0.40	0.25

〈계속〉

CQI 작성	5	5	6	16
자체평가	− 총 16개 프로그램을 개별학습, 협동학습 또는 학습역량 분야 등에 따라 목차를 설정하여 데이터 기반 실적과 성과를 분석하고 자체평가를 실시함 − 접수된 민원, 만족도 결과에 따른 요구사항(수요자), 데이터 분석 및 자체평가 결과(공급자)에 따라 성과와 한계 및 보완점, 차후 개선 반영사항을 도출함 − 직전의 개선사항을 반영한 결과가 어떠했는지 언급 필요			
공유 및 확산	− 자체평가 결과와 우수사례를 간략한 보고서와 사례집으로 만들어 해당 대상자(학생)나 유관부서와 공유함 − 우수사례 확산을 위해 포럼 등 행사를 개최함			
개선 반영	− 직전에 도출된 개선점을 반영한 근거, 반영되지 않았다면 어떤 이유로 그러했는지 언급			

6) 학습지원 성과관리를 위한 Tip

여기에서는 앞에서 제시한 '평가를 위한 질문'에 대해 참고할 만한 팁들을 언급하고자 한다. 따라서 질문과 함께 보면 도움이 될 수 있다. 혹시 오해가 있을지도 몰라 분명히 밝혀 두지만 단지 성과관리를 하기 위한 참고사항일 뿐이지 꼭 이렇게 해야 한다는 것은 아니다. 성과관리나 대학평가는 정답이 존재하지 않는다. 그리고 시대적·사회적 상황이나 트렌드에 따라 변하기도 한다. 대학이 처한 환경과 상황(지역적 특성, 설립 유형, 규모, 재정, 인적 구성 등)에 따라 우리 대학이 할 수 있는 최선의 관리를 하면 된다.

(1) 학습지원 프로그램 운영 방향

목적은 이루려는 일이나 나아가는 방향을 말한다. 따라서 '운영 방향이 명확한가'는 '목적이 분명하게 설정되어 있는가'를 말한다. 사진을 촬영하는 목적은 기록을 남기기 위함인 것처럼 학습지원 프로그램을 제공하는 목적이 무엇을 이루려고 하는 것인지를 명확히 해 두는 것이 필요하다. 목적이 추상적이지 않고 분명한 방향성을 제시하고 있어야 목표를 설정할 수 있고, 이 목표를 이루기 위해 성과지표를 설정하고 관리하게 된다. 이것이 바로 학습지원 분야 성과관리의 시작이다.

(2) 학습지원 프로그램 운영을 위한 전담기구

학습지원 프로그램은 대부분 교수학습센터(요즘은 교육개발센터, 교수학습지원센터 등 명칭이 다양해짐)에서 담당하고 있다. 전담기구라는 것은 해당 업무만을 전담해서 운영하는 기구를 말하는 것이므로 다른 여러 가지 업무를 하면서 학습지원도 같이 하고 있는 것보다는 전담하고 있다는 사실을 객관적으로 확인할 수 있도록 구분되어야 한다. 따라서 교수학습센터에서는 교수지원, 학습지원을 명확하게 구분하여 업무분장이 되어 있고, 겸직 없이 학습지원만 담당하는 전담인력이 배치되어 운영하여야 한다.

몇 명이어야 하는지는 애매하다. 제공하는 프로그램 수나 상담 건수가 적은데 전담인원이 많다고 좋은 것은 아니다. 인력 수에 대해서는 자체적인 분석이 필요하다. 몇 개의 프로그램을 제공하고 있고 평균적으로 어느 정도의 학생을 지도하고 있는지 등에 따라 우리 대학이 판단하는 적정 인원을 배치하면 된다. 나름대로의 분석에 의해 인력 수를 배치하고 있다면 합리적인 배치라 볼 수 있기 때문이다.

한 가지 더 덧붙이자면, 연구개발과 실무를 분리해서 인력을 배치할 것이냐의 문제이다. 수석, 책임 등 직급에 따라 상위 직급은 연구개발에 비중을 두고, 하위 직급은 실무에 비중을 두는 것이 나을 것이다. 그러나 중요한 것은 내 일과 남의 일을 확실하게 구분지어 남의 일은 잘 모르는 채로 일하지 말고 연구개발과 실무에 대해 서로 충분히 공유해 두어야 한다는 점이다.

(3) 학습지원 프로그램 운영자의 전문성

학습지원 분야에 대한 전문성은 교육학 전공자이면 충분하다고 생각하기 쉽다. 물론 당연하겠지만 이것만으로는 부족하다. 관련 분야에 대한 연구나 실무경험도 무시하지 못한다. 대부분 대학이 학습지원 분야에 전담교수나 연구원을 배치하고 있을 것이다. 실무만 하게 하지 말고 해당 협의체 등을 통해 연구 활동까지 적극 지원할 필요가 있다. 학습지원과 관련한 외부 교육에도 참여해서 경험을 쌓을 수 있도록 지원해야 한다. 이는 직원도 마찬가지로, 교육학 전공자를 배치하는 것이 쉽지는 않을 테니 한번 발령 내면 적어도 5년 이상은 실무경험을 쌓게 해야 한다. 포럼이나 세미나 등 해당 분야 행사에도 적극 참석하고 실무자 대상 외부 교육에도 참여하여 관련 경력을 차곡차곡 쌓아 나가게 하는 학교 차원의 지원이 필요하다.

(4) 학습지원 프로그램 구성

많은 대학이 단계별로 프로그램을 구성하고 있지 않을 수도 있다. 반드시 단계별 구성을 해야만 하는 것은 아니지만 체계성을 나타내려면 단계별 또는 대상별 구성이 필요하다. 그런데 대상별 구성은 쉽게 이해할 수 있지만 단계별 구성은 아리송할 수도 있다. 단계별이라는 말을 수준별이라는 말로 이해하면 "대체 학습지원에 대해 어떻게 초급, 중급, 고급이라는 수준을 매겨 프로그램을 구성하라는 말인가?" "학생들은 본인 수준을 어떻게 알고 그 수준에 맞게 프로그램에 지원할 수 있을까?" 하는 의문이 생길 수 있다. 그래서 결국 단계별을 학년별로 단순하게 해석하여 고학년으로 올라갈수록 수준이 높을 것이라 생각하고 제공하고 있는 프로그램들을 억지로 학년에 맞게 재구성(각 학년 또는 1~2학년과 3~4학년 등)해서 체계를 잡아 놓곤 한다. 그렇게 해 놓고 스스로도 억지스럽다는 생각을 하겠지만 그래도 체계는 갖추었다고 자위한다.

학습지원 분야를 곰곰이 생각해 보면 제공하는 프로그램의 유형(교육 중심 또는 활동 중심), 특징(전공 관련성 또는 역량 관련성), 소요시간(단기 또는 중장기), 투입노력(기초 또는 심화) 등이 다르다. 따라서 단계별 구성은 교육 중심의 기초 과정, 활동 중심의 발전 과정, 성취 중심의 심화 과정으로 나누어 단계를 구성할 수도 있다. 좀 더 과학적인 방법으로는 재학생을 대상으로 학습역량을 전수조사하여 진단 결과 수준(상, 중, 하)에 따라 프로그램을 재구성하거나 개발하여 구성할 수도 있다. 어떤 방식을 택하든 프로그램마다 학습과 관련하여 어떤 특성(예습을 하고 싶은데 습관화하기 어려운 학생, 질문을 하고 싶은데 용기가 나지 않는 학생, 함께 공부하여 도움을 주고받고 싶은 학생 등)을 지닌 학생들이 참여하면 좋은 효과를 볼 수 있다는 언급이 꼭 필요하다.

(5) 학습지원 프로그램 참여율 관리

모든 대학에서 프로그램 참여자 수나 참여율은 산출하고 있다. 그런데 어느 정도여야 괜찮은, 또는 우수한 수준인지는 잘 모른다. 이에 대한 기준은 마땅히 없지만 외부 평가에서는 대학마다 규모가 다르다 보니 대학정보공시자료의 재학생 수 대비 학습지원 프로그램(단순 검사 및 일회성 프로그램 제외) 참여자 수 연인원으로 참여율을 계산(예: 18,000명/6,000명×100=300%)하여 비교평가한다는 사실은 적어도 알고 있어야 한다. 기준이 없다보니 이러한 계산에 의해 나온 숫자를 상대적으로 비교하여 참여율의 우수성을 평가하곤 한다. 그러므로 대학도 같은 방식으로 참여율을 성과지표로 삼아 관리하여, 적어도 전년보다는 조금이라도 증가할 수 있게 촉진시켜 일정비율(예: 200% 이상)은 유지시키려는 노력을 해야 할 것이다.

참여율을 제고할 수 있는 힌트를 하나 얘기하자면 전공 단위에서 지속성을 가지고 진행하는 쓸 만한 프로그램을 대학 본부의 프로그램으로 흡수하는 것이다. 기본역량진단에서 제시하는 진단요소에서는 '대학 본부 차원의 정기적·체계적 관리'가 이루어지는 프로그램이라면 포함시킬 수 있다. 예를 들어, 화학과에서 매년 방학을 이용하여 학생들의 과학영어실력을 높이기 위한 비교과 프로그램을 제공하고 있다면, 화학과에게 앞으로 운영비를 지원할 테니 대학 본부의 학습지원 프로그램으로 편입해도 되겠느냐고 제안하면 절대 반대하지는 않을 것이다. 본부가 주도하면 운영비 지원뿐만 아니라 다른 행정적 지원도 기대할 수 있기 때문이다. 이런 프로그램을 흡수하는 부서는 일이 늘어나게 되니 적어도 1명의 인력지원은 필요하다.

'전공기초 학습능력 강화' 프로그램으로 기획하고 사업비를 지원하면서 모든 전공을 대상으로 전공 특성을 반영한 다양한 주제(사고력, 컴퓨팅사고, 수리력, 프레젠테이션, 창의력, 인문학, 글쓰기, 디지털 문해력 등)의 프로그램 개설을 지원할 수 있다. 10개 전공만 참여해서 프로그램 당 50명씩만 참여해도 500명의 참여자 수는 확보할 수 있다. 학습역량이 기초만 필요한 것이 아니라 심화도 필요할 수 있으니 동일한 방법으로 '전공심화 학습능력 강화' 프로그램도 가능하다. 만일 전공 단위에서 자체적으로 진행하는 프로그램이 없어 흡수할 것이 없다면 이런 콘셉트로 기획하여 전담부서는 운영비지원과 데이터 관리를 해 주고 각 전공에서는 프로그램 개설과 운영을 담당하면 된다.

(6) 학습지원 프로그램 만족도 관리

모든 프로그램은 준비하는 과정과 운영하는 과정, 그리고 마무리하는 과정이 있다. 만족도는 참여자들이 이 과정을 거치며 어떻게 느꼈는지에 대해 응답하는 것이다. 따라서 설문을 구성할 때 제공하는 부서에서 준비(모집홍보, 사전설명회 등)는 잘했는지, 운영하면서 불편한 점(강사의 불성실한 태도, 담당부서의 무관심, 활동비 처리 지연, 상담기회 미제공 등)은 없었는지, 이 프로그램이 나에게 도움이 되었는지를 확인하는 설문으로 구성해야 한다. 흔히 다른 프로그램에서 구성해 놓은 설문을 가져다가 비슷하게 구성하는 경우가 많은데, 그보다는 프로그램의 지속발전을 위해 참여자에게 점검받고 싶은 것이 무엇인지를 생각해 보고 구성하는 것이 좋다. 그리고 가급적이면 참여자들이 답변하기 애매한 추상적인 질문보다 직관적인 응답이 가능하도록 구체적인 질문을 하는 것이 낫다. 예를 들어, '학생 모집을 위한 홍보는 적절하였는가?'보다는 '학생 모집에 대한 정보는 찾기 어렵지 않게 곳곳에 공지되어 있었는가?'라든가 '이 프로그램은 효과가 있었는가(도움이 되었는가)?'보다는 '이 프로그램을 수료하여 나의 학습역량이 이전보다 강화되었다고 생각하는가?'가 응답하기 수월할 것이다.

　프로그램 만족도는 성과지표로 설정하여 관리하는 게 좋다. 성과지표는 보통 최근 3년간의 평균치를 기준값으로 설정하고 연도별 목푯값을 설정하게 되는데, 이런 방식으로 관리하면 자연스럽게 일정 기준 이상의 만족도가 나타나도록 다각적인 노력을 하게 된다. 만족도 결과는 쉽게 오르지도 않지만 큰 문제없이 운영되면 잘 떨어지지도 않는다. 우리는 기본적으로 확실하게 정량값으로 정해 놓은 목표가 있으면 그 목표를 이루려고 하는 성향이 있다. 이것이 만족도 유지나 제고를 위해서는 성과지표로 설정해야 하는 이유이다.

(7) 학습지원 프로그램 평가

　평가는 사전준비와 운영이 어떠했는지를 평가하는 과정평가와 운영을 통해 나타난 결과를 평가하는 결과평가로 나눌 수 있다. 과정평가는 결과평가를 보완하는 수단이라 할 수 있는데, 프로그램의 효과가 어떤 인과관계를 통해 나타났는지 어떤 경로에서 문제가 있었는지를 확인하는 것이다. 흔히 모니터링이라고 하는 과정평가는 프로그램이 의도했던 대로 집행되었는지를 확인·점검하여 문제점 발견시점이나 운영 활동의 약점을 파악·보완하고, 성공적 운영을 위한 효율적인 전략을 수립하게 한다. 결과평가는 프로그램 운영이 완료된 후 참여자나 학교에 미친 영향, 즉 효과를 평가하는 것이다. 따라서 평가를 한다면 과정평가와 결과평가를 같이 하는 편이 낫다.

　학습지원 프로그램에 대한 평가는 개별평가와 종합평가로 진행하는 것이 좋다. 학습지원 프로그램이 한두 개가 아니고 각 프로그램마다의 고유 특성이 있으므로 개별적인 프로그램마다 어떤 실적과 성과를 만들어 냈고 효과와 만족도는 어떠했는지, 프로그램들이 종합적으로 학생들의 학습역량 강화에 어떻게 얼마나 기여하고 있는지를 자체평가하는 과정이 필요하다. 개별 프로그램은 CQI 보고서를 통해 당해 연도 결과에 대해서만 평가를 하더라도 종합평가는 적어도 최근 3년간의 비교평가까지 해 주는 것이 좋다. 그래야 개선사항에 대한 효과를 확인할 수 있고, 점차 나아지고 있는지 퇴보하고 있는지를 한 눈에 확인할 수 있다. 모든 프로그램은 기본적으로 효과적이어야 하므로 효과성에 대해 평가를 한다. 프로그램마다 효과성을 평가하는 척도나 기준은 다를 수 있다. 학생 모집을 위한 프로그램 홍보, 효과적인 운영을 위한 노력 등 투입요소와 함께 학습역량 향상, 성적 향상, 참여자 수 증가, 만족도 상승, 교육만족도 등 학습지원에 의한 학생의 변화를 측정할 수 있는 모든 산출요소에 대해 나열하고, 이 중에서 프로그램 특성에 가장 부합하는 항목을 평가요소로 선정하여 평가를 진행한다. 평가의 핵심 포인트는 어떤 노력을 기울여 어떤 실적과 성과가 나왔느냐이다. 더불어 참여자의 개선요구에 대해 반영하는지, 반영한 결과는 어떻게 나타났는지도 반드시 챙겨야 할 부분이다.

(8) 평가 결과 및 만족도 결과 환류

투입을 통해 프로그램을 운영하고, 이에 대한 결과와 평가를 통해서 다음 투입에 변화를 주어 다시 운영하여, 이에 대한 결과를 평가하고 또다시 변화를 주면서 프로그램을 발전시켜 나가는 과정이 반복되는 것을 환류 활동이라 한다. 자체평가를 한다는 것은 단지 평가라는 과정을 거쳤다는 것에 그치려는 것이 아니라 긍정적인 결과와 부정적인 결과를 모두 확인해 보고 긍정적인 부분은 유지하거나 더욱 발전해 나가는 계획을 수립하고, 부정적인 부분은 개선을 위한 계획을 수립하여 실행하기 위함이다. 평가 환류를 거치면 그 결과에 따라 자연스럽게 다음에 어떤 일을 해야 할지 알 수 있다. 작게는 오차나 오류를 수정할 수도 있고 크게는 목표나 기준의 수정까지 할 수도 있다. 결국 환류 활동을 하라는 것은 프로그램을 운영한 것에 그치지 말고 운영과정과 결과에 대해 평가를 하고, 그 결과를 그냥 내버려 두지 말고 써먹으라는 것이다.

또 하나 환류는 어떤 대상에게 평가한 결과를 알려 주는 것도 의미하고 있다. 학습지원 분야는 아마도 학습지원을 운영하도록 행·재정적 지원을 하는 학교 당국과 참여자인 학생들이다. 환류할 정보는 학습지원 분야의 종합평가 결과면 충분하다. 정보의 양이 많으면 제대로 확인하지 않을 가능성이 크므로 요약·정리된 결과를 환류하여야 한다. 전체 프로그램에 대한 정량적 실적, 만족도, 정성적 성과, 주요 개선점에 대한 개선효과, 올해 취합된 개선 요구사항 등으로 구성하면 충분할 것이다. 어떻게 변화하고 있는지까지 보여 주려면 최근 3년간의 추이까지 보여 주고, 정량 데이터는 가급적 숫자로 보여 주기보다는 그래프를 활용하는 것이 좋다. 행정절차에 의해 결과보고 기안을 하고 결재를 받는 과정, 전체 교수회의에서 약 10분 정도만 시간을 할애하여 설명, 홈페이지 공지, 학생들이 주로 사용하는 SNS에 탑재 등을 통해 시각화된 자료로 만들어 환류하면 당장은 아니더라도 점차 교수와 학생의 관심이 증대될 것이고 프로그램 활성화로 이어질 것이다.

(9) 우수사례 공유 확산

좋은 사례는 프로그램 활성화의 촉진제 역할을 한다. 학생은 대부분 자신과 비슷한 처지에 놓여 있는 사람의 성공담에 귀를 기울이는 편이고, 이를 통해 '나도 저렇게 할 수 있을 것 같은데'라고 생각하면서 적극적인 관심을 보인다. 따라서 긍정적인 성과를 창출한 사례는 교내 포럼, 간담회 등을 개최하여 확산하고, 사례자와의 5분 이내 간단한 인터뷰를 영상으로 찍어 홈페이지나 SNS를 통해 공유하는 것이 좋다. 정기적으로 우수사례집을 만들어 배포하거나 학보에 지면을 할당받아 홍보하는 것도 괜찮은 방법이며, 이러한 우수사례의 데이터를 수집·축적하여 대학에서 생산된 지식과 정보의 보고(寶庫)로써 시스템화하고 이를 데이터 큐레이션 서비스, 즉 특정 분야에 관심이 있는 구성원들이 이를 더 쉽고 편하게 찾아볼 수 있는 서비스를 제공하는 것도 공유 확산의 좋은 방법이 될 수 있다.

5. 학습지원 성과관리를 위한 제언

대학에서의 학습지원은 단지 프로그램 제공에 그치는 것이 아니다. 무엇보다 목적을 명확히 해야 한다. 무엇을 지향하고 있는지에 따라 어떤 프로그램을 제공할지, 성과는 무엇으로 볼지가 정해진다. 그리고 나서 그 프로그램을 왜 하는지, 효과가 있는지, 개선할 점은 없는지, 제공하는 프로그램 외에 더 제공해야 할 프로그램은 있는지 등을 충분히 고민해 봐야 한다. 어떤 프로그램을 어느 부서에서 제공하는 것이 바람직한지, 운영비 투자 규모는 적절한지, 관련 규정이나 지침은 마련되어 있는지 등에 대해서도 놓치지 않고 살펴야 한다. 이런 사항이 잘 정리되어 있는 상태로 운영하면 체계적으로 운영하고 있다고 한다. '체계적'이라는 것은 지속 가능성을 어느 정도 담보할 수 있기 때문에 매우 중요하다.

직전년도 학습지원 프로그램 운영 후 실적과 성과평가를 바탕으로 다음 해 프로그램 운영계획을 세운다. 사전에 잘 짜여진 계획은 실적 증가와 성과 향상을 불러올 수 있다. 그래서 계획 수립이 중요하다. 계획을 잘 수립하려면 성과분석을 잘 해야 한다. 따라서 학습지원 프로그램의 실적과 성과보고 체계를 잘 갖추어 놓을 필요가 있다. 우선 프로그램 운영 실적을 정확히 파악하여야 한다. 지금은 그렇지 않지만 예전에는 각종 평가 때마다 운영 실적의 칸을 채우기 위해 최근 3년간의 데이터를 찾으려 문서나 파일을 뒤지고 숫자가 맞는지 세고 또 세곤 했을 것이다. 지금은 거의 모든 대학이 비교과를 통합해서 관리하는 시스템을 통해 데이터를 관리하므로 손쉽게 파악할 수 있다. 그만큼 선진화되어 가고 있는 것이다. 그리고 학습지원 프로그램 제공에 대한 성과는 무엇으로 볼 것인가에 대해서도 명확히 설정해 놓는 것이 좋다. 학습역량의 변화라든가 성적의 변화, 핵심역량의 변화, 대외 공모전 수상 등 학습지원을 하는 목적과 목표가 분명하면 무엇을 성과로 볼 것인가에 대해서도 설정할 수 있다. 이러한 실적과 성과는 단지 결재라인에 있는 이들에게만 보고할 것이 아니라 구성원 전체에 대한 공유가 필요하다. 우리 대학에서는 학생의 학습역량 강화를 위해 어떤 프로그램을 지원하고 있고, 그 결과로 무엇이 달라지고 있으며 어떤 성과가 산출되고 있고 얼마나 발전해 나가고 있는지에 대해 알리면 더 많은 구성원이 동참할 수 있다.

요즘의 평가는 환류를 매우 강조한다. 대학평가 준비에 조금이라도 참여해 본 사람은 환류라는 말을 많이 접해 봤을 것이다. 환류(feedback)의 사전적 정의는 '어떤 행위의 결과가 최초의 목적에 부합되는 것인가를 확인하고 그 정보를 행위의 원천이 되는 것에 되돌려 보내어 적절한 상태가 되도록 수정을 가하는 일'이다. 스스로 설정해 놓은 목적의 방향대로 잘 가고 있는지를 실적과 성과에 대한 분석을 통해 확인한 후, 잘 가고 있다면 적어도 현상유지에 대한 노력을 계속해야 하고, 잘 가고 있지 못하다면 설정한 목적의 방향대로 갈 수 있게끔 수정을 해야 한다.

어떤 일이든 처음부터 우수할 수는 없다. 학습지원 성과관리를 위해서 해야 할 일을 빠짐없이 수행하고 다른 대학에서 어떻게 하는지에 대해서도 참고해서 내가 하는 일에 좀 더 정성을 기울이면 자연스럽게 질적 향상이 이루어지면서 우수한 결과를 보일 것이다. 학습지원 분야에서 우수한 평가를 받는 대학이 하루아침에 그렇게 된 것은 아니다.

관점의 변화 없이 성과관리는 없다. 핵심성과지표만 잘 설정해도 성과관리는 성공할 수 있고, 성과관리만 잘해도 조직의 문화가 달라진다. 성공적인 성과관리를 위해서는 동기부여도 필요하지만 조직이 지향하는 성과에 대한 명확한 공유와 이해가 무엇보다 필요하다.

제9장

심리상담지원 성과관리

I. 심리상담지원 성과관리의 이해

1) 심리상담지원 성과관리의 의미

전국의 약 190여 대학에 심리 및 상담 지원을 받을 수 있는 기구를 설립하여 양적인 성장이 활발하게 이루어졌다. 그럼에도 불구하고 과연 각 대학의 심리 및 상담 지원기구의 조직 강화 및 역할이 제대로 이루어지고 있는지에 대해서는 검토해볼 필요성이 있다. 현재 고등교육에서는 각종 평가 및 인증제도를 통해 '학생지원및 상담'이라는 평가 영역을 설정해 놓고 있다. 여기서는, 첫째, 과연 대학이 학생의학습목표 달성과 성공적인 대학생활, 그리고 학생이 희망하는 진로설계 및 경력개발을 지원하고 대학생활에 영향을 주는 다양한 문제에 대한 적절하고 충분한 조언및 심리상담 등을 제공하기 위한 상담 체제를 구축하였는지 확인하고, 둘째, 지속적인 상담 활동이 이루어지도록 충분한 행정적 · 재정적 지원이 이루어졌는지를 평가한다. 마지막으로 프로그램을 얼마나 질적으로 운영하고 있으며 이를 자체평가하여 개선하고 있는지를 점검한다.

과거 1주기 대학구조개혁평가, 1주기 대학평가인증에서는 실제로 대학의 상담체제 구축 및 운영에 대한 점검에 주안점을 두었다면 2주기 대학역량진단평가 및 대학평가인증에서는 지원 체계의 질 관리, 성과관리에 초점을 맞추고 있다. 이러한 성과관리에 대한 강조는 추후 3주기 평가들에서도 더욱 강조될 것으로 보인다.

2) 심리상담지원의 운영 모형

심리상담지원의 성과관리를 다루기 전에 먼저 학생들의 심리상담지원은 어떤 체계 및 프로그램으로 구성해야 할 것인지를 고민해야 한다. 대학에서 심리상담지원의 전담기구는 학생상담센터이다. 학생상담센터에서는 주로 전임상담사 및 시간제 상담사를 전담인력으로 채용하여 학생들의 심리상담지원을 제공하고 있다. 심리상담지원 역시 전문적인 영역이기 때문에 대학에서는 상담사 자격을 갖춘 전문 상담사를 배치하고 있으나 이들의 대부분은 계약직 형태로 고용되어 있다.

대학에서 학생들의 심리적 적응 및 문제해결 지원을 위해 각 학교의 특성이나 규모 상황에 맞는 운영 모형을 개발할 필요가 있다. 이에 김동일(2018)은 학생상담센터의 운영 모형을 〈표 9-1〉과 같이 가장 필수적인 요소를 갖추어 운영하는 기본형, 학생 심리상담지원의 체계를 갖추고 이를 강화하는 모형인 표준형, 학생 심리상담의 운영 모형의 고도화에 해당되는 확장형으로 제안하였다.

표 9-1 ▌ 학생상담센터의 유형별 운영 모형

유형	주요 운영사항
기본형	• 상담 전문기능을 담당하고 학생들의 심리상담 프로그램을 제공 • 센터를 독립성이 보장된 전담기구로 설치 • 타 기관과 구별된 독립적인 장소 확보 • 개인상담실과 집단상담실, 심리검사실 확보 • 주요 프로그램으로 개인상담, 심리검사, 집단상담 운영 • 전문상담사 배치
표준형	• 기본형의 운영사항을 포함 • 학생상담센터의 기능 확대-사후 치료 중심에서 정신건강 예방차원으로 • 위기개입 및 위기상담의 표준화된 운영 체계 필요 • 전문상담사의 수에 맞는 개인상담실 수 확보

〈계속〉

	• 프로그램 영역 확장: 기본형의 주요 프로그램뿐만 아니라 심리건강역량 개발 프로그램, 진로상담, 소수자 및 외국인 상담 프로그램, 온라인 및 SNS를 활용한 상담, 각종 위기예방 프로그램, 또래상담 및 멘토링 실시 • 1급 이상의 자격을 갖춘 상담 전문상담사 배치: 상담사의 고용 안정성 및 상담역량 개발을 위한 교육지원 필요
확장형	• 기본형과 표준형의 운영사항을 모함 • 학생 심리상담지원을 위해 포괄적이며 특성화된 복합 안정망 구축 • 학교 내 상담 유관기관(학생처, 보건진료소, 기숙사, 교수학습지원센터 등)과의 컨트롤 타워 역할 • 대학의 특수성에 맞는 대학생 정신건강 증진 모형 개발 및 운영 필요 • 대학과 지역사회(지역 내 보건소 및 심리상담센터 등)가 연계하여 긴밀한 협조 체제 구축 • 중앙센터구축을 통한 학생상담센터 네트워크 구축 1단계: 대학의 학생상담센터 2단계: 거점센터-지역 내 학생상담센터의 지원 및 긴급상황 시 대학과 협력 3단계: 중앙센터-거점센터와 개별 대학의 학생상담센터들의 운영 총괄, 대학의 상담지원 프로그램 개발 및 역량 강화 교육지원)의 구축으로 협조 체제 강화

출처: 김동일(2018).

2. 심리상담지원 성과관리

1) 사전조사 및 학생 특성분석

학생들의 심리상담지원을 위한 사전조사를 어떻게 해야 할 것인가? 이 역시 학교의 규모 및 특성을 반영해야 하지만 일반적으로 사전조사를 위해 다음의 사항이 이루어져야 할 것이다.

우선, 대학의 심리상담지원을 위해 잠재적 대상자가 누구인지를 파악하고 그 대상에 맞는 프로그램을 개발 및 운영해야 한다. 특히 기획 단계에서 대상의 특성을 명확하게 분석하는 사전조사는 프로그램의 실행의 효과를 높이기 위한 기본 요소이다. 이것은 프로그램에 참여할 잠재적 대상자의 특성에 따라 프로그램의 내용 구성, 방법이 달라질 수 있기 때문이다. 따라서 프로그램 개발에서 잠재적 대상자가 누구인지를 규명하고 대상자 집단에 대한 구체적인 분석을 실시하는 것은 프로그램 개발 및 심리상담지원의 성공 여부에 중요한 영향을 미친다.

이를 위해 가장 먼저 이루어져야 할 것은 '누구를 대상으로' 운영 프로그램을 개발할 것인지 결정하는 것이다. 이때 프로그램 대상자를 선정하는 과정은 합리적으로 이루어져야 한다. 프로그램의 필요성에서 확인된 주제를 기초로 하여 프로그램의 대상자를 선정하는 방법에는 먼저 문제를 정의한 후 문제집단의 분포를 분석해서 표적집단을 확인하는 방법과 표적집단을 먼저 확인하고 그 규모를 계산한 후 분포를 분석하는 방법이 있다.

대학에서 심리상담지원을 위한 프로그램을 개발할 때 프로그램이 예방에 초점을 두는지 혹은 치료에 초점을 두는지에 따라 대상자 추정의 수준을 달리하여야 할 것이다. 즉, 예방적 프로그램일 경우 일반집단이 곧 프로그램의 잠재적 대상자 집단이 표적집단이 된다. 그러나 예를 들어 위기학생 대상의 프로그램을 개발한다고 하였을 때 표적집단 범위는 좀 더 좁혀져야 한다.

예방차원의 프로그램 개발 시 활용할 수 있는 사전조사로는 '프로그램 만족도 조사'나 '재학생 교육만족도 조사'의 결과를 활용할 수 있다. 대외적인 사전조사로는 K-NASEL(예: 수업 외 경험)이나 K-NSSE(예: 학습자 심리특성요인)의 결과를 활용할 수 있다.

2) 대학 환경분석

프로그램에 참여할 학생의 특성뿐만 아니라 프로그램의 성격은 프로그램의 개발 주체가 되는 기관이나 대학의 특성에 따라 달라질 수 있다. 먼저 대학의 인재상, 교육목표, 핵심역량을 중심으로 살펴보아야 할 것이고 다음으로 시설 현황, 사용 가능한 인적, 경제적 자원 등을 고려해야 할 것이다.

일반적으로 프로그램 환경분석을 위해 SWOT 분석이 활용된다. 이는 강점, 약점, 기회, 위험요인을 기준으로 환경분석을 실시하며 여기서 환경분석은 외부와 내부 분석으로 구분된다. 외부 환경분석이란 프로그램 개발과 관련된 이슈를 둘러싼 거시적 환경분석을 의미하고 앞으로 5~10년 사이에 프로그램에서 초점을 두는 주제와 관련한 의미 있는 변화를 가져올 수 있는 외부 환경 변화요인과 흐름을 분석한다. 이에 비해 내부 환경분석은 프로그램 개발 실행과 관련된 대학 내부의 환경에서 인적·물적 자원의 장단점을 분석하는 것으로 심리상담 프로그램 개발 초기 단계에서 매우 유용한 자료를 제공한다.

3) 심리상담지원 체계 구축

(1) 심리상담지원을 위한 조직 체계

대학의 심리상담지원 체계란, 대학이 전문성을 갖춘 심리상담지원조직을 구성하여 체계적인 학생상담 및 지도 체계와 비교과 심리상담 프로그램의 운영을 통해 학생의 심리적 건강을 위한 지원을 의미한다. 〈표 9-2〉는 우리나라 주요 7개 대학의 학생상담센터 예산과 인력 현황을 제시한 것이다(한국대학교육협의회, 2019).

표 9-2 ┃ 우리나라 주요 7개 대학의 학생상담센터 예산과 인력 현황

대학	인력	연 예산	상담사 대 재학생 비율
수도권 A대학 (대규모)	전임 상담사 6명 시간제 상담사 6명	약 30,000만원 (인건비 등 포함)	1:3,422
수도권 B대학 (중규모)	전임 상담사 2명 시간제 상담사 5명	약 5,000만원	1:2,750
수도권 C대학 (중규모)	전임 상담사 4명 시간제 상담사 17명	약 2,000만원	1:1,710
수도권 D대학 (중규모)	전임 상담사 5명 시간제 상담사 10명	비공개	1:2,420
지방 A대학 (대규모)	전임 상담사 3명 시간제 상담사 13명	약 4,000만원	1:2,976
지방 B대학 (중규모)	행정직원 2명 전임 상담사 3명 시간제 상담사 17명	비공개	1:2,398
지방 C대학 (소규모)	캠퍼스 I : 전임 1명, 시간제 1명 캠퍼스II : 전임 2명, 시간제 2명	약 6,000만원	1:2,998 1:1,623

주 1) 2019년 주요 7개 대학의 대학학생상담센터장 심층 인터뷰 및 서면 조사 결과를 종합, 정리한 것임.

주 2) 전임상담사는 전일제 근무를 하는 상담사로 대학에 따라 상담교수, 전임상담원, 초빙교수, 전임연구원 등이며, 시간제 상담사는 주 1~2회 근무하는 비상근직 상담사로, 파트타임, 객원, 자원상담사, 인턴상담사(수련생 포함) 등임

주 3) 수도권 대규모 A대를 제외한 대학의 예산은 인건비 제외 비용임

주 4) 대학 규모는 재학생 10,000명 이상 시 대규모 5,000~10,000명 미만 시, 중규모 5,000명 미만 시, 소규모로 구분함

주 5) 상담사 대 재학생 비율은 시간제 상담사 5명을 전임 상담사 1명으로 산정함

〈표 9-2〉에서 제시한 바와 같이 주요 7개 대학의 학생상담센터 조사 결과, 대학의 규모 및 여건에 따라 차이가 있으나, 대체로 2~3명의 전임상담사와 다수의 비상근 인턴 및 객원 상담사를 활용하고 있음을 알 수 있다. 그러나 주 1~2회 비상근 형태로 근무하는 인턴 및 객원 상담사는 충원 인력 n명의 기준에 반영할 수 없으므로 실제 센터 내 상담 인력은 약 3~4명으로 추정된다.

추가적으로 좀 더 체계적인 심리상담지원을 위해서는 관련 규정 또는 지침이 마련되어 있어야 하며, 앞서 언급한 바와 같이 독립적인 운영기구(학생상담센터)의 운영에 대해 자문과 피드백을 제공해 줄 수 있는 위원회가 마련되어야 할 것이다.

(2) 심리상담지원을 위한 운영 체계

대학마다 심리상담지원 프로그램이 다소 차이가 있겠지만 여기서는 일반적인 지원 프로그램을 중심으로 살펴보고자 한다. 목포해양대학교는 다음의 [그림 9-1]과 같이 심리상담 프로그램을 운영하고 있다.

목포해양대학교는 먼저 PACT-Mind라는 학생상담지원 체계를 두고 그 아래 4개 영역의 지원 프로그램을 운영하고 있다. 구체적으로 살펴보면, ① Prevent 프

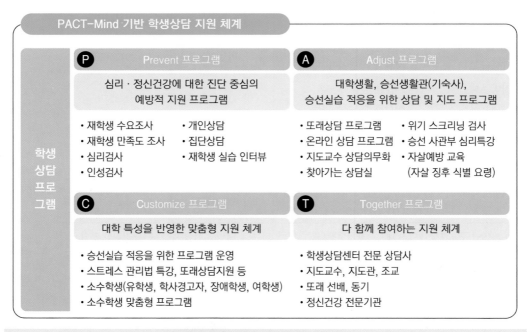

[그림 9-1] 심리상담지원 체계(예시)

출처: 목포해양대학교(2019).

로그램, ② Adjust 프로그램, ③ Customize 프로그램, ④ Together 프로그램으로 구분되어 있다. 첫 번째 'Prevent 프로그램'에서는 재학생의 심리적 어려움 및 문제를 미리 예방하는 프로그램으로 개인 심리검사를 중심으로 한 인성검사, 대학생 실태 조사를 실시하고 개인상담자 집단상담이 이루어진다. 두 번째 'Adjust 프로그램'에서는 이 대학의 특수성에 기반하여 대학생활 적응능력을 높일 수 있는 프로그램으로 구성되어 있다. 또래상담 프로그램 위기 스크리닝 검사(승선실습이라는 대학 내의 교육과정에 잘 적응할 수 있는지 확인), 찾아가는 상담실이 이루어지고 있다. 세 번째 'Customize 프로그램'은 승선실습에 실제로 잘 적응하고 있는지를 상담 프로그램을 통해 지원해 주는 것이다. 승선실습 중 스트레스 관리 및 또래상담을 운영함으로써 학생들의 심리적 어려움을 해결할 수 있도록 돕고 있다. 뿐만 아니라 대학 내 소수 학생(유학생 및 여학생. 이 대학의 경우 여학생은 전체 학생의 10% 수준)을 대상으로 하는 프로그램이 포함되어 있다. 마지막으로 'Together 프로그램'은 지도교수, 학생 상담센터의 전문상담사 및 외부기관과 연계되어 심리적 지원이 이루어지는 것이다. 이러한 체계를 기반으로 하여 목포해양대학교는 〈표 9-3〉과 같이 심리상담 지원 프로그램을 운영 중이다.

이 밖에도 일반적으로 대학에서 이루어지는 심리상담 프로그램은 개인상담, 집단상담, 위기학생 및 소수학생을 위한 상담으로 구분해 볼 수 있다. 개인상담의 주제는 주로 진로, 학업, 위기, 대인관계 및 대학생활적응을 주제로 이루어져 있고, 개인 심리검사는 성격검사, 학습유형 및 전략검사, 진로탐색 및 진로결정 등을 실

표 9-3 ┃ 목포해양대학교의 심리상담지원 프로그램

연번	관련 지원 체계	프로그램명	내용
1	Prevent	인성검사 프로그램	• 재학생 전수 인성검사 실시, 누적 관리 • 관리군을 선별하여 개별 심층상담 실시 • 학부(과)별 수요에 맞춘 단체 심리검사 및 특강 지원
2		재학생 실태 조사 및 상담 수요조사	• 전체 재학생 정신건강 실태 및 상담 수요를 분석해 다음 해 사업계획에 반영
3		개인상담 및 심리검사	• 고위험군 위기 예방 및 대학생의 건강한 성장을 돕기 위한 개인상담 실시
4	Adjust	승선사관부 심리 특강	• 학생 관리를 담당하는 기숙사의 승선사관부 대상 학생 상담교육 실시

〈계속〉

5	Adjust	승선 전후 위기 스크리닝 프로그램	• 승선실습 전후 해사대학 학생 대상 스크리닝 검사(우울, 스트레스, PTSD, 자살) 후 검사 결과에 따라 관리군 선별 및 사후 추가 상담
6		성장 수기 공모전	• (승선)실습, 인턴, 기타 다양한 대학생활 기간의 성장의 경험 수기를 공모하여 결과물 공유
7		교내 실습선 동행 상담	• 국내 항해 기간에 동행 승선하여 개인상담 및 특강 실시
8		소소한 간담회	• 위탁실습을 앞둔 해사대학 2, 3학년 대상으로 해사대학 4학년 학생이 위탁실습 과정 및 시간관리 방법, 실습 중 마인드 관리 방법 안내 • 해양공과대학 실습 및 대학생활 관련 프로그램 추진
9		찾아가는 상담실	• 야외 상담 부스를 운영하여 교내외 유관기관과 협업하여 다채롭고 의미 있는 심리건강 프로그램 실시
10		심야상담실 운영	• 야간시간에 상담을 이용할 수 있도록 정기적 운영
11		소그룹 힐링이벤트	• 소그룹 학생 집단이 원하는 심리 프로그램을 요청하고, 협의과정을 거쳐 수요에 맞춘 소그룹 힐링 프로그램 제공
12	Customize	학사경고자 심리지원 프로그램	• 학부(과) 및 교내 관련 부서와 연계하여 중도탈락 위기 학생 대상 진로상담, 학습상담 및 심리상담 진행
13		외국인 유학생 심리지원 프로그램	• 유학생들이 학교생활에 적응하는 데 도움이 되도록 심리검사 및 집단 프로그램 실시
14		여학생 소그룹 집단 프로그램	• 여학생의 대학생활 적응을 지원하기 위한 정서 · 진로 · 폭력예방 프로그램
15		또래상담자 양성교육	• 대학생들의 고민상담 대상인 또래 친구, 선후배를 통해 적응에 어려움을 겪는 학생의 가까이서 심리적 지지
16		카카오톡 플러스 친구 상담	• 외부 위탁실습생 대상 카카오톡 플러스친구 격려 메시지 및 1:1 채팅 상담
17		또래상담자 소그룹 회의 및 슈퍼비전	• 또래상담자 활동 점검 및 소진 예방을 위해 또래상담 활동 공유 및 상담사례 슈퍼비전 실시
18	Together	교직원 상담역량 강화교육	• 교수, 조교, 직원을 대상으로 학생들의 학교생활을 돕기 위한 상담역량 강화 특강 실시
19		정신건강 검진 프로그램	• 지역사회 정신건강 전문기관과 연계하여 정신건강 검사 및 전문의 상담 실시, 치료지원
20		학생상담 프로그램 공모전	• 학생상담 프로그램 네이밍 공모 • 상담 프로그램 아이디어 공모

시하고 있다. 집단상담 프로그램으로는 자기이해, 정신건강, 자기관리, 대인관계 등을 주제로 이루어지고, 집단 심리검사 역시 개인검사와 유사하게 이루어지고 집단으로 실시할 경우 검사 결과를 집단 내에서 세미나 형태로 안내를 해 줄 수 있다. 소수자지원 프로그램은 학사경고자, 편입생, 만학도, 유학생 등을 대상으로 이루어지며 주로 대학생활 적응, 학습적응, 대인관계 등을 주제로 상담이 이루어진다. 이 밖에도 신입생을 대상으로 하는 프로그램으로 그들의 건강한 대학생활적응지원을 위한 인성검사를 제공하고, 학생의 건강하고 만족스러운 대학생활을 위한 주제로 특강과 워크숍을 실시한다. 상담방법으로는 상담사와 내담자가 직접 만나는 대면상담, 온라인을 통해 이루어지는 사이버 상담이 있다.

다음으로 위기학생 대상 프로그램을 살펴보기로 하자. 위기학생을 탐색하기 위해 앞서 제시한 바와 같이 대학에서 인성검사 또는 스크리닝 검사 등을 통해 심리지원 필요군을 선별하고 이들을 대상으로 학과 및 지도교수 등의 심층면담으로 연결되어야 한다. 〈표 9-4〉는 경북대학교의 학생용 면담 체크리스트로 이를 활용하여 지도교수는 학생들을 면담할 수 있고, 특히 심리지원 필요군에 포함된 학생의 경우, 수업이나 학과 활동 시에서 평소와 다르거나 특이점이 발견될 때 관심을 갖고 지켜보아야 하며, 학생에게 상담을 권유하고 동의를 얻어 학생상담센터로 연계해 주어야 한다.

표 9-4 ▎학생용 면담 체크리스트-학부(과) 지도교수용

일반	1. 거주형태는?		
	2. 현재 학교생활에 불편한 사항이 있나요?	① 그렇다	② 아니다
	3. 방과 후 아르바이트 등을 (계획)하고 있나요?	① 그렇다	② 아니다
학업	1. 현재 자신의 전공이 적성에 맞나요?	① 그렇다	② 아니다
	2. 복수(부)전공 또는 교직을 하고 있나요?	① 그렇다	② 아니다
수업/ 학교생활	1. 직전 학기 성적은 본인이 목표한 대로 받았나요?	① 그렇다	② 아니다
	2. 수업에 출석은 잘 하고 있나요?	① 그렇다	② 아니다
	3. 학습이나 과제를 수행함에 있어 도움이 필요한가요?	① 그렇다	② 아니다
	4. 현재 활동하는 동아리가 있나요?	① 그렇다	② 아니다
	5. 봉사활동에 참여한 적이 있나요?	① 그렇다	② 아니다
	6. 어떤 학기 비교과 활동을 (계획)하고 있나요?	① 그렇다	② 아니다

〈계속〉

진로/ 취업계획	1. 진로나 졸업 후의 계획은 결정되었나요?	① 그렇다	② 아니다
	2. 학점교류제도나 교환학생에 대해 알고 있나요?	① 그렇다	② 아니다
	3. 외국어 성적 및 관련 자격증은? ( )		
	4. 취업이나 진로를 위해 지금 준비하고 있는 것은? ( )		
정신건강	1. 요즘 고민이 있습니까?	① 그렇다	② 아니다
	2. 걱정거리가 있습니까?	① 그렇다	② 아니다
	3. 요즘 기분이 처지거나 우울합니까?	① 그렇다	② 아니다
	4. 최근에 스트레스가 많다고 생각합니까?	① 그렇다	② 아니다
	5. 그렇다면 혹시 죽고 싶다는 생각을 한 적이 있습니까? 요즘 갑자기 화가 나는 일이 있습니까?	① 그렇다	② 아니다
	6. 지금까지 살면서 자해나 자살시도를 한 적이 있습니까?	① 그렇다	② 아니다
요구사항	1. 학교, 학과, 지도교수님께 바라는 점		
	2. 지금 현재 어려운 점		
	3. 지금 현재 궁금하거나 알고 싶은 것		

출처: 경북대학교(2018).

4) 성과관리를 위한 심리상담지원의 환류 체계 구축

심리상담지원의 환류 체계 역시 각 대학의 특수성을 반영하여 지원에 대한 성과 관리를 하고 있지만 여기서는 일반적인 형태의 심리상담지원의 환류 체계를 살펴 보기로 하겠다. 심리상담지원의 환류 체계 역시 가장 일반적인 형태의 '계획(plan)- 실행(Do)-평가(See)'의 단계로 이루어진다.

[그림 9-2]는 목포해양대학교의 심리상담지원의 환류 체계이다. 구체적으로 살 펴보면, 먼저 계획 단계에서는 프로그램에 참여하게 될 학생을 중심으로 수요조사 를 실시(교원, 학부모, 산업체의 의견도 반영할 수 있음)한다. 뿐만 아니라 학생들을 대 상으로 인성검사 및 실태조사, 그 밖에 각 대학의 특성에 맞는 심리검사를 실시한

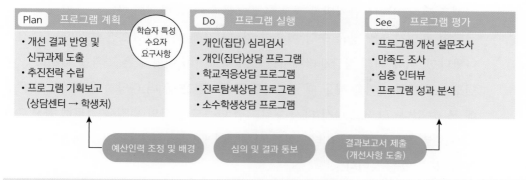

[그림 9-2] 목포해양대학교의 심리상담지원 환류 체계

출처: 목포해양대학교(2019).

후 이에 대한 결과를 분석한다. 이러한 기초자료를 바탕으로 상담센터에서는 학생 심리상담지원을 위한 연차계획을 수립하게 된다. 연차계획에는 프로그램 목적, 운영내용, 운영시기, 운영방법, 예산 및 기타 협조사항 등이 구체적으로 명시될 필요가 있다.

다음으로 실행단계에서는 연차계획을 중심으로 심리상담 프로그램을 운영하고 이때 프로그램의 성과를 확인하기 위해 각 프로그램별 사전·사후 검사를 실시할 수 있다. 이때 유의할 것은 성과 측정을 위한 사전·사후 검사는 프로그램의 특성에 맞는 척도를 활용해야 하는 것이다. 예를 들어, 대인관계능력 향상을 위한 프로그램을 운영한다면 대인관계능력을 측정하는 타당화된 척도를 찾아 적용할 수 있다. 주로 사전·사후 검사를 실시하는 프로그램은 최소 1주일 이상의 장기 프로그램일 경우 실시하는 것이 좋다. 왜냐하면 1회기, 단발성 프로그램에서는 학습성과를 기대하기 매우 어렵기 때문이다.

평가 단계에서는 프로그램에 대한 개선을 위한 의견 조사, 만족도 조사, FGI(Focus Group Interview), 학습성과(사전·사후 조사 결과)를 실시하게 된다. 여기서는 참여한 학생들이 얼마나 프로그램에 만족했는지, 개선할 사항(예: 프로그램 시간, 방법, 내용, 장소 등)은 무엇인지를 확인할 수 있다. 이 단계에서는 학생상담센터의 운영위원회를 통해 한 해 동안의 운영내용과 결과에 대해 보고하고 피드백을 받는다. 또한 대학의 성과관리센터에서 실시한 비교과 프로그램에 대한 평가 결과를 받아 분석할 수 있다. 그런 다음 이번 년도에 새로 도출된 개선 및 보완점을 차년도에는 어떻게 반영할 것인지 계획해야 한다.

예를 들어, 심리상담지원의 경우 프로그램 운영 후 학생의 만족도 조사에서 집단 상담의 운영시간을 정규 수업 이후의 저녁시간에 이루어졌으면 좋겠다는 의견이 나왔다면, 이에 대해 상담센터에서는 CQI 보고서에 이와 같은 결과를 제시하고 차년도 프로그램 계획을 세울 때 집단상담 운영시간을 좀 더 다양하게 배치하여 운영해 볼 수 있다. 그리고 나서 다시 프로그램 만족도 조사의 의견을 검토해 봄으로써 실제 프로그램 운영시간의 다양화가 학생들에게 도움이 되었는지를 객관적으로 확인해 볼 수 있을 것이다.

만족도 평가는 수혜자 개인에게서 주관적인 평가 정보를 획득하는 것이다. 평가의 내용은 프로그램의 목적과 구성에 따라 달라질 수 있으나 말 그대로 수혜자, 즉 내담자의 만족도를 평가하는 것을 주요 목적으로 한다. 따라서 만족도 평가 그 자체만으로는 프로그램의 질을 객관적으로 측정하기 어려울 수 있으나 여러 개의 성과 측정 수단 중에 하나로 중요하게 간주되고 있다. 일례로 미국 의료 분야의 경우 각 의료기관이 제공하는 의료 서비스에 따라 열두 가지 매뉴얼을 제공하고 있는데 그 가운데 '행동건강관리 신임평가 매뉴얼'에서는 내담자 만족도를 중요한 평가 항목으로 고려하고 있다. 전체 평가 내용은 환자 중심의 기능, 조직기능, 일반기능의 세 부분으로 나누어 15개 하위 항목으로 구성하고 있는데 만족도 평가는 조직성과 향상 항목에 포함된다. 즉, 공신력 있는 기관으로 인증받기 위해 평가 항목으로 만족도 평가가 중요하게 고려된다는 것이다.

내담자 만족도 평가의 중요성은 결국 평가의 유용성에서 비롯되는 것이므로 이러한 유용성을 구체적으로 나열해 봄으로써 그 중요성에 대한 인식을 확대할 수 있다.

프로그램 수혜자의 만족도 평가에 대해 제기되는 한 가지의 중요한 문제가 있다. 그것은 바로 만족도 평가의 결과가 대부분의 경우 긍정적이라는 점이다. 일반적으로 정신보건 분야의 만족도 평가에서 긍정적인 평가가 나타나고 있는데 이러한 이유는 만족도 평가를 하는 수혜자의 심리적 측면과 조사방법론적 측면에 이유가 있다. 첫째, 프로그램 수혜자의 주관적 효율성에 기초한 평가에 기인하는 것으로, 프로그램 참가를 위해 크게 비용을 들이지 않는데도 상대적으로 이득을 얻게 됨으로써 프로그램에 대한 주관적 효용성이 커지고 만족감을 느끼는 것이다. 둘째, 프로그램 수혜자가 프로그램 참가를 위해 투입한 노력과 시간으로 인해 만족도가 높아지는 것으로 생각해 볼 수 있다. 프로그램 만족도 평가는 대개 프로그램이 끝날 때 이루어지므로 그 기간 동안 투입한 노력과 시간을 만족도 평가를 할 때 고려하게 되는 것이다. 이러한 이유를 근거로 반대의 상황을 가정해 보면 프로그램 중도 탈락자의 경우 상대적으로 만족도가 낮을 수 있다. 따라서 만족도 평가를 체계적으로 실시하기 위해 만족도에 영향을 주는 요인을 종합적으로 고려해야 한다.

3. 심리상담지원 프로그램의 대학 사례

1) 호서대학교: 'CanDo Weeks'를 통한 학생상담지원

호서대학교는 1학년 학생의 학교 적응을 지원하기 위한 FYE(First Year Experience) 프로그램을 운영하여 입학 시기부터 학생 관리 프로그램을 운영하고 있다. 'CanDo Weeks'는 대학에 첫발을 내딛으면서 새로운 환경과 고교와 다른 교육방식을 접하는 신입생들의 적응과 적성에 맞는 진로설계를 돕기 위한 프로그램이다.

'CanDo Weeks' 프로그램은 구체적으로 학생들에 대한 진단평가, 스스로 미래를 그리는 'Making the Future' 활동, 면담 활동으로 구성되는데, 입학과 동시에 신입생들은 '신입생-멘토학생-1학년 면담(지도)교수'로 이루어진 조에 편성된다. 'CanDo Weeks' 프로그램은 팀 단위 활동을 통해 새로운 공동체의 소속감과 긍지를 느낄 수 있도록 기획되었고, 기초학력 검사 및 핵심역량 검사 등 기초 진단 검사들을 받게 된다. 'Making the Future'에서 단과대학별로 학습과 진로에 대한 설명을 듣는 한편, '미래로의 편지'를 쓰는 등 자신의 미래를 그려 본다.

또한 'CanDo Weeks' 프로그램에서 주목할 만한 점은 모든 신입생을 지원하기 위해 1, 2학기에 걸쳐 이루어지는 면담 프로그램이다. 신입생들은 1학기에 교양 교과목인 '대학생활 설계와 비전 1' 과목을 통해 집단 면담뿐만 아니라, 개별 면담을 받는 1학기 면담 프로그램(CanDo Diary 1)에 참여하고, 2학기에는 '대학생활 설계와 비전 2' 과목을 통해 2학기 면담 프로그램(CanDo Diary 2)에 참여한다.

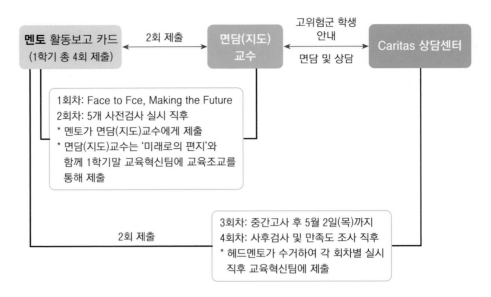

[그림 9-3] 1학년 집중 관리를 위한 CanDo Weeks 프로그램 개요

* 출처: 호서대학교(2019).

2) 한림대학교: 학생-진로상담 시스템을 통한 학생상담지원

최근 많은 대학에서는 학생의 대학 생애주기에 따른 통합적인 상담체계를 구축하고 있는 추세이다. 다음에 제시된 [그림 9-4]와 같이 학생상담센터가 중심이 되어 유관기관인 진로·취업지원센터의 상담실, 학부(과) 지도교수가 긴밀하게 연계되어 학생을 밀착관리하고 있다.

실제 학생이 상담을 하게 되면 상담자료가 데이터베이스로 구축되고 이는 지도교수, 상담사에게 제공되며 학생의 대학생활지도, 학업지도, 진로설계 등에 활용된다.

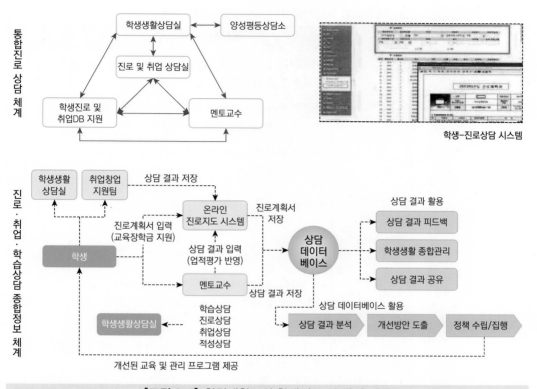

학생-진로상담 시스템

[그림 9-4] 한림대학교의 학생지도 및 관리 체계

이 중 학생상담센터에서는 주로 학생의 생활 및 심리상담을 지원하는데, 여기서는 심리검사를 실시하고 이에 대한 상담을 실시하거나 개인상담, 집단상담, 또래상담 등을 통해 대학생들의 대학생활적응을 도와주고 있다.

학생상담센터에서 주로 운영하는 상담의 영역은 다음 [그림 9-5]와 같다.

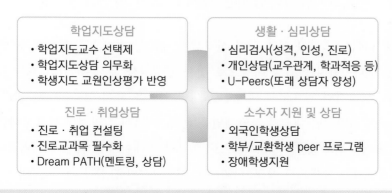

[그림 9-5] 일반적인 대학 심리상담지원 영역

표 9-5 | 한림대학교의 학생상담센터 프로그램 사례

프로그램 명		세부내용
개인상담		1:1 심리전문상담사와 개인상담을 통해 대학생활 및 일상생활의 문제해결 및 자아성장 지원
심리검사 해석 및 상담		다양한 심리검사 실시 및 전문적 해석 상담지원 자기이해, 자아 성장 등의 기회 제공
또래상담		대학생 또래상담자를 양성하고 이들이 상담자로 활동하여 내담자의 문제해결지원
집단 상담	발표불안감소 집단상담	발표불안을 감소시키기 위한 집단상담 프로그램
	우울 극복 집단상담	우울, 불안 극복을 위한 집단상담 프로그램
	스트레스 극복 집단상담	내담자의 자기이해 및 수용과 개방을 통해 내면의 힘을 기르고 스트레스에 대한 저항력을 증가시킴으로써 자아성장 기회를 제공
	음악치료 집단상담	음악치료 전문가와 함께 음악치료 기법을 적용한 학생들의 심리적 문제해결지원
특강	정신건강 특강	정신건강 전문가를 초빙하여 건강한 삶, 심리에 대한 특강을 제공
	성희롱 성폭력 예방특강	학생 및 교직원의 성희롱·성폭력 관련 교육 및 특강
워크숍	심리검사를 통한 성격 및 진로탐색	특정 주제 및 심리검사를 중심으로 워크숍 형태의 자기이해, 진로탐색 등의 기회 제공

출처: 한림대학교 학생상담센터 홈페이지(https://counsel.hallym.ac.kr)

3) 경북대학교: 위기학생지원 체계를 통한 학생상담지원

경북대학교는 [그림 9-6]과 같이 신입생과 재학생 대상으로 영역별 심리지원을 달리하고 있다. 먼저 신입생 대상으로 전체 인성검사 실시 후 심리지원 필요군을 선정하고, 심리지원 필요군을 대상으로 개별 연락을 하여 심층면담과 심리상담으로 연계하여 위기진단 체크와 상담개입을 한다. 여기서 심리지원 필요군이란, 스트레스를 심하게 겪고 있거나 심리적으로 취약하여 대학생활 적응에 어려움이 있을 것으로 예상되는 학생으로 학교, 학과(부), 지도교수의 관심과 배려 등 적극적인 심리지원(돌봄)이 필요한 학생을 의미한다.

　전체 학생을 대상으로 한 심리지원 프로그램은 상담 신청(온/오프라인) 후 심리검사 및 위기선별 질문지를 토대로 일반·위기·심각으로 구분한다. 그 뒤 위기와 심각의 경우 심층면담 또는 종합심리평가를 거친 후 병원 연계와 심리상담으로 진행하고 일반의 경우 심리상담을 진행한다. 심리상담 종결 후, 상담센터에서는 위기와 심각한 학생의 경우 추수상담을 통해 적응 여부를 판단하여, 상담이 추가적으로 필요할 경우 교내외 기관과 연계하여 지속적으로 관리한다.

[그림 9-6] 경북대학교의 심리상담지원 과정

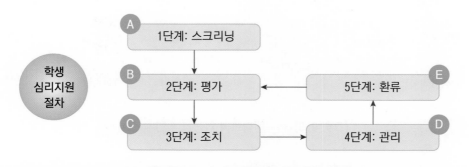

[그림 9-7] 경북대학교의 학생심리지원의 절차

　뿐만 아니라 경북대학교는 위기학생을 위한 구체적인 연계과정을 두고 있다. [그림 9-7]에 제시된 바와 같이 먼저 학과나 기관 및 지도교수님이 학생과의 면담(관찰)이 이루어지고 상담이 필요하다고 판단되는 경우(또는 위기의 경우), 학생의 동의를 받아 상담센터에 상담을 의뢰한다. 또한 학생상담센터로 직접 학생의 상담을 의

뢰하면 학생상담센터에서는 심리평가를 토대로 심리상담을 하거나 또는 병원과 연계하여 심리적 지원을 할 수 있다.

[그림 9-8] 경북대학교의 위기학생 연계 절차

다음으로 일반적으로 이루어지는 지도교수들의 학생상담 절차를 살펴보면 [그림 9-9]와 같다. 경북대학교는 재학생에게 학생상담 지도교수가 배정되어 있고 상담 지도교수가 면담한 내용을 상담 시스템에 상담내용을 등록하고 심층면담으로 접수하게 되면 학생상담센터에서는 이를 확인하고 학생과 연락하여 심리검사를 실시한 후 이를 기반으로 일반 심리상담과 위기상담을 구분하고 이에 맞는 심리적 지원을 제공한다. 이러한 절차는 앞서 소개한 한림대학의 학생-진로상담 시스템을 통한 학생상담지원의 과정과 유사하게 이루어지고 있다.

[그림 9-9] 경북대학교의 학생상담 연계 절차

ᄇ. 심리상담 프로그램의 성과관리 방안

1) 심리상담 프로그램의 성과관리 모형

심리상담 프로그램이 학기 또는 학년마다 운영되고, 앞에서도 제시한 바와 같이

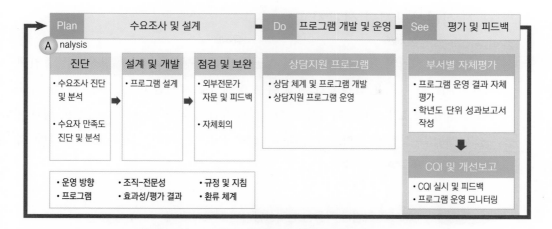

[그림 9-10] 심리상담 프로그램 운영 및 성과 체계도

심리상담 프로그램이 잘 운영되었는지 평가하는 일련의 단계를 거친다. 심리상담 프로그램을 개발하고 지원하는 일련의 운영 및 성과의 체계도를 그림으로 나타내면 [그림 9-10]과 같다.

　심리상담 프로그램 운영 및 성과 체계도는 투입(Plan)-과정(Do)-산출(See)의 논리 모형로 접근해 보면 심리상담 프로그램을 개발·운영하고 평가를 주도하는 조직 및 전체적인 지원 체계는 투입에 해당하고, 심리상담 프로그램을 개발하고 운영하는 활동은 과정에 해당된다. 심리상담 프로그램을 평가하고 환류하는 활동은 산출에 해당하고, 투입-운영-성과라는 교육평가의 기본 영역에 근거하여 심리상담 교육 프로그램의 성과평가를 위한 기본 영역을 선정하면 〈표 9-6〉과 같다.

표 9-6 ┃ 심리상담 프로그램 성과관리 모형

구분	투입	과정	산출	
영역 분류	조직 · 체계	심리상담 프로그램 개발 및 운영	심리상담 프로그램 평가 · 환류	
기본 영역	지원 체계	개편 및 운영	평가	환류
주요 쟁점	전문기관 운영자 전문성	운영실적 확보	목표대비 달성도	평가 결과 반영 개선방안 제시 우수 결과 확산

2) 심리상담지원 성과지표

심리상담지원의 목적은 학생들의 성공적인 대학생활 적응 및 정신건강 증진에 있다. 이러한 목적을 달성하기 위해 다른 장에서도 제시한 바와 같이 명확한 목표를 설정할 필요가 있다. 여기서는 심리상담지원 영역을 중심으로 어떻게 성과지표를 개발할 것인지 살펴보기로 하자. 심리상담지원 역시 성과지표를 설정할 때 'SMART' 기법을 활용할 수 있다.

표 9-7 ┃ SMART 기법을 적용한 심리상담지원 성과지표 예

구분	성과지표: 대학생활 적응 및 정신건강 증진
구체성 (Specific)	심리상담 프로그램 참여자들의 대학생활적응도가 참여 전 대비 5% 향상
측정 가능성 (Measurable)	비교과통합지원 시스템을 통해 심리상담지원 프로그램 참여 전/후 역량측정을 통해 확인
달성 가능성 (Achievable)	2개월간 1주일의 1회 집단상담 프로그램을 통해 1주일간의 금주 실태를 보고
목적 부합성 (Relevant)	대학생활 적응성을 높이고 학업 성취도 향상을 위한 학생상담 시스템 활성화는 성공적인 대학생활을 견인하는 대학교육목적에 부합
시간제약 (Timely)	프로그램은 매 학기 제공하나 사업수행 기간이 1년 단위이므로 2개 학기 평균으로 산정

다음으로 논리 모형에 근거하여 '투입-과정-산출'의 과정에 따라 세부 성과지표를 구성하고 이에 대한 성과를 관리할 수 있다.

심리상담지원과 관련된 성과지표를 살펴보면 다음과 같다. 학부교육선도대학 사업을 수행했던 가천대학교는 학생 심리지원과 관련된 성과지표로 '학생캐어 선도 지수'를 개발하였다. 이 지수는 하위지표로 학생지도 비율, 상담만족도, 취업지원만족도를 포함하고 있다. 학생캐어 선도지수를 산출하는 방법은 〈표 9-9〉와 같다.

표 9-8 | 논리 모형에 의한 심리상담지원 프로그램 성과지표(안)

구분	지표명	단위	기준값	목푯값	실적값	달성률 (%)
투입 (Input)	• 심리상담지원을 위한 조직 구성 유무	–				
	• 심리상담지원을 위한 제도(규정, 제·개정) 유무	–				
	• 심리상담지원의 전문 인적 구성(전문상담사) 유무	–				
	• 심리상담지원 프로그램 개발을 위한 요구분석 유무	–				
과정 (Process)	• 심리상담지원 프로그램 운영 현황(프로그램 수)	개				
	• 심리상담지원 프로그램별 참여 학생 수	명				
	• 전체 학생 수 대비 심리상담지원 프로그램 참여 학생 비율	%				
	• 심리상담지원 프로그램 예산 편성 현황	천원				
산출 (Output)	• 심리상담지원 프로그램 예산 집행 현황 • 심리상담지원 프로그램 예산 편성 대비 집행률	%				
	• 심리상담지원 프로그램 예산 편성 대비 집행 현황의 적절성	(정성)				
	• 심리상담지원 프로그램 만족도 평가	점				
결과 (Outcome)	• 심리상담지원 프로그램 만족도 평가 결과를 반영한 차년도 프로그램 개선 실적	(정성)				
	• 심리상담지원 프로그램 만족도 평가 결과에 따른 차년도 프로그램 개선 실적	(정성)				

표 9-9 | 가천대학교 성과지표 사례

성과지표명	하위지표	측정방법
학생캐어 선도지수	• 학생지도 비율 • 상담만족도 • 취업지원만족도	$\dfrac{\Sigma \text{학생지도건 수}}{1, 2\text{학기 재학생 수}} \times \text{변환지수}(5) \times 35\% +$ (상담만족도×35%)+취업지원만족도×130%)

출처: 가천대학교 ACE 사업계획서(2016).

　다음에 제시된 사례 역시 학부교육선도대학을 수행한 선문대학교의 사례이다. 이 대학은 학생심리지원과 관련된 지표로 '학생지도 내실화 지수'를 개발하였다. 이

지수는 하위지표로 학생상담 만족도 달성률(%), 학생지도 프로그램 참여율의 달성률(%)를 포함하였다. 학생지도 내실화 지수를 산출하는 방법은 〈표 9-10〉과 같다.

표 9-10 ┃ 선문대학교 성과지표 사례

성과지표명	하위지표	측정방법
학생지도 내실화 지수	• 학생상담 만족도 달성률 • 학생지도 프로그램 참여율의 달성률	(0.6×학생상담 만족도 달성률)+ (0.4×학생지도 프로그램 참여율의 달성률)

출처: 선문대학교(2016).

3) 평가에 대비한 심리상담지원의 성과관리

심리상담지원에 대한 평가지표를 이해하기 위해서 대학기관평가인증과 대학기본역량진단에서 학생의 학습역량과 관련된 주요 평가 및 점검사항을 보면 〈표 9-11〉과 같다.

표 9-11 ┃ 심리상담지원 성과관리 관련 대학기관평가인증과 대학기본역량진단의 평가 항목 비교

구분	2주기 대학기관평가인증	2018년(2주기) 대학기본역량진단	2021년(3주기) 대학기본역량진단
프로그램 개발 및 운영		• 진로·심리상담지원을 위한 사전조사 및 분석 내용 • 진로·심리상담 프로그램 개발 과정 중 상기 사전조사 및 분석 결과가 반영된 내용 • 진로·심리상담 프로그램의 체계와 특징	• 진로·심리상담 프로그램 지원을 위한 사전조사 및 분석 내용 • 진로·심리상담 프로그램 개발 과정 중 상기 사전조사 및 분석 결과가 반영된 내용 • 진로·심리상담 프로그램의 체계와 특징
지원 체제 구축	• 학생상담센터 설치 여부 • 학생상담센터에 자격을 갖춘 전문상담원을 확보하고 상담한 실적(위탁 포함) • 학생상담센터에 예산 편성 및 집행한 실적	• 진로·심리상담 프로그램의 구축 및 운영과 관련된 규정 또는 지침 내용 • 진로·심리상담 프로그램 운영을 위한 지원조직의 구성 및 업무 분장	• 진로·심리상담 프로그램 지원 관련 규정 또는 지침 내용 • 진로·심리상담 프로그램 운영을 위한 조직 구성 및 지원인력의 전문성

〈계속〉

		• 진로 · 심리상담 프로그램 운영을 위한 지원인력의 전문성(예: 관련 경력 및 학위 소지 여부, 관련 자격증 소지 여부 등)	(예: 관련 경력 및 학위 소지 여부, 관련 자격증 소지 여부 등)
프로그램 운영 질적	• 학생상담센터 운영 실적 • 학생상담 프로그램의 종류와 내용(대학생활, 학업, 진로, 자살예방 등): 최근 3년 자료	• 진로 · 심리상담 프로그램의 정량적 실적 • 진로 · 심리상담 프로그램의 성공 또는 우수사례 등 정성적 실적	• 진로 · 심리상담 프로그램 운영의 정량적 실적 • 진로 · 심리상담 프로그램의 성과 또는 우수사례 등 정성적 실적
환류실적	• 학생상담에 대한 만족도 조사 결과의 환류 여부 • 만족도 조사 결과 반영하여 개선한 실적	• 환류 체계의 내용과 절차 (예: 프로그램 만족도 조사, 프로그램 개선 설문 조사, 성과분석 등) • 환류 체계를 통한 프로그램 개선 실적	• 환류 체계(성과분석 등)를 통한 진로 · 심리상담 프로그램 개선 실적 • 환류 체계의 내용과 절차 (예: 프로그램 만족도 조사, 프로그램 개선 설문 조사, 성과분석 등) • 환류 체계를 통한 프로그램 개선 실적

출처: 한국대학평가원(2019). pp. 107-108, p. 114; 교육부, 한국교육개발원(2017). pp. 50-52; 교육부, 한국교육개발원(2019). pp. 51-56.

　심리상담지원 성과관리와 관련된 대학기관평가인증과 대학기본역량진단의 평가 항목을 살펴보면 공통적인 항목으로 평가되고 있음을 알 수 있다. 심리상담지원을 위한 조직 체계(규정, 조직 등), 심리상담지원 프로그램을 위한 예산 편성 · 집행 현황 및 운영 현황, 그리고 심리상담지원 프로그램의 평가 및 환류 등과 같이 크게 네 가지 평가 항목으로 성과를 측정하고 있다. 이 평가 항목은 '투입-과정-산출-결과'라는 논리 모형(Logic Model)에 근거하여 성과를 관리하기 위한 항목을 모두 담고 있다.

표 9-12 ┃ 논리 모형에 기반한 심리상담지원 성과관리

투입(Input)	과정(Process)	산출(Output)	결과(Outcome)
• 심리상담지원을 위한 조직 구성 유무 • 심리상담지원을 위한 제도(규정 제·개정) 유무 • 심리상담지원의 인적 구성 유무 • 심리상담지원 프로그램 개발을 위한 요구분석 유무	• 심리상담지원 프로그램 운영 현황(프로그램 유형별 프로그램 수, 프로그램당 참여 교수자 수, 전체 교원 대비 참여 교수자 비율 등) • 심리상담지원 프로그램의 예산 편성 현황	• 심리상담지원 프로그램예산 집행 현황(프로그램 예산 편성 대비 집행률, 프로그램 예산 편성 대비 집행 현황의 적절성 등) • 심리상담지원 프로그램 만족도 평가	• 심리상담지원 프로그램 만족도 평가 결과에 따른 교육과정 개선의 환류 실적 • 심리상담지원 프로그램 만족도 평가 결과에 따른 교수지원 프로그램 개선의 환류 실적

4) 심리상담지원 성과관리를 위한 자체진단

심리상담지원 성과평가에서 1차 평가준거는 평가의 시작이라고 할 수 있는 '유/무'에 대한 판정이다. 1차 평가는 2차 평가의 근거가 된다. 1차 평가에서 '유'로 판정된 경우에만 2차 평가의 대상이 되며, 1차 평가에서 '무'인 경우 2차 평가가 실시되지 않는다. 평가 영역의 '유/무' 판정 구분을 보면 다음과 같다.

지원 체계
• 심리상담지원을 위한 학생상담센터 설치 유무
• 심리상담지원을 위한 관련 규정 및 지침 마련 유무
• 심리상담을 위한 전문인력(전문상담사) 배치 유무

운영
• 연도별 심리상담 프로그램 유무, 프로그램 실행 여부(정량적 실적)
• 심리상담 프로그램의 성과
• 우수 심리상담 프로그램

환류
• 심리상담지원 환류 시스템 확보
• 각 프로그램별 평가 실시, 이를 기반으로 한 프로그램 개선 실적

표 9-13 ┃ 심리상담지원 성과평가를 위한 기본 체계에 대한 평가준거

영역	투입	운영	성과	
	조직 · 체계	프로그램 운영	평가 · 환류	
	지원 체계	운영	평가	환류 (공유 · 확산)
1차 평가	• 유/무	• 유/무	• 유/무	• 유/무
2차 평가 (질적 평가)	• 적절성 • 체계성 • 전문성	• 적절성 • 다양성 • 체계성	• 평가 체계 • 강의만족도 • 실적평가	• 환류 체계 • 적절성 • 체계성 • 우수사례

　심리상담지원 성과평가에서 2차 평가는 우수성에 대한 판정이다. 1차 평가에서 '유'로 판정받은 경우에 2차 평가를 실시하며, 우수성 판정을 목적으로 질적 평가를 포함한다. 우수성은 전문성, 다양성, 체계성, 효과성, 효율성을 포함한다.

- 지원 체계: 구성원의 전문성(심리상담 자격을 갖춘 전문가) 확보, 피드백 체계(학생상담센터 운영위원회 설치)
- 운영: 심리상담 프로그램 유무(단계화-체계성, 다양성), 심리상담 프로그램 실행 유무(목표치 달성)
- 평가: 심리상담 프로그램의 효과적 운영 및 결과, 우수사례 확보
- 환류: 심리상담 프로그램 개선사항 보완점 제시, 프로그램 효과성, 우수사례 공유 및 확산

다음으로 2차 평가의 기본원칙을 설정해 보면 다음과 같다.

- 성과평가는 해당 결과에 대한 우수성을 판단할 수 있어야 한다.
- 판단 가능성을 위해 일정 기준(목표치 등)이 제시되어야 한다(예: 학사경고자 학생 상담 실적은 전년도를 기준으로 10% 향상)
- 설정한 기준은 설명 가능한 타당성을 확보하여야 한다.
- 제시한 기준은 전체적으로 객관성을 지녀야 한다.

　이러한 내용을 바탕으로 심리상담지원 성과관리를 위한 자체진단의 점검은 다음의 양식을 활용해서 체크를 해 볼 수 있다.

표 9-14 ▌심리상담지원 성과평가를 위한 2차 평가 세부 준거

평가 요소		유무		성과			우수판정 기준
		유	무	미흡	보통	우수	
지원 체계	상담 프로그램 운영 방향						모두 '유' 확인 후 지원 체계 적절성
	상담 프로그램 지원 체계						
	상담 프로그램 운영 규정 (운영지침)						
	상담 프로그램 운영 및 지원 조직						
	상담 프로그램 지원조직 전문성						
운영	상담 프로그램 체계성						모두 '유' 확인 후 체계성, 적절성
	상담 프로그램 다양성						
평가	상담 프로그램 참여율			미달	유지	초과 달성	모두 '유' 확인 후 유지 이상 (단, 자체 규정에 따름)
	상담 프로그램 만족도						
	상담 프로그램 평가						
환류	환류 체계						모두 '유' 확인 후 결과 반영 공유 · 확산 노력
	평가 결과 활용						

5) 심리상담지원 성과관리를 위한 Tip

(1) 심리상담지원 프로그램의 운영 방향 설정

　일반적으로 심리상담지원의 경우 과거에는 대학이 심리적인 어려움을 가진 학생들을 지원해 주는 것에 초점이 맞춰졌다면 지금은 전체 학생을 대상으로 '어떻게 하면 대학생활을 성공적으로 적응할 수 있는가?'를 중심으로 그들의 학업, 진로, 취업과 연계하여 상담의 영역이 확대되고 있다. 그리고 심리상담 프로그램은 문제 상황에서 심리적 문제를 해결하는 것에서 미리 예방하는 관점으로 변화하는 추세이다.

(2) 심리상담지원 프로그램 운영을 위한 조직의 인프라 구축

심리상담지원 프로그램을 운영하기 위해서는 대학 조직 내에 필요한 인프라를 구축해야 한다. 일반적으로 대학의 학생상담센터에는 개인상담실, 집단상담실을 각각 구축하고 있다. 학생상담센터는 주로 학생이 접근하기 쉬운 곳에 위치하고 누구나 언제든지 상담서비스를 받을 수 있도록 친근하고 따뜻한 분위기를 갖출 필요가 있다.

학생상담센터의 전문상담사는 상담자격을 갖춘 전문인력이 최소 1명 이상 배치되어야 할 것이고, 이들이 학생의 특성을 파악하고 심리적 지원을 지속적으로 제공할 수 있도록 고용의 안정성도 마련될 필요가 있다.

(3) 심리상담지원 프로그램의 구성

심리상담지원 프로그램의 구성은 각 대학마다 다양하다. 각 대학의 특수성을 반영하여 학생상담센터에서 운영하는 프로그램의 방향 설정에 따라 다를 수 있다. 학생상담의 경우 학생의 특성을 반영하여 신입생, 재학생, 유학생, 소수학생 등에 따라 적절한 프로그램을 제공해 줄 필요가 있다. 앞서 〈표 9-2〉에서 제시된 바와 같이 대학의 특성에 따라 지원 체계를 구축하고 이에 맞는 프로그램을 계획·운영함으로써 체계적인 심리상담지원을 할 수 있을 것이다.

일반적으로 심리검사, 인성검사, 학생실태 조사의 경우 가능하다면 전수조사, 대규모의 표본조사를 통해 재학생의 특성을 확인하는 것이 좋다. 이를 통해 위험군을 미리 선별하여 예방하는 프로그램(예: 지도교수 상담, 또래상담 프로그램, 대학생활 적응을 위한 집단상담 프로그램, 튜터링 등)을 제공한다면 학생들이 보다 성공적으로 대학생활을 하는 데 도움이 될 것이다.

개인상담과 집단상담의 경우 학생들이 스스로 학생상담센터를 찾아오는 경우도 있지만 보다 적극적인 상담지원을 위해 각 학부(과)와 긴밀한 상호작용이 요구되는 바이다. 앞서 제시된 경북대학교처럼 미리 지도교수가 상담을 통해 심리적 지원이 필요한 학생을 상담센터로 연계시켜 주는 제도가 마련될 필요가 있다. 뿐만 아니라 학생상담센터는 심리검사의 결과를 학부(과)에 제공해 줌으로써 위험군에 속하는 학생의 경우 학부(과)에서 보다 세심한 지도가 필요함을 안내해 주어야 할 것이다.

(4) 참여율 증대 방안

앞서 언급한 바와 같이 심리상담지원의 경우 학생상담센터를 스스로 적극적으로 이용하는 학생의 수는 대학의 다른 기관에 비해 많지 않다. 학생들의 심리상담 프로그램에 적극적으로 참여하도록 유도하기 위해서는 상담센터에서 학생들이 쉽게 찾아올 수 있는 시간, 공간을 확보하는 것이 중요하다. 목포해양대학교의 경우 야간을 이용한 심야 상담실, 찾아가는 상담실(기숙사, 실습선)을 마련하여 언제 어디서든지 쉽게 상담을 받을 수 있는 환경을 갖추고 있다. 뿐만 아니라 SNS를 통하여 학생들이 자신의 어려움을 전문상담사 또는 또래 상담자에게 이야기할 수 있도록 하면 학생의 참여를 보다 높일 수 있다.

(5) 참여율 증대 방안 심리상담지원 프로그램의 만족도 평가방법

앞서 언급한 바와 같이 만족도 평가는 실시 자체로 의미를 지니나 바람직한 평가방식과 과정을 거쳐야 유용한 정보를 제공할 수 있다. 그렇다면 심리상담지원 프로그램에 대한 바람직한 만족도 평가방법이 무엇이 있는지 살펴보기로 하자.

① 평가 항목의 구체화 및 다양화

프로그램의 포괄적 평가는 전반적인 인상에 기초하기 쉬우므로 프로그램의 하위 내용과 운영방식 등에 대한 구체적인 평가를 도출하기가 어렵다. 따라서 평가 항목을 구체화하여야 한다. 평가 항목을 구체화하는 것은 정확한 만족도 평가에서도 도움을 준다. 프로그램 수혜자의 만족 정도는 서비스의 다양한 측면에서 나타날 수 있다. 따라서 평가 항목을 구체화할수록 다양해지며 따라서 여러 차원에서 더욱 정확한 만족도 평가가 이루어질 것이다.

프로그램 수혜자의 만족도 평가를 통해 확인할 수 있는 것은 상담서비스의 유용성, 시설의 접근성, 상담사의 능력, 상담사의 도움과 지원 자세, 서비스 공급의 지속성(예: 같은 상담사의 지속성), 상담지원 결과의 만족도 등이 포함될 수 있다.

② 평가방법의 다양화

우선 평가도구의 경우 신뢰성이 담보되어 있으며, 다른 연구나 프로그램에서 성공적으로 사용된 도구나 척도를 사용하는 것이 좋다. 해당 프로그램과 유사한 다른 프로그램들이 어떻게 평가를 받았는지 타 대학 및 기존 선행연구를 살펴보도록 한

다. 프로그램이 반복적으로 실시되는 경우 같은 평가도구를 사용하되 정기적으로 만족도 평가를 수행하고 그 결과를 이전의 평가 결과와 비교해 보아야 한다. 이 때 적어도 한 두 개의 개방형 질문을 포함하는 것이 좋다. 예를 들면, 만약 당신이 프로그램을 더 나은 방향으로 개선한다면 바꾸고 싶은 것은? 혹은 이 프로그램에서 가장 마음에 드는 점은? 같은 질문을 포함시켜 프로그램 운영자 또는 연구자가 예상하지 못한 불만 사항을 파악하도록 한다.

심리상담 프로그램의 경우 프로그램 참여자가 적은 경우가 많은데 이 경우 그 평가 결과를 지나치게 일반화해서는 안 된다. 프로그램 참여자의 만족도 평가는 프로그램의 가치를 이해하는 과정이기도 하다. 최종참가자와 중도탈락자를 모두 포함하여 최대 인원의 피드백을 받는 것은 참가자 측면에서 프로그램 이용가치를 확인하도록 도와준다. 이러한 노력은 어떠한 프로그램에 대해 참가자가 선호하였는지 혹은 기피하였는지에 대한 정보를 얻을 수 있다.

③ 평가 시점의 다양화

프로그램에 남아 있는 사람만을 대상으로 프로그램 평가를 하는 경우에는 프로그램에 불만이 있어 중도탈락하는 사람의 의견을 듣기 어렵다. 심리상담 프로그램의 경우(예: 집단상담 프로그램) 회기 수가 길기 때문에 중도탈락 학생이 발생할 가능성이 높다. 이때 종료 시에만 만족도 평가를 하였다면 중도탈락하게 만든 문제점이 무엇인지 프로그램 운영자가 파악하지 못할 수도 있다. 이러한 문제점을 극복하기 위해 프로그램 만족도 평가의 시점을 다양화할 수 있다. 프로그램을 개선하기 위해서 서비스 시작부터 진행에 이르기까지 모든 단계에 대한 내담자의 경험을 잘 알고 있어야 한다. 따라서 정해진 기간을 두고 초기·중기·종결기로 나눠 만족도 변화를 파악할 필요가 있다(김창대 외, 2011).

(6) 심리상담 프로그램의 우수사례 선정

각 대학에서 운영하고 있는 심리상담 프로그램 중 우수사례를 제시하고자 할 때는 다음과 같은 기준으로 자체평가해 볼 수 있다.

① 심리상담지원 체계 내에서 이루어지고 있는 프로그램인가?
② 이 프로그램에 대한 운영 모델을 가지고 있는가? 프로그램의 운영 모델은 체

계적인가? 운영과정은 명확하게 제시되어 있는가?

③ 프로그램의 운영 결과가 당초 목표한 목푯값을 달성하였는가? 프로그램에 대한 객관적인 평가가 이루어졌는가?

④ 프로그램에 대한 평가 결과를 내·외부에 공개하였는가? 평가 결과에 따른 개선활동이 있었는가? 우수 프로그램으로써 내·외부에 확산하였는가?

이와 같이 1차, 2차 평가를 근거로 심리상담지원에 대한 자체평가를 실시한다면 성공적인 성과관리를 기대할 수 있다.

5. 심리상담지원 성과관리를 위한 제언

성공적인 심리상담지원의 성과관리를 위해서는 대학의 특성과 상황에 맞는 지원체계를 구축하고, 수요자(학생, 교원, 학부모, 산업체 등)의 요구를 반영하여 프로그램을 개발 및 운영해야 할 것이며 프로그램 종료 후 다각적인 양적·질적 평가방법을 통해 프로그램에 대한 객관적인 평가를 실시해야 할 것이다. 뿐만 아니라 평가 결과 도출에서만 그치지 않고 이를 개선 사항에 반영하여 보다 수요자 중심의 심리상담지원이 가능할 수 있도록 노력해야 할 것이다.

앞서 일반적인 형태의 심리상담지원 체계의 구축과 프로그램 운영 및 평가, 성과관리 방안에 대해 제시하였다. 실제로 많은 대학에서 학생의 대학생활적응 및 이탈률을 막기 위해 학생지도 및 심리상담에 대한 관심이 높아지고는 있지만 무작정 우수 대학의 사례를 그대로 따라하거나 학생지도를 위한 인프라 구축(예: 전주기 학생관리 시스템)에만 노력하는 사례를 쉽게 찾아볼 수 있다. 그보다는 제시한 바와 같이 학교 규모나 특성에 맞는 심리상담지원 체계를 구축하여 내실 있게 운영하는 것이 필요하다. 성과관리는 목표치를 기준으로 한 정량평가만 포함하는 것이 아니기에 정량과 정성평가를 모두 고려할 필요가 있음을 유념해야 한다.

제10장

취·창업지원 성과관리

I. 취업지원 성과관리의 이해

1) 취업지원 성과관리의 의미

대학생들의 가장 큰 고민 중 하나는 바로 취업이다. 대학생들은 이 시기 동안 자신의 전공에 기초하여 진로를 구체적으로 계획하고 취업을 결정하게 된다. 하지만 매년 발표되는 통계청 자료에서도 알 수 있듯이 청년층의 실업률(2018년 기준 7.9%)은 높은 수치를 유지하고 있으며, 많은 대학생이 졸업이 취업으로 바로 이어지지 않는 심각한 취업문제를 경험하고 있다.

청년층의 실업을 예방하고 이들의 취업을 촉진하기 위한 다양한 정책과 서비스 제공은 우리나라뿐만 아니라 세계 주요 국가의 중요한 정책목표가 되고 있다. 특히 다른 어느 나라보다 대학 진학률이 높은 우리나라의 경우, 청년층 실업문제를 미연에 방지하기 위하여 대학생들을 대상으로 체계적인 진로지도와 취업지원을 실시하고 있다.

이러한 문제의식을 갖고 정부도 대학재정지원사업과 연계하여 대학생의 취업을 지원하기 위한 구체적인 방안을 대학에서 마련하도록 유도하고 있다. 이에 따라 대학들도 재학 중 진로지도 및 취업지원을 통해 재학생들이 효과적으로 진로를 탐색하고 필요한 역량을 강화하여 노동시장에 원활하게 진입할 수 있도록 지원하고 있다. 대부분의 대학은 전공 특성에 따른 취·창업지원 시스템과 경력개발 로드맵을 통해 실무형 전문인력 양성을 표방하고 있다. 일부 대학에서는 글로벌 수요기반 해외취업지원이나 지역사회 연계형 창업지원 등을 모색하고 있다.

이러한 상황이다 보니 대학들은 대학 내 취업지원부서를 두고 그 기능을 강화하거나 확충하기 위해 노력하고 있다. 이에 따라서 대학 내에 진로교육과 취업지원 프로그램 개발 및 운영, 전문인력과 예산 확보 등 외형적인 측면에서 많은 확대가 이루어졌다. 정부에서도 대학 취업률을 대학평가의 주요 지표로 선정하고 취업과 연계된 교육이 이루어지도록 대학의 책임을 강화하고 있다. 대학의 취업에 대한 역할이 증대되면서 대학 취업지원부서를 중심으로 취업률 향상을 위해 다양한 취업지원 프로그램을 운영하고 많은 예산을 지원하는 추세이다.

대학별 규모나 특성별로 차이는 있으나 대부분의 대학에서 취업지원 프로그램은 주로 취업특강, 진로 및 취업상담, 취업교과목, 취업캠프, 취업동아리 등을 중심으로 이루어지고 있다. 특히 취업캠프를 통해 입사서류 코칭이나 면접 코칭 등이 구체적으로 다루어지고 있다. 창업 프로그램도 취업 프로그램과 대동소이한 형태로 운영되고 있다. 취업지원 프로그램에 참여한 학생들은 취업률이 높을 뿐만 아니라 첫 직장에 대한 만족도 역시 높은 편이기 때문에 대학의 취·창업지원 프로그램은 프로그램에 대한 학생들의 만족도를 높여야 하며, 실제로 프로그램이 학생에게 의미 있게 작용했는지 성과관리가 필요하다.

2) 대학의 취업지원 프로그램의 종류

(1) 취업지원 프로그램의 개요

대학은 재학생의 취업의지 함양과 취업역량 강화를 위하여 취업지원 프로그램을 운영하고 있다. 취업지원 프로그램은 대체로 학년에 따라 단계별로 프로그램이 구성된다. 일반적으로 저학년 취업지원 프로그램은 취업교과목, NCS 특강, 자아탐색 프로그램, 직업심리검사 및 해석, 커리어 로드맵 작성법 특강, 인성역량 강화, 인문학 세미나 등이다. 이에 반해 고학년 취업지원 프로그램은 실무역량 강화 중심이다. 취업성공 패키지, NCS 및 인적성 특강, 직무교육 프로그램, 기업탐방 및 인턴지원, CEO 특강 및 멘토링, 선배와의 멘토링, 취업동아리, 취업캠프, 성공 취업준비반 운영, 입사지원서 작성법 특강, 면접 특강, 자격증 과정, 기업분석 등에 속한다. 대학에서 운영되고 있는 취업지원 프로그램의 유형을 정리하면 다음과 같다.

표 10-1 ┃ 취업지원 프로그램 내용

1학년 · 2학년	3학년 · 4학년	기타
− 진로교과목 운영	− 취업성공 패키지	− 구직 등록
− 학과진로과목 지원	− NCS 및 인격성 특강	− 취업정보 제공
− 찾아가는 학과별 진로 특강	− 직무교육 프로그램	− 취업 알선
− NCS 특강	− 기업탐방 및 인턴지원	− 채용설명회 및 박람회
− 자아탐색 프로그램	− CEO 특강 및 멘토링	− 취업동아리관
− 직업심리검사 및 해석	− 선배와의 멘토링	− 특성화 고등학교 멘토링
− 커리어로드맵 작성 특강	− 취업동아리(직무 · 전공)	− 청년 고용정책 연계
− 리더십, 인성역량 강화	− 취업캠프	− 청년취업성공 패키지
− 기업탐방	− 성공 취업준비 반 운영	− 청년취업 아카데미
− 저학년 CAP+ 운영	− 입사지원서 특강	− 취업 가이드북 제공
− 인성진로 캠프	− 면접 특강	− 중소기업 탐방 프로그램
− 재학생 직무체험	− 자격증 과정	− 청해진 대학
	− 기업분석	− 국가 교육근로장학금
	− IPP형 일학습 병행제	− 희망사다리

출처: 전윤선(2018). p. 43.

(2) 취업캠프

취업캠프는 1박 2일 또는 2박 3일의 과정으로 이루어지는 단체 합숙의 집중교육 형태로 이루어지며, 무박으로 단시간에 집중적으로 실시하는 경우도 있다. 취업 캠프는 대학생들이 취업 준비와 취업에 필요한 기술을 습득하고, 취업에 대한 막연한 불안감 해소와 취업에 대한 목표를 분명히 하고 자신감을 높일 수 있도록 지원하는 프로그램이다. 기업체 전직 및 현직 인사담당자를 초빙하여 실전 모의면접을 체험하고 입사지원서 작성법 상담을 실시하는 등 학생의 취업역량을 향상시키기 위해 운영되고 있다. 또한 기업체 채용 동향 및 기업분석, 직무분석 특강을 통해 재학생의 취업 실전 능력도 향상시킬 수 있는 프로그램이다. 취업캠프는 교내에서 경험할 수 없는 다양한 프로그램으로 구성하여 취업 프로세스를 체험하고 입사서류 컨설팅, 모의면접 등의 구직기술 향상 등 취업역량을 강화하는 목적으로 이루어진다.

(3) 취업특강

취업특강은 일정한 시간 내에 학생들에게 전공, 직무 등의 희망 취업 분야 정보를 제공하는 일회성 강의 형태로 진행된다. 취업특강에서는 주로 취업에 성공하기 위하여 필요한 사항들을 주요 주제로 다루는 경우가 많다. 예를 들어, 취업에 성공하는 이력서 및 자기소개서 작성방법, 면접요령, 취업 정보수집 등에 대한 내용이며, 더불어 직업 심리검사와 직업선택 등에 대한 내용도 다루는 경우가 있다. 이러한 취업특강은 기업체의 현직자 및 전문가를 강사로 초청하여 운영된다. 일부 대학의 경우는 취업특강을 교과목 형태로 운영해서 각 전공별로 학생들의 자발적인 참여가 아니라 의무적으로 참여하도록 하는 경우도 있다.

(4) 취업동아리

취업동아리는 취업목표가 유사한 학생들이 그룹을 형성하고 일정 기간 지속적인 취업준비를 하는 참여자 활동중심 프로그램이다. 많은 대학에서 운영하는 취업동아리는 동일 분야 취업 준비생 간의 스터디를 위하여 운영되며, 취업난을 극복하는 하나의 전략으로 취업동아리 활동을 적극 지원하고 있다. 취업동아리 참여 학생들은 공동 학습을 통해 필요한 정보수집, 자격증 취득을 중심으로 원하는 업종 및 취업에 필요한 역량을 개발할 수 있다.

(5) 입사서류 코칭

입사서류 코칭은 취업의 각 분야 전문가에게 맞춤형 코치를 통해 취업 준비 기간을 단축하고 원하는 기업에 합격하도록 지원하는 프로그램이다. 입사서류 코칭 프로그램은 차별화된 이력서 및 자기소개서 작성을 위한 1:1 맞춤형 취업지원 프로그램으로 한 명의 학생이 입사서류 전문가로부터 1회에 약 50분 내외로 컨설팅을 받도록 구성된다. 이를 통해 개인적 특성과 취업목표를 반영한 입사서류를 작성하도록 돕는다.

(6) 면접 코칭

면접 코칭은 최근 다양화 및 심층화되고 있는 기업의 면접전형에 대응하기 위하여 면접 전문가로부터 면접에 대한 기본적인 이해와 준비사항 및 노하우를 습득하는 프로그램이다. 모의면접에 참가하거나 참관함으로써 실질적인 기업의 면접을 준비할 수 있도록 지원한다. 면접 코칭은 취업희망 재학생이 지원하고자 하는 기업 면접을 어떻게 준비해야 하는지, 실제 면접에서 어떤 질문이 나왔는지, 각 질문에 어떻게 대답하면 좋을지에 대해 예시를 들어 주거나 모의면접을 통해 말투나 말의 빠르기, 목소리 크기, 태도 등에 관하여 도움을 준다.

3) 대학의 정부지원 취업 프로그램의 종류

(1) 직무체험형 프로그램

직무체험형 프로그램은 진출 희망 분야와 관련한 생생한 정보를 제공하는 동시에 해당 분야에 대한 경험이 풍부하지 못하여 진로탐색이나 직업준비 등에 어려움을 겪고 있는 청년에게 다양한 일터와 직무를 탐색하고, 일 경험을 통해 경력개발을 할 수 있도록 지원하는 청년고용 지원정책사업이다. 대학생이 직무에 관련된 경험을 하고 싶어도 기회가 없기 때문에 정부는 정책적으로 기업과 공식적인 협약을 맺고 학생이 기업 현장에서 직업 체험을 할 수 있도록 한다. 이 과정을 통해 학생들은 직업에 대한 폭넓은 인식과 직업의식 함양을 위하여 대학생들에게 다양한 기업의 경험을 제공하는 프로그램이다. 이공계에 비해 상대적으로 소외된 인문·사회, 예·체능 계열 대학생에게 직무경험을 통해 진로탐색 기회와 관심 있는 직무의 현장 경험의 기회를 제공하여 진로설계 능력을 바탕으로 구직활동을 성공적으로 할 수 있도록 지원한다.

(2) 청년취업 아카데미

청년취업 아카데미는 산업체 현장에서 필요로 하는 맞춤형 현장실무 교육과정을 대학 졸업 예정자 및 졸업생을 대상으로 기업 및 사업주가 주도적으로 기획하여 지원하는 프로그램이다. 대학과 기업이 협력하여 다양한 교육과정을 운영하고 수료 후 기업으로 취업하도록 유도한다. 보통 교육과정을 2~12개월 이내로 하고 아카데미 수료 후 6개월 이내에 취업이 가능하도록 지원한다.

청년취업 아카데미는 실무역량을 갖춘 인재를 양성함으로써 학교 교육과 취업 현장 간의 차이를 좁히기 위한 프로그램으로 취업을 준비 중인 청년들에게 취업지원뿐 아니라 기업이 원하는 직업 능력을 미리 경험하고 배워 볼 수 있는 프로그램이다(이재홍, 2016, p. 100). 이 프로그램 교육비는 100% 무료이지만 졸업예정자가 청년취업 아카데미에 적극적으로 참여할 수 있도록 대학은 정책적으로 참여자에게 학점 인정 등의 제도 개선마련이 필요하다.

(3) 일학습 병행제

일학습 병행제는 산업현장에서 요구하는 실무형 인재를 기르기 위해 기업이 취업을 원하는 대학생을 학습 근로자로 채용하여 대학과 함께 산업현장에서 체계적인 훈련을 제공하고 기업에 취업하도록 하는 프로그램이다. 일학습 병행제는 재학생이 참여 후 해당 기업으로 취업이 보장된 것은 아니지만 재학생이 참여 후 취업으로 연계될 가능성이 높은 프로그램이다.

재학생 직무체험 프로그램은 재학생이 3개월 이내로 직무를 체험하는 프로그램인데 이에 반해 일학습 병행제는 장기간에 걸쳐 실무교육을 받을 수 있는 제도이다. 일학습 병행제 참여 학생은 4학년 때 산업체에서 근무하여 직무에 필요한 현장교육을 받음과 동시에 대학에서 11학점인 전공 4개 과목 내외를 인정받는다.

(4) IPP(Industry Professional Practice)형 일학습 병행제

IPP형 일학습 병행제는 일학습 병행제 졸업예정자 대상인 3~4학년도 참여할 수 있도록 확대한 취업지원 프로그램이다. 3~4학년 학생이 전공과 관련된 기업에서 장기간(4개월 이상)에 걸쳐 체계적인 현장훈련을 받을 수 있도록 지원하는 제도로서 졸업생 중심의 일학습 병행제에서 한 단계 더 나아가 대학 재학 단계부터 현장성 있는 직무능력을 기를 수 있도록 하는 일학습 병행제의 2.0버전이라 할 수 있다.

2. 창업지원 성과관리의 이해

1) 창업지원 프로그램의 운영 방향

대학생에게 창업은 아직까지 접근하기 어려운 분야로 인식되고 있지만 대학은 산업과 사회의 변화와 요구에 대응하고자 다양한 창업지원 활동 프로그램을 운영하고 있다. 이 장에서는 『대학 창업 운영 매뉴얼 3.0』에 근거하여 대학에서의 창업프로그램의 운영 방향에 대해서 소개하고자 한다.

(1) 창업 친화적 대학 학사제도 및 창업지원 전담조직 구축

대학에서 창업이 활성화되기 위해서는 대학 내 지속 가능한 창업활동이 이루어
질 수 있는 창업 친화적 학사 제도가 마련되어야 한다(교육부, 한국연구재단, 한국청
년기업가정신재단, 2018). 이를 위해서 대학 내 창업휴학제, 창업 대체 학점 인정 제
도, 창업강좌 학점교류 제도 등 다양한 학사 제도 운용이 이루어져야 한다. 창업휴
학제도란 창업활동으로 인한 학업 단절을 방지하기 위해 휴학이 가능한 사유로 '창
업'을 학사규정 내에 마련하는 제도이다. 다만 이런 제도가 남용되지 않도록 대학
내 전담조직의 평가를 통하여 창업휴학 인정 여부를 판단하는 사전 검토 장치가 필
요할 수 있다. 많은 대학이 기존 교내 휴학 규정에 창업휴학 관련 내용을 추가하는
형태로 운영하고 있으나, 일반 휴학과의 연계 및 별도 신청이 가능할 수 있도록 내
용의 보완을 검토해 볼 필요가 있다.

창업 대체 학점 인정 제도를 두어 창업 준비활동(창업실습) 및 창업(창업현장실습)
을 통해 학습목표 달성이 가능한 경우 정규 학점으로 인정하여 창업과 학업의 병행
에 따른 어려움을 해소하고 창업으로 인한 학업중단을 최소화하는 방안을 둘 수도
있다. 뿐만 아니라 창업 활성화를 위해 창업동아리 활동을 학점으로 인정하는 방안
도 고려할 수 있다. 창업동아리 활동이 학점으로 인정받기 위해서는, ① 대학 내 전
임교원을 지도교수로 등록, ② 다수의 참여 학생, ③ 구체적 결과물의 제출 및 평가
등의 세 가지 요건이 충족되는 것을 원칙으로 하되, 세부 기준은 대학 자율로 결정
할 수 있다. 이 경우 대체 학점으로 인정되는 창업은 학업과의 연계성을 유지하기
위해 학생의 전공과 관련된 분야로 한정하는 것이 바람직하며, 세부 내용은 대학
내부 규정에 명시하고 학사 제도 운영위원회 등의 승인을 통해 인정할 수 있다.

창업강좌 학점교류제도는 창업 학점교류 협정을 맺은 대학 간 공식적인 절차에
따라 창업강좌로 지정된 타 대학의 강좌를 수강하는 경우 학점으로 인정하는 제도
이다. 각 대학의 특성화된 창업강좌를 타 대학 학생이 수강할 수 있도록 대학 간 창
업 학점 교류에 대한 기준을 마련하는 것이 필요하다. 창업강좌 학점교류제도는 양
질의 창업강좌 개설 및 운영, 우수 창업 교원 확보 등 개별 대학이 겪는 어려움과
한계를 극복하고 대학 간 특성화 및 우수 창업강좌를 교차하여 수강할 수 있는 기
회를 제공하기 위한 제도이다.

창업 친화적 인프라를 구축하기 위해서 최근 창업 장학금 제도를 시행 중인 대학
들이 늘어나고 있으며, 창업특기생 선발 제도를 도입한 대학도 있다. 더 본격적으

로 창업학과 또는 창업 연계전공을 개설한 대학도 생기고 있다. 창업 친화적 학사
제도 운영의 흐름 예시는 다음과 같다.

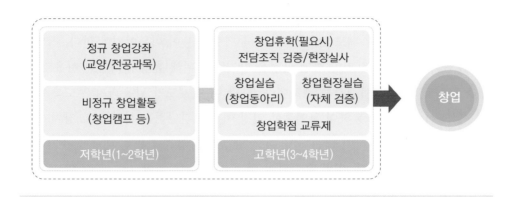

[그림 10-1] 창업 친화적 학사제도 운영 흐름 예시

출처: 교육부, 한국연구재단, 한국청년기업가정신재단(2019). p. 12.

창업 친화적 학사 제도를 활성화하기 위해서는 대학 본부(의사 결정권자) 등 내부
구성원들의 창업교육 필요성에 대한 긍정적 인식 확보와 같은 선행 작업이 반드시
필요하다. 대학별 창업교육은 보유한 자원과 역량의 차이에 따라 격차가 큰 상황이
므로 대학별로 현실을 반영한 단계적 제도 구축이 중요하다. 창업 친화적인 학사
제도의 활성화는 단순히 한두 개의 창업 강좌를 신규로 개설하는 차원의 접근이 아
니므로 학사 제도 전반의 이해와 조정이 이루어져야 한다. 아울러 창업 친화적 학
사 제도의 원활한 운영 및 검증, 평가, 조정 등이 논의될 수 있는 '창업교육 학사제
도 운영위원회' 등의 설치가 필요하다.

창업 활성화를 위한 전담기구로는 2011년부터 LINC 대학을 중심으로 창업교육
센터를 설치·운영하고 있고, 창업 교육의 중요성이 대두됨에 따라 비 LINC 대학
역시 창업교육활성화를 위한 창업교육센터의 설치가 활성화되고 있다. 창업보육센
터는 기술과 아이디어는 있으나, 제반 창업 여건이 취약하여 사업화에 어려움을 겪
고 있는 창업초기기업(예비창업자)을 일정 기간 입주시켜 지원하는 기능을 한다. 기
술 개발에 필요한 범용기기 및 작업장 제공, 기술 및 경영 지도, 자금지원 등 창업
에 필요한 종합적인 지원을 통하여 창업 활성화 및 성공률을 높이기 위한 기업의
멘토 및 디딤돌 역할 제공을 위해 설립되었다.

- 학사제도 활용에 대한 학생인지 부족
- 수혜자 중심의 의견 반영 활성화

- 학사제도 도입 당위성에 대한 이해 부족: 대학정보공시 및 평가지표 반영
- 교직원 등 내부구성원 창업 교육 인식 개선

- 책임과 권한을 가진 전담조직 구축
- 교내 의사결정기구와의 연계 노력

- 대학별 상황을 반영한 제도 구축 기준 미흡
- 교직원 및 관련 부처 간 상호 협력 미흡

[그림 10-2] 창업친화적 학사제도 활성화 방안

출처: 교육부, 한국연구재단, 한국청년기업가정신재단(2019). p. 35.

(2) 창업교육 활동

　대학 내 창업강좌는 학점이 부여되는 정규 교과(교양, 전공)와 다양한 체험활동을 포함하는 비정규 교과, 강좌 운영 형태에 따라 이론형과 실습형(체험형), 온라인과 오프라인 강좌 등으로 구분된다(교육부 외, 2018). 정규 교과는 교양(필수/선택)과 전공(필수/선택)에서 운영하고 있으며 비정규 교과는 창업캠프, 창업특강, 창업경진대회 등 프로그램 형식으로 운영되고 있다.

　창업강좌의 교과과정은 창업 아이디어 발굴에서 사업화까지의 전반적인 과정을 간접적으로 체험하거나 사업계획서를 작성하는 실무 중심의 강좌이다. 대표적으로 연세대학교의 '창업 201 캠퍼스 CEO'를 들 수 있다. 팀티칭으로 진행되어 다양한 외부 전문가들과 담당 교수의 강의가 매주 1시간씩 진행되고, 나머지 2시간은 학생들의 팀 프로젝트로 진행된다. 해당 주차의 교수가 질의응답을 하거나 멘토링을 통해 과제 수행을 지원하고 있다. 인덕대학교의 '창업실무'는 학생들이 개인 과제로 진행하고 있는 프로젝트의 중간 산출물에 대하여 매주 교수가 검토 및 피드백을 제공하는 형식으로 이루어진다. 건국대학교의 '벤처 창업경영의 이해'와 단국대학교의 '벤처 창업경영론'은 교수가 수업내용 간의 연계성 및 해당 주차의 중요성에 대한 소개를 시작으로 이론적 설명화 사례들을 소개하고 다양한 과제를 제시한다. 남서울대학교의 '사회적 경제와 창업'은 수업에 사용되는 교재, 논문과 학생이 직접 찾아본 자료 및 각종 사이트의 정보를 분석해 발표한다. 발표내용에 대한 토의를 통해 이해도를 높이고 전문가를 초빙하여 각종 사례를 통해 심화 학습을 한다.

비정규 교과과정은 학점이 부여되지 않는 학습자의 자생적인 활동을 장려하는 교육 프로그램으로 구성되어 있으며, 각 대학은 창업동아리, 경진대회, 캠프, 특강 등이 운영된다. 창업동아리는 역량 있는 학생 창업자 발굴의 등용문뿐 아니라 대학 창업문화를 선도하고 창업활동 경험과 지식을 공유하는 장으로써 기능을 하고 있다. 창업(사업계획서) 경진대회는 학생들이 보유한 창의적이고 우수한 아이디어의 사업화를 위한 방법을 체계적으로 정리하는 것과 같은 실전창업을 위한 기본역량 배양하는 데 목적을 두고 있다. 창업캠프는 창업동아리 및 예비창업자의 우수한 창업아이템의 사업화 유도, 잠재 아이디어 발굴을 통하여 창의성과 도전정신을 겸비한 창업자를 육성하기 위해 운영된다. 창업특강은 창업 관련 전문지식과 창업 경험을 보유한 전문가를 초청하여 노하우 전수를 위한 강연 등을 통해 창업에 대한 관심 및 진로 선택의 기회를 제공하고 있다. 또한 인턴십(체험학습) 프로그램은 대학생의 창업 관련 관심과 지식 함양을 통해 창업에 대한 두려움을 없애고 창업 관련 열정과 지식을 활용하여 스타트업과 초기 벤처기업 등에서 직접 창업실무를 경험할 수 있는 기회를 제공한다.

3. 취 · 창업지원 성과관리의 대학 사례

1) 취 · 창업 교육지원 모델: 중앙대학교

중앙대학교의 취 · 창업지원 프로그램은 다빈치인재개발원, 창의인재교육센터 및 창의실습지원센터를 중심으로 다음과 같이 이루어지고 있다.

중앙대학교 학생자기계발통합관리 시스템(Rainbow System)은 학생의 입학부터 졸업까지 학업-생활-장학-졸업-동문 활동으로 이어지는 진로별 생애주기에 대한 포괄적 이력 관리와 함께 개인별 진로 맞춤형 역량 개발지원 체계이다. 레인보우 시스템을 통해 진로목표 설정 및 역량 개발을 지원하고 있으며, 특히 입학 후 적성검사 등을 통해 진로목표를 설정하고 'CAU 세미나'라는 지도교수 상담제를 통해 체계적이고 효율적인 진로지도 프로그램이 운영되고 있다. 레인보우 시스템에 대한 주요 기능은 학생 생애주기 반영, 경력목표 설정, 역량 연계 필요활동 제시, 상호공유기반 정보 확대, 전 방위적 취업 정보 제공, 효과적인 진로상담지원이다. 특히 상

담일정, 필수 활동, 관심기업 뉴스 등을 모바일을 통해 개별적인 제공으로 편의성
과 접근성을 높이고 있다.

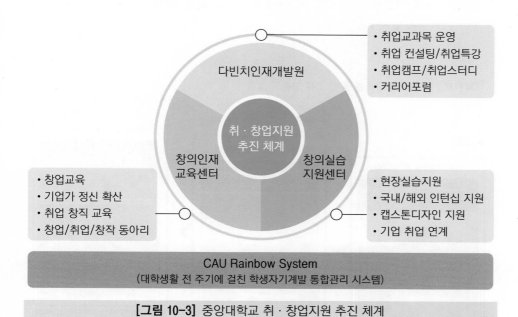

[그림 10-3] 중앙대학교 취 · 창업지원 추진 체계

표 10-2 ▌중앙대학교 레인보우 시스템의 주요 기능

기능	주요 내용
학생 생애주기의 체계적 반영	입학부터 졸업 이후까지 학생 생애주기에 따른 활동 정의(목표 설정 → 역량 개발 → 진학/취업/창업 준비 → 성공 사례 전파)
구체적 경력목표 설정 지원	진학/취업/창업 관점의 7개 경력목표 및 연계 역량 정의, 진로 목표 변경에 따른 다양한 시뮬레이션 기능지원
역량 연계 구체적 필요활동 제시	경력목표와 연계된 역량과 관련한 교과/비교과 활동 제시, 역량 개발 활동을 계량화하고, 타 구성원과의 비교 자료 제시
상호공유기반의 정보의 확대/재생산	SNS 기능 탑재로 친구 맺기, 추천 및 정보공유 지원, 목표설정, 역량개발 활동, 진로 목표 달성 현황 등 공유
전방위적 취업 정보 제공	취업 실전 관련 전체 프로세스를 포괄하는 정보 제공, '정보탐색-직무적성검사-이력서/자기소개서-면접' 정보 실시간 제공
효과적인 진로상담지원	지도교수진 상담, 인재개발원 상담 등 진로 상담의 시스템적 지원(학생 동의 기반, 상담 수행을 위한 참조 정보의 포괄적 제공)
모바일 기반 사용자 편의성 강화	주요 활동 관련 공지 및 신청 정보 중심의 모바일 지원, 상담 일정/생애주기기반 필수 활동/관심기업 뉴스/SNS 기능 등

최신 설비를 갖춘 창업지원 공간으로 크리에이티브 스튜디오(Creative Studio), 크리에이티브 팩토리(Creative Factory), 크리에이티브 콤플렉스(Creative Complex) 구축 등 창업지원 인프라를 확립하고, 단계별 창업교육을 통해 학생들의 창업활동을 체계적으로 지원하고 있다.

[그림 10-4] 창업지원 인프라 구축 현황

중앙대학교는 단계별 창업교육을 통해 학생들의 창업활동을 위해 (1단계) 진로목표 설정 → (2단계) 창업마인드 확산 → (3단계) 창업 아이디어 개발 → (4단계) 성공적인 사업화와 같이 단계별로 창업교육이 지원되고 있다. 기업가 정신, 사업 아이디어 개발, 사업계획서, 단계별 자금조달, 경영자의 역할 등 창업기본 교육을 강조하고 실제 창업에 적용할 수 있도록 이론보다는 실무중심 교육으로 구성하고 있다.

취·창업 프로그램 기획 및 운영에 산업체를 통하여 맞춤형 인재를 육성하고 있다. 가족기업을 활용하여 창의 아이디어 발굴 후 인턴십과 같은 학생창업을 위한 지원 체계를 구축하고 산학협력 활성화를 통한 현장 맞춤형 인재를 육성한다. 재학생을 대상으로 앱(App) 개발 등 공학 기초교육이나 창업 아이디어 경진대회 등으로 취·창업역량을 강화하고 창의성 및 자신감을 함양하는 효과가 있어 재학생 맞춤형 취·창업지원이 가능하다. 창업동아리 및 학생창업기업 입주 공간 마련을 통해 창업 아이디어를 사업화하고 투자회사 펀딩 유치 등 다양한 학생창업활동을 활성화하고 있다.

표 10-3 단계별 창업교육 활동

1단계	2단계	3단계	4단계
진로목표 설정	창업마인드 확산	창업아이디어 개발	성공적인 사업화
• Rainbow System을 통한 CAU 세미나	• 창의인재를 위한 글로벌 비즈니스 • 기업가 정신과 혁신 • 아마존–글로벌 혁신경영 • 글로벌 리더 초청 특강 • 청춘공감 캠프 '합창'	• 멀티미디어 창작과 비즈니스 • 오라클 사물인터넷과 빅데이터 • 청년프론티어십 • 창의 아이디어(트리즈) • 창의인재캠프	• 스타트업 빌드업 • CAU Campus CEO • 창의적 자산가치와 투자유치 • Cafe24 e비즈니스 • CAU CAMPUS MAYOR

표 10-4 취 · 창업지원 프로그램 추진성과

프로그램	추진성과
마이크로소프트/구글 유튜브 글로벌 기업과의 공동 교육	• 중앙대학교 교육환경(크리에이티브 스튜디오) 확보 및 구축, 구글 유튜브와 교육 커리큘럼 공동개발(융합캡스톤디자인/해외현장실습교육과정), 구글 도쿄 및 LA교육센터 실사 및 실무협의 • 중앙대학교와 마이크로소프트 공동 교육 커리큘럼 개발 및 연구, 2학기부터 정규교육과정 운영
창업지원 기관과의 연계 공동 교육	• 경쟁력 있는 학생 창업가 발굴을 통해 패키지화 창업지원 방식인 중소기업진흥공단 청년창업사관학교에 입교 연계 • 각종 창업지원 기관과의 MOU 및 협업을 통해 학생창업기업의 사업 고도화를 위한 네트워크 형성 및 성장 가능성 도모
CAU 크리에이티브 아카데미 교육 실시	• 기업가 정신 교육을 통한 창업경영 마인드 확산 • 전문지식을 바탕으로 한 대학생들의 구체적인 사업계획서 작성 경험 • 지적 재산권 수업을 통해 창업 아카데미 활동을 통해 창업시 시행착오를 최소화할 수 있도록 간접경험 제공 • 참신한 아이디어나 우수한 신기술을 조기에 발견하여 성공적인 사업화 추진

〈계속〉

기술 및 문화사업분야 특허(IP) 교육	• 맞춤형 교육을 통해 예비 창업자가 특허를 내려고 할 때 알아야 할 기본적인 상식 및 제도에 대한 이해 • 특허 명세서 작성 및 특허 침해 판단 방법을 익히고 특허를 내지 못할 경우까지 대비할 수 있는 전략 마련 • 대부분 학생이 특허 교육에 대해 만족했으며, 선행기술 조사부터 단계적으로 접근하는 방법을 익힘
창의인재캠프	• 창의/혁신 사고의 필요성을 공감하고, 더 나아가 창의적 강점(creative strength)에 대한 기본적인 이해를 통해 개인의 창의강점이 조직 창의 시너지에 미치는 영향을 인지, 협업의 중요성을 깨달음 • 스탠포드 대학 내의 D.School에서 진행하는 아이데이션 기법을 도입하여 아이디어 구조화 및 고객(학생)관점으로 아이디어 구체화 과정을 경험함으로써, 사용자 경험 구조화를 통한 문제해결의 중요성 인식함

2) 취업지원 체계: 남서울대학교

남서울대학교는 취업지원처 규정에 근거하여 2016년부터 대학일자리센터를 구축하여 체계적인 학생의 진로 설정과 취업지원을 위해 취업지원부서를 '처'로 승격하여 운영하고 있다. 전문성이 확보된 전공별 취업지원관을 확보하고 학생의 눈높이와 개인적 특수성을 고려한 상담과 지도를 체계적으로 하고 있다. 특히 입학에서 졸업까지 진단, 진로 설정, 직무역량 강화, 취업의 단계를 거치는 진로 및 취업지원 체계도를 갖추고 있으며, 취업지원 프로그램의 효율적·체계적 관리를 위해 경력관리 시스템을 운영하고 있다.

[그림 10-5] 남서울대학교 취업지원 프로그램 체계도

출처: 2주기 대학기관평가인증을 위한 남서울대학교 자체진단평가보고서.

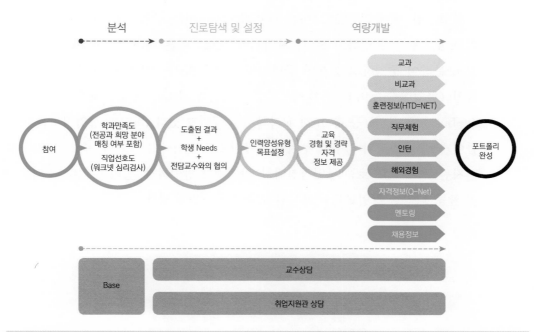

[그림 10-6] 남서울대학교 학생 경력관리 시스템(N+CDS) 운영 체계도

출처: 2주기 대학기관평가인증을 위한 남서울대학교 자체진단평가보고서.

표 10-5 ┃ 남서울대학교 취업지원 운영 프로그램 예시

취업정보 활성화 사업	취업경쟁력 강화 사업	실무현장적용형 인재양성 사업
• NCS 온라인 강의 제작 • 취업가이드 • 면접가이드 • 취업동아리 • 기업채용설명회 • 학과별 취업특강 • 취업지원관 특강 • 대학일자리센터 구직 등록 • 대학일자리센터 특강 • 특성화 사업 캠프(저학년) • 취업지원관 상담	• 고학년직무능력검사 • 고학년입사서류 클리닉 • 면접 트레이닝 • 모의면접 클리닉 • 프리젠테이션 지도 및 특강 • 영어인터뷰 지도 및 특강 • 입사전형 지도 및 특강 • 이미지 클리닉 특강 • 온라인 모의면접 • 오프라인 모의면접 • N+핵심인재취업 특별반 • 외국인유학생반 • 군장교시험준비반 • 고학년 취업캠프 • 특성화사업 캠프(고학년) • 여학생 취업캠프 • 집단상담 프로그램(CAP+)	• G-Valley • GEBEP • 교내전공체험 프로그램 • 직장(직무)체험 프로그램 • 대학 글로벌 현장학습

창업지원 체계 및 프로그램은 단계별 One-stop 창업지원 시스템을 구축하여 프로그램을 운영하고 있다. 창업지원 프로그램은 교과지원과 비교과지원으로 구분하여 운영하고 있으며 창업지원 교과목으로는 전 학과 대상 전공선택과목인 〈창업실습(I, II, III, IV)〉과 〈기업가 정신과 창업〉〈창조경제와 성공 창업〉〈e-business 창업〉 등 총 18개 교과목이 운영되고 있다. 비교과 창업지원은 학생들에게 N⁺ 마일리지 점수를 부여하는 방식으로 운영하고 있으며, 주요 비교과 창업지원 프로그램으로는 창업경진대회, 창업캠프 창업특강, 창업 멘토링, 창업동아리 활동, 다양한 창업교육 국책사업 교육지원 등을 운영하고 있다.

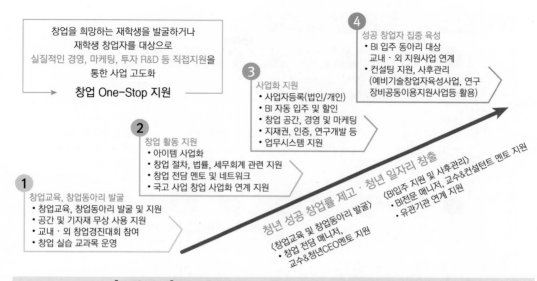

[그림 10-7] 남서울대학교 단계별 One-Stop 창업지원 시스템

출처: 2주기 대학기관평가인증을 위한 남서울대학교 자체진단평가보고서

3) 목포해양대학교: PACT-Job 취업지원 프로그램 체계

목포해양대학교는 취업실습 본부(승선실습, 취업지원)와 창업지원단(창업지원)을 중심으로 취·창업지원이 이루어지고 있다. 해양 관련 산업의 특성을 감안하여 LINC+사업단, 해운항만물류 전문인력 양성사업단, 해양레저산업 맞춤형 융합창의인력 양성사업단이 협업 체계를 구축하고 있다.

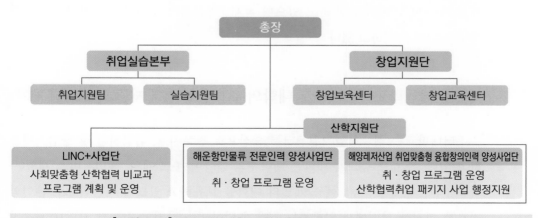

[그림 10-8] 목포해양대학교 취·창업 관련 조직 및 지원 체계

출처: 2주기 대학기관평가인증을 위한 2019 목포해양대학교 자체진단평가보고서

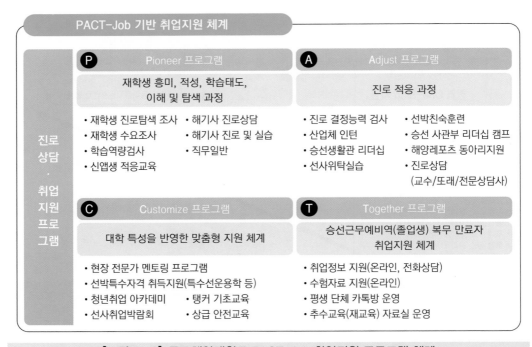

[그림 10-9] 목포해양대학교 PACT-Job 취업지원 프로그램 체계

출처: 2주기 대학기관평가인증을 위한 2019 목포해양대학교 자체진단평가보고서

취업지원 체제 강화를 위해서 취업실습본부 지도사 및 상담사를 보강하고 창업지원단을 신설하였다. 또한 체계적인 상담과 취업지원을 위해 PACT-Job 체계를 마련하였다. 이를 통해서 학생의 취업역량 강화를 위해 자격증 취득 강좌, 선박 직무향상 교육 프로그램을 운영하고, 해운회사를 초청하여 매년 11월 취업박람회를 개최(매년 30~40업체 참여)하고 있으며 국제교류본부와 연계하여 해외취업의 기회 제공을 위해 노력하고 있다.

4) 루터대학교: 극소 규모 대학의 취·창업 통합지원 프로그램 체계

루터대학교는 취·창업지원센터를 중심으로 진로지원, 취업지원 및 창업지원을 하고 있다. 소규모 종교계 대학은 대다수의 대학이 종교 계열, 휴먼서비스 계열(사회복지학과, 간호학과 등), 예능 계열의 대학을 보유하고 있으며 기본적으로 본인의 진로를 결정한 상태에서 입학하는 경우가 많아 취·창업의 전문적 지도보다는 진로지도에 대한 요구가 더 높다.

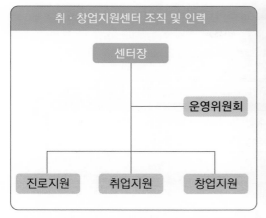

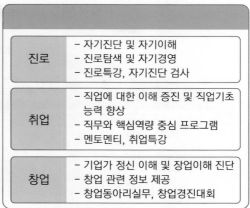

[그림 10-10] 루터대학교 취·창업 관련 조직 및 업무지원 체계

출처: 루터대학교 자체진단평가보고서(2019). p. 153.

다만 국가자격증을 취득하더라도 관련 기관에 취업하기 위한 능력을 배양하기 위하여 직무와 핵심역량 중심의 비교과 프로그램이 진행되고 있다. 창업의 경우 교회 개척, 사회복지기관 운영을 위한 역량 개발을 위하여 정규 교과에서 기업가 정신, 창업 실무(세무) 등을 운영하고 있으며 비교과는 경진대회 등을 통해 아이디어를 구조화하여 결과물을 도출하는 프로그램을 운영하고 있다.

취업지원 체제를 위해서 업무 경력자 및 상담사를 보강하고 디아코니아 교양대학과 연계하여 글쓰기, 실무 엑셀, 기초 코딩 등의 프로그램을 운영하고 있다. 대학 차원에서는 입학 당해 연도에 진로설계를 위한 집중적인 교과–비교과 연계 교육을 통해 본인이 선택한 전공에 대한 비전을 확인할 수 있도록 한다. 이를 통해 본인이 가진 또 다른 능력과 새로운 분야에 대한 진로 개척에 도움을 주고 있다.

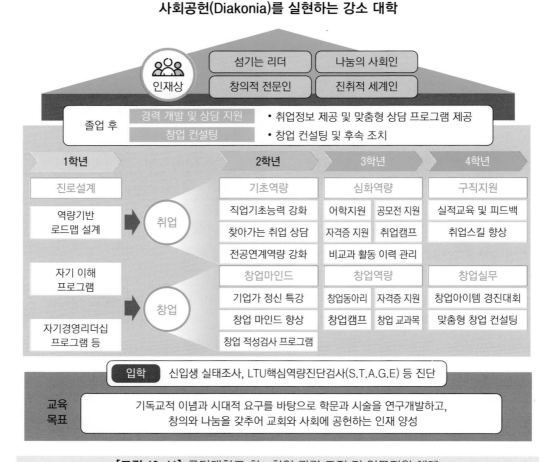

사회공헌(Diakonia)를 실현하는 강소 대학

[그림 10-11] 루터대학교 취·창업 관련 조직 및 업무지원 체계

출처: 루터대학교 자체진단평가보고서(2019). p. 155.

핵심역량진단검사, 진로발달검사 등의 진단 결과와 요구 조사를 바탕으로 학생들에게 필요한 프로그램을 계획·운영하고 프로그램의 만족도, 효과성 및 성과를 점검하고 있다. 더불어 취·창업 비교과 프로그램 품질관리를 위해 인증제를 시행하고 있다. 각 센터가 프로그램별 자체평가를 진행하고 내·외부 전문가로 구성된 심사위원회에서 인증 심사를 진행한다. 인증 결과를 바탕으로 비교과 프로그램을 개선하고 있다.

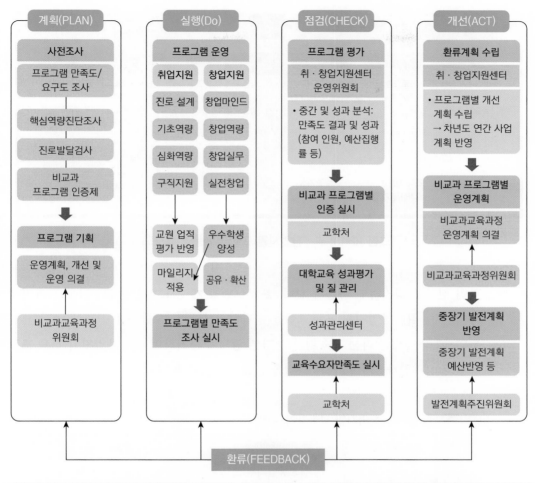

[그림 10-12] 루터대학교 취 · 창업 관련 조직 및 업무지원 체계

출처: 루터대학교 자체진단평가보고서(2019). p. 151.

4. 취 · 창업 프로그램 성과관리 방안

1) 취 · 창업 프로그램 성과관리 모형

취 · 창업지원 프로그램을 학기마다 운영하고 프로그램이 잘 운영되었는지 평가하는 일련의 단계를 거친다. 취 · 창업지원 프로그램을 개발하고 지원하는 일련의 운영 및 성과관리의 체계를 그림으로 나타내면 다음과 같다.

투입(Plan)-과정(Do)-산출(See)의 단계를 포괄하는 논리 모형에 근거하여 성과

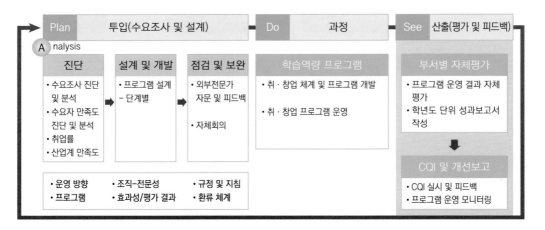

[그림 10-13] 취·창업지원 프로그램 운영 체계도

관리 절차를 정리하면 다음과 같다. 프로그램을 개발하고 운영하는 활동은 과정에 해당된다. 취·창업지원 프로그램을 평가하고 환류하는 활동은 산출에 해당한다. 투입–과정–산출이라는 교육평가의 기본 영역에 근거하여 취·창업지원 교육 프로그램의 성과평가를 위한 기본 영역을 분류하면 다음과 같다.

표 10-6 | 취·창업지원 성과관리 모형

구분	투입(Plan)	과정(Do)	산출(See)	
영역 분류	조직·체계	취·창업지원 프로그램 개발 및 운영	취·창업지원 프로그램 평가·환류	
기본 영역	지원 체계	개편 및 운영	평가	환류
주요 쟁점	전문기관 운영자 전문성	운영실적 확보	목표대비 달성도	평가 결과 반영 개선 방안 제시 우수 결과 확산

2) 취·창업 관련 평가의 주요 사항

대학기관평가인증과 대학기본역량진단에서 취·창업지원과 관련된 주요 평가 및 점검사항을 보면 〈표 10-7〉과 같다.

대학기본역량진단 2018년과 2021년 주요 점검 항목은 동일하다. 다만 2018년 진단평가에서는 지원 체제 구축, 프로그램 개발·운영, 프로그램 운영 질적, 환류 실적'의 작성 분량이 각각 2쪽씩이었으나, 2021년 진단평가에서는 '프로그램 개발·운영'과 '프로그램 운영 질적'이 [기술 2]로 통합되었다. 즉, 전체 분량이 8쪽에서 6쪽으로 줄어들었고 [기술 3] 환류 실적은 그대로 유지되어 환류 부분이 강화되었다.

표 10-7 ┃ 대학기관평가인증과 대학기본역량진단의 취·창업지원 관련 주요 점검사항

구분	2주기 대학기관평가인증 (2016~2020년)	2018년(2주기) 대학기본역량진단 (2018~2020년)	2021년(3주기) 대학기본역량진단 (2021~2023년)
지원 체제 구축	• 취업지원과 관련한 체제를 갖추고 있는가 • 취업지원센터 전문인력의 경우 업무의 지속성이 있는가(겸직 제외)-조직현황 • 취업지원센터에 예산 편성하여 운영한 실적이 있는가 　- 연도별 예산 편성·집행 현황: 최근 3년 자료 　- 취업지원 프로그램 종류와 내용 확인	• 취·창업지원 프로그램의 구축 및 운영과 관련된 규정 또는 지침 내용 • 취·창업지원 프로그램 운영을 위한 지원조직의 구성 및 업무 분담 • 취·창업지원 프로그램 운영을 위한 지원 인력의 전문성(예: 관련 경력 및 학위 소지 여부, 관련 자격증 소지 여부 등)	• 취·창업지원 프로그램의 구축 및 운영과 관련된 규정 또는 지침 내용 • 취·창업지원 프로그램 운영을 위한 지원조직의 구성 및 업무 분담 • 취·창업지원 프로그램 운영을 위한 지원 인력의 전문성(예: 관련 경력 및 학위 소지 여부, 관련 자격증 소지 여부 등)
프로그램 개발·운영		• 취·창업지원 프로그램 지원을 위한 사전조사 및 분석 내용 • 취·창업지원 프로그램 개발 과정 중 상기 사전조사 및 분석 결과가 반영된 내용 • 취·창업지원 프로그램의 체계와 특징	• 취·창업지원 프로그램 지원을 위한 사전조사 및 분석 내용 • 취·창업지원 프로그램 개발 과정 중 상기 사전조사 및 분석 결과가 반영된 내용 • 취·창업지원 프로그램의 체계와 특징
프로그램 운영 실적	• 취업지원센터 운영 프로그램의 종류와 내용: 최근 3년 자료	• 취·창업지원 프로그램의 정량적 실적 • 취·창업지원 프로그램의 성공 또는 우수사례 등 정성적 실적	• 취·창업지원 프로그램의 정량적 실적 • 취·창업지원 프로그램의 성공 또는 우수사례 등 정성적 실적
환류 실적	• 취업지원에 대한 만족도 조사 결과를 환류하고 있는가 　- 만족도 조사 결과 반영하여 개선한 실적 확인: 최근 3년간 추이 확인	• 환류 체계의 내용과 절차(예: 프로그램 만족도 조사, 프로그램 개선 설문조사, 성과분석 등) • 환류 체계를 통한 프로그램 개선 실적	• 환류 체계의 내용과 절차(예: 프로그램 만족도 조사, 프로그램 개선 설문조사, 성과분석 등) • 환류 체계를 통한 프로그램 개선 실적

3) 취·창업지원 성과관리를 위한 자체진단

취·창업지원 성과관리에서는 취·창업지원 프로그램 개발 체계와 지원 체계가 중요하다. 더불어 취·창업지원 프로그램 운영 결과의 신뢰성을 확보할 근거를 마련해야 한다. 취·창업지원 성과관리를 위한 자체진단의 평가 원칙은 평가의 일관성, 평가의 신뢰성을 높여 줄 수 있기 때문이다. 평가의 체계성을 확보하기 위하여 2단계의 평가방식을 제시할 수 있다. 1차 평가는 평가 기본 영역에 대한 유/무 판정, 2차 평가는 우수성 평가로 구분할 수 있다.

표 10-8 │ 취·창업지원 성과평가를 위한 기본체계에 대한 평가준거

영역	투입(Plan)	과정(Do)	산출(See)	
	조직·체계	프로그램 운영	평가·환류	
	지원 체계	운영	평가	환류(공유확산)
1차 평가	유/무	유/무	유/무	유/무
2차 평가 (질적 평가)	적절성 체계성 전문성	적절성 다양성 체계성	평가 체계 강의만족도 실적평가	환류 체계 적절성 체계성 우수사례

각 단별 평가의 원칙과 준거를 정리하면 다음과 같다. 먼저 1차 평가의 기본 원칙을 다음과 같이 제시할 수 있다.

〈1차 평가의 원칙〉
• 성과평가는 기본적으로 평가자가 직관적으로 평가할 수 있어야 한다.
• 기본 체계를 구성하는 기본 영역에 대하여 유무 판정이 가능하여야 한다.
• 목표가 있다면 목푯값이 제시되어야 하고 해당 목표 달성 및 목표 미달성을 평가할 수 있어야 한다.

취·창업지원 성과평가에서 1차 평가준거는 평가의 시작이라고 할 수 있는 '유/무'에 대한 판정이다. 1차 평가는 2차 평가의 근거가 된다. 1차 평가에서 '유'로 판정된 경우에만 2차 평가의 대상이 되며, 1차 평가에서 '무'인 경우 2차 평가가 실시

되지 않는다. 평가 영역의 '유/무' 판정 구분을 보면 다음과 같다.

〈1차 평가준거〉

- **지원 체계**: 운영을 위한 전문기관 확보 여부/제도 및 규정 유무
- **운영**: 프로그램 유/무, 프로그램 실행 여부
- **평가**: 프로그램 평가 실시 여부(교육과정 개발 및 운영, 교과목 개발 및 운영, 지원 프로그램)
- **환류**: 프로그램 평가에 대한 피드백 유/무

2차 평가의 기본 원칙을 설정해 보면 다음과 같다.

〈2차 평가의 원칙〉

- 성과평가는 해당 결과에 대한 우수성을 판단할 수 있어야 한다.
- 판단 가능성을 위해 일정 기준(목표치 등)이 제시되어야 한다.
- 설정한 기준은 설명 가능한 타당성을 확보하여야 한다.
- 제시한 기준은 전체적으로 객관성을 지녀야 한다.

취·창업지원 성과평가에서 2차 평가는 우수성에 대한 판정이다. 1차 평가에서 '유'로 판정받은 경우에 2차 평가를 실시하며 우수성 판정을 목적으로 질적 평가를 포함한다. 우수성은 전문성, 다양성, 체계성, 효과성, 효율성을 포함한다.

〈2차 평가의 준거〉

- **지원 체계**: 구성원의 전문성 확보, 피드백 체계
- **운영**: 프로그램 유/무(단계화-체계성, 다양성), 프로그램 실행 유무(목표치 달성)
- **평가**: 프로그램의 효과적 운영, 프로그램 결과 우수사례 확보
- **환류**: 프로그램 개선사항 보완점 제시, 프로그램 효과성, 우수사례 공유 및 확산

이러한 내용을 바탕으로 취·창업지원 성과관리를 위한 자체진단의 점검은 다음의 양식을 활용해서 점검해 볼 수 있다.

표 10-9 │ 취·창업지원 성과평가를 위한 평가표

요소		유무		성과			우수판정 기준
		유	무	미흡	보통	우수	
지원 체계	취·창업 프로그램 운영 방향						모두 '유' 확인 후 지원 체계의 적절성
	취·창업 프로그램 지원 체계						
	취·창업 프로그램 운영 규정(운영지침)						
	취·창업 프로그램 운영 및 지원 조직						
	취·창업 프로그램 지원조직 전문성						
운영	취·창업 프로그램 체계성						모두 '유' 확인 후 체계성, 적절성
	취·창업 프로그램 다양성						
평가	취·창업 프로그램 참여율			미달	유지	초과 달성	모두 '유' 확인 후 유지이상 (단, 자체 규정에 따름)
	취·창업 프로그램 만족도						
	취·창업 프로그램 평가						
환류	환류 체계						모두 '유' 확인 후 결과반영 공유·확산노력
	평가 결과 활용						

* 실제평가에서는 취업 프로그램/창업 프로그램을 구분하여 평가

[평가를 위한 질문]
• 취·창업 프로그램 운영 방향: 명확히 명시되어 있는가?
• 취·창업 프로그램 운영을 위한 전담기구는 있는가?
• 취·창업 프로그램 운영자는 전문성을 가졌는가?
• 취·창업 프로그램은 단계별로 구성되어 있는가?
• 취·창업 프로그램 참여율은 전년대비 증가하였는가?
• 취·창업 프로그램 만족도는 일정 기준 이상인가?
• 취·창업 프로그램은 평가되고 있는가?
• 평가 결과 및 만족도 결과는 환류되고 있는가?

[판정 기준]
• 우수 기준: 각 영역별 모두 '유'+정성평가에서 우수판정을 받은 경우+만족도, 참여율에서 목푯값 이상 또는 전년대비 상승
• 보통 기준: 각 영역별 모두 '유'인 경우
• 미흡 기준: 각 영역에서 '무'가 하나라도 나오는 경우

〈계속〉

정성평가 (우수 기준)	지원 체계	체계(조직/규정/지침/운영인력의 전문성 등)가 모두 갖추어져 있는 경우
	운영	자체 모델 제시, 진로교육-취 · 창업 프로그램 간 체계성 확보, 지원 체계가 체계적-단계적으로 작용한 경우(프로세스의 명확성), 지원부서-학과 간 유기적 연계성이 확보된 경우
	평가	목푯값 달성, 운영 및 프로그램에 대한 평가가 이루어진 경우
	환류	평가 결과를 공유 또는 평가 결과에 따른 개선 활동(객관적 증빙 가능한 경우)

4) 취 · 창업 프로그램 성과관리를 위한 Tip

(1) 취 · 창업 프로그램의 운영 방향 설정

최근 들어 창업교육 활동이 양적으로 크게 확대되고 있지만 여전히 학생과 교원의 과감한 창업 도전 실적은 절대적으로 부족하기 때문에 인재의 창업 도전을 지원할 필요성이 있다. 단, 창업은 실패 시 리스크가 높고 기회비용이 크기 때문에 충분한 준비가 되어 있는 학생을 중심으로 지도하는 것이 필요하다.

(2) 취 · 창업 프로그램 운영을 위한 조직의 인프라 구축

대학 내 지속 가능한 창업활동이 이루어질 수 있는 창업지원 인프라 구축이 필요하다. 창업 친화적 학사 제도 및 인사제도, 전담인력 및 조직, 공간 및 장비로 분담하여 운영된다. 전문가들은 대학에서 취 · 창업활동이 활성화되고 동시에 내재화되거나 한층 더 고도화되기 위해서는 창업지원 인프라의 구축이 가장 중요하다고 평가되고 있다. 이제 막 창업지원 활동을 시작하는 대학의 경우나 보다 확대하고자하는 경우에는 우선 취 · 창업지원조직을 만들거나 확대해야 하고, 중장기 추진 로드맵을 구축하여 관련 제도와 공간장비를 단계적으로 구축해야 한다. 반면에 창업지원 전담조직이 없는 것도 문제가 될 가능성이 있지만 다수의 창업지원조직이 분절적으로 운영되는 것 역시 문제가 될 수 있다.

(3) 취 · 창업 프로그램의 구성

창업교육은 창업강좌와 같은 정규 교과 이외에도 창업동아리, 경진대회, 캠프 등과 같은 비교과 활동을 포함한다. 전문가들은 다양한 창업교육 활동이 단편적인 형태가 아닌 연계성을 가지고 운영하는 것이 중요하다고 조언하고 있다. 또한 일반적

인 형태로 운영되기보다는 대학의 특성을 반영한 차별화된 프로그램으로 운영되어
야 하며, 전체적인 체계를 갖고 운영되어야 교육의 효과가 극대화될 수 있다고 한
다. 창업교육이 단순히 기업가 정신 함양을 넘어 창업에 도전할 수 있도록 하는 실
전창업교육의 중요성이 강조되고 있다.

앞서 언급된 취업 프로그램 유형 중 '취업특강' '면접 코칭' '입사서류 코칭'의 경우
에는 주로 외부 전문업체에 의뢰하는 경우가 많고, 이렇게 되면 보통 '중견기업'의
'경영관리' 직무에 맞추어진 일반화된 내용으로 프로그램이 진행될 가능성이 높다.

학문단위 특성화가 높은 수준으로 이루어진 대학 및 소규모 대학의 경우 학과(전
공)의 유형이 복지 분야, 보건 분야 등으로 특수화된 경우가 많으므로 민간 업체에
의해 짜여진 일반화된 취업 프로그램보다는 해당 산업 분야, 특수 분야 전문가에
의한 입사서류 코칭 또는 학생별 커리어 포트폴리오에 대한 멘토링 등에 대한 방안
마련이 필요하다.

(4) 취·창업 프로그램에 학생 참여율 증대 방안

단순히 창업강좌 몇 개를 운영하는 것보다 대학의 특성에 부합되는 체계적인 창
업강좌 시스템을 구축해야 한다. 또한 학생들에게 다양한 창업강좌 커리큘럼을 소
개함으로써 대학에서 창업강좌 개설 시 이를 참고할 수 있도록 해야 한다. 특히 최
근 중요성이 높아지고 있는 사회적 경제에 대해 소개하고 이를 효과적으로 교육할
수 있는 교육과정을 제시할 수 있어야 한다.

학생들이 창업에 대한 꿈을 갖는 것이 중요하고 이를 위해서는 성공사례를 제시
해 주는 것이 효과적이다. 다양한 최근 창업성공 스토리가 업종별로 소개되고 있는
바, 이를 습득하여 학생들에게 지도한다면 학생들의 참여율 역시 높아질 것이다.

취업 프로그램의 경우 비교과 프로그램의 구조적 특성상 4학년 학생이 아닌
1~3학년 학생의 자발적인 참여를 이끌어 내기에 한계가 있을 수 있다. 저학년 학
생들의 취업 프로그램 참여를 이끌어 냄과 동시에 교양 및 전공 교과교육과정에서
의 학생들의 학습동기를 이끌어 내는 방법으로서 '교과 연계 진로/취업 비교과 프
로그램' 체계를 설계를 제안할 수 있다.

대표적인 우수사례로 대구한의대학교의 DNeA 교육과정을 들 수 있다. 교과-비
교과 연계를 기반으로 교과와 비교과 프로그램의 운영 목적을 달성의 수월성의 형
태로 보여 주고 있기 때문이다. 중요한 전공교과목 운영 시 보충적 비교과 프로그

01. DNᵉA 교육과정 운영[DNᵉA(DHU Navigator for educational Achievement)]
– 정규 교과목과 연계한 선행 및 보충 비교과 프로그램을 통한 교육성과극대화

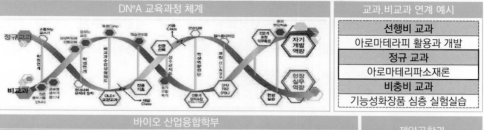

바이오 산업융합학부			제약공학과
화장품약리학 전공	화장품소재공학 전공	식품생명공학 전공	
선행비교과			선행비교과
마스크팩 제조원리와 시제품 개발 실습	아로마테라피 활용과 개발	제과제빵 자격증 대비반	비타민 정량 및 바이오에탄올 제조
정규교과			정규교과
화장품상품기획 및 마케팅 실무	아로마테라피소재론	식품가공 및 지장학	약물분석화학 및 실습
보충비교과			보충비교과
Bio 생활용품 응용	기능성화장품 심층실험실습	식품(산업)기사 국가자격 취득(필기)	화학분석기사 자격증 취득반
성과			성과
시제품 제작: 6건/6팀	시제품 제작: 5건/5팀	경진대회 수상: 35명/71명 자격증 취득: 1건(위생사)	경진대회 수상: 5명/14명 자격증 취득: 1건(화학분석기사)

[그림 10-14] 대구한의대학교 PRIME 사업 우수사례

램을 연계하고 관련 자격증에 대한 가이드까지 제공하고 있다. 이를 통해 참여 학생에게 "왜 이 교과목을 공부해야 하고 전공교과목을 열심히 공부하면 어떻게 활용할 수 있을지"에 대한 명확한 학습목표와 학습동기를 부여하고 동시에 비교과 프로그램 참여도 유도할 수 있다.

(5) 취 · 창업 프로그램 환류 체계

창업 관련 프로그램을 운영하는 대학의 입장에서 가장 큰 고민은 환류를 통한 개선에도 가시적인 성과(Outcome)로 확인되기까지의 기간이 길다는 것이다. 학생 개인에게 창업 기회를 제공하기 위하여 제공해야 하는 예산(공간, 전문 지도, 지속적인 피드백 등) 반영이 실제적으로 어려운 경우도 많다. 그 외 취 · 창업 프로그램의 환류가 어려운 가장 큰 이유는 반복되는 프로그램의 질적 우수성과 별개로 학생들의 무관심이 가장 크다. 따라서 만족도 조사, 요구 조사 등에서 나온 사항에 대한 개선사항의 홍보가 반드시 이루어져야 한다. 대다수의 대학이 사용할 수 있는 홍보 방

법은 무작위 문자메시지, LMS 공지, 맞춤형 안내가 가능하다.

센터의 홍보를 통해서든 단순 호기심이든 프로그램에 참여하였다면 학생들에게 가시적인 결과물(포트폴리오, 프로젝트 수행물 등)을 제공해 주어야 한다. 이는 심리적 성취감뿐만 아니라 가시적 성과물을 통해 '성취된 동기'가 일회성 이슈에 그치지 않고 이어질 가능성이 높기 때문이다.

> 예시: 청소년 상담사를 진로목표로 하여 ○○○ 프로그램을 이수 완료하면 그 다음으로는 ○○○ 프로그램이 있고 ○○○ 프로그램으로 심화 학습할 수 있다고 안내

시스템이 갖춰진 대학이라면 이수한 프로그램들이 현재 대학이 운영 중인 LMS를 통해 일종의 증명서화될 필요(특히 사회관점에서)가 있다. 이는 졸업생 의견 청취 시 가장 많이 제기된 의견으로 "이력서에 한 줄 채울 것이 없을 때 그동안 이수했던 비교과 프로그램의 목록이라도 있었으면 좋겠다."라는 것이다.

더불어 프로그램 참여 만족도 조사 시에 단순 참여한 프로그램의 강사, 환경, 안내 사항 등의 만족도 조사에 그치지 않고 구체적인 역량 함양에 도움이 되었는지에 대한 조사가 이루어져야 한다.

대학 현장의 교직원이 어려워하는 것 중에 하나가 성과관리이며 프로그램 평가와 환류 적용이 가장 그러하다. 환류 체계의 이해를 돕기 위하여 루터대학교 개인 밀착형 취·창업지원 체계를 예시로 소개하고자 한다.

표 10-10 취업 프로그램 평가 및 환류 체계 예시

조사 및 분석	프로그램 개발에서의 반영
[청년 고용 관련 상황(Context) 분석] • 조직/직무 적합성 중심으로 역량 및 잠재 가능성을 검증하는 기업채용방식 확산 • 정부의 NCS 기반 능력중심 채용제도 확대	✔ 기업 및 공공 부문 청년채용 동향 안내 ✔ 조직적합성과 직무적합성 이해를 위한 사례 제시 ✔ 채용 전형 단계별(서류, 면접) 방법 제시
[청년 구인처 설문조사, 인터뷰] 청년(신입) 채용 시 관점 및 중시사항 조사 청년 채용의 구체적인 방법과 사례 파악 업종 및 직종별 선호 인재상의 차이 파악	✔ 기업(기관)의 대졸 신입사원 채용 시 중시하는 공통역량 및 직무역량에 대한 사례 발굴 ✔ 채용 담당자의 관점을 이해할 수 있도록 내용 구성, 청년층이 기업(기관) 채용 과정 및 중요 관점에 대해 파악할 수 있도록 하는 분석자료 구성

〈계속〉

[재학생 및 3~4학년 설문조사, 인터뷰]
취업지원 프로그램을 통해 지원받고자 하는 희망과 요구 파악
취업 준비과정의 애로사항 등 파악

➡

✔ 채용정보, 기업정보, 직무정보 탐색 내용 구성
✔ 공통역량 진단 및 직무역량 파악 내용 구성
✔ 역량기반(NCS 기반 능력중심 채용제도) 채용에 입각한 전형(서류, 면접) 방법의 이해(사례 제공)와 개인별 실습 클리닉 제공

[취업 성공자 인터뷰]
희망 일자리에 대한 취업준비과정 파악 및 세부 직무별 중요 역량에 대한 인식 파악

➡

✔ 상이한 업종과 직종에서 일하는 대졸 취업자 인터뷰를 직무별 특징과 요구역량을 도출할 수 있는 읽기자료로 개발하여 제시
☞ 사례를 토대로 직무별 상이한 역량에 대하여 이해할 수 있는 분석활동 구성

프로그램 재구성 예시			
첫째 날	1	청년채용 동향	• 청년 채용의 변화 흐름을 이해하자
	2	역량 채용의 이해	• 역량 채용에 대해 알고 나를 파악하자
둘째 날	3	기업 및 직무와 요구역량	• 기업과 직무 특성에 따라 상이하고 적합한 역량의 특성을 파악하자
	4	역량기반 서류 이해	• 강점역량이 드러나도록 인사지원 서류를 준비하자
셋째 날	5	역량기반 서류 실습	• 역량기반 서류를 작성, 클리닉 받자
	6	역량면접 이해	• 강점역량이 드러나도록 면접을 효과적으로 준비하자
넷째 날	7	역량면접 실습	• 역량면접에 대한 실전감각을 키우자
	8	역량 개발계획 수립	• 나의 역량 개발 계획을 수립하자

5. 취·창업 프로그램 성과관리를 위한 제언

청년실업이 심각해짐에 따라 정부와 대학에서는 대학생의 취업을 촉진하기 위한 다양한 취·창업지원 프로그램을 운영하고 있다. 이러한 정부의 정책적인 지원과 대학의 입시홍보는 대학평가에서 취업률이 중요한 요소가 되게 하였다. 이에 따라 모든 대학에서 취·창업지원 프로그램을 운영하고 있다. 대부분의 대학은 취·창업캠프, 취·창업박람회, 취·창업특강, 취·창업워크숍, 취·창업동아리 등의 취·창업지원 프로그램을 운영하고 있는 중이다. 지속적인 정부의 지원과 대학 입시 및 평가와 관련한 대학의 정책적 필요에 따라서 대학의 취·창업지원 프로그램

은 더욱 다양해지고 대학별 규모와 특성에 따라 확대되고 있다.

취 · 창업지원 프로그램은 취 · 창업을 준비하는 학생들의 진로선택역량과 취 · 창업 과정에서 필요한 능력을 강화시켜 학생들의 진로 및 취 · 창업을 지원하는 프로그램이다. 이러한 취 · 창업지원 프로그램은 학생들이 자기이해를 바탕으로 진로에 대한 목표 수립과 이를 위해 다양한 정보를 수집하는 과정으로 이와 관련된 프로그램 참여를 통해 취업역량을 강화하고 적극적인 구직활동을 유도할 필요가 있다.

그리고 잊지 말아야 할 진실이 하나 있다. 고용시장은 대학의 취 · 창업 프로그램의 우수성 그리고 체계적인 성과관리와는 별개로 다양한 영향을 받는다. 즉, 어떠한 개선점에도 당해 졸업하는 학생이 직면할 대내 · 외 경제환경은 그 누구도 예측할 수 없는 큰 변수임이 분명하다. 따라서 아무리 잘해도 결과는 우리의 바람과 다를 가능성이 충분하기 때문에 대학은 고민만 하지 말고 시도하는 자체만으로 취 · 창업지원의 성과관리 체계가 구축될 가능성이 높음을 잊지 말아야 한다.

마지막으로는 아직까지 대학구조개혁평가(2015)와 대학기본역량진단평가(2018)에 참여하지 않아 취 · 창업지원 체계가 제대로 갖춰져 있지 않은 대학에 대한 첨언을 하고자 한다. 종교계, 예 · 체능계 대학의 학생은 취 · 창업보다는 상급학교 진학(신학대학원)과 본인 전공 분야로의 취업에 초점이 맞춰져 있고, 전공실기에 쏟아야 할 수업시수가 많기 때문에 다양한 분야의 비교과 프로그램을 경험하기가 용이하지 않다.

더불어 대학의 구조적 한계로는 다양한 학과 및 전공, 다양한 비교과 프로그램을 운영하는 것에 대한 명백한 한계가 있기 때문에 앞의 예시처럼 중간에 목회자 외에 다른 분야의 직업을 희망하더라도 전과 또는 복수전공이 거의 어려운 것이 현실이다.

대학 현장에서 상담 사례 경험을 토대로 언급하자면 "종교인 양성학과와 예 · 체능 계열 전공자가 가장 힘든 순간은 바로 본인의 적성이 맞지 않음을 깨달아도 전공 교수에게 그 내용을 전달하기가 어렵고 다른 분야로의 경험과 학문적 스펙트럼이 넓지 않아 쉽게 다른 길을 찾기도 어렵다"는 것이다. 그렇지만 중간에 목회자의 길을 포기하거나 새로운 분야에 직업을 가지기를 희망하는 학생이 생기기도 하고 신학 및 예 · 체능 전공 이외에 다양한 전공이 존재하기도 한다. 따라서 일반적인 형태로 운영되기보다는 대학의 특성을 반영한 차별화된 프로그램으로 운영되어야 하며, 전체적인 체계를 갖고 운영되어야 교육 효과가 극대화될 수 있다. 즉, 대학 현장의 지원 체계의 기본은 아흔아홉 마리 양을 들에 두고 길 잃은 한 마리의 양을 찾는 목동이 되는 것이다.

취 · 창업의 경우 대학기본역량진단평가에서는 교과의 개설도 평가에 포함시키고 있으며 교과와 비교과가 대학의 전공과 핵심역량 배양에 있어서 어떻게 선순환되고 있는지를 잘 나타내어야 하고 이를 성과로 도출해야만 한다. 하지만 평가 경험이 없거나 대학 규모가 작은 경우 다양한 교과 개설이 실제적으로 불가하다. 그러한 대안으로서 소규모 대학 간의 연합 · 제휴를 통한 교과목 개발 및 운영이 가능하다. '공동 복수 전공 운영' '공동 나노 디그리 운영' '공동 산업계 연계 취 · 창업 캠프' 등을 생각해 볼 수도 있을 것이다. 복수전공 제도를 운영할 수도 있다. 각 대학이 자체적으로 개발 · 운영하는 것은 어려울 수 있으나 요구가 높은 교과목을 각 대학이 1개 과목씩 개설하고 이를 통합하여 약 12~15학점 규모의 '나노 디그리'를 개설하는 방법 등도 고려할 필요가 있다.

제**11**장

비교과교육 통합관리

I. 비교과교육 체제의 이해

1) 대학교육의 체계

대학교육은 재정지원사업과 기본역량진단 등을 통해서 '비교과'라는 명칭으로 매우 다양하게 활성화되고 있다. 지금은 대학의 중심축인 교과과정보다 더 강조되는 듯한 느낌이 들 정도로 프로그램 운영이 활발하고, 대학도 상당한 예산을 투입하고 있다. 이와 같이 비교과에 대한 대학교육의 체계를 명확하게 정립하고자 박인우(2019)는 대학의 교육 체계를 다음과 같이 제시하였다.

대학의 교육은 입학부터 졸업할 때까지 다양한 형태로 이루어지는데, 이러한 교육적 활동이 구체화 및 공식화되어 있는 대표적인 형태가 교육과정이다. 교육과정은 대학의 학칙 및 관련 규정에 의해 공식화되어 있으며, 요람이나 교육과정 관련 문서, 공식 웹사이트 등에 게시되어 있다. 교육과정은 대학이 학위를 수여하기 위한 조건으로 공식적으로 학생에게 요구하는 교육적 경험이며, 입학할 때 학생들에게 충분히 설명되어야 하고, 학생은 이를 인지하고 4년간의 교육을 설계한다.

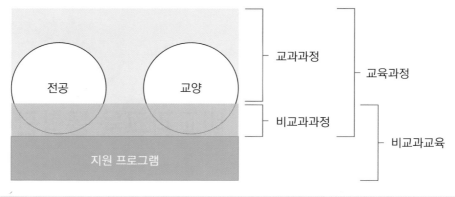

[그림 11-1] 대학교육의 체계

　　교육과정은 교과과정과 비교과과정으로 구분되어 있다. 교과과정은 학점이 부여되는 교육적 활동으로 교과목을 단위로 구성되어 있다. 개별 교과목은 수업시간을 기준으로 학점이 정해져 있으며, 15시간 당 1학점이 그 기준인데, 실제 대학에서는 대개 주당 1시간의 수업을 1학점으로 계산하고 있다. 이수학생의 수가 많거나, 강의의 특성에 의해 동일 교과목을 복수로 개설할 때, 각각을 분반이라고 하며, 이러한 분반 수준을 일컫는 용어가 '강좌'이다. 따라서 교과과정에서 최소단위는 강좌이다. 교과목이 분반되지 않고 개설될 경우에는 교과목이 곧 강좌가 된다. 대학에서 개설하고 있는 교과목의 수와 강좌 수는 상이하며, 또 교수의 강의시수를 계산할 때에도 교과목 학점 또는 시간으로 하는 경우와 분반이 된 강좌 시간으로 하는 경우도 있어서 대학 운영의 여러 측면에 영향을 끼치고 있다.

　　비교과과정은 학점이 부여되지 않은 교육적 활동이라는 점에서 비교과교육에 속하는 동시에 졸업을 위해 필수적으로 또는 선택적으로 이수해야 하는 것으로 교육과정에 명시되어 있다는 점에서 교육과정에 속한다. 따라서 비교과과정은 대학의 학칙, 관련 규정 그리고 요람 등에 교양 및 전공 교육의 일환으로 규정되거나 재학생 전체를 대상으로 규정되기도 한다. 예컨대, 봉사활동은 학점이 부여되지는 않지만 졸업을 위해 반드시 일정 수준 이상을 참여하도록 규정하거나, 자발적으로 참여하도록 제공하기도 한다. 다만, 봉사가 교육과정에 명시되지 않고서도 제공될 수 있는데, 이 경우에 비교과교육에는 속하지만 비교과과정은 아니라고 볼 수 있다. 진로, 취업, 창업, 현장체험 등에 속하는 많은 프로그램도 이와 동일하게 비교과과정 분류 여부가 결정된다. 한편, 비교과과정은 대부분 시간으로 환산이 가능하기

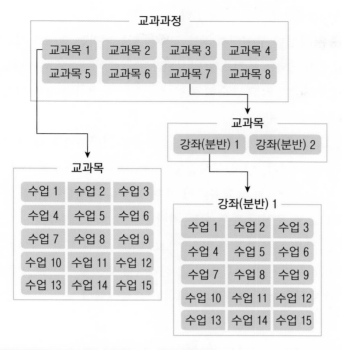

[그림 11-2] 교과과정의 구조

때문에 활동시간을 기준으로 학점을 부여하여 교과과정에 포함시킬 수도 있으며, 이렇게 하는 것이 교육과정의 기본 개념에 더 부합된다.

교육과정을 교양 및 전공으로 구분할 때, 교양은 전공에 관계없이 개설 및 운영되는 교육적 활동을 의미하고, 전공은 소속 학과에 따라 운영되는 교육적 활동을 의미한다. 교양과 전공 모두 교과과정과 비교과과정의 형태로 편성될 수 있다. 교과과정에서의 교양과 전공은 학점이 부여된 교과목을 의미하며, 학기별로 강의시간과 장소가 명시되어 학생들에게 공개된다. 비교과과정에서의 교양과 전공은 특별히 이수해야 할 학기나 장소가 명시되지 않고, 대부분 이러한 선택을 학생에게 맡겨 두고 있다.

대학은 공식적인 교육적 활동 외에도 이러한 활동을 지원하기 위한 교육적 활동도 다양하게 제공하고 있는데, 교육과정 중에서 학점으로 구체화되어서 공식적으로 제공되는 교과과정 외에 다양한 활동을 모두 비교과교육으로 분류할 수 있다. 비교과과정도 학점이 부여되지 않고, 교과과정으로 이수하기 어려운 경우에 이를 지원하기 위해 편성된다는 점에서 비교과교육에 포함된다. 비교과교육은 비교과과정과 지원 프로그램으로 구분할 수 있다.

비교과과정은 학점이 부여되지 않는 교육적 활동이라는 점에서 비교과교육에 속하지만, 졸업에 요구되는 조건으로 명시된다는 점에서는 교육과정에도 속한다. 예컨대, 학점이 부여되지 않고 단순히 졸업 조건으로만 명시될 경우 비교과교육에 속하면서 비교과과정에 해당된다.

지원 프로그램은 교육과정에 속하지 않고, 이를 지원하기 위해 제공되는 다양한 교육적 활동을 의미한다. 앞서 봉사활동이 졸업을 위해 충족해야 할 조건으로 명시되지 않았지만, 학생들에게 교육과정 이수 또는 대학 생활을 위해 제공되고 자발적 참여를 기반으로 운영될 경우 이는 지원 프로그램에 해당된다. 즉, 교육과정에 명시되지 않은 모든 교육적 활동 또는 프로그램은 지원 프로그램이다. 학습지원, 취·창업지원, 진로지원, 현장학습지원, 심리상담지원 등의 프로그램은 대개 교육과정에 명시되지 않고서 운영되는데, 이러한 프로그램이 모두 지원 프로그램에 포함된다.

2) 대학교육 체제와 비교과교육 영역의 관계

일반적으로 비교과교육은 어학, 학습, 진로, 취업, 창업, 심리, 현장체험 등의 유형으로 구분되고 있다. 그렇지만 이 구분은 비교과교육에 대한 오해를 불러일으킬 수 있으므로 대학교육을 교육과정과 비교과교육, 그리고 교과과정, 비교과과정, 지원 프로그램으로 구분하는 것과는 다른 차원에 놓고, 이들 간의 관계를 명확히 해야 한다. 대학교육 체제와 비교과교육의 영역의 관계는 〈표 11-1〉과 같다(박인우, 2019).

비교과교육의 모든 유형은 운영되는 형태에 따라 교과과정, 비교과과정, 지원 프로그램으로 분류가 가능하다. 재학생 전체를 대상으로 전공으로 구분하지 않고 학점이 부여된 교과목의 형태로 개설되면, 교과과정 중 교양에 해당된다. 최근에는 글쓰기, 학습동기 등과 관련하여 교과목이 개발되어 교양교과과정의 일부로 제공되는 경우가 있으며, 봉사 교과목도 현장체험의 한 유형으로 여기에 해당한다. 진로, 취·창업 관련 프로그램 역시 학점이 부여되어 정규 교과목으로 제공되는 경우가 늘고 있다. 특정 전공 내에서 진로, 취·창업 등을 지원하기 위한 교과목이 개설되기도 하는데, 이것은 전공교과과정에 해당된다. 학습지원, 심리상담 등과 관련된

표 11-1 대학교육 체제와 비교과교육 영역과의 관계

구분		설명	종류					
			학습	진로	취업	창업	심리	현장체험
교과과정	교양	− 전공에 관계 없이 이수하도록 개설되는 교과목 − 교과목 유형, 학점에 따라 수업시간이 배정됨 − 개설 학기 및 강의 시간이 배정됨	○	○	○	○		○
	전공	− 전공별 이수해야 할 교과목 − 교과목 유형 및 학점에 따라 이수해야 할 수업 시간이 배정됨 − 개설 학기 및 강의 시간이 배정됨		○	○	○		○
비교과과정	교양	− 전공 관련없이 졸업을 위해 요구되는 조건 − 교육과정에 명시되어 있음	○	○	○	○	○	○
	전공	− 전공별로 졸업을 위해 요구되는 조건 − 교육과정에 명시되어 있음		○	○	○		○
지원 프로그램		− 대학교육 및 생활을 도와주기 위해 제공됨 − 교육과정에 포함되어 있지 않고, 학점도 인정되지 않음 − 학생의 자발적인 참여에 의존함	○	○	○	○	○	○

프로그램은 전공에서 교과목으로 제공되는 경우가 거의 없다. 비교과과정도 소속 전공 학생으로 제한하느냐에 따라 교양과 전공으로 구분되는데, 기존의 비교과교육 전 유형에서 다양한 프로그램이 이에 속한다. 지원 프로그램은 대학의 교육과정 관련 공식 문서(학칙, 요람, 웹사이트 등)에 명시되지 않은 다양한 교육적 활동이 해당되며, 대개 '○○지원 프로그램'의 형태로 분류된다. 교육과정과는 달리 지원 프로그램은 학생들에게 강제할 수 있는 수단이 없고, 자발적인 참여에 의존해야 하기 때문에 대개 마일리지, 장학금 등의 인센티브에 의존하는 경향이 강하다.

이러한 논의를 바탕으로 정리하면 다음과 같다. 비교과교육 통합관리는 비교과과정과 지원 프로그램을 대상으로 한다. 비교과교육은 학점이 부여되지 않는 모든 교육적 활동을 의미하며, 비교과과정과 지원 프로그램으로 구성되어 있다. 비교과

과정은 학점이 부여되지는 않지만 교육과정에 명시된 교육적 활동이다. 지원 프로그램은 교육과정 및 대학 생활을 지원하기 위해 제공되는 모든 교육적 활동이다.

3) 비교과교육 통합관리의 필요성

대학은 각 대학이 추구하는 인재를 양성하기 위하여 '교육이념' '교육목표' '인재상' 등을 기반으로 교육과정을 설계하여 운영하고 있다. '교육이념'과 '인재상'을 반영하고, 대학 고유의 핵심역량을 균형 있게 함양하기 위해 교육과정에 핵심역량 및 세부역량을 반영한 역량기반 교육과정도 구축하여 운영하고 있다. 역량기반 교육과정을 구축하기 위해서는 학생들의 균형 있는 역량을 함양할 수 있는 토대를 마련하는 것이 중요하며, 그 역할 한 가운데에 비교과 프로그램이 있다(여기서는 지금 일반적으로 사용되고 있는 '비교과 프로그램'이란 용어를 비교과교육의 의미로 혼용해서 사용하고자 한다).

(1) 비교과 프로그램의 양적 성장

최근 10여 년 동안 비교과 프로그램은 양적으로 많은 성장을 거듭해 왔다. 이는 교육역량강화사업, 대학특성화사업(CK), 대학자율역량강화사업(ACE+), 산학협력선도대학사업(LINC) 등 학부교육 중심의 재정지원사업이 있었기 때문임을 부인할 수 없다. 특히 대학자율역량강화사업에서는 비교과교육의 중요성을 교양교육과정과 전공교육과정에 버금가는 수준으로 구성하도록 요구했다. 세부 목록을 살펴보면 교양 연계 비교과, 전공 연계 비교과, 교수-학습지원 체계 개선 영역에 걸쳐 비교과 프로그램을 포함하는 대학이 많았기 때문에 비교과 프로그램이 폭발적으로 양적 성장하는 계기가 되었다.

이후, 타 재정지원사업 및 대학혁신지원사업에서도 비교과 프로그램이 중요하게 인식되어 양적 성장이 멈추지 않고 진행되고 있다.

| 표 11-2 | 대학자율역량강화사업과 비교과 프로그램의 연관성 | |

대학자율역량강화사업 사업계획서 목차 (일부)	비교과 프로그램 연관성
2. 교육과정 구성 및 운영 계획	
2-1. 교양교육과정 계획	◐
2-2. 전공교육과정 계획	◐
2-3. 비교과과정 계획	●
3. 교육지원 시스템 구축 및 개선 계획	
3-1. 학사구조 등 학사제도 개선	
3-2. 학생지도 내실화 계획	●
3-3. 교수-학습지원 체계 개선 계획	●
3-4. 교육의 질 관리 체계 개선 계획	
3-5. 학부교육 여건 개선 계획	

※ ● 관련성 높음, ◐ 관련성 있음

(2) 비교과 프로그램의 통합관리

　초기 비교과교육은 비교과 프로그램을 운영할 수 있는 각종 재정지원사업의 풍부한 재원을 바탕으로 여러 대학의 사례를 벤치마킹하여 도입하는 형태로 양적 성장에 초점을 맞추어 진행되었다. 비교과 프로그램의 개발 및 신설은 운영부서 중심(School-Based)으로 이루어졌고, 대상자인 학생의 의견을 청취하는 데 다소 미흡했다. 즉, 초기에는 Top-Down 방식으로 비교과과정에 대한 질적 향상과 학생 만족도 제고보다는 양적 성장으로 인해 유사 프로그램의 중복 개설 문제와 참여 학생 모집, 대학 본부의 성과관리 등의 문제가 대두되기 시작했다.

　비교과 프로그램을 운영과 관련하여 주체별로 제기된 주요 불만 사항은 다음과 같다.

　비교과 프로그램의 통합관리는 양적 성장을 보완하고, 질적 성장이 요구되는 시점에서 본격적으로 논의되기 시작했다. 비교과 프로그램의 통합 필요성은 다음의 세 가지로 정리할 수 있다.

　첫째, 대학에서 추구하는 교육이념 및 인재상, 핵심역량 등을 보다 효율적으로 달성하기 위함이다. 한정된 자원(재원, 공간, 인력 등)을 투입하여, 최대의 효과를 발휘하기 위해서는 중복을 배제하고 효율적으로 운영해야 하는데, 이러한 과정에서

표 11-3 비교과교육 주체별 불만 사항

운영자 (행정부서, 단과대학 및 학과)	대상자 (학생)	관리자 (대학 본부)
• 학생 모집이 가장 어렵다. • 이메일, 구글폼으로 신청을 받고 정리하는 데 시간이 너무 많이 걸린다. • 미참여자(노쇼)가 너무 많다. • 홍보하느라 프로그램 내실화를 기하기 어렵다. • 대학 본부에서 요청하는 증빙자료가 너무 많다. • 만족도 조사는 실시도 어렵고, 결과처리도 어렵다.	• 프로그램이 다양하지 않다. • 수업 외에 학교에 있을 이유가 없다. • 대외 제출용 이수증명서 발급이 안 된다. • 다른 학과 프로그램도 관심이 많지만 정보를 얻을 수 없다. • 프로그램에 대한 세부 정보를 알 수 없고, 문의할 곳도 모르겠다.	• 성과분석을 위한 RAW 데이터가 부정확하다. • 보고서 증빙자료를 준비하느라 본문에 충실할 시간이 없다. • 학과 교수의 학생상담 시 제공해 줄 자료가 부족하다. • 예산을 많이 쓰지만 성과는 없는 것 같다.

비교과 프로그램의 통합관리가 필요하다. 또한 이를 위한 조직과 플랫폼도 함께 필요하다.

둘째, 비교과교육은 학생 만족도 제고에 큰 영향을 미친다. 전공, 학년, 성별, 목표 등 다양한 학생의 요구를 만족시키기 위해서는 그에 부응하는 교육과정과 프로그램이 갖춰지고, 원활히 제공되어야 한다. 이를 위해 흩어진 프로그램 정보를 모으고, 학생이 원하는 프로그램을 검색해서 활용할 수 있어야 한다.

셋째, 대학의 자원관리 차원에서 통합이 필요하다. 교과와 비교해 비정형적인 비교과교육과 프로그램에 대한 성과를 평가하고, 개선하기 위해서는 통합적인 관점에서 만족도 조사 결과 및 성과평가 결과를 주기적으로 점검할 필요가 있다. 개별 행정부서 및 학과 단위의 진행과 평가로는 종합적인 평가가 부족하기에 통합의 필요성이 요구된다.

2. 비교과 프로그램의 질 관리를 위한 통합관리 체제

1) 성과관리 조직

「고등교육법」과 동법 시행령의 틀 안에서 운영되는 교과과정에 비해 비교과교육은 비정형적으로 이루어지고 있다. 각 대학은 대학 스스로 대학의 특성에 맞도록 성과관리 방안을 마련하고 목표지향적으로 성과관리를 하고 있다. 비교과교육의 성과관리를 위해서는 비교과 프로그램 운영 실적을 통합관리(또는 취합)할 필요가 있고, 이를 위한 '비교과통합관리센터(팀)' 등의 전담조직을 신설하거나, 기존 조직에 비교과통합관리업무를 부여하고 있다.

표 11-4 ▮ 비교과교육 성과관리 조직

구분	내용
전담조직 신설	• 비교과통합관리센터(팀) • 비교과과정 로드맵 구성에 용이(계획, 성과관리 등) • 별도 조직 신설로 인한 행 · 재정적 부담
기존 조직 활용	• 취업 관련 부서, 교육 관련 부서에 추가 업무 부여 • 행 · 재정적 부담 감소하나, 통합관리의 중요성 반감

의사결정을 위한 심의기구로는 '비교과통합관리위원회'를 구성하여 운영할 수 있다. 비교과통합관리위원회는 비교과교육과정 운영을 위한 최고 심의기구이며, 대규모 대학의 경우 산하에 주요 영역별 소위원회를 구성하여 운영하는 것이 효율적인 방안일 수 있다.

소위원회는 '학습지원 소위원회' '심리상담 소위원회' '진로 및 취업지원 소위원회' '창업지원 소위원회' 등으로 구성해 운영할 수 있으며, 이렇게 구성할 경우 각종 국가 재정지원사업에 대응하기 수월하지만 대학의 조직구조에 따라 유연하게 변형하여 운용할 수 있다. 소위원회는 비교과통합관리부서에 취합된 프로그램 중 해당 영역 프로그램에 대해서 일차적으로 종합 분석하고 평가하여 계획을 수립하는 역할을 담당한다. 비교과 프로그램이 세분화되고 전문화되어 있을 뿐만 아니라, 프로그램의 종류와 숫자가 많은 경우 소위원회의 구성이 바람직할 수 있다.

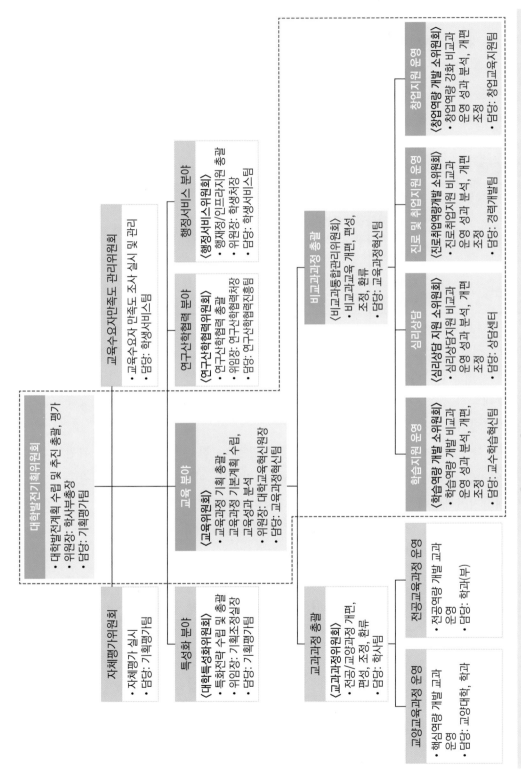

[그림 11-3] 비교과통합관리 조직 구성 예

소위원회 중 학습지원 소위원회의 실행조직 및 각 조직의 역할을 살펴보면 [그림 11-4]와 같다. 학습지원 프로그램을 특정 부서에서만 운영하는 것이 아니라, 대학 조직 전체 부서에서 수행하되, 핵심부서에서 학습지원 관련 프로그램을 종합하여 1차 심의하는 것이 특징이다.

[그림 11-4] 학습지원 소위원회 운영 예

출처: 숭실대학교 비교과 교육과정 백서.

2) 비교과 프로그램의 개발

각 대학의 핵심역량진단, K-CESA, K-NSSE 결과 등을 종합적으로 분석하여 프로그램을 개발할 필요가 있다. 예를 들어, 글로벌역량이 부족한 결과가 도출했다면, 외국인 유학생과 재학생이 함께할 수 있는 프로그램을 개발하는 식이다.

또한, 학생들을 대상으로 직접 설문조사나 FGI, 공모전을 개최하는 것도 좋은 방법이다. 직접 설문조사를 하는 방법은 부서/학과별로 개별 프로그램 접수 시 문항을 추가하여 매번 조사하는 방법과 학기 말에 조사하는 방법이 있다. FGI는 표본이 제한적이라고 볼 수도 있지만, 학생의 요구를 파악하는 아주 좋은 방법이다. 대학의 주류를 이루고 있는 Z세대(1995년 이후에 태어난 학생)는 자기표현이 적극적이고, 스스로 필요한 프로그램을 제안하는 능력을 갖추고 있기 때문이다.

비교과 프로그램 공모전은 학생이 설계하고 동료 학생들과 함께 만들어 가는 프로그램으로 진행할 수도 있고, 교직원을 대상으로 학생들을 위한 프로그램을 공모할 수도 있다. 두 가지 경우 모두 직접 당사자들의 고뇌가 녹아 있으므로 프로그램의 성공(참여 학생 수, 만족도)을 담보할 수 있다고 봐도 무방하다.

[그림 11-5] 외국인 유학생과 재학생이 함께하는 프로그램

출처: 한국대학신문

[그림 11-6] 비교과 프로그램 공모전 포스터

출처: 각 대학 홈페이지.

다만, 수요조사도 기존의 방식이 아닌 혁신적인 방식으로 시도해 볼 필요가 있다. 비교과통합시스템에 대한 인지도 향상과 비교과과정 소개를 겸한 학생 참여형 행사를 통해서도 비교과 프로그램에 대한 수요조사가 가능하다.

[그림11-7] 학생 참여형 행사를 통한 수요조사

3) 비교과통합시스템 구축

비교과과정의 성과관리를 위해서는 우선 비교과 프로그램을 표준화할 필요가 있다. 표준화란, 공통된 항목을 바탕으로 통일된 양식에 의해 개설하고, 일정한 절차에 따라 운영하는 것을 의미한다. 이를 통해, '비교과교육과정 계획 → 비교과 프로그램 개설 → 비교과 프로그램 CQI → 비교과교육과정 CQI'가 원활하게 진행될 수 있다.

이 과정에서 비교과과정 통합관리를 위한 별도의 독립된 시스템을 구축할 것인지 아니면, 각 부서[교육개발관련부서(LMS 포함), 취업 관련 부서, 창업 관련 부서, 상담 관련 부서 등]에서 사용하고 있는 시스템을 유지하면서 데이터 취합 방법을 찾을 것인지 가장 고민을 하게 될 것이다. 성과관리를 위해서는 표준화가 필요하고, 그러기 위해서는 통합된 플랫폼을 만드는 것이 수월하다. 그렇지 않으면 학기 말, 또는 연말에 데이터를 통합하고 정규화하는 데 많은 시간을 투입할 수밖에 없다.

(1) 비교과통합시스템 구축 설계

비교과통합시스템을 구축하기 위해서는 대학 내에서 이루어지고 있는 모든 비교과 프로그램에 대한 현황을 파악하는 것이 무엇보다 중요하다. 현황 파악이 제대로 이루어져야 그다음으로 어떤 항목을 비교과통합시스템에서 관리할 것인가를 정할 수 있다. 대학마다 특성이 있으니 우선 표준화된 비교과 프로그램 개설 양식지를 만들고 이를 바탕으로 현재 운영하는 비교과 프로그램의 현황을 분석하면 좋을 것이다.

프로그램 관리 엑셀 양식지(초기)는 비교과통합시스템을 갖추기 이전에 비교과 프로그램 취합 시 사용할 수 있는 양식으로, 이를 수정 보완하여 최종 양식을 확정하고 이후 비교과통합시스템을 개발할 때 적용할 수 있다. 이 양식은 이 장 마지막에 [부록 11-4]로 첨부되어 있다.

양식지 개발을 통해 입력 항목과 운영 절차가 정해지면 통합시스템상에서 학생, 운영자(행정부서, 단과대학·학과 담당자), 관리자(비교과통합관리 담당자) 등이 단계

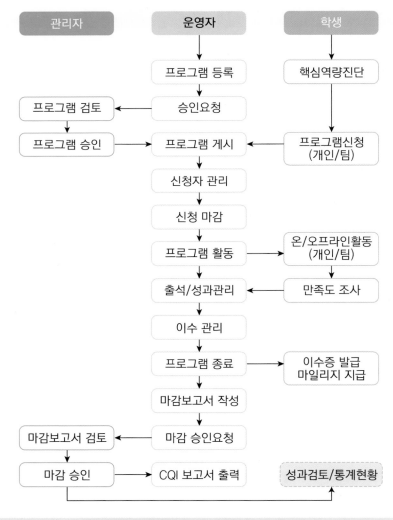

[그림 11-8] 비교과통합시스템 Flowchart 예시

별로 어떤 역할을 할 것인지를 그릴 수 있다. 이 과정을 거치면 비교과통합시스템 구축의 50%는 달성했다고 봐도 무방하다.

(2) 비교과 프로그램의 취합과 범주화

앞에서도 언급했지만, 비교과통합시스템을 구축하는 과정에서 가장 어려운 부분 중의 하나는 비교과 프로그램 운영 현황을 파악하는 것이다.

운영자는 애써 숨기려고 하고, 관리자는 한 개의 프로그램이라도 더 찾아내려고 하는 웃지 못할 상황도 종종 발생한다. 그 이유는 자유롭게 운영했던 기존 방식에서 형식과 절차에 따라 운영해야 하는 제약이 생기고, 더구나 만족도 조사의 실시 및 분석, 결과 보고와 비교과교육 환류에 따른 번거로움이 크다고 볼 수 있다.

초기에는 대학 내 비교과 프로그램의 운영 실적을 취합하는 것은 무엇보다 중요한데, 행정부서, 단과대학 및 학과에서 자발적으로 제출하는 비교과 프로그램 이외에 대학 내 홈페이지 공지사항, 회의자료(실처장회의, 교무회의 등), 결산서를 분석하여 비교과 프로그램 운영 실적을 발굴해 내면 현황 파악의 정확도를 높일 수 있다.

운영 실적이 취합되면 프로그램별로 분류하여 범주화하게 되는데, 이러한 과정은 비교과통합시스템이 개발되었을 때, 학생들이 편리하게 검색해 볼 수 있는 기초가 되고, 비교과통합관리 체계에서 소위원회별 프로그램 분류에 유용하게 활용할 수 있다. 프로그램의 범주화에 따라 개별 단위 프로그램에서 보이지 않았던 사항들이 전체를 취합해 놓고 나면 드러나는 경우가 있다. 매트릭스 구조로 재설계해 보면 고른 비교과 프로그램이 제공되지 않은 영역이 보이고, 이를 보완하는 절차를 거치면 훌륭한 비교과교육 체계를 구축할 수 있다. 이러한 과정을 통해 학년별, 범주별 균형 잡힌 비교과 프로그램을 제공하기 위한 기초가 완성되며, 비교과과정 로드맵을 구성하기 적합한 단계에 이르게 된다.

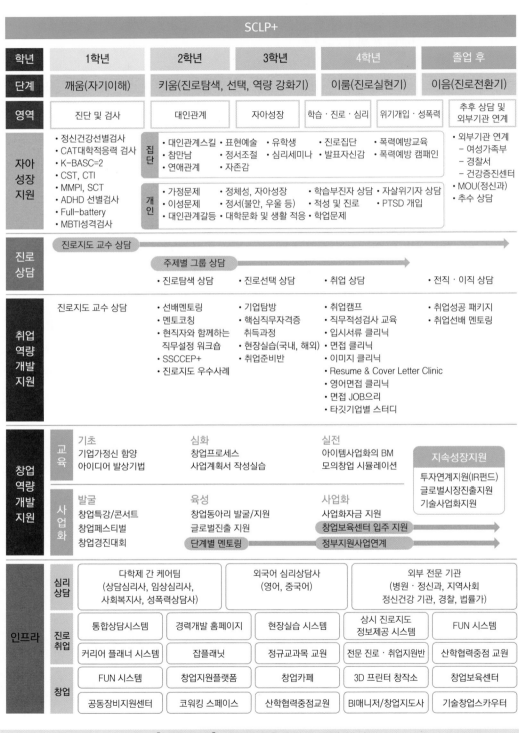

[그림 11-9] 비교과교육과정 로드맵 예시

자료: 숭실대학교 홈페이지.

(3) 비교과통합시스템 운영

비교과 프로그램은 정형화되지 않은 것이 특징이다. 이를 정형화해서 시스템에 탑재하고 운영하는 과정에는 상당한 저항이 수반된다. 이러한 저항은 완전한 자유에서 규제가 작용할 때 나타나는 자연스러운 현상으로, 슬기롭게 극복해 갈 필요가 있다. 비교과통합관리를 성공적으로 수행하기 위해서는 관리부서(관리자)의 역지사지(易地思之) 자세가 필요하다. 운영자의 관점, 학생의 관점에서 끊임없이 고민하고 지원 체계를 갖춰야 한다. 관리부서(관리자)는 빠르게 변화하는 학생의 요구(Needs)를 만족시키고, 당초 목표인 통합관리를 통한 성과를 달성하기 위해서 변화의 속도 이상으로 끊임없이 노력해야만 한다.

표 11-5 │ 비교과통합시스템 지원 내용

구분	내용
운영자 대상	• 프로그램 마케팅 지원 　- 홍보지원(주간 이메일 발송, 메시지 발송, 온 · 오프라인 홍보지원, 접수 수월성 제공 등) • 설문조사 등 편리성 제공 　- 온라인 설문조사 실시, 결과 분석 제공 • 신청 학생 데이터 제공 • 신규 비교과 프로그램 개발 및 수요조사 분석 결과 제공
학생 대상	• 모바일 기반 편리성 제공(모바일 등록, 일정 등록 기능 등) • 개설 프로그램 시각화 • 교외 비교과 프로그램 등록 및 관리 체계 지원 • 마일리지 활용 • 이수증, 비교과 프로그램 전체 이수내역증 등 제공

3. 비교과교육 통합관리의 대학 사례

1) 숭실대학교

(1) 비교과통합시스템 도입

숭실대학교는 2013년 비교과통합시스템을 독자적으로 개발했으나, 제대로 활용하지 못한 채 사장(死藏)시키고 말았다. 시스템이 제대로 활용되지 못했던 이유는,

첫째, 운영자의 요구를 제대로 반영하지 못했고, 둘째, UI의 불편함(모바일 지원 미비)으로 접근의 어려움이 있었으며, 셋째, 당시 대학 내 분위기가 비교과 프로그램 활성화에 적극적이지 않았다는 점을 들 수 있다.

2016년 시대적 요구에 따라 비교과통합시스템을 개발하고자 했을 때 전국 52개 대학에서 비교과통합관리를 시행 중이었으나, 폐쇄형 시스템(로그인하지 않으면 접근 자체가 불가능한 시스템)으로 인해 벤치마킹할 수 없는 상황이었다. 어쩔 수 없이 처음부터 시작한다는 마음으로 우선 대학 내의 비교과 프로그램을 파악하여 분류한 후, 표준화하는 작업을 거쳐 프로그램 개설에 따른 필요 항목과 운영 절차를 만들기 시작했다. 그리고 운영자 및 학생과의 FGI를 통해 비교과 프로그램의 흐름도(flowchart)와 비교과 프로그램 개설 시 필요한 항목을 확정했다.

비교과통합시스템 설계할 때 고려해야 할 세 가지 주요 사항은 다음과 같다.

첫째, 학생들의 관점에서 접근이 쉬워야 한다. 특히 모바일 환경에 익숙한 학생들이 모바일로 프로그램의 검색, 신청이 가능하도록 UI를 설계하는 것이 중요하다.

둘째, 운영자의 관점에서 '등록 → 접수 → 결과처리' 등의 일련의 과정이 상호 연결되어 유기적으로 이루어져야 한다. 특히 만족도 조사나 프로그램 CQI를 포함한 결과처리의 편리성은 무엇보다 중요하다.

셋째, 대학의 관점에서 운영 결과의 정량 및 정성적 성과를 일목요연하게 제공되어야 한다. 교육성과 측정과 결과의 활용 관점에서 반드시 고려되어야 할 요소이다.

(2) 비교과통합시스템 운영

숭실대학교는 비교과통합시스템을 'FUN시스템'이라고 명명했다. 비교과교육에서 만큼은 학점부담 없고, 팀플 없고, 과제 부담 없이 프로그램에 즐겁게 참여하자는 의미이다.

비교과통합시스템은 연간 1회 핵심역량진단에 반드시 참여하도록 설계했다. 진단에 참여한 학생은 진단 결과를 바탕으로 프로그램을 추천받을 수 있어, 역량을 더 강화하거나 부족한 역량을 보완하는 데 비교과 프로그램을 적극적으로 활용할 수 있다.

이러한 진단 결과는 차트(비교집단 간, 년간) 및 분석 결과로 제공되고 있으며, 학생 스스로 매년 변화를 확인할 수 있다.

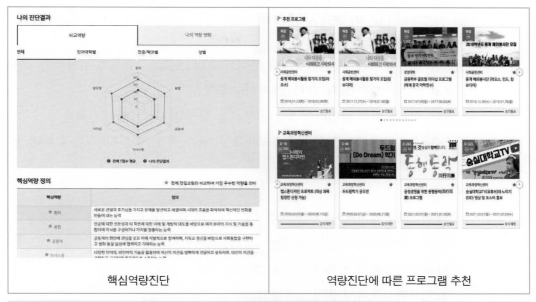

| 핵심역량진단 | 역량진단에 따른 프로그램 추천 |

[그림 11-10] 진단 결과에 따른 프로그램 추천 화면

　학생들은 참여 비교과 프로그램 리스트를 확인하고 프로그램별 이수증과 전체 이수 증명서를 발급받는 동시에 마일리지를 적립해 다양하게 활용하고 있다. 무엇보다 24시간 언제든지 프로그램을 검색하고 참여할 수 있는 것이 최대의 장점이다.

　운영자들은 신청자 정리, 결과 처리, 홍보에서 수월성을 확보했으며, 무엇보다 각종 재정지원사업에서 요구하는 자료를 비교과통합관리부서에서 일괄 제공함으로써 증빙자료를 시시때때로 제공해야 하는 고통에서 벗어날 수 있게 되었다.

　관리자는 전체 비교과과정을 살펴볼 수 있어, 비교과 프로그램의 설폐의 요구가 가능하고, 빈틈없는 로드맵을 구축할 수 있다. 무엇보다 목적성 없이 운영된 비교과 프로그램을 스스로 평가하고 정리할 수 있는 것이 시스템 활용의 가장 큰 장점이다.

2) 상명대학교 비교과지원센터

- 정의: 교과교육과정 외에 학점이 부여되지 않는 프로그램으로서 대학의 교육목표 달성을 위한 계획적이고 체계적인 활동
- 목표: 미래사회에 대비하여 협동과 봉사를 실천하는 글로벌 시민교육
- 전략: 수요자중심 맞춤형 비교과교육과정, 교과 연계 비교과교육과정 확대, 비교과교육과정의 선진화
- 담당 업무

    1) 비교과교육과정 연구 및 개발
    2) 비교과교육과정 편성 및 승인
    3) 비교과교육과정 분석 및 평가를 통한 환류
    4) 비교과교육과정 운영 성과관리
    5) 비교과교육과정 통합관리 시스템 개발 및 운영
    6) 비교과 SM-IN 핵심역량 관리
    7) 비교과 마일리지 제도 개발 및 운영
    8) 비교과교육과정위원회 운영
    9) 비교과교육과정 활성화 및 홍보

- 브랜드: 피어오름

[그림 11-11] 상명대학교 비교과지원센터 질 관리 체계

3) 강원대학교 비교과지원센터

- 목적: 교과 보조적 역할의 비교과 학습지원 프로그램(CUBE, 무한도전)의 운영 을 통해 교과·비교과 융합형 학습체계를 구현하고, 교육수요자의 학습역량 개선에 기여
- 브랜드

1) CUBE: 세제곱을 의미하는 단어로, '전공·교양·비교과' 간의 균형으로 정 의하며 학생의 역량 개발을 위해 정규수업에서 수행하기 어려운 교육내용이 나 형태를 수업 외적으로 지원하는 교과 보조적 역할의 학습지원 프로그램

2) 무한도전: 학생 스스로 핵심역량을 향상하기 위해 무한히 도전한다는 의미 로, 학생의 요청에 따라 수업 외적으로 지원하는 교과 보조적 역할의 비교 과 학습지원 프로그램

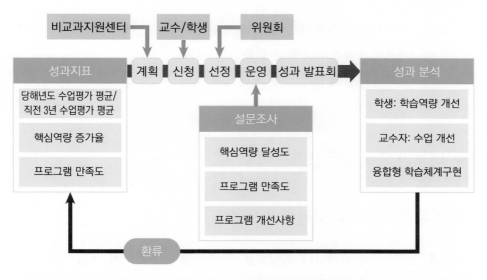

[그림 11-12] 강원대학교 비교과지원센터 질 관리 체계

4) 동의대학교 비교과개발센터

- 목적: 교양교육-전공교육-비교과교육의 연계를 실현하여 학생의 통합적 역량 강화를 지원하고, 대학이 지향하는 인재상에 적합한 비교과 프로그램 개발과 효과적인 환류 체계 관리를 수행하는 데 목적이 있음

[그림 11-13] 동의대학교 비교과개발센터 목적

- 주요 업무
  1) 비교과교육과정 정책 개발 및 체계 수립
  2) 비교과교육과정 모니터링 및 환류
  3) 비교과교육과정 관련 부서 간 제반 업무 조율

4. 비교과 프로그램 성과관리 방안

1) 비교과 프로그램 성과관리 모형

비교과 프로그램이 학기마다 운영되고, 비교과 프로그램이 잘 운영되었는지 평가하는 일련의 단계를 거친다. 비교과 프로그램을 개발하고 지원하는 일련의 운영 및 성과의 체계도를 그림으로 나타내면 다음과 같다.

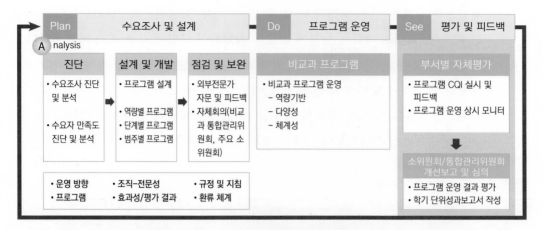

[그림 11-14] 비교과 프로그램 운영 및 성과 체계도

비교과 프로그램 운영 및 성과 체계도는 투입(Plan)-과정(Do)-산출(See)의 논리 모형으로 접근해 보면 비교과 프로그램을 개발·운영하고 평가를 주도하는 조직 및 전체적인 지원 체계는 투입에 해당하고, 비교과 프로그램을 개발하고 운영하는 활동은 과정에 해당한다. 비교과 프로그램을 평가하고 환류하는 활동은 산출에 해당하고, '투입-운영-성과'라는 교육평가의 기본 영역에 근거하여 비교과교육 프로그램의 성과평가를 위한 기본 영역을 선정하면 다음과 같다.

표 11-6 ┃ 비교과 프로그램 성과관리 모형

구분	투입	과정	산출	
영역 분류	조직 · 체계	비교과 프로그램 개발 및 운영	비교과 프로그램 평가 · 환류	
기본 영역	지원 체계	개편 및 운영	평가	환류
주요 쟁점	전문기관 운영자 전문성	운영 실적 확보	목표대비 달성도	평가 결과 반영 개선방안 제시 우수 결과 확산

2) CIPP 모형을 활용한 비교과 프로그램 성과 검토

비교과 프로그램을 진단하고 개선하겠다는 방향이 수립되면, 어떤 모형을 도입하든지 간에 절반은 성공했다고 볼 수 있다. 생각만 하기보다는 실행해 보는 것 자체만으로 중요한 선을 넘었다고 할 수 있다. 어떤 모형이든지 그대로 도입할 필요는 없으며, 오히려 대학의 상황에 맞도록 변형하여 도입해 보는 것이 바람직하다.

CIPP 모형은 교육과정 평가에서 문제의 해결에만 초점을 두는 평가에 비해 교육체제의 전체적인 측면에 대한 평가를 시도함으로써 교육 프로그램 개선과 관련된 의사결정에 도움이 되는 정보를 제공할 수 있다는 장점이 있다. 여기서는 CIPP 모형을 비교과과정 성과모형에 적용해 보면 다음과 같다.

표 11-7 ▎ CIPP 모형 정의

구분	CIPP 평가 모형			
	상황평가 (Context, 요구)	투입평가 (Input, 계획)	과정평가 (Process, 실행)	산출평가 (Product, 결과)
개념	• 프로그램 목표를 결정하기 위한 정당한 근거 제시(계획 수립 단계 및 예산책정 단계에서 이루어지는 결정과 관련된 평가)	• 가용자원의 활용 방법 등을 결정하는 데 필요한 정보 제공	• 실천 과정 및 절차상의 문제점 파악(피드백), 선정된 프로그램에 필요한 정보 제공과 절차적 사안, 활동을 기록하고 판단	• 산출 및 획득 결과를 측정하고 해석
구성요인	• 적절한 환경 규정 • 바람직한 실제적 환경 기술 • 잠재된 요구와 기회 규정 • 문제점 진단	• 교육 프로그램의 적절한 잠재력 확인 • 목표 달성 전략 • 선정된 전략의 실천 방안 • 인적·물적 자원의 활용방법 • 예산 및 일정	• 잠재적인 절차상 문제점 진단 • 예상치 않은 방해에 대한 예측 • 프로그램의 설계와 절차를 개선/실천하는 데 중점	• 목표와 연계된 준거를 조작적으로 정의 및 측정 • 측정 결과를 사전에 결정된 기준이나 준거와 비교 • 프로그램 지속성 여부 결정

이 모형을 적용하여 체크리스트를 만들고, 운영하는 과정에서 단계별로 적용해 볼 수 있으며, 시스템 개발 시 반영하면 시행착오를 줄일 수 있다. 즉, 프로그램 개발, 운영, 진행, 성과관리의 단계마다 체크리스트를 통해 실수를 점검할 수 있고, 증빙자료 또한 확인할 수 있다.

표 11-8 │ CIPP 모형 응용 예시

영역	프로그램 운영을 위한 점검 사항	점검	증빙
C Context	• 프로그램의 목적과 취지는 명료한가?	5　4　3　2　1	시행 품의서
	• 참여 대상자의 요구를 파악하였는가?	5　4　3　2　1	조사 · 분석 보고서
	• 참여 대상자의 선발방법이 적절한가?	5　4　3　2　1	시행 품의서
I Input	• 프로그램 운영을 위해 적절한 인력(강사, 행정인력)이 배치되었는가?	5　4　3　2　1	시행 품의서
	• 프로그램 운영을 위해 적절한 예산이 편성되었는가?	5　4　3　2　1	시행 품의서
	• 프로그램 운영을 위한 자료(교재)가 적절히 제공되었는가?	5　4　3　2　1	시행 품의서 만족도 조사
	• 프로그램 홍보는 다양한 방법으로 이루어졌는가?	5　4　3　2　1	시행 품의서 만족도 조사
P Process	• 프로그램의 운영과정이 체계적이었는가? (홍보, 모집, 선발, 운영, 결과보고 등)	5　4　3　2　1	시행 품의서 만족도 조사
	• 프로그램 운영시간은 적절하였는가?	5　4　3　2　1	시행 품의서 만족도 조사
	• 프로그램 참여자의 활동을 지속적으로 관리하였는가?	5　4　3　2　1	만족도 조사
P Product	• 프로그램 목적에 맞는 최종 성과물(개인 또는 팀)이 도출되었는가?	5　4　3　2　1	산출물
	• 프로그램 성과 확인을 위한 만족도 조사를 성실히 진행하였는가?	5　4　3　2　1	결과 품의서 만족도 조사
	• 전체 결과를 기반으로 개선점을 마련하고 이를 차기 프로그램 계획에 반영되도록 조치하였는가?	5　4　3　2　1	결과 품의서

프로그램 평가 및 개선(ACT)	
프로그램 평가	**프로그램 개선**
• • • • •	• • • • •

3) 평가에 대비한 비교과 프로그램 성과관리

(1) 비교과 프로그램 영역에 대한 이해

교육부 주관의 '기본역량진단(1주기는 구조개혁 평가라 지칭함)'과 한국대학교육협의회(대교협) 주관의 '대학기관평가인증'에 비교과과정에서의 대한 정의는 다음과 같다.

표 11-9 ▎기본역량진단 및 대학기관평가인증의 정의

구분	주관기관	구분	영역	내용
기본역량진단	교육부	3주기 (2021)	학습역량	학생들이 기본적으로 갖추어야 할 언어능력과 수리능력 등 학습능력을 향상시키기 위해 대학이 제공하는 다양한 형태의 교육, 지원 프로그램(예: 학습법 워크숍, 보고서 작성법 특강, 학습능력향상 교육 프로그램 등)
			진로 · 심리 상담	학생의 심리적 건강과 진로 탐색, 준비, 이동을 촉진하기 위해 실시하는 학생상담, 진로지도 및 상담, 교육 프로그램(예: 적성탐색을 위한 집단 상담 프로그램, 대인관계 향상 워크숍, 심리검사 서비스 등)
			취 · 창업 지원	학생의 취업과 창업 등 사회진출을 지원하기 위해 실시하는 재정적 지원, 다양한 교육 훈련 프로그램(예: 자격증 강좌, 취 · 창업특강, 인턴십 프로그램, 모의 면접 프로그램, 리더십 함양 워크숍, 이력서 교정 서비스, 창업 동아리 재정지원 등)
대학기관평가인증	대교협	2주기 (2016 ~ 2020)	교수 · 학습	대학은 교수 · 학습 개선을 위한 전담조직을 갖추고, 수업의 질 향상을 위해 다양한 프로그램을 지속적으로 제공하고 있다. 〈주요 기술 내용〉 1. 전담조직 현황 2. 예산 편성 및 집행 현황(교수지원, 학생지원, 교육매체지원 영역별): 최근 3년 자료 3. 교수 · 학습 프로그램 및 자료 자체 개발 현황: 최근 3년 자료 4. 프로그램 평가 및 개선 노력 실적: 최근 3년 자료
			학생 상담 및 취업 지원	대학은 학생이 대학 생활에 적응할 수 있도록 학생상담센터를 운영하고, 진로 및 취업을 위한 지원 체제를 구축하여 운영하고 있다. 〈주요 기술 내용〉 1. 학생상담센터 조직 및 예산 편성 · 집행 현황 - 전문상담원 확보 현황(위탁 포함) - 연도별 예산 확보 및 집행 현황: 최근 3년 자료

〈계속〉

				2. 학생상담센터 운영 실적 　－ 학생상담 프로그램의 종류와 내용(대학생활, 학업, 진로, 자 　　살예방 등): 최근 3년 자료 3. 취업지원센터 조직 및 예산 편성 · 집행 현황 　－ 조직 현황 　－ 연도별 예산 편성 · 집행 현황: 최근 3년 자료 4. 취업지원센터 운영 프로그램의 종류와 내용: 최근 3년 자료 5. 학생상담 및 취업지원 만족도 조사 결과 환류 실적: 최근 3년 　자료

출처: 교육부, 한국대학교육협의회 홈페이지.

비교과 프로그램의 운영형식은 교과과정과 비교해 유연성이 매우 뛰어나나 대체로 학생 활동, 체험 활동, 상담, 소모임, 워크숍, 전시, 견학, 봉사 등 다양하게 구분할 수 있다.

(2) 비교과 프로그램 영역에 대한 평가 배점

2021년 시행 예정인 3주기 기본역량진단(일반대학) 학생지원 영역 평가 배점을 보면 다음과 같다. 2주기 기본역량진단 배점에 비해 진로 · 심리상담지원 및 취 · 창업지원 영역에 각 1점씩 상승해 총 13점에 달한다.

표 11-10 ▎ 3주기 기본역량진단(일반대학) 학생지원 영역 평가 배점

구분	3주기(2021년)	2주기(2018년)	비고
학생 학습역량지원	5	5	
진로 · 심리상담지원	4	3	+1
취 · 창업지원	4	3	+1
계	13	11	+2

다가올 3주기 기본역량진단에서는 2주기 기본역량진단 편람에 비해 간소화되었지만 그 본질은 크게 변하지 않았다. 큰 틀에서 '체계 구축 → 운영 → 환류'의 체계를 그대로 유지하고 있다.

표 11-11 | 학생지원 영역의 세부 진단 요소

진단 지표		진단 요소
학생 학습역량 지원 (5)	진단 방향	• 학습역량 강화 프로그램 지원 체계 구축 · 운영(정성) • 규정 또는 지침, 조직 구성 및 지원 인력의 전문성 • 학습역량 강화 프로그램의 개발 · 운영 실적(정성) • 사전조사 및 분석 내용, 사전조사 및 분석 결과가 반영된 내용, 프로그램의 체계와 특징, 정량적 실적, 성과 또는 우수사례 등 정성적 실적 • 환류 체계(성과분석 등)를 통한 개선 실적(정성) • 환류 체계의 내용과 절차, 프로그램 개선 실적
	진단의 주안점	• 학습역량 강화 프로그램 지원 체계의 구축 · 운영: 프로그램 지원 체계의 구축 · 운영, 프로그램 지원 인력의 전문성 • 학습역량 강화 프로그램의 개발 · 운영 실적: 프로그램 개발 · 운영을 위한 사전조사 · 분석 및 결과 반영, 프로그램 구성 및 내용의 체계성, 프로그램 운영 실적의 우수성 • 환류 체계(성과분석 등)를 통한 프로그램 개선 실적: 환류의 체계성, 프로그램 개선 실적의 우수성
	증빙 자료	• 지원(또는 전담)조직의 운영 관련 규정 또는 지침 • 조직의 구성 관련 공문, 조직도 및 관련 자료 • 지원 인력의 전문성 입증 자료 • 사전조사 및 분석 관련 자료 • 프로그램 관련 공문, 기타 근거 자료 • 프로그램 안내 관련 자료 • 프로그램 결과 관련 자료(프로그램의 성과 보고서, 우수사례집 등) • 프로그램 평가회, 만족도 조사, 성과분석 실시 관련 공문, 기타 근거 자료 • 프로그램 개선 과정 및 개선 실적 관련 공문, 기타 근거자료 • 프로그램 참여자(수료자) 현황이 포함된 공문, 기타 근거자료 • 프로그램 예산 집행 관련 공문, 기타 근거자료
진로 · 심리 상담 지원 (4)	진단 방향	• 진로 · 심리상담 프로그램 지원 체계 구축 · 운영 • 규정 또는 지침 내용, 조직 구성 및 지원 인력의 전문성 • 진로 · 심리상담 프로그램의 개발 · 운영 실적 • 사전조사 및 분석 내용, 사전조사 및 분석 결과가 반영된 내용, 프로그램의 체계와 특징, 정량적 실적, 성과 또는 우수사례 등 정성적 실적 • 환류 체계(성과분석 등)를 통한 개선 실적 • 환류 체계의 내용과 절차, 프로그램 개선 실적
	진단의 주안점	• 진로 · 심리상담 프로그램 지원 체계 구축 · 운영: 프로그램 지원 체계의 구축 · 운영, 프로그램 지원 인력의 전문성 • 진로 · 심리상담 프로그램의 개발 · 운영 실적: 프로그램 개발 · 운영을 위한 사전조사 · 분석 및 결과 반영, 프로그램 구성 및 내용의 체계성, 프로그램 운영 실적의 우수성

〈계속〉

		• 환류 체계(성과분석 등)를 통한 진로·심리상담 프로그램 개선 실적: 환류의 체계성, 프로그램 개선 실적의 우수성
	증빙 자료	• 지원(또는 전담)조직의 운영 관련 규정 또는 지침 • 조직의 구성 관련 공문, 조직도 및 관련 자료 • 지원 인력의 전문성 입증 자료 • 사전조사 및 분석 관련 자료 • 프로그램 관련 공문, 기타 근거자료 • 프로그램 안내 관련 자료 • 프로그램 결과 관련 자료(프로그램의 성과 보고서, 우수사례집 등) • 프로그램 평가회, 만족도 조사, 성과분석 실시 관련 공문, 기타 근거자료 • 프로그램 개선 과정 및 개선 실적 관련 공문, 기타 근거자료 • 프로그램 참여자(수료자) 현황이 포함된 공문, 기타 근거자료 • 프로그램 예산 집행 관련 공문, 기타 근거자료
취·창업 지원 (4)	진단 방향	• 취·창업지원 프로그램 지원 체계 구축·운영 • 규정 또는 지침 내용, 조직 구성 및 지원 인력의 전문성 • 취·창업지원 프로그램의 개발·운영 실적 • 사전조사 및 분석 내용, 사전조사 및 분석 결과가 반영된 내용, 프로그램의 체계와 특징, 정량적 실적, 성과 또는 우수사례 등 정성적 실적 • 환류 체계(성과분석 등)를 통한 개선 실적 • 환류 체계의 내용과 절차, 프로그램 개선 실적
	진단의 주안점	• 취·창업지원 프로그램 지원 체계 구축·운영: 프로그램 지원 체계의 구축·운영, 프로그램 지원 인력의 전문성 • 취·창업지원 프로그램의 개발·운영 실적: 프로그램 개발·운영을 위한 사전조사·분석 및 결과 반영, 프로그램 구성 및 내용의 체계성, 프로그램 운영 실적의 우수성 • 환류 체계(성과분석 등)를 통한 개선 실적: 환류의 체계성, 프로그램 개선 실적의 우수성
	증빙 자료	• 지원(또는 전담)조직의 운영 관련 규정 또는 지침 • 지원(또는 전담)조직의 구성 관련 공문, 조직도 및 관련 자료 • 지원 인력의 전문성 입증 자료 • 산업체 및 학생들의 취업 요구 조사 등 사전조사 및 분석 관련 자료 • 프로그램 관련 공문, 기타 근거자료 • 안내 관련 자료(예: 소책자, 웹사이트 게시 자료 등) • 프로그램 결과 관련 자료(프로그램의 성과 보고서, 우수사례집 등) • 프로그램 평가회, 만족도 조사, 성과분석 실시 관련 공문, 기타 근거자료 • 프로그램 개선 과정 및 개선 실적 관련 공문, 기타 근거자료

3주기 기본역량진단을 앞두고 각 영역별로 어떤 준비를 할 것인지가 고민이라면, 증빙자료를 중심으로 준비 정도를 점검해 볼 수 있다. '증빙자료'가 있다는 것은 실적이 있다는 것이고, 이를 바탕으로 '진단의 주안점'을 고려하면서 '진단 방향'에 따라 기술할 수 있기 때문이다.

4) 비교과 프로그램 성과관리를 위한 자체진단

비교과 프로그램 성과관리는 '투입→과정→산출'을 기본 체계로 구성한 다음 각 영역에서 단계별 평가 요소를 반영하여 시행할 수 있다. 평가의 체계성을 확보하기 위하여 1차 평가와 2차 평가를 나누며, 1차 평가는 평가 기본 영역에 대한 유무 판정, 2차 평가는 우수성 평가로 진행할 수 있다.

1차 평가의 기본원칙은 다음 세 가지로 제시할 수 있다.

첫째, 성과평가는 기본적으로 평가자가 직관적으로 평가할 수 있어야 한다.

둘째, 기본 체계를 구성하는 기본 영역에 대하여 유무 판정이 가능하여야 한다.

셋째, 목표가 있다면 목푯값이 제시되어야 하고 해당 목표 달성 및 목표 미달성을 평가할 수 있어야 한다.

2차 평가는 1차 평가 결과가 '유'인 경우만 진행하며, 적절성, 체계성, 전문성, 다양성, 우수성, 만족도 등 질적 평가를 통해 프로그램을 평가한다.

표 11-12 | 비교과 프로그램 성과평가를 위한 기본 체계에 대한 평가준거

영역	투입	운영	성과	
	조직 · 체계	프로그램 운영	평가 · 환류	
	지원 체계	운영	평가	환류(공유확산)
1차 평가	유/무	유/무	유/무	유/무
2차 평가 (질적 평가)	적절성 체계성 전문성	적절성 다양성 체계성	평가 체계 강의만족도 실적평가	환류 체계 적절성 체계성 우수사례

〈계속〉

요소		유무		성과			우수판정 기준
		유	무	미흡	보통	우수	
지원 체계	비교과 프로그램 운영 방향						모두 '유' 확인 후 지원 체계 적절성
	비교과 프로그램 지원 체계						
	비교과 프로그램 운영 규정(운영지침)						
	비교과 프로그램 운영 및 지원조직						
운영	비교과 프로그램 개발						모두 '유' 확인 후 체계성, 적절성
	비교과 프로그램 운영: 역량별 구분						
	비교과 프로그램의 다양성: 역량별 균형성						
평가	비교과 프로그램 참여율	✕	✕	미달	유지	초과 달성	모두 '유' 확인 후 유지 이상(단, 자체 규정에 따름)
	비교과 프로그램 만족도	✕	✕				
	비교과 프로그램 평가						
환류	환류 체계						모두 '유' 확인 후 결과반영 공유·확산 노력
	평가 결과 활용						

[평가를 위한 질문]
- 비교과과정 및 비교과 프로그램에 대한 사전조사는 진행하였는가?
- 비교과 프로그램 운영 방향: 명확히 명시되어 있는가?
- 비교과 운영을 위한 전담기구(전문인력)는 있는가?
- 비교과 프로그램은 역량별로 조직되어 있고, 전체 및 영역별 로드맵이 있는가?
  (행정부서, 단과대학 및 학과 포함)
- 비교과 프로그램 투입예산, 프로그램 수, 참여율은 전년 대비 증가하였는가?
- 비교과 프로그램 만족도는 일정 기준 이상인가?
- 비교과 프로그램은 평가되고 있는가?
- 평가 결과 및 만족도 결과는 환류되고 있는가?
- 우수사례는 공유되고 있는가?

[판정 기준]
- 우수 기준: 질적 평가에서 모두 우수+만족도, 참여율에서 목푯값은 전년대비 상승
- 보통 기준: 1차 평가에서 모두 '유'
- 미흡 기준: 1차 평가에서 '무'가 하나라도 나오는 경우

정성평가 (우수 기준)	지원 체계	체계(조직/규정/지침/운영인력의 전문성 등)가 모두 갖추어져 있는 경우
	운영	교육 방향에 부합하는 프로그램 설계 및 제공, 프로그램의 충분한 제공, 지원 체계가 체계적-단계적으로 작용한 경우(프로세스의 명확성)
	평가	목푯값 달성, 운영 및 프로그램에 대한 평가가 이루어진 경우
	환류	평가 결과를 공유 및 평가 결과에 따른 개선 활동(객관적 증빙 가능한 경우)

5) 비교과 프로그램 성과관리를 위한 Tip

(1) 비교과 프로그램 운영 방향

대학마다 고유한 교육목표를 가지고 있기 때문에 비교과교육 편성 기본원칙은 그에 맞게 큰 틀에서 정하고 충실하게 운영해 나갈 수 있다.

〈비교과과정 편성 기본원칙 예시〉
1. 내·외부 환경 및 여건 분석, 프로그램 성과분석, 수요조사, 타 대학 견주기 등 다각적인 조사와 분석 시행
2. 역량진단을 통한 수준별 최적의 프로그램 제공 노력
3. 교과과정의 보완을 위한 연계성 강화 노력
4. 학습 저성과자 및 학습소수자에 대한 우선적 배려
5. 비교과과정을 통한 지역사회 공헌 확대

이 외에도 앞서 기술한 바와 같이 비교과교육은 교육과정의 큰 틀 안에서 교과과정과 유기적으로 운영되어야 한다. 따라서 비교과 프로그램 운영 방향은 교육과정 운영 방향에 따라 설정하고, 세부적으로 어떻게 실현해 나갈지에 대한 계획을 수

교육위원회
① 현장 중심, 실무 중심, 실습 중심의 교육과정 확대
② 역량기반 교육과정 개편 확대
③ 교과연계 비교과 활동 강화

↓

비교과통합관리위원회(소위원회)
① 특강 등 일회성 행사, 수동적 비교과 프로그램 최소화
② 핵심역량진단 결과를 반영하여 보완적 비교과 프로그램 운영
③ 전공교과목, 교양교과목 보완 성격의 교과연계 비교과 프로그램 운영

↓

행정부서, 학과
① 학과 및 교과 연계하여 답사 프로그램(전문가 연계) 운영
② 글로벌역량, 의사소통역량 향상을 위한 비교과 프로그램 운영
③ 현장답사, 읽기와 쓰기, 토론대회 등 교과와 연계한 비교과 프로그램 운영

[그림 11-15] 비교과과정 운영 방향 수립 체계

립할 수 있다. '교육위원회→비교과통합관리위원회→운영부서'의 관계를 살펴보면
[그림 11-15]와 같다.

비교과 프로그램은 운영 방향에 따라, 각 운영 주체는 구체적으로 프로그램을 운
영하고, 학기별, 연간 평가를 통해 달성 여부를 점검한다.

(2) 비교과 프로그램 운영을 위한 조직 및 기구

비교과통합관리위원회 운영조직은 앞서 언급한 바와 같이 독립된 조직을 갖출
것인지, 그렇지 않으면 기존 조직에 추가 업무를 부여할 것인지에 따라 차이가 있
을 수 있다. 대학의 사정상 독립 조직을 구성하기 어렵다고 하더라도, 통합관리를
위한 위원회를 활용한다면 통합관리에는 무리가 없을 것이다.

비교과통합관리와 관련한 조직은 다음과 같이 구성할 수 있다.

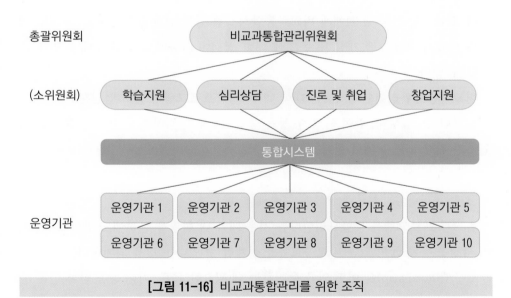

[그림 11-16] 비교과통합관리를 위한 조직

이렇게 조직을 구성하는 이유는 소위원회별로 더 전문적으로 검토하기 위함이
며, 위원 구성 또한 관련 소위원회별로 따로 구성하여 운영할 수 있다.

표 11-13 ┃ 비교과통합관리를 위한 소위원회 구성 예시

위원회	위원 구성 예	주요 역할
학습지원	교수학습혁신센터장, 공학교육혁신센터장, 상담센터장, 교양대학학장, 학술정보지원팀장, 교수학습혁신팀장, 학생대표, 교원 2인(위촉직)	학습역량 강화 프로그램의 운영계획 및 성과분석 결과 심의
심리상담	상담센터장, 교목실장, 상담전담교수, 교원 4인(위촉), 상담팀장, 학생대표	심리상담지원 프로그램의 운영 계획 및 성과분석 결과 심의
진로 및 취업지원	경력개발센터장, 위촉직 교수 6인, 경력개발팀장, 학생대표	진로·취업역량 강화 프로그램의 운영계획 및 성과분석 결과 심의
창업지원	창업지원센터장, 위촉직 교원 5명, 창업지원팀장, 학생대표	창업역량 강화 프로그램의 운영계획 및 성과분석 결과 심의

각 소위원회 간사(팀장)에게 비교과통합시스템 검색 권한을 부여하고, 수시로 영역별 비교과 프로그램 개설 및 운영에 대한 점검이 가능하도록 하여 내실 있게 운영할 수 있다.

비교과통합관리위원회에서는 대학 내 비교과 프로그램의 질적 점검뿐만 아니라, 프로그램 수, 집행액, 참여 학생 수 등을 종합적으로 점검하여 균형 있는 운영을 지원하기 위한 노력을 해야 한다.

(3) 비교과과정의 로드맵 작성 시 고려사항

비교과 프로그램을 통합관리한다는 것은 대학 내 현황을 한눈에 조망할 수 있고, 이 과정을 통해 균형 있는 비교육교육을 설계할 수 있다는 것을 의미한다.

로드맵(Road Map)은 어떤 일을 추진하는 데 필요한 목표, 기준 등을 담아 만든 종합적인 계획을 의미하고 '안내도'라고 말할 수 있다. 이것을 만드는 이유는 현 위치를 파악하고 목표를 가늠하여 따라가는 데 있어서 필요하기 때문이다.

교과과정의 경우, 이수해야 할 과목을 학과별, 학기별, 이수 구분별(전공기초, 전공필수, 전공선택 등)로 명확히 제시되어 있어 그대로 따라가기면 하면 졸업이라는 결과에 도달할 수 있다. 하지만 비교과과정의 경우는 개설 시점과 개설 프로그램을 명확히 제시할 수 없는 경우가 많고, 비정형적이며, 학생들이 스스로 선택해야 하므로 로드맵의 구축이 더욱 필요하다.

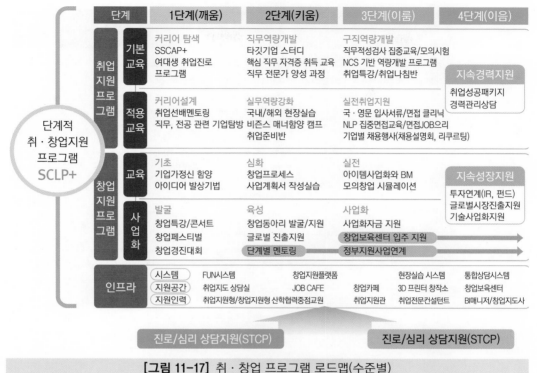

[그림 11-17] 취·창업 프로그램 로드맵(수준별)

출처: 숭실대학교 비교과백서

　행정부서에서 진행하는 비교과교육 로드맵은 비교적 잘 구성되어 있으며, 교과과정과 같이 '학년별-영역'으로 구성하던 모델에서 최근에는 '수준-영역'으로 변형하여 구성하는 사례가 늘고 있다. 예를 들면, 취업이나 창업 관련 프로그램을 이수하고자 할 경우 학년보다는 학생 개개인이 해당 영역과 관련한 준비의 정도에 따라 이수해야 할 프로그램이 달라질 수도 있기 때문이다. 학년과 수준을 동시에 표기하여, 저학년 때부터 단계별로 적응할 수 있도록 제시하는 것도 하나의 방법이다.

　단과대학, 학과의 비교과교육 로드맵을 구축해서 운영하는 대학은 아직 많지 않다. 운영 예산, 프로그램 기획 및 진행 등 행정부서보다 지원 체계가 열악하기 때문이다. 그러나 학생들과 가장 접점이 높은 조직이기에 그들이 필요로 하는 프로그램을 가장 잘 파악할 수 있을 뿐만 아니라, 전공 연계 비교과 프로그램을 운영하기에 적합한 조직이다. 따라서 학생들이 전공과 관련된 비교과 프로그램을 적절한 시기에 이수할 수 있도록 로드맵을 제시하는 것은 중요하다.

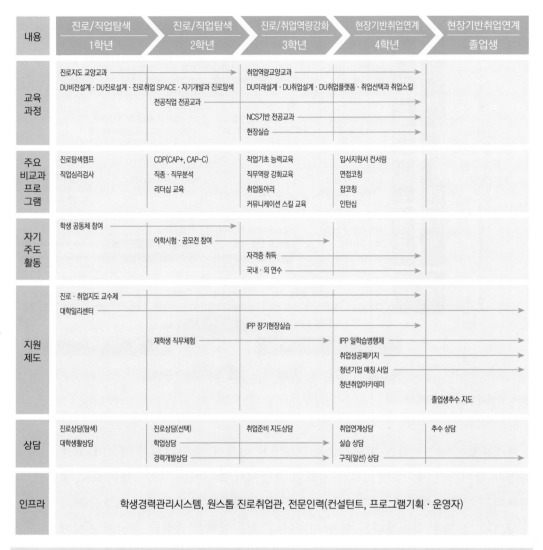

내용	진로/직업탐색 1학년	진로/직업탐색 2학년	진로/취업역량강화 3학년	현장기반취업연계 4학년	현장기반취업연계 졸업생
교육 과정	진로지도 교양교과 DU비전설계 · DU진로설계 · 진로취업 SPACE · 자기개발과 진로탐색 전공직업 전공교과		취업역량교양교과 DU미래설계 · DU취업설계 · DU취업플랫폼 · 취업선택과 취업스킬 NCS기반 전공교과 현장실습		
주요 비교과 프로 그램	진로탐색캠프 직업심리검사	CDP(CAP+, CAP-C) 직종 · 직무분석 리더십 교육	작업기초 능력교육 직무역량 강화교육 취업동아리 커뮤니케이션 스킬 교육	입사지원서 컨설링 면접코칭 잡코칭 인턴십	
자기 주도 활동	학생 공동체 참여	어학시험 · 공모전 참여	자격증 취득 국내 · 외 연수		
지원 제도	진로 · 취업지도 교수제 대학일리센터	재학생 직무체험	IPP 장기현장실습	IPP 일학습병행제 취업성공패키지 청년기업 매칭 사업 청년취업아카데미	졸업생추수 지도
상담	진로상담(탐색) 대학생활상담	진로상담(선택) 학업상담 경력개발상담	취업준비 지도상담	취업연계상담 실습 상담 구직(알선) 상담	추수 상담
인프라	학생경력관리시스템, 원스톱 진로취업관, 전문인력(컨설턴트, 프로그램기획 · 운영자)				

[그림 11-18] 취 · 창업 프로그램 로드맵(학년, 수준별 혼합)

출처: https://job.daegu.ac.kr/careerjoborg.do

단과대학, 학과의 로드맵 구축 시에도 학년당 편제정원이 50명을 이상일 경우는 학년별로, 그렇지 않은 경우는 '기초-심화-공통'과 같은 체계로 구성하는 것이 효과적이다.

표 11-14 | 단과대학-학과 비교과과정 로드맵 예시

학과명 ＼ 단계	기초	심화	공통
공통	• 경제 세미나 • 아이디어 공모 • 경제 영어 • 자격증 특강 • 교수와 함께하는 독서	• 논문공모 • 경제 캡스톤디자인	• 매일경제 TEST • 전문 자격증 특강
경제학과	• 경제 수학 • 국내금융기관 탐방	• ICCE 미국인턴십 • 금융엘리트취업반	• 글로벌비지니스챌린지
글로벌 통상학과	• 국제무역체험 경진대회 • 무역현장체험 프로그램 • 외국어역량 향상교육 　프로그램	• 동남아 거점시장 조사 　경진대회 • 통상 캡스톤디자인	• 중국 어학연수 프로 　그램 • 비즈니스 외국어/한국 　어 경진대회
금융경제학과	• 해외 금융기관 방문 및 　문화체험	• 모의주식투자대회	• 실무영어 프로그램 • 국내금융기관 견학 • 해외어학연수(캐나다)
국제무역학과	• 2학년 산업시찰 • 3학년 산업시찰	• 국제무역 경진대회	• 관세사 특강

(4) 비교과 프로그램 수요조사

　모든 대학이 어떤 방식으로든지 수요조사를 진행하고, 비교과교육의 내실화를 위해 노력을 하고 있다. 비교과 프로그램 수요조사 과정에 참고할 만한 방법을 다음과 같이 소개하고자 한다.

　첫 번째, 전통적인 방법으로 재학생들을 대상으로 한 설문조사를 통해 수요를 파악하는 방법이 있다. 대학의 사정에 맞게 문항을 구성하여 진행한다면, 전 영역의 수요를 파악하는 데 유익하다.

표 11-15 │ 비교과 프로그램 수요조사의 문항 주요 내용

번호	문항 주요 내용	선택(입력)
1	기본정보	학과 / 학년 / 성별
2	비교과 프로그램 참여 경험 2-1. 참가하지 않은 이유 2-2. 참여에 따른 도움 정도	1. 0회, 2. 1~2회, 3. 3~4회, 4. 5회 이상 (1번 응답자만 기재 _____) 1. 매우 도움, 2. 도움, 3. 보통, 4. 도움 안 됨 5. 매우 도움 안 됨
3	비교과 프로그램 참여 이유(복수 선택)	1. 과목 연계, 2. 취업 준비, 3. 학습 향상, 4. 창업 준비, 5. 심리상담, 6. 공강 활용, 7. 새로운 분야 탐구, 8. 경험 확대, 9. 교우관계 확대, 10. 기타
4	기억에 남는 비교과 프로그램	주관식
5	비교과 프로그램 개설 희망 선호 4-1. 학습역량 4-2. 취업 관련 4-3. 창업 관련 4-4. 상담 관련 4-5. 봉사 관련 4-6. 교과 연계	1. 매우 선호,　2. 선호,　3. 보통,　4. 비선호,　5. 매우 비선호 1. 매우 선호,　2. 선호,　3. 보통,　4. 비선호,　5. 매우 비선호 1. 매우 선호,　2. 선호,　3. 보통,　4. 비선호,　5. 매우 비선호 1. 매우 선호,　2. 선호,　3. 보통,　4. 비선호,　5. 매우 비선호 1. 매우 선호,　2. 선호,　3. 보통,　4. 비선호,　5. 매우 비선호 1. 매우 선호,　2. 선호,　3. 보통,　4. 비선호,　5. 매우 비선호
6	비교과 프로그램 제안	주관식(각 대학별 필요 항목 요구)
7	기타 건의사항	주관식

두 번째, 수시로 프로그램에 대한 수요를 조사하는 방법으로는 개별 프로그램 접수 시 또는 만족도 조사 시 희망하는 프로그램을 기재하도록 하는 방법이 있다. 수시로 개설 희망 비교과 프로그램 접수를 받아, 학기별 비교과과정 개편 시 반영하는 방법이다. 비교과 프로그램에 참여하는 적극적인 학생들을 대상으로 한 수요조사이므로 상당히 좋은 제안이 제시되기도 한다.

세 번째, 학생 및 교수와 FGI 또는 간담회를 통해 심층적으로 분석하는 방법이 있다. 특별한 격식을 갖추지 않더라도 평소 학생 그룹, 교수 그룹 또는 학생/교수 연합 그룹과의 간담회를 통해 수요조사를 진행할 수도 있다.

이 세 가지 공통사항은 모두 수요자의 의견을 적극 반영하여 비교과 프로그램을 운영하는 것이다. 그렇다고 해서 인기에 영합하거나 또는 편식하듯이 개설해서는 안 된다. 대학의 교육목표에 맞는 교육과정을 운영하되, 대상자인 학생의 의견을 적극적으로 반영해야 한다.

(5) 비교과 프로그램 학생참여 확대를 위한 홍보 방안

학생들을 대상으로 만족도 조사를 진행해 보면 비교과과정에 대한 불만사항으로 '다양한 프로그램의 부족'이 항상 상위를 차지한다. 매년 수요조사나 각종 분석을 통해 신규 프로그램을 개설하지만 지속해서 프로그램 수에 대한 불만이 높은 것은 홍보의 부족으로 '내가 아는 것만이 전부'라고 생각할 수밖에 없기 때문이다.

이런 점을 극복하기 위해서는 프로그램에 대한 홍보를 보다 강화해야 한다. 예를 들면 매주, ① 대학 메인 홈페이지 공지, ② 교직원 이메일 안내, ③ 학생 개별 이메일 안내, ④ SNS(카카오톡 채널, 페이스북, 인스타, 에브리타임 등), ⑤ 교내 전광판 홍보, ⑥ 유튜브 홍보, ⑦ SMS(자체 SMS, 문자 메시지 등), ⑧ 카드 뉴스 제작 등 다양한 방법이 있다. 특히 학생에게 큰 영향력을 미치는 교수를 대상으로 한 프로그램 안내는 그 효과가 매우 크다.

마케팅을 집중할 매체 또는 사이트를 분석하고 목표를 정하여 점차 확대해 나가도 효과적이다. 구글 애널리틱스는 어떤 채널을 통해서 비교과통합시스템에 접속했는지 친절하게 분석해 주기 때문에 마케팅 전략을 세우는 데 아주 유용하다.

| 카카오톡 메시지 및 SMS 발송 | 홈페이지 공지사항 및 이메일 발송 내용 |

[그림 11-19] 비교과 프로그램 홍보

(6) 비교과 프로그램 참여자 확대 방안: 마일리지 적용

'비교과 프로그램 활성화'는 말처럼 쉽지 않다. 교과목보다 강제성이 낮아서 참여자 수를 지속적으로 확대하는 데 한계가 존재한다. 그럼에도 불구하고, 큰 노력을 들여 개설한 프로그램에 다수의 학생이 참여하고 만족하는 것은 모든 운영자의 바램이다. 비교과 프로그램에 학생의 참여를 늘리기 위해서는 학생이 원하는 좋은 프로그램을 개설하는 것 이외에도 다양한 방법을 시도해 볼 수 있다. 그중의 하나가 비교과 프로그램 이수에 따라 마일리지를 부여하고 관리하는 것이다. 문제는 마일리지의 활용인데, 대부분의 대학은 마일리지를 장학금으로 전환하여 지급하는 방식을 채택하고 있다. 대학 재정이 넉넉하다면 작은 마일리지라도 장학금으로 전환해서 사용하게 해 주어서 제법 괜찮지만, 졸업할 무렵에서나 활용할 수 있고 대상도 제한적이기에 대다수의 학생은 그 수혜 대상에 해당하지 않는다는 단점이 있다.

장학금 제도 이외에도 마일리지를 교내에서 다양하게 활용하게 해 준다면 학생들의 참여율과 만족도를 높일 수 있을 것이다. 마치 항공사 마일리지를 적립하면 1만 마일은 제주도 왕복 항공권, 4만 마일은 동남아 왕복 항공권과 교환하여 사용

표 11-17 | 적립 마일리지 활용 예시

협력부서	마일리지 혜택 제공(안)	마일리지
장학팀	• 교내 FUN장학금(신설) 지급	5,000~10,000
국제팀	• 국제교환학생 선발 시 우대(일정 인원별로 선발)	3,000
기숙사	• 기숙사 입사 우선 선발(일정 인원별로 선발)	3,000
도서관	• 일정 기간 도서대출 혜택 확대(대출 가능 권수, 대출 기간) • 희망도서 신청 가능 권수 추가 부여	500
학생서비스팀	• 학생처 주관 비교과 프로그램 참가생 선발 시 우대(일정 인원)	5,000
경력개발센터	• 경력개발센터 주관 프로그램 참가생 선발 시 우대(일정 인원) • 자비부담 프로그램 신청 시 자부담 할인 또는 면제(3만 원 이내)	5,000
사회공헌센터	• 사회공헌센터 주관 프로그램 참가생 선발 시 우대(일정 인원)	1,000
교육과정혁신팀 융합교육혁신팀	• 생협상품권(사용처: 식당, 매점, 서점 등) • 식권(3,000~5,000원 상당), 복사카드(3,000~5,000)	1,000~5,000
베어드학부대학	• 베어드학부대학 주관 프로그램 참가생 선발 시 우대(일정 인원)	500
학사팀	• 졸업우등상 수여 • 인정서 수여	10위 이내

하는 것과 같은 방식이다.

　비교과 프로그램 이수 후 적립한 마일리지를 다양하게 활용할 수 있는, 이른바 마일리지 소확행(소소하지만 확실한 행복) 제도를 도입하면 학생 참여를 확대할 수 있을 것이다.

(7) 비교과 프로그램의 참여자 확대 방안: 비교과 프로그램 시스템의 활용

　비교과 프로그램의 참여자 확대를 위한 방안의 하나로, 정보의 투명한 공개를 통한 '경쟁 유도'가 있다. 일종의 게이미피케이션(gamification)의 개념을 도입하여, 동료집단 간의 경쟁을 유도하면 활성화를 유도할 수 있다.

　비교과통합시스템에 게시되는 프로그램은 모든 학과 학생 및 교수, 직원이 언제, 어디서든지 살펴볼 수 있다. 이것만으로도 자연스럽게 개설 프로그램 수에 대한 보이지 않는 경쟁이 시작된다.

　또한 프로그램 참여 수 학생 랭킹, 학과별 재학생 대비 참여율, 주체별 개설 프로그램 수, 주체별 투입예산 총액, 주체별 만족도 평균값을 비교·분석하여 제시하는 것만으로 비교과교육 활성화에 기여할 수 있다. 누적된 데이터를 연간 단위로 비교·분석하면 개선도를 파악할 수 있고, 이것도 비교과 프로그램 참여 확대에 도움이 된다.

[그림 11-20] 비교과 프로그램의 활용 예시

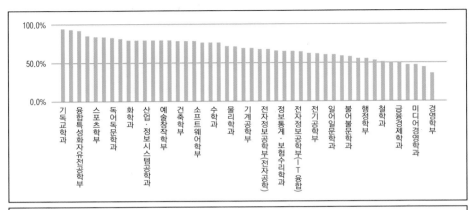

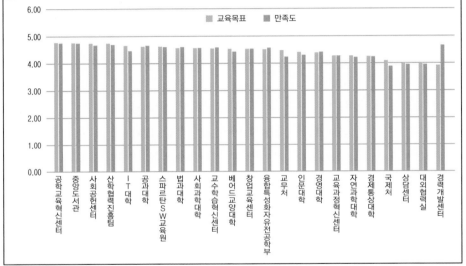

[그림 11-21] 비교과 프로그램 통계

(8) 비교과 프로그램의 만족도 조사

비교과 프로그램 만족도 조사는 프로그램 개선을 위한 출발점이다. 전체 비교과 교육에 대한 만족도 조사(수요조사를 겸해서 조사 가능), 개별 프로그램에 대한 만족도 조사로 구분할 수 있다. 비교과교육에 대한 만족도 조사는 별도의 문항으로 할 수도 있고, 대학 만족도 조사에 포함하여 진행할 수도 있으며, 소위원회별로 더욱 전문적인 문항을 가지고 진행할 수도 있다.

비교과교육에 대한 만족도 조사는 위원회에서 비교과교육과정 방향을 설정하는 기초자료가 되며, 향후 분야별 비교과 프로그램 증감을 위한 자료로 활용할 수 있다.

취업역량 향상 프로그램 도움 여부

■ 긍정　■ 보통　■ 부정

평균(100점)

(Base: 프로그램 경험자, n=670, Unit: %)

	전체	1학년	2학년	3학년	4학년	인문대학	자연과학대학	법과대학	사회과학대학	경제통상대학	경영대학	공과대학	IT대학	융합특성화자유전공학부
평균	69.1	67.3	67.1	71.5	69.1	67.4	70.0	73.6	70.8	68.3	66.3	70.0	69.7	72.5
부정	5.1	2.6	7.0	4.1	5.5	5.3	2.2	5.6	5.6	7.0	8.2	2.1	7.4	0.0
보통	31.3	42.3	30.7	27.1	31.2	36.8	28.9	16.7	24.1	31.0	34.7	33.2	28.7	30.0
긍정	63.5	55.1	62.3	68.8	63.3	57.7	68.9	67.8	60.4	62.0	57.1	64.7	63.9	70.0
(n)	(670)	(78)	(114)	(170)	(308)	(76)	(45)	(18)	(54)	(71)	(98)	(190)	(108)	(10)

◀──── 학년 ────▶　　◀──────────── 단과대학 ────────────▶

도움이 되지 않은 이유

(Base: 각 프로그램 별 경험자 중 도움도 부정 응답자, n=670, Unit: %)

취업상담	(n=90)
형식적이라서	6.7
전문성이 떨어져서	3.3
강사/상담사의 자질이 부족해서	3.3

직무적성검사 집중교육 및 모의시험	(n=51)
실질적인 도움이 안 되어서	5.9
강사/상담사의 자질이 부족해서	5.9
형식적이라서	3.9

졸업(전문직) 선배 멘토링	(n=44)
형식적이라서	6.8
전문성이 떨어져서	4.5

입사서류 클리닉	(n=42)
형식적이라서	4.8
실질적인 도움이 안 되어서	4.8
전문성이 떨어져서	4.8
강사/상담사의 자질이 부족해서	4.8

나의 전공 및 직무 관련 기업탐방	(n=41)
내용이 부실해서	4.9
비현실적이라서	4.9

[그림 11-22] 비교과교육 만족도 조사 결과 예시

　개별 비교과 프로그램에 대한 만족도 조사는 프로그램별로 시행할 수 있다. 전체 비교과프로그램에 대한 공통 문항과 개별 프로그램의 특성을 반영한 추가 문항으로 설문을 구성할 수 있으며, 교육목표에 대한 만족도(역량기반 프로그램 운영의 경우)와 교육환경, 운영 등에 대한 만족도를 구분하여 진행할 수 있다.

　교육목표에 대한 만족도는 프로그램별 역량을 지정하고, 해당 역량에 맞는 교육목표를 설정한 후, 프로그램을 통해 역량이 얼마나 달성되었는지를 확인하는 것은 프로그램 내실화를 위해 매우 중요하다.

　비교과 프로그램에 대한 만족도는 다음과 같이 구성할 수 있다.

표 11-17 | 비교과 프로그램의 만족도 문항 예시

문항	응답
시설 및 교육환경에 만족한다.	1.매우 불만족 2.불만족 3.보통 4.만족 5. 매우 만족
프로그램 운영방식(강사/진행 등)에 만족한다.	1.매우 불만족 2.불만족 3.보통 4.만족 5. 매우 만족
프로그램 참여 인원에 대해 만족한다.	1.매우 불만족 2.불만족 3.보통 4.만족 5. 매우 만족
프로그램 운영 기간에 만족한다.	1.매우 불만족 2.불만족 3.보통 4.만족 5. 매우 만족
주관식(긍정적)	필수 응답
주관식(부정적)	필수 응답

프로그램별 추가 구성 가능
예: • 향후 개설되었으면 좋은 프로그램을 적어 주세요.
    • 프로그램 정보 획득 경로를 선택해 주세요.
    • 심화 프로그램에 대한 참여 의향이 있습니까?

특히 주관식 응답의 경우 필수로 지정하여 학생의 의견을 청취하는 것은 무엇보다 중요하다. 주관식 문항에 대한 응답을 적극적으로 개선하고 보완한다면 명품 비교과 프로그램을 만들 수 있을 것이다.

비교과 프로그램 만족도 조사 시 진행 시, 결과 활용을 염두에 둔 문항의 구성도 중요하지만 반드시 고려해야 할 사항은 '편리성'이다. 프로그램 만족도 조사와 관련하여 운영자의 가장 큰 고충은 만족도 조사 참여율을 높이는 것과 결과를 분석하는 것이다.

만족도 조사 학생참여율은 높이는 방법은, ① 모바일 설문으로 편리성 제공, ② 만족도 조사와 프로그램 이수를 연동시키는 방법, ③ 만족도 조사와 이수증을 발급을 연계하는 방법, ④ 만족도 조사에 참여해야 마일리지를 부여하는 등 다양한 방법을 고려할 수 있다.

만족도 조사 결과를 분석하는 방법은 객관식 문항은 통계처리를 자동으로 할 수 있도록 시스템을 설계하면 되겠지만 문제는 주관식 문항이다. 주관식 문항은 키워드 중심으로 통계를 처리하거나 워드클라우드 분석과 같은 통계처리 방법을 이용하면 효과적으로 결과를 분석할 수 있다.

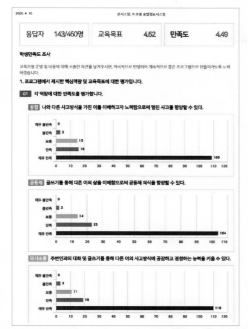
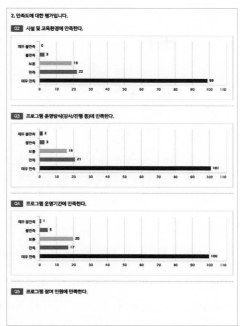

[그림 11-23] 비교과 프로그램 만족도 분석

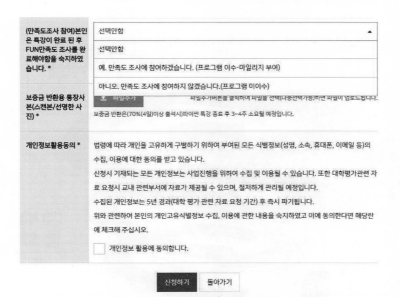

[그림 11-24] 프로그램 신청 시 만족도 조사 참여 안내 화면

[그림 11-25] 만족도 조사 주관식 응답 결과 워드클라우드 분석

(9) 비교과 프로그램의 평가 및 환류

프로그램 평가와 환류의 기본 프로세스는 분석(Analytics)을 기반으로 한 계획(Plan)-과정(Do)-평가(Check)-Act(개선)이다. 이를 흔히 PDCA 체계라 하며 계획을 세우고(Plan), 행동하고(Do), 평가하고(Check), 개선한다(Act)는 일련의 업무 사이클이다. 미국의 통계학자 W. Edwards Deming이 체계화한 이론으로 '데밍 사이클(Deming Cycle)'이라고 불리기도 한다.

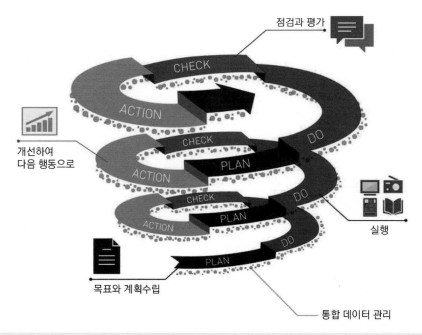

[그림 11-26] PDCA 사이클

출처: https://www.asakonet.co.jp/inter/oursolutionservice/pdca_cycle/

표 11-18 | PDCA 체계에 따른 내용과 적용 예시

구분	내용	적용
Plan (계획)	• 개선 활동에 앞서 실시하는 계획 단계로서 이전 결과를 분석하고 새로운 계획을 수립한다.	• 연간 백서, 프로그램 보고서, 만족도 조사, FGI, K-CESA, K-NSSE 등을 참조하여, 연간 또는 학기별 계획 수립
Do (실행)	• 개선 계획을 실행하는 단계이며, 통제된 상황에서 작은 조치(Small-scale study)부터 시작하면서 계획을 실행한다.	• 예산, 인력, 조직 등을 전략적으로 안배
Check (평가)	• 실행한 것을 바탕으로 정량적·정성적 결과를 분석한다.	• 프로그램별 만족도 조사, 참여율, 프로그램 수
Act (개선)	• 이전 단계에서 평가된 것을 바탕으로 전체 사이클의 적합성을 평가하고 보완한다. 만약 개선된 부분이 미비하면, 새로운 계획을 수립하여 다시 사이클로 돌린다. 개선된 부분이 만족스럽다면, 좀 더 많은 개선이 일어나도록 한다.	• 평가 결과를 반영하여 프로그램 개선, 수요조사를 반영하여 신규 프로그램 도입

이 PDCA 체계를 기반으로 실무에 적용해 보면 〈표 11-18〉와 같다. 단계별로 대학의 사정에 맞도록 체계를 구축하고 관련 업무를 추진해 가면 된다. 중요한 것은 PDCA는 사이클(cycle)이라는 점이다. 단계별 또는 주기별로 충실하게 실행하다 보면 점차 개선되어 가고 있음을 확인할 수 있을 것이다.

(10) 비교과 프로그램 이수와 핵심역량

비교과 프로그램이 핵심역량 증가에 영향을 미칠까라는 부분을 검증하려는 대학이 많다.

숭실대학교 분석 결과에 따르면 비교과 프로그램을 1개 이상 이수한 학생은 2018년 대비 2019년 핵심역량진단 결과 전 영역에서 그렇지 않은 학생에 비해 높은 결과를 보였다. 특히 비교과 프로그램에 참여하지 않은 집단과 3개 이상 참여한 학생의 핵심역량 진단을 비교해 보면 3개 이상 이수한 학생(n=1,178명)의 핵심역량 증감 폭이 크다는 것을 확인할 수 있었다. 결과적으로 비교과 프로그램에 많이 참여할수록 역량 강화에 긍정적인 영향을 미친다고 볼 수 있다. 따라서 비교과 프로그램에 학생들을 참여시키는 것이 중요하고, 역량기반 비교과 프로그램 운영과 역량분석 결과에 따른 비교과교육 설계 또한 중요하다고 볼 수 있다.

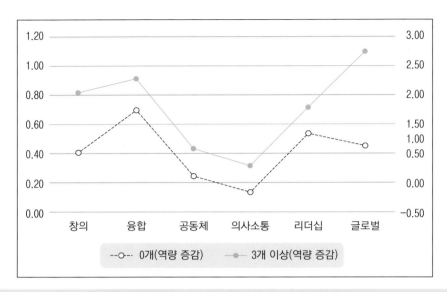

[그림 11-27] 비교과 프로그램 참여와 핵심역량 변화

(11) 다른 대학의 비교과 프로그램 사례를 적용 시 유의사항

대학자율역량강화사업(ACE+) 사업으로부터 본격적으로 시작된 '공유와 확산' 정신은 대학교육과정의 상향 평준화에 상당히 기여했다고 볼 수 있다. 이제는 대학별 또는 권역별 성과확산 포럼, 우수대학 초청특강, 벤치마킹, 홈페이지 공유 등을 통해 각 대학의 우수사례를 접하는 것이 어렵지 않다. 더구나 대학혁신지원사업으로 재원까지 확보되어, 마음만 먹으면 어떤 사업이든 추진할 수 있다. 하지만 다른 대학의 우수한 사례를 그대로 옮길 수는 없다. 대학마다 조직구조가 다르고, 인적 구조가 다르며, 업무추진 방식이 다르기 때문이다.

벤치마킹은 경쟁력을 높이려는 방법의 하나로 타 기관에서 배워 오는 혁신 기법을 의미한다. 복제나 모방의 개념과는 분명 다른 개념이다. 단순히 좋은 대학의 규정, 제도, 시스템, 운영방식 등을 복제하는 수준이 아니라, 장단점을 분석해 업그레이드하고 이를 통해 경쟁력을 갖추는 개념이다.

벤치마킹은, ① 벤치마킹 계획 수립, ② 벤치마킹 대상 조사, ③ 벤치마킹 대상 선정, ④ 벤치마킹팀 구성과 데이터의 수집(방문), ⑤ 개선의 순서로 이루어진다.

조금 더 실무적으로 들어가서 벤치마킹을 위해 또는 자신이 속한 대학의 교육과정 개선을 위해서라도 국내외 다른 대학으로 시야를 넓혀야 한다. 찾고자 노력만 한다면 비교과교육, 비교과 프로그램 또는 비교과통합시스템에 대한 수많은 우수

Benchmarking wheel
1. Plan
2. Find
3. Collect
4. Analyze
5. Improve

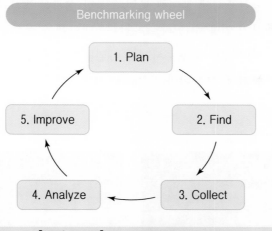

[그림 11-28] Benchmarking wheel

사례를 찾아볼 수 있다.

첫째, 구글 학술검색(http://scholar.google.co.kr)을 통해 최신 비교과 관련 논문이 있고, 각 대학 홈페이지를 접속하면 비교과 관련 운영 체계를 볼 수 있다. 논문은 많은 전문가가 심혈을 기울여 이론과 현실을 접목한 아주 좋은 참고 자료이다. 최근 들어 비교과 관련 논문이 다수 등록되고 있으니 꼭 참고할 만하다.

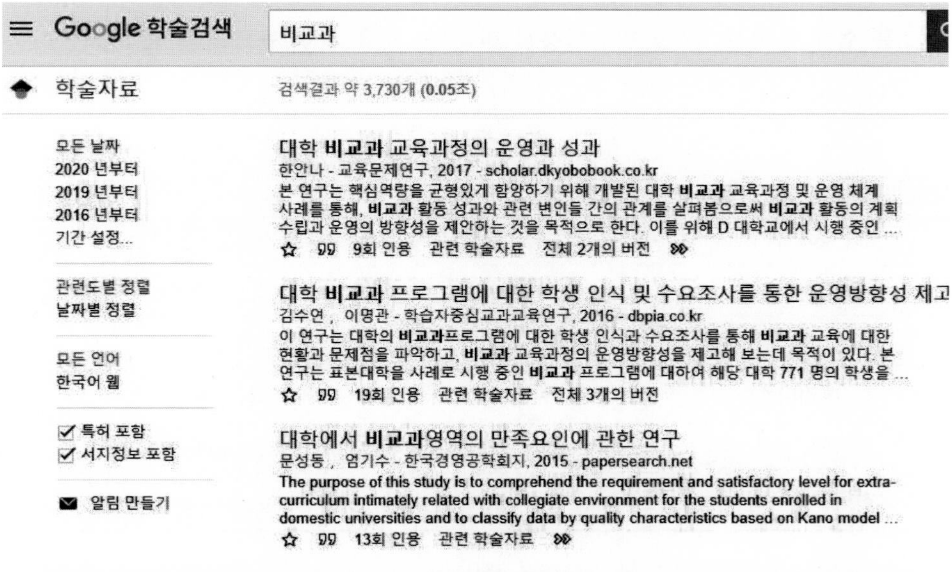

Google 학술검색
비교과
학술자료
검색결과 약 3,730개 (0.05초)
모든 날짜
2020 년부터
2019 년부터
2016 년부터
기간 설정...
관련도별 정렬
날짜별 정렬
모든 언어
한국어 웹
특허 포함
서지정보 포함
알림 만들기
대학 비교과 교육과정의 운영과 성과
한안나 - 교육문제연구, 2017 - scholar.dkyobobook.co.kr
본 연구는 핵심역량을 균형있게 함양하기 위해 개발된 대학 비교과 교육과정 및 운영 체계 사례를 통해, 비교과 활동 성과와 관련 변인들 간의 관계를 살펴봄으로써 비교과 활동의 계획 수립과 운영의 방향성을 제안하는 것을 목적으로 한다. 이를 위해 D 대학교에서 시행 중인 ...
9회 인용 관련 학술자료 전체 2개의 버전
대학 비교과 프로그램에 대한 학생 인식 및 수요조사를 통한 운영방향성 제고
김수연 , 이명관 - 학습자중심교과교육연구, 2016 - dbpia.co.kr
이 연구는 대학의 비교과프로그램에 대한 학생 인식과 수요조사를 통해 비교과 교육에 대한 현황과 문제점을 파악하고, 비교과 교육과정의 운영방향성을 제고해 보는데 목적이 있다. 본 연구는 표본대학을 사례로 시행 중인 비교과 프로그램에 대하여 해당 대학 771 명의 학생을 ...
19회 인용 관련 학술자료 전체 3개의 버전
대학에서 비교과영역의 만족요인에 관한 연구
문성동 , 엄기수 - 한국경영공학회지, 2015 - papersearch.net
The purpose of this study is to comprehend the requirement and satisfactory level for extra-curriculum intimately related with collegiate environment for the students enrolled in domestic universities and to classify data by quality characteristics based on Kano model ...
13회 인용 관련 학술자료

[그림 11-29] 구글 학술검색

둘째, 각종 성과확산포럼에 참여해 보면 우수한 성과를 발표하고 발표자에게 직접 질문을 할 기회까지 얻을 수 있다. 주관하는 대학에서 정성을 다해 발표자를 선정하고, 발표자는 해당 대학의 우수사례를 아낌없이 발표하는 자리가 성과 포럼이다. 제주도에서 개최되던, 부산이나 광주에서 개최되던 투자한 돈과 시간이 아깝지 않은 행사이다.

[그림 11-30] 성과확산포럼 참여

셋째, 대학 관련 뉴스에 대한 모니터링으로 실시간으로 타 대학의 변화를 파악하는 것이 중요하다. 우리 대학의 수준을 파악하기 위해서는 다른 대학에 대한 모니터링이 필요한데, 손쉽게 고급정보를 취득할 수 있는 방법으로 뉴스 기사를 들수 있다. RSS(Really Simple Syndication)를 활용하면, 각 대학의 기사나 교육 관련자료를 쉽게 받아볼 수 있으니 활용할 만하다. 교육 관련 뉴스의 주요 RSS는 다음과 같다.

표 11-19 ┃ 교육관련 뉴스의 주요 RSS

매체	RSS주소
한국대학신문	http://news.unn.net/rss/allArticle.xml
뉴스라인	http://www.usline.kr/rss/allArticle.xml
베리타스	http://www.veritas-a.com/rss/allArticle.xml
대학저널	http://www.dhnews.co.kr/rss/allArticle.xml
한국교육개발원	https://www.kedi.re.kr/khome/main/research/rssPubData.do

5. 비교과교육의 통합관리를 위한 제언

성과란, 일반적으로 조직이 가용 가능한 예산과 자원을 활용하여 어느 정도의 서비스를 산출하고 결과를 달성하였는지를 의미하는 것이라 할 수 있다. 사업에 대한 투입은 예산 또는 인력과 같은 생산요소이며, 이러한 투입을 통하여 결과를 산출하고, 산출로 변화하는 것이 결과 또는 성과라고 할 수 있다.

비교과교육은 한때 소외된 교육과정이었으나, 이제는 교과과정 못지않게 중요하게 인식되어 대학마다 상당한 예산과 인력을 투입되고 있다. 그간 투입에 대한 성과를 어떻게 확인하고, 투입 이상의 성과를 내기 위해 어떻게 할 것인지를 고민하고 있는 동료 대학 관계자에게 이 글이 도움이 되기를 바란다.

베스트셀러 도서 중에 『멈추면, 비로소 보이는 것들』(혜민, 2012)이라는 책이 있다. 쉼 없는 분주함 속에서 놓친 것을 발견하고 삶을 되돌아볼 수 있는 책이다. 비교과 프로그램 통합관리도 동일한 맥락에서 바라볼 수 있다. 흩어져 있는 개별 단위의 프로그램을 한곳에 모아 매트릭스 형태로 펼쳐 보면 '비로소 보이는 것들'이 있다. 프로그램이 중복되어 비효율적으로 운영되고, 특정한 영역 또는 특정한 역량에 편중되게 운영되며 특정한 학년에 편중되게 운영되고 있음을 확인할 수 있다.

중복을 배제하여 효율성을 높이고, 상대적으로 부족한 부분을 채우기 위해 새로운 프로그램을 개발하여 제공하고, 학생의 의견을 청취하여 운영자가 스스로 개선할 수 있는 체계를 만드는 일은 통합관리가 되어야만 수월하게 이루어질 수 있다.

장점을 알더라도 어느 부서? 누가? 어떤 재원으로? 등을 고민하다가는 결코 실행에 옮길 수 없다. 1주기 구조개혁평가가 끝나면 바로 구축해야지, 2주기 기본역량진단이 끝나면 바로 구축해야지, 대학기관평가인증이 끝나면 해야지……. 수없이 계획만 수립하다가 실행에 옮기지 못한 대학을 많이 봐 왔다. 최근 강의에서 들려주는 말이 있다.

"닥치고 실행"
"시작이 반"

일단 시작하면 하지 않고 가만히 있는 것보다 더 좋은 결과를 가져올 수 있다.

비교과통합시스템을 구축했다고 모든 것이 이루어지는 것은 아니다. 앞서도 언급한 것과 같이 '역지사지(易地思之)'의 관점에서 끊임없이 고민하고 개선해야 성공적으로 대학 시스템 내에 안착시킬 수 있다. 빠르게 변하는 학생의 요구, 대외 환경의 변화, 시스템을 고도화하기 위한 노력 없이는 성공적인 운영을 장담할 수 없다.

우리의 이러한 노력이 '학생 성공'(Student Success)의 초석이 된다는 것을 항상 기억하길 바란다.

<부록 11-1> 비교과통합관리 관련 규정 예시

제1절 비교과과정의 편성

제32조(비교과과정 편성 기본 원칙)

① 비교과과정 종류별 주관부서장과 운영부서장은 대학교육혁신원장이 제시한 교육과정 기본계획에 부합하도록 비교과과정을 편성하여야 한다.

② 제1항 이외에 비교과과정 편성 시 다음 각 호를 준수하여야 한다.

1. 내·외부 환경 및 여건 분석, 프로그램 성과분석, 수요조사, 타 대학 벤치마킹 등 다각적인 조사와 분석 실시
2. 역량 진단을 통한 수준별 최적의 프로그램 제공 노력
3. 교과과정의 보완을 위한 연계성 강화 노력
4. 학습저성과자 및 학습소수자에 대한 우선적 배려
5. 비교과과정을 통한 지역사회 공헌 확대

제33조(역량기반 비교과과정 편성)

① 비교과과정은 다음 각 호의 본교 6대 핵심역량을 배양할 수 있도록 편성한다.

1. 창의역량
2. 융합역량
3. 공동체역량
4. 의사소통역량
5. 리더십역량
6. 글로벌역량

② 비교과과정 중 학습역량 강화 프로그램은 다음 각 호의 본교 7대 학습역량을 배양할 수 있도록 편성한다.

1. 고등사고력
2. 창의성
3. 문제해결력
4. 정서
5. 학습동기
6. 학습전략

7. 자원활용력

제2절 비교과과정의 운영

제34조(비교과과정 종류별 주관 부서 등)

　① 제2조 제2항 각 호의 비교과과정 종류별 주관 부서와 담당 업무는 다음 각 호와 같다.

　　1. 비교과과정 총괄 관리: 교육과정혁신센터

　　　가. 비교과과정의 운영 · 관리를 위한 규정, 지침, 매뉴얼의 제정과 개정

　　　나. 각 비교과교육과정의 핵심역량 계발 효과성 분석

　　　다. 비교과통합관리 시스템의 운영

　　2. 학습역량 강화 프로그램 주관: 교수학습혁신센터

　　　가. 학습역량 강화 프로그램 개발에 필요한 사전조사 · 연구, 학습역량 진단 및 컨설팅

　　　나. 본교 학습역량 강화 프로그램의 운영과 성과관리 및 컨설팅

　　3. 진로 · 취업역량 강화 프로그램 주관: 경력개발센터

　　　가. 진로 · 취업역량 강화 프로그램 개발에 필요한 사전조사 · 연구, 진로 · 취업역량 계발, 지원 및 컨설팅

　　　나. 본교 진로 · 취업역량 강화 프로그램의 운영과 성과관리 및 컨설팅

　　4. 창업역량 강화 프로그램 주관: 창업교육센터

　　　가. 창업역량 강화 프로그램 개발에 필요한 사전조사 · 연구, 프로그램 지원 및 컨설팅

　　　나. 본교 창업역량 강화 프로그램의 운영과 성과관리 및 컨설팅

　　5. 심리상담 프로그램 주관: 상담센터

　　　가. 개인 및 집단 상담을 통한 심리적 안정과 대인관계 강화 프로그램 운영을 위한 사전조사 · 연구 및 컨설팅

　　　나. 각종 심리검사, 학생 문제 조사, 상담교육훈련 운영 및 지원

　② 전공학문기반의 비교과과정은 단과대학, 학과(부)가 주관하여 운영한다.

제35조(비교과통합관리 위원회)

　① 비교과교육과정의 운영에 관한 중요사항을 심의하기 위하여 비교과통합관리위원회를 두며, 위원회는 15명 이내로 구성한다.

② 위원장은 교육과정혁신센터장으로 하며, 당연직 위원과 위촉직 위원으로 구성한다.

③ 당연직 위원은 베어드교양대학부학장, 교수학습혁신센터장, 상담센터장, 창업교육센터장, 경력개발센터장, 사회공헌센터장, 학생대표로 하며, 위촉직 위원은 총장이 위촉하는 약간 명의 정년직 전임교원으로 한다.

④ 위촉직 위원의 임기는 2년으로 한다.

⑤ 위원회는 다음 각 호의 사항을 심의한다.

　　1. 비교과과정 운영 및 관리 정책 수립

　　2. 비교과과정 운영 성과 및 개선 방안 심의

　　3. 기타 비교과과정 운영과 관련한 중요 사항

⑥ 위원회는 총장의 요청이 있을 경우 또는 위원장이 필요하다고 인정할 때에 위원장이 소집하며, 재적위원 과반수의 참석으로 개회하고, 출석위원 과반수의 찬성으로 의결한다.

⑦ 위원회의 사무는 교육과정혁신센터 교육과정혁신팀에서 관장하며 교육과정혁신팀장을 간사로 한다.

제36조(비교과통합관리위원회 산하 위원회)

비교과통합관리위원회 산하에 두는 소위원회와 담당 업무는 다음 각 호와 같이 한다.

　1. 학습역량 개발 소위원회

　　가. 구성: 교수학습혁신센터 운영내규에서 정한 교수 · 학습역량 개발 위원회로 갈음

　　나. 업무: 학습역량 강화 프로그램의 운영 계획 및 성과분석 결과 심의

　2. 진로 · 취업역량 개발 소위원회

　　가. 구성: 경력개발센터 운영내규에서 정한 학생경력개발지도위원회로 갈음

　　나. 업무: 진로 · 취업역량 강화 프로그램의 운영 계획 및 성과분석 결과 심의

　3. 창업역량 개발 소위원회

　　가. 구성: 창업지원단 운영 규정에서 정한 창업지원단 운영위원회로 갈음

　　나. 업무: 창업역량 강화 프로그램의 운영 계획 및 성과분석 결과 심의

　4. 심리상담지원 소위원회

　　가. 구성: 상담센터 운영내규에서 정한 운영위원회로 갈음

　　나. 업무: 심리상담지원 프로그램의 운영 계획 및 성과분석 결과 심의

제37조(비교과과정 운영)

비교과과정을 운영하고자 하는 부서장은 사전에 교육과정혁신센터의 핵심역량 또는 학

습역량 계발 효과성 검토를 받아야 하며, 다음 각 호에 따른 업무를 수행하여야 한다.

1. 프로그램 편성표 작성

2. 프로그램 운영계획 수립

3. 프로그램 등록

4. 프로그램 운영

5. 프로그램 성과분석

제38조(비교과통합관리 시스템의 활용)

비교과과정을 운영하는 부서장은 다음 각 호를 비교과통합관리 시스템에서 운용하여야한다.

1. 프로그램 편성표, 연간 운영계획, 세부 운영계획의 탑재

2. 프로그램 참여 신청 접수

3. 만족도 조사

4. 제반 성과분석 결과 및 개선계획의 탑재

제39조(비교과과정 인증제)

① 학생들의 비교과과정 참여를 장려하기 위해 비교과과정 마일리지 제도를 운영한다.

② 마일리지 취득 점수에 따라 숭실 6대 핵심역량 각 영역에 대한 인증제를 도입하며, 다음 각 호에 따라 비교과과정 인증제를 시행한다.

   1. 4개 이상 핵심역량 인증: MAX인증

   2. 5개 이상 핵심역량 인증: 숭실인증

③ 인증 결과는 비교과 이수증명서에 표기한다.

제3절 비교과과정 품질관리

제40조(품질관리)

① 비교과과정을 운영하는 부서장은 품질관리를 위해 다음 각 호를 시행하여야 한다.

   1. 프로그램별 만족도 조사 및 학생 의견 수렴

   2. 성과분석보고서 작성

   3. 개선계획이 포함된 다음 학기 운영계획서 작성

   4. 제2, 3호를 비교과통합관리 시스템에 탑재

② 교육과정혁신센터장은 비교과과정 참여학생의 핵심역량을 진단·분석하여 비교과과 정 운영부서에 제공하여야 한다.

③ 교수학습혁신센터장은 비교과과정 참여학생의 학습역량을 진단·분석하여 비교과과 정 중 학습역량 강화 프로그램 운영부서에 제공하여야 한다.

④ 비교과과정 종류별 주관부서는 해당 비교과과정의 수업 효과성 분석 방법을 연구·개 발하여야 한다.

⑤ 비교과통합관리위원회 산하 각 소위원회 해당 프로그램의 성과분석보고서와 다음 학기 운영계획서를 종합 심의한 후 비교과통합관리위원회에 그 결과를 보고하여야 한다.

⑥ 비교과통합관리위원회는 제5항의 보고서를 종합하여 비교과과정 운영 및 관리 정책 등을 개선하여야 한다.

제41조(비교과 CQI 보고서)

교육과정혁신센터장은 매 학기 종료 직후 프로그램별 비교과 CQI(Continuous Quality Improvement) 보고서가 완결되도록 점검하여야 한다.

제42조(운영 성과의 교내·외 확산)

교육과정혁신센터장, 비교과 종류별 주관부서장, 비교과 운영부서장은 프로그램의 운영 성과를 발표회 및 심포지엄 개최, 사례집 발간, 언론보도 등의 다양한 방법으로 교내·외 에 확산하여야 한다.

<부록 11-2> 품의서 샘플 시행품의

제목: ○○○○ 프로그램 운영

동행동락 프로그램을 다음과 같이 운영하고자 하니 결재하여 주시기 바랍니다.

1. 프로그램명:

2. 세부프로그램명 :

3. 실행사업명 :

4. 사업목적

5. 운영개요

    가. 일시

    나. 장소

    다. 대상 및 예상 인원

    라. 내용

6. 예산(안)

내용	계획예산	비율	비고
계			

7. 직전 프로그램 현황 및 개선사항 목표

8. 재원: 교육과정혁신팀/실험실습비

붙임. 프로그램 계획(안). 끝.

<부록 11-3> 품의서 샘플 결과품의

제목: ○○○○ 프로그램 운영 결과보고

Ⅰ. 관련: 교육과정혁신팀-74(2019. 3. 2.) "A프로그램 시행 품의서"

Ⅱ. 'A 프로그램'에 대한 운영 결과를 다음과 같이 보고합니다.

    1. 프로그램명:

    2. 세부 프로그램명 :

    3. 실행사업명 :

    4. 사업목적

    5. 운영개요

        가. 일시

        나. 장소

        다. 대상 및 참여 인원

        라. 내용

    6. 결산

내용	계획예산	집행예산	비고
계			

    7. 프로그램 성과

        가. 만족도 조사 결과 (응답자 수: 25, 83%)

구분	평균	비고(이전 대비)
교육목표		
만족도 전반		
전체		

나. 사업성과

구분	내용
프로그램 성과	•
프로그램 평가	•
개선점 및 우수사례	•

붙임 1. 시행품의서

   2. 참여자 명단 1부.

   3. 프로그램 관련 자료(압축). 끝.

<부록 11-4> 비교과 프로그램 성과 진단보고서

I. 기본정보

1	프로그램 명칭						
2	프로그램 운영일시						
3	프로그램 형식	강의	견학/체험	온라인	팀프로젝트	대회	기타
4	핵심역량 연관성 (역량 최소2개이상 선택, 총합100)	창의역량	융합역량	공동체역량	의사소통역량	리더십역량	글로벌역량

5	프로그램 교육목표 (교육목표의 개수만큼 작성)	1	
		2	
		3	
6	프로그램 개설 및 교육목표 설정시 구성원 및 사회의 요구 수렴 여부		
7	프로그램 교육내용		

8	프로그램 교육대상	1학년	2학년	3학년	4학년	기타

9	프로그램 교육(활동) 기간	단기 (1주미만)	중기 (1달미만)	장기 (1달이상)	기타

10	프로그램 참여 횟수 및 소요시간			

11	프로그램 개설성격	정기적으로 개설	예산에 따라 유동적으로개설	기타

12	프로그램 난이도	상	상중	중	중하	하	기타

13	프로그램 공지방법	학교 홈페이지	부서 홈페이지	기타

14	학생들이 프로그램을 신청하는 방법	전화	이메일	온라인 신청 사이트접속	직접 방문	기타

15	학생 1인당 부담 비용				
16	프로그램 운영 총 예산				
17	프로그램의 교외 연계성 여부				

18	담당자 정보	담당자 이름	
		담당자 이메일	
		담당자 내선번호	
		부서 홈페이지	

19	프로그램 참여 학생 수	
20	학생 참여 활성화를 위한 노력	
21	프로그램 참여 교수 수	
22	교수 참여 활성화를 위한 노력	

II-1. 교육성과진단(공통)

> Tip 1. 프로그램 이수 학생을 대상으로 아래 내용을 조사한 후, 작성해 주시기 바랍니다.
> Tip 2. 아래 내용은 예시이므로 해당 프로그램에 맞게 수정하여 작성해 주시기 바랍니다.
> Tip 3. 1~3번 표의 내용은 IV. 문제분석 및 개선방안에 그래프로 전환됩니다.

1. 이 프로그램을 통해 다음의 핵심역량 향상에 도움이 되었다.

	핵심역량	전혀그렇지않다	그렇지않다	보통이다	그렇다	매우그렇다
1						
2						

2. 이 프로그램을 통해 다음의 교육목표를 달성할 수 있었다.

	교육목표	전혀그렇지않다	그렇지않다	보통이다	그렇다	매우그렇다
1						
2						

3. 만족도 (문항은 프로그램에 맞게 작성)

	만족도	매우불만족	불만족	보통	만족	매우만족
1						
2						
3						
4						

4. 의견조사

핵심역량, 교육목표, 만족도와 관련하여 본 프로그램에 대한 학생들의 긍정적인 의견을 구체적으로 작성해 주십시오.

1	
2	
3	

핵심역량, 교육목표, 만족도와 관련하여 부족하거나 보완이 필요한 사항 등 본 프로그램에 대한 학생들의 부정적인 의견을구체적으로 작성해 주십시오.

1	
2	
3	

II-2. 교육성과진단 (특화)

> Tip 1. 핵심역량, 교육목표, 만족도에는 해당하지 않지만 본 비교과 프로그램만의 특화된 교육성과 관련 내용을 조사한 후, 작성해 주시기 바랍니다.
> Tip 2. 예) 교내외 대회 입상자 수, 자격증 취득자 수, 취업율, 자기효능감 향상 등

	항목	내용
1	(예)교내외 대회 입상자 수	
2	(예)자격증 취득자 수	

III. 운영성과진단

> Tip 1. 프로그램을 실행하는 학과(부) 및 부서의 입장에서 프로그램 운영 성과를 작성하시기 바랍니다.
> Tip 2. 예) 프로그램 체계 개선을 통한 성과, 프로그램 운영 비용 절감 효과

	항목	내용
1	(예)프로그램 체계 개선을 통한 성과	
2	(예)프로그램 운영 비용 절감 효과	

IV. 문제분석 및 개선방안 수립

구분	진단결과	문제분석 및 개선방안
II-1. 교육성과진단 (공통)	**1. 핵심역량 향상 도움정도** ■ 전혀 그렇지 않다　■ 그렇지 않다　■ 보통이다 ■ 그렇다　　　　　■ 매우 그렇다	
	2. 교육목표 달성 도움정도 ■ 전혀 그렇지 않다　■ 그렇지 않다　■ 보통이다 ■ 그렇다　　　　　■ 매우 그렇다	
	3. 만족도 ■ 매우 불만족　　■ 불만족　　■ 보통 ■ 만족　　　　　■ 매우 만족	
4. 의견조사 결과		
II-2. 교육성과진단 (특화)	공통 이외에 프로그램의 특성에 맞게 특화된 문항으로 의견 조사한 결과	
III. 운영성과진단	프로그램을 실행하는 학과(부) 및 부서 입장의 운영 성과 결과	

\<부록 11-5\> 신규 비교과 프로그램 개설

구분	내용
	프로그램 기본정보
프로그램명	※ 과거 운영 프로그램 불러오기 가능
프로그램요약	
프로그램형식	□ 비교과(비학점) □ 교양연계비교과(학점불인정) □ 전공연계비교과(학점불인정)

대구분	소구분
□ 학습역량	□ 공모전 □ 소모임 □ 경진대회 □ 자격증 □ 특강 □ 워크숍 □ 독서 □ 튜터링 …
□ 취업역량	□ 특강 □ 자격증 □ 소모임 □ 공모전 □ 멘토링 …
…	…

(프로그램분류 아래)

구분	내용
운영방식	
운영기관	자동입력 (예: 교육과정혁신센터 □ 교육과정혁신팀)
표지이미지	
태그	
	상세내용
상세내용	※이미지, 파일, 영상, 링크, 표로 다양한 편집 가능
	프로그램 일정 및 상세정보 설정
장소	
프로그램 일정	시작일 / 시작시간 ~ 종료일 / 종료시간
총시간/횟수	
난이도	□ 초급 □ 중급 □ 고급
마일리지	※ 자동계산
사전설문조사	□ 문항구성 가능
설문선택	□ 기본 설문양식(12문항) + 추가 설정 가능
설문시작일	
	프로그램 신청 설정
신청기간	시작일 / 시작시간 ~ 종료일 / 종료시간
신청형태	□ 개인 □ 팀
참여승인방법	□ 신청시 모두 자동승인(신청제한인원 없음) □ 정원내 신청자 선착수 자동승인(대기자 없음) / 정원 입력 □ 정원내 신청자 선착순 자동승인(정원초과시 대가자로 신청가능) / 정원 입력 □ 신청자 중 운영자 승인

(※ 왼쪽 첫 번째 열은 '기본정보'로 전체 행을 포괄함)

구분		내용					
		신청대상설정					
	비학생	□ 교수/교직원 신청					
	재적상태	□ 전체 □ 재학 □ 휴학 □ 졸업					
	학년	□ 전체 □ 1학년 □ 2 학년 □ 3학년 □ 4학년 이상					
	성별	□ 남자 □ 여자					
	소속	□ (단과대학) □ (학과)					
		프로그램 개설근거					
	근거유형	□ 만족도 조사 등 학생 요구 □ 부서/학과회의 □ 기타					
	근거요약						
	증빙파일	※파일첨부					
		게시판 설정					
	게시판	□ 공지사항 □ 활동게시판 □ 팀게시판 □ 팀활동방					
		이수증/교육확인증 설정					
	이수증 양식	□ 기본양식 □ 기타					
	이수증 내용	※기본내용					
	설문여부	□ 설문 후 출력 □ 자동 출력					
		담당자 정보					
	담당자	※ 자동지정 (부서, 담당자명)					
	전화번호						
	이메일						
	홈페이지						
		SMS발송/수신설정					
	발송번호						
	수신번호						
역량설정	핵심역량 연관성	핵심역량	하위역량	교육목표	비율(%)	주역량	부역량
예산설정	예산설정	예산항목			예산금액		
신청필드	신청필드	구분	내용				필수
		형식	일반텍스트, 긴텍스트, 단일 선택항목, 다중 선택항목, 신청자 동의항목, 파일첨부, 서명필드				□
		형식	일반텍스트, 긴텍스트, 단일 선택항목, 다중 선택항목, 신청자 동의항목, 파일첨부, 서명필드				□

<부록 11-6> 비교과 프로그램 CQI

구분		입력
프로그램 성과평가	참여자 : 40명 (신청인원 : 40명)　　　이수자 : 32명 (80.00%) 설문결과 : 4.71 / 5.00점 (응답자 : 21명, 응답률 : 52.50%)	
	만족도조사 결과분석	
	프로그램 성과	
	프로그램 운영평가	
	이번학기 대비 개선실적	
	향후 프로그램 개선계획	
	건의사항 및 부서 요구 사항	
	우수사례	*파일첨부 가능
프로그램 운영결과	완료보고서	*파일첨부(복수)
	증빙사진	*파일첨부(복수)
	지출 증빙자료	*파일첨부(복수)
	최종소요예산 884,000원 / 1,000,000원 (잔여예산 : 116,000원)	
	마일리지지급내역 640점 (이수자지급마일리지) + 0점 (추가지급마일리지) = 640점 (총 지급마일리지)	

제 **4** 부

교육 성과관리의
구축

제12장

핵심역량 성과관리

I. 핵심역량 성과관리의 이해

1) 핵심역량 성과관리의 필요성 및 목적

적어도 우리나라에서 대학평가를 받아 본 대학 중에 핵심역량에 관한 논의를 해 보지 않은 대학은 없을 것이다. 구조개혁평가, 기본역량진단, 기관평가인증제, 대학혁신지원사업 등 대부분의 평가에서 핵심역량에 관한 제시가 없이는 어떠한 내용도 전개하기 어렵기 때문이다. 핵심역량은 인재상의 핵심적인 구성요소이면서 중장기 발전계획과 특성화계획, 교양교육과정, 전공교육과정, 비교과교육과정은 물론 교수학습 활동과 관련해서도 중심을 이룬다. 따라서 대학에서는 중장기 발전계획을 수립할 때 교육이념, 교육목적, 교육목표에 따라 추구하는 인재상이 반드시 갖추어야 할 핵심역량을 확인하고 논의하는 것을 첫 단계로 삼는다. 여기에서 비전이 도출되고, 전략 방향과 전략과제, 세부 실행과제가 모색되기 때문이다.

우리나라의 대학이 핵심역량과 역량기반 교육에 각별한 주의를 기울이고 힘을 쏟게 된 것은 각종 대학평가와 학부교육선진화선도대학지원사업(ACE 사업) 등 국고재정지원사업의 영향에서 비롯된 것이라 해도 과언이 아니다. 특히 사업계획서와 결과보고서가 공개된 ACE 사업의 경우 대학으로 하여금 핵심역량기반 교육을 정립하고 실천하게 하는 데 결정적인 역할을 했다. 그러나 ACE 사업이 대학교육에 있어서 핵심역량과 교육성과에 관한 논의를 광범위하게 확산시키고 역량기반 교육을 위한 실천적인 대안을 모색하는 데 주된 역할을 했음에도 불구하고 현실은 그다지 밝지 않다. 핵심역량을 선언적으로 제시했을 뿐, 설정한 핵심역량에 관한 개념적 정의가 모호하고, 교육과정이나 구체적인 교수학습 활동에서 구체적인 구현이 없는 '무늬만 역량기반 교육'이라는 비판이 나오기도 하는 실정이다. 이를 극복하기 위해서는 핵심역량과 핵심역량기반 교육에 관한 깊은 이해와 함께 탐색적인 대안 모색이 필요하다.

이 장에서는 핵심역량의 정의 및 구성요소에 관한 국내외 연구 성과를 종합하여 살펴보고, 역량기반 교육에 관한 이론적 기초를 검토할 것이다. 이를 통해 대학에서 핵심역량을 설정하고, 이에 관한 개념적 정의를 하는 데 도움을 제공하고자 한다. 아울러 역량기반 교육에 관한 이론적 내용을 살펴봄으로써 역량기반 교육과정에 관한 실무적 이해를 높이고자 한다. 다음은 핵심역량 진단도구의 개발 및 운영에 관한 구체적이고 실무적인 프로세스와 내용을 제시하여 대학교육 성과관리를 위해 핵심역량 진단도구를 개발하고 운영하는 데 실질적인 도움을 제공할 것이다.

아울러 구체적인 대학 사례를 공유하고 분석해 보고자 한다. 여러 대학의 핵심역량 프레임워크와 핵심역량 구성요소를 공유함으로써 대학이 핵심역량 체계를 설정하는 데 구체적인 참고사항을 제시할 것이다. 마지막으로 핵심역량에 관한 이해를 높이고, 핵심역량 진단도구를 개발하여 운영하는 데 있어서 필요한 실질적인 도움을 제공할 것이다.

2) 핵심역량의 이해

대학별로 건학이념, 교육목적, 교육목표, 인재상에 비추어 추구하는 인재가 갖추어야 할 핵심역량을 정의하고, 핵심역량 진단도구를 개발하는 일은 외부에 용역을 발주하여 진행하는 경우가 대부분이다. 전문업체나 연구자 그룹에 외주를 준다고 하여도 대학 보직교수나 직원이 프로젝트 진행과정에 함께 참여해야 하고, 프로젝트 결과물을 검수해야 한다. 이를 위해서는 핵심역량의 개념을 정확히 알고, 이

전에 진행된 핵심역량 연구의 성과를 파악할 필요가 있다. 전문업체든 연구자 그룹이든 사전연구의 기반 위에서 프로젝트를 수행하게 되기 때문이다. 다음에 제시하는 내용을 중심으로 키워드 몇 개만 기억해 두었다가 사용하면 뜻밖의 성과를 거둘 수 있다. 아마도 그 키워드와 독자의 전문가적인 식견이 효과적으로 외주업체나 연구자 집단을 긴장하게 하여 프로젝트의 질을 획기적으로 높일 수 있을 것이다. 예를 들면, '아, 이 내용은 OECD DeSeCo를 기반으로 하셨군요.'라든지 '이 내용은 ATC21S의 연구 성과를 중심으로 하셨군요.'라는 식이다. 그 효과는 강력하다.

여기서는 핵심역량의 대표적인 정의를 확인하고, 핵심역량의 구성요소를 도출하기 위한 국제적인 연구 프로젝트 성과를 논의할 것이다. 아울러 우리나라 고등교육 수준에서 요구되는 핵심역량의 영역과 요소를 선행연구를 통해 종합해 볼 것이다.

핵심역량(Core competency)이란 '사회적 변화에 대응하는 삶의 기술'이라는 의미로 널리 이용된다. McClelland(1973)는 핵심역량을 '특정한 상황이나 직무에서 정해 놓은 기준에 따라 효과적이고, 우수한 직무 수행을 가능하게 하는 개인의 내적 특성'으로 정의하고 있다. 그는 전통적인 지능검사나 적성검사가 갖는 한계를 지적하면서 다양한 사회적 역할이나 직업에서 공통적으로 수행되는 능력의 중요성을 강조하고, 역량이 이와 같은 능력을 예측하는 유용한 개념이라고 보았다(이민정, 2016). 〈표 12-1〉에는 학자들이 역량에 대해 내린 다양한 정의가 제시되어 있다. 역량의 정의는 맥락이나 목적에 따라 다양한 의미를 갖고 있으나 공통적으로 과제를 성공적으로 수행하는 데 필요한 지식, 기술, 태도의 집합체라고 종합할 수 있다.

역량의 구성요소는 크게 지식, 기술, 태도, 가치, 자질 및 동기 등으로 구성된다. 일반적으로 우리가 인식하는 데 한계가 있고, 개발하기 어렵다고 여겨지는 동기, 특성, 자아개념 등은 제외하고, 지식, 기술, 태도 및 가치를 역량의 구성요소로 보는 것이 일반적이다. 따라서 학생들의 핵심역량을 측정하고 개발한다는 의미는 학생들이 지닌 지식, 기술, 태도 및 가치를 측정하고, 의도한 핵심역량의 수준으로 끌어올린다는 것을 의미한다. 대학의 교육목적 및 교육목표에 비추어 학생들이 갖추어야 할 지식, 기술, 태도 및 가치의 내용과 수준을 결정하는 것이 '핵심역량의 핵심'이라 하겠다.

표 12-1 ┃ 핵심역량의 정의

학자	정의
Boyatzis(1982)	• 직무 수행에서 탁월한 성과를 낼 수 있는 내재적인 특질(동기, 특성, 기술, 사회적 역할, 지식 체계 등)
McLagan(1982, 1990)	• 직무나 역할 수행에서 뛰어난 실적을 내는 수행자의 능력 특성 • 높은 성과를 가져오는 개인의 능력
Spencer & Spencer(1993)	• 직무나 특정 상황에서 탁월한 성과를 창출하는 데 직접 관련된 개인의 동기, 특질, 자아의식, 지식, 스킬 등
Dubois(1993)	• 직무와 관련된 업무 수행능력 • 삶에서의 역할을 성공적으로 수행하도록 하는 개인의 특성
Norton(1999)	• 주어진 직업의 과업을 수행하기 위해 요구되는 지식, 기술 및 태도의 성취 • 개인이 주어진 직업의 과정을 효과적으로, 그리고 능률적으로 수행할 수 있을 때 소유하고 있는 능력
OECD(2002)	• 다양한 요구에 성공적으로 대응하는 능력 혹은 활동 또는 과제를 수행하는 능력 • 개인이나 사회의 요구에 성공적으로 부응하면서 활동이나 과제를 수행할 수 있는 잠재력
NCES(2002)	• 구체적인 과제를 수행하는 데 필요한 기술, 능력, 지식의 집합체
강순희 외(2002)	• 조직에서 요구하는 공통적 역량(기본역량)과 개인의 특수직무나 역할에서 요구하는 차별화 역량(전문역량)의 합
유현숙 외(2002)	• 생애를 통하여 육성시켜 주어야 하는 핵심 능력

출처: 김창환 외(2014).

직업사회에서 주로 논의되었던 핵심역량의 개념이 학교교육 분야로 확산된 계기는 1997년 시작된 OECD DeSeCo(Defining and Selecting Key Competencies) 프로젝트이다. 이 프로젝트는 미래 사회의 변화에 대처하기 위하여 개인에게 요구되는 핵심역량을 광범위하게 조사하여 의미를 제시함으로써 각국의 교육현장에서 핵심역량을 기를 수 있도록 도움을 주려는 데 목적이 있다. 이 프로젝트에서는 핵심역량을 '복합적인 요구를 지식, 기술과 태도를 포함한 심리학적 자원을 활용해 성공적으로 충족시킬 수 있는 능력'으로 정의하였다. 아울러 복잡한 미래 사회에 대처하기 위한 핵심역량을 도출하는 세 가지 조건을 제시하였다. 이는, 첫째, 개인적·사회적·경제적으로 폭넓은 이익을 가져다줄 수 있고, 둘째, 다양한 삶의 맥락에서 발생하는 복합적인 요구에 부응할 수 있어야 하며, 셋째, 성공적인 삶을 위해 모

표 12-2 | DeSeCo 핵심역량

범주	강조점	핵심역량
도구를 상호적으로 사용하는 능력 (Using Tools Interactively)	개인이 사회적·물리적 환경과 상호작용하기 위하여 다양한 도구를 효과적으로 사용할 수 있어야 함	언어, 상징, 텍스트 상호적으로 활용하는 능력
		지식과 정보를 상호적으로 활용하는 능력
		기술을 상호적으로 활용하는 능력
이질적 집단 내에서 상호작용하는 능력 (Interacting in Heterogeneous Groups)	다원화되고 상호의존성이 높아지는 사회에서 이질적 배경을 지닌 집단 내에서 상호작용할 수 있어야 함	타인과 관계를 잘 맺는 능력
		팀에서 일하고 협동하는 능력
		갈등을 관리하고 행동하는 능력
자율적으로 행동하는 능력 (Acting Autonomously)	자신의 생애를 관리하고 확대된 사회적 맥락 속에서 자리매김하며 자율적으로 행동할 수 있어야 함	큰 맥락에서 보고 행동하는 능력
		생애계획과 개인적 과업을 설정·실행하는 능력
		자신의 권리와 이익의 한계를 알고 주장하는 능력

출처: OECD(2005).

든 개개인에게 중요한 능력이어야 함을 포함한다(이민정, 2016; Rychen & Salganik, 2003).

　이후에도 핵심역량에 대한 연구는 지속적으로 이어져 2009년에 세계 60개국의 연구기관이 참여하고 시스코, 인텔, 마이크로소프트사가 후원한 다국적 프로젝트인 '21세기 역량의 평가와 교육(Assessment and Teaching of Twenty-First Century Skills Project: ATC21S)'이 수행되었다. 이 프로젝트에서는 미래 사회에서의 지속가능한 경제발전에 중점을 두어 네 가지 영역에서 10개의 핵심역량을 제시하였다. 이 연구 프로젝트의 목적은 21세기에 필요한 역량을 평가하는 방안을 탐구하는 것이었다(이민정, 2016).

표 12-3 | ATC21S의 핵심역량 내용 체계

핵심역량	내용 체계
사고의 방식 (Ways of Thinking)	창의력과 혁신능력
	비판적 사고력, 문제해결력, 의사결정능력
	학습하는 방법의 학습, 상위인지력

직무의 방식 (Ways of Working)	의사소통능력
	협동능력
직무의 수단 (Tools for Working)	정보문해력
	정보통신기술능력
세계 속의 삶 (Living in the World)	지역 및 세계 시민의식
	생애발달능력
	개인과 사회적 책무성(문화인식 및 역량 포함)

출처: ATC21S(2005).

우리나라 고등교육에서 있어서도 핵심역량과 관련된 여러 연구가 활발하게 진행되어 왔다(김안나 외, 2003; 유현숙 외, 2002, 2004; 이민정, 2016). 이민정(2016)은 이전에 수행되었던 국내 고등교육에서 요구되는 핵심능력을 분류하여 제시하였다. 핵심능력은 전공지식, 사고력, 의사소통능력, 자기주도적 학습능력, 리더십, 문제해결능력, 협동능력으로 구분하고, 구성요인을 체계적으로 정리했다.

표 12-4 ▎고등교육 단계에서 요구되는 핵심능력

핵심능력	구성요인
전공지식	• 전공 이론적 기초 • 전공 분야 지식의 실용적 적용
사고력	• 비판적 사고력 • 예측과 추리력 • 단편적 지식의 종합능력
의사소통능력	• 타인의 의견을 경청하는 능력 • 자신의 의사를 표현하는 능력 • 기본 문해력(말하기, 읽기, 쓰기능력)
자기주도적 학습능력	• 자발적인 목표설정과 학습동기 • 자신감과 자존감 • 정보처리 및 기술 활용능력 • 변화를 수용하고 대처하는 능력
리더십	• 구성원 간 갈등조율능력 • 뚜렷한 주관과 추진력 • 조직의 비전 제시 • 책임감과 도덕성

〈계속〉

문제해결력	• 장애요인을 극복하는 능력 • 효율적이고 시의적절한 의사결정력 • 문제원인에 대한 진단과 분석력 • 사고의 유연성 • 독립심
협동능력	• 타인에 대한 지원과 신뢰 • 상호의견 교환과 합의점 도출 • 다양한 문화와 가치 체계에 대한 존중

출처: 유현숙 외(2002).

지금까지 논의하고 종합한 핵심역량은 대학의 건학이념, 교육목적, 교육이념에 따라 선택되어 인재상과 매칭할 수 있다. 대학은 기본역량진단, 기관평가인증제, 대학혁신지원사업 등 각종 국고지원사업을 수검하면서 대학에서 추구하는 인재가 갖추어야 할 핵심역량을 제시하고 있다. 국내 대학들이 유사한 환경에서 비슷한 발전과정을 거쳐 현재에 이르렀으며, 4차 산업혁명 등 급격하고 전면적인 변화 요구에 직면하고 있다는 점에서 선택된 핵심역량이 매우 유사한 것으로 파악된다.

2. 역량기반 교육과 핵심역량 진단도구 개발

1) 역량기반 교육

전통적인 지식중심 교육은 직무 수행에 필요한 전문지식의 습득을 중심으로 이루어져 왔다. 콘텐츠 중심의 교육은 지식이나 스킬을 습득하는 데는 유리하지만 현장에서의 업무 수행을 위한 태도와 자기인식 등 종합적인 수행 행동의 습득에는 한계가 존재한다. 반면, 역량기반 교육은 성공적인 직무 수행에 요구되는 지식, 기술 외에 실제 행동에 대한 학습을 중시한다.

역량기반 교육 체계는 학습을 '직무가 요구하는 역량을 습득하는 방법/절차를 내재화하는 것'으로 보고, 학습근거를 직무보다 행동지표에서 찾는다. 따라서 직무의 내용을 전수하기보다 고성과자의 업무 상황을 학습장면에 재현하여 고성과자의 행동에 관심을 갖는다. 따라서 다양한 업무 상황에 포괄적으로 적용이 가능하고, 미래지향적인 특성을 보인다.

　역량기반 교육을 준비하는 과정은 핵심역량 모델 정의, 교과목 개발, 교수설계, 진단 및 평가로 구성된다. 핵심역량 모델 정의는 대학이 지향하는 인재상에 근거하여 미래인재의 요구역량을 정의하는 과정을 의미하는데, 대학 전체 차원의 핵심역량 정의와 학과별 핵심역량 모델 정의가 포함된다. 정의된 핵심역량을 함양하기 위하여 캡스톤디자인, PBL(Problem/Project Based Learning) 등 역량기반 교과목을 개발하고, 이들 교과목의 수업목표 및 수업방식을 설계하며 운영하는 과정을 거친다. 진단 및 평가에 있어서도 지식의 습득 여부를 평가하는 지필고사 위주의 평가에서 수행방식 중심의 역량평가로 전환하게 된다.

2) 핵심역량 진단도구 개발

(1) 핵심역량 진단도구 개발의 프로세스

　핵심역량 진단도구를 개발하고 이를 적용하기 위한 프로세스는 핵심역량 모델 개발, 문항 개발, 핵심역량 모델 및 교육과정 연계, 진단 및 환류 체계로 단계를 구분할 수 있다.

[그림 12-1] 핵심역량 진단도구 개발 프로세스

(2) 핵심역량 도출을 위한 현황 파악

　핵심역량 모델 개발에서는 대학의 현황을 파악하고 문헌을 분석하는 일이 첫 번째 단계이고, 이를 통해서 핵심역량 진단도구의 개발방법론을 결정한다. 이어서 대학이 추구하는 가치 체계와 역량을 연계하며 역량을 도출한다. 다음 문항 개발 단계에서는 문항 풀(pool)을 구성하고, 예비문항을 작성하며, 역량을 확정하고, 예비검사를 하는 과정을 거친다. 핵심역량 모델 및 교육과정 연계 단계에서는 핵심역량 모델을 설정하고, 교육과정 설계를 확인하며, 핵심역량과 교과목을 연계하여 학습요소를 도출한다. 진단 및 환류 체계 단계에서는 진단방법을 설계하고, 도구를 개

발하며, 진단 결과에 기반한 환류 체계와 온라인 시스템을 설계한다.

역량 모델은 조직의 비전과 전략 구현에 핵심이 되는 과업을 달성하는 데 필요한 핵심적인 행동특성을 일컫는 것으로 고성과자가 자주, 보다 효과적으로 활용하는 지식, 기술, 태도 등의 통합체를 의미한다.

핵심역량 모델의 개발은 대학에서 기존에 설정한 핵심역량 구조를 분석하는 것에서 시작된다. 기존의 핵심역량 및 역량 모델을 검토하고, 역량 프로파일 및 진단 체계를 검토하여 대학 고유의 교육이념, 교육목적, 교육목표와의 연계성 등을 파악한다. 물론 신규로 개발하는 과정에서는 생략되는 절차이지만 그간 대학들이 기관평가인증제, 구조개혁평가, 기본역량진단, 각종 재정지원사업을 거치면서 핵심역량을 설정한 경우가 대부분이므로 기존 핵심역량과 역량 모델을 심도 있게 검토할 필요가 있다. 대학에서 기존에 설정한 인재상, 핵심역량, 세부역량, 행동지표를 분석함으로써 핵심역량 모델 개발에 시사점을 도출할 수 있기 때문이다. 아울러 문헌연구 및 분석도 매우 중요한 프로세스이다. 2014년 한국핵심역량교육학회가 설립되어 운영되고 있으며, 핵심역량에 대한 연구도 다양한 학문 분야에서 활발하게 이루어지고 있으므로 문헌연구를 통해 좋은 도구를 발견할 수 있다. 특히 학부교육선진화선도대학지원사업(ACE 사업)을 추진한 대학의 핵심역량 모델에 관한 연구(이민정, 2016)는 큰 도움이 될 수 있을 것이다.

물론 학술적인 접근뿐만 아니라 다른 대학의 사례를 벤치마킹하는 것도 도움이된다. 다른 대학의 핵심역량 구조 및 개념을 파악하고, 주요 방법론 및 활용 사례를 분석해 보는 것 역시 실무적으로 큰 도움을 제공한다. 다른 대학에서 설정한 핵심역량의 구조 및 개념에 대해서는 다음 절에서 자세히 소개하기로 한다.

핵심역량을 개발하기 위해 연관된 현황을 파악하는 방법에는 주요 사건기법(Critical Incident Technique), 행동사건 인터뷰(Behavioral Event Interview), 관찰(Observation), 전문가 패널(Expert Panels), 과업 직능 분석(Job Task Function Analysis), 포커스 그룹 미팅(Focus Group Meeting), 역량사전 활용(Competency Dictionary) 등이 있다. 각 방법론의 특징은 다음과 같다.

표 12-5 | 핵심역량 도출을 위한 현황 파악 주요 방법론

방법	특징	비고
주요 사건기법 (Critical Incident Technique)	고성과자들이 보이고 있는 일정한 행동 양식 규명	거의 모든 상황에서 활용 가능
행동사건 인터뷰 (Behavioral Event Interview)	고성과자를 선정하여 성과와 직결되는 행동특성을 면담을 통해 규명	성공적인 직무 수행에 직결된 풍부한 행동자료 수집이 가능
관찰 (Observation)	직무상에서 행동을 직접 확인	직접적이고 정확한 결과 도출
전문가 패널 (Expert Panels)	전문가가 고성과의 직무 수행자들에게서 발견되는 특성을 확인	짧은 시간에 방대한 자료를 수집할 수 있음
과업 직능 분석 (Job Task Function Analysis)	직무 수행에 요구되는 전문적인 과업 속성을 구체화하고 검증 보완	지나친 상세한 정보가 일상 업무와 주요 과업을 분리하기 어려움
포커스 그룹 미팅 (Focus Group Meeting)	효율적인 방법으로 많은 사람의 인식을 동시에 수집 가능	동시에 많은 정보 획득이 가능하고 기대하지 못한 정보를 얻을 수 있음
역량사전 활용 (Competency Dictionary)	보편적·표준적 역량을 사전화하여 역량 모델을 만드는 방법	활용이 용이하고 빠름. 역량 모델 구성 시 집단 프로세스를 촉진함

(3) 핵심역량의 도출과 정의

핵심역량 모델 개발의 다음 단계는 핵심역량의 도출과 정의이다. 핵심역량을 개발할 때 고려해야 할 가장 중요한 두 가지 사항은 한 방향 정렬과 의견 수렴이다. 한 방향 정렬이란 핵심역량을 도출할 때 대학 고유의 교육이념, 교육목적, 교육목표, 인재상과의 일관성, 통일성, 연계성을 유지해야 한다는 의미이다. 즉, 교육이념, 교육목적, 교육목표, 인재상과 핵심역량을 한 방향으로 정렬(aligning)하는 것이 중요하다는 것이다. 대부분 대학이 핵심역량으로 공통되게 설정하는 것은 창의역량, 융합역량, 소통역량, 글로벌역량 등이다. 그러나 창의역량은 용어로는 모든 대학이 같더라도 대학마다 개념적 정의는 다를 수 있다는 점에 주목해야 한다. 창의역량을 정의하는 데 있어 대학의 교육이념, 교육목적, 교육목표를 일종의 프리즘으로 활용하는 것이다. 같은 용어인 '창의'임에도 어떤 대학은 이를 법고창신(法古創新)으로 해석할 수도 있고, 다른 대학은 문제해결력으로 해석할 수도 있으며, 어떤 대학은 반성적 사고(reflective thinking) 능력으로 해석할 수도 있다. 따라서 대학마다 자신의 가치에 따라 핵심역량을 정의하는 것은 핵심역량의 진단, 교과목의 운영, 교수법 및 학습법 개발, 평가법 개발에 핵심적인 영향을 미친다. 핵심역량의 정의가 견고해야 이를 적용하고 운영하며 평가하는 일련의 활동이 일관성 있게 수행될 수 있다.

핵심역량 도출을 위한 의견 수렴은 대학 경영진, 교수, 학생, 직원뿐만 아니라 학부모, 지역사회, 산업체 등 광범위하게 수행될 필요가 있다. 교내 구성원의 대학교육에 대한 요구뿐만 아니라 사회에서 요구하는 인재상과 핵심역량에 관한 분석과 반영이 요구된다. 수도권 소재 H대학의 경우 2013년부터 현재까지 매년 졸업생의 직장상사를 대상으로 졸업생 핵심역량에 대한 만족도 조사를 진행하고 있다. 다소 추상적일 수 있는 지역사회, 산업체의 요구 반영을 구체화하여 졸업생을 가장 가까이에서 관찰하고 경험하는 직장상사에게 핵심역량 발현 정도를 묻는 방식이다. 이 결과는 교육과정 개편과 교육 프로그램 기획에 반영하고 있다. 이러한 시도는 대학교육이 사회에서 요구하는 역량에 얼마나 부합하고 있는지에 대한 피드백을 제공하여 교육과정의 개선과 교육 프로그램의 혁신에 직접적인 기여를 하게 된다.

핵심역량을 도출하는 데 있어서는 대학의 현황을 파악하는 것은 매우 중요한 프로세스이다. 대학의 현황을 파악하는 방법 중 가장 널리 사용되는 것은 인터뷰이다. 인터뷰의 대상은 총장을 비롯한 대학 경영진, 보직교수, 직원, 학생, 학부모, 지역사회, 산업체 등 다양하다. 인터뷰의 내용은 크게 학교에 대한 기본 이해, 내부 요구분석, 외부 요구분석, 교육과정 분석으로 구분할 수 있다. 학교에 대한 기본 이해는 대학이 직면하고 있는 최근 이슈사항과 대학의 특성을 파악하는 것으로 구성된다. 내부 요구분석은 구성원들이 가지고 있는 교육이념, 교육목적, 교육목표에 대한 인식, 인재상에 대한 해석 및 의견, 핵심역량에 대한 의견, 핵심역량을 갖춘 학생의 특징 등을 파악하고 분석하는 과정이다. 외부 요구분석은 학부모, 지역사회, 산업체의 의견과 요구를 파악하고 분석하는 것으로 사회 수요를 반영하는 중요한 과정이다. 교육과정 분석은 학사부서의 관리자, 담당자와 함께 대학의 교육 경쟁력, 학과별 특성 및 교육목표, 교육과정의 특징을 파악하는 과정이다. 이렇게 다양한 구성원의 인터뷰, 내부 요구분석, 외부 요구분석, 교육과정 분석을 통해 핵심역량 풀(pool)을 구성할 수 있다.

핵심역량 내외부 자료의 분석과 인터뷰를 통해 도출한 핵심역량 풀을 종합적으로 분석하여 예비 핵심역량을 설정한다. 예비 핵심역량은 하위 세부역량과 예비 행동지표 문항 풀(pool)을 담고 있어야 한다. 예비 행동지표 문항은 다음과 같은 사항을 고려하여 작성한다. 첫째, 역량이 발휘되는 상황을 구체적으로 제시해야 한다.

둘째, 능동형 문장을 사용하며 간결하고 직접적인 문체를 사용해야 한다. 셋째, 구체적인 행동을 나타내는 행위동사로 제시되어야 한다. 넷째, 역량이 발휘되는 조건을 구체적으로 제시하여야 한다. 다섯째, 하나의 문장에 하나의 동사만을 사용하여야 한다. 이런 원칙을 반영하여 창의역량의 행동지표 문항 예시를 제시하면 이렇다. '서로 다른 아이디어 간의 연관성을 찾아낸다.' '서로 다른 분야의 아이디어를 통합하여 새로운 아이디어를 도출한다.' '문제를 해결할 때 새로운 가능성을 찾아내는 것을 포기하지 않는다.'

예비 핵심역량과 세부역량, 행동지표의 타당성을 검증하기 위해서 전문가 델파이와 통계적 분석을 고려할 수 있다. 전문가 델파이는 핵심역량 전문가를 대상으로 구조화된 설문을 2~3회 정도 실시하여 내용의 타당성을 검증하는 방법이다. 내용 타당도를 검증하기 위한 통계적인 분석은 내용 타당도 비율(Content Validity Ratio: CVR)을 이용하는 것이다. 내용 타당도 비율은 패널 수에 따라 최솟값을 제시하며, 최솟값 이상이 되었을 때 문항에 대한 타당도가 있는 것으로 판단한다. 최근에는 요인분석 등 다양한 통계적 분석방법이 타당도 검증에 널리 활용되고 있다. 신뢰도 분석은 대부분 크론바흐 알파 계수(Cronbach α)를 사용한다. 크론바흐 알파 계수가 0.7 이상일 경우 신뢰성이 있다고 판단한다.

(4) 핵심역량의 진단방법 결정

핵심역량의 진단방법은 크게 BARS(Behavioral Anchored Rating Scales) 방식과 BOS(Behavioral Observation Scales) 방식으로 구분된다. BARS 방식은 역량 항목에 대한 정의와 평가등급에 대한 수준 정의가 부여되어 있으며, 평가대상자의 역량 수준을 평가자가 3점, 5점 또는 7점 척도에서 평가한다. 수준별 정의가 명확하고, 평가자의 주관성을 배제할 수 있는 가능성이 높다. BOS 방식은 역량 항목에 대한 정의를 부여하고, 항목별로 제시된 행동지표에 따라 평가대상자의 역량 수준을 평가자가 3점, 5점 또는 7점 척도에서 평가한다. 역량의 다차원적 접근으로 평가 타당성을 확보할 수 있고, 평가자의 이해가 용이하며 사용이 편리하다. BARS 방식에 비해 개발도 용이한 편이다.

대학에서 학생들의 핵심역량진단에 사용하고 있는 방식은 자기보고(self-report)이다. 이 방식은 설문조사의 편의성에서 장점이 있는 반면, 역량진단에 참여하는 학습자가 스스로에 관해 보고한다는 점에서 본인의 주관적인 판단에 전적으로 의존하여 진단의 타당성이나 신뢰성이 떨어질 수 있다는 한계가 있다. 아울러 자기보고는 사회적으로 바람직한 방향으로 보고하려는 상황으로 인해 왜곡될 수 있다는 지적이 있다(Podsakoff et al., 2003). 자신의 역량에 관한 진단 결과를 스펙에 결부하여 생각하거나 지도교수에게 좋은 인상을 주기 위한 것으로 간주하는 경우 사회적 바람직성(social desirability)은 진단 참여자의 자기보고에 영향을 미치게 된다.

(5) 교육 성과관리 기제로서의 핵심역량 진단·관리

교육 성과관리를 위해 학생 핵심역량을 진단하고 관리하는 것은 교육성과를 가장 집약적으로 파악할 수 있는 방법 중 하나이다. 대학이 추구하는 인재상이 갖추어야 할 핵심역량, 즉 지식, 기술, 태도 및 가치의 수준을 파악하는 것으로 대학이 의도한 인재상의 육성에 성공했는지를 가늠해 볼 수 있기 때문이다.

이를 위해서는 매년 정기적으로 전체 학생을 대상으로 의무 진단을 실시하는 것이 필요하다. 일반적으로 핵심역량진단은 문항 수가 많고, 시간이 많이 소요되기 때문에 다른 검사에 비해 피로도가 크다. 그렇기 때문에 의무로 하더라도 전체 학생의 참여를 이끌어 내기란 쉽지 않은 실정이다. 학생들의 참여가 저조할 경우 통계 분석에 한계가 있으므로 가급적 전체 학생의 참여를 활성화하는 것이 요구된다. 전체 학생의 참여를 위해 고려해 볼 수 있는 방안으로는 교양필수 교과목과의 연계가 있다. 대학의 교육이념, 교육목적, 교육목표를 주요 내용으로 하는 전교생 교양필수 교과목을 개발하고, 이 교과목의 필수 요구사항으로 핵심역량진단을 설정해 놓으면 전체 학생의 참여를 제고할 수 있다. 다양한 대학평가에서 교양교육과정 중 교과목에 대학의 교육이념, 교육목적, 교육목표를 담고 있는지 평가하는 경우가 많으므로 일석이조의 효과를 누릴 수 있다. 여타의 필수로 해야 하는 사항들, 즉 직무적성검사, 만족도 조사, 심리검사 등 대학에서 의무화해야 한다고 판단하는 활동들을 모두 '종합 선물세트'로 만들어 포함시키는 것도 고려해 볼 수 있다.

전체 학생을 대상으로 하는 핵심역량진단이 수행되면 핵심역량 관련 데이터가 축적된다. 확보된 핵심역량 데이터를 효율적으로 축적하며, 이를 토대로 종단 연구를 수행하는 것은 매우 의미가 있다. 입학 전형제도 변경, 교육과정 개편 등 학내에 중요한 정책의 주요한 변화 시기마다 학생들의 핵심역량, 성적, 삶의 질 등이 어떻게 변화했는지를 종단연구하면 매우 중요한 시사점을 얻을 것으로 기대된다. 특히 오랜 기간에 걸쳐 축적된 핵심역량 관련 데이터는 최근 큰 주목을 받고 있는 인

공지능 딥러닝, 머신러닝을 위한 원천이 된다. 인공지능의 분석과 학습을 바탕으로 학생에게 1:1 맞춤형 학습 처방전을 발행할 수 있는 시기가 머지 않았다. 그 시작은 데이터를 정돈하고 축적해 나가는 일이며, 그중 가장 핵심적인 것이 학생 핵심역량 데이터 축적이다.

핵심역량진단 결과를 바탕으로 학생에게 적절한 학습 제안을 제시하는 것은 개인 수준에서 가장 중요한 진단의 의의라 하겠다. 아울러 대학 조직 수준에서 핵심역량 진단 및 분석의 핵심은 핵심역량진단에 대한 분석 결과에 근거해 교육과정 개편, 교육 프로그램 개발 및 개선에 반영하는 것이다. 이것이 대학에서 수행할 수 있는 데이터 기반 의사결정의 핵심 프로세스가 될 것이다.

물론 핵심역량진단이 정량적인 진단과 분석을 기본으로 삼고 있으므로 이에 대한 비판도 적지 않다. 학생의 역량을 자기보고식 정량 진단으로 파악할 수 있느냐는 정량분석 회의론이 대표적이다. 앞서 필자는 핵심역량진단 데이터를 축적하고 종단연구를 수행할 것을 제안하였다. 이 종단연구와 함께 정량적인 역량진단연구의 한계를 보완하기 위해서 학생 핵심역량 패널을 구성하여 종단 질적 연구를 수행할 것을 고려해 볼 수 있다. 학생 핵심역량 패널의 구성을 위해 대학의 규모에 따라 학과별로 비율을 적용하여 매년 일정한 수의 학생 패널을 선발한다. 전문 연구인력이 매월 학생들을 만나 인터뷰, 성찰일지 확인 등을 통해 데이터를 수집하고, 이를 바탕으로 종단연구를 수행한다. 이렇게 되면 투입-과정-산출의 전 과정에 걸쳐 학생 패널을 추적·관찰할 수 있고, 교육 성과관리를 위한 강력한 시사점을 얻을 수 있을 것으로 판단된다.

3. 핵심역량 성과관리의 대학 사례

1) 핵심역량 고도화 및 진단 문항 개발 사례: 남서울대학교

(1) 핵심역량 고도화 절차

남서울대학교는 2019년 핵심역량 고도화를 위해 핵심역량을 새로 도출하고 이에 맞는 진단도구 문항 개발을 시도하였다. 이를 위해서 두 단계에 걸쳐서 연구가 진행되었다. 첫 단계는 핵심역량을 개정하는 연구였고, 두 번째 단계는 개정된 핵심역량을 진단하기 위한 문항을 개발하는 단계였다. 먼저 2019년 핵심역량을 개정하기 위한 연구의 절차는 다음과 같이 이루어졌다.

1	연구계획	• 연구계획 수립	2018년 3월
2	문헌연구	• 문헌고찰 　- 국내 · 국외 대학 핵심역량 사례 자료수집 및 분석	2018년 4~5월
3	대내 · 외 여건 및 요구분석	• 설문조사(대 · 내외 여건 및 요구분석) 　- 교수, 직원, 재학생, 졸업생, 산업체 등(총 756명)	2018년 6월
4	델파이 조사	• 델파이 조사 1차 및 2차 진행 　- 교내 8명(주요 보직자)/교외 6명(대학기관 전문가)	2018년 7월
5	전문가 자문	• 주요 보직자 의견 수렴 　- 총장 및 주요 보직자를 대상으로 2019핵심역량개정(안) 　　발표 및 의견 수렴	2018년 9월

[그림 12-2] 남서울대학교 핵심역량 개정을 위한 연구 절차(남서울대학교, 2019a)

연구계획을 수립한 이후에 문헌조사는 핵심역량이 처음 등장한 White(1959)부터 시작했다. 국내의 사례 및 문헌연구는 국내 대학, K-CESA, K-NSSE, NCS, 기업체의 내용을 분석했고, 외국 사례로는 유네스코 보고서, OECD의 DeSeCo 프로젝트, 유럽연합, 미국, 뉴질랜드, 독일, 영국을 분석했다. 문헌연구는 전문가 및 학생 요구분석, 델파이 1~3차 조사를 위한 기초자료로 사용되기 때문에 중요했다(남서울대학교, 2019a).

대내 · 외 여건 및 요구분석은 남서울대학교의 교수, 직원, 재학생, 졸업생, 산업체를 대상으로 이루어졌다. 표집방법은 성별, 학년별, 계열별로 층화추출(Stratified Sampling)하였고, 설문지는 5점 리커트 방식을 사용하였다.

델파이 조사는 문헌조사와 전문가 및 학생 요구분석을 한 자료를 바탕으로 델파이 1~2차 조사를 실시했다. 델파이 1차 조사는 개방형과 폐쇄형을 결합한 혼합형으로 진행하였다. 델파이 패널은 내부 전문가와 외부전문가 패널을 대상으로 조사했다. 델파이 2차 조사는 폐쇄형으로 진행하였다. 델파이 패널을 대상으로 1차 조사에서 확보된 핵심역량 측정요인의 중요도를 조사했다. 핵심역량 측정요인의 정의와 하위요인 및 하위요인별 정의를 조사하였다.

| 표 12-6 | 남서울대학교 핵심역량 델파이 조사 예시 | |

델파이	진행방식	조사 내용
1차 조사	개방형, 폐쇄형을 결합한 혼합형	• 남서울대학교 핵심역량 측정요인 • 핵심역량 측정요인의 정의 • 핵심역량 측정요인의 하위요인 • 측정요인의 하위요인별 정의
2차 조사	폐쇄형 설문지	• 핵심역량 모델링 구성

(2) 핵심역량 진단도구 문항 개발을 위한 절차

남서울대학교의 핵심역량 진단도구 문항 개발을 위한 연구의 절차는 진단 문항 개발, 예비조사, 타당도 검증, 검사도구 확정 순으로 이루어졌으며, 구체적인 내용은 다음과 같이 이루어졌다.

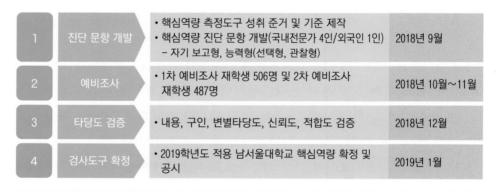

[그림 12-3] 남서울대학교 핵심역량 진단 문항 개발 연구 절차(남서울대학교, 2019b)

진단 문항 개발에서 중요한 사항이 바로 성취준거 및 기준을 설정하는 일이다. 성취준거 및 성취 수준의 개발 절차는 다음과 같다.

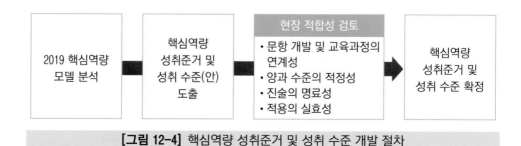

[그림 12-4] 핵심역량 성취준거 및 성취 수준 개발 절차

우선 핵심역량 성취준거는 '역량에 도달해야 할 목표'이고, 성취 수준은 '역량에 도달한 수준'을 의미한다. 역량은 성취해야 할 가치가 있는 내용과 능력을 중심으로 진술하며 K(지식), S(기술), A(태도)로 세분화한다. 현장 적합성 검토 기준은 '문항 개발 및 교육과정의 연계성, 양과 수준의 적정성, 진술의 명료성, 적용의 실효성'이다.

문항 개발은 전체 재학생을 대상으로 두 차례의 예비조사 과정을 거쳐서 자기보고형(학생이 직접 작성하는 핵심역량 진단도구) 문항의 타당도를 검증하기 위해 내용타당도, 구인타당도, 변별타당도를 실시했으며, 능력형과 관찰형(타인이 학생을 보고 판단해서 작성하는 핵심역량 진단도구) 문항의 타당도는 내용타당도와 변별타당도를 실시하였다.

2) 대학의 인재상 및 핵심역량 사례

핵심역량에 대한 개념적 정의와 하위역량 구성을 참고할 만한 대학을 선정하여 조사·분석한 결과, 이 대학들은 대체로 5~6개의 핵심역량을 구성하고 있고 공통적으로 강조하고 있는 역량은 '창의융합'과 '의사소통'이었다. '창의융합' 역량은 학교별로 '창의역량' '융합적 창의역량' '융합역량' 등으로 다양하게 표현되었다. '의사소통'역량은 대부분 대학이 쓰기, 말하기, 듣기, 읽기, 토론과 조정과 같은 기술적인 측면의 소통역량의 의미로 제시하였고, 일부 대학에서 경청이나 공감과 같은 태도적인 측면의 역량도 함께 제시하고 있었다. '글로벌역량'은 대부분 '외국어역량'과 '다문화감수성' 두 개의 개념을 모두 포함하는 역량으로 제시하고 있었으며, '자기관리'역량은 학교별로 '자아성찰' '책임감' '자기주도적 학습태도' 등 다양하게 의미로 제시하였다.

(1) 성균관대학교

성균관대학교는 인재상을 '인의예지의 품성과 신언서판의 능력을 갖춘 교양인' '인류사회에 공한할 글로벌역량을 갖춘 리더' '창의적 사고와 도전정신으로 디지털 시대의 신 가치를 창출하는 전문가'로 구분하여 제시하고 있다. 인재가 갖추어야 할 핵심역량을 수기치인, 인의예지, 글로벌 창의리더로 제시하였다. 수기치인에는 인문역량과 학문역량을, 인의예지에는 소통역량과 리더역량을, 글로벌 창의리더에는 글로벌역량과 창의역량을 포함시켰다.

핵심역량 모델

[그림 12-5] 성균관대학교 핵심역량 모델

성균관대학교는 핵심역량에 대한 개념적 정의와 하위역량을 명확하게 제시하고 있다. 이 대학의 핵심역량 정의와 하위역량은 핵심역량을 설정하고 진단도구를 개발하려는 대학에 직접적인 도움이 될 것으로 판단되므로, 여기에서는 핵심역량의 정의와 하위요소를 자세히 공유한다.

성균관대학교는 인문역량을 '정서적·도덕적으로 성숙한 인성과 건전한 가치관을 바탕으로 인간과 문화를 이해하고 인간의 숭고한 가치를 고양시킬 수 있는 능력'으로 정의하고, 하위역량을 문화적 소양, 도덕성, 교양능력으로 구성하였다. 소통역량은 '바람직한 인간관계를 통해 상호신뢰를 형성할 수 있고 자신이 속한 공동체의 목표와 비전을 설정하여 함께 성공적으로 달성할 수 있도록 더불어 협동하고 꾸준히 실천할 수 있는 능력'으로 정의하고, 하위역량으로 수용력(읽기, 듣기), 전달력(말하기, 쓰기), 조정력(토론, 중재)을 들었다. 리더역량은 '언어적·비언어적 매체를 통하여 타인 및 주변 환경과 상호작용하여 원하는 결과를 얻어 낼 수 있는 능력'으로 정의하고, 하위역량으로 비전 개발 및 실행 능력, 협동능력, 대인관계능력, 공동체 시민의식으로 구성하였다. 창의역량은 '새롭고 다양한 관점으로 문제를 발견, 해결하는 인지적 특성(창의적 사고)과 정의적 특성(창의적 태도, 동기)을 갖추고 열린 마음과 태도로 변화하는 환경에 적응하고 더 나아가 변화를 이끌 수 있는 능력'으로 정의하고, 하위역량으로 문제발견능력, 아이디어 발상, 개방성, 정교화 및 실행,

호기심과 몰입, 독립성을 제시하였다. 글로벌역량은 '글로벌 환경에서 문화적 다양성을 편견 없이 수용하고 존중하며 세계 무대에서 효과적인 의사소통을 위해 외국어를 적절히 활용하여 다양한 글로벌 현상을 이해하고 적절히 대응할 수 있는 능력'으로 정의하고, 하위역량으로 타문화 수용능력, 외부 세계 이해, 외국어능력을 들었다. 마지막으로 학문역량은 '스스로 시간관리 및 학업 계획을 세우고 자신의 적성 및 소질을 계발하며 이해·분석·추론을 통하여 학문을 탐구하는 능력'으로 정의하고, 하위역량을 지식 탐구, 학습전략, 학습동기, 전공지식 활용능력으로 구성하였다.

(2) 이화여자대학교

이화여자대학교는 인재상을 'THE 인재'로 설정하고, 주도하는 인재, 지혜로운 인

핵심역량 모델

THE 인재	핵심역량	정의 및 하위역량
T 주도하는 인재 Teios의 머리글자, Teios는 **목적**이라는 의미의 그리스어로서, 뚜렷한 목적의식을 바탕으로 자기주도적인 전문지식을 학습, 설계, 확장하여 세계를 **주도하는 인재**를 함의	지식탐구 역량	인간, 사회, 자연을 이해하고, 지식 탐구의 방법을 습득하며 지식의 의미와 가치를 통찰하는 역량 (하위역량: 전문지식, 자기주도적 학습, 비판적·체계적 사고)
H 지혜로운 인재 Hokma의 머리글자, Hokma는 **지혜**라는 의미의 히브리어로서, 본교에서 추진하고 있는 호크마(HOKMA) 교양대학을 상징, 폭넓은 교양 지식과 성찰을 통해 인격을 함양하고 공동체와의 조화를 이루는 지혜로운 인재를 함의	창의융합 역량	기존의 지식과 정보를 결합하여 이를 현실에 적용하며, 지식 간의 연관성을 파악하여 새로운 발상을 하는 역량 (하위역량: 통섭적 사고, 창조적 도전, 정보처리 및 활용)
E 실천하는 인재 Experience의 머리글자, **사회적 경험**과 실천 중심의 비교와 교육과정을 통해 봉사하며 미래를 개척해 나가는 **실천적 인재**를 함의	문화예술 역량	자유, 즐거움, 소통이 이루어지는 문화와 예술의 가치를 이해하고 향유하며, 문화적 통찰력을 바탕으로 창조적 성취를 이루는 역량 (하위역량: 예술적 향유와 심미적 창조, 문화적 통찰력, 조화로운 정신)
T 주도하는 인재 주도하는 인재는 전문적 능력을 키우는 **지식탐구역량**을 바탕으로 하여 학문의 경계를 넘어서 배우고 새로운 지식을 창출해 내는 **창의융합역량**을 갖춤	공존공감 역량	상대를 배려하고 공감하는 태도를 갖추고, 집단 속에서 조화를 이루며 유연하게 적응하고, 공동체와 환경의 문제를 자신의 일로 아는 역량 (하위역량: 사회적 책무성, 나눔과 배려, 공동체 가치와 소통, 협력
H 지혜로운 인재 지혜로운 인재는 문화가 삶에 끼치는 영향와 예술의 가치를 아는 **문화예술역량**을 갖추고 변화하는 세계를 이해하며 열린 사고를 하는 **공존공감역량**을 갖춤	세계시민 역량	국제 사회에서 소통하는 시민의식과 능력을 갖추고, 다양한 문화적 차이와 국제문제를 이해하고 주도적으로 해결하고자 하는 역량 (하위역량: 문화적 포용력, 국제적 시각, 외국어 소통능력)
E 실천하는 인재 실천하는 인재는 사회적 약자에게 공감하고 타인과 함께 어우러지는 **공존공감역량**을 갖추고, 국제 세계와 소통할 수 있는 **세계시민역량**을 갖춤		

[그림 12-6] 이화여자대학교 핵심역량 모델

재, 실천하는 인재를 제시하였다. 핵심역량을 지식탐구역량, 창의융합역량, 문화예
술역량, 공존공감역량, 세계시민역량으로 구분하고 있다. 이화여자대학교 역시 핵
심역량의 개념적 정의와 하위역량이 매우 구조화되어 있어 [그림 12-6]으로 제시하
였다.

(3) 건국대학교

건국대학교는 인재상을 'WE人'로 제시하면서 '창의적 전문인' '실천적 사회인' '선
도적 세계인'으로 구분하였다. 각각의 인재상은 2개의 핵심역량과 연계되어 있는
데, 창의적 전문인은 창의역량과 종합적 사고력, 실천적 사회인은 성실성, 소통역
량, 선도적 세계인은 글로벌 시민의식과 주도성이다. 건국대학교는 앞서 소개한 대
학 사례와 같이 핵심역량별 개념적 정의와 하위역량이 명확하게 제시되어 있다. 하
위역량의 구성에 따라 학습요소의 도출, 핵심역량 교과목 개발이 용이하다. 핵심역
량을 설정하고 진단도구를 개발하는 이유는 핵심역량기반 교육을 강화하기 위한

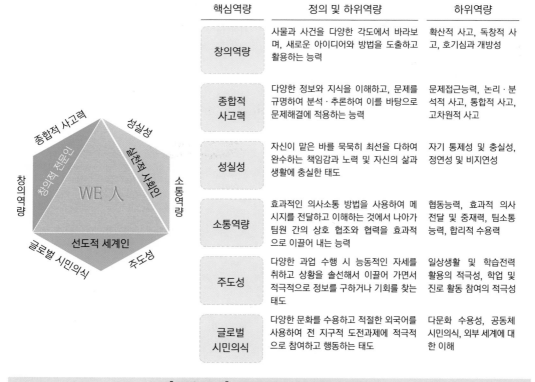

핵심역량	정의 및 하위역량	하위역량
창의역량	사물과 사건을 다양한 각도에서 바라보며, 새로운 아이디어와 방법을 도출하고 활용하는 능력	확산적 사고, 독창적 사고, 호기심과 개방성
종합적 사고력	다양한 정보와 지식을 이해하고, 문제를 규명하여 분석·추론하여 이를 바탕으로 문제해결에 적용하는 능력	문제접근능력, 논리·분석적 사고, 통합적 사고, 고차원적 사고
성실성	자신이 맡은 바를 묵묵히 최선을 다하여 완수하는 책임감과 노력 및 자신의 삶과 생활에 충실한 태도	자기 통제성 및 충실성, 정연성 및 비지연성
소통역량	효과적인 의사소통 방법을 사용하여 메시지를 전달하고 이해하는 것에서 나아가 팀원 간의 상호 협조와 협력을 효과적으로 이끌어 내는 능력	협동능력, 효과적 의사전달 및 중재력, 팀소통 능력, 합리적 수용력
주도성	다양한 과업 수행 시 능동적인 자세를 취하고 상황을 솔선해서 이끌어 가면서 적극적으로 정보를 구하거나 기회를 찾는 태도	일상생활 및 학습전력 활용의 적극성, 학업 및 진로 활동 참여의 적극성
글로벌 시민의식	다양한 문화를 수용하고 적절한 외국어를 사용하여 전 지구적 도전과제에 적극적으로 참여하고 행동하는 태도	다문화 수용성, 공동체 시민의식, 외부 세계에 대한 이해

[그림 12-7] 건국대학교 핵심역량 모델

것이고, 이를 위해서는 핵심역량기반 교육과정, 교과목의 개발이 필수적이다. 이에 대한 구체적인 내용은 뒤에서 논의하기로 한다.

(4) 동국대학교 핵심역량 모델

동국대학교는 인재상을 '도덕적 지도자' '창조적 지식인' '진취적 도전자'로 구분하여 제시하였다. 핵심역량은 의사소통능력, 자기개발능력, 대인관계능력, 국제화능력, 정보기술활용능력, 문제해결능력으로 설정하였다. 각 핵심역량의 정의와 구성요소는 [그림 12-8]과 같다.

인재상	관련 역량		
	핵심역량	정의	구성요소
도덕적 지도자(Ethical Leader) 높은 수준의 공동체 의식과 성숙한 시민의식을 지니고 윤리적 건전성을 추구하는 지도자	의사소통능력	자신의 생각과 느낌을 정확하게 표현하고 다른 사람과의 대화 상황에서 조정하여 표현하는 능력	쓰기, 말하기, 듣기, 토론 및 조정 능력
	자기개발능력	자신의 미래를 진취적으로 계획하고 그에 따라 구체적인 수행 과제를 설정하며 그 과제를 달성할 수 있도록 자신을 관리하는 능력	자기주도 학습 능력, 계획 수립과 실행력, 직업의식
창조적 지식인(Creative Thinker) 자기 분야에서 최고의 지식과 기술을 습득하고 그것을 넘어서는 새로운 성과를 창출하는 지식인	대인관계능력	자기 나름의 신념과 가치를 가지고 인간 관계를 영위하는 동시에 공동의 목표 달성을 위한 책임을 성실하게 수행하는 능력	가치관 정립 능력, 팀워크 및 리더십
	국제화능력	글로벌 시대의 다양한 문화에 대한 개방적 태도와 외국어 구사 능력을 바탕으로 관련 분양의 외국인과 함께 일할 수 있는 역량	외국어 구사력, 다문화 이해와 수용
진취적 도전자(Young Challenger) 세계를 무대로 삼아 진취적 태도와 근면한 노력으로 자신의 원대한 포부를 실현하는 도전인	정보기술 활용능력	정보수집과 분석에 필요한 기술적 수단을 능숙하게 이용할 수 있고 정보 활용과 관련된 윤리적 문제를 인지할 수 있는 능력	정보수집, 분석능력, 정보 윤리 인지력
	문제해결능력	주어진 상황에 잠재된 문제를 정확하게 인식하고 그 해결을 위한 합리적 절차와 방법을 강구하여 문제해결을 스스로 실행하는 능력	문제 인식 및 해결 방법 강구 능력

[그림 12-8] 동국대학교 핵심역량 모델

(5) 중앙대학교 핵심역량 모델

중앙대학교는 인재상으로 '다빈치형 인재'를 제시하면서 문화적 상상력을 갖춘 인재로 설명하고 있다. 다빈치형 인재가 갖추어야 할 역량으로 소통, 도전, 신뢰, 창의, 융합을 들고 있다. 핵심역량에 대한 개념적 정의는 [그림 12-9]와 같다.

핵심역량 모델

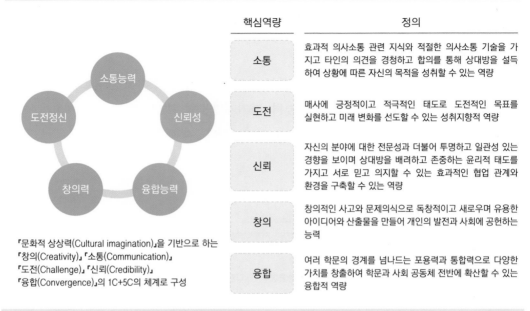

핵심역량	정의
소통	효과적 의사소통 관련 지식와 적절한 의사소통 기술을 가지고 타인의 의견을 경청하고 합의를 통해 상대방을 설득하여 상황에 따른 자신의 목적을 성취할 수 있는 역량
도전	매사에 긍정적이고 적극적인 태도로 도전적인 목표를 실현하고 미래 변화를 선도할 수 있는 성취지향적 역량
신뢰	자신의 분야에 대한 전문성과 더불어 투명하고 일관성 있는 경향을 보이며 상대방을 배려하고 존중하는 윤리적 태도를 가지고 서로 믿고 의지할 수 있는 효과적인 협업 관계와 환경을 구축할 수 있는 역량
창의	창의적인 사고와 문제의식으로 독창적이고 새로우며 유용한 아이디어와 산출물을 만들어 개인의 발전과 사회에 공헌하는 능력
융합	여러 학문의 경계를 넘나드는 포용력과 통합력으로 다양한 가치를 창출하여 학문과 사회 공동체 전반에 확산할 수 있는 융합적 역량

『문화적 상상력(Cultural imagination)』을 기반으로 하는
『창의(Creativity)』『소통(Communication)』
『도전(Challenge)』『신뢰(Credibility)』
『융합(Convergence)』의 1C+5C의 체계로 구성

[그림 12-9] 중앙대학교 핵심역량 모델

(6) 서강대학교

서강대학교는 인재상을 '지성 · 인성 · 영성을 겸비한 융 · 복합 창의 인재'로 제시하였다. 아울러 인재상을 '탁월한 지성' '봉사적 인성' '통합적 영성'으로 구분하였다. 서강대학교는 독특하게 인재상과 핵심역량을 매트릭스로 매핑하여 제시하고 있다. 예를 들면, 탁월한 지성 인재상은 학문적 성취역량, 융합적 창의역량, 글로벌역량, 리더십역량, 자아성찰역량, 지행일치역량과는 높은 수준의 연관을 제시하고, 대인관계역량, 공동체봉사역량, 보편적 세계관역량과는 상대적으로 낮은 수준의 연계성으로 분석하였다.

인재상	핵심역량 Matrix									
지성·인성·영성을 겸비한 융·복합 창의 인재	핵심역량 / 인재상	학문적 성취 역량	융합적 창의 역량	글로벌 역량	대인 관계 역량	공동체 봉사 역량	리더십 역량	자아 성찰 역량	보편적 세계관 역량	지행 일치 역량
	탁월한 지성 (Veritas)	●	●	●	△	△	●	●	△	●
	진리탐구 및 지식창출을 위한 통합적 사고능력 및 창의성, 학문적 탁월성을 갖춘 지성인									
융·복합창의 인재	봉사적 인성 (Virtue)	△	△	●	●	●	●	△	●	●
	상호존중 태도, 공동체 봉사정신, 의사소통능력을 갖추고 인류사회 발전에 기여하는 인재									
	통합적 영성 (Venerability)	△	△	△	●	●	●	●	●	●
	존재의 근원적 의미와 관계에 대한 조화로운 가치관을 지향하며 지행일치의 삶을 추구하는 인재									

[그림 12-10] 서강대학교 핵심역량 모델

4. 핵심역량 성과관리 방안

1) 핵심역량 성과관리 모형

핵심역량 성과관리는 학생 핵심역량 담당 조직에서 핵심역량 진단도구를 개발, 고도화하고, 매년 학생의 핵심역량을 진단하며, 진단 결과를 평가·환류하는 과정을 거쳐 이루어진다.

핵심역량 성과관리에 투입-과정-산출의 논리 모형로 접근해 보면, 핵심역량의 진단도구를 개발·운영하고 평가·환류를 주도하는 담당 조직 및 전체적인 지원 체계를 갖추는 단계는 투입에 해당한다. 핵심역량 진단도구를 개발하고 고도화하며, 진단을 수행하는 활동은 과정에 해당된다. 산출은 핵심역량 진단도구를 통해 도출된 진단 결과를 평가하고 환류하는 활동으로 구성된다. 투입-과정-산출이라는 교육평가의 기본 영역에 근거하여 핵심역량의 성과관리를 위한 기본 영역을 선정하면 다음과 같다.

표 12-7 │ 핵심역량 성과관리 모형

구분	투입	과정	산출	
영역 분류	조직 · 체계	핵심역량 진단도구 개발 및 운영	핵심역량진단 결과 평가 · 환류	
기본 영역	지원 체계	개편 및 운영	평가	환류
주요 쟁점	운영자 전문성 조직 거버넌스	지속적 데이터 확보 진단도구의 신뢰성, 타당성 제고	목표대비 달성도	진단 결과 반영 개선방안 제시 우수 결과 확산

　기본 영역 수준에서 주요 쟁점을 열거해 보면 지원 체계에서는 핵심역량 담당 조직 운영자의 전문성과 조직 거버넌스를 들 수 있다. 핵심역량 담당 조직의 운영자는 평가 · 측정 · 통계 분야에 있어 고도의 전문성이 요구될 뿐만 아니라 핵심역량에 대한 깊은 이해가 요구된다. 조직 거버넌스는 학생 정보와 진단 결과, 핵심역량과 관련된 각종 데이터에의 접근 등 권한에 관한 이슈를 의미한다. 개편 및 운영에 있어서는 지속적인 데이터의 축적과 진단도구의 고도화가 쟁점이 된다. 핵심역량 성과관리의 궁극적 목표를 달성하기 위해서는 핵심역량진단 결과의 체계적인 축적과 지속성이 보장되어야 한다. 또한 핵심역량 진단도구의 신뢰성과 타당성 제고를 위해 주기적인 개편, 고도화가 요구된다. 평가 영역에 있어서는 목표대비 달성도를 관리하는 것이 주요 쟁점이 된다. 합리적인 수준에서의 목표를 설정하고, 달성 정도를 모니터링하며 관리하는 것이 요구되는데, 달성 가능한 합리적 핵심역량 목표는 진단 결과 데이터를 축적 · 분석하며 수정해 나갈 수 있다. 환류 영역은 핵심역량진단 결과 분석에 따라 대학 정책 반영, 교육과정 개편, 교육 프로그램 신설/개선/폐지, 교수-학습 프로그램 반영, 학생상담 기초자료 활용, 우수사례 확산으로 반영하는 것을 쟁점으로 포함한다.

2) 평가에 대비한 핵심역량의 성과관리

　핵심역량의 성과관리와 관련된 평가 대비 방안을 실제적으로 모색해 보기 위해서 2주기 대학기관평가인증제를 중심으로 논의를 진행해 보고자 한다. 대학기관평가인증제의 경우 편람을 통해 평가지표(항목)의 하위요소가 비교적 명확하게 제시되어 있으므로 분석과 적용이 용이하다. 그러나 구조개혁평가, 1주기 기본역량진단 등의 경우 평가지표(항목)에서 핵심역량과 관련된 내용이 평가대상이 되지 않거나, 직접적으로 제시되어 있지 않기 때문에 구체적인 분석이 어려우며, 대학의 전반적인 교육을 대상으로 하고 있다는 점에서 기관평가인증제와 중복된다. 더욱이 2021년으로 예정되어 있는 2주기 대학기본역량진단은 실시 여부도 불투명한 상태이므로 논외로 하기로 한다.

2주기 대학 기관평가인증제 편람을 보면 '평가준거 1.1.1 교육목표 및 인재상'에서 '학생역량'이라는 용어로 핵심역량을 직접 제시하고 있다. 평가준거 1.1.1은 '대학은 교육이념 및 교육목적을 달성하기 위한 명료한 교육목표와 인재상을 설정하고 있으며, 인재상에 도달할 수 있도록 학생 학습 성과관리 체제를 구축하여 운영하고 있다'로 되어 있다. 이 준거와 관련하여 보고서에 담을 주요 내용으로, ① 교육이념-교육목적-교육목표의 체계(도), ② 교육목적-교육목표-인재상의 연계성, ③ 인재상에 부합하는 학생의 학습 성과관리 및 운영 실적을 들고 있다. 대학이 육성하고자 하는 인재상이 교육이념, 교육목적, 교육목표와의 체계적인 연계성 안에서 설정되었는지를 확인하면서 인재상에 부합하는 학생역량을 달성하기 위하여 어떠한 노력을 하고 있는지를 주요 점검사항으로 삼고 있다. 이를 위해 인재상에 부합하는 학생역량을 함양하기 위한 전반적인 제도와 프로그램을 평가하고, 학생역량 평가 및 환류 체계를 점검하도록 되어 있다. 따라서 평가에 대비하기 위한 핵심역량의 성과관리 주요 내용은, ① 학생핵심역량진단, ② 핵심역량 진단 결과의 환류, ③ 핵심역량을 증진시키기 위한 제도와 프로그램으로 요약할 수 있다.

핵심역량을 직접적으로 제시하고, 평가대상으로 삼은 것은 평가준거 1.1.1이 유일하지만 인재상을 매개로 하여 교양교육 및 전공교육 평가준거와 간접적으로 연결되어 있다. '평가준거 2.1.1 교양교육과정의 편성과 운영'을 보면 교양교육과정에 인재상을 반영하여 편성하도록 제시하고, 주요 점검사항에서 교양교육과정이 인재상과 연계되었는지, 특히 교양필수에 인재상과 관련된 교육과정의 편성 정도를 평가하도록 되어 있다. 한편, 전공교육과정을 다루는 '2.1.2 전공교육과정의 편성과 운영'에서도 학생의 입학 후 졸업까지 달성될 역량 개발을 위해 전공교육과정을 편성하도록 제시하고 있다. 이를 보면 교양교육과정과 전공교육과정에 핵심역량과 관련된 내용을 담도록 간접적으로 요구하고 있음을 알 수 있다.

요약하면 평가에 대비하기 위한 핵심역량 성과관리의 요소는 역량진단도구의 개발 및 운영, 진단 결과의 환류, 핵심역량 증진을 위한 교육과정 및 비교과 프로그램으로 구분할 수 있다. 역량진단도구의 개발 및 운영, 진단 결과의 환류는 이 장에서 다루고 있고, 교육과정 및 비교과 프로그램은 다른 장에서 제시하고 있다.

3) 핵심역량 성과관리를 위한 자체진단

앞서 논의한 바와 같이 핵심역량 성과관리는 학생의 핵심역량을 담당하는 조직에서 핵심역량을 진단할 수 있는 진단도구를 개발·진단하며, 그 결과를 평가·환류하는 과정으로 이루어진다. 핵심역량 담당 조직의 유무, 핵심역량 증진 프로그램의 유무, 진단 결과의 평가 및 환류의 유무는 핵심역량 성과관리의 근간이 된다. 아울러 핵심역량 성과관리의 수월성을 추구하기 위하여 정성적인 질적 평가를 수행할 수 있다. 핵심역량 진단도구의 개발 및 적용 체계, 핵심역량진단 결과에 기반한 교육 환류 체계는 핵심역량 성과관리에 있어서 핵심을 이루게 된다.

핵심역량 성과관리를 위한 자체진단 요소는 〈표 12-8〉과 같다.

4) 핵심역량 성과관리를 위한 Tip

(1) 핵심역량의 진단, 운영, 환류를 위한 전담조직

핵심역량의 진단과 운영, 환류 역시 다른 교육, 연구 활동과 마찬가지로 규정, 조직, 인력, 예산을 필요로 한다. 각종 대학평가, 국고 재정지원사업 평가는 실현 가능성을 검토할 때 규정이 있는지, 조직과 담당인력이 있는지, 예산이 배정되어 있는지를 본다. 따라서 핵심역량을 제대로 진단하고 분석하며 환류하기 위해서는 제대로 된 '전담조직의 기능'이 반드시 존재해야 한다.

핵심역량의 진단·분석·환류는 교내 많은 부서의 협조를 필요로 한다. 따라서 부서 간 원활한 협력과 참여를 이끌어 내기 위해서는 대학 경영진의 의지, 대학의 규모에 따라 전담기구 위계를 결정할 필요가 있다. 핵심역량기반 교육에 대한 대학 경영진의 의지가 강력한 경우 총장 직속기구로 설치하는 것이 가장 효과적이다. 핵심역량 분석 결과의 환류를 실질적으로 추진하기 위해서는 적절한 권한이 필요하므로 총장 직속기구로서의 위계는 큰 도움이 될 것이다.

기획처에 소속하도록 하는 것을 고려해 볼 수 있다. 기획부서에서 중장기 발전계획 및 특성화계획과 연계하여 핵심역량 분석 결과를 환류할 수 있으며, 예산, 타 부

표 12-8 | 핵심역량 성과평가를 위한 자체진단 점검표

요소		유무		성과			우수판정 기준
		유	무	미흡	보통	우수	
지원 체계	핵심역량 진단 및 운영, 환류 방향						모두 '유' 확인 후 • 지원 체계 적절성
	핵심역량 진단 및 운영, 환류 체계						
	핵심역량 진단 및 운영 규정(운영지침)						
	핵심역량 진단 및 운영, 환류 지원조직						
운영	핵심역량 진단 및 운영 정례화						모두 '유' 확인 후
	핵심역량 진단 및 운영 체계성						
평가	핵심역량 결과 분석						모두 '유' 확인 후 • 관리 체계 모델 제시
	핵심역량 결과 관리						
환류	환류 체계						모두 '유' 확인 후 • 결과 반영 모델 제시 • 결과 반영의 문서화
	결과 분석–결과 반영						
	결과 반영 / 학교교육정책 반영						
	교수학습지원 프로그램 개선 반영						
	상담진로취창업 프로그램 반영						
	교육과정 개편에 반영						

[평가를 위한 질문]
① 핵심역량의 진단, 운영, 환류를 위한 전담조직이 있는가?
② 핵심역량을 주기적/체계적으로 진단하는가?
③ 핵심역량과 교육과정, 교과목을 연계하고 있는가?
④ 핵심역량진단 결과를 환류하고 있는가?
⑤ 핵심역량진단 시스템이 운영되고 있는가?

[판정 기준]
우수 기준: 각 영역별 모두 '유' + 정성평가에서 우수판정을 받은 경우
보통 기준: 각 영역별 모두 '유'인 경우
미흡 기준: 각 영역에서 '무'가 하나라도 나오는 경우

정성평가 (우수 기준)	지원 체계	체계(조직/규정/지침 등)가 모두 갖추어져 있는 경우
	운영	핵심역량진단의 정례화, 진단 및 데이터 확보의 체계성 정도
	평가	결과 분석, 결과 분석의 관리, 조사 자체에 대한 평가
	환류	결과 공유(개인/부서/학과/학교) 및 결과에 따른 개선 활동(객관적 증빙 가능한 경우)

서 협조를 원활하게 지원받을 수 있다는 장점이 있다. 다른 경우는 핵심역량 관련 업무를 교육혁신원(단) 내에 두는 것이다. 최근 대학혁신의 기치 아래 대학마다 설치 운영되고 있는 교육혁신원(단) 내에 핵심역량 전담기구를 두게 되면 대학혁신지원사업의 사업비를 사용할 수 있을 뿐만 아니라 사업성과로 활용할 수 있으므로 일석이조의 효과를 거둘 수 있다. 다만 '애매하면 기획처' '모호하면 교육혁신원'이라는 볼멘소리를 피하기 어렵다.

대학에 따라 핵심역량 관련 업무를 교양교육 관장조직(학부대학, 교양대학, 교양교육원 등)에서 담당하는 경우도 있다. 교양교육 관장조직에서 핵심역량 업무를 담당하게 되면 핵심역량 분석 결과에 따라 핵심역량을 교양교육 교과목에 직접 연결하여 구현할 기회가 다양하게 제공된다는 긍정적인 면이 있다.

소규모 대학의 경우 무리해서 독립적인 핵심역량 전담조직을 설치하기보다 어디에 집중할 것인가를 판단한 후 기존의 조직에 업무를 분장하는 편이 효율적이다. 핵심역량과 관련하여, ① 도입연구, ② 핵심역량 진단도구 개발, ③ 진단 결과 분석, ④ 핵심역량-교과목 연계, ⑤ 시스템 개발, ⑥ 진단 결과 환류, ⑦ 종단연구 등에서 가장 집중하고자 하는 업무를 선택하여 이를 수행할 수 있는 기존의 조직에 업무를 분장하는 것이다.

(2) 핵심역량의 주기적 · 체계적 진단

핵심역량을 주기적 · 체계적으로 진단한다는 것은 핵심역량진단의 시기적 일관성 유지, 진단도구의 타당성 및 신뢰성 제고, 시스템 활용 등을 포함한다. 핵심역량 진단 결과의 종단 분석과 이를 활용한 데이터 기반 교육과정 의사결정을 위해서는 시기적으로 일관성을 가지고 진단을 시행해야 한다. 일반적으로는 매년 같은 시기에 역량을 측정하며, 대학에 따라 매 학기마다 실시하는 것도 고려될 수 있다. 다만 핵심역량은 비교적 오랜 시간에 걸쳐 형성되는 것이므로 매월, 매 분기마다 실시하는 것은 권장되지 않는다. 시기적으로 일관되게 핵심역량진단을 실시하고 그 결과를 축적하면, 앞서 언급한 바와 같이 최근 주목을 받고 있는 인공지능의 머신러닝, 딥러닝의 원천으로 활용될 수 있으므로 대학의 귀중한 자산이 될 것이다.

진단도구의 타당성 및 신뢰성은 진단이 거듭될수록 통계적 방법에 의해 검증과 개선이 가능하다. 타당성 및 신뢰도가 떨어지는 문항을 폐기 · 대체하고, 새롭게 만드는 문항의 경우에는 더미(dummy) 문항으로 추가하여 검증을 해 볼 수도 있다.

다만 진단도구의 근간을 자주 변경하게 되면 일관성 있는 종단연구가 불가능해지므로 주의를 요한다.

핵심역량진단의 체계성을 향상시키고, 데이터의 체계적인 축적을 위해서는 시스템 개발 및 운영이 요구된다. 시스템과 관련해서는 별도의 팁에서 논의하기로 한다.

(3) 핵심역량과 교육과정, 교과목 연계

앞서 살펴본 대학과 같이 핵심역량 진단도구는 개념적 정의와 하위요소(행동지표)로 구성되어 있다. 핵심역량의 하위영역, 행동지표에서 학습의 주요 요소를 추출해 내고, 이를 교과목의 학습목표와 학습내용으로 연계하여 교과목을 개발하는 데 활용할 수 있다. 학습요소의 내용 및 논리적 연계성을 고려하여 교과목을 구성하게 된다. 개발된 교과목은 역량기반 교육과정으로 범주화하여 운영할 수 있다.

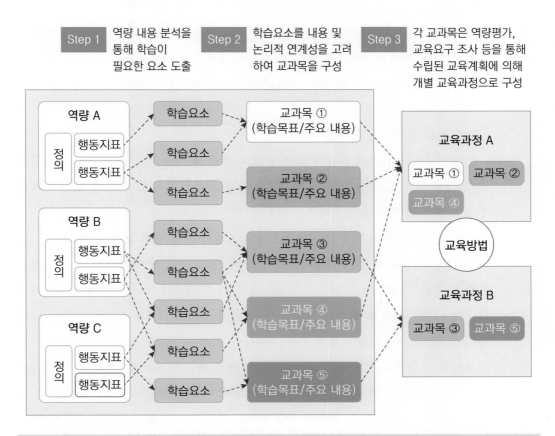

[그림 12-11] 핵심역량-교과목 연계 체계도

앞에서 제시된 [그림 12-11]을 바탕으로 프로세스에 접근하면, 먼저 '역량A'의 개념적 정의와 행동지표로부터 학습요소를 추출해 낸다. 역량의 행동지표를 분석하여 학습이 필요한 요소를 도출하는 것이다. 학습요소들을 내용과 논리적 연계성으로 구분하여 범주화하고, 동일 범주 속에서 교과목을 구성할 수 있다. 교과목의 학습목표는 행동지표, 학습요소와 유기적으로 연계되어야 한다. 이런 과정을 거쳐 만들어진 교과목은 교육과정으로 레고(Lego) 블록처럼 모듈화하여 다양하게 구성할 수 있다.

대학의 정책의지나 교육수요자의 요구, 역량진단 결과에 따라 이를 역순으로 진행할 수도 있다. 요구분석을 통해 교육과정을 먼저 구성하고, 필요한 교과목을 매칭한다. 교과목마다 필요한 학습요소를 핵심역량의 행동지표와 연결하면서 교과목 내용을 채워 나가는 방식이다.

핵심역량기반 교육이 가능해지기 위해서는 핵심역량과 교과목의 연계가 명확하게 이루어져야 한다. 그러나 많은 대학에서 핵심역량과 교과목의 매칭을 교강사 또는 교과목 개발자의 직관이나 의견에 의존하는 경우가 많다. 따라서 핵심역량 행동지표에 따라 학습요소를 도출하고 이를 바탕으로 교과목을 개발하는 것은 핵심역량과 교과목을 매칭하는 데 있어 중요한 시사점을 제공할 것이다.

(4) 핵심역량진단 결과 환류

핵심역량진단 결과의 환류는 대학 경영 차원의 환류와 교육과정의 환류, 학생 개인에 대한 환류로 나누어 볼 수 있다. 대학 경영 차원의 환류와 학생 개인에 대한 환류의 경우 앞에서 이미 논의를 진행하였다.

핵심역량진단 결과 환류의 일환으로 교육과정과 지원 체계의 영역에서 PDCA 논리 모형을 구성하여 점검사항을 체크해 볼 수 있다. 여기에서 강조하고 싶은 것은 교과목 수준의 지속적 질 제고(Continuous Quality Improvement: CQI)에서 교육과정 수준의 CQI를 시도해 보자는 것이다. 교과목 수준에서 CQI를 시행하고 있는 대학은 다수 존재한다. 그러나 트랙 수준 혹은 교육과정 수준에서 CQI를 적용하여 개선 시사점을 도출하고, 질 제고 노력을 지속하는 사례는 많지 않은 실정이다. 그러므로 교강사에게 일임하여 CQI 보고서를 작성하게 하는 것만으로 교과목 CQI를 적용하는 수준에서 벗어나, 교과목 CQI를 고도화하고 교육과정 CQI를 시도해 보는 것은 큰 의미가 있다. 그 절차를 구조화하면 [그림 12-12]와 같다.

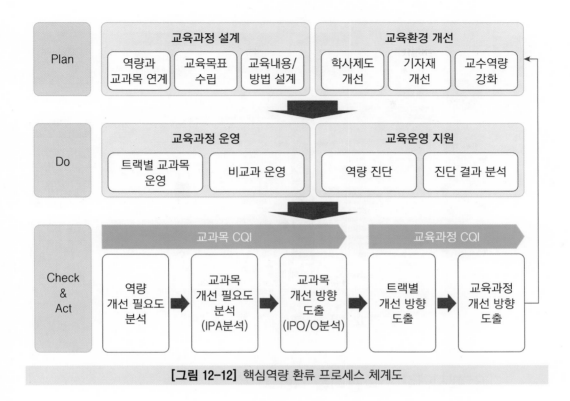

[그림 12-12] 핵심역량 환류 프로세스 체계도

(5) 핵심역량진단 시스템

대학 내 몇몇 시스템은 대학평가의 흐름과 유행에 따라 새롭게 만들어져 왔다. 학생 종합 마일리지 시스템, 통합상담 시스템, 교수학습지원 시스템, 직무적성검사 시스템, 취·창업지원 종합포털, 비교과 프로그램 지원 시스템, 학습포트폴리오 등 다양하다. 이러다 보니 통합적인 원스톱 학생지원은 말뿐이고, 학생들은 산재되어 있는 시스템을 찾아다니기도 어려운 실정이다. 여기에 핵심역량진단 시스템이 하나 더해지는 상황까지 이른다. 따라서 핵심역량진단 운영의 고도화를 계획하는 대학은 핵심역량진단 시스템뿐만 아니라 대학 내 학생지원에 관한 시스템을 통합 운영하는 원대한 시도를 고민해 보아야 한다. 통합적인 시스템 개발을 위한 개념은 다음과 같다. 이를 위해서는 정보화전략계획(Information Strategy Planning)을 면밀하게 수립·시행할 필요가 있다. 대학의 중장기 발전계획을 수립하고, 전략 방향에 따라 실행과제를 만들어 추진하는 것처럼 시스템의 개발·운영 역시 대학 전체 수준의 정보화전략계획을 수립하고, 그에 따른 체계성 있는 시스템 개발·운영이 요구된다.

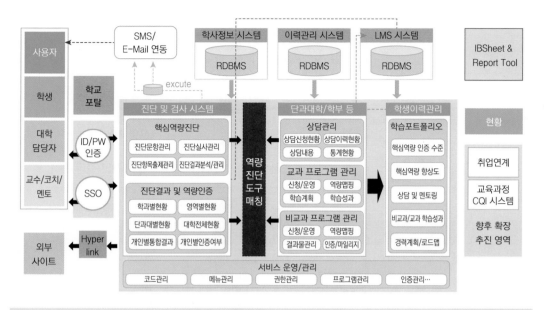

[그림 12-13] 핵심역량 통합 시스템 개념도

5. 핵심역량 성과관리를 위한 제언

우리는 대학 성과관리의 중요한 체계이자 요소로서 핵심역량에 관한 논의를 진행하였다. 가급적 대학 현장에서 적용할 수 있는 실무적인 도움을 제공하고자 하였다.

국내외 선행연구의 검토를 통해 핵심역량과 핵심역량기반 교육에 관한 이해의 폭을 넓히고자 했다. 무분별하게 사용되고 있는 역량의 개념적 정의와 역량기반 교육과정에 대한 이론적 배경을 검토하였다. 핵심역량의 개념적 정의를 명확히 하는 것은 핵심역량의 진단, 핵심역량기반 교육 체계의 확립과 운영, 대학 성과관리에 있어 기본이 되기 때문이다.

개별 대학에서 신규로 혹은 고도화로 핵심역량을 정의하고, 핵심역량 진단도구를 개발하는 데 있어서 매우 구체적인 도움이 될 수 있는 실무적인 프로세스와 내용을 제시하였다. 이 장에서 제시된 내용을 실무적으로 검토하여 적용하거나 개발 용역에 대한 관리, 검수용으로 사용한다면 핵심역량 진단도구의 개발 및 고도화에 도움이 될 수 있을 것이다. 구체적인 적용은 개별 대학이 처한 상황에 따라 유동적으로 진행될 수 있다. 자체적으로 개발하는 대학도 있고, 외부 전문 컨설팅 업체에 개발을 의뢰할 수도 있다. 그러나 대학 주무부서에서 절차와 내용을 명확히 알고 있는 것이 매우 중요하다. 개발 이후 운영과 평가는 대학 내 주무부서에서 담당하게 되므로 자체 역량을 키우는 것이 반드시 필요하다.

대학별 핵심역량 프레임워크는 향후 대학혁신지원사업 사업계획서, 결과보고서의 공개가 이루어지면 보다 많은 대학의 핵심역량 체계를 공유할 수 있을 것으로 기대한다. 다른 대학의 핵심역량과 진단도구를 검토해 보는 것은 핵심역량에 관한 연구의 확대, 개별 대학 핵심역량의 개발 및 운영에 큰 도움이 될 것이다. 향후 개별 대학에서 진행하는 핵심역량의 진단 및 역량기반 교육에 대한 비교연구, 실증연구가 확대되기를 바란다.

핵심역량진단 결과를 대학교육성과로 설정하여 관리하는 것은 매우 의미가 있다. 대학이 추구하는 교육이념, 교육목적, 교육목표, 인재상에 따라 교육과정과 교육지원 체계가 작동하게 되므로 교육성과는 단기적으로 교육만족도에 반영되고, 중기적으로는 핵심역량의 변화 추이로 나타난다. 따라서 교육 성과관리의 측면에서 학생의 핵심역량진단 결과는 종합적인 성과지표로 설정할 수 있을 것이다. 대학의 교육성과를 투입-과정-산출로 구분한다면 핵심역량은 산출에 있어 대표적인 지표가 될 수 있다.

우리나라가 6차 교육과정을 개편하면서 도입한 역량기반 교육이 이제 대학교육에서도 널리 구현되고 있다. 대학의 교육성과를 측정하고 관리하면서 교육의 질을 제고하기 위한 기제로서 핵심역량에 관한 실증적인 연구가 촉발되고 확대되기를 기대한다.

제 13 장

교육만족도 성과관리

I. 교육만족도 성과관리의 이해

1) 교육만족도의 의미

기업은 고객만족도를 조사를 통해 제품이나 서비스 품질을 향상시키려 노력한다. 고객의 만족을 통해 기업의 목표인 이윤을 얻을 수 있기 때문이다. 이윤이 오르지 않으면 고객에게 만족을 제공하기 위한 노력이 부족하다고 생각하여 고객만족도를 향상시키기 위한 기업 활동을 전개해 나간다. 2000년대 들어 디지털 기술의 발전으로 인터넷 블로그나 SNS 등을 통해 소비자 주도의 고객 참여가 늘면서 고객중심경영, 즉 '고객의 소리에 기반을 둔 경영이 요구되었다. 고객의 소리, 즉 VOC(voice of customer)란 고객들이 기업에게 반응하는 각종 문의, 불만, 제안 등의 정보를 말한다. 기업에서는 이를 시스템화해서 다양한 고객의 소리를 체계적으로 수집 · 저장 · 분석해 경영활동에 활용하고, 이를 다시 고객에게 피드백하여 고객중심의 경영을 실현하려 한다. 이제는 대학도 마찬가지다. 인구절벽에 따른 학령인구의 감소와 역량기반 교육을 비롯한 교육혁신의 필요성 대두가 수요자중심 교육 실현을 부추기고 있어 고객에게 만족을 줄 수 있는 대학 경영이 요구되고 있다.

대학 입장에서의 고객으로는 대학을 둘러싼 수요자인 학생, 산업체, 학부모를 들 수 있다. 대학의 핵심 서비스는 교육이므로 대학의 고객만족도는 곧 교육만족도라 할 수 있다. 학생에 대한 교육만족도는 재학생과 졸업생으로 나눌 수 있는데, 재학생에게는 현재 대학에서 제공하는 교육 서비스와 인프라에 대한 전반적인 만족도를, 사회에 진출한 졸업생에게는 재학 기간에 받았던 교육에 대한 만족도와 우리 대학 및 재학생의 발전을 위해 필요한 교육에 대한 제언 등을 조사한다. 졸업생이 취업한 산업체를 대상으로는 우리 대학 졸업생이 갖추고 있는 역량과 자질, 우리 대학의 산학협력활동에 대한 만족도를 조사하고, 재학생 학부모를 대상으로는 자녀 교육 서비스에 대한 만족도와 대학에 대한 요구사항을 파악한다. 이러한 조사를 하는 이유는 고객이 인식하고 있는 우리 대학교육 서비스에 대한 만족도와 요구사항을 파악하여 개선사항을 도출하고, 이를 실제 개선활동으로 이어지게 하여 교육의 질 향상을 통한 대학의 발전을 도모하기 위함일 것이다.

2) 조사 목적과 활용

교육만족도를 조사하는 목적은 대학마다 조금씩 다르게 표현하고 있지만 결국 '대학을 둘러싼 교육수요자를 대상으로 종합적인 대학교육만족도 수준을 측정하고 교육 서비스 품질에 대한 수준 파악 및 개선요인 도출'이라고 요약할 수 있다. 교육만족도 조사 결과를 확인하면 현재 교육 서비스의 수준을 점검할 수 있고 지속발전을 위해 어떤 개선활동이 필요한지를 파악할 수 있다. 이는 대학의 발전전략 추진을 위한 기초자료이며 대학정책 결정에 필요한 데이터이기도 하다. 예전에는 조사를 끝내고 통계 프로그램을 돌려 결과를 산출하고, 그 결과에 대한 나름대로의 해석을 달아 그럴싸한 보고서를 만들어 낸 후, 대학 본부와 주요 보직자에게 보고하고 유관부서에 나누어 주고 끝냈다. 그렇게 공유한 보고서를 받은 분들은 시간을 내서 정독하지 않고, 받았을 때 훑어 보고 나서 책꽂이에 꽂아 두는 데 그쳤다. 교육만족도 조사 결과를 활용하지 않는 대학이 많았던 것이다. 활용이 거의 없다시피 했으니 기본역량진단이나 기관평가인증 보고서에서 요구하는 '환류 및 개선' 부분을 작성할 때 보고서를 공유하긴 했으니 공유한 것으로 환류했다고 쓰고, 개선은 전년 대비 학교의 변화된 모습을 교육만족도 조사 결과에 의해 개선한 것이라는 가공을 하곤 했다. 요즘은 그렇게 할 수 있는 시대가 아니다. 많은 대학이 교육성과관리조직(성과관리센터, 데이터관리센터, IR센터, 교육질관리센터 등)을 만들어 상당한 체계를 갖추어 놓고 다각적인 분석을 하여, 교육의 주 수요자인 학생들의 만족도 향상을 위한 개선과제들을 발굴·추진함으로써 대학의 고객만족기반 경영구축에 기여하려 하고 있다. 더불어 졸업생들의 고객인 산업체에서 만족하는 인재를 길러낼 수 있는 양질의 교육을 위해, 그리고 대학에 자녀를 맡긴 학부모가 만족하는 대학으로 거듭나기 위해 교육만족도 조사-분석-환류-개선 활동을 통해 대학교육의 질적 향상을 도모하고 있다.

2. 교육만족도의 조사 체계

1) 조사 체계 구축

교육만족도 조사 체계를 갖추기 위해서는 우선 조사대상과 조사항목을 정해야한다. 앞서 언급한대로 대학의 주 고객은 학생이므로 학생 대상 조사는 필수이고재학생만이 아니라 졸업생도 필요하다. 재학생이 현재 대학이 제공하는 교육서비스에 대해 평가해 준다면, 졸업생은 대학에서 4년간 배우고 갖춘 지식과 역량이 사회에 진출했을 때 효과를 발휘했는지를 평가해 줄 수 있다. 이때 졸업생은 무작위로 조사할 것이 아니라 최근 3~5년 이내의 졸업생만 포함시키는 것이 좋다. 사회가 급변하는 만큼 대학교육도 변화와 혁신을 추구하고 있으므로 졸업시기가 비교적 오래된 졸업생의 응답은 큰 도움이 되지 않을 수 있다. 그리고 당연히 직업을 갖고 있는 졸업생을 대상으로 하는 것이 좋다. 배운 지식과 역량을 써먹어 보지 않으면 그 활용가치를 제대로 평가하지 못할 수 있기 때문이다.

대학이 우수하게 양성하여 사회에 진출시키는 졸업생에 대해 고객이라면 졸업생이 진출하는 기업, 기관, 연구소와 같은 다양한 산업체일 것이다. 그러므로 우리 대학 졸업생들을 채용한 산업체와 우리 대학 재학생들이 인턴 실습에 참여했거나, 현재 하고 있는 산업체를 대상으로 하는 만족도 조사도 필요하다. 이에 대한 조사 결과 분석과 개선 활동은 대학에서 사회에 필요한 인재를 양성하고 있는지를 점검할수 있고 취업률 향상에 영향을 줄 수 있을 것이다. 그리고 간접적 수요자이긴 하지만 대학을 믿고 자녀를 맡긴 학부모를 대상으로 자녀가 재학 중인 대학에 대한 인식과 만족도, 요구사항 등을 조사할 필요도 있다. 이에 대한 조사 결과 분석과 개선활동은 대학의 이미지 제고와 신입생 충원에 영향을 줄 수 있을 것이다.

표 13-1 ▎ 교육만족도 조사 목적 예시

대상	조사 목적 및 활용
재학생	• 학생의 교육 서비스 전반의 만족도 및 수요조사를 통한 개선사항 도출 및 개선 실시 • 교육 서비스 품질과 행정서비스 품질 제고 지향
졸업생	• 사회현장에 진출한 졸업생이 재학 기간에 받았던 대학교육에 대한 만족도와, 우리 대학 및 재학생의 발전을 위해 필요한 교육에 대한 수요조사하여 개선사항 도출 및 개선 실시 • 교양/전공교육과정, 진로, 심리상담/학생지원 만족도 파악 • 사회진출 도움 여부 파악
산업체	• 우리 대학 졸업생이 취업한 기업을 대상으로, 우리 대학 졸업생의 역량 및 자질, 대학의 산학협력 활동에 대한 만족도를 조사하여 대학교육 및 대학-기업 간 상생 관계 개선에 활용 • 졸업생 역량, 대학 홍보 활동 현황, 대학교육에 대한 Needs 파악
학부모	• 학부모 입장에서의 자녀 교육 서비스에 대한 만족도 및 수요를 파악하여, 학과 (전공) 교육 및 행정부서별 업무 개선에 활용하고 대학 발전을 도모함 • 대학 이미지 제고 지향, 대학에 바라는 점 파악

만족도 조사를 정기적으로 지속적으로 하려면 규정이 필요하다. 규정에 반드시 언급이 되어야 할 부분은, ① 규정의 목적, ② 용어 정의, ③ 조사 내용, ④ 조사 대상, ⑤ 조사 주기, ⑥ 조사 방법, ⑦ 조사 절차, ⑧ 담당부서와 위원회, ⑨ 결과 활용이나 사후관리 정도로 나열할 수 있다. ① 규정의 목적은 '○○대학교에서 제공하는 교육 서비스에 대한 만족도 조사와 분석을 통해 교육의 질을 개선하는 데 필요한 사항을 규정함을 목적으로 한다.' 정도로 표현할 수 있고, ② 규정 전문에 자주 등장할 교육 서비스나 교육수요자라는 용어에 대한 정의를 해 놓을 필요가 있다. 대학에서 진행하는 각종 만족도 조사를 각각 규정화할 수는 없으니 ③ 조사 내용으로는 대학 차원의 교육만족도 조사와 부서나 프로그램 단위의 개별 만족도 조사를 구분할 필요가 있다. ④ 재학생, 졸업생, 산업체, 학부모 등 조사 대상과 ⑤ 연 1회, 학기별 1회 등 조사 주기는 명확히 해야 하는데 조사 시기를 규정으로 정할 필

요는 없다. 시기는 상황에 따라 변할 수 있기 때문이다. 만일 특정 이슈로 총학생회에서 총장실을 점거하고 있는 시기에 교육만족도 조사를 실시하는 것이 과연 바람직할까 생각해 보면 된다. ⑥ 조사방법은 활용할 수 있는 방법을 다 나열하면 될 것이다. 조사 내용, 대상, 주기에 따라 대인면접, 전화 및 우편을 통한 조사, 인터넷 및 모바일을 활용한 조사 등 적절한 방법으로 실시한다고 하면 무난하다. ⑦ 조사계획 수립부터 실시, 결과보고까지의 과정을 간략히 언급하고, ⑧ 조사를 담당하는 부서와 조사 결과를 통해 교육수요자 만족도 관리 및 성과평가를 심의하는 위원회의 구성과 기능, 책임과 권한에 대해 언급해야 한다. ⑨ 가장 중요한 결과 활용은 어떤 조직적인 체계하에서 어떤 과정으로 진행하고, 결과 공유의 방법과 범위, 개선한 결과를 보고하고 확인하는 과정까지 규정에 산입하면 더 추가할 부분은 없다고 판단된다. 다음은 비교적 잘 만들어진 숭실대학교의 교육만족도 관리규정 전문이다.

〈사례〉 숭실대학교 교육만족도 규정

제1장 총칙

제1조(목적) 이 규정은 숭실대학교(이하 '본교'라 한다)에서 제공하는 교육 서비스에 대한 만족도 조사와 분석을 통해 교육의 질을 개선하는 데 필요한 사항을 규정함을 목적으로 한다.

제2조(용어의 정의) 이 규정에서 사용하는 용어의 정의는 다음과 같다.

1. "교육 서비스"란 본교에서 제공하는 교육과정, 교수·학습지원, 교육시설, 행정 서비스 등 전반에 관한 사항을 말한다.
2. "교육수요자"라 함은 교육 서비스를 직·간접적으로 제공받는 관계자를 말한다.

제3조(조사 내용) ① 교육수요자만족도 조사(이하 "조사"라 한다)는 다음 각 호와 같이 구분한다.

1. 대학 조사: 교육과정, 교수·학습지원, 교육시설, 행정서비스 등 본교 교육서비스 전반에 관한 조사
2. 주제별 조사: 각 부서와 관련된 교육과정, 제도, 시설운영 등 개별적으로 진행되는 조사

② 조사 내용에 대한 세부 사항은 해당 부서장이 별도로 정한다.

제4조(조사대상) 교육수요자는 교육 서비스 관점에 따라 다음 각 호와 같이 구분한다.

　　　1. 내부수요자(재학생, 교원, 직원)

　　　2. 외부수요자(졸업생, 학부모, 산업체, 고교생 및 수험생, 지역사회 등)

제5조(조사주기) ① 정기조사는 매년 1회 이상 실시한다.

② 상시조사는 해당 부서장이 필요에 따라 수시로 실시할 수 있다.

제6조(조사방법) 제1조의 목적에 부합하도록 조사 내용, 대상, 주기에 따라 대인면접, 전화 및 우편을 통한 조사, 인터넷 및 모바일을 활용한 조사 등 적절한 방법으로 실시한다.

제7조(조사담당부서) ① 대학 조사 담당부서는 조사대상에 따라 다음 각 호과 같이 정한다.

　　　1. 재학생, 교원, 직원, 학부모, 지역사회: 학생서비스팀

　　　2. 산업체, 졸업생: 경력개발센터

② 주제별 조사는 해당 부서에서 실시한다.

③ 학생처장은 조사대상의 특성 및 조사 내용에 따라 조사담당부서를 달리 정할 수 있다.

제2장 조사 절차 및 방법

제8조(조사절차) 조사는 다음 각 호의 단계를 거쳐 실시한다.

　　　1. 조사기획 (기본계획 수립)

　　　2. 조사계획 수립 (조사 시기 및 방법, 표본 크기, 표집방법 설정, 설문문항 개발 등)

　　　3. 조사 실시 (예비 및 본 조사 실시, 필요시 추가 조사 실시)

　　　4. 조사 결과 분석 및 개선과제 도출

　　　5. 조사 체계 개선 및 환류

제9조(조사기획) ① 매년 조사대상별 조사 내용을 설정하고 조사 담당부서를 지정하여 연간 교육수요자 만족도 조사 기본계획을 수립한다.

② 학생처장은 조사가 체계적으로 이루어질 수 있도록 대학교육수요자 만족도 조사와 주제별 교육수요자 만족도 조사의 연계성을 검토하고 기본계획에 반영한다.

제10조(조사계획 수립) ① 조사 담당부서장은 교육수요자 만족도 기본계획에 따라 다음 각 호의 사항을 포함한 조사계획을 수립해야 한다.

　　　1. 조사의 목적 및 적용범위

　　　2. 조사 대상

　　　3. 조사 시기 및 방법

　　4. 조사항목(전년도 조사 결과 반영)

　　5. 그 밖의 필요한 사항

② 조사 담당부서장은 학생처장의 검토와 교육수요자만족도관리위원회의 심의를 거쳐 조사계획을 확정한다.

제11조(조사 실시) ① 조사 담당부서는 조사계획에 따라 조사를 실시한다.

② 조사방법, 문항의 내용, 응답의 신뢰성 등을 검토하기 위하여 예비조사를 실시할 수 있다.

③ 중점관리 영역 또는 본 조사 결과 만족도 점수가 저조한 영역은 추가 조사 및 심층조사를 실시할 수 있다.

④ 조사의 타당성과 신뢰성 확보가 필요한 경우에는 외부전문기관에 위탁하여 조사할 수 있다.

제12조(조사 결과 분석 및 보고) 조사 담당부서장은 조사 결과 분석내용 및 통계자료를 학생처장에 보고하고 교육수요자만족도관리위원회의 심의를 거쳐 확정한다.

제13조(조사 체계의 개선) 학생처장은 조사 실시 단계에서 발견된 문제점을 분석하고 개선과제를 도출하여 다음 년도 조사에 반영하고 조사 체계를 개선하여야 한다.

제3장 교육수요자만족도관리위원회

제14조(위원회) 교육수요자만족도의 관리 및 성과평가를 위하여 교육수요자만족도관리위원회(이하 "위원회"라 한다)를 둔다.

제15조(위원회 구성) ① 위원장은 학사부총장으로 하며 당연직 위원과 위촉직 위원으로 구성한다.

② 당연직 위원은 학사부총장, 대학원장, 기획조정실장, 대학교육혁신원장, 교무처장, 학생처장, 총무처장, 관리처장, 지식정보처장, 연구·산학협력처장, 국제처장, 입학처장, 베어드학부대학장으로 하며 위촉직 위원은 교육수요자만족도 향상을 위한 전문가를 총장이 위촉한다.

③ 간사는 학생서비스팀장으로 한다.

제16조(위원회 기능) ① 위원회는 다음 각 호의 사항을 심의한다.

　　1. 교육수요자 만족도 조사 기본계획

　　2. 조사 담당부서의 조사계획 및 조사 결과

　　3. 조사 결과에 따른 개선과제

4. 개선과제 추진 성과 점검 결과

5. 조사 체계 개선을 위한 사항

제17조(임기) 위원회의 임기는 2년으로 하며 연임할 수 있다. 다만, 위원회의 당연직 위원의 임기는 보직 재임 기간으로 한다.

제18조(회의) ① 위원회 회의는 위원장이 소집하고 재적위원 과반수의 출석으로 개회한다.

② 위원회 의결은 출석위원 과반수의 찬성으로 하며 가부동수일 경우 위원장이 의결권을 갖는다.

제4장 결과활용

제19조(활용 체계) ① 학생처장은 해당 학년도 조사 결과를 위원회의 심의를 거쳐 총장 및 대학발전기획위원회에 보고해야 한다.

② 조사 결과는 대학발전계획의 추진 성과 점검의 도구로 발전계획 세부사업의 내용, 추진방법 등 개선에 활용할 수 있다.

③ 학생처장은 조사 관련 부서장에게 개선계획 수립을 요청하고, 해당 부서장은 요청받은 날로부터 1개월 이내에 개선계획을 수립하고 추진하여야 한다.

④ 학생처장은 개선계획 추진 실적을 학기별로 점검하며, 연간 성과 점검 결과는 위원회의 심의를 거쳐 서비스 개선에 기여한 개인은 포상에 반영할 수 있다.

⑤ 학생처장은 매년 교육 서비스 개선 실적을 교내 홈페이지 등을 활용하여 교내·외 수요자에게 알려야 한다.

2) 만족도 조사계획 수립과 실시

(1) 설문 구성

조사 체계를 갖추었으면 조사계획을 수립하여야 한다. 먼저 조사대상별로 설문할 항목을 정해야 하는데, 어떤 항목으로 구성할지는 대학에서 조사대상에 대해 서비스하는 항목으로 정리하면 된다. 재학생이 우리 대학에서 제공하는 교육에 대해 어떻게 생각하고 있는지는 가장 기본이고, 교육성과 제고를 위해 지원하는 서비스인 학사, 장학, 복지 등 제도 측면과 상담, 학습지원 등 학생지도의 측면까지 포함하며, 더불어 행정서비스와 소속 대학에 대해 갖고 있는 생각까지 확인할 필요가 있다.

졸업생은 조금 다르다. 재학 중 받은 교육을 통해 어떤 역량이 향상되어 어떻게 사회에서 활용하고 있는지와 후배들을 위해 대학이 어떤 부분을 보완하는 것이 필요한지를 확인할 필요가 있다. 산업체는 우리 대학 출신 인재들이 갖춘 역량이 해당 산업체가 요구하는 역량에 적합한지, 산학협력을 할 의향은 있는지, 우리 대학의 발전 가능성을 어떻게 보고 있는지 등을 확인해야 한다. 학부모를 대상으로는 우리 대학을 선택한 것에 만족하는지, 대학에서 학생들을 위해 제공하길 바라는 서비스는 무엇이 있는지, 주변 지인들에게 우리 대학 입학을 추천할 의향은 있는지 등을 확인할 필요가 있다.

표 13-2 ┃ 교육만족도 주요 조사항목

대상	주요 조사항목
재학생	교육(교양, 전공, 비교과), 학사제도, 학생지원(학습, 취·창업), 학생지도(복지, 상담, 장학), 교육 인프라, 행정 서비스, 대학 이미지(자부심, 홍보, 발전 가능성), 개선요구사항
졸업생	교육(교양, 전공, 비교과), 진로지도, 취업지원, 핵심역량(필요, 충분), 개선요구사항
산업체	졸업생 역량, 핵심역량(요구, 적합), 졸업생 채용의사, 산학협력의사, 대학 이미지(강약점), 발전 가능성, 요구사항
학부모	대학선택만족, 대학 서비스(장학, 기숙사, 정보화), 교육, 학생지도, 대학 이미지(홍보, 발전 가능성), 추천의사, 요구사항

대학 입장에서 가장 중요한 조사대상은 재학중인 학생일 것이다. 재학생들은 지금 현재 대학에서 제공하고 있는 각종 서비스에 대한 직접적 수혜자이므로 재학생들이 인식하고 만족감과 의견은 대학 발전을 위해 반드시 수렴하고 활용해야 하는 정보이다. 그래서 다른 대상보다 조사해야 할 항목과 설문 수가 많을 수밖에 없다. 확인하고 싶은 것이 많긴 하지만 너무 많은 설문을 구성하면 응답에 소요되는 시간이 길어져 결과의 신뢰도가 떨어질 수 있고, 설문 자체가 응답에 생각할 시간을 요하면 마찬가지로 결과의 신뢰도가 떨어질 수 있다. 따라서 설문은 직관적으로 응답할 수 있어야 하고 총 소요시간은 10분을 넘지 않는 것이 좋다.

표 13-3 ┃ 교육만족도 설문 구성 예시

구분	세부 영역	구성하는 설문
교육 과정	교양	핵심역량 향상을 위한 교육과정으로 편성되어 있는지, 교육과정 편성에 학생 요구를 반영하고 있는지, 다양한 과목으로 구성하고 있는지 등
	전공	진로 선택에 도움이 되는지, 교육과정 편성에 학생 요구를 반영하는지, 융합/연계 교육과정을 제공하는지, 수업 구성은 체계적인지 등
	교수진	해당 분야에 전문성을 갖고 있는지, 성실한 자세로 교육에 임하는지, 학업과 진로 상담을 제공하고 있는지 등
	학사행정	합리적인 성적평가를 하고 있는지, 강좌당 학생 수는 적절한지, 다전공 기회는 적절히 제공하고 있는지, 교환학생 등 해외교육 기회를 제공하는지, 실험실습장비지원은 적절한지 등
학생 지원	학습지원	프로그램은 다양하게 제공하고 있는지, 프로그램의 효과성은 있는지 등
	취업지원	취업희망 분야나 기업정보는 적절히 제공하고 있는지, 채용설명회 등 행사와 다양한 취업지원 프로그램을 제공하고 있는지, 기업 현장 실습 기회는 제공하고 있는지 등
	창업지원	창업교육과 창업지원은 제공하고 있는지, 창업희망 분야나 절차에 대한 정보를 제공하고 있는지 등
교육 시설	강의실 환경	강의실 수는 부족하지 않은지, 기자재는 수업에 불편함을 주지 않을 정도로 구비되어 있는지, 강의실 환경은 쾌적한지 등
	도서관 환경	열람실 좌석 수는 부족하지 않은지, 자료를 다양하게 제공하고 있는지, 최신 자료를 적시에 제공하고 있는지, 자료 검색은 편리한지 등
	행정 서비스	친절한지, 전문성을 갖추고 있는지, 행정처리는 신속한지, 필요한 의사소통은 이루어지는지 등
	정보화	홈페이지, 온라인 학사행정 시스템, 컴퓨터, 인터넷망은 사용하기에 불편이 없는지 등
	장학/복지	장학금 금액이 적정한지, 지급 기준은 합리적이고 명확한지, 다양한 장학제도를 갖추고 있는지, 기숙사 시설은 불편하지 않은지 등
	편의시설	식당 가격은 적정한지, 음식 맛은 괜찮은지, 학생자치공간은 제공하고 있는지, 화장실은 청결하고 불편함이 없는지, 행사시설은 구비되어 있는지 등
기타	발전 가능성	인재상 이해도, 대학 문화, 홍보의 적극성, 비전과 발전 가능성 등
	자부심	소속감, 대외 이미지에 대한 자부심, 동문회 참여 및 기부 의향 등
	만족감	전반적 만족도, 지인 추천 의향, 대학 재선택 시 본교 선택 의향 등

척도는 대부분 리커트 5점 척도를 사용한다. 평점에 구애받지 않고 개선사항 도출에만 신경 쓴다면 긍정응답과 부정응답이 확연히 드러나는 4점 척도를 활용할 수 있고, 평점에 신경을 많이 쓰면 상대적으로 긍정응답이 많아질 가능성이 있는 7점, 10점 척도를 활용할 수도 있다. 다만 척도가 높으면 세심하게 선택할 수 있다는 장점도 있지만 응답에 고민을 많이 하게 된다는 단점이 있어 많이 활용하지 않는 편이다. 그래서 보편적인 홀수 척도이며 지나치게 높지도 낮지도 않은 5점 척도를 많이 활용하고 있다. 〈표 13-3〉은 여러 대학에서 재학생 대상 교육만족도 조사를 위해 구성하는 설문을 정리해 놓은 것이다.

설문을 만들 때 한 가지 제언하자면 물어보는 질문에 '충분'이라는 용어는 가급적 피하는 것이 좋다. '충분'에 대한 느낌은 사람마다 다를 수 있다. 같은 상황에 놓여 있어도 어떤 사람은 충분하다고 생각할 수 있고 어떤 사람은 부족하다고 느낄 수 있다. 또한 모든 학생이 교육만족도에서 질문하는 모든 것을 경험해 본 것은 아닐 테니 미경험자는 '충분'이라는 용어만 나오면 대충 '보통'에 응답하기 쉽다. 그리고 현실적으로 대학에서 어떤 부분이든 학생이 충분하다고 느낄 정도로 제공하는 분야는 거의 없을 것이다. 그러니 수식어를 쓰려면 '충분'보다는 '적절히'로 쓰던가 아니면 수식어를 빼고 '제공하고 있는가'라는 식으로 묻는 것이 좋다. 어차피 응답자는 각 문항별로 본인이 얼마나 만족하고 있는지 점수로 응답을 하게 되므로 굳이 수식어가 없어도 해당 질문에 대한 응답 결과의 평균을 산출해 보면 어느 수준으로 만족하고 있는지는 얼마든지 알 수 있기 때문이다. 예를 들어, "강의실 또는 실험실습실 환경은 쾌적한가?(청소상태, 조명, 음향 등)"라는 질문에 대해서는 학생마다 청결상태, 조명의 밝기, 음향의 세기에 대하여 느끼는 바가 다를 수 있다. 이 질문을 "강의실 또는 실험 실습실 환경은 수업에 불편함을 주지 않을 만큼 쾌적한가?(청소상태, 조명, 음향 등)"로 바꿔 본다면, '쾌적'을 해당 환경이 존재하는 근본적인 이유인 '수업에 불편함을 주지 않을 정도의 쾌적'이라고 해석하고, 지나치게 좋은 환경을 바라기보다는 수업에 불편함이 있었는지만을 고려하여 응답하므로 지금보다 신뢰성 있는 결과를 받아볼 수 있다.

하나 더 제언하자면, 교육만족도 조사의 목적에는 '조사를 통한 개선사항 도출 및 개선 실시'가 포함되어 있다. 결과를 분석하여 무엇을 개선해야 할지를 찾아내고 실제 개선을 하겠다는 것이다. 그런데 만일 질문이 모호하다면 그 응답 결과를 통해 무엇을 개선해야 할지 알아내기란 현실적으로 거의 불가능하다. 지금까지 많은 대학에서 교육만족도에 대한 환류 및 개선 활동이 약했던 이유가 여기에 있을 지도 모른다. 예를 들어, "교양교육과정에 대해 전반적으로 만족하십니까?"라는 설 문에 대한 응답 결과가 2점대로 낮게 나왔다고 치자. 교양대학에서 이 결과를 받아 보고 '교양교육과정에 대한 전반적인 만족도'를 제고하기 위해 무엇을 해야 할까? 교육과정을 개편해야 할지, 새로운 교과목을 개발하여 제공해야 할지, 교·강사의 수준을 높여야 할지, 이 모든 것을 다 해야 할지 적절한 해답을 찾기란 불가능에 가 깝다. 이 질문에 대해 응답하는 학생들이 하필 교양수업에서 "이번 학기도 지난 학 기도 듣고 싶은 과목이 마감되어 못 들었어" "수업에 너무 학생이 많아 집중이 안 돼서 짜증나" "강의실이 너무 커서 칠판글씨도 안 보이고 교수님 얘기도 안 들려서 수강포기하고 싶어" 등과 같은 일을 겪었다면 전반적 만족이라는 질문에 아주 가혹 하게 낮은 점수를 줄 수 있다. 점수를 낮게 준 것이 문제가 아니라 낮게 준 명확한 이유를 모르는 것이 문제이다. 무엇을 개선해야 할지를 모르니 해를 거듭해도 만족 도는 달라지지 않고, 외부 평가에서 환류 및 개선활동을 제대로 하지 않은 것으로 평가받기 쉽다.

환류 및 개선을 고려한다면 추상적인 질문(응답자가 제멋대로 해석할지도 모르는 질 문)이나 생각하는 범위가 큰 질문(응답자가 여러 경험을 해당 질문에 적용하여 판단할 지도 모르는 질문)은 피하는 것이 좋다. 두세 가지를 하나의 질문으로 한 번에 물어 보면 응답하기가 어렵기 때문이다. 예를 들어, "도서관 열람실, 자료검색, 도서 대 출 등 이용이 편리한가?"라는 질문에 대해 응답자가 자료검색과 도서 대출은 편리 한데 열람실 이용은 불편하다고 느껴 '보통'에 해당되는 점수를 줄 수 있고, 다른 응 답자는 열람실 이용과 도서 대출은 괜찮은데 자료검색이 불편했다고 느낀다면 역 시 '보통'에 해당되는 점수를 줄 수 있다. 이럴 때 도서관측에서는 어떤 점이 불편 한지 명확치 않아 무엇을 우선으로 개선해야 할지 난감할 수 있다. 그나마 이 정도 는 세 가지를 다 개선하면 되니까 괜찮다. 확인하고 싶은 것은 많은데 응답자를 고 려한다는 명분으로 설문 수를 줄이기 위해 여러 가지를 한꺼번에 묻는 설문은 반드 시 피해야 한다. 차라리 중장기적인 안목으로 각 조사 영역별로 명확하고 직관적 인 응답이 가능한 형태의 설문 풀(Pool)을 구성한 후 해당 영역에서 가장 중요한 것 과 개선에 상대적으로 많은 시간이 걸릴 수 있는 것에 대한 설문은 초창기에 조사 하는 것을 권한다. 그래야 수요자들의 만족도를 점차 개선해 나갈 수 있다. 어느 정 도의 개선이 이루어져 만족도가 올라간 설문은 일단 해결되었으니 제외시켜 두고,

설문 풀에 있는 다른 설문으로 교체를 하여 조사하는 방식으로 10년 정도 운영하는 것이다. 조사 영역은 고정시키고 영역 내 설문의 수와 설문은 조금씩 달라질 수 있다. 어차피 외부 평가에서 교육만족도는 응답점수를 중요하게 보는 것이 아니라 정기적으로 조사를 하느냐, 조사를 통해 분석을 하고 환류와 개선활동을 하느냐가 중요한 것이기 때문에 환류 및 개선에 초점을 둔다면 이런 방식의 운영도 충분히 고려해 볼 수 있다. 이로 인해 많은 부분을 개선하여 만족도를 높여 나가는 데 도움을 줄 수 있다.

(2) 조사 시기 및 방법

설문구성을 완료하면 조사대상별로 어느 시기에 조사하는 것이 적합한지, 표본 수를 최대한 확보할 수 있는 조사방법은 어떤 것이 있는지 등을 고민해야 한다. 어차피 한번 하는 일인데, 이왕이면 보다 많은 사람이 참여할 수 있는 시기를 택하고 조사자나 대상자나 편리함을 줄 수 있는 조사방법을 사용해야 표본 수를 최대한 확보하면서 결과도 유용한 자료가 될 것이다. 많은 대학의 재학생 대상 조사는 11월이나 12월에 진행한다. 신입생의 경우 약 1년간 교양과 전공, 비교과교육을 받아 보았고 대학생활에 적응도 했을 테니 충분히 응답이 가능한 시기이다. 그리고 2, 3, 4학년의 경우도 매년 교과과정 개편 결과가 다음년도부터 개설하게 되어 변화된 새로운 교육을 받아 보았고 변화된 각종 학사제도에 대해서도 인식했을 테니 충분히 응답을 할 수 있다. 조사방법은 거의 모든 대학에서 온라인 조사를 활용한다. 약 4~5년 전부터는 PC뿐만 아니라 모바일로도 조사할 수 있는 플랫폼을 개발해서 활용하거나, 이용료를 지급하고 리서치 전문업체의 플랫폼을 활용해서 조사하고 있다. 개발 시스템은 통계 처리된 결과까지 받아 볼 순 있지만 분석과 결과보고서 작성은 담당자의 몫이다. 리서치 전문업체를 이용하면 계약에 따라 통계 처리된 결과 외에 분석보고서까지 받아 볼 수 있다. 대부분 대학이 참여동기를 부여하기 위해 마일리지를 지급하거나 참여 학생 중 약 10~20%를 무작위로 추첨하여 모바일 기프티콘을 선물하고 있다. 또한 교육만족도에 참여하지 않으면 성적 조회를 할 수 없게 하는 네거티브한 참여동기를 부여하는 대학도 일부 있다.

졸업생은 딱히 어느 시기에 조사하는 게 낫다고 볼 순 없지만 대체로 12월이나 1월 초에 조사하는 대학이 많다. 대부분 대학에서 8월보다는 2월 졸업생이 많으며, 졸업 후 약 1년 정도라면 사회생활에 어느 정도 적응하고 대학에서 배운 것들을 사회에서 한참 활용하고 있는 시기일 것이므로 조사에 응답하기 적절하다고 볼 수 있다. 조사방법은 주로 모바일 조사를 활용한다. 문자메시지로 간단한 안내사항과 함께 모바일 조사 페이지 URL을 보내 주고 클릭하여 참여하게 한다. 표본 수를 증가시키기 위해 이메일이나 전화 조사를 병행하는 경우도 있다. 대부분의 대학에서는 조사에 참여한 졸업생에게도 재학생과 같이 약 10~20%를 무작위로 추첨하여 모바일 기프티콘을 선물하고 있다.

산업체의 경우도 조사해야만 하는 시기는 따로 없다. 대체로 12월이나 1월초에 리서치업체를 이용하여 조사하는 대학이 대부분이다. 요즘은 대규모 공채보다는 소규모 수시채용과 상시채용이 늘고 있어 채용 시기를 고려한 조사 시기 선정은 크게 의미가 없다. 인턴 실습도 특정 시기에만 하는 것이 아니라 학기 중이나 방학을 이용해 연중 2~4회 지속하고 있으므로 대학 전담부서의 업무일정에 따라 조사하기에 적절한 시기를 선택해서 진행할 수 있다. 조사는 주로 산업체 인사팀 임직원을 대상으로 하는데, 참여자들에게 감사의 표시는 반드시 해야 한다. 대학에서 자체 조사하는 경우에는 소정의 기념품을 제공하고, 전문업체가 조사하는 경우에는 큰 금액은 아니지만 상품권을 주기도 한다.

학부모의 경우, 예전에는 주로 학부모 초청행사를 통해 지면조사를 실시하는 것이 일반적이었다. 설문도 단순한 편이었고 참여자 수도 다른 조사에 비해 상대적으로 적었다. 그러나 요즘은 대체로 겨울방학을 이용해 전화 조사를 많이 하는 편이다. 과거에는 학교의 이미지나 전반적 만족도, 발전 가능성 등을 묻는 추상적인 설문이 주를 이루었으나 지금은 교육, 교수진, 지원 체계(복지, 장학, 기숙사 등), 지역사회공헌 활동까지 구체적으로 구성하여 실시하고 있다. 조사방법으로는 전담부서에서 아르바이트생들을 고용해 직접 전화 조사하는 경우도 있고, 리서치 전문업체를 활용하는 경우도 있다. 참여동기부여로는 모바일 기프티콘을 선물하는데 무작위 추첨이 아니라 응답자 전원에게 지급하는 편이다.

요약하면, 재학생 대상 조사는 많은 대학이 매년 11~12월경 대학이 보유하고 있는 온라인 설문 시스템이나 외부 설문조사 업체를 활용하여 실시하고 있고 졸업생, 산업체, 학부모 대상 조사는 12월에서 1월 초에 실시하는데, 주로 대학이 직접 조사하기보다는 리서치 전문업체를 선정하여 위탁 조사를 실시하는 대학이 많다. 졸업생, 산업체, 학부모를 모두 묶어 위탁하기도 하지만 졸업생은 대학에서, 산업체와 학부모는 위탁하는 형태가 대부분이다. 늦어도 1월 말에는 모든 분석 결과와 개

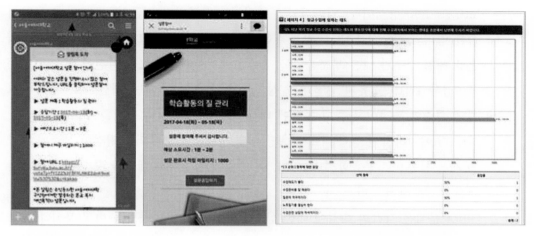

〈알림톡 모바일 조사〉   〈조사 시작 화면〉   〈조사 결과 집계 화면〉

[그림 13-1] 교육만족도 조사 시스템(웹, 모바일)

자료: 서울여자대학교

선사항이 산출되어야 2월 내로 개선하여 개선이 필요한 부분을 새 학기부터 적용할 수 있기 때문에 10월에서 12월에 조사에 착수해야 무리가 없다.

[그림 13-1]은 서울여자대학교에서 2016년에 개발하여 효과를 톡톡히 보고 있는 모바일 설문 시스템 예시화면이다. 특징은 학사정보(학생 휴대 전화번호)와 연계하여 카카오톡 알림 서비스(1건당 8원)를 통해 URL을 전송하여 설문에 참여하도록 하고, 카카오톡 어플이 없는 사람에게는 자동으로 문자메시지로 전송한다. 미참여자에게 보낼 때는 별도로 분류할 필요 없이 자동으로 미참여자에게만 전송이 된다. 이 시스템을 통해 설문 참여자 수는 기존에 비해 5~6배 이상 증가하고 업무량은 기존 업무량의 10% 수준으로 줄었다.

3. 만족도 조사의 분석 및 사후조치

1) 결과 분석

교육만족도 결과 분석은 대체로 두 가지 방식이 많이 쓰인다. 문항별로 평점을 산출하는 일반적인 통계처리방식과 중요도-만족도 분석(Importance-Performance

Analysis: IPA) 방식이다. 일반적인 통계처리는 문항마다 평균치를 내고, 그 문항이 속한 영역의 평균치를 내고, 전체 설문의 평균치를 낸다. 그리고 나선 전체와 영역별로 제일 점수가 낮은 부분을 개선 활동으로 분류한다. 또는 사전에 점수별 수준을 5점과 4점대는 '유지', 3점대는 '상향노력', 2점과 1점대는 '개선'으로 정해 놓고 해당 수준의 평점이 산출된 문항에 대해 사전에 정한대로 조치를 취하는 것이다. 하나 더 얘기하자면 영역 내에서 해당 영역 평균치에 미달되는 평점이 산출된 문항을 개선 활동으로 분류할 수도 있다. 어떤 방식이 좋다고 얘기할 수 없으니 대학이 정해서 진행하면 된다.

IPA 분석은 각각의 속성에 대한 상대적인 중요도와 만족도를 비교 분석하는 것이다. 사실 수요자가 해당 서비스를 이용하기 전에 해당 서비스의 중요도를 평가하고 이용 후 만족도를 평가해야 하지만, 현실적으로 어려움이 많으므로 IPA 분석을 활용하는 대학들은 해당 문항에 대해 얼마나 중요하다고 생각하는지, 이용해 보니 얼마나 만족했는지를 동시에 측정하고 있다. 조사 결과로 산출된 중요도 평점과 만족도 평점은 2차원 도면상에 나타내는데, 1사분면은 과잉노력(Possible Overkill) 영역(중요도↓, 만족도↑), 2사분면은 좋은 성과에 대한 유지관리(Keep Up Good Work) 영역(중요도↑, 만족도↑), 3사분면은 저순위(Low Priority) 영역(중요도↓, 만족도↓), 4사분면은 중점개선(Concentrate Here) 영역(중요도↑, 만족도↓)으로 분류된다. IPA

고	제1사분면 – 과잉노력 영역	제2사분면 – 유지관리 영역
↑ ↑ 만족도 ↓ ↓	학생들에게 중요하지 않음에도 불구하고 대학이 지나친 투자나 과잉노력을 통해 불필요할 정도로 만족도가 높은 경우로, 대학 입장에서 비효율성과 예산낭비가 있지 않은지 반드시 체크하는 것이 필요하다.	학생들에게 의미가 있는 영역이면서 동시에 대학이 비교적 잘 만족시키고 있는 영역으로, 대학은 이미 충분히 잘 하고 있고 학생들도 별다른 불만이 없으므로 현재 수준을 꾸준히 유지하는 것이 필요하다.
	제3사분면 – 저순위 영역	제4사분면 – 중점개선 영역
저	중요도와 만족도가 모두 낮아 현재로서는 크게 신경 쓰지 않아도 되지만, 시대와 환경의 변화에 따라 언젠가 중요도가 올라갈 수도 있어 장기적인 개선과제로 고려해야 한다.	학생들이 생각하는 중요도가 높음에도 불구하고 이에 대해 만족도는 낮은 경우로, 가장 시급하게 개선이 필요하고 개선의 효과성도 큰 영역이다.

저   ←←중요도→→   고

[그림 13-1] IPA 분석

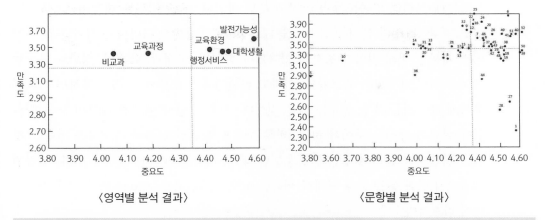

〈영역별 분석 결과〉   〈문항별 분석 결과〉

[그림 13-2] IPA 분석 결과 예시

자료: 서울여자대학교

분석을 활용하면 어떤 조직이 이용자 만족도를 높이기 위해 우선적으로 투자해야 할 분야와 현재 수준을 유지하야 하는 분야, 과잉 투자되고 있는 분야에 대한 식별이 가능해져 무엇을 우선적으로 개선하여야 할지를 정할 수 있다.

[그림 13-2]는 서울여자대학교의 재학생 대상 교육만족도 분석 결과이다. 영역별로 살펴보면 비교과와 교육과정 영역은 '과잉노력'으로, 교육환경, 대학생활, 행정서비스, 발전 가능성은 '유지관리'로 나타났다. 저순위나 중점개선할 부분이 전혀 나타나지 않은 것이다. 그러나 설문 문항별로 살펴보면 8개 문항이 '저순위', 12개 문항이 '중점개선'으로 나타났다. 영역별 평균점은 괜찮게 나왔더라도 특정 설문에 대한 중요도와 만족도가 그렇지 못하다면 얼마든지 나올 수 있는 결과이다. 따라서 영역별 결과에 만족하기보다는 어떤 문항에 대해 중점개선이 필요한지를 찾아내어 개선해 나가야 할 것이다.

결과 분석에서 가장 중요한 부분은 개선사항을 도출하는 것이다. 수요자 만족도를 높이려면 우선 무엇을 개선해야 하는지를 알아야 하기 때문이다. 그리고 전년도나 그 전년도에 개선사항으로 분류되었던 설문에 대해 대학에서 어떤 조치를 취했고, 그 결과로 해당 설문에 대한 결과치가 어떻게 변화했는지도 확인해야 한다. 결국 결과 분석을 할 때에는 적어도 최근 3년간의 시계열 분석도 필요한 것이다. 비교적 만족도가 높았던 부분은 잘 유지되고 있는지도 확인해야 하고, 특별한 노력을 기울이지 않았는데 예상치 못하게 만족도가 올라간 부분이나 특별한 노력을 기울였는데 오히려 만족도가 떨어진 부분도 확인해야 한다. 많은 대학이 학년별, 단대별, 학과별, 성별 분석을 하고 있는데, 이러한 대상별로 나타나는 결과가 교육 서비스 개선을 위해 의미가 충분히 있다거나 학년별, 단대별, 학과별, 성별로 맞춤형 조치를 취해 만족도를 제고할 수 있다고 판단된다면 모를까, 그렇지 못하면 이러한 분석에 에너지를 쏟을 필요는 없을 것이다. 오히려 앞서 얘기한 대학의 노력과 관련한 변화에 중심을 두어야 하고, 비록 노력과 무관한 변화에 대해서는 정답을 찾기는 어렵지만 관련 실무진과의 충분한 대화, 대학을 둘러싼 환경의 변화, 대학생 트렌드의 변화 등을 통해 최대한 예측을 해서 교육만족도 제고를 위한 다각적인 노력이 필요하다.

주관식 응답의 경우는 여러 대학이 유행처럼 워드클라우드(word cloud) 분석을 활용하고 있다. 워드클라우드는 텍스트 데이터를 시각적으로 표현한 것으로 자유 형식의 텍스트를 축약적으로 나타내는 데 많이 사용되기 때문에, 학생들이 자유롭게 응답하는 내용을 정리하여 보고하는 용도로 유용하긴 하다. 그러나 주의할 점은 워드클라우드 자료만 보고서에 넣으면 학생이 어떤 단어를 많이 언급하는지는 알 수 있어도 어떤 의도로 그 단어가 많이 등장하는지는 추측만 할 수 있을 뿐, 의미를 파악하기는 어렵다. 예를 들어, 워드클라우드 시각화 그림에 '장학금'이나 '수강인원'이라는 단어가 크게 보이면 읽는 사람은 "장학금이 부족하다는 건가"라든가 "수강인원이 너무 많다는 건가" 정도로만 추측할 수 있을 뿐이다. 이는 친절한 보고서

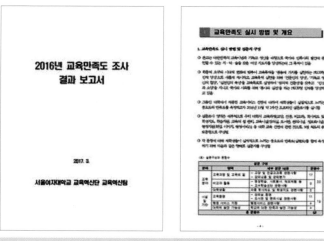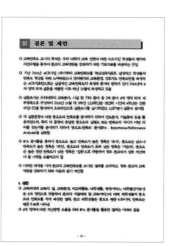

[그림 13-3] 교육만족도 결과보고서 예시

자료: 서울여자대학교

가 아니다. 학생들이 응답한 자료를 '교육' '장학' '복지' '시설' 등 카테고리별로 분류하여 긍정적인 요소, 즉 어떤 점에 대해 만족하고 고마움을 느끼고 있는지와 부정적인 요소, 즉 무엇을 어떻게 개선해 달라고 요구하고 있는지를 정리한 내용이 추가되어야 비로소 친절한 보고서가 될 수 있다. 정형 데이터와 함께 비정형 데이터도 놓치지 말고 분석하고 정리하여, 현재 우리 대학의 현황과 개선점 제언을 포함한 결과보고서를 작성하여 보고해야 한다.

3) 사후 조치

결과 분석을 통한 사후 조치는 보고서 배부와 서류 처리로 끝나서는 안 되고 반드시 실행에 옮겨져야 한다. 지금까지는 보고서를 정성스럽게 제작하여 주요 보직교수와 유관부서에 배부하면, 받은 사람은 그림이나 표 중심으로 대충 읽어 보고는 책꽂이에 꽂아 놓았다. 그 보고서는 다음 해 보고서가 도착할 때까지 그 자리에 그대로 방치된다. 교육만족도 조사와 환류 및 개선에 대한 외부 평가를 받을 때에는 보고서도 만들었고 공문 발송을 통해 유관 부서에도 배부했으며, 어느 정도 시간이 지난 후 개선사항을 보고하라는 문서도 보내서 받은 게 있으니 이를 근거로 평가보고서를 작성한다. 실제 개선을 위한 노력을 한 부분과 이 노력에 의해 개선이 일어난 부분을 찾기 어려워 지난 1년 동안 여러 분야에서 긍정적으로 달라진 점을 찾아내어 교육만족도를 통한 환류와 개선인 것처럼 포장한다. 이런 행태는 평가를 앞두고 위기는 넘길 수 있을지 몰라도 반복되어서는 안 된다.

조사 대상별 교육만족도 분석이 끝나면 보고서 작성과 배부만이 아니라 별도의 발표 자료를 만들어 구성원 대상 공유를 하는 것이 좋다. 전체 교수회의나 직원회의에서 현황과 개선이 필요한 부분에 대해 발표하고 향후 개선을 위한 미션이 부과될 것임을 알리며 협조를 요청해야 한다. 개선을 위한 미션 부과는 교내 성과관리제도와 연계하는 것이다. 일반적으로 교육만족도 설문은 대학 내 특정부서에 또는 두세 개 부서에서 하고 있는, 또는 해야만 하는 일로 구성되어 있다. 어느 부서에서도 할 수 없는 일이나 하지 않는 일에 대해 만족도를 물어본다는 것은 있을 수 없다. 책임지는 곳이 없다면 절대로 만족도가 향상될 수 없기 때문이다. 따라서 교육만족도 설문마다 소관부서가 있으니 성과평가 담당부서에서는 그 설문 결과치를 해당 부서의 성과지표로 설정하여 지속적으로 관심을 갖고 관리하도록 해야 한다.

교육만족도 담당부서는 결과 분석을 한 후 각각의 설문에 대한 소관부서와 미팅을 하는 것이 좋다. 담당부서 입장에서의 개선점 도출보다는 소관부서의 상황을 고려한 개선점 도출이 더 현실적일 것이기 때문이다. 또한 설문에서 막연한 것을 묻기보다는 구체적인 것을 묻는 설문으로 변화할 수도 있다. 앞서 예를 들었다시피 "교양교육에 대해 전반적으로 만족하십니까?"라는 설문 결과가 2점대가 나왔다면 이 결과를 확인한 모든 사람은 개선이 필요하다고 할 것이다. 그런데 무엇을 어떻게 개선해야 하는지는 쉽게 대답할 수는 없을 것이다. 강좌 수를 늘려야 할지, 교·강사의 질을 높여야 할지, 과목을 새로 개발해서 제공해야 할지 판단하기 어렵기 때문이다. 물론 다 개선하면 좋겠지만 제한된 시간과 인력과 예산으로 모두 다 개선하기는 불가능할 것이다. 뭔가를 선택해서 개선을 진행했는데 그 다음해에 결과가 조금도 나아지지 않았다면 헛수고만 했다는 생각을 지울 수 없고, 이런 일이 반복되다 보면 개선에 관심을 끊고 내버려 둘지도 모른다. 특정 설문이 우리 부서의 성과지표가 되면 이 설문 결과에 대해 진지하게 받아들이면서 어떤 부분을 어떻게 개선해 나갈지에 대해 고민을 하며, 필요한 협조사항이 있다면 유관부서에 협조를 구할 것이고 필요한 제도 개선이 있다면 학교에 건의도 할 것이다. 설문의 구체성이 떨어져 뭘 개선해야 할지 막막하면 구체적인 설문으로 개선할 수도 있다. 이러한 노력들이 더해져야 교육만족도에 대한 바람직한 환류와 개선활동이 이루어질 수 있다.

개선 조치를 취하고 나면 반드시 해야 할 것이 결과 점검이다. 개선이 되었다고 해도 수요자들이 개선된 것을 알게 되어 바로 교육만족도 결과로 이어지기는 어렵다. 실험실습실의 노후된 장비를 교체해 주었다 하더라도, 그 장소를 이용하는 학생들이 아니면 교체된 사실을 알지 못하므로 시설 쪽 교육만족도 상승에 미치는 영향이 거의 없는 것이다. 그러니 개선을 했는지 안했는지는 반드시 확인을 해야 하고 개선이 되었다는 사실을 전 구성원 대상으로 공유해야 한다. 개선 사항에 대한 직접적 수혜자는 아니더라도 내가 다니는 학교가 여러 가지 면에서 점점 나아지고 있다는 인상을 받으면 교육만족도 제고에 긍정적인 영향을 줄 수 있다. 성과지표로 설정해 놓으면 지표 달성도에 대한 모니터링이나 결과보고를 해야 하기 때문에 개선 결과 점검이 비교적 용이한 편이다.

학생들이 설문에 응답하면서 가장 답답해하는 부분은 학교에서 활용은 어떻게 하는지, 도대체 뭐가 달라진 건지 알 수 없다는 점이다. 대학에서는 조사하여 결과

[그림 13-4] 교육만족도 조사 결과 공유

자료: 경성대학교

를 보고하고, 개선점을 찾아내서 개선하도록 해당 부서에 통보하는 데 그쳐서는 안
된다. 달라진 점에 대한 적극적인 홍보가 필요하다. 시설이나 서비스, 교양과목 확
충, 취업지원 프로그램 개발, 산학연계 확대, 현장실습 기업 확충 등 어떤 부분에
대한 만족도가 어떻게 나왔고, 대학에서는 어떤 노력을 기울여 어떻게 개선해 나가
고 있는지를 구성원들에게 반드시 알려 줘야 한다. 특히 낮게 평가받았던 부분에
대한 개선을 더욱 강조해 줘야 학생들이 학교의 노력을 인지하고 개선 결과를 기대
하며 성실한 응답을 할 수 있다.

[그림 13-4]는 경성대학교에서 대학의 개선된 부분에 대해 학생들에게 제공한 정
보이다. 여러 대학이 대학 발전을 위해 개선해 나가고 있는 부분을 대학 홈페이지
나 SNS를 통해 구성원에게 알려 주면서 교육만족도 제고를 위해 노력하고 있다.

4. 교육만족도 성과관리 방안

1) 교육만족도 성과관리 모형

교육만족도 조사는 1년에 한 번씩 운영된다. 대학은 학생의 교육만족도 조사 척도를 개발하고 적용하고, 이를 반영하여 학생들의 만족도를 높이기 위한 일련의 운영 및 성과관리가 이루어져야 한다.

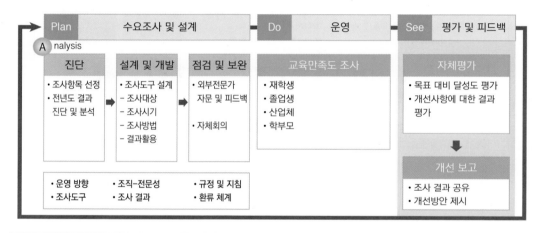

[그림 13-5] 교육만족도 조사 운영 체계도

교육만족도 조사 운영 및 성과관리를 투입(Plan)-과정(Do)-산출(See)의 논리 모형로써 접근해 보면, 교육만족도의 조사 척도를 개발ㆍ운영하고 평가를 주도하는 조직 및 전체적인 지원 체계는 '투입(Plan)'에 해당하고, 교육만족도 조사 척도를 개발하고 운영하는 활동은 '과정(Do)'에 해당된다. 교육만족도 조사척도를 적용해서 결과를 평가하고 환류하는 활동은 '산출(See)'에 해당된다. 투입-과정-산출이라는 교육평가의 기본 영역에 근거하여 교육만족도의 성과평가를 위한 기본 영역을 선정하면 다음과 같다.

표 13-4 ▎ 교육만족도 성과관리 모형

구분	투입	과정	산출	
영역 분류	조직 · 체계	교육만족도 조사 도구 개발 및 운영	교육만족도 조사 결과 평가 · 환류	
기본 영역	지원 체계	개편 및 운영	평가	환류
주요 쟁점	전문기관 운영자 전문성	운영실적 확보	목표대비 달성도	평가 결과 반영 개선방안 제시 우수 결과 확산

2) 평가에 대비한 교육만족도의 성과관리

대학평가에 활용되는 교육만족도 관련 평가지표(항목)는 2주기 대학기관평가인 증과 2018년 대학기본역량진단, 그리고 2021년 대학기본역량진단을 중심으로 보고자 한다. 물론 교육만족도를 평가하는 정확한 평가지표는 없지만 세 가지 평가에서 교육만족도와 관련이 있는 평가 항목을 정리해 보고 이에 대한 대비 방안을 제시하고자 한다.

표 13-5 ▎ 대학기관평가인증과 대학기본역량진단의 교육만족도 관련 주요 점검사항

구분	2주기 대학기관평가인증	2018년(2주기) 대학기본역량진단	2021년(3주기) 대학기본역량진단
관리 체계 운영	• 교육만족도 조사를 실시하고 있는가 – 조사 체계	• 교육수요자 만족도 관리 체계의 운영	• 별도의 진단 영역은 없으나 「항목 1. 발전 계획의 성과」의 「1.1. 특성화 계획 또는 중장기 계획 등 발전 계획」부분의 「진단요소 3. 발전 계획의 개선 및 조정」에서 환류 체계의 절차 및 내용 부분을 기술하면서 2018~2020학년도 내 실시된 조사에 한하여 작성하도록 제시함
조사의 체계성	• 교육만족도 조사의 내용과 방법은 적절한가 – 조사방법 – 조사 결과	• 교육만족도 조사 현황	
환류 실적	• 교육만족도 조사 결과를 환류하고 있는가 – 환류 실적	• 교육수요자 만족도 조사 결과의 분석 및 활용 체계 • 교육수요자 만족도 조사 결과에 따른 유 · 무형의 교육 서비스 개선 노력 및 효과	

3) 교육만족도 성과관리를 위한 자체진단

교육만족도 성과관리는 교육만족도 조사척도의 개발과 적용체계가 중요하고, 교육만족도 조사 결과를 바탕으로 학생들의 교육이 이루어지고 있다는 신뢰성을 확보할 근거를 마련해야 한다. 교육만족도 성과관리를 위한 자체진단의 평가원칙은 평가의 일관성, 평가의 신뢰성을 높여 줄 수 있다. 평가의 체계성을 확보하기 위하여 1차 평가와 2차 평가를 제시할 수 있다. 1차 평가는 평가 기본 영역에 대한 유무 판정, 2차 평가는 우수성 평가로 구분하고자 한다.

먼저 다음과 같은 1차 평가의 기본원칙을 제시할 수 있다.

- 성과평가는 기본적으로 평가자가 직관적으로 평가할 수 있어야 한다.
- 기본 체계를 구성하는 기본 영역에 대하여 유무판정이 가능하여야 한다.
- 목표가 있다면 목푯값이 제시되어야 하고 해당 목표 달성 및 목표 미달성을 평가할 수 있어야 한다.

교육만족도 성과평가에서 1차 평가준거는 평가의 시작이라고 할 수 있는 '유/무'에 대한 판정이다. 1차 평가는 2차 평가의 근거가 된다. 1차 평가에서 '유'로 판정된 경우에만 2차 평가의 대상이 되며, 1차 평가에서 '무'인 경우 2차 평가가 실시되지 않는다. 평가 영역의 '유/무' 판정 구분을 보면 다음과 같다.

- 지원 체계: 운영을 위한 전문기관 확보 여부/제도 및 규정
- 운영: 프로그램 유무, 프로그램 실행 여부
- 평가: 프로그램 평가 실시 여부
- 환류: 프로그램 평가에 대한 피드백 유무

표 13-6 ┃ 교육만족도 성과평가를 위한 기본 체계에 대한 평가준거

영역	투입	운영	성과	
	조직 · 체계	프로그램 운영	평가 · 환류	
	지원 체계	운영	평가	환류(공유 확산)
1차 평가	유/무	유/무	유/무	유/무
2차 평가 (질적 평가)	적절성 체계성 전문성	적절성 다양성 체계성	평가 체계 강의만족도 실적평가	환류 체계 적절성 체계성 우수사례

　교육만족도 성과평가에서 2차 평가는 우수성에 대한 판정이다. 1차 평가에서 '유'로 판정받은 경우에 2차 평가를 실시하며, 우수성 판정을 목적으로 질적 평가를 포함한다. 우수성은 전문성, 다양성, 체계성, 효과성, 효율성을 포함한다.

- 지원 체계: 구성원의 전문성 확보, 피드백 체계
- 운영: 프로그램 유무(단계화-체계성, 다양성), 프로그램 실행 유무(목표치 달성)
- 평가: 프로그램의 효과적 운영, 프로그램 결과 우수사례 확보
- 환류: 프로그램 개선 사항 보완점 제시, 프로그램 효과성, 우수사례 공유 및 확산

2차 평가의 기본원칙을 설정해 보면 다음과 같다.

- 성과평가는 해당 결과에 대한 우수성을 판단할 수 있어야 한다.
- 판단 가능성을 위해 일정 기준(목표치 등)이 제시되어야 한다.
- 설정한 기준은 설명 가능한 타당성을 확보하여야 한다.
- 제시한 기준은 전체적으로 객관성을 지녀야 한다.

　이 내용을 바탕으로 교육만족도 성과관리를 위한 자체진단의 점검은 다음의 양식을 활용해서 체크해 볼 수 있다.

표 13-7 ┃ 교육만족도 성과관리를 위한 자체진단 점검표

요소		유무		성과			우수판정기준
		유	무	미흡	보통	우수	
지원 체계	교육만족도 평가 운영 방향						모두 '유' 확인 후 • 지원 체계 적절성
	교육만족도 평가 관리 체계						
	교육만족도 평가 운영 규정(운영지침)						
	교육만족도 평가 운영 및 지원 조직						
운영	내부 교육만족도 조사 정례화						모두 '유' 확인 후 • 대상: 산업체, 학부모 포함
	*외부만족도 조사 참여						
	교육만족도 조사대상의 적절성						
	교육만족도 조사 체계성						
평가	교육만족도 평가 결과 분석						모두 '유' 확인 후 • 관리 체계 모델 제시
	교육만족도 평가 결과 관리						
환류	환류 체계						모두 '유' 확인 후 • 결과 반영 모델 제시 • 결과 반영의 문서화
	결과 분석-결과 반영						
	결과 반영	학교교육정책 반영					
		교수학습 지원 프로그램개선 반영					
		상담진로취창업 프로그램 반영					
		교육과정개편에 반영					

[평가를 위한 질문]
• 교육만족도 평가의 운영 방향: 명확히 명시되어 있는가?
• 교육만족도 평가 운영을 위한 전담기구는 있는가?
• 교육만족도 평가는 내부/외부실시 하고 있는가?
• 교육만족도 평가는 체계적으로 이루어지고 있는가?
• 교육만족도 평가 결과는 일정 기준 이상인가?
• 교육만족도 평가는 평가되고 있는가?
• 평가 결과 및 만족도 결과는 환류되고 있는가?

[판정 기준]
• 우수 기준: 각 영역별 모두 '유' + 정성평가에서 우수판정을 받은 경우
• 보통 기준: 각 영역별 모두 '유' 인 경우
• 미흡 기준: 각 영역에서 '무'가 하나라도 나오는 경우

정성평가 (우수 기준)	지원 체계	체계(조직/규정/지침 등)가 모두 갖추어져 있는 경우
	운영	정례화, 내외부 조사 참여, 조사대상(수요자)의 적절성 확보
	평가	결과 분석, 결과 분석의 관리, 만족도 조사 자체에 대한 평가
	환류	결과 공유(개인/부서/학과/학교) 및 결과에 따른 개선 활동(객관적 증빙 가능한 경우)

(1) 교육만족도 조사에서 고려해야 할 사항

요즘 대학을 평가하는 기관인증평가나 기본역량진단의 주안점은 교육 성과관리라고 말해도 과언이 아니다. 교양교육의 성과관리는 주로 대학에서 교육목표에 부합하게 설정한 핵심역량으로 역량기반 교육과정을 편성하고, 교양교육과정 운영을 통한 핵심역량 성취도를 대학에서 개발하여 활용하고 있는 핵심역량진단평가 등을 통해 확인한 후(분석) 우수성과는 지속유지, 부족한 부분은 개선 보완하는 방향으로 교육과정을 개선(환류 및 개선)한다. 전공교육의 성과관리는 대학에서 설정한 핵심역량 외에 각 전공에서 교육목표에 부합하게 설정한 전공역량으로 역량기반교육과정을 편성하고, 전공교육과정 운영을 통한 전공역량 성취도를 확인한 후(분석) 우수성과는 지속유지, 부족한 부분은 개선 보완하는 방향으로 교육과정을 개선(환류 및 개선)한다.

이때, 각 교육과정의 개선을 위한 교육과정 분석을 위해서는 역량 성취도 외에 충실하게 작성된 강의계획서라든지 강의평가 결과, 적절한 수강인원과 강의환경, 교육 관련 인센티브(교육업적 점수 등), 교수지원 프로그램 참여도, 교과목 CQI 보고서(수업성찰) 등 효율적이고 효과적인 교육과정 운영에 결부되는 여러 가지 자료가 필요하다. 여기에 교육만족도 결과도 포함시키는 것이 좋다. 몇몇 대학은 교육과정 만족도를 별도로 조사하는 경우도 있지만 학생들이 지나치게 많은 설문조사에 대한 응답을 버거워하면 불성실한 응답을 할 가능성이 높아진다. 차라리 교육만족도 설문을 개선해서 교양, 전공, 비교과교육과정 편성 및 운영과 관련한 문항을 필요한 만큼 늘리고 구체적으로 설문하는 것이 나을 것이다.

예를 들어, 총 문항수가 60문항이라면 교양, 전공, 비교과교육과정 만족도에 60% 가량의 문항을 배정하고 나머지 40% 정도는 학생지원, 교육시설, 정보화, 행정서비스, 대학 이미지 등을 배정하는 것이다. 사실 교육시설이나 행정서비스, 전반적 만족도 등은 많은 것을 물어볼 필요는 없다. 좋은 품질의 교육 서비스를 위해 학생들이 원하고 대학의 노력으로 지원할 수 있는 부분만 확인하면 된다. 예를 들면 장학제도에 대해 장학금 종류가 다양한지, 지급 기준이 합리적인지, 금액은 적절한지, 선발은 공정한지 전부 물어보기보다는, 장학제도 전반에 대해 1~2개의 설문으로 조사하고 부정적인 응답이 나왔을 경우 해당 부서에서 세부적인 설문을 구성하여 장학제도에 관한 별도의 설문조사를 해 볼 수 있다. 응답자가 지나치게 적지 않고 학문 계열이나 학년이 골고루 섞여 있다면 충분히 참고할 만한 자료가 될 수 있다.

교육만족도 결과를 교육과정 분석에 활용하고 각 전공별 교육과정 성과관리를 해 나가려면 거의 모든 재학생이 조사에 참여하는 것이 좋다. 많은 대학에서 강의 평가에 참여해야만 성적확인을 할 수 있는 것처럼 교육만족도 조사에 참여하게끔 유도하는 것이 필요하다. 학생들이 자발적으로 참여하는 것이 바람직하겠지만 전 공교육과정 운영에 대한 만족도를 해당 전공교육과정 운영성과로 활용하려면 적어 도 90% 이상의 전공학생이 응답해야 하고 학년별로 골고루 참여해야 하며, 복수/ 부전공생의 응답 자료도 필요할 수 있기 때문이다.

(2) 교육만족도 조사

교육만족도를 조사하는 목적이 정말 교육수요자 만족도 제고에 있다면, 단지 측 정하고 분석하는 데 그치지 말고 실제 개선 활동으로 이어져야 한다. 그러려면 다 른 성과평가 제도와 연계하여 관리하는 것이 좋다. 일정 점수 미만의 평가를 받은 설문은 그 업무를 담당하는 부서의 핵심성과지표로 설정하게 하는 방법을 들 수 있 다. 예를 들어, 우리 대학의 교육만족도 전체 평균이 3.50이라고 하면 3.50미만에 해당하는 점수가 나온 설문들이 있을 것이다. 이 중에서 비교적 단기의 노력으로 조금이라도 상승시킬 수 있는 항목을 골라내는 것이다. 교양과목의 다양성이 부족 해서 2.83점을 받았다면 교양대학의 핵심성과지표로 '교양과목 개발'을 지정한 후 학생들에 대한 수요조사를 통해 선호하는 분야에 대한 교양과목을 개발하여 개설 하는 것이다. 새로운 교양과목이 개발되었다는 사실을 여러 학생이 모를 수도 있으 니 영화의 예고편처럼 교수자의 2~3분짜리 강의 프리뷰를 제작하여 홈페이지나 SNS를 통해 대대적으로 홍보한다면 틀림없이 해당 설문에 대한 만족도 결과가 올 라갈 것이다. 이런 방식으로 실제 개선 활동으로 이어지게끔 관리하여야 교육만족 도를 조사하는 근본적인 목적을 달성할 수 있고, 단지 '이걸 했다'에 만족하지 않고, '이걸 해서 이런 변화를 이끌어 냈다'는 성취감을 맛볼 수 있다.

4) 교육만족도 성과관리를 위한 Tip

여기에서는 앞서 제시한 '평가를 위한 질문'에 대해 참고할 만한 팁들을 언급하고 자 한다. 따라서 질문과 함께 보면 도움이 될 수도 있다. 혹시 오해가 있을지도 몰 라 분명히 밝혀 두지만 단지 성과관리를 하기 위한 참고사항일 뿐이지 반드시 이렇게 해야 한다는 것은 아니다. 성과관리나 대학평가는 정답이 존재하지 않는다. 그리고 시대적·사회적 상황이나 트렌드에 따라 변하기도 한다. 대학이 처한 환경과 상황(지역적 특성, 설립 유형, 규모, 재정, 인적 구성 등)에 따라 대학이 할 수 있는 최선의 관리를 하면 되는 것이다.

(1) 교육만족도 평가의 운영 방향

"교육만족도 평가를 왜 하는가?"라고 질문한다면 대학들은 어떻게 답을 할까? 다른 대학들도 다 하고 있으니까, 대학평가에 들어가는 항목이니까, 실제로 이런 생각을 하고 있다 하더라도 이렇게 답하는 대학은 없을 것이다. '평가'라는 것은 대상의 가치나 수준 등을 사전에 정해진 일정한 기준에 적합한지를 따져 보는 것이다. 그걸 따져 보는 까닭은 기준에 적합하면 계속 유지해 나가도록, 그렇지 못하다면 적어도 기준은 충족할 수 있도록 개선해 나가게끔 하려는 것이다. 이렇게 생각해 보면 교육만족도 평가를 왜 하는지에 대한 답을 간단히 찾을 수 있다. 대학이 현재 제공하고 있는 교육 서비스의 가치나 수준에 대해 수요자들이 어떻게 생각하고 있는지를 파악하여, 잘 하고 있는 부분은 그 수준을 유지하고 그렇지 못한 부분은 개선해 나가기 위함이다. 이러한 운영 방향에 따라 대학이 교육만족도 조사를 하는 목적을 명확히 하고, 조사대상(재학생, 졸업생, 산업체 등)을 정한 후 대상별 목적까지 명확히 설정해 놓아야 소기의 성과를 이룰 수 있다.

(2) 교육만족도 평가 운영을 위한 전담기구

대학 전반에 대한 평가는 기관평가인증과 기본역량진단의 두 가지이다. 기관평가인증은 5년 주기로, 기관평가인증은 3년 주기로 평가가 진행된다. 대학마다 이를 준비하는 평가전담부서가 있을 텐데 교육만족도 평가는 이 부서가 담당하는 것이 좋다. 교육만족도 조사가 이 두 가지 평가에 포함되기 때문이라는 이유만은 아니고, 외부 평가를 전담하는 부서는 당연히 내부 평가까지 담당하고 있기 때문이다. 교육만족도 조사가 단지 시행했다는 것에 그친다면 그야말로 외부 평가를 위한 '행위'로밖에 설명할 수 없다. 진정으로 대학의 발전을 위한 '행동'을 하기 위해서는 여력에 따라 평가를 전담하는 부서에서 담당하거나 별도의 성과관리부서를 만들어서 맡겨야 할 것이다.

교육만족도는 대학에서 제공하는 각종 교육 서비스에 대해 교육수요자들이 얼마나 만족하고 있는지를 확인하는 것이므로 어쩔 수 없이 각 학과나 행정부서의 활동과 직접적인 연관성이 있다. 예를 들어, 장학담당부서에서 투명한 장학생 선정과정과 다양한 장학제도에 대해 끊임없이 알리고, 소외계층에 대한 배려(학비 마련이 곤란한 저소득층, 학사경고자의 성적 상승 등)가 미담으로 알려진다면 이 부분에 대한 만족도는 매우 긍정적으로 나타날 가능성이 높다.

결국 교육만족도를 높이기 위해서는 교수들이 교육과 학생상담을 잘 해야 하고, 학과에서는 소속 학생들이 알아야 할 정보에서 누락되지 않도록 잘 챙겨야 할 것이며, 행정부서에서는 학생친화형 학사제도 도입이나 다양한 비교과 프로그램 제공, 도서관이나 인터넷 이용 편의, 강의실이나 편의시설 개선 등 교수와 직원들이 어느 것 하나도 놓치지 말고 자기 역할과 본분을 다해야 가능하다. 따라서 교육만족도는 평가를 전담하는 부서나 성과관리를 하는 부서에서 전담하여 부족한 부분은 공통 성과지표 또는 해당 부서나 학과 차년도 핵심성과지표로 설정하게끔 하여 실제로 환류에 따른 개선활동이 일어나게 만들어야 한다. 이러한 활동이 반복되면 여러 부분의 교육 서비스가 개선될 것이고, 그 개선 결과는 교육만족도 조사 결과로 나타나게 될 것이다.

환류에 따른 개선활동으로 이어지지 않는 교육만족도 조사는 별 의미가 없을 테니 결과에 대한 분석역량과 실제 개선 활동을 이끌어 낼 수 있는 힘을 가진 부서가 아닌 곳에서 전담하여 진행하는 것은 절대 바람직하지 않다는 것을 명심해야 한다.

(3) 교육만족도 평가 실시

교육만족도 조사는 언제 실시하는 것이 좋을까? 정답은 없다. 재학생 대상의 조사는 전 학년을 대상으로 하므로 1학년이 대학생활에 어느 정도 적응도 하고 여러 수업이나 프로그램, 대학에서 제공하는 학사나 진로 관련 정보 등을 접해 보았을 것이라 판단되는 시기인 2학기 말이 적절하지 않을까 싶다. 실제 많은 대학이 이와 비슷한 시기에 실시하고 있다. 약 10여년 전쯤만 해도 학생들이 가장 많이 참여하는 교양필수과목이나 대형강의를 담당하는 교수들에게 10~20분쯤 시간을 협조받아 교육만족도 조사를 실시했다. 학교일이니까 할 수 없이 협조해 줄 수밖에 없는 교수 입장에서는 강의평가에 조금이라도 악영향을 줄까 봐 불편해했고, 학생들은 수업시간 말미에 하니까 할 수 없이 응답은 하지만 다음 수업을 위한 강의실 이동이나 식사시간이 부족해지는 상황에 불평을 하곤 했다. 그러나 교수나 조교, 담당직원이 보고 있는 환경에서 응답을 하였으니 불평에 비해 결과는 좋은 편이었다. 그 이후에는 외부 리서치업체와 계약하여 진행하다가 지금은 설문조사 시스템을 활용한 온라인 조사, 특히 스마트폰을 이용한 모바일 조사가 일반화되어 있다. 별도로 코딩을 해야 하는 불편함도 없고 조사와 관련한 통계가 자동으로 산출되어 과거에 비하면 업무의 부담이 대폭 줄어들었다.

재학생용 교육만족도 조사는 내부 평가지만 졸업생이나 산업체, 학부모 대상의 교육만족도 조사는 외부 평가이다. 대상자를 선별하는 것도 쉽지 않고 이메일, 전화 등을 통해 조사하는 것도 쉽지 않다. 그렇다고 안 할 수도 없는 노릇이다. 그래서 대부분 대학이 외부 리서치 전문업체를 활용하고 있다. 조사 범위와 기간, 요구하는 결과에 따라 계약금액은 달라진다. 단순히 졸업생, 산업체(졸업생 재직업체, 인턴실습업체, 가족회사 등), 학부모에 대한 정보를 주고 미리 만들어 둔 설문에 대한 조사와 결과보고서만을 요구하느냐, 동일 권역에 속하고 유사한 규모의 타 대학과 견주어 우리 대학의 위치를 확인해 본다든가 사회적 노출과 온라인 평판 등에 대한 빅데이터를 이용해 우리 대학의 위치를 확인해 보는 것까지 요구하느냐에 따라 소요 기간과 금액은 조금씩 달라진다.

외부업체를 활용하는 외부조사는 어느 시기가 좋다고 말하기 어렵다. 이런 부분에 대한 노하우는 오히려 업체에 누적되어 있다. 업체와의 미팅을 통해 이야기를 나누어 보면 언제쯤이 좋다는 답이 나올 것이다. 그리고 업체와 계약 시 조사대상별로 조사 시기를 나눠서 진행하지 않고 묶어서 하기 때문에 졸업생, 산업체, 학부모는 같은 시기에 조사를 하게 된다. 대학마다 다르지만 대체로 가을 또는 겨울방학 즈음에 실시한다. 그래야 결과를 통한 환류와 개선계획 수립을 할 시간이 확보될 것이다.

(4) 교육만족도 평가의 체계성

체계적이라는 말은 정해 놓은 규칙에 따라서 각각의 부분이 짜임새 있게 이루어져 전체를 이루는 것을 말한다. 교육만족도 평가가 체계성을 가지려면 우선 관련 규정이나 지침을 만들어 놓아야 한다. 규정은 교육만족도 평가라는 일을 진행하기 위한 개요와 과정을 만들어 놓는 것이다. 무슨 목적으로 무엇을 이루려고 하는지, 어느 부서가 누구를 대상으로 할 것인지, 결과는 어떻게 평가하고 어디에 써먹을 건지 등에 대한 윤곽을 규칙으로 정해 놓고 이를 지켜가며 일을 하려는 것이다. 지

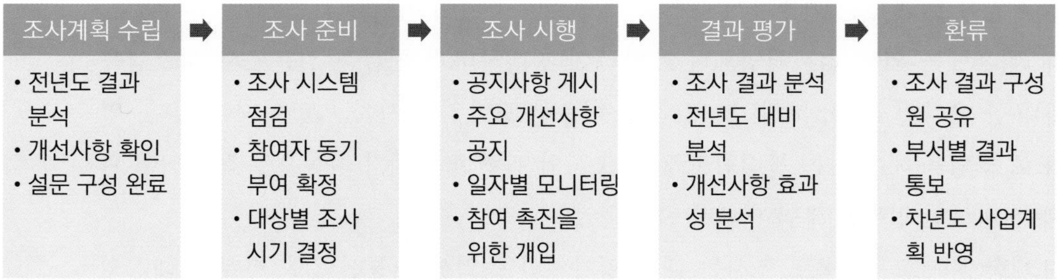

조사계획 수립 ➡	조사 준비 ➡	조사 시행 ➡	결과 평가 ➡	환류
• 전년도 결과 분석 • 개선사항 확인 • 설문 구성 완료	• 조사 시스템 점검 • 참여자 동기 부여 확정 • 대상별 조사 시기 결정	• 공지사항 게시 • 주요 개선사항 공지 • 일자별 모니터링 • 참여 촉진을 위한 개입	• 조사 결과 분석 • 전년도 대비 분석 • 개선사항 효과 성 분석	• 조사 결과 구성 원 공유 • 부서별 결과 통보 • 차년도 사업계 획 반영

[그림 13-6] 교육만족도 조사 체계도

침은 일을 진행하기 위한 보다 세부적인 내용을 정해 놓는 것이다. 어느 부서와 어떻게 협조할 것인지, 대상별로 언제 할 것인지, 어떤 방법을 사용할 것이고 참여 촉진을 위한 동기부여는 어떻게 할 것인지 등에 대한 가이드라인이 있어야 실무자가 이에 맞추어 일을 진행할 수 있다.

규정과 지침을 잘 정해 놓고 이에 따라 진행을 하면 체계성은 기본적으로 갖추는 것이다. 실무를 하다 보면 규정과 지침을 자주 들여다보지 않을 수도 있으므로 놓치는 일이 나오지 않도록 도식화하는 편이 낫다. 도식화의 장점은 체계성을 보여 줄 수 있을 뿐만 아니라 단계별로 규정에 지침에 따라 꼭 해야 할 일을 한 눈에 볼 수 있어 놓치는 일이 없다는 것이다.

(5) 교육만족도 평가 결과

교육만족도 평가 결과는 어느 정도여야 할까? 대체로 백분율로 환산했을 때 70점 이상이면 괜찮다고 본다. 70점 정도라면 많은 대학이 사용하는 리커트 5점 척도로 볼 때 3.5점 정도 수준인데, 어쩌면 그리 좋은 결과로 보이지 않을 수 있다. 그런데 교육만족도 조사가 전수조사라는 것을 감안하면 괜찮은 결과라 봐도 무리가 없다. 2013년 직장인 일 만족도 조사에 대한 보도자료에서 5점 만점에 공기업 3.5점, 대기업 3.2점, 외국계 기업 3.4점, 중소기업 3.1점 순으로 나타났던 결과만 봐도 그렇다. 1위인 공기업이 3.5점(백분율 70점)이었고 다른 기업은 모두 그 아래였던 것을 보면 결코 70점 정도가 부족한 수준이라 말할 수는 없다.

특정 집단을 대상으로 특정 서비스에 대한 만족도를 조사하면 대부분 4점 내외의 결과가 나온다. 비교과 프로그램 만족도나 강의평가 결과를 보면 알 수 있을 것이다. 그러나 교육만족도 평가는 다르다. 교육뿐만 아니라 학생지원, 복지, 시설,

홍보 등 대학에서 제공하는 전 영역에 대한 서비스를 평가하는 것이고 다양한 배경과 다양한 사고를 하는 학생들이 직접적으로 체험하지 않은 일에도 응답을 하여야 하니 높은 점수를 기대하기는 현실적으로 어렵다. 그런 이유로 대학평가에서도 평가 결과로 어느 정도의 점수가 나왔는지보다는, 상대적으로 부족하게 나타난 항목에 대하여 환류를 통해 개선활동을 했는지, 그렇게 해서 어떻게 달라졌는지에 대한 결과를 중요하게 본다.

점수에 연연하기보다는 대학 자체에서 일정 기준(예: 3.0 미만)을 세워 놓고 그 기준에 미달하는 결과가 나온 항목에 대해 적극적으로 환류하고 개선하려는 의지가 중요하다. IPA 분석을 하더라도 중요도와 만족도의 갭이 가장 큰 항목부터 시작하여 몇 개 항목(예: 1위부터 5위)까지 차년도 사업계획에 반영하여 반드시 개선할 것인지를 정하는 것이 필요하다. 이런 기준을 세워 놓지 않으면 환류에만 그치고 개선활동으로까지 이어지지 않을 수도 있기 때문이다.

현실적으로 제한된 인력과 예산으로 모든 항목에 대해 개선하는 것은 어려울 것이므로, 명확한 기준을 세워 놓고 반드시 실천하여 해당 항목에 대한 만족도를 제고하는 노력이 필요하다. 그러니 조사 결과로 나타난 점수에 연연하기보다는 교육만족도 평가를 하는 근본적 이유, 즉 환류를 통한 개선에 주력하고 상대적으로 강점으로 드러난 분야(예: 복지, 교육 등)에 대해 적극적으로 홍보하여 차별성을 강조(예: 교육이 강한 대학, 비교과활동이 우수한 대학 등)하는 것도 앞으로 교육만족도를 제고하는 데 좋은 전략이 될 수 있다.

(6) 교육만족도 평가에 대한 평가

교육만족도 조사를 끝내고 나면 이에 대한 결과보고서를 만들어 낸다. 대상별로 조사 시기가 다르다 보니 결과평가도 각각 이루어진다. 내부 평가인 재학생 대상 교육만족도는 주로 전담부서에서 결과를 분석하고 보고서를 만들어 교내 구성원들에게 환류하고, 외부 평가인 졸업생, 산업체, 학부모 대상 교육만족도는 외부업체에 위탁하는 경우가 많아 업체에서 만들어 준 결과보고서를 교내 구성원에게 환류한다. 이렇게 시기도 다르고 결과보고서를 만드는 주체도 다르고 형식도 다르다 보면 일원화된 평가와 환류가 이루어지기 어렵다. 따라서 전담부서는 내부 평가와 외부 평가의 결과보고서 작성 형태를 어느 정도 통일시킬 필요가 있다. 내부 평가의 결과보고서 목차를 외부 평가와 동일하게 하거나 반대로 외부 평가의 결과보고서를 내부평가의 결과보고서 목차대로 요구하는 것이다. 이렇게 해 놓으면 대상별 결과보고서를 종합한 교육만족도 결과보고서를 만들어 낼 수 있다.

대학의 성과관리를 위해서는 교육만족도 조사가 매우 중요한 부분이므로 이에 대한 평가도 이루어져야 한다. 규정에 위원회를 설치한다고 명시하고 이 위원회를 통해 교육만족도 조사 업무진행과정과 결과에 대해 평가하거나 대학 내의 자체평가위원회를 통해 평가하면 될 것이다. 조사대상과 시기, 조사방법 등은 목표를 달성하기에 적절한 것인지, 평가 결과를 도출하는 개선점은 추상적인지 구체적인지, 실제 개선활동이 일어나는지를 모니터링하는지, 어떤 부분을 개선했고 그래서 어떻게 달라졌으며 그 결과 나타난 만족도 변화에 대해 히스토리 관리는 하고 있는지 등을 평가한다. 평가를 위해서는 조사대상별 결과보고서보다는 종합적인 교육만족도 결과보고서가 유용할 것이며, 이러한 평가가 객관적으로 이루어져야 지금보다 효과적이고 효율적인 교육만족도 평가로 발전할 수 있다.

(7) 평가 및 만족도 결과 환류

교육만족도 결과는 교내 구성원에게 공유하여야 한다. 지금은 그렇지 않지만 그동안 대학이 해 왔던 공유는 결과보고 기안을 해서 결재라인을 거쳐 총장에게 보고한 후, 결과보고서를 책자로 만들어 주요 보직자와 부서에 배부하는 것이었다. 이런 방식에 대해 다시 생각해 봐야 한다. 지금은 대학에서 근무하는 모든 구성원이 90년대처럼 시간적 여유가 있지는 않다. 교육만족도 결과를 기다려 왔고 관심이 많다면 모를까, 그렇지 않다면 보고서를 제대로 읽어 보지 않는다. 제대로 읽는 사람이 드물다면 무조건 나누어 줄 것이 아니라 꼭 필요한 내용만 요약한 후 간단한 유인물로 배부하거나 메일, 전자문서 등 온라인매체를 통해 송부하고, 자세한 사항이 알고 싶은 구성원은 별도로 보고서를 요청하게 하는 방법으로 공유하는 것이 나을 수도 있다.

공유를 하는 목적은 공유대상에서 사실을 알리기 위함이므로 보다 확실하게 알릴 수 있는 기회나 방법이 있다면 이를 활용하는 것이 좋다. 예를 들어, 교수회의나 직원회의를 통해, 교무위원회 보고사항으로, 총학생회와의 정기 간담회를 통해, 학보사나 방송국을 이용해 공유하는 것도 좋은 방법이다. 그리고 교육만족도 평가가 대학에서 제공하는 전반적인 서비스에 대해 수요자가 평가한 결과이므로 공유대상은 전 구성원이 되어야 한다. 전체 직원이 볼 수 있는 전자문서 공지사항으로, 학과로 공문발송을 하면서 전체 교수에게 이메일도 보내고, 학교 홈페이지에도 게시하여 교육만족도 결과와 개선활동에 따른 긍정적인 변화를 알려 주어야 한다.

　교육만족도 평가의 핵심은 결과에 따른 개선활동이다. 결과를 분석하면 주로 좋지 않은 결과가 산출된 항목에 대해 개선의 필요성을 제시하고 어떤 점을 개선해야할지를 제언한다. 주의할 점은 이러한 개선점이 추상적이어서는 안 된다는 점이다. 분석을 담당하는 전담부서나 외부업체가 가진 정보의 한계 때문에 구체적인 개선점을 제시하기 어려울 수 있다. 그렇다면 해당 부서와 함께 분석하고 의논하여 실현 가능한 개선점을 제언하는 것이 나을 것이다. 해당 부서가 이해하기 어렵고 실현하기 어려운 개선점 제언은 유효적절하지 않기 때문이다. 구체적인 개선사항을 뽑아냈으면 이를 실천하기 위해 사업계획에 포함시켜야 한다. 필요하면 예산도 확보해야 하고 인력을 충원해야 할 수도 있으며, 규정이나 제도를 개선해야 할 수도 있다. 이왕이면 대학평가를 염두에 두고 어떤 이유에 의해 이런 업무를 계획하고 실천하는지를 서류상에 밝혀 놓는 것도 좋다. 개선활동이 이루어지는 모습에 대한 증빙이 되기 때문이다.

　명확한 기준에 의해 개선할 사항으로 환류된 부분은 해당 부서의 사업계획에 반영한 후 구체적인 목표(가급적 정량)를 세우고 시기별로 어떻게 진행해 나갈 것이라는 세부추진계획을 세우는 것이 필요하다. 해당 부서의 핵심성과지표로 설정하여 진행한다면 성과관리부서의 모니터링 범위 내에 들어오게 되므로 더욱 신경 쓰게 되고 달성 가능성도 높아진다. 열심히 했는데 목표를 달성하지 못했거나 목표는 달성했는데 교육만족도의 결과가 별 변화가 없다 하더라도 실망할 필요는 없다. 매우 획기적이고 파격적인 조치가 아니라면 1년 만에 결과가 눈에 띄게 달라지기는 어렵다. 아주 조금 나아지거나 더 이상 나빠지지만 않은 것만으로도 괜찮다. 그나마 개선활동을 하지 않았다면 분명히 더 나빠졌을 것이기 때문이다.

5. 교육만족도 성과관리를 위한 제언

　10여 년 전만해도 교육만족도 조사를 하지 않는 대학도 있었고, 조사를 하더라도 재학생 대상 조사만 하는 대학이 대부분이었다. 그러나 이제는 거의 모든 대학이 교육만족도 조사를 시행하고 있고 대상도 재학생만이 아니라 졸업생, 산업체, 학부모까지 확대되었다. 어떤 대학은 지역사회를 대상으로 조사하기도 한다. 기본역량 진단평가나 기관평가인증 등 외부 평가 때문이기도 하지만 꼭 평가를 위해서라기보다는 대학사회가 수요자 중심으로 변화하고 있어 교육 서비스의 질을 높여 수요자 만족도 제고를 지향해야 할 필요성을 절감했기 때문이다.

어떤 일을 진행할 때 주먹구구식으로 하기보다는 체계적으로 해야 한다는 말에 누구나 동의할 것이다. 교육만족도 조사도 마찬가지이다. 수요자 만족도 제고를 위해서든 평가를 위해서든 반드시 조사를 해야 한다고 판단했다면 우선 전담부서를 만들어야 한다. 여러 대학이 성과평가를 위해 데이터를 뽑아 내고 관리하는 부서(IR센터, 데이터분석연구소, 교육품질관리센터, 교육성과평가센터 등)에 교육만족도 업무를 부과하고 있다. 전문인력도 필요하고 관련 규정과 위원회도 필요하다. 아무래도 데이터를 만져야 하니 통계와 교육학 전문가는 반드시 필요하고, 업무의 중요도와 지속 가능성 확보를 위해 규정을 제정해야 하며, 주요 의사결정을 지원할 위원회 구성도 빠뜨리면 안 될 것이다.

대학의 교육만족도 조사에 대한 업무 진행과정을 요약하면 다음과 같다.

표 13-8 ┃ 교육만족도 조사 Process

진행과정	해야 할 일
계획 수립	• 조사 대상별 시기 • 조사방법 • 부서 간 협조(교육과정, 학생지원, 교육시설, 홍보 등)
조사 실시	• 표본 확보 노력
결과 분석	• 다차원 분석 • 결과 해석 및 보고서 작성 • 세부 실행과제 도출 제언
사후 조치	• 결과 공유 • 부서별 개선방안 마련 • 교육품질 개선안 마련
개선 결과 점검	• 성과지표 산입 • 목표 달성도 모니터링

교육만족도는 결과로 나타나는 점수가 중요한 게 아니므로 담당자들은 점수에 일희일비할 필요가 없다. 오히려 좋지 않은 결과가 산출된 부분을 개선하면서 나아

지는 모습에 성취감을 느끼는 편이 낫다. 중요한 건 꼼꼼한 계획을 세워 정기적으로 조사를 하고 표본을 확보하기 위한 노력을 하는 것이다. 조사를 다 하고 나면 결과를 분석하는 것 또한 매우 중요하다. 다차원적인 분석이 필요하고 결과를 제대로 해석해야 하며 부서들과의 협조를 통해 개선을 위한 현실적인 제언을 해 줘야 한다. 이 분석 결과를 성과평가를 전담하는 기획처 평가팀 등으로 보내 교내 성과관리 제도에 포함하여 개선이 일어나게끔 사후 조치를 해야 하며, 개선 결과를 점검하여 구성원들에게 달라진 점을 홍보하고 다음 차수 교육만족도 분석에 활용하야 한다.

아무리 강조해도 지나치지 않은 점은 교육만족도 조사에 대해 대학성과관리센터 중심 통합적 관리 체계와 환류 체계로 구축하여 운영해야 한다는 것과 대학성과관리위원회를 통한 유관 부서 간 연계와 환류 강화가 필요하다는 것이다. 이런 체계적인 운영이 이루어져야만 만족도 조사 결과에 따라 부서별 개선책이 수립될 수 있고 수립된 개선책을 실행할 수 있으며, 이러한 과정이 반복된다면 틀림없이 교육수요자들의 만족도는 점차 좋아질 것으로 기대된다.

<부록 13-1> 재학생 대상 설문 사례

- 교양교육은 다양한 분야(인문, 사회, 자연, 예술, 융복합 등)의 과목이 개설되어 있다.
- 교양교육이 나의 교양지식(인문, 사회, 자연, 예술 융복합 등) 습득에 도움이 되었다.
- 교양교육이 기본 자질과 기초 역량 함양에 도움이 되었다.
- 교양교육은 학생 수요와 사회적 변화를 반영하고 있다.
- 전공과목은 전공 분야의 전문지식을 습득하는 데 적합하게 개설되어 있다.
- 전공교육을 통해 실무지식을 습득할 수 있었다.
- 전공교육은 사회적 요구를 반영하고 있다.
- 전공과목 교수진이 전문성을 갖추고 있다.
- 교수들은 성실한 강의태도와 합리적 평가를 하고 있다.
- 교수들은 학업 및 진로상담에 적극 참여하는 편이다.
- 전공 선택권 보장을 위한 다양한 학사제도(복수/부전공, 연계융합전공, 전과, 학부생 전공 선택 등)를 운영하고 있다.
- 성적평가는 명확한 기준을 사전에 제시하고, 이에 따라 공정하게 평가하고 있다.
- 출결관리는 규정에 따라 엄격하게 이루어지고 있다.
- 휴강 후 보강이 잘 이루어져 수업결손이 없는 편이다.
- 강의평가는 강의의 질 향상을 위한 설문으로 구성되어 있다.
- 다양한 비교과(학점이 없는 교육 및 활동) 프로그램(튜터링, 학습공동체 등)을 제공하고 있다.
- 비교과 활동 참여동기를 부여하는 제도(캠퍼스 마일리지, 스탬프 등)가 잘 갖추어져 있다.
- 해외 교육 및 활동에 참여할 수 있는 기회(교환학생, 파견학생, 해외문화체험 등)를 적절히 제공하고 있다.
- 우리 대학은 다양한 진로 및 취업·창업 정보를 제공하고 있다(채용정보, 창업정보, 취업박람회, 채용설명회, 진로·취업 상담 등).
- 우리 대학은 다양한 진로 및 취업·창업 프로그램을 운영하고 있다(취업강좌, 취업동아리, 진로 및 취업 캠프, 자격증 특강, 셀프 모의면접, 취업상담, 현장실습, 캡스톤 디자인 등).
- 진로 및 취업·창업 프로그램을 통해 진로 및 취업·창업에 대해서 자신감을 얻었다.
- 지도교수와의 상담이 대학생활에 도움이 되었다.
- 학생들의 심리건강을 위한 상담서비스(개인상담, 성격검사, 인/적성검사 등)를 제공하고 있다.
- 장학금 지급 기준은 합리적이다.

- 장학금 제도에 대한 정보 제공과 안내는 정확하고 충분하다.
- 장학생 선발과 절차는 공정하게 이루어지고 있다.
- 학생상담센터의 학생상담 프로그램(심리검사, 개인상담, 집단상당 등)이 대학생활에 도움이 되었다.
- 강의실 또는 실험 실습실 환경은 쾌적하다. (청소상태, 조명, 음향 등)
- 강의실은 학습에 적합한 시설(교육 기자재, 조명, 음향, 냉·난방 시설 등)을 갖추고 있다.
- 강의실 또는 실험실습실의 학습시설(책걸상, 실험실습 기자재 등)이 잘 갖춰져 있다.
- 나는 우리 대학의 강의실 또는 실험 실습실 환경에 대해 전반적으로 만족한다.
- 도서관은 최신자료 및 다양한 자료를 구비하고 있다(도서, 디지털 라이브러리, 신문 및 잡지 등).
- 도서관 열람실, 자료검색, 도서대출 등 이용이 편리하다.
- 우리 대학의 도서관 환경 및 서비스에 대해 전반적으로 만족한다.
- 캠퍼스 환경은 쾌적하다(건물, 조경, 공용 회의장, 화장실 등).
- 학생 복지를 위한 다양한 편의시설이 갖추어져 있다(매점, 카페, 식당, 기숙사, 셔틀버스, 은행, 복사실, 보건실, 장애인 편의시설 등).
- 온라인 학사 종합정보 시스템은 이용하기에 편리하다.
- 학생 종합 시스템에서 나의 학사 관련 정보(학적사항, 수업, 등록, 장학 등)를 쉽게 확인할 수 있다.
- 교내 IT시설(컴퓨터 실습실, 인터넷 및 Wi-fi 등) 이용이 전반적으로 편리하다.
- 수업 외 활동, 여가, 휴식을 위한 공간 및 시설(야외공간, 휴게공간, 산책로, 카페 등)이 잘 갖추어져 있다.
- 우리 대학 교직원은 학생에게 친절하다.
- 우리 대학은 학생의 건의사항, 불편사항 등을 잘 듣고 개선하려고 노력한다.
- 우리 대학 교직원은 학생 업무를 정확하고 신속하게 처리해 준다.
- 우리 대학의 학생 민원처리에 대해 전반적으로 만족한다.
- 우리 대학의 인재상을 잘 알고 있다.
- 우리 대학에 대해 자부심을 느낀다.
- 우리 대학에 대한 사회적 인식이 좋다고 생각한다.
- 우리 학과를 졸업하는 것이 진로나 취업·창업에 긍정적인 영향을 줄 것으로 생각한다.
- 우리 대학의 발전 가능성이 높다고 생각한다.
- 학생들의 만족도 제고와 우리 대학의 발전을 위해 건의하고 싶은 것이 있다면 기재하여 주시기 바랍니다.

<부록 13-2> 졸업생 대상 설문 사례

- 졸업년도는 언제입니까?
- 전공은 무엇입니까?
- 복수/부전공/연계전공을 이수하였습니까?
- 복수/부전공/연계전공 이수가 취업 및 사회생활에 도움이 되고 있습니까?
- 근무하는 곳의 업종은 무엇입니까?
- 교육과정(교양, 전공, 비교과)이 진로 및 취업 또는 창업에 도움이 되었다고 생각하십니까?
- 다양한 진로 및 취업 또는 창업 프로그램(취업강좌, 취업동아리, 진로·취업캠프, 자격증특강 프로그램 등)이 실질적으로 진로 및 취업 또는 창업에 도움이 되었다고 생각하십니까?
- 학과의 지도교수가 진로나 직업선택, 취업 또는 창업에 적절하게 지도를 해 주었다고 생각하십니까?
- 내가 졸업한 학과는 졸업생 관리를 잘하고 있다고 생각하십니까?
- 교육과정 및 취·창업지원에 대해 전반적으로 만족하십니까?
- 교양교육은 직업이나 실생활에 도움이 되고 있다고 생각하십니까?
- 이수한 전공은 사회 수요를 반영하고 있다고 생각하십니까?
- 전공교육이 취업 및 사회생활에 도움이 되었다고 생각하십니까?
- 자신이 대학교에서 다음의 역량을 어느 정도 갖추고 졸업하였다고 생각하십니까?
- 핵심역량 중 가장 필요하다고 생각하시는 것을 우선순위로 선택해 주십시오.
- 다음은 열 가지 직업기초능력입니다. 자신이 ○○대학교에서 다음의 역량을 어느 정도 갖추고 졸업하였다고 생각하십니까?
  ① 의사소통능력(문서이해능력, 문서작성능력, 경청능력, 언어구사능력, 기초외국어능력)
  ② 자원관리능력(시간자원관리능력, 예산관리능력, 물적자원관리능력, 인적자원관리능력)
  ③ 문제해결능력(사고력, 문제처리능력)
  ④ 정보능력(컴퓨터활용능력, 정보처리능력)
  ⑤ 조직이해능력(국제감각능력, 조직체제이해능력, 경영이해능력, 업무이행능력)
  ⑥ 수리능력(기초연산능력, 기초통계능력, 도표분석능력, 도표작성능력)
  ⑦ 자기개발능력(자아인식능력, 자기관리능력, 경력개발능력)
  ⑧ 대인관계능력(팀워크능력, 리더십능력, 갈등관리능력, 협상능력, 고객서비스능력)
  ⑨ 기술능력(기술이해능력, 기술선택능력, 기술적용능력)

⑩ 직업윤리(근로윤리, 공동체윤리)

• 내가 졸업한 대학에 자부심을 느낀다.

• 내가 졸업한 대학은 사회적 인식이 좋다고 생각한다.

• 내가 졸업한 대학은 발전 가능성이 높다고 생각한다.

• 내가 졸업한 대학은 지역사회 발전에 기여한다고 생각한다.

• 내가 졸업한 대학에 입학을 권유할 생각이 있다.

<부록 13-3> 산업체 대상 설문 사례

- 귀하께서 생각하시기에 다음 항목에 대한 ○○대학교의 이미지를 평가해 주십시오. 정보가 없어 잘 모르시는 경우에도 전반적 이미지나 추측으로 응답해 주십시오.
  ① 교육을 잘 하는 대학이다.
  ② 연구 성과가 우수한 대학이다.
  ③ 산학협력이 활성화되어 있는 대학이다.
  ④ 국제화가 잘 되어 있는 대학이다.
  ⑤ 학생을 위한 투자에 적극적인 대학이다.
  ⑥ 외부환경 변화에 맞춰 적극적으로 변화하는 대학이다.
  ⑦ 졸업생 취업을 위해 적극적으로 홍보하는 대학이다.
  ⑧ 교육환경이 잘 갖춰진 대학이다.
  ⑨ 언론에 긍정적 내용이 자주 노출되는 대학이다.
  ⑩ 지역사회에 기여하는 활동이 활발한 대학이다.
  ⑪ 사회적 평판도가 높은 대학이다.
- 귀사에서 대졸 인력 채용 시, 가장 우선적으로 고려하는 것을 순서대로 세 가지를 선택해 주십시오.
  ① 출신학교
  ② 전공 분야
  ③ 대학성적
  ④ 외국어능력
  ⑤ 관련 분야 자격증
  ⑥ 컴퓨터활용능력
  ⑦ 봉사활동 경험
  ⑧ 현장실습 경험
  ⑨ 인턴 경력
  ⑩ 공모전 등 수상 경험
  ⑪ 해외 경험
  ⑫ 인성 · 성격
  ⑬ 추천자

⑭기타 (_____)

• 귀사에서 필요로 하는 인재 및 업무 능력에 있어 ○○대학교 교육목표의 중요성을 우선순위로 평가해 주십시오.

• ○○대학교 졸업생이 다음의 역량을 어느 정도 갖추고 있는지, 평소에 느끼시는 대로 평가해 주십시오.

• ○○지역 대규모/중소규모 4년제 대학 중 발전하고 있는 대학은 어느 대학이라고 생각하십니까? 발전 정도가 높다고 생각하시는 순서대로 3개 학교를 선택해 주십시오.

• 선택하신 대학의 가장 큰 강점은 무엇이라고 생각하십니까?

• 귀하는 ○○대학교 출신 직원의 직무능력 향상을 위해 다음 각 항목이 어느 정도 필요하다고 생각하십니까? 해당 분야 모두에 ✓표시를 해 주십시오.

① 기업체의 요구를 반영한 교육과정 개발 및 운영(예: 주문식/맞춤식 교육과정)

② 문제해결, 사례연구, 토의, 실습 등과 같은 학습방법의 개선(현장적응성 강화)

③ 재학생 인턴제도의 활성화

④ 졸업자의 실무능력에 대한 자격 및 능력 인증제 도입

⑤ 졸업생에 대한 재교육(리콜제도)

⑥ 기본 인성교육 강화

⑦ 대인관계 및 커뮤니케이션 능력 교육 강화

• 다음은 열 가지 직업기초능력입니다. ○○대학교 졸업생의 다음의 역량에 대해 평소에 느끼시는 대로 평가해 주십시오.

① 의사소통능력(문서이해능력, 문서작성능력, 경청능력, 언어구사능력, 기초외국어능력)

② 자원관리능력(시간자원관리능력, 예산관리능력, 물적자원관리능력, 인적자원관리능력)

③ 문제해결능력(사고력, 문제처리능력)

④ 정보능력(컴퓨터활용능력, 정보처리능력)

⑤ 조직이해능력(국제감각능력, 조직체제이해능력, 경영이해능력, 업무이행능력)

⑥ 수리능력(기초연산능력, 기초통계능력, 도표분석능력, 도표작성능력)

⑦ 자기개발능력(자아인식능력, 자기관리능력, 경력개발능력)

⑧ 대인관계능력(팀워크능력, 리더십능력, 갈등관리능력, 협상능력, 고객서비스능력)

⑨ 기술능력(기술이해능력, 기술선택능력, 기술적용능력)

⑩ 직업윤리(근로윤리, 공동체윤리)

• ○○대학교 졸업생의 역량에 대해 전반적으로 어느 정도 만족하십니까?

• 추후 인재 채용 시 ○○대학교 출신을 채용할 의사가 있으십니까?

- ○○대학교는 사회적 인식이 좋다고 생각한다.
- ○○대학교는 발전 가능성이 높다고 생각한다.
- ○○대학교는 지역사회 발전에 기여하는 대학이라 생각한다.
- ○○대학교로 입학을 권유할 생각이 있다.
- ○○대학교 전공 및 교양교육과정 운영, 학생지도 등에 제안하실 내용이 있다면 자유롭게 기술해 주십시오.
- ○○대학교 출신과 관련한 불만사항이나 "이런 점은 개선이 되었으면 좋겠다."라고 생각하시는 것이 있으시면 무엇이든 좋으니 자유롭게 말씀해 주십시오.

<부록 13-4> 학부모 대상 설문 사례

- 귀하의 자녀가 ○○대학교에 입학하게 된 동기는 무엇입니까?
- 귀하의 자녀는 ○○대학교에 재학 중인 것에 대해 얼마나 만족하고 있다고 생각하십니까?
- 자녀가 재학 중인 ○○대학교에 대하여 가장 만족스러운 점은 무엇입니까?(복수응답 2개까지)
- 자녀가 재학 중인 ○○대학교에 대하여 가장 불만족스러운 점은 무엇입니까?(복수응답 2개까지)
- ○○대학교의 가장 자랑할 만한 점은 무엇이라고 생각하십니까?
- 귀하의 자녀의 대학생활 전반에 대해 잘 알고 계십니까?
- 귀하의 자녀는 대학생활을 잘 하고 있다고 생각하십니까?
- ○○대학교가 귀하의 자녀를 잘 가르치고 있다고 생각하십니까?
- ○○대학교가 귀하의 자녀에 대해 진로 및 취·창업지도를 잘 하고 있다고 생각하십니까?
- ○○대학교가 귀하의 자녀에 대해 학생생활지도를 잘 하고 있다고 생각하십니까?
- ○○대학교 장학금 제도에 대해 만족하십니까?
- 보다 나은 자녀 교육을 위해 ○○대학교가 가장 힘써야 할 것을 순서대로 2개를 말씀해 주세요.
  ① 교육인프라 투자
  ② 인성 및 소통의 교양교육 강화
  ③ 전공 관련 현장실무교육 강화
  ④ 융합적 창의성 교육 강화
  ⑤ 취업·창업역량 강화
  ⑥ 글로벌역량 강화
  ⑦ 연구역량 강화
  ⑧ 홍보역량 강화
  ⑨ 산학협력 강화
  ⑩ 정부재정지원사업 선정
  ⑪ 기타 (_____)
- ○○대학교의 강의실, 도서관, 정보화시설, 학생 복지시설 등 교육환경 및 시설에 대해 만족하십니까?
- ○○대학교의 장학금 제도에 대해 만족하십니까?

- ○○대학교의 행정서비스에 대해 만족하십니까?
- 귀하의 자녀가 ○○대학교에 다니는 것에 대해 자부심을 느끼십니까?
- ○○대학교는 사회적 인식이 좋다고 생각하십니까?
- ○○대학교를 졸업하는 것이 진로나 취·창업에 긍정적인 영향을 줄 것으로 생각하십니까?
- ○○대학교는 발전 가능성이 높다고 생각하십니까?
- ○○대학교는 지역사회 발전에 기여하는 대학이라고 생각하십니까?
- ○○대학교로 입학을 권유할 생각이 있습니까?
- 주변 지인에게 ○○대학교를 적극 추천하기 위해서 ○○대학교가 가장 크게 보완해야 할 점은 무엇이라고 생각하십니까?
- 자녀의 성공적인 대학생활을 위해 ○○대학교에서 꼭 해 주기를 바라는 점이 있다면 말씀해 주시기 바랍니다.

성과관리 체제 및 관리 시스템

I. 성과관리 체제의 이해

대학의 성과관리는 전체 사업 및 개별 프로그램, 단위 부서 및 대학 등 다양한 차원에서 이루어지고 있다. 프로그램 단위(예: 교양, 전공, 핵심역량 등)의 성과관리는 각 장에서 상세하게 소개하였으므로 이 장에서는 대학기관이 주체가 되어 수행하는 대학발전계획 또는 각종 사업의 종합적인 성과관리에 초점을 맞추어 성과관리의 수행 및 환류에 대하여 기술하고자 한다.

1) 성과관리 모형의 접근방법

(1) 두 가지 접근방법

성과관리를 위해 다양한 모형이 활용되고 있지만 대학에서 시행하는 성과관리의 체제는 크게 두 가지로 나누어 볼 수 있다. 첫 번째는 효과적 성과관리 체제 구축 및 운영에 초점을 맞추어 대학의 중장기 발전계획이나 각종 사업 등에 따른 성과를 주기적으로 평가하고 환류하는 것이며, 두 번째는 사업 또는 프로그램의 지속적인 질 향상을 위한 사이클을 가동하는 것이다.

전자는 일반적으로 논리 모형과 BSC(Balanced Score Card) 모형에 근거하고 있다. 논리 모형은 프로그램 논리에 바탕을 두고 프로그램의 요소와 해결되어야 할 문제 간의 핵심적인 인과관계를 투입-과정-산출-결과로 단계를 구성하며, 각 단계에서의 성과에 대한 적절한 평가 및 환류를 통해 사업에서 추구하는 목표를 달성하고자 하는 것으로, 정부의 산하 기관 및 부처 평가에서부터 기관 단위의 성과관리, 각종 프로그램 단위의 성과관리에 이르기까지 광범위하게 활용되고 있다. BSC 모형은 기관의 비전을 달성하기 위해 선정된 전략 목표 및 핵심성공요소(Critical Success Factor: CSF)에 근거하여 성과목표 및 핵심성과지표(Key Performance Indicators: KPI)를 설정하고, 성과목표 및 핵심성과지표에 근거하여 성과를 관리하는 것으로 대학의 중장기 발전계획이나 각종 사업 등의 계획 수립, 성과평가 및 환류 등에서 광범위하게 적용되고 있다. 두 모형의 차이점을 간단히 요약하면, 논리 모형은 투입부터 결과까지의 논리적 흐름 및 결과를 강조하므로 개별 프로그램 단위의 성과평가에 효과적으로 적용될 수 있는 반면, BSC 모형은 위계적 구조로 구성되고 체계성과 다양한 관점 및 균형을 중시하므로 중장기 발전계획, 경영 등 대학 전체의 성과평가에서 효과적으로 적용될 수 있을 것이다. 대학의 경우 논리 모형이나 BSC 모형 중 어느 한 가지 모형에만 의존하기보다는 이들 모형과 기타 모형을 적절히 혼합하여 대학의 특성을 반영한 성과관리를 수행하고 있다.

후자는 TQM(Total Quality Management) 또는 CQI(Continuous Quality Improvement)에 기반하여 프로세스, 프로그램, 그리고 서비스의 질 향상을 통해 고객만족도를 제고하는 데 주안점을 둔다. TQM이나 CQI를 위한 대표적인 수행 모형은 PDCA(Plan-Do-Check-Act) 모형이다. PDCA 모형은 새로운 개선 프로젝트를 시작할 경우, 프로세스, 프로그램 또는 서비스에 대한 개선이 필요한 경우, 문제 또는 근본 원인을 확인하고 우선 순위를 정하기 위해 데이터 수집 및 분석을 계획하는 경우, 어떤 변화를 가져오고자 하는 경우, 지속적인 개선을 위해 노력하고자 하는 경우 등에 적합한 질 개선 모형이다. PDCA 모형은 일반적으로 계획을 수립하고 이를 파일럿 형태의 작은 규모로 수행한 후 그 결과를 검토하여 기대하는 효과가 나타난 경우 정례화하여 프로그램을 운영하며, 원하는 효과가 나타나지 않은 경우 계획을 수정하여 다시 수행-점검의 절차를 거쳐 효과를 검증한다. 이러한 과정을 지속적으로 수행함으로써 프로그램의 질 향상을 도모하는 순환 모형이다. PDS 모형이 일반적인 프로그램이나 세부 사업의 계획, 운영 및 환류에 대한 절차 모형이라면 PDCA는 지속적인 질 개선을 위한 파일럿 성격의 수행에 최적화된 절차 모형이라고도 볼 수 있다.

앞서 살펴본 바와 같이 논리 모형, BSC 모형, TQM/CQI는 모두 달성해야 할 목표를 성과로 설정하고 목표 대비 성과를 평가하고 분석하며 평가 결과에 근거한 환류를 통하여 질 개선을 추구한다는 점에서 성과관리 체제를 적용하고 있다고 할 것이다. 성과관리에서 어떤 모형을 적용할 것인가는 대학의 다양한 상황, 질 개선의 방법에 따라 결정될 것이나, 이 장에서는 대학기관 차원의 성과관리에서 주로 활용되는 논리 모형과 BSC 모형을 기초로 이 모형의 혼합적 활용이라는 관점에서 기술하고자 한다.

(2) 논리 모형에 근거한 성과관리

① 논리 모형과 성과

고등교육기관을 대상으로 한 각종 재정지원사업에서는 일반적으로 사업 또는 프로그램이 진행되는 각 단계에 맞추어 성과지표를 정의할 것을 요구하고 있다. 이러한 접근에서 사업이나 프로그램의 진척 단계는 일반적으로 논리 모형에 입각해서 투입(input), 과정(process), 산출(output), 결과(outcome)로 구분하고 있으며, 각 단계별로 성과지표를 정의하도록 하고 있다.

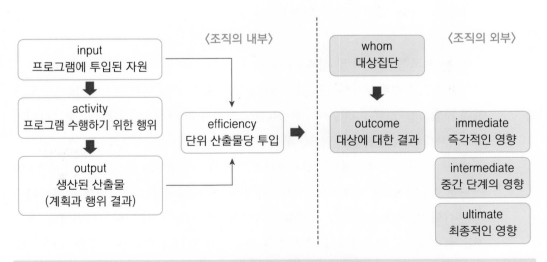

[그림 14-1] 논리 모형의 구조적 틀

논리 모형이란 하나의 프로그램에 대해 투입(input)부터 조직 내부적인 활동 (activity)을 거쳐 산출물(output)이 나오는 과정을 통해 그 결과가 이해관계자 또는 고객에게 어떠한 영향(outcome) 미쳤는지 '일의 논리적 순서'에 따라 추적하는 방식을 의미한다. 이는 과거의 성과평가를 실시하는 관리방법의 대표적인 모형이다(중앙인사위원회, 2004). 논리 모형은 정부의 공공 정책의 효과를 평가하는 대표적인 방법으로 투입→과정→산출→결과의 논리적인 순서에 따라 정책 수혜자에게 어떠한 영향을 주었는지 파악하는 데 초점을 둔다(한국행정연구원, 2005). 논리 모형의 이러한 특징은 대학기관에 대한 성과관리 및 평가에서도 동일하게 적용될 수 있기 때문에 대학의 성과관리에서 광범위하게 적용되고 있다.

논리 모형의 단계와 관련하여 outcome을 어떻게 번역할 것인가에 대해 논의할 필요가 있다. 논리 모형의 단계에서 outcome은 '성과'와 '결과'로 다르게 번역되어 사용되었다. 정부의 성과평가 등에서는 '결과'로 번역하여 활용하고 있는 반면, ACE 사업 등에서는 논리 모형 단계를 투입, 과정, 산출, 성과로 구분하여 '성과'로 번역하고 있다. 프로그램 인증제의 경우 learning outcome을 기초로 교육과정을 편성하고 졸업 단계에서 learning outcome을 평가하도록 하는데, 국내 프로그램 인증제에서는 learning outcome을 '학습성과'로 번역하고 있다. 또한 성과관리에서의 성과는 performance를 의미하므로 국내 대학에서는 성과라는 용어가 outcome과 performance의 두 가지 의미로 혼동되어 사용되고 있다. 따라서 용어 활용의 혼란을 없애기 위하여 제1장에서도 언급했지만 이 장에서도 outcome을 '결과'로, performance를 '성과'로 번역하였다.

② 논리 모형의 단계 및 성과관리

일반적으로 성과평가에서는 사업이나 프로그램의 진행 단계를 논리 모형에 입각하여 투입(input), 과정(process), 산출(output), 결과(outcome)의 4단계로 구분하지만 파급효과(impact)를 추가하여 5단계로 구분하기도 한다(일반적으로 Impact를 '영향'으로 번역하고 있으나 이 장에서는 결과가 더 다양한 기관 및 범위로 확산되는 것이 중요하다는 관점에서 '파급효과'로 번역하였다). 그동안 각종 사업이나 프로그램의 성과관리에서는 사업 또는 프로그램 그 자체의 결과만을 고려하는 것이 일반적이었지만, 최근 정부는 재정지원을 통해 나타난 우수한 결과가 대학 내에만 머무르지 않고 다른 대학 등으로 확산되기를 희망하고 있다. 이러한 관점에서 볼 때 논리 모형의 진행 단

계에 결과의 외부 확산을 의미하는 단계를 포함할 필요가 있으며, 이 경우 사업이
나 프로그램에 있어 성과관리의 단계를 투입-과정-산출-결과-파급효과의 5단계
로 구성할 수 있다. 결과를 단기결과, 중기결과, 장기결과로 구분하고 파급효과는
장기결과로 보기도 하는데, 현재 고등교육기관의 성과관리에 비추어 볼 때 파급효
과를 별도의 단계로 구분하는 것은 시기상조이고 장기결과로 보아 결과에 포함하
는 것이 적절할 것이다.

　사업의 단계별 구분에 있어 투입과 과정은 사업계획서를 구성하는 주된 내용(절
차 및 방법)을 의미하는 수행계획서(사업계획서 중 구체적인 수행 방안에 해당하는 부
분)에 해당된다고 볼 수 있으며, 산출-결과-파급효과는 사업을 통해 달성하고자

투입(Input)	과정(Process)	산출(Output)	결과(Outcome)	파급효과(Impact)
• 프로젝트 수행에 소요 예측되는 자원 • 일반적으로 명사의 형태로 기술: 인력, 전문가, 재정, 시간 등	• 투입을 활용하여 산출을 위해 무엇을 해야 하나? • 일반적으로 동명사의 형태로 기술: 측정함, 검토함, 홍보함, 독려함 등	• 한 프로젝트에 의해 달성되어야 하는 단위 • 일반적으로 양적 형태로 기술: 참여자 수, 성취 수준, 성공률 등	• 프로젝트들의 수행 중 또는 이후 요구되는 변화 또는 혜택 • 일반적으로 변화를 기술: 역량 상승, 기술 획득, 자격증 등	• 상당한 시간이 지난 후 요구되는 결과 • 일반적으로 체제나 사회 내에서 의도적 또는 비의도적으로 발생하는 근본적 변화

수행 계획서		의도한 성과		

[그림 14-2] 논리 모형에 의한 프로그램 진행 단계

출처: https://instact.wordpress.com/2012/02/07/what-are-inputs-outputs-outcomes-impact-the-logic-model/

[그림 14-3] 학생의 역량 함양을 목적으로 하는 프로그램의 진행 단계

출처: https://learningforsustainability.net/post/outcomes-important-elusive/

하는 의도된 성과를 의미한다고 볼 수 있다. [그림 14-2]에서 나타난 바와 같이 투입과 과정은 계획을 확인하고 통제하는 과정이라면, 산출-결과-파급효과는 계획을 수행한 이후 의도한 성과가 나타났는지를 점검하는 과정이라고 할 수 있다. 또한 투입-과정-산출 단계에서는 효율성이 강조되지만, 결과 · 파급효과의 단계에서는 효과성이 강조된다.

발전계획 또는 사업에서 단위 프로그램이나 세부 사업 중 학생의 역량 함양을 주목적으로 하는 프로그램의 경우 논리 모형에 입각한 단계별 구성은 [그림 14-3]과 같이 볼 수 있다.

대학을 비롯한 각종 교육기관에서 성과관리를 위해 기본적으로 설정하는 항목들을 살펴보면 [그림 14-4]와 같다. 대부분의 경우 성과관리의 지표들은 투입-과정-산출 단계의 성과를 대상으로 설정하는 것이 관례이며 주로 산출 단계의 성과관리에 초점을 맞추어 진행된다. 결과에 대한 성과관리는 성과지표 설정 및 성과평가의 어려움 등을 이유로 기피하는 경우가 많으며, 파급효과는 사업이나 프로그램 운영 주체를 벗어나 외부와 연계하여 달성해야 하는 경우가 많으므로 성과관리에서 제외하는 것이 관례였다. 또한 성과평가는 대부분 연간 단위로 이루어지므로 산출 단계까지의 성과관리에 초점을 맞추어 수행되며, 결과나 파급효과는 비교적 긴 기간이 경과 후 성과가 나타나므로 성과관리에서 제외되는 경우가 많았다.

대부분의 재정지원사업에서는 성과지표에 결과지표를 반드시 포함하도록 요구하고 있는데, 이는 역량중심 교육을 강화하는 교육개혁의 세계적 방향과 관련된다고 볼 수 있다. 역량중심 교육에 의하면 역량은 투입-과정-산출 단계에서 확인할 수 있는 것이 아니라 결과 단계에서 확인 가능한 요소이다. 따라서 교육개혁을 주목적으로 하는 각종 재정지원사업에서 결과지표를 포함하도록 요구하는 것은 당연

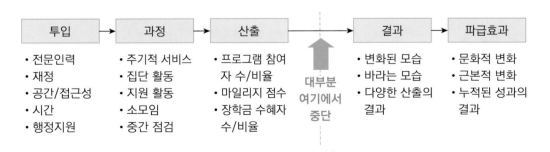

[그림 14-4] 논리 모형의 프로그램 진행 단계별 대표적 성과

하다고 볼 수 있다. 다만, 사업을 수행하는 주체로서 각 기관은 이러한 결과지표들이 SMART 기준에 충실하게 설정되기 어렵다는 점에서 난색을 표하고 있다(SMART 기준은 BSC 모형에 근거하고 있다고 볼 수 있으나 각종 재정지원사업에서는 논리 모형 설정 시 성과지표는 SMART 기준을 적용하도록 하고 있다). 따라서 SMART 기준에 충실한 결과지표를 설정하는 것은 관련 기관이 장기적으로 해결해야 할 성과관리의 중요 과제 중 하나이다.

(3) BSC 모형에 근거한 성과관리

BSC 모형은 계량지표를 기반으로 한 평가로 주로 경영혁신을 지향했던 많은 기업과 다양한 민간 부문에서 활용되었지만, 곧 미국 정부기관, 국제기구와 같은 공공기관에서도 활용하였다. 그 이유는 공공 및 민간 부문을 불문하고 전략 경영의 중요성이 증대되었으며, 지식경제기반사회가 중시하는 무형자산의 가치 증대 등이 중요한 요인이 되었기 때문이다(서영인 외, 2013).

BSC 모형은 수직적 구조와 수평적 구조로 구성되는데 수직적 구조는 비전-전략-목표-핵심성공요소(CSF)-핵심성과지표(KPI)로 위계화된다. 이를 대학에 비추어 본다면 우선 대학이 추구하는 가치인 비전을 수립하고 비전을 달성하기 위한 전략목표와 핵심성공요소를 선정하며, 하위 부서 및 세부 프로그램은 성공요소에 근거하여 달성해야 할 성과목표와 이를 증빙할 수 있는 핵심성과지표를 설정하게 된

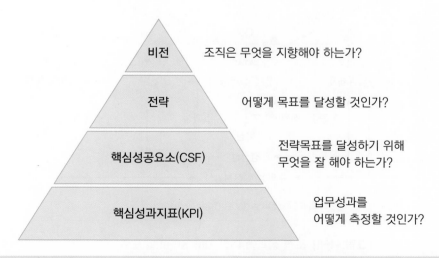

[그림 14-5] BSC 모형의 구조적 틀

다. 수평적 구조는 성과목표 수립과 핵심성과지표 선정 단계에서 구체화되며 대체로 재무, 고객, 학습과 성장, 프로세스 등 네 가지 관점이 균형 있게 고려된다.

대학에서는 BSC 모형을 주로 성과지표의 설정 및 성과평가에서 활용하게 된다. BSC 모형에 근거한 성과관리는 제2장에서 자세히 소개하고 있으므로 해당 부분을 참고하길 바란다.

(4) 논리 모형과 BSC 모형을 혼합한 성과관리

대학에서 성과관리는 논리 모형이나 BSC 모형 중 하나에 집중하기에는 현실적으로 한계가 있으므로 다양한 모형을 혼합적으로 적용한 모형을 구안하여 활용하고 있다. 서영인 등(2013)은 논리 모형을 활용하면서도 BSC 모형에서 강조하는 고객의 관점과 학습 및 성장을 통해 구성원의 역량의 중요성을 반영하여 대학에 적용하기 적합한 모형으로 조직 성과에 대한 Sink & Tuttle 모형을 소개하고 있으며([그림 14-6]), 논리 모형에 근거하면서도 Sink & Tuttle 모형의 7대 성과요인을 반영한 성과관리 틀([그림 14-7])을 제시하였다.

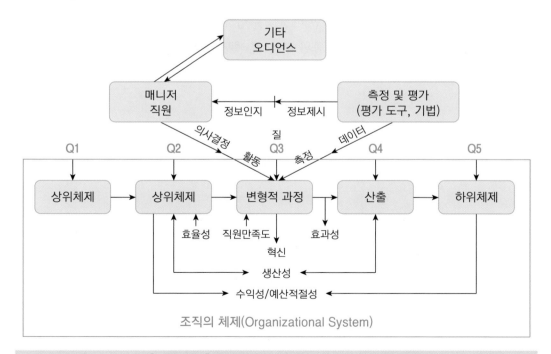

[그림 14-6] 조직 성과에 대한 Sink & Tuttle 모델

출처: 서영인 외(2013). p. 26.

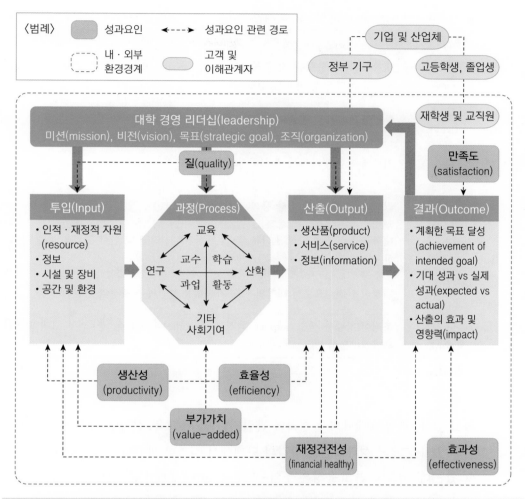

[그림 14-7] 국내 대학의 성과분석 모형 및 지표 개발 연구의 기본 틀

출처: 서영인 외(2013). p. 29.

　서영인 등(2013)이 제안한 성과관리 틀은 대학을 개방 체제로 보는 체제적 사고 (system thinking) 관점을 토대로 리더십을 통해 투입에서 결과까지 대학의 운영과정 을 구조화하였으며, 논리 모형을 기반으로 하면서 기존 모형에서 강조하는 가치와 의 균형을 통해 일곱 가지 성과요인(performance factor)을 도출하고 있다. 일곱 가지 성과요인은 효과성(effectiveness), 생산성(productivity), 효율성(efficiency), 질(quality), 부가가치(value-added), 재정건전성(financial healthy), 만족도(satisfaction) 등이다.

　이 모형의 특징을 살펴보면 대학의 경영리더십을 중심으로 투입-과정-산출을 관리하고 이러한 성과관리의 최종적인 성과물은 결과로 보았으며 파급효과를 포함

표 14-1 ┃ 성과요인(performance factor)별 개념

성과요인	개념
효과성 (effectiveness)	대학이 당초 수립한 전략 목표(strategic goals) 또는 의도한 결과(intended outcome)의 달성 여부 및 정도
생산성 (productivity)	투입(input) 대비 산출(output)의 비율
효율성 (efficiency)	기관에 지원된 자원에 대한 최적화 활용 정도
질 (quality)	리더십, 투입, 과정, 산출 등의 수월성(excellence)
부가가치 (value-added)	대학교육을 통해 향상된 학문적 · 실무적 역량, 연구 및 산학 협력을 통해 창출한 성과
재정건전성 (financial healthy)	재정의 안전성으로서 대학의 지속 가능성을 보장하는 재정의 여건
만족도 (satisfaction)	조직이 창출한 산출(output) 및 결과(outcome)에 대하여 내 · 외부 고객 및 이해관계자들이 만족하는 정도

출처: 서영인 외(2013). p. 30.

하고 있다. 과정은 대학의 특성화와 관련되며 연구, 교육, 산학연 협력 등으로 구분하고 있다. 7개의 성과요인은 각각의 단계에서 성과를 판단하는 중요한 근거가 될수 있는데, 예를 들면 효율성은 투입-과정-산출 단계에서 중요시되는 판단 근거이지만, 결과 단계에서는 전략이나 프로그램의 목표가 달성되었는지가 중요하므로 효과성이 중요한 판단 근거가 된다. 아울러 이러한 성과요인들은 성과지표를 평가하는 근거로 활용될 수 있는데, 성과지표의 타당성에 대한 검증과 평가 시 SMART 기준과 함께 이 일곱 가지 성과요인을 평가 기준으로 적용할 수도 있을 것이다.

2) 성과관리 모형의 적용

대학은 사업이나 프로그램의 성과관리에서 앞서 언급한 모형들을 자신에게 적합한 형태로 다양화하고 있다. 성과관리에 대한 논의를 쉽게 하기 위해 성과관리의 방법을 단순화해 볼 필요가 있는데 이 장에서는 사업이나 프로그램의 구성과 절차에 따라 단순한 형태로 재구조화하였다.

교육기관에서 성과관리의 대상은 대표적으로 중장기 발전계획으로부터 도출될
수 있으며, 기관 또는 소속 기구들이 수행하는 각종 사업 또는 교육 프로그램(전공,
교양, 비교과 등)으로부터도 도출될 수 있다. 발전계획, 사업, 프로그램들은 하위에
전략, 단위 사업, 소 프로그램 등을 포함하여 위계적으로 구성되므로 이러한 관계
를 앞서 살펴본 논리 모형의 단계와 BSC 모형의 위계를 적용하여 간략하게 구조화
하면 [그림 14-8]과 같다.

발전계획은 전략들로 구성되며, 사업이나 프로그램은 다양한 하위 세부 사업 또
는 하위 프로그램으로 구성된다. 발전계획이나 대규모 재정지원사업의 경우는 전
략이나 세부사업이 다시 영역 등에 의해 구분되기도 한다. 그리고 수행의 기본 단
위는 가장 세분화된 수준의 사업이나 프로그램이며 이에 대한 각각의 실행계획서
를 작성하는데, 실행계획서는 상위 단계에서 지향하는 가치와 목표를 반영하여 수
립된다. 이러한 관계에 있어 실행계획은 투입-과정-산출 단계에서 달성하고자 하
는 성과를 설정하게 되며, 발전계획의 전략, 사업 또는 세부 사업의 목표, 프로그램
의 목표는 결과의 성과로 설정될 수 있다.

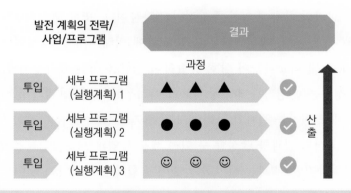

[그림 14-8] 성과관리의 단계 및 관계

현장에서 세부 사업이나 프로그램을 계획하고 실행할 때 운영부서는 투입-과
정-산출에 대한 성과를 설정하고 관리하게 되며, 각 단계에서의 성과는 결과의 성
과를 고려하여 설정되어야 한다. 투입-과정-산출 단계의 성과는 세부 사업이나 프
로그램을 운영하는 해당 기관에 기본적인 관리 책임이 있다. 투입과 과정 단계에서
는 운영기관이 성과를 지표화하여 적극 관리하기 어려운 경우도 있는데, 투입의 경
우 인력이나 재정 등과 연계될 경우 대학 본부나 사업단의 재정 관련 기관의 통제

를 받을 가능성이 높으며, 과정의 경우 목표한 산출을 생산하기 위해 수시로 변경 될 수 있기 때문이다.

산출 단계의 성과는 단위 프로그램을 통해 달성하고자 하는 목표를 의미하며 운영기관에서 수시로 조정하거나 쉽게 통제할 수 있는 대상이 아니다. 산출 단계의 성과는 최초 계획 시 설정되며 대부분 연간 단위의 성과평가 결과를 반영해서 조정 가능하다. 산출은 과정을 통해 나타나므로 해당 기관에서 적극적으로 통제해야 하는 대상은 과정 단계이며 목표한 산출의 성과를 달성할 수 있는지 정기적으로 점검하고 부족하다고 판단될 경우 수행 계획 변경 등을 통해 산출 단계의 목표 달성을 위해 적극적으로 노력해야 한다. 산출 단계의 성과는 주기적인 성과평가를 통해 환류하는 절차를 거쳐야 하며 환류 계획에는 투입 및 과정 단계의 계획도 포함해야 한다.

결과 단계의 성과는 하위 단계에 위치한 단일 세부 사업이나 프로그램을 통해 달성될 수도 있으나, 일반적으로 다양한 산출의 성과가 복합적으로 작용하여 달성될 수 있다. 예를 들어, 프로그램 인증제의 경우 학습성과를 도출하고 이에 근거하여 교육과정을 설계하는데 각각의 학습성과는 하나의 교과에 의해 달성되는 것이 아니며 다양한 교과의 학습에 의한 종합적인 결과물이다. 또한 핵심역량의 경우도 동일하다고 볼 수 있는데, 핵심역량은 단일 교과에 의해 대부분 달성되는 것이 아니라 다양한 교과 및 비교과들이 상호 융합하여 영향을 미친 결과물이라고 볼 수 있다. 결과의 성과는 운영기관에서 통제하기 어려우며, 산출 단계의 성과가 모두 달성되었다고 해도 원하는 결과가 나타나지 않을 가능성도 높다. 다양한 사례와 경험을 바탕으로 최적의 결과를 달성할 수 있는 세부 사업과 프로그램들을 설계하고 산출목표를 설정하지만, 결과는 다양한 산출이 융합하여 나타나는 것이므로 세부 사업이나 프로그램들이 체계적으로 계획되고 상호 협력하에 운영되지 않았다면 산출의 목표가 달성되었다고 해서 원하는 결과가 나타나지 않을 수도 있다. 또한 결과 단계의 성과는 여러 하위기관에서 운영한 산출이 복합적으로 반영된 것이므로, 결과 단계의 성과관리는 대학 조직상 하위기관에서 수행하기 어렵고 대학 본부나 사업단 차원, 또는 이와 관련된 전문기관에 의해 수행되어야 한다. 또한 결과 단계의 성과는 장기간에 걸쳐 다양한 프로그램이 복합적으로 작용하여 나타난 것이므로 성과평가 결과를 반영한 환류계획의 수립에도 어려움이 많다.

여기까지 살펴본 바와 같이 세부 프로그램은 전략 또는 사업의 결과 목표를 달성하기 위해 꼭 필요한 핵심 프로그램들로 구성되어야 하고, 이를 위해 발전계획이나 사업, 프로그램은 상위 단계의 목표를 체계적으로 분석하여 계획되어야 하며, 성과관리는 산출 및 결과 단계에서의 성과를 중심으로 이루어지는 것이 타당할 것이다. 세부 프로그램의 운영기관은 투입-과정-산출 단계의 성과를 관리하며, 산출-결과 단계의 성과는 운영기관 상위의 관리기관으로부터 평가 및 환류를 받는 것이 적절할 것으로 판단된다. 산출 단계의 성과관리는 운영기관과 총괄 기관의 역할이 겹치는 부분으로 볼 수 있는데, 성과관리에서 성과의 평가 및 모니터링은 총괄 기관에서 수행한다면, 산출의 성과를 도출하기 위한 노력과 평가 결과에 따른 환류 방안의 기획 및 수행은 운영기관의 책임이라고 판단된다. 또한 KPI 이외의 성과지표들이 설정되어 있다면 KPI에 대한 평가 및 모니터링은 총괄 기관에서 수행하고 나머지 성과지표의 평가 및 모니터링은 운영기관에서 수행하는 방안도 고려할 수 있다. 아울러 성과관리에 있어 체계성과 통일성을 지향한다면 총괄 기관의 관리 범위를 강화하고, 자율성을 강조한다면 운영기관의 관리 범위를 확대할 수 있을 것이다.

발전계획이나 사업계획 등을 수립할 때는 계획의 달성 여부를 증빙할 수 있는 목표의 설정이 중요하다. 성과관리는 설정된 목표들의 달성 여부를 평가한 후 평가 결과에 기반하여 환류를 수행한다. 목표는 논리 모형의 산출 단계 이상에서 적용될 수 있는 용어라고 볼 수 있는데, 수업목표, 교육목표, 사업목표 등에서 보듯이 하나의 과정이 종료된 시점에서 요구되는 성취 수준을 의미하는 경우가 대부분이다. 사업이나 프로그램의 전체 흐름에서 볼 때, 투입과 과정은 목표 달성을 위한 운영 단계이므로 투입의 목표와 과정의 목표는 적절한 용어는 아니라고 볼 수 있다. 투입과 과정에서 달성해야 할 목표로 관례적으로 제시한 것들은 대부분 목표라기보다는 산출과 결과를 도출하기 위해서 기본적으로 갖추어야 할 여건이나 수행 정도로 볼 수 있다. 물론 우리가 사용하는 성과(performance)라는 범주에는 투입-과정을 포함하여 산출-결과-파급효과까지 모두 포함되지만 이 중에서 산출-결과-파급효과 단계에서의 성과가 목표와 동일하거나 유사한 것으로 간주할 수 있을 것이다.

3) 성과관리의 절차

성과관리의 절차는 성과관리의 대상에 따라 차이가 있을 수 있지만 일반적으로 성과지표 설정 → 모니터링 → 성과평가 → 환류의 단계로 구성할 수 있다.

성과지표 설정은 성과관리의 대상이 되는 성과지표를 도출하고 구체화하는 것으로 향후 모니터링 및 성과평가의 기초가 된다. 따라서 성과지표 설정에 문제가 있을 경우 향후 성과관리에 어려움이 발생하므로 성과지표 설정은 무엇보다 중요하다. 성과지표는 프로그램 계획을 분석하여 도출되어야 하며, 1차로 도출된 성과지표(안)에 대해 SMART 기준에 따라 평가 후 최종적인 성과지표를 선정할 필요가 있다. 또한 성과지표 중에서 상대적 중요도가 높거나 결과 단계의 성과를 달성하기 위해 꼭 필요한 성과지표들을 모아 핵심성과지표로 설정할 필요가 있다.

모니터링은 성과지표가 달성될 수 있는지에 초점을 맞추어 현재의 문제점, 예상되는 문제점을 발견하여 즉각적 대응 조치를 취하는 과정이다. 성과지표의 유형에 따라 모니터링 주기를 다르게 설정할 수 있다. 모니터링 주기는 투입에 가까울수록 짧게, 결과에 가까울수록 길게 설정하는 것이 타당하며 프로그램의 특성에 따라 다양하게 설정할 수 있다.

성과평가는 성과지표에 명시한 수준을 달성했는지를 평가하는 것이며, 동시에 성과지표 달성 과정에서 나타난 문제점, 우수한 사항, 운영의 개선 사항 등도 분석하여 향후 성과지표의 달성이 효율적으로 이루어지도록 하는 과정이다. 이를 위해 주관기관은 성과지표를 포함하는 프로그램 결과보고서를 작성하고, 성과평가 관련 위원회는 프로그램 결과보고서에 근거하여 서면평가와 현장평가를 거쳐 환류를 위

[그림 14-9] 성과관리 절차

한 평가결과보고서를 제출한다. 서면평가 시 결과보고서가 충실하게 작성되지 못한 부분이 발견되면 결과보고서 수정을 요구할 수 있다. 성과평가는 기본적으로 성과지표의 달성도를 평가하는 과정이지만 평가의 단위는 세부 프로그램으로 하는 것이 적절하다. 세부 프로그램은 다수의 성과지표를 포함하고 있으므로 성과지표 단위의 성과평가만 시행할 경우 프로그램 개선을 위해 필요한 정보를 충분히 획득하지 못할 수도 있다.

환류는 성과평가의 결과를 반영하여 향후 성과지표의 목표 달성을 위한 최선의 방안을 도출하여 실천하는 과정이며, 필요시 성과지표를 수정할 수도 있다. 성과평가 주관부서는 평가결과보고서를 각 프로그램 주관 기관에 배포하며, 프로그램 주관기관은 이를 반영한 환류계획서를 작성하고, 작성된 환류계획서에 대해 대학발전계획 관련 위원회(사업의 경우 사업 운영위원회 등)의 검토와 교무회의를 거쳐 환류계획을 최종 확정하고 다음 계획 수립 및 운영에 반영한다.

투입 단계에서 결과 단계로 진행되는 사업의 각 단계별 성과관리 방법을 요약하면 〈표 14-2〉와 같이 정리할 수 있다. 이 표는 집필자의 관점에서 정리한 것이며, 각각의 항목에 따른 세부방법은 성과관리의 대상이나 기관의 규모, 조직 등에 따라

표 14-2 ▌ 논리 모형에 근거한 단계별 성과관리 방법

구분		투입(Input)	과정(Process)	산출(Output)	결과(Outcome)
평가방법		유무(조직 등) 달성도 점검	모니터링 및 자체평가	자체평가 및 전문가 평가	
평가 주기		투입 시점	1년	1년	사업 및 프로그램 종료 시점 또는 재인증 시점
모니터링 주기		매월	연 4회	연 2회	연 1회
평가 (모니터링) 주체		주관부서 * KPI에 포함된 지표는 필요시 성과평가위원회 상정		• 평가: 성과평가위원회 • 모니터링: 주관부서 * KPI가 아닌 성과지표의 경우 주관부서에 위임 가능	• 평가: 대학발전위원회 산하 위원회 • 모니터링: 주관부서, 성과평가위원회
환류	계획 수립	팀 및 부서→ 대학	팀, 주관부서	주관부서	주관부서
	수행	부서, 대학	팀, 주관부서	주관부서	대학발전위원회 및 교무회의 상정

※ 결과는 외부에 대한 파급효과(Impact)를 포함함

다양한 형태로 나타날 수 있다. 결과에 대한 성과평가는 원칙적으로 사업이나 프로그램의 종료 시점이나 재인증(프로그램, 교원 및 학생의 역량 등) 시점에서 수행되는 것이 타당할 것이며, 결과에 대한 주기적인 관리는 모니터링을 활용하면 될 것이다.

2. 성과지표 설정

1) 성과지표 설정의 절차

성과관리 및 환류 시스템에서 첫 단계는 성과지표를 도출하는 일이다. 처음 출발점인 계획이 잘못되면 이후의 모든 과정에서 문제가 발생하고, 이를 올바르게 수정하기 위해서는 더 많은 노력이 요구되듯이 성과관리에서 계획에 해당되는 성과지표 설정이 잘못되면 이후 많은 문제가 발생할 수 있으므로 신중을 기해야 한다.

BSC 모형에 근거하면 성과지표는 곧 핵심성과지표를 의미한다. BSC 모형에서는 핵심성공요소의 달성을 증빙하기 위하여 핵심성과지표를 설정하도록 하고 있다. 이에 반하여 대학의 발전계획, 업무, 사업, 각종 프로그램은 자체적으로 목표 달성을 증빙하기 위한 다양한 성과지표를 설정하고 있는데, 이 성과지표들을 모두 핵심성과지표로 관리하기에는 한계가 있으므로 그중에서 중요한 지표만을 선정하여 핵심성과지표로 관리하기도 한다. 특히 대학기관 차원에서는 성과관리의 대상 지표가 많아지므로 이 중에서 대학의 교육목표 달성을 위해 상대적으로 중요도가 높은 지표만을 선별하여 특별 관리하는 경우가 많다. 이 경우에도 성과지표들은 사업 또는 프로그램의 전략 및 목표에 근거하여 설정되므로 BSC 모형의 성과지표 설정방법을 준용한다고 볼 수 있다. 따라서 이 장에서는 핵심성과요인에 의해 핵심성과지표를 도출하는 BSC 모형의 관점보다는 사업 목적에 근거하여 성과지표를 설정하고 성과지표 중에서 중요한 지표만을 선별하여 핵심성과지표로 관리하는 입장에서 접근하였다.

성과지표의 도출 절차는 [그림 14-10]과 같다. [그림 14-10]의 성과지표 도출 절차는 정부의 각종 성과평가에서 제안하는 절차이며 교육기관의 성과지표 도출에도 그대로 적용될 수 있다.

[그림 14-10] 성과지표 설정 절차

* 출처: 송기창 외(2012).

2) 단계별 추진

(1) 1단계: 전략, 구체적 사업 목적 파악

성과지표는 사업의 목적, 발전계획의 전략을 달성하는 데 필요한 내용으로 구성되어야 한다. 따라서 성과지표 설정을 위해서는 사업이나 발전계획의 전략이 달성하고자 하는 목적이 무엇인지 구체적으로 파악할 필요가 있다. 발전계획의 전략은 세부 실행계획, 사업의 목적은 세부 사업(단위 사업)을 통해 구체화되므로 실행계획이나 세부 사업을 통해 이를 더욱 정확하게 파악할 수 있다.

(2) 2단계: 추진 단계별 성과지표 도출

사업 또는 발전계획의 목적을 바탕으로 추진 단계별 투입-과정-산출-결과지표를 개발하며 설정 가능한 성과지표를 최대한 발굴하도록 한다. 각 단계별 성과지표 설정에 있어 과정지표와 산출지표, 산출지표와 결과지표 간에는 경계가 모호한 경우도 발생하기도 하고, 여러 부서에서 발굴된 성과지표들이 형식이나 내용면에서 일관성이 부족하거나 중복되기도 하므로 성과지표 발굴을 위한 원칙을 미리 설정할 필요가 있다. 아울러 산출지표나 결과지표의 경우 여러 운영기관의 종합적 노력에 의해 달성될 수 있는 것이 많으므로 성과지표 도출 과정에서 관련 기관 간의 협업도 중요하다.

성과지표의 도출에 있어 특히 어려움을 겪는 부분은 결과지표의 도출에 관한 것이다. 대학을 비롯한 교육기관들은 관례적으로 사업의 목적 또는 발전계획의 전략이 달성되었는지를 판단하기 위해 산출지표를 주로 활용해 왔으며, 결과지표는 측정의 어려움, 정량화의 어려움 등으로 인해 가급적 활용하지 않았다. 산출지표는 사업이 의도한 1차적 목표를 달성하였는가를 점검하는 데 도움을 줄 수 있으며, 산출지표가 우수하다면 사업의 목적을 달성할 가능성이 높다. 그러나 산출지표는 목적을 달성할 가능성이 높다는 것을 보여 주는 것이지 달성 여부를 판단하는 핵심 근거가 될 수는 없다. 사업 또는 발전계획의 궁극적인 성과는 결과지표를 통해서 판단할 수 있다. 따라서 결과지표는 발굴에 어려움이 있어도 지속적으로 풀(pool)을 개발하고 수정하여 기관이나 사업, 프로그램의 목적에 맞는 결과지표로 정교화할 필요가 있다. 특히 결과지표는 실행계획이나 세부 사업을 통해 발굴할 수도 있지만 발전계획의 전략이나 사업의 목적에 해당하는 상위 단계에서 발굴하는 것이 타당하다.

성과지표는 SMART 기준을 만족하도록 도출해야 하는데, SMART 기준을 지나치게 강조할 경우 정량지표가 성과지표의 대부분을 차지하는 부작용이 나타날 수도 있다. 정성지표의 경우 SMART 기준에 비추어 미흡한 경우라도 전문가의 판단을 통해 객관적으로 평가할 수 있다. 인증평가 등의 경우 정성지표의 비율이 정량지표의 비율보다 높지만 전문가에 의한 평가 및 평가단의 논의를 통해 문제를 극복하고 있다는 점을 참고해 볼 필요가 있다. SMART 기준에 집착하여 정량지표의 함정에 빠지면 정작 중요한 것은 놓치고 별로 중요하지 않는 주변 사항이 성과지표에 포함되며 이로 인해 성과지표가 달성되어도 교육의 질은 높아지지 않고 소비자도 만족하지 못하는 상황이 발생할 수 있다. 따라서 SMART 기준도 중요하지만 성과지표 설정에서 우선시되어야 할 것은 성과지표가 사업이나 발전계획에서 추구하는 목표, 즉 결과목표의 달성에 기여할 수 있는가이다.

성과지표 설정 시 복합지표의 설정은 가급적 지양할 것을 권장한다. 각종 재정지원사업에서는 결과지표 제시가 어려운 경우 복합지표를 활용하는 경우가 많은데, 복합지표는 결과지표를 대체하기보다는 복합지표를 통해 더 많은 성과지표를 제시하고 지수화된 형태를 통해 성과 달성 정도를 종합적으로 파악하기 위한 목적이 강하다고 판단된다. 대학들이 재정지원사업계획 등에서 복합지표를 선호하는 이유 중 하나는 단일 성과지표의 경우 해당 성과지표를 달성하기 어려울 경우 대안을 찾기 힘든 반면, 복합지표는 이에 포함된 다른 성과지표의 성과를 높이는 방법을 통해 전체적으로 조율이 가능하기 때문이다. 이러한 방법은 성과관리에 대응하는 편법이라고 판단되며 정작 원하는 결과에 도달하는 데 있어 방해요인이 될 수도 있다. 학습자의 역량 함양 과정에서 특정한 것이 더 많이 달성되면 나머지가 달성되지 않아도 원하는 학습자의 역량이 함양될 수 있다면 복합지표의 문제는 없으나 이런 경우는 많지 않다. 예를 들어, 교과와 비교과에서 핵심역량을 함양하기 위해 특정 프로그램을 통해 달성해야 할 목표가 있는데 교과에서 초과 달성했다고 해서 비교과에서는 미흡해도 된다고 할 수는 없을 것이다. 교과와 비교과는 교육방법이나 내용에서 서로 부족한 부분을 보완하는 것이므로 균형적으로 목표를 달성하는 것이 타당하다. 각종 재정지원사업에 대응하는 과정에서 복합지표를 사용할 수 있으나, 대학 자체의 성과관리에서는 가급적 복합지표를 지양하는 것이 바람직하다.

이 단계에서 성과지표 정의는 개략적으로 하는 것을 권장한다. 다음 단계에서 성과지표에 대한 평가를 통해 최종적인 성과지표를 선정하게 되므로 이 단계에서는 많은 성과지표를 도출하도록 하며 효율성을 제고하기 위해 성과지표를 개략적인 수준에서만 정의하면 될 것이다. 또한 향후 성과지표의 평가 시 도출된 성과지표들이 단위 사업이나 프로그램에 합당한 것인지를 판단해야 하므로 운영기관에서는 단위 사업 또는 프로그램별 계획서를 포함하여 작성할 필요가 있다.

(3) 3단계: SMART 점검 및 최종 지표 선정

2단계에서 도출된 성과지표에 대한 평가를 거쳐 최종적인 성과지표를 결정한다. 성과지표 선정을 위한 평가는 일반적으로 SMART 기준을 적용하여 이루어진다. 향후 성과평가를 객관적이고 효율적으로 진행하기 위해서는 정량지표를 중심으로 성과지표를 선정하는 것이 좋으며 결과지표를 최대한 포함할 수 있도록 노력해야 한다. 성과지표 선정을 위한 평가자는 대학교육 및 성과관리에 대한 전문가로 구성되어야 하며, 대학 내부 인원만으로 위원회를 구성하기보다는 외부 전문가를 포함하도록 한다.

성과지표는 정량지표로 구성하는 것이 성과평가의 효율성을 제고시키나, 지나친 정량화는 사업의 목적 또는 발전계획 전략의 핵심을 비켜갈 수도 있으므로 산출지표나 결과지표의 경우 목적과 전략의 달성을 제대로 평가하기 위해 정성지표가 필요한 경우 객관화하기 위한 노력을 병행하면서 적절한 수준으로 활용할 필요가 있다.

2단계에서 작성한 성과지표는 개략적인 수준에서 정의되었으므로 성과지표 선정을 위한 평가 시 제출된 성과지표의 정의 내용만을 판단해서 평가해서는 안 된다. 평가자들은 제출된 성과지표의 정의가 다소 미흡하더라도 사업이나 발전계획을 위해 꼭 필요한 성과지표라고 판단되면 해당 성과지표를 선정해야 하고 성과지표 정의서 작성 시 개선해야 할 사항을 권고하며, 중요한 성과지표가 제외된 경우에는 이를 포함하도록 권고해야 한다. 따라서 성과지표 선정을 위한 평가위원회는 전문가로 구성되어야 한다. 최종적인 성과지표에 포함되지 못한 성과지표들도 미래에 활용할 수 있으므로 성과지표 풀(pool)을 통한 관리가 필요하다.

성과지표 선정을 위한 평가 시 일반적으로 SMART 평가 기준을 적용하게 된다. SMART는 명확성(Specific), 측정 가능성(Measurable), 원인성(Attributable), 신뢰성(Reliable), 적시성(Timely)을 의미하며 구체적인 내용은 제2장에 자세히 소개되어 있다.

성과지표 설정에서 고려해야 할 사항으로는, 첫째, 점검 주기 설정에 관한 것으로 실적 점검 주기가 빠르면 수행부서에 과도한 부담이 되며 성과관리 주관부서에도 부담이 된다. 실시간으로 실적을 점검하는 시스템을 구축하는 것이 성과지표 점검에 대한 업무 부담을 줄이는 방안이 될 수 있지만 자동화 시스템은 실적 달성 압박으로 인해 도전적이고 바람직한 계획 및 목표 수립에 방해가 될 수도 있다. 따라서 대학의 학사 운영을 고려하여 여름방학 기간에는 모니터링 성격의 점검을, 겨울방학에는 성과평가 차원의 실적 점검을 하는 것이 좋다.

둘째, 성과지표의 지속 기간에 관한 것으로 한번 설정된 성과지표를 영원히 지속할 수는 없다. 성과지표의 지속 기간은 발전계획의 기간이나 다양한 사업의 기간과 연동하여 설정하는 것이 타당할 것이다. 따라서 성과지표 정의서 작성이 성과지표 별로 적용 기간을 명시할 필요가 있으며, 매년 성과지표가 유효한지 점검하여 조정 할 필요가 있다. 아울러 성과지표에 대한 코드 체계를 수립하여 관리하여야 할 필 요가 있으며, 한번 설정된 성과지표 관련 자료는 해당 지표가 유효기간이 종료되어 도 보관할 필요가 있다.

셋째, 성과지표의 수가 너무 많을 경우 관리에 어려움이 있을 수 있으므로 너무 많은 성과지표를 설정하는 것은 바람직하지 않다. 아울러, 평가 결과 사업의 목적 이나 발전계획의 전략 달성을 위해 핵심적인 지표를 선정하여 핵심성과지표를 구 축한다. 핵심성과지표 설정 시 고려 사항으로는, ① 전략목표 달성과 관련된 지표 로 설정되어 조직의 전략(목표) 달성에 기여할 수 있어야 한다. 운영요소의 달성에 기여하는 것들은 제거하는 것이 바람직하다. 개별 프로그램이나 단기적 결과에 따 라 설정하지 않고 조직이나 프로그램 전체의 목적에 부합하도록 수립해야 한다. ② 정량화할 수 있어야 한다. ③ 핵심성과지표는 이성적이고 합리적으로 설정해야 한다. 대부분의 경우 핵심성과지표의 목표치는 매년 상승하도록 설정하고 있는데 이는 지속적 성장이라는 관점에서 볼 때 일견 바람직하지만 지속적 상승은 한계가 있으며, 상승 자체가 목적이 되면 조직이나 프로그램의 발전을 오히려 저해할 수 도 있다. 기계적으로 핵심성과지표를 높이기보다 조직 그리고 고객과 사회의 상황 에 따라 합리적·이성적으로 핵심성과지표를 수립할 필요가 있다(송기창 외, 2012)

3) 성과지표 정의 및 관련 양식

(1) 성과지표 정의

2단계에서 작성한 성과지표는 개략적인 수준에서 정의되었으므로 3단계에서는 최종적으로 선정된 성과지표에 대해 자세하게 정의해야 한다. 성과지표 정의를 구체 화하는 동시에 프로그램별 계획도 성과지표를 반영하여 적절히 수정할 필요가 있다.

(2) 성과지표 설정 관련 양식

성과지표에 의한 성과관리의 대표적인 경우는 중장기 발전계획 및 재정지원사업 에서 찾을 수 있다. 중장기 발전계획이나 재정지원사업은 수직적 구조로 구성되고 최하위 단계에서는 세부 실행계획이나 프로그램으로 구성되며, 각각의 실행계획이나 프로그램별로 성과지표를 설정한다. 이러한 구조에서 볼 때 투입-과정-산출 단계의 성과지표는 대부분 각 실행계획이나 프로그램에 부속된다고 볼 수 있다. 따라서 성과지표의 설정과 모니터링, 평가는 세부 실행계획이나 프로그램 단위로 이루어지거나 이에 근거하여 설정되는 것이 타당하다.

앞에서 살펴본 성과지표의 설정은 성과지표를 포함한 프로그램에 대한 정의, 성과지표 평가, 최종적인 성과지표 선정의 단계를 따른다고 볼 수 있다. 이러한 성과지표 설정 과정에서 다양한 양식이 필요한데, 여러 기관에서 사용하는 서식을 참고하여 일반적으로 적용 가능한 형식으로 정리하였다. 이 양식은 이를 활용하는 기관, 사업, 프로그램 등의 특징을 반영하여 적절히 수정할 필요가 있다.

- 프로그램 정의서: 세부 실행계획이나 프로그램에 대한 개요서
- 교육성과지표(안) 요약서: 사업 분석에 따른 교육성과지표(안) 작성용 양식
- 교육성과지표(안) 평가서: 교육성과지표(안)에 대한 SMART 기법을 적용한 평가 시 활용하는 양식
- 성과지표 정의서: 평가 후 피드백된 내용에 따라 최종적인 성과지표 작성용 양식

향후 관리의 편리성을 위하여 프로그램이나 성과지표들은 코드화하여 관리할 필요가 있다. 대학의 다양한 성과관리 체제를 고려한 자체적인 코드화 체제를 구축하고 이를 데이터베이스로 구축하여 프로그램 및 성과지표 풀(pool)을 구축한다면, 성과관리의 효율성 제고에 도움이 될 것이다.

프로그램 정의서

프로그램 명							코드		
관련 사업 및 프로그램									
프로그램개요									
관리자				운영자					
시작 연/월				종료 연/월					

성과지표

| | | | | | | | | 기간 | | | 년   월 |

성과지표	단계	단위	과거 추세(시작 기준)				연차별 달성 목표			
코드	성과지표명			2017년	2018년	2019년	2020년	2021년	2022년	2023년	2024년

〈작성요령〉

1. 세부 프로그램 단위로 작성함. 결과 단계의 성과지표를 포함하면서 다양한 프로그램이 성과가 통합되는 경우 프로그램명은 (통합)으로 표기하고 관련 사업 및 프로그램에 관련된 세부 프로그램명을 기입함

2. 관련 사업 및 프로그램은 작성 대상인 세부 프로그램이 상위에 해당하는 사업명과 프로그램명을 기입함

3. 성과지표는 해당 프로그램에 포함되는 성과지표를 기입함. 투입-과정-산출-결과의 순서도 기입하며, 프로그램이 성과 달성을 위해 중요한 지표를 중심으로 기입함

4. 프로그램이 5년 이상 진행될 경우 향후 5년까지의 달성목표만 기입함

성과지표(안) 요약서

프로그램명	성과지표명	단계	정성/정량	산출방법 (공식)	자료 출처	시작 연/월	종료 연/월	목표 설정	
								시작 기준	달성 기준

〈작성요령〉

1. 프로그램별로 해당 프로그램에 포함된 성과지표를 제시하고, 하위지표별로 세부 내용을 작성함. 결과지표가 다양한 프로그램의 연합에 의한 경우 프로그램명에는 (통합)이라고 기입함

2. 단계: 투입/과정/산출/결과 중에서 선택함. 프로그램 내에서는 투입-과정-산출-결과의 순서로 지표를 작성함

3. 정성/정량: 해당 지표가 정량적으로 산출 가능한 경우 정량, 질적 판단에 의한 것일 경우 정성으로 기입함

4. 산출방법: 정량지표의 경우 산출공식을, 정성지표의 경우 판단을 위한 근거를 간단히 기술함

5. 자료 출처: [(안)에 내부, 외부를 표시하고, 뒤에 자료를 보유하고 있는 기관을 기입함

6. 시작 연/월, 종료 연/월: 해당 지표가 적용되는 시작연과 종료연을 기입함. 다년 사업의 경우 기본적으로 사업 시작과 종료 시점을 기입함

7. 달성 기준은 프로그램이 종료되는 시점에 달성해야 할 목표값을 기입함

성과지표(안) 평가서

프로그램명	성과지표명	정량/정성	단계	평가 결과						평가 의견
				S	M	A	R	T	점수	

〈작성요령〉

1. 성과지표를 SMART의 관점에서 5점 척도로 평가함

2. 단계는 논리 모형에 의한 단계 기입 : 투입-과정-산출-결과

3. 점수 부여: 매우 우수(5)-우수(4)-보통(3)-미흡(2)-매우 미흡(1)

4. 점수=S+M+2*A+R+T (중요한 기준에 가중치 부여 가능)

5. 평가 결과에 근거하여 평가 의견을 작성함. 평가의견은 우수한 점, 개선점 등을 중심으로 기술함

〈참고사항〉

1. SMART

- 명확성(Specific): 일관성 있는 성과 데이터의 수집과 공정한 비교를 위해 성과지표는 명확하게 알기 쉽게 정의되어야 함

- 측정 가능성(Measurable): 성과지표는 측정을 위한 데이터가 존재해야 하며 사용에 제약이 크지 않아야 함

- 원인성(Attributable): 해당 성과지표가 해당 사업 성과에 기여해야 함

- 신뢰성(Reliable): 성과지표는 제3자가 검토하더라도 일관된 결과가 나올 수 있어야 하고, 기금적 재관적인 정보를 활용함

- 적시성(Timely): 성과측정 대상년도의 성과정보가 성과측정 전에 나와야 함

성과지표 정의서

성과지표명								코드			
프로그램명								코드			
목표값	단계	단위	과거 추세(시작 기준)				연차별 달성 목표				
			2017년	2018년	2019년	2020년	2021년	2022년	2023년	2024년	
증빙자료 및 출처											
조사/측정 대상			산출방법(공식)								
지표 설정 배경			목표 설정	시작 기준							
				달성 기준							
목표 달성 계획 및 전략			지표 설정 기준	구체성							
				측정 가능성							
				달성 가능성							
				목적 적합성							
				시기 적절성							
기대효과	대내										
	대외										

〈작성요령〉

1. 각 성과지표별로 작성함
2. 성과지표명, 프로그램명, 목푯값은 프로그램 정의서의 내용과 일치하도록 작성함
3. 목표 달성 계획 및 전략: 해당 성과지표의 목푯값을 달성하기 위한 방안을 제시함
4. 목표 설정: 시작 기준과 달성 기준의 설정 근거를 기입함
5. 지표 설정 기준: SMART 기법에 근거하여 지표 설정 기준을 기입함
6. 기대효과: 해당 성과지표의 목푯값이 달성될 경우 기대되는 효과를 대내와 대외로 구분하여 작성함

3. 모니터링

1) 모니터링 평가방법

모니터링 평가는 프로그램 단위로 실시하며, 연간 프로그램 운영의 1/2~3/4가 지난 시점에서 실시하는 것이 적절하다. 모니터링을 위해 내·외부의 전문가로 구성된 모니터링 평가단을 구성해야 하며, 평가단은 프로그램을 운영하는 부서를 방문하여 자료 확인 및 프로그램 운영자들과의 면담을 통해 평가를 실시한다. 모니터링 평가는 연간 성과평가의 시간과 노력을 줄이기 위한 목적도 있으므로 프로그램 운영에 대한 자료 확인 및 면담을 심도 있게 실시해야 한다. 모니터링 평가단은 모니터링 내용을 반영하여 평가하고 소기의 성과 창출을 위해 요구되는 사항을 정리하여 권고해야 한다. 모니터링 평가의 결과는 사업 추진에 따른 업적평가에 일부 반영할 수도 있다.

2) 평가 기준 및 양식

모니터링 평가를 위한 평가 기준 및 관련 양식은 기관의 사업, 프로그램 등의 특성을 반영하여 설정되어야 한다. 일반적으로 적용 가능한 양식을 제시하면 다음과 같다. 〈표 14-3〉의 양식에서 항목은 기본적으로 포함되어야 할 사항을 제시한 것이며 다양한 상황을 검토하여 항목을 추가하고 배점도 조정할 필요가 있다. 모니터링 결과를 운영자 또는 운영부서의 업적평가와 연계하지 않는다면 배점은 없어도 무방하다.

표 14-3 | 프로그램 모니터링 평가서

프로그램명	평가 영역	성과 창출 단계	항목(배점)	배점 기준					총점	권고 사항
				매우 우수	우수	보통	미흡	매우 미흡		
계획 및 추진 노력 (50점)		계획	사업 추진 계획의 적절성 (20점)	20	8.5	7	5.5	4		
		과정	사업 추진 노력의 우수성(30점)	30	28	26	24	22		
		소계		50						
잔여 사업 기간 내 월별 완수계획 (50점)		과정	완수 계획의 적절성(30점)	20	18	16	14	12		
		산출	사업 추진 기대실적(20점)	20	18	16	14	12		
		소계		50						

〈작성요령〉

1. 프로그램별로 평가함
2. 프로그램 정의서 및 성과지표 정의서, 관련 운영 자료를 바탕으로 작성함
3. 권고사항은 프로그램의 연간 목표를 성공적으로 달성하기 위한 권고사항을 기입함

4. 성과평가

1) 성과평가방법

대학의 성과평가의 특징은, 첫째, 성과평가의 핵심은 예산 운용과 과업수행의 효율성 제고에 있으며, 궁극적으로 그 결과를 보상과 제한에 연계 활용하기 위함이다. 둘째, 성과평가는 당초 대학이 설정한 목표에 근거하여 달성 여부와 정도를 확인한다. 셋째, 성과평가는 조직의 특수성을 반영한다. 대학은 처한 상황과 여건이 다양하여 그에 따라 발전하기 위해 해결해야 할 선결 과제들의 유형과 우선순위가 차별화된다. 넷째, 성과평가는 대학운영의 전 과정을 포괄하되 산출물에 그치지 않고 결과물까지 진단한다. 다섯째, 성과평가는 판단 기준이 다양하다. 기존 평가는 현재 여건 또는 현재까지의 실적을 중심으로 평가하는 경향이 강하다. 여섯째, 성

과관리의 궁극적 목적은 대학의 지속 가능한 발전을 유도하는 데 있다(서영인 외, 2013). 이러한 성과평가의 특징은 대학에서 이루어지는 모든 성과평가에서 기본적으로 고려되어야 할 사항이며, 이에 더하여 기관들은 추구하는 이념과 목표, 경영 방향 등에 차이가 있으므로 성과평가 시 이러한 특징이 잘 반영되는 평가 기준을 적용할 필요가 있다.

성과평가는 연간 프로그램 종료 1개월 이내에 시작하는 것이 타당하나 연속되는 사업이나 프로그램의 경우 더 이전부터 시작할 수도 있다. 성과평가는 프로그램 단위로 평가할 필요가 있는데, 성과지표 설정 등에서도 언급한 바와 같이 성과평가를 통해 개선해야 할 대상은 프로그램이고 성과평가에 결과에 따른 보상 등도 프로그램의 운영 조직이 대상이 되어야 하기 때문이다. 또한 하나의 프로그램에 다수의 성과지표가 포함된 경우 성과지표 단위의 성과평가만을 수행한다면 개선의 대상이 되는 프로그램에 대한 체계적인 정보는 획득하지 못할 가능성이 높다.

성과평가를 위한 평가단은 사업 또는 프로그램의 세부 내용, 그리고 평가에 대한 전문적인 지식과 경험을 겸비한 자로 선정해야 하며 외부의 전문가를 포함할 필요가 있다. 성과평가에 앞서 평가단은 프로그램 운영부서에서 제출한 프로그램별 운영 결과보고서 등을 검토하여 보고서가 성과평가에 적합한 형태로 충실히 작성되었는지를 검토하고 미흡한 보고서에 대해서는 수정을 요청할 수 있다. 특히 각 프로그램에서 설정한 성과지표가 모두 포함되었는지 여부와 성과 달성을 증빙할 객관적 자료를 포함하고 있는지를 중점적으로 확인해야 한다.

평가단은 프로그램 운영부서에서 제출한 자료들을 확인하고 프로그램 운영자들과의 면담을 실시하는 등의 절차와 방법을 통하여 성과평가를 실시한다. 이때, 면담은 모니터링 평가 이후 변동사항에 대해서만 간단히 실시하는 것이 좋다. 모니터링을 위한 평가단과 성과평가의 평가단이 다를 수 있으므로 모니터링 관련 자료를 성과평가의 평가단에게 제공해야 한다. 특히 모니터링 평가에서 평가단이 권고한 사항이 적절히 이행되었는지에 대한 점검이 필요하다. 성과평가의 평가단은 사업의 최종적인 성과 달성을 위해 요구되는 권고사항을 자세하게 제시해야 한다. 성과평가의 평가 결과(점수)는 사업 추진에 따른 업적평가에 반영할 필요가 있다.

2) 평가 기준 및 양식

성과평가를 위한 평가 기준 및 관련 양식은 기관의 사업, 프로그램 등의 특성을 반영하여 설정되어야 한다. 일반적으로 적용 가능한 양식을 제시하면 다음과 같다. 모니터링 평가서 양식과 마찬가지로 〈표 14-4〉의 양식은 최소 항목만을 제시한 것이므로 다양한 상황을 고려하여 항목을 추가하고 배점을 조정할 필요가 있다. 일반적으로 성과평가의 결과는 운영자 또는 운영부서의 업적평가와 연계되므로 평가 항목 및 배점 설정 시 관계기관 간의 협의를 거칠 필요가 있다.

표 14-4 ┃ 프로그램별 성과평가서

프로그램명	평가 영역	성과 창출 단계	항목(배점)	배점 기준					총점	권고 사항
				매우 우수	우수	보통	미흡	매우 미흡		
	주요 실적 및 완수 정도 (60점)	과정	사업 추진 노력도 (20점)	10	8.5	7	5.5	4		
		산출	추진 실적의 우수성(40점)	30	28	26	24	22		
		소계		60						
	사업의 영향력 (40점)	결과	대학 발전 기여도 (20점)	20	18	16	14	12		
		결과	사업의 지속 가능성(20점)	20	18	16	14	12		
		소계		40						

〈작성요령〉

1. 프로그램별로 평가함
2. 프로그램 정의서 및 성과지표 정의서, 관련 운영 실적 자료를 바탕으로 작성함
3. 권고사항은 차년도 프로그램 운영계획 수립에 필요한 권고사항을 기입함

5. 성과평가 결과 환류

1) 평가 결과를 반영한 계획서 수정

성과평가단에 의한 평가 결과는 관련 위원회에 보고하여 최종 승인을 받은 후 프로그램의 운영기관에 통보하게 되며, 해당 기관은 평가 결과를 반영하여 세부 사업 또는 프로그램의 향후 계획을 수정한다. 계획 수정 시 성과평가의 결과에서 제시한 개선 방향을 반드시 포함하여야 하며, 필요하다면 투입이나 과정 단계의 성과지표도 변경할 수 있다. 아울러 성과평가 시 권고 사항을 나열하고, 각각의 권고 사항이 연간 프로그램 운영계획에 어떻게 반영되었는지를 자세히 제시하여야 한다. 변경된 계획과 이전 계획에 대한 이력 관리도 중요하므로 변경 사항을 정리하여 보관할 필요가 있으며 이전 계획과 새로운 계획은 코드 부여 시 전반부는 동일하게 부여하여 차후에도 쉽게 관리할 수 있도록 할 필요가 있다.

2) 교무위원회 및 대학발전기획위원회 보고

관련 위원회를 거쳐 승인된 모니터링 및 성과평가의 결과, 평가 결과를 반영한 수정 계획을 요약하여 교무위원회 및 대학발전기획위원회(가칭)에 보고해야 한다. 특히 대학발전계획을 총괄하는 대학발전기획위원회는 수정된 계획이 대학의 발전 계획에 부합하는지를 점검하여 개선할 사항이 발견되면 계획 수정을 권고한다.

3) 보상(개인/팀 등)

모니터링 및 성과 평가의 결과는 프로그램을 운영하는 기관, 팀 또는 개인의 업적평가에 반영할 필요가 있다. 대부분의 재정지원사업의 경우 사업에 참여하는 관련자들을 동기화하기 위한 외적 보상 제공을 목적으로 업적평가를 실시하고 그 결과에 따른 성과보상금을 지급하도록 하고 있다. 또한 대학은 인사관리를 위해서도 성과평가를 시행하여 승진, 성과급, 인력 배치 등에 활용하기도 한다. 프로그램을 여러 팀이나 기관이 공동으로 운영한 경우, 또는 팀 내 다수의 개인이 포함된 경우

이들 업적을 공정하게 분배하여 평가하기 위한 객관적 기준을 마련할 필요가 있다.

6. 성과관리 시스템 구축 및 운영

1) 대학에서의 성과관리 시스템

이 장에서 성과관리 시스템은 ICT에 기반하여 효율적 성과관리를 지원하는 시스템을 의미한다. 대학의 성과관리 및 환류를 위한 시스템은 기관의 규모, 특성화 방향, 학사구조, 업적평가 시스템 구성 등 다양한 요인을 반영하여 구축·운영되는 경향이다. 동국대의 경우 BSC 모형에 기반한 대학의 성과관리 시스템으로 널리 알려진 바 있으며, 충북대의 경우 IR을 위하여 대학의 각종 교육 관련 데이터를 재구조화해 교육의 질 향상을 위한 방안을 탐색하고 있다. 한편, 중앙대의 경우 성과지표 및 관련 자료를 실시간 모니터링하고 관리할 수 있는 성과관리 시스템을 구축하여 운영하고 있다. 아직까지 대부분의 대학은 대학의 성과를 종합적이고 체계적으로 관리하여 위한 시스템을 구축하여 운영하기보다는 성과관리 관련 조직의 전문가에 의해 성과지표 및 자료가 관리되고 있으며, 대학의 비전이나 교육목표 등에 비추어 우선시되어야 할 특화 분야에 대한 모니터링 내지 성과관리 시스템을 구축하여 운영하고 있다.

성과관리 시스템을 논의하기 위해서는 성과관리 시스템의 범위를 어떻게 설정할 것인지를 먼저 정해야 한다. 성과관리 시스템이 대학기관 전반의 성과를 수집하여 분석하고 모니터링하며 성과평가를 지원하는 성과관리 총괄 시스템으로 간주할 것인지, 아니면 성과관리 전반에 걸쳐 또는 부분적으로 지원하는 시스템으로 볼 것인지에 관한 것이다. 전자의 경우는 주로 기업의 성과관리에서 활용되고 있다. 대부분의 대학은 후자에 가까운 성과관리 시스템을 운영하고 있으며 이마저도 초기 단계에 있는 경우가 많다. 즉, 많은 대학은 교육기관으로서 핵심적으로 관리해야 할 성과를 선정하고 이를 효율적으로 관리하기 위한 시스템을 일부 구축하였거나, 구축하기 위한 준비 단계 또는 개발 단계에 있다.

성과관리 시스템과 관련하여 현재 대학들이 관심을 가지는 사안은 관리의 대상이 되는 핵심적인 성과가 무엇이며, 이를 어떻게 시스템으로 구축할 것인가에 관한

것으로 판단된다. 따라서 이 장에서는 대학 전반에 걸친 성과관리 시스템 구축보다
는 대학이 핵심적으로 관리해야 할 성과가 무엇이고 이를 관리하는 것을 지원하는
시스템을 구축하기 위한 방안에 대해 논의하였다.

2) 성과관리 시스템 구축의 주요 대상

대학은 교육기관이므로 정량화하기 어려운 성과가 많으며 정성적인 성과의 경우
에도 객관화가 어려운 경우가 많다. 특히 대학은 교육기관으로서 학습자의 역량 개
발에 성과관리의 초점을 맞추어야 하는데 이러한 것들은 객관화하기가 어렵다. 또
한 객관화에 치중하다 보면 대학의 이념과 교육목표를 달성하기 위한 핵심적인 성
과보다는 주변의 성과를 관리하는 경우가 발생할 수 있다. 이러한 어려움 때문에
대학은 결과지표에 해당하는 역량을 성과관리에 포함하기를 꺼려 왔으나, 재정지
원사업 등을 통해 역량관리의 중요성이 부각됨에 따라 핵심역량을 중심으로 역량
관리 시스템을 구축하고 있다.

교육기관으로서 대학의 성과관리의 핵심 대상은 역량기반 교육의 관점에서 접근
할 필요가 있다. 즉, 대학이 역량기반 교육을 통해 학습자의 결과지표로 설정한 학
생의 잠재성이 가시적으로 나타나고 있는지를 확인하고 관리하는 것이 성과관리
에서 우선시되어야 한다. 현재까지는 역량기반 교육에 대해서 논의할 때 잘 설계된
교육과정은 목표한 성과를 창출할 것이라는 막연한 전제하에 교육과정의 설계와
지원이 강조되어 온 경향이 있다. 학습자의 성과는 이를 증빙할 수 있는 증거자료
에 의해 판단되어야 하지만 앞에서 계속 언급해 온 바와 같이 객관성, 측정 가능성
등의 어려움으로 인하여 투입과 과정 중심의 성과관리가 이루어져 왔다. 이러한 점
에서 역량기반 교육과 차별화된 접근으로 결과기반 교육(outcom-based education)
으로의 전환이 필요하다. 결과기반 교육은 역량기반 교육에 더하여 역량의 달성을
구체적으로 증빙할 수 있는 성과관리가 포함된 교육을 의미한다.

결과기반 교육에서는 학습자의 역량과 함께 교수자의 역량과 프로그램의 역량도
중요한 성과관리 대상이다. 학습자의 역량은 우수한 교수자와 질 높은 프로그램에
의해 완성되므로 교수자 및 프로그램에 대한 성과관리가 중요하다. 아울러 교육의
결과로서 나타난 수요자의 만족도도 중요한 성과관리의 대상이다. 따라서 대학이
보편적으로 갖추어야 할 성과관리의 대상은 학습자의 역량, 교수자의 역량, 프로그

램의 질, 만족도라고 볼 수 있으며 이 대상들은 논리 모형의 절차에 의하면 모두 결과 단계에 해당된다.

(1) 학습자 역량 및 포트폴리오

학습자의 역량은 다양하게 구성되는데, 대학이 설정한 핵심역량, 전공 분야의 전공역량, 직업 세계에서 기본적으로 필요한 직무기초역량, 미래 사회에서 경쟁력을 확보하기 위해 기본적으로 요구되는 역량, 고등교육의 이수자에게 기본적으로 요구되는 역량, 사회인으로서 원활하게 기능하기 위해 요구되는 역량, 취업 시 요구되는 역량 등으로 구성할 수 있다. 이러한 역량들은 상호 중복되기도 하는데, 예를 들면 P21에서는 미래 사회에서 경쟁력을 확보하기 위해 기본적으로 요구되는 역량으로 4Cs[창의력(Creativity), 비판적 사고력(Critical Thinking), 소통(Communication), 협력(Collaboration)]를 제안하는데, 4Cs의 대부분은 대학의 핵심역량에도 포함되어 있다.

학습자에게 요구되는 다양한 역량의 체계적 관리를 위한 학생역량관리 시스템의 경우 대학의 핵심역량은 대부분 포함하고 있으며, 나머지 역량도 부분적으로 포함하고 있다. 핵심역량의 경우 핵심역량진단검사 또는 마일리지의 형태로 구축되어 있으며, 나머지의 경우는 교내·외의 각종 적성검사(진로개발, 사회성, 기초학업 등)를 통해 관리되고 있다.

역량과 관련해서 고려해야 할 것은 역량은 수행능력을 의미하며 결과기반 교육의 관점에서는 수행능력의 증거를 제시할 수 있어야 한다는 점이다. 일반적으로 대학의 핵심역량은 설문지 형태의 검사도구를 활용하여 진단하게 되므로 검사 문항은 수행능력을 측정할 수 있는 내용으로 구성되어야 하며, 피검자의 주관적 판단에 의존하기보다는 비교적 객관적인 증거를 통해 확인할 수 있는 문항으로 구성할 필요가 있다. 또한 핵심역량 진단도구를 통해 획득한 점수와 다른 성과들(특히 마일리지) 간의 관련성을 살펴볼 필요도 있으며, 이를 위해 학습자 역량과 관련된 빅데이터 분석기반을 구축할 필요도 있다.

전공역량의 경우 대학은 전공별로 요구되는 역량을 정의하고, 교과목과 비교과 프로그램을 역량과 매칭하여 전공역량기반 교육의 기초를 확립하고 있다. 그러나 결과기반 교육의 관점에서 학습자 개개인의 전공역량 달성을 측정하고 관리하는 시스템을 구축한 경우는 매우 드물다. 각종 프로그램 인증제의 경우 전공역량으로 학습성과를 제시하고 학습자별로 학습성과 달성을 증빙하도록 하고 있으므로, 프로그램 인증제에 참여하는 학과의 경우 전공역량에 대한 관리가 이루어진다고 볼 수 있으나, 그렇지 않은 경우 역량기반 교육을 위한 기초는 확립했으나 결과기반 교육으로 이행하지 못하고 있다고 볼 수 있다. 전공역량 매핑 데이터베이스를 바탕으로 전공의 학점에 근거하여 학생의 전공역량 달성도를 평가할 수도 있으나, 이는 전공 분야에서 요구되는 전공역량을 함양시키기 위한 교육과정이 제대로 편성되었다는 것을 전제로 하는 것이다. 따라서 대학이 학생들의 전공역량을 적절히 관리하기 위해서는 설정된 전공역량을 충실히 함양할 수 있는 교육과정으로의 개편이 지속적으로 이루어져야 한다.

학습자의 역량은 교외의 도구들을 활용하여 진단하고 관리할 수도 있는데, 예를 들어 고등교육 단계 학습자의 기본적인 공통역량을 측정하고 관리하기 위한 대표적인 도구로 K-CESA가 있으며, 이 책의 각 장에서 다양한 진단도구를 소개하고 있다. 아울러 학습자의 역량을 증빙하는 교외 자료로서 취업과 관련하여 공신력 있는 자료는 각종 자격증과 공인시험의 점수이다. 학습자의 역량을 관리하는 시스템을 구축할 때는 교내의 증빙자료만이 아니라 교외의 증빙자료를 모두 포함할 필요가 있다.

학습자의 역량을 증빙하기 위한 근거자료로 포트폴리오를 구성할 필요가 있다. 학습자가 고등교육 이수과정에서 역량을 함양하는 가장 큰 목적은 취업에 있다고 볼 수 있는데, 대학에서 발부한 학생의 각종 역량과 관련된 증명서를 기업의 인사담당자가 충분히 이해하기는 어렵다. 따라서 이를 구체적으로 증빙하는 자료가 필요하며 이는 학생의 포트폴리오를 통해 가능하다.

학습자의 포트폴리오를 구성할 때 고려해야 할 사항은 매우 많을 것이나 무엇보다도 포트폴리오의 용도에 대해 고민할 필요가 있다. 포트폴리오가 내부에서 주로 참조되고 교육과정 개편 등의 대학 내 주요 의사결정을 위한 용도로 주로 활용된다면 포트폴리오의 구성과 시스템에 의한 관련 보고서 발간은 대학 구성원이 쉽게 이해하는 용어와 구조를 따르면 되지만, 취업 등과 같이 외부인에게 초점을 맞춘다면 대학 내부에서 설정한 역량의 구조는 아무런 도움이 되지 못할 수도 있다. 예를 들어, 대학이 핵심역량을 기준으로 학습자의 포트폴리오를 구성한다면 인사담당자는 해당 내용에 관심을 보이지 않을 가능성이 높다. 많은 대학에서 구축한 포트폴리오를 살펴보면 핵심역량, 전문역량, 자격증, 수상, 어학성적 등으로 구분하여 점수를 제시하고 이를 시각화하는 형태로 구성되고 있는데 이러한 구성이 인사담당자에게 쉽게 이해될 수 있는 것인지 고려해야 한다. 특히 핵심역량과 전문역량의 경우 인사담당자가 쉽게 이해하기는 어렵다고 판단된다. 따라서 포트폴리오에 담길 내용과 구성은 외부인의 관점에서 흥미를 가질 수 있도록 설계되어야 한다.

포트폴리오를 구성할 때 고려해야 할 또 다른 사항은 교내에서 이루어진 학습 성과의 증빙에 관한 것이다. 대부분의 경우 포트폴리오는 전반적인 요약(핵심역량, 전문역량, 자격증, 수상 등)과 함께 부록으로 요약에 대한 증빙을 포함한다. 수상, 자격증, 어학시험 등의 경우 관련 증명서를 첨부하여 증빙하고 있으며, 교육과정을 통해 획득한 성과를 증빙하는 대표적인 자료로는 평점표를 활용하고 있다. 평점표는 학습성과를 종합적으로 보여 주는 자료이지만 인지적 역량, 특히 학문적 역량에 치우쳐 있다. 대학은 핵심역량을 강조하고 있는데 핵심역량에서 인지적 역량이 차지하는 비중이 절대적이지 않다. 따라서 포트폴리오에는 소통, 협력, 창의성, 비판적 사고 등을 보여 줄 수 있는 증거자료도 포함할 필요가 있다. 이 경우 고려할 수 있는 증거자료 중 하나는 학생들의 학습성과물이다. 최근 고등교육에서는 역량기반 교육에 근거하여 협력학습이 강조되고 있고 캡스톤디자인을 비롯한 각종 수행중심 학습이 강화되고 있으며 이러한 수업에서는 학생들이 팀별로 수행결과보고서를 작성하고 있는데 이러한 보고서를 통해 학생의 소통, 협력, 창의성, 비판적 사고의 역량을 살펴볼 수 있다. 이 외에도 각종 비교과 프로그램의 경우 학생들이 작성한 보고서는 해당 학생의 다양한 측면을 보여 줄 수 있는 증거자료가 될 수 있으므로 포트폴리오의 중요 구성요소가 된다고 할 수 있다. 따라서 포트폴리오 구성 시 교내 교육과정에 따른 성과를 증빙할 수 있는 적절한 증거자료를 개발하여 포함할 필요가 있다.

동의대학교의 경우 협력학습의 각종 성과물을 교수학습지원 시스템에 의무적으로 게시하도록 하고 있으며, 현재 개발 중인 포트폴리오 시스템을 활용하여 인사담당자 등 관계자에게 제공할 예정이다.

(2) 교수자의 역량

교수자의 역량은 대학의 업적평가를 통해 일정 부분 관리되고 있다. 다만 업적평가를 통해 관리되는 교수자의 역량은 교수역량에 초점을 맞추기보다는 다양한 역량을 종합적으로 관리하고 있으므로 교수역량에 초점을 맞춘 역량관리가 강화될 필요가 있다. 교수학습개발센터를 중심으로 한 교수역량을 개발 프로그램과 연동하는 한편, 교수역량에 대한 단계적 인증 체제와도 연동하여 관리할 필요가 있다.

(3) 프로그램의 질

프로그램의 질은 논리 모형에 의하면 결과 단계에 해당되며 프로그램의 질에 대한 관리 방안으로 대표적인 것은 프로그램 인증제이다. 일부 전공 분야의 경우 국제적인 프로그램의 질 인증제를 통하거나, 국가에서 부여하는 자격증과 연계하여 체계적인 질 관리가 이루어지고 있다. 그러나 이러한 체계적 질 관리가 이루어지는 전공은 전체 학문 분야에서 일부이므로 대학은 모든 전공을 대상으로 하는 프로그램 인증제를 시행할 필요가 있다.

대학기관 차원에서 프로그램 인증제를 시행하는 대학들이 증가하고 있는데, 한국산업기술교육대의 경우 대부분의 전공이 외부의 프로그램 인증제에 참여하고 있으며 참여하지 않는 일부 전공에 대해서도 외부의 프로그램 인증제와 동일한 내부 인증제를 통해 질을 관리하고 있다. 충북대의 경우에도 전공에 대한 프로그램 인증제를 강화하여 대학 전반에 걸쳐 인증제를 시행하는 한편, 이를 지원하는 시스템을 구축하여 인증제를 지원하고 있다. 중앙대를 비롯한 다수의 대학에서도 프로그램 인증제를 구축·운영하고 있으며, 나머지 대학도 정부의 각종 평가를 대비하여 프로그램 인증제를 위한 기초를 마련하였거나 개발 중에 있다.

대학에서 프로그램 인증제를 계획할 때 역량기반 교육에 근거하여 인증제를 설계할 필요가 있는데, 외부의 프로그램 인증제는 학습성과를 인증제의 핵심축으로 설정하고 있는 것과 마찬가지로 핵심역량과 전문역량을 중심축으로 두고 해당 역량의 달성 여부를 증비하도록 설계해야 한다는 것이다. 또한 외부 인증제의 경우 역량의 달성 및 교육과정 운영에 대한 증빙을 위한 전산 시스템을 구축하여 운영되는 경우가 많은데, 대학의 자체 인증제의 경우에도 이를 지원하는 시스템을 구축하여 운영할 필요가 있다.

(4) 기타

논리 모형에 의한 결과 단계에 속하는 성과로서 대학에서 적극적으로 관리해야 할 대상은 만족도이다. 대학교육에 대한 만족도는 다양한 소영역으로 구분될 수 있는데 교육과정에 대한 만족도가 중심이 되며 교육과정 개편을 위한 실질적인 자료를 확보할 수 있도록 설계되어야 한다.

　대학에서는 교육과정의 편성 및 운영과 관련된 수많은 자료가 생산되지만 이러한 자료들이 별도로 관리되어 학생에 대한 유의미한 정보 산출로 이어지지 못하는 경우가 많다. 또한 학생의 성과를 교수자의 성과, 프로그램의 성과 등과 연계하여 해석할 필요가 있는데 이를 위해서 별도의 시스템 구축이 필요한 경우도 있다. 충북대의 경우 IR을 위해 빅데이터의 관점에서 대학의 각종 자료를 별도의 시스템에 수집하여 다양한 정보를 산출하는 시스템을 구축하였으며, 중앙대의 경우도 핵심 지표들의 실시간 모니터링 및 관련 자료 보관 시스템을 구축하여 운영 중이다.

3) 성과관리 시스템 구축 시 고려 사항

　앞서 대학의 다양한 성과 중에서 성과관리 시스템을 통해 관리가 필요하다고 언급되는 중요 대상을 살펴보았다. 그동안 대학은 성과관리 시스템 구축에 적극적이지 않았는데 개발비용, 성과평가로 이어지는 성과지표 발굴의 어려움, 결과 단계에 있는 성과에 대한 객관적 관리의 어려움, 수요자의 적극적 시스템 활용에 대한 의문, 빠르게 변화하는 대학환경 등 다양한 이유에 기인하고 있으며, 궁극적으로는 과연 성과관리 시스템을 도입한다고 교육에 큰 변화가 있을 것인가의 질문에 대한 답을 찾지 못했기 때문이라고 판단된다.

　성과관리 시스템의 구축을 위해서는 시스템 설계 및 구축·갱신 단계에서의 인력 및 재정 소요, 시스템 안정화 및 활용도 제고, 수요자 만족도 제고, 운영자 및 관계자의 전문성 제고, 관련 기관과의 협조체제 구축 등 고려할 사항이 많다. 특히 설계 단계에서 시스템 구축과 관련된 대학의 현황, 구축 목표 및 대상을 정확하게 분석하지 못하고 시스템을 설계할 경우, 구축 이후 시스템 활용도와 만족도는 낮아질 수밖에 없으며 갱신을 위한 추가 비용이 계속 발생하게 된다. 따라서 성과관리 시스템 구축 시 다양한 측면을 고려해야 활용 단계에서의 문제점을 최소화할 수 있다. 이러한 질문에 답하기 위해 그리고 성공적 성과관리 시스템을 구축하기 위해 고려해야 할 사항은 무엇인지를 몇 가지 주제를 중심으로 간단히 논의해 보고자 한다.

　먼저, 대학에서 생산되는 다양한 성과 중 성과관리 시스템을 통해 관리할 것인지를 판단하는 준거로는 관리하고자 하는 성과가 다양한 프로그램의 결과가 종합된 경우, 관리해야 할 자료의 양이 방대한 경우, 성과 현황을 다수가 공유해야 할 경우, 실시간 성과 확인이 필요한 경우 등을 참조할 수 있다. 이 준거 중에 하나라도 해당된다면 성과관리 시스템의 구축을 고려해야 하며, 둘 이상이 해당된다면 성과관리 시스템의 구축은 필수에 가깝다고 볼 수 있다. 현실적으로 역량기반 교육의 강화 및 재정지원사업의 방향을 고려한다면 위에서 언급한 준거를 고려할 필요도 없이 성과관리 시스템의 구축은 필수이며 학생역량관리 시스템이 무엇보다 시급하게 구축되어야 한다.

성과관리 시스템 구축 시에는 관련 기관 간의 적극적인 협력이 요구된다. 일반적으로 성과관리 시스템은 단일 기관보다는 다양한 기관의 교육 결과가 종합적으로 반영된다. 특히 학생역량관리시스템은 대학 모든 기관의 교육성과가 종합되는 곳이라고 할 수 있는데, 핵심역량, 전문역량, 기타 학생의 인지적·정서적 역량 등을 단순히 집계하여 보여 주는 리포팅 기능만을 수행하는 것이라면 몰라도 다양한 포트폴리오 등을 포함하고 고품질의 학생 개인별 보고서를 발간하고자 한다면 관련 기관간의 협의는 꼭 필요하다. 각 기관마다 프로그램을 통해 추구하는 가치에 차이가 있고 운영방식, 결과물 제출 방식 등에서 차이가 있으므로 특정 기관에서 이들 모두를 고려하여 만족할 만한 시스템을 설계하기에는 어려움이 많다.

대학의 기존 시스템과의 관계 정립이 필요하다. 일반적인 경우 대학에는 성과, 역량이라는 단어를 사용하지는 않았지만 사실상 성과나 역량을 관리하는 시스템이 다수 구축되어 운영 중에 있다. 특히 가칭 인재개발처의 경우 학생의 진로, 취업지원을 위한 시스템을 구축하여 운영 중이며 이 시스템은 학생역량관리 시스템과 기능과 내용 면에서 상당 부분 중복되고 있다. 공학교육인증제 등 프로그램 인증제에 참여하는 경우 대학 내에 인증제를 지원하는 시스템을 운영할 가능성이 높으며 이 시스템도 학생역량관리 시스템과 기능 및 내용 측면에서 상당히 유사하다. 일부 시스템은 외부의 재정지원에 의한 것이므로 기능 수정이나 일부 폐쇄가 불가능한 경우가 있으며 다른 재정지원사업에 응모하기 위해 해당 시스템의 기능이 필요한 경우도 있다. 또한 학생들이 본인의 학습성과에 관한 정보를 다양한 경로를 통해 입력하고 관리해야 한다면 관련 시스템 전반에 걸쳐 활용도는 낮아질 가능성도 높다. 따라서 학생역량관리 시스템을 구축하고자 할 경우 관련 시스템들 간의 관계 정립이 필수적이며 관련자들의 협력을 위한 개발 위원회 등을 운영할 필요가 있다.

개발 범위와 비용에 대한 고려가 필요하다. 성과관리를 위한 시스템이 거의 구축되어 있지 않은 경우라면 개발 범위와 비용에 대한 고민은 크지 않을 수 있다. 특히 최근에는 다양한 기성 시스템이 많이 개발되어 있으므로 대학이 추구하는 개발 방향과 가장 일치하는 기성 시스템을 대학의 상황에 맞게 일부 수정하여 포팅하는 방법을 택한다면 개발 기간도 오래 걸리지 않고 시스템 설계 등에 소요되는 시간도 대폭 줄일 수 있다. 그러나 관련 기능이 상당 부분 구축되어 있으나 포탈 시스템의 관점에서 역량 통합관리 시스템을 구축하고자 하는 경우, 이미 개발된 시스템의 개발 업체가 다양한 경우, 시스템별 데이터베이스가 다른 경우, 데이터베이스 보안 정책이 매우 엄격한 경우 등이라면 학생역량관리 시스템 구축 시 고려해야 할 사항이 많아진다. 이러한 문제점을 간단히 극복하기 위하여 기존 시스템과 별도로 학생역량관리 시스템을 완전히 새롭게 구축한다고 한다면 상당한 비용 및 인력 소요가 발생하고 기존 시스템을 운영하는 기관과의 갈등을 유발할 수도 있다. 개발의 범위 또한 신중하게 고려해야 하는데, 성과관리 대상 전반에 대한 성과관리 시스템을 한번에 구축하는 것이 경제적이지만 초기 설계에 따른 시간과 경비 소요가 많아진다는 문제가 있다. 따라서 대학들은 여러 해에 걸쳐 성과관리 대상별로 관리 시스템을 구축하거나 단일 대상(특히 학생역량관리 시스템)이라도 여러 해에 걸쳐 관리 시스템을 구축하는 경우가 많은데, 이러한 경우에도 시스템의 설계는 개발 초기에 종합적인 관점에서 이루어져야 차후 시스템 전반에 걸쳐 발생할 수 있는 문제를 최소화할 수 있다.

　빠르게 변화하는 대학 내 · 외부의 환경도 성과관리 시스템을 구축하는 데 있어 중요한 고려 사항이다. 대학 내부의 대학 경영 방침이나 교육목표 변경, 조직 개편, 대학에 영향을 미치는 외부기관, 특히 교육부의 재정지원정책의 변화는 성과관리 시스템의 갱신을 수반할 가능성이 매우 높으므로 예의 주시할 필요가 있고 성과관리 시스템 설계 시 이러한 변화에 최대한 영향을 덜 받는 시스템으로 구축할 필요가 있다.

　학생역량관리 시스템을 운영하고 지원하는 관리자의 전문성도 중요하다. 학생역량관리 시스템은 구축만 하면 알아서 작동되는 시스템이 아니며 관리자의 적극적인 모니터링과 관리가 필요하다. 시스템의 관리자는 학생역량에 대한 관련 지식과 함께 시스템 관리 능력도 겸비해야 하며, 무엇보다 관련 기관과 원만하게 협력할 수 있는 역량을 갖추어야 한다. 따라서 대학 교직원 및 연구원들의 역량을 고려한 시스템 설계가 필요하다.

　무엇보다 중요한 것은 수요자인 학생들에게 매력적으로 다가갈 수 있는 시스템으로 설계되어야 한다. 학생들에 대한 수요조사 결과를 반영한 설계가 필요하며 개발 과정 및 테스트 과정에서 학생 및 관계자들의 의견 수렴이 지속적으로 이루어져야 한다. 또한 사용자 인터페이스, 하드웨어 및 데이터베이스 사양, 시스템 유지ㆍ보수, 모바일 시스템 호환성, 리포팅 방식 및 구성, 기타 연계 기능 등도 중요하게 고려해야 할 사항이다.

　성과관리 시스템 구축 및 운영은 많은 비용과 인력을 소요한다. 시스템의 설계가 잘못되면, 시스템 운영과 유지보수에 개발비용보다 더 많은 비용이 소요될 수 있고 내ㆍ외부의 환경변화에 적절히 대응할 수 있는 융통성 있는 시스템으로 개발되지 못하면 단기간에 해당 시스템의 무용론이 제기될 수 있다. 따라서 앞서 언급한 사항들을 적절히 고려한 시스템 구축이 필요하다.

7. 성과관리 체제 및 관리 시스템을 위한 제언

　정부의 재정지원사업을 거치면서 대학 사회에서 성과관리에 대한 관심은 지속적으로 증대해 왔고, 선도적 대학들은 이미 상당한 수준의 성과관리 역량을 갖추어 우수한 지원 시스템을 구축하고 있다. 이 장에서는 이러한 선도적 사례를 바탕으로 성과관리 체제의 구축 및 향상을 위해 노력하는 대학들에게 조금이나마 도움이 될 만한 내용을 간략하게 정리하였다. 앞에서 기술한 내용에 더하여 성과관리 체제의 구축 및 운영과 관련하여 고민해 볼 몇 가지 사항에 대해 화두를 던지면서 이 장을 마치고자 한다.

　먼저 성과관리 조직에 관한 부분이다. 대학에서 성과관리를 담당하는 기구는 다양하게 설치되어 있는데 일반적으로 대학의 총괄적 성과관리 및 발전계획의 성과관리를 위한 대학성과관리센터, 각 재정지원사업별로 성과관리를 위한 사업별 성과관리센터, 그리고 교육과정의 일반적 성과를 관리하는 교육성과관리센터는 대부분 설치되어 있다. 이 기관들의 성과관리 대상은 상당 부분 중복될 수 있으며 소규모 대학의 경우에는 이 조직의 구성원들도 상당 부분 일치할 수 있다. 문제는 이 조직 간의 역할 분담이 명확하게 이루어지지 않는다면 갈등 유발요인이 될 수 있고 성과관리의 효율성이 저하될 수밖에 없으므로 대학의 여건을 고려한 적절한 역할

분배 및 관계 정립이 필요하다고 판단된다.

이 장에서는 성과관리의 여러 과정에서 나타날 수 있는 문제점을 언급했는데, 핵심은 성과관리가 목표의 달성을 위한 방안이 되어야지 평가의 수단으로 전락해서는 안 된다는 것이다. 대학에서의 성과관리가 평가 및 후속되는 보상과 조직에 대한 통제에 초점을 맞추고 시행된다면 교육의 질 향상으로 이어지지 못할 수 있다. 성과관리의 과정에서 목표와 관련성이 낮은 성과관리, 대학 전체보다는 소속 기관에 유리한 전략적 성과관리, 협업 없는 성과관리, 향후 보상에만 초점을 맞춘 성과관리, 수요자가 없는 공급자 중심의 성과관리, 실효성 없는 환류, 구축 자체가 목적인 성과관리 시스템 등 다양한 문제점이 나타날 수 있다. 따라서 성과관리가 지향하는 본래 목적에서 벗어나지 않기 위한 자기성찰과 노력이 필요하다.

마지막으로 성과관리의 우수한 사례와 노하우가 대학 간에 적절히 공유될 수 있도록 상호 협력할 필요가 있다. 논리 모형에 의한 성과관리의 단계에서 파급효과에 대해 언급한 바 있듯이 대학의 성과관리의 사례가 대학 내부에만 머무르지 않고 널리 공유되어 대학교육의 전반적인 질 향상으로 이어지도록 협력해야 한다.

참고문헌

가천대학교(2016). 학부교육선도대학육성사업 계획서.

강충열(2013). 학교교육과정 평가 모형 및 지표개발.

강현규(2016). 국가연구개발사업의 기획과 사전평가를 위한 논리 모형의 활용.

강현석(2016). 현대 교육과정 탐구(제4판). 서울: 학지사.

건양대학교(2012). 역량중심 교육과정 개발 매뉴얼.

경기개발연구원(2002). 광역자치단체 주요시책사업의 성과평가기법 개발.

경북대학교(2018). 교직원용 학생 심리지원 가이드 학생 상담 매뉴얼.

고경훈, 박해육(2005). 지방자치단체 성과관리 시스템 구축에 관한 연구: balanced scorecard를 중심으로. 지방행정연구, 19(3). 185-212.

교육부, 한국교육개발원(2017). 2018년 대학 기본역량 진단 편람 설명회 자료집(일반대학).

교육부, 한국교육개발원(2019). 2019년 대학 기본역량 진단 기본계획(시안) 의견수렴 자료집.

교육부, 한국교육개발원(2020). 2021년 대학 기본역량 진단 편람 설명회 자료집(일반대학).

교육부, 한국연구재단, 한국청년기업가정신재단(2018). 대학 창업 운영 매뉴얼.

교육부, 한국연구재단, 한국청년기업가정신재단(2019). 대학 창업 운영 매뉴얼 3.0+.

국무조정실(2017). 정부업무 성과관리 운영지침.

금재덕, 이성도(2009). 성과관리체계의 부정적 효과에 관한 실증연구. 한국사회와 행정연구, 20(2), 347-377.

김대중, 김소영(2017). 대학교육에서의 핵심역량과 역량기반 교육에 대한 이해와 쟁점. 핵심 역량교육연구, 2(1), 23-45.

김동일(2018). 대학상담센터 운영 모형 연구. 한국대학교육협의회 57회 대학교육 정책포럼 자료집.

김미란, 김태준, 서영인, 김재효, 채재은, 이소연(2017). 대학교육 혁신을 위한 정책 진단과 방안 (I): 대학 교육과정 혁신을 중심으로. 충북: 한국교육개발원.

김안나, 김태준, 김남희, 이석재, 정희욱(2003). 국가수준의 생애능력 표준설정 및 학습체제 질관 리 방안 연구(II). 충북: 한국교육개발원.

김우철, 김경언(2017). 학습자 요구기반 교육의 질 제고를 위한 환류체계 개발 연구. 충남: 한국기 술교육대학교.

김재인, 양애경, 정윤수, 지홍민, 조연숙, 허은정(2004). 2004년 여성부 재정사업 성과지표 개발 연구.

김창대, 김형수, 신을진, 이상희, 최한나(2011). 상담 및 심리교육 프로그램 개발과 평가. 서울: 학지사.

김창환, 김본영, 박종효, 박현정, 이광현, 채재은(2014). 한국의 교육지표, 지수 개발 연구 (III): 대학생역량지수 개발 연구. 한국교육개발원 연구보고, RR 2014-21.

김형선(2016). 지방공기업 BSC성과관리메뉴얼. 지방공기업평가원.

남서울대학교(2019a). 남서울대학교 2019년 핵심역량 개정 연구보고서.

남서울대학교(2019b). 남서울대학교 2019년 핵심역량 문항개발 연구보고서.

남서울대학교(2019c). 남서울대학교 자체진단보고서.

노동조(2006). SMART평가기법을 통한 도서관 장기발전계획 평가에 관한 연구. 한국도서관정보학회지, 37(4). pp.351-370.

능력개발교육원(2018). 과정평가형 국각기술자격 직무역량강화. 충남: 한국기술교육대학교.

대구한의대학교(2017). 대구한의대학교 PRIME 사업 주요 사업 성과.

대통령자문교육혁신위(2007). 학습사회 실현을 위한 미래교육 비전과 전략(안).

대학평가원(2019). 2020 대학기관평가인증 편람. ER 2019-25-3225.

목포해양대학교(2019). 2주기 대학기관평가인증을 위한 중앙대학교 자체진단평가보고서.

민혜리, 심미자. 서윤경. 윤희정. 고혜정. 김주영(2011). CTL 운영 프로그램 평가도구의 개발 및 적용. 대학 교수-학습 연구, 3. 155-188.

박경귀, 최형섭, 홍정기, 정애숙(2004). 국가보훈처 성과목표 및 지표 개발. 한국정책평가연구원.

박영주, 양근우(2018). Kirkpatrick 모형을 적용한 A대학 교수지원프로그램 효과 분석. 한국교원교육연구, 35(4). 95-115.

박원우(1992). 인사평가의 새로운 방향: CIPP모델을 중심으로한 관리지향적 평가. 인사관리연구, 16. pp. 136-146.

박인우(2019). 2019학년도 덕성여자대학교 핵심역량 기반 학습지원 프로그램 체계 구축.

박정하(2019). "누가 그리고 어떻게 교양교육을 평가해야 하는가". 대학교육선진화를 위한 교양교육 혁신 토론회. SP 2019-19-3662. 서울: 대학교육협의회.

박정희(2017). 학교컨설팅에 대한 학교컨설팅 관리자 · 의뢰인 · 학교컨설턴트 간의 인식비교-CIPP평가모형을 중심으로. 부경대학교 대학원 박사학위논문.

배상훈, 김경언, 김무성, 박남기, 방진섭, 변수연, 송홍준, 신종로, 윤수경, 이윤선, 이훈병, 전재은, 조은원, 최옥임, 한송이, 황수정(2018). 데이터로 교육의 질 관리하기: 이론과 실천. 서울: 학지사.

배상훈, 윤수경(2016). 한국대학에서 대학기관연구(Institutional Research) 도입 관련 쟁점과 시사점. 아시아교육연구, 17(2), 367-395.

백승익, 박기호(2006). UCI 핵심성과지표(KPI) 개발. 한국정보사회진흥원.

변기용, 김병찬, 배상훈, 이석열, 변수연, 전재은, 이미라(2015). 잘 가르치는 대학의 특징과 성공요인. 서울: 학지사.

변기용, 김병찬, 배상훈, 이석열, 변수연, 전재은, 전수빈(2017). 잘 가르치는 대학의 특징과 성공요인 2. 서울: 학지사.

서영인, 채재은, 김수경, 박경호(2013). 한국 대학의 성과분석 모형 및 지표 개발 연구. 한국교육개발원 연구보고 RR 2013-10.

서울시정개발연구원(2001). 서울시 사업소 성과평가 방안. 서울시정개발연구원.

서윤경, 윤희정, 김주영(2013). 교수-학습 지원을 위한 특강 및 워크숍 평가도구 개발. 교육학연구, 51(2). 225-254.

선문대학교(2016). 학부교육선도대학육성사업 계획서.

소경희(2007). 학교교육의 맥락에서 본 '역량'의 의미와 교육과정적 함의. 교육과정연구, 25(3). 1-21.

송기창, 윤홍주, 오범호, 김중환, 양희은, 이승수, 김영곤, 김태환(2012). 성과예산 핵심성과지표 개발 매뉴얼. 교육과학기술부.

숭실대학교(2018). 대학기본역량자체진단보고서.

숭실대학교(2019a). 교육과정 백서.

숭실대학교(2019b). 비교과교육과정 백서.

숭실대학교(2019c). 숭실대학교 자체진단보고서.

신현석, 전재은, 유은지, 최지혜, 강민수, 김어진(2015). 미국 대학기관연구 (Institutional Research) 사례 분석 및 시사점: 연구중심대학을 중심으로. 교육문제연구, 28, 1-29.

안양대학교(2017). 안양대학교 2017 ACE+ 사업보고서.

안양대학교(2019). 안양대학교 대학교육혁신지원사업보고서.

양태연(2019). 논리 모형을 활용한 직업능력개발훈련교사 교직훈련과정 평가준거 및 평가지표 개발. 한국기술교육대학교 테크노인력개발전문대학원 석사학위논문.

양홍권(2016) 대학생용 학습역량 검사도구 개발 연구, 평생교육 · HRD연구, 12(1), 31-66.

염민호, 김덕훈, 박현호, 김현정(2008). 한국 대학의 교수-학습개발센터의 과제와 방향(연구보고). 전남대학교 교육발전연구원.

우정원, 박영신, 안현아, 김경이(2017). 교수지원 프로그램을 통한 역량기반 교육과정 개발이 대학생의 학업 성과에 미치는 효과 연구 : C대학교 사례를 중심으로. 학습자중심교과교육연구, 17(2). 29-51.

유현숙(2011). 역량기반 교육의 필요성과 시사점. 제1회 역량기반 학부교육 심포지움 발표자료. 서울: 성균관대학교.

유현숙, 김남희, 김안나, 김태준, 이만희, 장수명, 송선영(2002). 국가수준의 생애능력 표준설정 및 학습체제 질관리 방안 연구(I). 한국교육개발원 연구보고, RR 2002-19.

유현숙, 김태준, 송선영, 이석대(2004). 국가수준의 생애능력 표준설정 및 학습체제 질관리 방안 연구(III). 충북: 한국교육개발원.

이경호, 안선희(2014). 역량기반교육 활성화를 위한 교육적 과제 탐색. 한국교육학연구, 20(1), 141-173.

이경화, 김은경, 고진영, 박춘성(2011). 대학생용 학습역량 검사(LCT-CMB) 개발 및 타당화.

교육심리연구, 25(4), 791-809

이도형, 이희권, 길부종, 장호원(2010). 국가연구개발사업 유형별 성과평가 논리 모형 개발에 관한 연구. 한국과학기술기획평가원.

이래효, 도동주(2019. 11.). 개인밀착형 진로상담시스템 및 취·창업지원체계 구축방안 연구. 한국사학진흥재단. pp. 146-147.

이명화, 이혜진, 강민지(2017). 과학기술 정책평가 모형 탐색. 과학기술정책연구원.

이민정(2016). ACE사업 참여 대학의 핵심역량 및 실천 전략에 관한 연구. 경남대학교 대학원 박사학위논문.

이석열, 이영학, 이훈병(2019). 루터대학교 성과관리 체계의 고도화와 환류시스템 수립 방안 연구. 경기: 루터대학교.

이재홍(2016). 미래를 여행하는 청춘을 위한 안내서. 한국고용정보원,

이정자(2019). 논리 모형을 활용한 국제안전도시사업 성과에 관한 연구. 전남대학교대학원 박사학위논문.

이창길(2006). 한국의 전략적 성과관리정책에 관한 연구: 정부중앙부처 성과평가제도를 중심으로. 연세대학교 대학원 박사학위논문.

이창수, 박재원, 이준호, 김정대, 신동헌(2009). GoBizKorea 성과평가(지표개발)및 성과제고방안 연구용역. 중소기업진흥공단.

전북대학교(2015). 2015학년도 학부교육 선도대학 육성사업 최종수정사업계획서. 전북: 전북대학교.

전영미(2011). 대학에서의 교수활동지원 프로그램의 현황과 과제. 열린교육연구, 19(2). 141-167.

전윤선(2018). 대학의 취업지원프로그램 활성화 방안. 원광대학교 대학원 박사학위논문.

정영균(2007). 국립대학 행정의 성과관리 도입에 관한 연구. 순천대학교 대학원 석사학위논문.

정일환, 이종열, 김인희, 김병주, 주동범, 권용수, 정성수(2010). 효과적인 성과관리를 위한 성과지표 개발 연구. 교육과학기술부.

조문석(2015). 전자정부 성과관리체계 개선방안. 전자정부 민관협력포럼 지역협력 세미나 발표자료.

조성우, 조재현(2009). 사회복지 성과측정 자료집. 사회복지공동모금회.

조형정, 김명랑, 엄미리(2009). 국내외 교수학습센터의 프로그램 현황 비교 분석. 비교교육연구, 19(2). 269-293.

주삼환, 천세영, 김태균, 신붕섭, 이석열, 김용남, 이미라, 이선호, 정일화(2019). 교육행정 및 교육경영. 서울: 학지사.

중앙대학교(2016). 2주기 대학기관평가인증을 위한 중앙대학교 자체진단평가보고서. 서울: 중앙대학교.

중앙대학교(2017). 인문·사회·예술 창업교육지원 선도모델 CAU L.I.F.E.

중앙인사위원회(2004). 정부의 성과관리 개선을 위한 선진국모델의 검토와 적용방안 연구.

2004CSC 정책자료집.

지방공기업평가원(2016). 지방공기업 성과관리 시스템의 효과적 운영방안.

채창균, 정윤경, 이재열, 김용태, 박완성, 방재현, 장현진, 전병훈(2020. 02.). 2019년 루터대학교 진로·취업 컨설팅 보고서. 한국직업능력개발원.

한국교육과정학회(2017). 교육과정학 용어대사전. 서울: 학지사.

한국대학교육협의회(2017). 2017년 ACE+우수사례: 서울여자대학교 전공교육 공통 프레임워크.

한국대학교육협의회(2019). 대학생 정신건강 실태와 심리상담지원의 쟁점 및 과제. KCUE 고등교육 이슈 페이퍼, 2

한국대학평가원(2017). 2016 인증대학 우수사례집. pp. 135-153.

한국대학평가원(2019). 2019년 대학기관평가인증 대학 설명회 자료집. 서울: 한국대학교육협의회.

한국정보사회진흥원(2006). 표준사업분류별 논리 모형 개발 및 핵심성과지표 도출연구.

한국행정연구원(2005). 직무성과계약제 운영 매뉴얼. 인사혁신포럼 자료집.

한라대학교(2020). 교과목 인증제 시행세칙. 강원: 한라대학교.

혜민(2012). 멈추면, 비로소 보이는 것들. 경기: 수오서재.

American Council on Education. (2017). *Examining institutional commitment to teaching excellence*. ACE Issues White Paper.

Armstrong, M. & Baron, A. (1998) *Performance management: the new realities*. London: Institute of Personnel and Development.

Armstrong, M. (2006). *A Handbook of Human Resource Management Practice*. London: Kogan Page.

ATC21S(2015). *The Assessment and Teaching of 21st-Century Skills*. Retrieved January 15, 2020 from http://atc21s.org.

Barker, K. (2017). Evaluation Initiation and Logic Charts: Concept and Use of Tools. *Proceedings of the Professional Development Course on Evaluation of Science and Innovation Policies*. Manchester Business School.

Bickman, L. (Ed.). (1987). Using program theory in evaluation. *New Directions for Program Evaluation Series(no. 33)*. San Francisco: Jossey-Bass.

Bova, T. (2018). *Growth IQ: Get Smarter About the Choices that Will Make or Break Your Business*. NY: Portpolio/Penguin

Brinkerhoff, R. O. (1987). *Achieving results from training*. San Francisco: Jossey-Bass.

Holton, E. F. (1996). The flawed four-level evaluation model. *Human Resource Development Quarterly, 7*(1), 5-21.

Kaufman, R., Keller, J., & Watkins, R. (1995). What works and what doesn't: Evaluation beyond Kirkpatrick. *Performance and Instruction, 35*(2), 8-12.

Kirkpatrick, D. (1994). *Evaluation training programs*. San Francisco, CA: Berrett-Koehler Publishers, Inc.

Kuh, G. D., Kinzie, J., Schul, J. H., & Whitt, E. J. (2005). *Student Success in College: Creating Conditions that Matter*. San Francisco, CA: Jossey-Bass.

McClelland, D. C. (1973). Testing for Competence rather than for Intelligence. *American Psychologist, 28*, 1-14.

OECD(2003). *Definition and Selection of Competencies: Theoretical and Conceptual Foundations(DeSeCo)-Summary of the Final Report*. OECD Press.

OECD(2005). The definition and selection of key competencies: executive summary. OECD. Retrieved January 15, 2020 from https://www.oecd.org/pisa/35070367.pdf.

Parnell, A., Jones, D., Wesaw, A., & Brooks, D. C. (2018). Institutions' Use of Data and Analytics for Student Success: Results from a National Landscape Analysis. *EDUCAUSE*.

Peterson, M. W. (1999). The role of institutional research: From improvement to redesign. *New Directions for Institutional Research, 1999*(104), 83-103.

Podsakoff, P. M., MacKenzie, S. M., Lee, J., & Podsakoff, N. P.(2003). Common method variance in behavioral research: A critical review of the literature and recommended remedies. *Journal of Applied Psychology*.

Rychen, D. S. & Salganik, L. H. (2003). *Key Competencies for a Successful Life and Well-functioning Society*. Cambridge, MA: Hogrefe & Huber Publisher.

Spencer, L. M. & Spencer, S. M. (1993) *Competence at Work: Models for Superior Performance*. New York: John Wiley & Sons.

Swing, R. L., & Ross, L. E. (2016). A new vision for institutional research. *Change: The Magazine of Higher Learning, 48*(2), 6-13.

Swing, R. L., Jones, D., & Ross, L. E. (2016). The AIR national survey of institutional research offices. Association for Institutional Research, Tallahassee, Florida. Retrieved [date] from http://www. airweb. org/nationalsurvey.

Taylor, J., Hanlon, M., & Yorke, M. (2013). The evolution and practice of institutional research. *New Directions for Institutional Research, 2013*(157), 59-75.

Thalner, D. M.(2005). The Practice of Continuous Improvement in Higher Education. Ph. D. Dissertation. Graduate College at ScholarWorks. Western Michigan University.

Volkwein, J. F., Liu, Y., & Woodell, J. (2012). The structure and functions of institutional research offices. *The handbook of institutional research*, 22-39.

W. K. Kellogg foundation. (2004). *Logic Model Development Guide*.

Walters, M. (Ed.) (1995). *The Performance Management Handbook*. London: Institute of Personnel and Development.

건국대학교 홈페이지. http://www.konkuk.ac.kr

경북대학교 학생상담센터 홈페이지(2020. 04. 07.) http://counsel.knu.ac.kr

경성대학교 교육만족도 조사. http://kscms.ks.ac.kr/kor/CMS/Contents/Contents.
　　do?mCode=MN074

고려대학교 교수학습개발원 홈페이지(2020. 01. 07.). https://ctl.korea.ac.kr

남서울대학교 교수학습지원센터 홈페이지(2020. 01. 07.). http://ctl.nsu.ac.kr

동국대학교 홈페이지. http://www.dongguk.edu

서강대학교 홈페이지. http://www.sogang.ac.kr

서울여자대학교 설문관리 시스템. http://survey.swu.ac.kr/svy/main/Main.do

성균관대학교 학부대학 홈페이지. https://hakbu.skku.edu/hakbu/index.do

성균관대학교 홈페이지. http://www.skku.edu

숭실대학교 규정관리 시스템. http://rule.ssu.ac.kr/lmxsrv/law/lawFullView.srv

이화여자대학교 홈페이지. http://www.ewha.ac.kr

전남대학교 기초교육원 홈페이지. http://fle.jnu.ac.kr/user/indexMain.action?siteId=fle

전북대학교 혁신교육개발원 홈페이지(2020. 01. 08.). https://iei.jbnu.ac.kr

중앙대학교 커리큘럼혁신센터. http://ice.cau.ac.kr/Mobile/index.asp

중앙대학교 홈페이지. http://www.cau.ac.kr

충남대학교 기초교양교육원 홈페이지. https://ile.cnu.ac.kr/flow/

한림대학교 학생상담센터 홈페이지(2020. 04. 07.) https://counsel.hallym.ac.kr/counsel

한양대학교 ERICA IC-PBL센터 홈페이지. http://pbl.hanyang.ac.kr/?act=main.

호서대학교 Caritas 상담센터 홈페이지(2020. 04. 07.) http://counseling.hoseo.ac.kr

https://instact.wordpress.com/2012/02/07/what-are-inputs-outputs-outcomes-impact-
　　the-logic-model/

https://learningforsustainability.net/post/outcomes-important-elusive/

http://www.focusdone.com/goal-systems/

찾아보기

저자 소개

■ 이석열(Lee Suk-Yeol)

충남대학교 대학원 교육행정 전공(교육학 박사)
대학기관평가인증 평가위원
남서울대학교 교육혁신원 원장
현 남서울대학교 교양대학 교수

〈대표 저 · 역서 및 논문〉

『잘 가르치는 대학의 특징과 성공요인 2』(공저, 2017, 학지사) 외 다수

■ 이영학(Lee Young-Hawk)

중앙대학교 대학원 교육심리학 전공(교육학 박사)
한국대학교육협의회 책임연구원
현 동의대학교 교직학부 교수 및 교육혁신본부장

〈대표 저 · 역서 및 논문〉

「한국의 연구중심대학 분류 방안 연구」(단독, 2012, 교육정치학연구) 외 다수

■ 이훈병(Lee Hun-Byoung)

성균관대학교 대학원 교육과정 전공(교육학 박사)
건양대학교 교양대학 교수
건양대학교 교육력강화센터 센터장
현 안양대학교 아리교양대학 부교수
　　안양대학교 교육혁신원 원장

〈대표 저 · 역서 및 논문〉

『데이터로 교육의 질 관리하기』(공저, 2018, 학지사) 외 다수

■ 김경언(Kim Kyeong-Eon)
　　충남대학교 대학원 교육심리학 및 교육과정 전공(교육학 박사)
　　한국기술교육대학교 교육성과관리센터 연구교수
　　충남대학교 기초교양교육원 연구원
　　현 한라대학교 교직과정부 부교수

　　〈대표 저·역서 및 논문〉
　　『데이터로 교육의 질 관리하기』(공저, 2018, 학지사) 외 다수

■ 김누리(Kim Noo-Ree)
　　숙명여자대학교 대학원 상담 및 교육심리 전공(교육학 박사)
　　광주대학교 아동학교 교수, 교수학습연구원 책임교수
　　현 목포해양대학교 교양과정부 교수
　　　 목포해양대학교 GPS인재교육원 원장

　　〈대표 저·역서 및 논문〉
　　『대학생을 위한 창업교육』(공저, 2020, 동문사) 외 다수

■ 변수연(Byoun Su-Youn)
　　고려대학교 대학원 교육행정 및 고등교육학 전공(교육학 박사)
　　고려대학교 고등교육정책연구소 연구교수
　　건국대학교 교육연구소 박사후연수연구원
　　현 부산외국어대학교 만오교양대학 조교수 및 교육혁신IR센터장

　　〈대표 저·역서 및 논문〉
　　『캠퍼스 디자인』(공역, 2019, 학지사)
　　『잘 가르치는 대학의 특징과 성공요인 2』(공저, 2017, 학지사) 외 다수

■ 신재영(Shin Jai-Young)
　　중앙대학교 대학원 행정학 전공(행정학 박사)
　　대학기관평가인증 평가위원
　　전국대학평가협의회 회장
　　현 중앙대학교 기획처 기획팀장

　　〈대표 저·역서 및 논문〉
　　「외국인 유학생 전담학과 필요성과 기대효과에 관한 인식 분석 연구: 4년제 대학교를 중심으로」(공동, 2018, 예술인문사회융합멀티미디어논문지) 외 다수

■ 오세원(Oh Se-Won)

　　숭실대학교 경영대학원 전문경영 전공(경영학 석사)

　　학부교육선도대학협의회(사) 간사

　　숭실대학교 교육혁신센터 팀장

　　현 숭실대학교 교육과정혁신센터 팀장

　　〈대표 저 · 역서 및 논문〉

　　『현대인의 정보관리』(공저, 2002, 동일출판사) 외 다수

■ 이종일(Lee Jong-Il)

　　경기대학교 경영학 전공(경영학사)

　　서울여자대학교 교육혁신단 교육혁신팀장

　　현 서울여자대학교 교무처 학사지원팀장

　　〈대표 저 · 역서 및 논문〉

　　「재정지원사업 자율성 제고 방안 연구」(공동, 2017, KEDI) 외 다수

■ 이태희(Lee Tae-Hee)

　　건국대학교 대학원 인사조직 전공(경영학 박사)

　　대학기관평가인증 평가위원

　　교육부 평가인증인정기관심사소위원회 위원

　　현 한양대학교 ERICA 창의융합교육팀장 겸 IC-PBL센터 부센터장

　　〈대표 저 · 역서 및 논문〉

　　「대학 구조개혁평가에 대한 메타평가 준거 개발 연구」(공동, 2015, 한국인사조직학회 논문집) 외 다수

■ 정재민(Jung Jae-Min)

　　서강대학교 경제대학원 금융·경제 전공(경제학 석사)

　　홍익대학교 교육경영관리대학원 대학행정 전공(교육학 석사)

　　한국대학교육협의회 대학정보공시센터 특성화자문위원

　　현 루터대학교 기획조정처장

　　〈대표 저 · 역서 및 논문〉

　　「대학 구조개혁 평가, 대학의 정량지표 분석을 통한 제고 방안 연구: S대학 사례를 중심으로」(2015, 홍익대학교) 외 다수

학생 성공을 위한
대학교육 성과관리
Performance Management in Higher Education
for Student Success

2020년 9월 20일 1판 1쇄 발행
2021년 6월 1일 1판 3쇄 발행

지은이 • 이석열 · 이영학 · 이훈병 · 김경언 · 김누리
　　　　변수연 · 신재영 · 오세원 · 이종일 · 이태희 · 정재민
펴낸이 • 김진환
펴낸곳 • ㈜ **학지사**
　　　　04031 서울특별시 마포구 양화로 15길 20 마인드월드빌딩
대표전화 • 02)330-5114　　　팩스 • 02)324-2345
등록번호 • 제313-2006-000265호

홈페이지 • http://www.hakjisa.co.kr
페이스북 • https://www.facebook.com/hakjisa

ISBN 978-89-997-2185-4 93370

정가 30,000원

이 도서의 국립중앙도서관 출판시도서목록(CIP)은 서지정보유통지
원시스템 홈페이지(http://seoji.nl.go.kr)와 국가자료공동목록시스템
(http://www.nl.go.kr/kolisnet)에서 이용하실 수 있습니다.
(CIP 제어번호: CIP2020035060)

출판 · 교육 · 미디어기업 **학지사**

간호보건의학출판 **학지사메디컬** www.hakjisamd.co.kr
심리검사연구소 **인싸이트** www.inpsyt.co.kr
학술논문서비스 **뉴논문** www.newnonmun.com
원격교육연수원 **카운피아** www.counpia.com